HIT

全国优秀数学教师专著系列

高中数学竞赛培训教程——初等代数

High School Math Competition Training Courses — Elementary Algebra

叶美雄　贺功保　编著

HITP
哈尔滨工业大学出版社
HARBIN INSTITUTE OF TECHNOLOGY PRESS

内 容 简 介

全书共分为 6 讲，包括集合及其应用，函数的性质及其应用，递推数列及其应用，不等式的证明方法及其应用，复数及其应用，多项式及其应用等内容，每节后面配有巩固练习及参考答案.

本书适合于初、高中学生，初、高中数学竞赛选手及教练员使用，也可以作为高等师范院校、教育学院、教师进修学院数学专业开设的“竞赛数学”课程及国家级、省级骨干教师培训班讲座教材.

图书在版编目(CIP)数据

高中数学竞赛培训教程：初等代数/叶美雄，贺功保编著. —哈尔滨：哈尔滨工业大学出版社，2019.4

ISBN 978-7-5603-8055-1

Ⅰ. ①高… Ⅱ. ①叶… ②贺… Ⅲ. ①中学数学课—高中—教学参考资料 Ⅳ. ①G634.603

中国版本图书馆 CIP 数据核字(2019)第 049264 号

策划编辑 刘培杰 张永芹
责任编辑 李广鑫
封面设计 孙茵艾
出版发行 哈尔滨工业大学出版社
社　　址 哈尔滨市南岗区复华四道街 10 号 邮编 150006
传　　真 0451-86414749
网　　址 http://hitpress.hit.edu.cn
印　　刷 哈尔滨市工大节能印刷厂
开　　本 787mm×1092mm 1/16 印张 33.25 字数 633 千字
版　　次 2019 年 4 月第 1 版 2019 年 4 月第 1 次印刷
书　　号 ISBN 978-7-5603-8055-1
定　　价 78.00 元

◎目录

集合及其应用

第1讲

集合知识在高考与竞赛中经常出现，是其中的重要内容.本讲主要是介绍集合的有关性质以及应用，大体上分为四个部分：其一是由集合构成的交、并、补运算，以及产生的运算性质与应用；其二是由集合的子集所产生的一系列性质，而这些性质主要由一些高考试题或一些简单的竞赛试题抽象概括而来，体现了集合子集的本质属性，即集合中的计数问题.因此，通过这些性质的学习和理解，对提高学生的思维能力与解题能力是很有帮助的，要掌握这些性质的应用方法，还需要用到排列组合和容斥原理，简单的组合恒等变形等知识；其三是介绍集合中的最值(或极值)问题；其四是简要介绍集合的划分与覆盖的基本知识，最后列举集合中综合问题的解题方法与策略.

第1节　集合的概念与运算以及性质

一、集合与元素

(1) 集合中元素的三个特征：确定性、互异性、无序性.

(2) 元素与集合的关系包括属于或不属于两种，用符号 $\in$ 或 $\notin$ 表示.

(3) 集合的表示法：列举法、描述法、图示法.

(4) 常见数集的记法：

集合	自然数集	正整数集	整数集	有理数集	实数集
符号	**N**	**N***（或 $\mathbf{N}_+$）	**Z**	**Q**	**R**

二、集合间的基本关系

关系	自然语言	符号语言	韦恩(Venn)图
子集	集合 A 中所有元素都在集合 B 中（即若 $x\in A$，则 $x\in B$）	$A\subseteq B$（或 $B\supseteq A$）	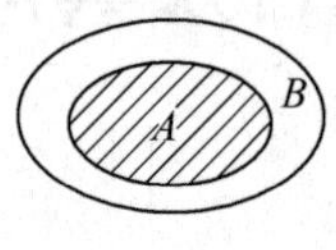
真子集	集合 A 是集合 B 的子集，且集合 B 中至少有一个元素不在集合 A 中	$A\subsetneqq B$（或 $B\supsetneqq A$）	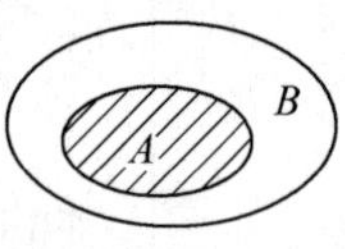
集合相等	集合 A，B 中的元素相同或集合 A，B 互为子集	$A=B$	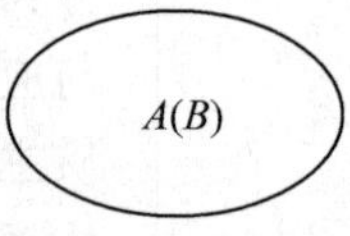

三、集合的基本运算

运算	自然语言	符号语言	韦恩图
交集	由属于集合 A 且属于集合 B 的所有元素组成的集合	$A\cap B=\{x\mid x\in A$ 且 $x\in B\}$	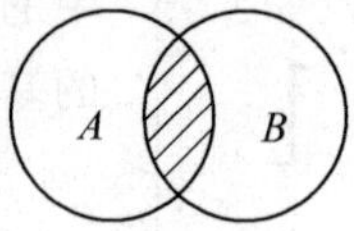
并集	由所有属于集合 A 或属于集合 B 的元素组成的集合	$A\cup B=\{x\mid x\in A$ 或 $x\in B\}$	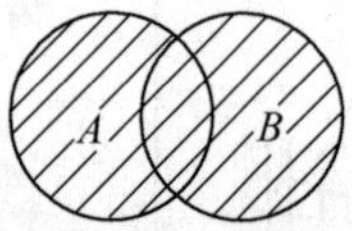
补集	由全集 U 中不属于集合 A 的所有元素组成的集合	$\complement_U A=\{x\mid x\in U$ 且 $x\notin A\}$	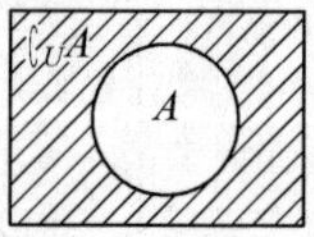

四、集合的关系及运算

1. 集合的交集、并集与补集的主要运算律

(1) 交换律 $A\cup B=B\cup A$，$A\cap B=B\cap A$.

(2) 结合律 $A\cup(B\cup C)=(A\cup B)\cup C$；$A\cap(B\cap C)=(A\cap B)\cap C$.

(3) 分配律 $A\cup(B\cap C)=(A\cup B)\cap(A\cup C)$；$A\cap(B\cup C)=(A\cap B)\cup(A\cap C)$.

(4) 同一律 $A\cup\varnothing=A$，$A\cap U=A$，$A\cup U=U$，$A\cap\varnothing=\varnothing$.

(5) 等幂律 $A\cup A=A$，$A\cap A=A$.

(6) 吸收律 $A\cup(A\cap B)=A$，$A\cap(A\cup B)=A$.

(7) 求补律 $A\cup \complement_U A=U$，$A\cap \complement_U A=\varnothing$.

(8) 反演律(摩根律) $\complement_U(A\cap B)=(\complement_U A)\cup(\complement_U B)$，$\complement_U(A\cup B)=(\complement_U A)\cap(\complement_U B)$.

(9) 对合律 $\complement_U(\complement_U A)=A$.

2. 集合运算中的常用方法

(1) 若已知的集合是不等式的解集，用数轴求解.

(2) 若已知的集合是点集，用数形结合法求解.

(3) 若已知的集合是抽象集合，用韦恩图求解.

例 1 (1) 已知集合 $A=\{x\mid \log_2 x<1\}$，$B=\{y\mid y=2^x,x\geqslant 0\}$，则 $A\cap B$ 等于(　　)

A. $\varnothing$　　　　B. $\{x\mid 1<x<2\}$

C. $\{x\mid 1\leqslant x<2\}$　　　　D. $\{x\mid 1<x\leqslant 2\}$

解 C. 由已知可得 $A=\{x\mid 0<x<2\}$，$B=\{y\mid y\geqslant 1\}\Rightarrow A\cap B=\{x\mid 1\leqslant x<2\}$.

(2) 已知集合 $M=\{(x,y)\mid y=f(x)\}$，若对于任意 $(x_1,y_1)\in M$，存在 $(x_2,y_2)\in M$，使得 $x_1x_2+y_1y_2=0$ 成立，则称集合 M 是“理想集合”. 给出下列 4 个集合：①$M=\left\{(x,y)\,\middle|\, y=\dfrac{1}{x}\right\}$；②$M=\{(x,y)\mid y=\sin x\}$；③$M=\{(x,y)\mid y=\mathrm{e}^x-2\}$；④$M=\{(x,y)\mid y=\lg x\}$.

其中所有“理想集合”的序号是(　　)

A. ①③　　B. ②③　　C. ②④　　D. ③④

解 B. 由题意设 $A(x_1,y_1)$，$B(x_2,y_2)$，又由 $x_1x_2+y_1y_2=0$ 可知，$\overrightarrow{OA}\perp\overrightarrow{OB}$. ① 项，$y=\dfrac{1}{x}$ 是以 x 轴、y 轴为渐近线的双曲线，渐近线的夹角为 $90°$，所以当点 A，B 在同一支上时，$\angle AOB<90°$，当点 A，B 不在同一支上时，$\angle AOB>90°$，不存在 $\overrightarrow{OA}\perp\overrightarrow{OB}$，故不正确；② 项，通过对其图像的分析发现，对于任意的点 A 都能找到对应的点 B，使得 $\overrightarrow{OA}\perp\overrightarrow{OB}$ 成立，故正确；③ 项，由图像可得直角始终存在，故正确；④ 项，由图像可知，点 $(1,0)$ 在曲线上，不存在另外一个点使得 $\overrightarrow{OA}\perp\overrightarrow{OB}$ 成立，故错误. 综合 ②③ 正确.

点评 (1) 关于集合的关系及运算问题，要先对集合进行化简，然后再借助韦恩图或数轴求解.

(2) 对集合的新定义问题，要紧扣新定义集合的性质探究集合中元素的特征，将问题转化为熟悉的知识进行求解，也可利用特殊值法进行验证.

例 2 设 $A=\{X \mid X=a^2+b^2, a, b \in \mathbf{Z}\}$，$X_1, X_2 \in A$，求证：$X_1 \times X_2 \in A$.

分析 A 中的元素是什么？是自然数，即由两个整数 a, b 的平方和构成的自然数，亦即从 $0,1,4,9,16,25,\cdots,n^2,\cdots$ 中任取两个（相同或不相同）数加起来得到的一个和数，本题要证明的是：两个这样的数的乘积一定还可以拆成两个自然数的平方和的形式，即 $(a^2+b^2)(c^2+d^2)=x^2+y^2$，其中 $x, y \in \mathbf{Z}$.

证明 设 $X_1=a^2+b^2$，$X_2=c^2+d^2$，$a, b, c, d \in \mathbf{Z}$，则

$$\begin{aligned} X_1 \times X_2 &= (a^2+b^2)(c^2+d^2)=a^2c^2+b^2d^2+b^2c^2+a^2d^2 \\ &= a^2c^2+2acbd+b^2d^2+b^2c^2-2bcad+a^2d^2 \\ &= (ac+bd)^2+(bc-ad)^2 \end{aligned}$$

又 $a, b, c, d \in \mathbf{Z}$，故 $ac+bd, bc-ad \in \mathbf{Z}$，从而 $X_1 \times X_2 \in A$.

例 3 设 $A=\{a \mid a=x^2-y^2, x, y \in \mathbf{Z}\}$，求证：$2k-1 \in A(k \in \mathbf{Z})$，$4k-2 \notin A(k \in \mathbf{Z})$.

证明 因为 $k, k-1 \in \mathbf{Z}$ 且 $2k-1=k^2-(k-1)^2$，故 $2k-1 \in A$；

另外，假设 $4k-2 \in A(k \in \mathbf{Z})$，则存在 $x, y \in \mathbf{Z}$，使 $4k-2=x^2-y^2$，即

$$(x-y)(x+y)=2(2k-1) \qquad (*)$$

由于 $x-y$ 与 $x+y$ 具有相同的奇偶性，所以式(*)左边有且仅有两种可能：奇数或4的倍数，另一方面，式(*)右边只能是被4除余2的数，故式(*)不能成立. 由此，$4k-2 \notin A(k \in \mathbf{Z})$.

例 4 已知二次函数 $f(x)=ax^2+bx+c(a \neq 0)$，若方程 $f(x)=x$ 无实根，求证：方程 $f(f(x))=x$ 也无实根.

证明 已知 $f(x)=ax^2+bx+c(a \neq 0)$，方程 $f(x)=x$，即 $f(x)-x=ax^2+(b-1)x+c=0$ 无实根，$f(x)-x$ 仍是二次函数，$f(x)-x=0$ 仍是二次方程，它无实根，即 $\Delta=(b-1)^2-4ac<0$.

若 $a>0$，则函数 $y=f(x)-x$ 的图像在 x 轴上方，所以 $y>0$，即 $f(x)-x>0$ 恒成立，即 $f(x)>x$ 对任意实数 x 恒成立，所以对 $f(x)$ 有 $f(f(x))>f(x)>x$ 恒成立，所以 $f(f(x))=x$ 无实根；

若 $a<0$，函数 $y=f(x)-x$ 的图像在 x 轴下方，所以 $y<0$，即 $f(x)-x<0$ 恒成立，即对任意实数 x，$f(x)<x$ 恒成立，所以对实数 $f(x)$ 有 $f(f(x))<f(x)<x$ 恒成立，所以 $f(f(x))=x$ 无实根，综上可知，当 $f(x)=x$ 无实根时，方程 $f(f(x))=x$ 也无实根.

例 5 对于函数 $f(x)$，若 $f(x)=x$，则称 x 为 $f(x)$ 的不动点，若

$f(f(x))=x$，则称 x 为 $f(x)$ 的稳定点. 函数 $f(x)$ 的不动点和稳定点的集合分别记为 A 和 B. 若 $f(x)=ax^2-1(a\in\mathbf{R},x\in\mathbf{R})$，且集合 $A=B\neq\varnothing$，求实数 a 的取值范围.

解 (1)$a=0$ 时，$f(x)=-1$，则集合 $A=B=\{-1\}$，满足题设；

(2)$a\neq 0$ 时，因为集合 $A\neq\varnothing$，所以方程 $ax^2-1=x$ 有解，得 $a\geqslant-\frac{1}{4}$.

集合 $B=\{x\mid a(ax^2-1)^2-1=x\}=\{x\mid a^3x^4-2a^2x^2-x+a-1=0\}$

$=\{x\mid (ax^2-x-1)(a^2x^2+ax-a+1)=0\}$

因为 $A=B$，所以方程 $a^2x^2+ax-a+1=0$ 无解，或与 $ax^2-x-1=0$ 同解.

由 $\Delta<0$，得 $a<\frac{3}{4}$，由

$$\begin{cases}a^2x^2+ax-a+1=0\\ax^2-x-1=0\end{cases}$$

解得 $a=\frac{3}{4}$，综上得 $-\frac{1}{4}\leqslant a\leqslant\frac{3}{4}$ 为所求.

点评 本题借用“不动点”和“稳定点”这两个概念来描述方程的解集问题，关键是对 $f(f(x))-x$ 进行因式分解，由于 $f(x)$ 不一定就是二次函数，所以要考虑 a 是否等于 0.

例 6 设有集合 $A=\{x\mid x^2-[x]=2\}$ 和 $B=\{x\mid |x|<2\}$，求 $A\cap B$ 和 $A\cup B$(其中 $[x]$ 表示不超过实数 x 之值的最大整数).

分析 先求集合 B，再根据 $[x]$ 的定义化简集合 A.

解 解不等式 $|x|<2$，得 $B=\{x\mid -2<x<2\}$，由 $x^2-[x]=2$ 得 $x^2-2=[x]$，根据 $[x]$ 的定义，知 $x^2-2=[x]\leqslant x$，从而 $-1\leqslant x\leqslant 2$，显然 $2\in A$，所以 $A\cup B=\{x\mid -2<x\leqslant 2\}$.

若 $x\in A\cap B$，则 $x^2=[x]+2$，$[x]\in\{1,0,-1\}$，从而得出 $x=\sqrt{3}([x]=1)$ 或 $x=-1([x]=-1)$，于是 $A\cap B=\{-1,\sqrt{3}\}$.

例 7 设 $A=\{(x,y)\mid y^2-x-1=0\}$，$B=\{(x,y)\mid 4x^2+2x-2y+5=0\}$，$C=\{(x,y)\mid y=kx+b\}$，是否存在 $k,b\in\mathbf{N}^*$，使得 $(A\cup B)\cap C=\varnothing$，证明你的结论.

分析 由集合 A 与集合 C 中的方程联立构成方程组，用判别式对根的情况进行限制，可得到 k,b 的范围，又因为 $k,b\in\mathbf{N}^*$，进而可得值.

解 因为 $(A\cup B)\cap C=\varnothing$，所以 $A\cap C=\varnothing$ 且 $B\cap C=\varnothing$，因为 $\begin{cases}y^2=x+1\\y=kx+b\end{cases}$，所以 $k^2x^2+(2bk-1)x+b^2-1=0$，因为 $A\cap C=\varnothing$，所以

$$\Delta_1=(2bk-1)^2-4k^2(b^2-1)<0$$

所以 $4k^2-4bk+1<0$，此不等式有解的充要条件是 $16b^2-16>0$，即

$$b^2 > 1 \quad ①$$

因为$\begin{cases}4x^2+2x-2y+5=0\\ y=kx+b\end{cases}$，所以

$$4x^2+(2-2k)x+(5-2b)=0$$

因为$B\cap C=\varnothing$，所以$\Delta_2=4(1-k)^2-16(5-2b)<0$.

所以$k^2-2k+8b-19<0$，从而$8b<20$，即

$$b<\frac{5}{2} \quad ②$$

由式①②及$b\in \mathbf{N}^*$，得$b=2$，代入由$\Delta_1<0$和$\Delta_2<0$组成的不等式组，得$\begin{cases}4k^2-8k+1<0\\ k^2-2k-3<0\end{cases}$，所以$k=1$，故存在自然数$k=1$，$b=2$，使得$(A\cup B)\cap C=\varnothing$.

例 8 一个集合含有 10 个互不相同的两位数，试证：这个集合必有 2 个无公共元素的子集，此两子集的各数之和相等.

分析 两位数共有 10，11，…，99，计 99－9＝90（个），最大的 10 个两位数依次是 90，91，…，99，其和为 945，因此，由 10 个两位数组成的任意一个集合中，其任一个子集中各元素之和都不会超过 945，而它的非空子集却有 $2^{10}-1=1\ 023$ 个，这是解决问题的突破口.

解 已知集合含有 10 个不同的两位数，因它含有 10 个元素，故必有 $2^{10}=1\ 024$ 个子集，其中非空子集有 1 023 个，每一个子集内各数之和都不超过 $90+91+\cdots+98+99=945<1\ 023$，根据抽屉原理，一定存在 2 个不同的子集，其元素之和相等，如此 2 个子集无公共元素即交集为空集，则已符合题目要求；如果这 2 个子集有公共元素，则划去它们的公共元素即共有的数字，可得两个无公共元素的非空子集，其所含各数之和相等.

巩固练习

1.（1）（2017 届云南曲靖一中月考）已知集合$A=\{x\in \mathbf{N}\mid x^2-5x+4\leqslant 0\}$，$B=\{x\mid x^2-4=0\}$，下列结论成立的是（　　）.

A. $B\subseteq A$　　B. $A\cup B=A$　　C. $A\cap B=A$　　D. $A\cap B=\{2\}$

（2）用 $C(A)$ 表示非空集合 A 中的元素个数，定义 $A*B=\begin{cases}C(A)-C(B), C(A)\geqslant C(B)\\ C(B)-C(A), C(A)<C(B)\end{cases}$，若 $A=\{1,2\}$，$B=\{x\mid (x^2+ax)(x^2+ax+2)=0\}$，且 $A*B=1$，设实数 a 的所有可能取值构成的集合是 S，则 $C(S)$ 等于

(   ).

A. 4 B. 3 C. 2 D. 1

解 (1)D; (2)B.

(1)$A=\{x\in \mathbf{N}\mid 1\leqslant x\leqslant 4\}$,$B=\{x\mid x=\pm 2\}\Rightarrow A\cap B=\{2\}$,故选 D.

(2) 由 $A=\{1,2\}$,得 $C(A)=2$,由 $A*B=1$,得 $C(B)=1$ 或 $C(B)=3$.

由$(x^2+ax)(x^2+ax+2)=0$,得 $x^2+ax=0$ 或 $x^2+ax+2=0$.

当 $C(B)=1$ 时,方程$(x^2+ax)(x^2+ax+2)=0$ 只有实根 $x=0$,这时$a=0$;

当 $C(B)=3$ 时,必有 $a\neq 0$,这时 $x^2+ax=0$ 有两个不相等的实根 $x_1=0$,$x_2=-a$,方程 $x^2+ax+2=0$ 必有两个相等的实根,且异于 $x_1=0$,$x_2=-a$.由 $\Delta=a^2-8=0$,得 $a=\pm 2\sqrt{2}$,可验证均满足题意,故 $S=\{-2\sqrt{2},0,2\sqrt{2}\}$,故 $C(S)=3$.

2. 设 $A=[-2,4)$,$B=\{x\mid x^2-ax-4\leqslant 0\}$,若 $B\subseteq A$,则实数 a 的取值范围为(   ).

A. $[-1,2)$ B. $[-1,2]$ C. $[0,3]$ D. $[0,3)$

解 D. 因 $x^2-ax-4=0$ 有两个实根 $x_1=\frac{a}{2}-\sqrt{4+\frac{a^2}{4}}$,$x_2=\frac{a}{2}+\sqrt{4+\frac{a^2}{4}}$.

故 $B\subseteq A$ 等价于 $x_1\geqslant -2$ 且 $x_2<4$,即 $\frac{a}{2}-\sqrt{4+\frac{a^2}{4}}\geqslant -2$ 且 $\frac{a}{2}+\sqrt{4+\frac{a^2}{4}}<4$,解之得 $0\leqslant a<3$.

3. 集合 $A=\{x\mid 2a+1\leqslant x\leqslant 3a+5\}$,$B=\{x\mid 3\leqslant x\leqslant 33\}$,$A\subseteq(A\cap B)$,则 a 的取值范围是________.

解 $a<-4$ 或 $1\leqslant a\leqslant 9$. 由条件知 $A\subseteq B$,当 $A=\varnothing$ 时,$2a+1>3a+5$;当 $A\neq\varnothing$ 时,$\begin{cases}2a+1\geqslant 3\\ 3a+5\leqslant 23\\ 3a+5\geqslant 2a+1\end{cases}$,$1\leqslant a\leqslant 9$.

所以 $a<-4$ 或 $1\leqslant a\leqslant 9$.

4. 已知两个集合 $A=\{(x,y)\mid x=m,y=-3m+2,m\in\mathbf{N}^*\}$,$B=\{(x,y)\mid x=n,y=a(n^2-n+1),n\in\mathbf{N}^*\}$,若 $A\cap B\neq\varnothing$,则整数 a 的值为________.

解 -1. 由题意知,方程组$\begin{cases}y=-3x+2\\ y=ax^2-ax+a\end{cases}$,有整数解$(x,y)$,$x>0$. 显然$a\neq 0$,$y<0$,从而 $a<0$. 消去 y,可得 $ax^2-(a-3)x+a-2=0$,$\Delta=$

$(a-3)^2-4a(a-2)=-3a^2+2a+9\geqslant 0$，即 $3a^2-2a\leqslant 9$，由于 a 是负整数，所以 a 只能等于 -1. 当 $a=-1$ 时，$A\cap B=\{(1,-1),(3,-7)\}$，所以 $a=-1$.

5. 设集合 $A=\{a_1,a_2,a_3,a_4\}$，若 A 中所有三元子集的三个元素之和组成的集合为 $B=\{-1,3,5,8\}$，则集合 $A=$________.

解 $\{-3,0,2,6\}$. 显然，在 A 的所有三元子集中，每个元素均出现了 3 次，所以 $3(a_1+a_2+a_3+a_4)=(-1)+3+5+8=15$，故 $a_1+a_2+a_3+a_4=5$，于是集合 A 的四个元素分别为 $5-(-1)=6$，$5-3=2$，$5-5=0$，$5-8=-3$，因此，集合 $A=\{-3,0,2,6\}$.

6. 若集合 $A=\{x\mid -3\leqslant x\leqslant 4\}$ 和 $B=\{x\mid 2m-1\leqslant x\leqslant m+1\}$.

(1) 当 $m=-3$ 时，求集合 $A\cap B$.

(2) 当 $B\subseteq A$ 时，求实数 m 的取值范围.

解 (1) 当 $m=-3$ 时，$B=\{x\mid -7\leqslant x\leqslant -2\}$，$A\cap B=\{x\mid -3\leqslant x\leqslant -2\}$.

(2) 因为 $B\subseteq A$，所以 $B=\varnothing$ 或 $B\neq\varnothing$. 当 $B=\varnothing$ 时，$2m-1>m+1$，即 $m>2$.

当 $B\neq\varnothing$ 时，有 $\begin{cases}2m-1\leqslant m+1\\2m-1\geqslant -3\\m+1\leqslant 4\end{cases}$，即 $-1\leqslant m\leqslant 2$.

综上所述，所求 m 的范围是 $m\geqslant -1$.

7. 已知函数 $y=\sqrt{21-4x-x^2}$ 的定义域为 A，函数 $y=\log_2(x-a+1)$ 的定义域为 B.

(1) 若 $A\subseteq B$，求实数 a 的取值范围；

(2) 若 $A\cap B=\varnothing$，求实数 a 的取值范围.

解 由已知得 $A=\{x\mid -7\leqslant x\leqslant 3\}$，$B=\{x\mid x>a-1\}$.

(1) 若 $A\subseteq B$，则 $a-1<-7$，得 $a<-6$，所以 $a\in(-\infty,-6)$.

(2) 若 $A\cap B=\varnothing$，则 $a-1\geqslant 3$，得 $a\geqslant 4$，所以 $a\in[4,+\infty)$.

8. 设 $A=\{x\mid x^2+4x=0\}$，$B=\{x\mid x^2+2(a+1)x+a^2-1=0\}$，若 $B\subseteq A$，求实数 a 的取值范围.

解 由 $A=\{x\mid x^2+4x=0\}=\{x\mid x=0 \text{ 或 } x=-4\}=\{0,-4\}$. 因为 $B\subseteq A$，所以 $B=\varnothing$ 或 $B=\{0\}$ 或 $B=\{-4\}$ 或 $B=\{0,-4\}$.

当 $B=\varnothing$ 时，即 $x^2+2(a+1)x+a^2-1=0$ 无实根，由 $\Delta<0$，即 $4(a+1)^2-4(a^2-1)<0$，解得 $a<-1$；

当 $B=\{0\}$ 时，由根与系数的关系：$0+0=-2(a+1)$，$0\times 0=a^2-1\Rightarrow a=-1$；

当 $B=\{-4\}$ 时，由根与系数的关系：$-4-4=-2(a+1)$，$(-4)\times(-4)=a^2-1\Rightarrow a\in\varnothing$；

当 $B=\{0,-4\}$ 时，由根与系数的关系：$0-4=-2(a+1)$，$0\times(-4)=a^2-1\Rightarrow a=1$；

综上所得 $a=1$ 或 $a\leqslant -1$.

9. 集合 $A=\{x\mid x^2-ax+a^2-19=0\}$，$B=\{x\mid x^2-5x+6=0\}$，$C=\{x\mid x^2+2x-8=0\}$.

(1) 若 $A\cap B=A\cup B$，求 a 的值；

(2) 若 $\varnothing\subsetneqq A\cap B$，$A\cap C=\varnothing$，求 a 的值.

解 由已知，得 $B=\{2,3\}$，$C=\{2,-4\}$.

(1) 因为 $A\cap B=A\cup B$，所以 $A=B$.

于是 2，3 是一元二次方程 $x^2-ax+a^2-19=0$ 的两个根，由韦达定理知：
$\begin{cases}2+3=a\\2\times 3=a^2-19\end{cases}$，解之得 $a=5$.

(2) 由 $A\cap B\supsetneqq\varnothing\Rightarrow A\cap B\neq\varnothing$，又 $A\cap C=\varnothing$，得 $3\in A$，$2\notin A$，$-4\notin A$，由 $3\in A$，得 $3^2-3a+a^2-19=0$，解得 $a=5$ 或 $a=-2$.

当 $a=5$ 时，$A=\{x\mid x^2-5x+6=0\}=\{2,3\}$，与 $2\notin A$ 矛盾；

当 $a=-2$ 时，$A=\{x\mid x^2+2x-15=0\}=\{3,-5\}$，符合题意.

第 2 节　集合中的计数

在这里，我们将介绍 n 个元素的集合的子集个数公式与性质及其应用；集合中的对应原理及其应用；容斥原理及其应用. 首先介绍 n 个元素的集合的子集个数公式及其应用.

我们知道 n 个元素的集合的子集有如下两条性质：

(1) 把一个有限集合 M 分成 k 个非空子集 $A_1,A_2,\cdots,A_k$，如果满足 $A_i\cap A_j=\varnothing(1\leqslant i,j\leqslant k)$，且 $A_1\cup A_2\cup\cdots\cup A_k=M$，那么 $|M|=\sum_{i=1}^{k}|A_i|$（这里 $|M|$ 表示集合 M 中所包含的元素的个数，下同）. 这个结论的成立是显然的.

(2) 含有 n 个元素的集合的子集个数为 2^n.

关于这个结论的证明方法有很多，这里只介绍一种"追踪元素去向"的证明方法，并给出它的相关应用.

对于集合 $\{1,2,\cdots,n\}$，有些子集中含有元素 1，有些子集中不含有元素 1；有些子集中含有元素 2，有些子集中不含有元素 2；依此类推. 因此，对于集合

$\{1,2,\cdots,n\}$ 中的某个子集 C 而言，任何一个元素可能属于它，也可能不属于它，也就是说，某个元素可能在子集 C 中，也可能不在子集 C 中，有两种可能. 集合$\{1,2,\cdots,n\}$ 含有 n 个元素，根据乘法原理容易得到：含有 n 个元素的集合的子集个数为 2^n.

例 1 若集合 $A_1,A_2,\cdots,A_n$ 满足条件：$A_1\cup A_2\cup\cdots\cup A_n=\{a_1,a_2,\cdots,a_n\}$，则满足条件的集合 $A_1,A_2,\cdots,A_n$ 共有________对.

解 2^n-1. 在这里不妨追踪元素 a_1 的去向，a_1 可能在一个集合中，也可能在其中的两个集合中，……，也可能所有集合中都有元素 a_1，因此，对于元素 a_1 来说，它共有 $C_n^1+C_n^2+\cdots+C_n^n=2^n-1$ 种走向.

同样对于其他的元素不难得到：$a_i(i=1,2,\cdots,n)$ 都有 2^n-1 种走向.

因此，由乘法原理可得，满足条件的集合 $A_1,A_2,\cdots,A_n$ 共有 2^n-1 对.

例 2 设 $P_1,P_2,\cdots,P_j$ 是集合 $P=\{1,2,\cdots,i\}$ 的子集，其中 i,j 为正整数，记 $f(i,j)$ 为满足 $P_1\cap P_2\cap\cdots\cap P_j=\varnothing$ 的有序子集组 $(P_1,P_2,\cdots,P_j)$ 的个数.

(1) 求 $f(2,2)$ 的值；

(2) 求 $f(i,j)$ 的表达式.

解 第(1)问中，由于数据较少，可以采用列举的办法. 但为了给第(2)问作辅垫，这里给出“追踪元素去向”的方法.

P_1,P_2 为集合 $P=\{1,2\}$ 的子集，要满足 $P_1\cap P_2=\varnothing$，对于元素1，要么在 P_1 中，要么在 P_2 中，要么既不在 P_1 中，也不在 P_2 中；对于元素2，要么在 P_1 中，要么在 P_2 中，要么既不在 P_1 中，也不在 P_2 中. 所以 $f(2,2)=(C_2^0+C_2^1)^2=9$.

第(2)问是对第(1)问的一般性推广，对于 P 中的任何一个元素，只要不同时在 $P_1,P_2,\cdots,P_j$ 中即可. 否则，不能满足要求，P 中其他元素也如此，因此有 $f(i,j)=(C_j^0+C_j^1+C_j^2+\cdots+C_j^{j-1})^i$.

例 3 设集合 $S=\{1,2,\cdots,n\}(n\in\mathbf{N}^*)$，$A,B$ 是 S 的两个非空子集，且 A 中的最大数小于 B 中的最小数，则这样的集合对 (A,B) 的个数是________.

解 $(n-2)2^{n-1}+1$. 我们不妨设 A 中的最大数为 k，则 A 可以含元素 $1,2,3,\cdots,k-1$ 中的某些元素或全部元素，所以集合 A 中共有 $C_{k-1}^0+C_{k-1}^1+C_{k-1}^2+\cdots+C_{k-1}^{k-1}=2^{k-1}$ 种情况.

由题意知：集合 B 可以含元素 $k+1,k+2,\cdots,n$ 中的部分元素，但不能同时含有全部元素，所以集合 B 共有 $C_{n-k}^1+C_{n-k}^2+C_{n-k}^3+\cdots+C_{n-k}^{n-k}=2^{n-k}-1$ 种情况. 所以，当 A 中的最大元素为 k 时，集合对 (A,B) 共有 $2^{k-1}(2^{n-k}-1)=2^{n-1}-2^{k-1}$ 个.

当 k 依次取值 $1,2,3,\cdots,n-1$ 时，可以分别得到集合对 (A,B) 的个数为

$$\sum_{k=1}^{n-1}(2^{n-1}-2^{k-1})=(n-1)2^{n-1}-(2^0+2^1+2^2+\cdots+2^{n-2})=(n-2)2^{n-1}+1$$

点评 若把条件中"A 的最大数小于 B 中的最小数"改为"A 的最大数不大于 B 的最小数"，则 (A,B) 共有 $(n-1)2^n+1$ 个.

例 4 设集合 A,B 是非空集合 M 的两个不同子集，满足 A 不是 B 的子集，且 B 也不是 A 的子集. 若 $M=\{a_1,a_2,\cdots,a_n\}$，求所有不同的元素集合对 (A,B) 的个数.

解 要满足条件，集合 A 中必须含有集合 B 没有的元素，同时集合 B 中必须含有集合 A 没有的元素，较为复杂，于是我们想到要从反面考虑，即集合 A 是集合 B 的真子集，或集合 B 是集合 A 的真子集，从这个角度出发，寻找元素的去向，来求此时有序集合对 (A,B) 个数.

集合 M 有 2^n 个子集，如不做任何限制，不同的集合对 (A,B) 有 $2^n(2^n-1)$ 个.

当集合 A 是集合 B 的真子集，且集合 B 中含有 $k(1\leqslant k\leqslant n)$ 个元素时，集合 B 有 C_n^k 种可能，集合 A 有 2^k-1 种可能. 因此，这样的有序集合对 (A,B) 有

$$\sum_{k=1}^{n}[C_n^k(2^k-1)]=\sum_{k=1}^{n}(C_n^k2^k)-\sum_{k=1}^{n}C_n^k=3^n-2^n(\text{个}).$$

同理，当集合 B 是集合 A 的真子集时，满足条件的有序集合对 (A,B) 也有 3^n-2^n 个.

故综上，满足题设要求的有序集合对 (A,B) 的个数为 $2^n(2^n-1)-2(3^n-2^n)=4^n+2^n-2\cdot 3^n$.

点评 在解集合题时，寻找集合元素去向的方法主要是在于通过对子集条件的分析，找到某个子集可以满足的所有情况，重在对元素走向的分析. 但也要注意：当正面较复杂时，可以从它的反面入手，这样就容易找到解题方法. 当然解决集合中的计数问题，除了应用以上方法以外，常用的方法还有：列举法、分类计数原理和分步计数原理、递推法、图示法等. 对于如何应用对应原理法与容斥原理法下面将专门介绍.

例 5 (2005 年山西省高中数学预赛试题) 已知集合 $M=\{1,2,\cdots,12\}$，$A=\{a,b,c\}$ 是 M 的子集，且 $a+b+c$ 为完全平方数，则这种集合 A 的个数是________.

解 26. 不妨设 $a<b<c$，由于 $6\leqslant a+b+c\leqslant 33$，在此范围内的完全平方数有 9,16,25.

(1) 若 $a+b+c=9$，则 $c\in\{4,5,6\}$，这样的子集 A 有 $\{1,2,6\}$，$\{1,3,5\}$，$\{2,3,4\}$ 这 3 个.

(2) 若 $a+b+c=16$，则 $c\in\{7,8,9,10,11,12\}$，这样的子集 A 有

$\{1,3,12\}$，$\{1,4,11\}$，$\{2,3,11\}$，$\{1,5,10\}$，$\{2,4,10\}$，$\{1,6,9\}$，$\{2,5,9\}$，$\{3,4,9\}$，$\{1,7,8\}$，$\{2,6,8\}$，$\{3,5,8\}$，$\{3,6,7\}$，$\{4,5,7\}$，这 13 个.

(3) 若 $a+b+c=25$，则 $c\in\{10,11,12\}$，这样的子集 A 有 $\{2,11,12\}$，$\{3,10,12\}$，$\{4,9,12\}$，$\{5,8,12\}$，$\{6,7,12\}$，$\{4,10,11\}$，$\{5,9,11\}$，$\{6,8,11\}$，$\{6,9,10\}$，$\{7,8,10\}$，这 10 个.

综上，满足条件的子集共有 $3+13+10=26$(个).

点评 本题中主要应用了分类计数原理、极端原理和列举法.

例 6 (2013 年山东省高中数学预赛试题) 已知 $A\cup B\cup C=\{a,b,c,d,e\}$，$A\cap B=\{a,b,c\}$，$c\in A\cap B\cap C$，则满足上述条件的 $\{A,B,C\}$ 共有________组.

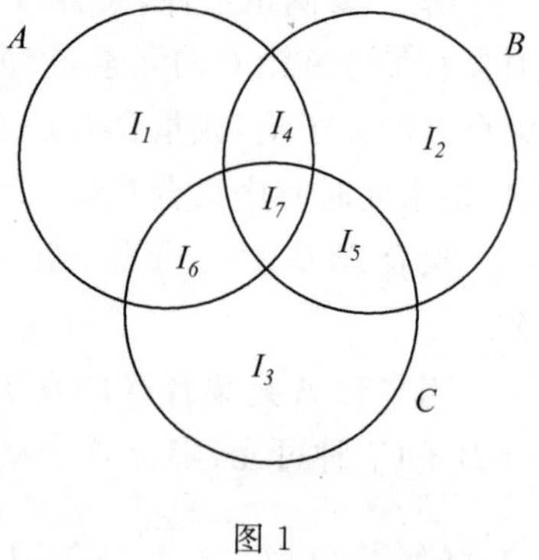

图 1

解 100. 如图 1，集合 $A\cup B\cup C$ 可分为 7 个互不相交的区域，分别记为 $I_1,I_2,\cdots,I_7$.

已知 $c\in I_7$，元素 a,b 属于 I_4,I_7 中的某个区域，有 4 种可能；元素 d,e 属于 I_1,I_2,I_3,I_5,I_6 中的某个区域，各有 5^2 种可能. 从而，符合条件的 $\{A,B,C\}$ 共有 $1\times4\times5^2=100$(组).

点评 本题借助集合的韦恩图，利用分步计数原理，使问题得到直观、快速的解决.

例 7 求满足 $A\cap B\subseteq\{a_1,a_2,\cdots,a_n\}=U$ 的有序集合 (A,B) 的个数.

解 易知 A,B 中必有 $a_1,a_2,\cdots,a_k$ 这 k 个元素，记 $M=\{a_{k+1},a_{k+2},\cdots,a_n\}$，$M$ 中有 $t=n-k$ 个元素，下面就 A 中其他元素(但必在 M 中)的个数进行讨论：

(1) 当 A 含有 M 中 0 个元素时，$A=\{a_1,a_2,\cdots,a_k\}$，A 只有一个，即 C_t^0 个.

由 $A\cap B=\{a_1,a_2,\cdots,a_k\}$，可知 B 还可以有 M 中若干个元素，B 的个数相当于 M 的子集数，因此 B 有 2^t 个，有序集合对 (A,B) 的个数为 $2^tC_t^0$ 个.

(2) 当 A 含有 M 中一个元素时，A 有 C_t^1 个，由 $A\cap B=\{a_1,a_2,\cdots,a_k\}$，$B$ 可含有 M 中其他任何元素(除 A 所含的)，所以 B 有 2^{t-1} 个，所以有序集合对 (A,B) 的个数为 $2^{t-1}C_t^1$.

(3) 同理，A 有两个元素时，有序集合对 (A,B) 的个数为 $2^{t-2}C_t^2$ 个.

(4) 当 A 含有 M 全部元素时，(A,B) 的个数为 $2^0C_t^t$ 个.

根据分类计数原理，知有序集合对 (A,B) 的个数为 $2^tC_n^0+2^{t-1}C_n^1+\cdots+2^0C_t^t=(1+2)^t=3^{n-k}$ 个.

二、对应原理及其应用

定义 1 设 A,B 是两个集合(两者可以相同)，如果对于每个 $x\in A$，都有

唯一确定的 $y \in B$ 与之对应，则称这个对应关系为 A 到 B 的映射，记为 $f:A \to B$，这时 $y=f(x) \in B$，称为 $x \in A$ 的象，而 x 称为 y 的原象.

特别注意：当 A 与 B 都是数集时，映射 f 称为函数.

定义 2 设 f 是从 A 到 B 的一个映射：

(1) 如果对于任何 $x_1, x_2 \in A, x_1 \neq x_2$，都有 $f(x_1) \neq f(x_2)$，则称 f 为单射；

(2) 如果对于任何 $y \in B$，都有 $x \in A$，使得 $f(x)=y$，则称 f 为满射；

(3) 如果映射 f 既是单射又是满射，则称 f 为双射(或称为一一映射)；

(4) 如果 f 为满射，且对于任何 $y \in B$，恰有 A 中的 m 个元素，它们的原象都是 y，则称 f 为(倍数为 m 的) 倍数映射.

对应原理：设 A, B 都是有限集合，f 为从 A 到 B 的映射.

① 如果 f 为单射，那么 $|A| \leqslant |B|$；

② 如果 f 为满射，那么 $|A| \geqslant |B|$；

③ 如果 f 为双射，那么 $|A|=|B|$；

④ 如果 f 为倍数是 m 的倍数映射，那么 $|A|=m|B|$.

这里要注意：应用对应原理可以将一个较复杂的集合中的计数问题等价转化到一个容易的集合中的计数问题.

例 8 如果从数 $1,2,\cdots,14$ 中，按由小到大的顺序取出 a_1, a_2, a_3，使同时满足 $a_2-a_1 \geqslant 3, a_3-a_2 \geqslant 3$，那么所有符合上述条件的不同取法有________种.

解法 1 设 $S=\{1,2,\cdots,14\}$，$S_0=\{1,2,\cdots,10\}$，$T=\{(a_1,a_2,a_3) \mid a_1,a_2,a_3 \in S, a_2-a_1 \geqslant 3, a_3-a_2 \geqslant 3\}$，$T_0=\{(a'_1,a'_2,a'_3) \mid a'_1,a'_2,a'_3 \in S_0, a'_1 < a'_2 < a'_3\}$. 作对应 $(a_1,a_2,a_3) \to (a'_1,a'_2,a'_3)$，这里 $a'_1=a_1, a'_2=a_2-2, a'_3=a_3-4 (a_1,a_2,a_3 \in T)$.

容易验证：这个对应是一一对应或一一映射或双射，则由对应原理知：$|T|=|T_0|$. 从而，将问题转化为求 $|T_0|$，即求在 S_0 集合中选取三个不同元素的组合数 $C_{10}^3=120$.

解法 2 赋值 $x_i=\begin{cases}1, 若\ i\ 被选中 \\ 0, 若\ i\ 没选中\end{cases}$，其中 $i=1,2,\cdots,14$.

于是，从 14 个数的集合中任意选三个数的子集表示一种取法，对应一个排列 $(x_1,x_2,\cdots,x_{14})$；反之任意一个排列 $(x_1,x_2,\cdots,x_{14})$ 必对应一种取法. 故任意取三个数的子集所表示的一种取法集合到所有的排列 $(x_1,x_2,\cdots,x_{14})$ 集合之间的对应是一一对应或双射.

根据题设的要求，取法总数等于排列 $(x_1,x_2,\cdots,x_{14})$ 中有 3 个 1，11 个 0，而且每两个 1 中至少隔了两个 0 的排列数. 为了求出这样的排列数，我们选好模式 1 001 001，然后将剩下的 7 个 0 插入 3 个 1 形成的 4 个空位中，故有 $C_{10}^3=120$

种方法，此即为所求不同的取法总数.

点评 (1) 解法1通过置换建立一一对应关系，解法2建立一一对应关系，都是将集合中的元素个数问题等价转化到另一个容易求出元素个数的集合中去，这里解法2还用到了“隔板法”求排列组合种数的方法.

(2) 本问题还可以得到一般情形：求从集合$\{1,2,\cdots,n\}$中任取满足下列条件的r个$a_1,a_2,\cdots,a_r$的不同取法个数：

①$1\leqslant a_1<a_2<\cdots<a_r\leqslant n$；②$a_{k+1}-a_k\geqslant m(k=1,2,\cdots,r-1,m\in\mathbf{N}^*)$.

证明 可将所有满足条件①,②的r组的集合记为A. 由②知：$a_k\leqslant a_{k+1}-m(k=1,2,\cdots,r-1)$，即$a_k\leqslant a_{k+1}-(m-1)$，所以$a_1<a_2-(m-1)<a_3-2(m-1)<a_4-3(m-1)<\cdots<a_r-(r-1)(m-1)$.

令$b_i=a_i-(i-1)(m-1)(i=1,2,\cdots,r)$，则$1\leqslant b_1<b_2<\cdots<n-(r-1)(m-1)$.

记集合$\{1,2,\cdots,n-(r-1)(m-1)\}$的(无重复)$r$元数组的集合为$B$，则$A$与$B$之间存在一一对应关系，即双射.

故$|A|=|B|=C^r_{n-(r-1)(m-1)}$.

例9 (1991年全国高中数学联赛试题) 设$S=\{1,2,\cdots,n\}$，A为至少含有两项的、公差为正的等差数列，其项都在S中，且添加S的其他元素于A后均不能构成与A相同公差的等差数列. 求这种A的个数(这里只有两项的数列也看作等差数列).

解 当$n=2k$时，满足题目要求的每个数列A中有连续两项，使其前一项在集合$\{1,2,\cdots,k\}$中，使其后一项在集合$\{k+1,k+2,\cdots,2k\}$中；反之，从集合$\{1,2,\cdots,k\}$与$\{k+1,k+2,\cdots,2k\}$中各取一数，并以两数之差作为公差，可作出一个满足要求的A. 易知：这种对应是一一对应，即为双射，故A的个数为$k\cdot k=\frac{1}{4}n^2$.

$n=2k+1$时，满足题目要求的每个数列A中有连续两项，使其前一项在集合$\{1,2,\cdots,k\}$中，使其后一项在集合$\{k+1,k+2,\cdots,2k+1\}$中，讨论与前面类似. 故此时A的个数为$k(k+1)=\frac{1}{4}(n^2+1)$.

故将两种情况统一为共有$\left[\frac{n^2}{4}\right]$个$A$.

点评 通过对n分为奇数与偶数两种情况进行分类讨论，再建立一一对应关系，利用对应原理求得结果.

例10 设$A=A_1\cup A_2\cup\cdots\cup A_k$，$S=\{A_1,A_2,\cdots,A_k\}$. 若(i)$S$中每$r$个元素的交集非空；(ii)每$r+1$个元素的集合的交集为空集. 问：(1)$|A|$至少是多少？(2)当$|A|$最小时，$|A_i|$为多少？

解 (1) 考虑足标集$\{1,2,\cdots,k\}$任意 r 元子集$\{i_1,i_2,\cdots,i_r\}$，在 $A_{i_1}\cap A_{i_2}\cap\cdots\cap A_{i_r}$ 中任取一个元素 a，作映射 $f:\{i_1,i_2,\cdots,i_r\}\to a$. 于是，$f$ 是足标集的 r 元子集的集合到 A 的一个单射.

事实上，若$\{j_1,j_2,\cdots,j_r\}$也对应 a，则会形成 $r+1$ 个子集的交集不空，矛盾.

因此，$|A|$不少于足标集的 r 元子集的个数，即 $|A|\geqslant C_k^r$.

(2) 考虑任一 A_i，在 S 中任取其余 r 个集，它们的交集至少有一个元素(不空)，而此交集与 A_i 取交为空集. 由于有C_{k-1}^r 种不同取法，因而 $|A_i|\leqslant|A|-C_{k-1}^r$. 当 $|A|=C_k^r$ 时，$|A_i|\leqslant C_{k-1}^{r-1}$.

另一方面，A_i 与 S 中任选 $r-1$ 个余的集合取交集，至少有一个，从而 $|A_i|\geqslant C_{k-1}^{r-1}$.

这说明，当 $|A|$ 取最小值C_n^k 时，每个 $|A_i|$ 的集合个数都是C_{k-1}^{r-1}.

点评 本题的结论具有一般性，许多竞赛试题都是它的特例. 如：

例 11 (第 13 届莫斯科竞赛试题) 某城市有 10 条公共汽车线路，现知沿其中 9 条线路可走遍所有车站，但沿任何 8 条线路不能走遍所有车站. 问至少有多少个不同的车站?

解 显然由例 10 的第(1) 问知：至少有$C_{10}^8=45$ 个车站.

例 12 在数轴上给定两点 1 和$\sqrt{2}$，在区间$[1,\sqrt{2}]$内任取 n 个点，在此 $n+2$ 个点中，每相邻两点连成一条线段，可得 $n+1$ 条线段. 证明：在此 $n+1$ 条线段中，以一个有理点和一个无理点为端点的线段恰有奇数条.

证明 按从大到小的顺序，依次将此 $n+2$ 个点记为 $A_1,A_2,\cdots,A_{n+2}$，并将每一个点对应的一个实数记为 a_i，即 $a_i=\begin{cases}1,\text{当 } A_i \text{ 为有理点时}\\-1,\text{当 } A_i \text{ 为无理点时}\end{cases}$，显然，这个对应是点集到数集$\{-1,1\}$之间的一个映射. 同时，对每条线段 A_iA_{i+1}，则有

$$a_ia_{i+1}=\begin{cases}1,\text{当 } A_i,A_{i+1} \text{ 同为有理点时或同为无理点时}\\-1,\text{当 } A_i,A_{i+1} \text{ 中一个为有理点，另一个为无理点时}\end{cases}$$

我们设一端点为有理点，另一端点为无理点的线段有 k 条. 现有两种方法求此 $n+1$ 条线段对应的值：其一，它的积显然为$(-1)^k$；其二，它的积为

$$(a_1a_2)(a_2a_3)\cdots(a_{n+1}a_{n+2})=a_1a_2^2a_3^2a_{n+1}^2a_{n+2}=a_1a_{n+2}=-1$$

故$(-1)^k=-1$. 因此，k 为奇数.

点评 赋值是一种重要的方法. 本题是证明线段条数的奇偶性问题，通过赋值等价转化为 -1 的 n 次方问题，从而使问题得到解决.

例 13 设集合 $S_n=\{1,2,\cdots,n\}$，对 S_n 的子集 X，将 X 中所有数之和称为 X 的容量(规定空集的容量为 0)，若 X 的容量为奇(偶) 数，则称 X 为 S_n 的奇(偶) 子集，求：

(1) S_n 的奇子集与偶子集的个数相等；

(2) 当 $n \geqslant 3$ 时，S_n 的所有奇子集的容量之和与所有偶子集的容量之和相等；

(3) 当 $n \geqslant 3$ 时，求 S_n 所有奇子集的容量之和.

解法1 (1) S_n 的不含1的子集 A 与含1的子集 $A \cup \{1\}$ 显然一一对应；又若 A 的容量为奇(偶)数，则 $A \cup \{1\}$ 的容量为奇(偶)数，故 S_n 的奇子集与偶子集的个数相等；

(2) 分别用 X 和 Y 表示 S_n 的不含1与含1的子集所组成的集合，显然，X，Y 均有 2^{n-1} 个元素. (1) 中已指出 $A \in X$ 与 $A \cup \{1\} \in Y$ 是 X 与 Y 之间奇(偶)子集的一一对应，类似地，X 中不含3的子集 B 与含3的子集 $B \cup \{3\}$ 也是一一对应(注意 $n \geqslant 3$，故 $3 \in S_n$)，由此推知 X 中奇、偶子集的个数相等，都是 2^{n-2}；对任意奇子集 $A \in X$，其容量比与它对应的 $A \cup \{1\} \in Y$ 少1，故 X 中所有奇子集的容量之和，比它们如上所对应的(Y 中的) 偶子集的容量之和少 2^{n-2}，但同样可知，X 中所有偶子集的容量之和，比它们如上对应的(Y 中的) 奇子集的容量之和少 2^{n-2}，因此 S_n 中奇子集的容量之和等于偶子集的容量之和；

(3) 由于 $1,2,\cdots,n$ 中的每一个在 S_n 的所有子集中均出现 2^{n-1} 次，所以 S_n 的所有子集容量和为 $2^{n-1}(1+2+\cdots+n)=2^{n-2}n(n+1)$，这个和也可采用下面的方法求得；对 S_n 的任意一个子集 A，显然 A 与其补集 $\bar{A}$ 的容量之和等于 S_n 的容量，即 $1+2+\cdots+n=\frac{1}{2}n(n+1)$；又 S_n 的所有子集按互补可配为 2^{n-1} 个对，故 S_n 中所有子集的容量之和为 $2^{n-1} \cdot \frac{1}{2}n(n+1)=2^{n-2}n(n+1)$；最后，结合(2) 的结论可推知，$S_n$ 的奇子集的容量之和为 $\frac{1}{2} \times 2^{n-2}n(n+1)=2^{n-3}n(n+1)$，$n \geqslant 3$.

解法2 我们采用归纳法证明(1) 与(2).

(1) 设 a_n，b_n 分别为 $S_n(n \geqslant 1)$ 的奇子集与偶子集的个数，则易知 $a_1=b_1$，设已有 $a_k=b_k(k \geqslant 1)$，下面证明 $a_{k+1}=b_{k+1}$；

当 $k+1$ 为偶数时，S_{k+1} 的所有奇子集可分为两类：不含 $k+1$ 的子集及含 $k+1$ 的子集，前者的个数为 a_k；后者由 S_k 的奇子集与集 $\{k+1\}$ 的并产生，故个数也是 a_k，所以 $a_{k+1}=2a_k$；同样可知，$b_{k+1}=2b_k$，因此由归纳假设知 $a_{k+1}=b_{k+1}$；当 $k+1$ 为奇数时，与前一情形类似，S_{k+1} 的不含 $k+1$ 的奇子集有 a_k 个；S_{k+1} 的含 $k+1$ 的奇子集由 S_k 的偶子集与集 S_k 的并产生，其个数为 b_k，故 $a_{k+1}=a_k+b_k$；同理可得 $b_{k+1}=b_k+a_k$；于是 $a_{k+1}=b_{k+1}$，因此证明了 $a_n=b_n$ $(n \geqslant 1)$.

(2) 设 A_n 与 B_n 分别表示 S_n 中全体奇子集及偶子集的容量之和，读者易于

验证 $A_3=B_3$，设 $n=k(k\geqslant 3)$ 时，已有 $A_k=B_k$；

当 $k+1$ 为偶数时，S_{k+1} 的所有奇子集可分为两类：S_k 的所有奇子集与 S_k 的每个奇子集与 $\{k+1\}$ 的并，于是

$$A_{k+1}=A_k+[A_k+(k+1)a_k]=2A_k+(k+1)a_k$$

同样 $B_{k+1}=2B_k+(k+1)b_k$，由归纳假设及(1) 中的结论知 $A_{k+1}=B_{k+1}$；当 $k+1$ 为奇数时，类似地可得

$$A_{k+1}=A_k+B_k+(k+1)b_k,B_{k+1}=B_k+A_k+(k+1)a_k$$

由此即知亦有 $A_{k+1}=B_{k+1}$，故对 $n\geqslant 3$ 有 $A_n=B_n$，证毕.

点评 解法 1 的要点是利用一个奇数(1 或 3)，建立奇子集与偶子集的一一对应，对应是数学中非常重要的概念；建立适当的对应以解决问题，则是组合数学中相当基本的手法. 解法 2 的要点是建立有关量的递推关系，进而可用归纳法解决问题，为此，我们将所考虑的对象适当分类并应用对应，这也是组合数学中非常基本的方法.

三、容斥原理及其应用

我们知道加法原理是一个重要的计数原理，然而应用加法原理时，需将集合分划成若干个两两不交的子集以便达到分别计数的目的，但有时候要做出便于计数的分划并不容易，这就需要把加法原理加以推广.

我们允许一些元素被重复计数，然后将重复计数的予以排除，再将多被排除的补上，如此反复地排除与补充最终得出精确的结果. 这个计数的过程体现出如下的容斥原理.

定理 1(容斥原理) 设 $A_1,A_2,\cdots,A_n$ 为有限集合，用 $|A_i|$ 表示集合 A_i 中的元素个数，那么

$$|A_1\cup A_2\cup\cdots\cup A_n|=\sum_{i=1}^{n}|A_i|-\sum_{1\leqslant i<j\leqslant n}|A_i\cap A_j|+\sum_{1\leqslant i<j<k\leqslant n}|A_i\cap A_j\cap A_k|-\cdots+(-1)^{n-1}\cdot|A_1\cap A_2\cap\cdots\cap A_n| \quad ①$$

证明 若 $a\in A_1\cup A_2\cup\cdots\cup A_n$，则 a 至少属于 $A_1,A_2,\cdots,A_n$ 中一个集合. 不妨设 a 属于 $A_1,A_2,\cdots,A_k(1\leqslant k\leqslant n)$ 而不属于其他集合. 于是 a 在 ① 式左端计算了一次. 而 a 在右端的第一个和中计算了 C_k^1 次，在第 2 个和中计算了 C_k^2 次，……，可见，a 在右端算式中，它被计算的总次数为 $C_k^1-C_k^2+C_k^3-\cdots+(-1)^{k-1}C_k^k=C_k^0-[C_k^0-C_k^1+\cdots+(-1)^kC_k^k]=1-(1-1)^k=1$. 若 $a\notin A_1\cup A_2\cup\cdots\cup A_n$，则显然 a 在式 ① 两端计算的次数都为 0. 这表明式 ① 右端的确表示至少属于 $A_1,A_2,\cdots,A_n$ 中一个集合的元素的总数 $|A_1\cup A_2\cup\cdots\cup A_n|$，从而式 ① 成立. 上述证明式 ① 成立的方法叫作贡献法.

定理 2(逐步淘汰原理(筛法公式)) 设 S 是有限集合,$A_i \subset S(i=1,2,\cdots,n)$,$A_i$ 在 S 中的补集为 $\complement_S A_i(i=1,2,\cdots,n)$,则

$$\begin{aligned}&|\complement_S A_1 \cap \complement_S A_2 \cap \cdots \cap \complement_S A_n| = \\ &|S|-|\sum_{i=1}^{n} A_i|+\sum_{1\leqslant i<j\leqslant n}|A_i \cap A_j|- \\ &\sum_{1\leqslant i<j<k\leqslant n}\left|A_i \cap A_j\right|+\cdots+(-1)^n|A_1 \cap A_2 \cap \cdots \cap A_n|\end{aligned} \quad ②$$

证明 因为

$$|A_1 \cup A_2 \cup \cdots \cup A_n| = |S| - |\complement_S(A_1 \cup A_2 \cup \cdots \cup A_n)|$$

而由集合论中德·摩根律,我们有 $\complement_S(A_1 \cup A_2 \cup \cdots \cup A_n)=\complement_S A_1 \cap \complement_S A_2 \cap \cdots \cap \complement_S A_n$. 由上述两式及式 ① 即得式 ②. 公式 ① 和 ② 都源于同一思想,即不断地使用包含与排除,逐步筛去重复的计数. 因此,这两个公式又统称为包含与排除原理,今后我们统称为容斥原理.

特别地,由定理 1 和定理 2 立得:

推论 1 (1) 当 $n=2$ 时,有 $|A_1 \cup A_2|=|A_1|+|A_2|-|A_1 \cap A_2|$;

(2) 当 $n=3$ 时,有

$$\begin{aligned}|A_1 \cup A_2 \cup A_3| = |A_1|+|A_2|+|A_3|-|A_1 \cap A_2|-|A_2 \cap A_3|- \\ |A_3 \cap A_1|+|A_1 \cap A_2 \cap A_3|\end{aligned}$$

推论 2 (1) 当 $n=2$ 时,有

$$|A_1 \cap A_2| = |U|-|A_1|-|A_2|+|A_1 \cap A_2|$$

(2) 当 $n=3$ 时,有

$$\begin{aligned}|A_1 \cap A_2 \cap A_3| = |U|-|A_1|-|A_2|-|A_3|+|A_1 \cap A_2|+|A_2 \cap A_3|+ \\ |A_3 \cap A_1|-|A_1 \cap A_2 \cap A_3|\end{aligned}$$

定理 3 设 $A_1, A_2, \cdots, A_n$ 均为有限集,则:

(1) $|A_1 \cap A_2 \cap \cdots \cap A_n| \leqslant \min\{|A_1|,|A_2|,\cdots,|A_n|\}$;

(2) $A_1 \cup A_2 \cup \cdots \cup A_n| \geqslant \max\{|A_1|,|A_2|,\cdots,|A_n|\}$.

这个结论是显然成立的.

例 14 (第 4 届莫斯科数学奥林匹克试题) 在小于 1 000 的正整数中,既不被 5 整除又不被 7 整除的数有多少个?

解 记 $S=\{1,2,3,\cdots,998,999\}$,$A_i=\{k \mid k \in S$,且 k 被 i 整除$\}(i=5,7)$. 于是,我们要求的个数即是 $|\complement_S A_5 \cap \complement_S A_7|$,由筛法公式有

$$\begin{aligned}|\complement_S A_5 \cap \complement_S A_7| &= |S|-|A_5|-|A_7|+|A_5 \cap A_7| \\ &= 999-\left[\frac{999}{5}\right]-\left[\frac{999}{7}\right]+\left[\frac{999}{5\times 7}\right]=686\end{aligned}$$

例 15 (伯努利装错信笺问题) 有 n 封不同的信和 n 个配套的写有收信人地址的信封,现将 n 封信一对一地放入到 n 个信封中去,结果发现没有一封信

放对(即每封信都没有按地址放入其应放入的信封),问有多少种不同的放法?

解 设 S 是所有放法组成的集合,则显然有 $|S|=n!$. 我们把每封信和对应的信封都分别用 $1,2,3,\cdots,n$ 进行编号,并记 $A_i(i=1,2,\cdots,n)$ 为第 i 封信恰放入第 i 个信封(即放正确)的所有放法构成的集合,故所求的方法数即为

$$|\complement_S A_1\cap\complement_S A_2\cap\cdots\cap\complement_S A_n|$$

而易知

$$|A_i|=(n-1)!\quad(1\leqslant i\leqslant n)$$

$|A_i\cap A_j|=(n-2)!\ (1\leqslant i<j\leqslant n),\cdots,|A_{i_1}\cap A_{i_2}\cap\cdots\cap A_{i_k}|=(n-k)!\ (1\leqslant i_1<i_2<\cdots<i_k\leqslant n),|A_1\cap A_2\cap\cdots\cap A_n|=0!=1$

于是由筛法公式有

$$\begin{aligned}&|\complement_S A_1\cap\complement_S A_2\cap\cdots\cap\complement_S A_n|\\&=n!-C_n^1(n-1)!+C_n^2(n-2)!-C_n^3(n-3)!+\cdots+(-1)^nC_n^n\cdot 0!\\&=n!-\frac{n!}{1!}+\frac{n!}{2!}+\frac{n!}{3!}+\cdots+(-1)^n\frac{n!}{n!}\\&=n!\left[1-\frac{1}{1!}+\frac{1}{2!}+\frac{1}{3!}+\cdots+(-1)^n\frac{1}{n!}\right]\end{aligned}$$

点评 本例通常又称为乱序排列问题. 所谓乱序排列指的是:将 n 个不同元素重新排列,使每个元素都不在原来位置上,此结论可用来计数.

例 16 由数字 1,2,3 组成 n 位数,且在这个 n 位数中,1,2,3 中每一个至少出现一次. 问:这样的 n 位数有多少个?

解 设 U 是由 1,2,3 组成的 n 位数的集合,A_1 是 U 中不含数字 1 的 n 位数的集合,A_2 是 U 中不含数字 2 的 n 位数的集合,A_3 是 U 中不含数字 3 的 n 位数的集合,则 $|U|=3^n$; $|A_1|=|A_2|=|A_3|=2^n$; $|A_1\cap A_2|=|A_2\cap A_3|=|A_3\cap A_1|=1$; $|A_1\cap A_2\cap A_3|=0$,故

$$\begin{aligned}&|\overline{A_1\cup A_2\cup A_3}|\\&=|U|-|A_1|-|A_2|-|A_3|+|A_1\cap A_2|+\\&\quad|A_2\cap A_3|+|A_3\cap A_1|-|A_1\cap A_2\cap A_3|\\&=3^n-3\times 2^n+3\times 1-0=3^n-3\times 2^n+3\end{aligned}$$

因此,符合题意的 n 位数的个数为 $3^n-3\times 2^n+3$.

下面,再来看一个关于容斥原理应用的变异问题.

例 17 参加大型团体表演的学生共 240 名,他们面对教练站成一排,自左至右按 1,2,3,4,5,… 依次报数,教练要求全体学生牢记各自所报的数,并做下列动作:先让报的数是 3 的倍数的全体学生向后转;接着让报的数是 5 的倍数的全体学生向后转;最后让报的数是 7 的倍数的全体学生向后转. 问:

(1) 此时还有多少学生面对教练?

(2) 面对教练的学生中,自左至右第 66 位学生所报的数是多少?

解　(1) 设$U=\{1,2,\cdots,240\}$，A_i表示由U中所有i的倍数组成的集合，则$|U|=240$；

$$|A_3|=\left[\frac{240}{3}\right]=80,\quad |A_5|=\left[\frac{240}{5}\right]=48,\quad |A_7|=\left[\frac{240}{7}\right]=34,$$

$$|A_{15}|=\left[\frac{240}{15}\right]=16,\ |A_{21}|=\left[\frac{240}{21}\right]=11,\quad |A_{35}|=\left[\frac{240}{35}\right]=6,$$

$$|A_{105}|=\left[\frac{240}{105}\right]=2.$$

所以，此时有$|U|-(|A_3|+|A_5|+|A_7|)+2(|A_{15}|+|A_{21}|+|A_{35}|)-4|A_{105}|=136$名学生面对教练．若借助韦恩图进行分析，将上面所得数据分别填入图2中，注意按从内到外的顺序填．此时，面对教练的学生一目了然，有

$$109+14+4+9=136(\text{名})$$

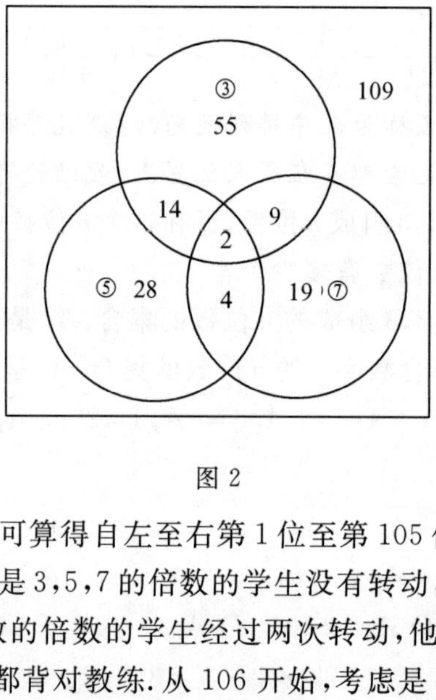

图2

(2) 用类似的方法可算得自左至右第1位至第105位学生中面对教练的有60名．考虑所报的数不是3，5，7的倍数的学生没有转动，他们面对教练；所报的数是3，5，7中的两个数的倍数的学生经过两次转动，他们仍面对教练；其余学生转动了一次或三次，都背对教练．从106开始，考虑是3，5，7的倍数的数．

3的倍数(由105依次加3)：108，111，114，117，120，…；5的倍数(由105依次加5)：110，115，120，…；7的倍数(由105依次加7)：112，119，…．因此，从第106位学生开始，自左至右面对教练的学生所报的数依次是：106，107，109，113，116，118，120，… 由此可知面对教练的第66位学生所报的数是118．

例18　给定2 010个集合，每个集合都恰有44个元素，并且每两个集合恰有一个公共元素．试求这2 010个集合的并集中元素的个数．

解　设给定集合为$A_1,A_2,\cdots,A_{2\,010}$，则有$|A_i|=44(1\leqslant i\leqslant 2\,010)$，$|A_i\cap A_j|=1(1\leqslant i<j\leqslant 2\,010)$，只要求

$|A_{i_1}\cap A_{i_2}\cap\cdots\cap A_{i_k}|\quad(1\leqslant i_1<i_2<\cdots<i_k\leqslant 2\,010,k\geqslant 3)$

由 $|A_i\cap A_j|=1$ 知 $|A_{i_1}\cap A_{i_2}\cap\cdots\cap A_{i_k}|\leqslant 1$,若都等于1,则必有一个元素是所有集合的公共元素.

下面证明 $|A_{i_1}\cap A_{i_2}\cap\cdots\cap A_{i_k}|=1(1\leqslant i_1<i_2<\cdots<i_k\leqslant 2\,010,k\geqslant 3)$.

对于 A_1,因它与其他 2 009 个集合都有公共元,且 $|A_1|=44$, $\left[\frac{2\,010}{44}\right]=45$,若 A_1 中每个元素至多属于其他 45 个集合,则 A_1 至多与 $44\times 45=1\,980$ 个集合有公共元素. 矛盾!

可见,A_1 中必有一个元素 a 至少属于其他 46 个集合,设 $a\in A_2,\cdots,A_{47}$,而 B 是 $A_{48},\cdots,A_{2\,010}$ 中任意一个集合,若 $a\notin B$,因 B 与 $A_1,\cdots,A_{47}$ 中每一个都有公共元素,则这些公共元素两两不同(因若 B 与 A_i,$A_j(1\leqslant i<j\leqslant 47)$ 有相同公共元素 b,则 $b\neq a$,从而 A_i,$A_j(1\leqslant i<j\leqslant 47)$ 有两个公共元素,矛盾!),故 B 至少有 47 个元素,与 $|B|=44$ 矛盾! 故 $a\in B$,即 a 是 2 010 个集合的公共元素. 再由 $A_1,A_2,\cdots,A_{2\,010}$ 每两个集合恰有一个公共元素知 $|A_{i_1}\cap A_{i_2}\cap\cdots\cap A_{i_k}|(1\leqslant i_1<i_2<\cdots<i_k\leqslant 2\,010,k\geqslant 3)=1$,所以

$$|A_1\cup A_2\cup\cdots\cup A_{2\,010}|$$
$$=\sum|A_i|-\sum|A_i\cap A_j|+\cdots+(-1)^{n-1}\sum|A_1\cap\cdots\cap A_{2\,010}|\cdot$$
$$|A_1\cup A_2\cup\cdots\cup A_{2\,010}|$$
$$=\sum|A_i|-\sum|A_i\cap A_j|+\cdots+(-1)^{n-1}\sum|A_1\cap\cdots\cap A_{2\,010}|$$
$$=2\,010\times 44-C_{2\,010}^2+C_{2\,010}^3-\cdots-C_{2\,010}^{2\,010}$$
$$=2\,010\times 44+C_{2\,010}^0-C_{2\,010}^1-(C_{2\,010}^0-C_{2\,010}^1+C_{2\,010}^2-C_{2\,010}^3+\cdots+C_{2\,010}^{2\,010})$$
$$=86\,431$$

巩固练习

1. 满足 $\{a_1,a_2,\cdots,a_m\}\cup B=\{a_1,a_2,\cdots,a_n\}(n>m)$ 的集合 B 有________个.

解 2^m. 集合 B 中必含有 $a_{m+1},a_{m+2},\cdots,a_n$ 这 $n-m$ 个元素,还可以含有 $\{a_1,a_2,\cdots,a_m\}$ 中的 m 个元素中的 $t(t=1,2,3,\cdots,m)$ 个,所以集合 B 相当于在 $\{a_1,a_2,\cdots,a_m\}$ 的每个子集中添加 $a_{m+1},a_{m+2},\cdots,a_n$ 这 $n-m$ 个元素,因此集合 B 的个数等于 $\{a_1,a_2,\cdots,a_m\}$ 的子集数,故为 2^m 个.

2. 满足 $M\subseteq\{a_1,a_2,\cdots,a_n\}$ 且 $M\cap\{a_1,a_2,\cdots,a_m\}\neq\varnothing(m\leqslant n)$,则这样的集合 M 有________个.

解　2^{n-m}. 因为 $M \cap \{a_1, a_2, \cdots, a_m\} \neq \varnothing$，不妨设 $M \cap \{a_1, a_2, \cdots, a_m\} = \{a_1, a_2, \cdots, a_k\}$，其中 $k \leqslant m$，可知集合 M 中必有元素 $a_1, a_2, \cdots, a_k$，且不含有元素 $a_{k+1}, a_{k+2}, \cdots, a_m$，另外 M 中还可以含有 $a_{m+1}, a_{m+2}, \cdots, a_n$ 这 $n-m$ 个元素中的 t 个 $t=1,2,3,\cdots,n-m$，所以集合 M 相当于在 $\{a_{m+1}, a_{m+2}, \cdots, a_n\}$ 中添加 a_1，$a_2, \cdots, a_k$ 这 k 个元素而得到的，因此集合 M 的个数相当于 $\{a_{m+1}, a_{m+2}, \cdots, a_n\}$ 的子集个数，故集合 M 的个数为 2^{n-m}.

3. 满足 $A \cup B = \{a_1, a_2, \cdots, a_n\}$ 的有序集合对 (A, B) 有________组.

解　3^n. 记 $M = \{a_1, a_2, \cdots, a_n\}$.

(1) 当 $A = \varnothing$，由 $A \cup B = \{a_1, a_2, \cdots, a_n\}$ 知 $B = M$，这样的 (A, B) 只有一组.

(2) 当 A 中只含有一个元素时，A 有 C_n^1 个，因为 $A \cup B = \{a_1, a_2, \cdots, a_n\}$，则集合 B 中必有所有元素，集合 B 就是在集合 A 的子集中添加 $\complement_M A$ 中的所有元素而得到的，因此集合 B 的个数就是集合 A 子集个数，为 2^1 个，则 (A, B) 的个数为 $2^1 C_n^1$.

(3) 同理，当 A 中有两个元素时，(A, B) 的个数是 $2^2 C_n^2$.

(4) 当 $A = M$ 时，(A, B) 的个数是 $2^n C_n^n$.

根据分类计数原理，(A, B) 的个数为 $1 + 2^1 C_n^1 + 2^2 C_n^2 + \cdots + 2^n C_n^n = (1+2)^n = 3^n$.

4. 从集合 $A = \{a_1, \cdots, a_n\}$（n 属于正整数，$n \geqslant 3$）的子集中任选 4 个不同的子集，且同时满足以下条件：

(1) 空集、全集都要选出.

(2) 对于选出的任意两个子集 A 与 B，必有 A 是 B 的子集（B 是 A 的子集），那么共有 $3^n - 3 \times 2^n + 3$ 种不同选法.

证明　设 A, B 为非空真子集，且 A 是 B 的真子集，集合 A 有一个元素，集合 B 除了含 A 中的一个元素外，从剩下的 $n-1$ 个元素中任取 1 个，2 个，3 个，…，$n-2$ 个，即集合 B 的选法为 $2^{n-1} - 2$ 个，于是得到 $C_n^1(2^{n-1} - 2)$.

同理，集合 A 有两个元素时，得到 $C_n^2(2^{n-2} - 2)$，集合 A 有 $n-2$ 个元素时，得到 $C_n^{n-2}(2^2 - 2)$.

利用加法原理，将上述数字累加得到 $3^n - 3 \times 2^n + 3$，故满足条件的选法为 $3^n - 3 \times 2^n + 3$ 种.

5. 设集合 $A = \{a_1, a_2, a_3, a_4, a_5\}$，$B = \{a_1^2, a_2^2, a_3^2, a_4^2, a_5^2\}$，其中 a_1, a_2, a_3，a_4, a_5 是 5 个不同的正整数，$a_1 < a_2 < a_3 < a_4 < a_5$，$A \cap B = \{a_1, a_4\}$，$a_1 + a_4 = 10$，若 $A \cup B$ 中所有元素的和为 256，则满足条件的集合 A 的个数为________.

解　2. 因为 $a_1^2 = a_1$，所以 $a_1 = 1$，$a_4 = 9$. 由于 B 中有 9，因此 A 中有 3. 若

$a_3=3$，则 $a_2=2$，于是 $a_5+a_5^2=146$，无正整数解. 若 $a_2=3$，由于 $10\leqslant a_5\leqslant 11$，所以 $a_2^2\neq a_5$，于是 $a_3+a_3^2+a_5+a_5^2=152$. 又因为 $a_3\geqslant 4$，当 $a_5=10$ 时，$a_3=6$；当 $a_5=11$ 时，$a_3=4$，因此满足条件的 A 共有 2 个，分别为 $\{1,3,4,9,11\}$，$\{1,3,6,9,10\}$.

6.（2010 年上海考题）从集合 $u=\{a,b,c,d\}$ 中选出四个不同的子集，且同时满足以下条件：

(1) 空集、全集都要选出.

(2) 对于选出的任意两个子集 A,B 必有 A 是 B 的子集（或 B 是 A 的子集），那么共有多少种选法？

解 在第 5 题结论中，令 $n=4$ 得到 36 种选法.

7. 设 M 是集合 $S=\{1,2,3,\cdots,2\,010\}$ 的子集，且 M 中每一个自然数（元素）仅含有一个数字 0，则集合 M 所含元素最多有________个.

解 414. 因为符合条件的 2 位数有 $C_9^1=9$ 个，符合条件的 3 位数有 $C_2^1C_9^1C_9^1=162$ 个，符合条件的 4 位数有 $C_3^1C_9^1C_9^1=243$ 个，共有 $9+162+243=414$（个）.

8.（1991 年全国高中数学联赛）设 $S=\{1,2,\cdots,n\}$，A 为至少含有两项的、公差为正的等差数列，其项都在 S 中，且添加 S 的其他元素等于 A 后均不能构成与 A 有相同公差的等差数列，求这种 A 的个数（这里只有两项的数列也看作等差数列）.

解 构造具有如下要求的集合 A：把 A 中的元素按从小到大的次序排好后，在其最大元素后面添上 S 的任何元素均不能构成具有原公差的等差数列. 这时，当 A 的首项与公差一旦确定，其整个集合 A 也即确定，不妨设 A 的首项为 a，公差为 d，则 $a=1$，$d=1,2,\cdots,n-1$ 时的集 A 有 $n-1$ 个；$a=2$，$d=1,2,\cdots,n-2$ 时的集 A 有 $n-2$ 个；$\cdots$，$a=n-1$，$d=1$ 时的集 A 有 1 个.

因此，所求 A 的总个数为 $1+2+\cdots+(n-1)=\dfrac{n(n-1)}{2}$.

9. 对于 $n\geqslant 2$，$a_1,a_2,\cdots,a_n$ 为 $1,2,\cdots,n$ 的一个全排列，且满足有且只有一个 $i\in\{1,2,\cdots,n-1\}$，使得 $a_i>a_{i+1}$，则这种排列的个数为________.

解 2^n-n-1. 由 $a_1<a_2<\cdots<a_i$，$a_i>a_{i+1}$，$a_{i+1}<a_{i+2}<\cdots<a_n$，所以，对某个 i 定下后，我们先从原集合中任意选出 i 个数，从小到大排列为 $a_1<a_2<\cdots<a_i$，剩下的数从小到大排列为 $a_{i+1}<a_{i+2}<\cdots<a_n$，由于 $a_i>a_{i+1}$，所以只要排除选出的恰好是 $\{1,2,\cdots,i\}$ 这种情况即可，所以

$$p_n=\sum_{i=1}^{n-1}(C_n^i-1)=\sum_{i=0}^{n}(C_n^i-1)=\sum_{i=0}^{n}C_n^i-(n+1)=2^n-n-1$$

10. 设 $1\leqslant x,y,z\leqslant 6$，则自然数 x,y,z 的乘积能被 10 整除的情形有________种.

解 72.(1)x,y,z 的取法有 6^3 种;(2)x,y,z 不取 2,4,6 的取法有 3^3 种;(3)x,y,z 不取 5 的取法有 5^3 种;(4)x,y,z 不取 2,4,5,6 的取法有 2^3 种.由容斥原理得,x,y,z 的乘积能被 10 整除的情形有 $6^3-3^3-5^3+2^3=72$.

11.将与 105 互素的所有正整数从小到大排成数列,求出这个数列的第 2 010 项.

解 $1\sim105$ 的所有正整数中共有 $\varphi(105)=\varphi(3)\varphi(5)\varphi(7)=48$ 个数与 105 互素,它们从小到大排列为:$a_1=1,a_2=2,a_3=4,a_4=8,a_5=11,\cdots,a_{48}=104$.对于任意的 a_n,由带余除法存在唯一的 q,r 使得 $a_n=105q+r,q\geqslant0,0\leqslant r<105$,由$(a_n,105)=1$,可得$(r,105)=1$,即 $r\in\{a_1,a_2,\cdots,a_{48}\}$.反之,对于任意固定非负整数 q, $r\in\{a_1,a_2,\cdots,a_{48}\}$,有$(105q+r,105)=1$,于是 $105q+r$ 都是数列的项,从而存在正整数 n,使得 $a_n=105q+r$.因此数列$\{a_n\}$仅由 $105q+a_n(n=1,2,\cdots,48)$ 个数由小到大排列而成的.因为 $2\ 010=48\times41+42$,所以有 $a_{2\,010}=105\times41+a_{42}$,而由 $a_{48}=104$,求得 $a_{42}=91$,所以 $a_{2\,010}=4\ 396$.

12.(第30届IMO试题)设 n 是正整数,我们说集合$\{1,2,\cdots,2n\}$的一个排列$(x_1,x_2,\cdots,x_{2n})$具有性质 P,是指在$\{1,2,\cdots,2n-1\}$当中至少有一个 i,使得 $|x_i-x_{i+1}|=n$.求证:对于任何 n,具有性质 P 的排列比不具有性质 P 的排列的个数多.

证明 设 A 为不具有性质 P 的排列的集合,B 为具有性质 P 的排列的集合,显然 $|A|+|B|=(2n)!$.为了证明 $|A|<|B|$,只要得到 $|B|>\frac{1}{2}(2n)!$ 就够了.使用容斥原理.

设$(x_1,x_2,\cdots,x_{2n})$中,k 与 $k+n$ 相邻的排列的集合为 A_k,$k=1,2,\cdots,n$,则 $|A_k|=2x(2n-1)!$,$|A_k\cap A_j|=2^2x(2n-2)!$,$1\leqslant k<j\leqslant n$,由容斥原理得

$$\begin{aligned}|B|&=\sum_{k=1}^{n}|A_k|-\sum_{1\leqslant k<j\leqslant n}|A_k\cap A_j|=n\cdot2\cdot(2n-1)!\ -C_n^2\cdot4\cdot(2n-2)!\\&=(2n)!\ -2n(n-1)\cdot(2n-2)!\\&=2n\cdot n\cdot(2n-2)!\ >2n\cdot\frac{2n-1}{2}\cdot(2n-2)!\ =\frac{1}{2}(2n)!\end{aligned}$$

第3节 集合中的最值(或极值)

在这一节主要介绍集合中的最大值或最小值(极大值或极小值)的求解方法与策略.这类问题主要包括两个方面:其一是涉及集合中元素个数的最多或最少方面的最值问题,这是最主要的方面;其次是涉及集合中在已知条件下某

个元素的最大值或最小值问题，解决这些往往要用到抽屉原理与极端原理等基础知识.

定理1 设$\mathbf{N}^*$是全体正整数组成的集合，M是$\mathbf{N}^*$的一个子集(M可以是有限集也可以是无限集)，则M中必有最小数.

定理2 设$\mathbf{R}$是全体实数组成的集合，T是$\mathbf{R}$的一个非空有限子集，则T中必有最大数，也必有最小数.

这两个原理显然十分明显，但它们都给我们解数学竞赛题提供了有力的工具和重要的解题思想方法.

定理3 如果把$n+1$件东西任意放入n个抽屉，那么必定有一个抽屉里至少有两件东西.

定理4 如果把m件东西任意放入n个抽屉，那么必定有一个抽屉里至少有$\left[\frac{m-1}{n}\right]+1$件东西，也必定有一个抽屉里至多有$\left[\frac{m}{n}\right]$件东西，其中$[x]$表示不超过$x$的最大整数.

定理5 如果把无穷多件东西放入n个抽屉，那么必定至少有一个抽屉里有无穷多件东西.

其实，定理3是定理4的特殊情况，用抽屉原理解题，关键是设计"抽屉"，抽屉设计得好，题目就容易解决，设计得不好，反而使问题复杂化，甚至无法解决，究竟如何设计，没有统一的套路，需对具体问题做具体分析.

运用抽屉原理解题时，有时用等价的"平均数原理"，在几何上则称为"重叠原理". 当处理存在问题时，我们常常会用到抽屉原理.

定理6 设$A_1, A_2, \cdots, A_n$均为有限集，则：

(1) $|A_1 \cap A_2 \cap \cdots \cap A_n| \leqslant \min\{|A_1|, |A_2|, \cdots, |A_n|\}$；

(2) $A_1 \cup A_2 \cup \cdots \cup A_n \geqslant \max\{|A_1|, |A_2|, \cdots, |A_n|\}$.

这个结论是显然成立的.

例1 设S是集合$\{1,2,\cdots,15\}$的一个非空子集，若正整数n满足：$n \in S$，$n+|S| \in S$，则称n是子集S的模范数，这里$|S|$表示集合S中元素的个数. 对集合$\{1,2,\cdots,15\}$的所有非空子集S，模范数的个数之和为________.

分析 只要找出对每个n有多少集合，使得n是模范数，再关于n求和即可.

解 若n是S的一个模范数，S含有k个元素，则$n \in S, n+k \in S$，所以$k \geqslant 2$；又$k \leqslant 15-n$. S的其他$k-2$个元素有C_{13}^{k-2}种取法，故n为模范数时，共有$C_{13}^0 + C_{13}^1 + \cdots + C_{13}^{13-n}$个.

当$n=1,2,\cdots,13$，模范数的总数为$A=13C_{13}^0+12C_{13}^1+\cdots+C_{13}^{12}$，故

$$2A=13C_{13}^0+12C_{13}^1+\cdots+C_{13}^{12}+C_{13}^1+2C_{13}^2+\cdots+12C_{13}^{12}+13C_{13}^{13}$$

$=13(C_{13}^0+C_{13}^1+\cdots+C_{13}^{13})=13\cdot 2^{13}$

所以对集合$\{1,2,\cdots,15\}$的所有非空子集S,模范数的个数之和为$13\cdot 2^{12}$.

例 2 对给定的正整数$n(n\geqslant 6)$,由不大于n的连续5个正整数的和组成集合A,由不大于n的连续6个正整数的和组成集合B,若集合$A\cap B$的元素个数为2 013,则n的最大值为________.

解 由条件知集合A由形如$k+(k+1)+(k+2)+(k+3)+(k+4)=5k+10$的数构成,其中$k$为正整数,且$k\leqslant n-4$.集合$B$由形如$l+(l+1)+(l+2)+(l+3)+(l+4)+(l+5)=6l+15$的数构成,其中$l$为正整数,且$l\leqslant n-5$.由$5k+10=6l+15$知,$6l=5(k-1)$,所以$6\mid(k-1)$.

设$k-1=6t$(t为正整数),则$k=6t+1$,$l=5t$,$5k+10=6l+15=30t+15$.

由$l\leqslant n-5$,$k\leqslant n-4$知$t\leqslant\frac{n-5}{6}$,所以$A\cap B$由形如$30t+15$的数构成,其中t为正整数,且$t\leqslant\frac{n-5}{6}$.所以集合$A\cap B$的元素个数为$\left[\frac{n-5}{6}\right]$.由$A\cap B$的元素个数为2 013知,$\left[\frac{n-5}{6}\right]=2\,013$,所以$2\,013\leqslant\frac{n-5}{6}<2\,014$,$12\,083\leqslant n<12\,089$.$n$的最大值为12 088.

例 3 已知集合A的元素都是整数,其中最小的为1,最大的为200.且除1以外,A中每一个数都等于A中某两个数(可以相同)的和,则$|A|$的最小值为________.(符号$|A|$表示集合A中元素的个数)

解 易知集合$A=\{1,2,3,5,10,20,40,80,160,200\}$符合要求.此时,$|A|=10$.下面说明$|A|=9$不符合要求.假设集合$A=\{1,x_1,x_2,x_3,x_4,x_5,x_6,x_7,200\}$,$x_1<x_2<x_3<x_4<x_5<x_6<x_7$符合要求,则$x_1=1+1=2$,$x_2\leqslant 2+2=4$,$x_3\leqslant 8$,$x_4\leqslant 16$,$x_5\leqslant 32$,$x_6\leqslant 64$,$x_7\leqslant 128$.由于$x_6+x_7\leqslant 64+128=192<200$,因此,$200=x_7+x_7$,$x_7=100$.同理,由$x_5+x_6\leqslant 32+64=96<100$,知,$x_7=100=x_6+x_6$,$x_6=50$.由$x_4+x_5\leqslant 16+32=48<50$,知,$x_6=50=x_5+x_5$,$x_5=25$.

由$x_3+x_4\leqslant 8+16=24<25$知,$x_5=25=x_4+x_4$,$x_4=\frac{25}{2}$与$x_4$为整数矛盾.

所以$|A|=9$不符合要求,$|A|\neq 9$.同理,$|A|\leqslant 8$也不符合要求.因此,$|A|$的最小值为10.

例 4 设$M=\{1,2,\cdots,65\}$,$A\subseteq M$为子集.若$|A|=33$,且存在$x,y\in A$,$x<y$,$x\mid y$,则称A为"好集".求最大的$a\in M$,使含a的任意33元子集为好集.

解 令$P=\{21+i\mid i=1,2,\cdots,44\}\setminus\{2(21+i)\mid i=1,2,\cdots,11\}$,$|P|=$

33.显然对任意 $1 \leqslant i < j \leqslant 44$,不存在 $n \geqslant 3$,使得 $21+j=n(21+i)$ 成立.故 P 是非好集.因此 $a \leqslant 21$.

下面证明包含 21 的任意一个 33 元子集 A 一定为好集.设 $A=\{a_1,a_2,\cdots,a_{32},21\}$.

若 1,3,7,42,63 之一为集合 A 的元素,显然为好集.

现考虑 1,3,7,42,63 都不属于集合 A.构造集合 $A_1=\{2,4,8,16,32,64\}$,$A_2=\{5,10,20,40\}$,$A_3=\{6,12,24,48\}$,$A_4=\{9,18,36\}$,$A_5=\{11,22,44\}$,$A_6=\{13,26,52\}$,$A_7=\{14,28,56\}$,$A_8=\{15,30,60\}$,$A_9=\{17,34\}$,$A_{10}=\{19,38\}$,$A_{11}=\{23,46\}$,$A_{12}=\{25,50\}$,$A_{13}=\{27,54\}$,$A_{14}=\{29,58\}$,$A_{15}=\{31,62\}$,$A'=\{33,35,37,\cdots,61,65\}$.由上可见,$A_1,A_2,\cdots,A_{15}$ 每个集合中两个元素都是倍数关系.考虑最不利的情况,即 $A' \subset A$,也即 A' 中 16 个元素全部选作 A 的元素,A 中剩下 16 个元素必须从 $A_1,A_2,\cdots,A_{15}$ 这 15 个集合中选取 16 个元素.根据抽屉原理,至少有一个集合有两个元素被选,即集合 A 中至少有两个元素存在倍数关系.

综上所述,包含 21 的任意一个 33 元子集 A 一定为好集,即 a 的最大值为 21.

例 5　设 k,n 为给定的整数,$n > k \geqslant 2$.对任意 n 元数集 P,作 P 的所有 k 元子集的元素和,记这些和组成的集合为 Q,集合 Q 中元素个数是 C_Q,求 C_Q 的最大值.

解　C_Q 的最大值为 C_n^k.因 P 共有 C_n^k 个 k 元子集,故显然有 $C_Q \leqslant C_n^k$.

下面我们指出,对集合 $P=\{2,2^2,\cdots,2^n\}$,相应的 C_Q 等于 C_n^k,即 P 的任意两个不同的 k 元子集的元素之和不相等,从而 C_Q 的最大值为 C_n^k.

事实上,若上述的集合 P 有两个不同的 k 元子集 $A=\{2^{r_1},2^{r_2},\cdots,2^{r_k}\}$,$B=\{2^{s_1},2^{s_2},\cdots,2^{s_k}\}$,使得 A 与 B 的元素之和相等,则

$$2^{r_1}+2^{r_2}+\cdots+2^{r_k}=2^{s_1}+2^{s_2}+\cdots+2^{s_k}=M(\text{设}) \qquad ①$$

因 ① 可视为正整数 M 的二进制表示,由于 r_i 互不相同,s_i 互不相同,故由正整数的二进制表示的唯一性,我们由 ① 推出,集合 $\{r_1,r_2,\cdots,r_k\}$ 必须与 $\{s_1,s_2,\cdots,s_k\}$ 相同,从而子集 $A=B$,矛盾.这就证明了我们的断言.

例 6　对于正整数 $n(n \geqslant 2)$,定义 $f(n)$ 为集合 S 中元素个数的最小值,集合 S 满足最小的元素 $1 \in S$,最大的元素 $n \in S$,且对于异于 1 的每个元素都是 S 中两个元素的和(可以相同证明):

(1) $f(n) \geqslant [\log_2 n]+1$;

(2) 有无穷多个 n,使得 $f(n)=f(n+1)$.

证明　(1) 对于 $n \geqslant 2$,设 $f(n)=k$,则 S 中有 k 个元素,且 $1=a_1 < a_2 < \cdots < a_k=n$,故 $a_2=a_1+a_1=2$,$a_3=a_1+a_2$ 或 a_2+a_2.于是,$a=3$

或 4，即$a_3\leqslant 2^2$. 假设$a_i\leqslant 2^{i-1}$，则$a_{i+1}=a_r+a_s\leqslant 2a_i\leqslant 2^i$. 所以，$n=a_k\leqslant 2^{k-1}$，故$k\geqslant 1+\log_2 n\geqslant 1+[\log_2 n]$.

(2) 由(1) 可知，若S中有k个元素，则$n\leqslant 2^{k-1}$ 所以，$f(2^{k-1}+1)\geqslant k+1$，$f(2^{k-1}+2)\geqslant k+1$. 当$k\geqslant 3$时，对于集合$S_1=\{1,2,2^2,\cdots,2^{k-1},2^{k-1}+1\}$和集合$S_2=\{1,2,2^2,\cdots,2^{k-1},2^{k-1}+2\}$均有$k+1$个元素，且满足条件，所以，$f(2^{k-1}+1)=f(2^{k-1}+2)=k+1$.

例 7 已知集合$P=\left\{\begin{matrix} x\,|\,x=7^3+a\times 7^2+b\times 7+c \\ \text{其中 } a,b,c \text{ 为不超过 6 的正整数}\end{matrix}\right\}$. $x_1,x_2,x_3,\cdots,x_n$为集合P中构成等差数列的n个元素. 求n的最大值.

解 (1) 显然 1,2,3,4,5,6 这 6 个数在集合P中，且构成等差数列.

(2) 下面证明集合P中任意 7 个不同的数都不能构成等差数列. 用反证法.

设$x_1,x_2,x_3,\cdots,x_7$为集合P中构成等差数列的 7 个不同的元素，其公差为d，$d>0$. 由集合P中元素的特性知，集合P中任意一个元素都不是 7 的倍数. 所以由抽屉原理知，$x_1,x_2,x_3,\cdots,x_7$这 7 个数中，存在 2 个数，它们被 7 除的余数相同，其差能被 7 整除. 设$x_i-x_j(i,j\in\{1,2,3,4,5,6,7\},i<j)$能被 7 整除，则$7\,|\,(j-i)d$，所以$7\,|\,d$. 设$d=7m$($m$为正整数)，设$x_1=7^3+a_1\times 7^2+a_2\times 7+a_3$($a_1,a_2,a_3$为不超过 6 的正整数)，则

$$x_i=7^3+a_1\times 7^2+a_2\times 7+a_3+7(i-1)m\quad(i=2,3,\cdots,7)$$

因为$x_7\leqslant 7^3+6\times 7^2+6\times 7+6$，$x_7\geqslant 7^3+1\times 7^2+1\times 7+1+7(7-1)m$，所以$1\leqslant m\leqslant 6$，即公差$d$只能为$7\times 1,7\times 2,\cdots,7\times 6$. 因为$1\leqslant m\leqslant 6$，$(7,m)=1$.

所以$m,2m,\cdots,6m$除以 7 以后的余数各不相同，分别为$1,2,\cdots,6$中的一个.

因此，存在$k\in\{1,2,3,4,5,6\}$，使得a_2+km能被 7 整除，设$a_2+km=7t$(t为正整数)，则

$$\begin{aligned}x_{k+1}&=7^3+a_1\times 7^2+a_2\times 7+a_3+7km=\\&7^3+a_1\times 7^2+(a_2+km)\times 7+a_3=\\&7^3+(a_1+t)\times 7^2+a_3\end{aligned}$$

这样，x_{k+1}的 7 进制表示中，7 的系数(即从左到右第 2 位) 为 0，与$x_{k+1}\in P$矛盾. 所以集合P中任意 7 个不同的数都不能构成等差数列. 所以n的最大值为 6.

例 8 (2005 年第 2 届中国东南数学奥林匹克试题) 设n是正整数，集合$M=\{1,2,3,\cdots,2n\}$. 求最小的正整数k，使得对于M的任何一个k元子集，其中必有 4 个互不相同的元素之和等于$4n+1$.

解 考虑M的$n+2$元子集$P=\{n-1,\ n,\ n+1,\ \cdots,\ 2n\}$. P中任何 4 个

不同元素之和不小于$(n-1)+n+n+1+n+2=4n+2$，所以$k\geqslant n+3$.

将M的元配为n对，$B_i=(i,2n+1-i)$，$1\leqslant i\leqslant n$. 对M的任一$n+3$元子集A，必有三对B_{i_1}，B_{i_2}，B_{i_3}同属于A(i_1，i_2，i_3两两不同).

又将M的元配为$n-1$对，$C_i=(i,2n-i)$，$1\leqslant i\leqslant n-1$. 对$M$的任一$n+3$元子集$A$，必有一对$C_{i_4}$同属于$A$. 这一对$C_{i_4}$必与刚才三对$B_{i_1}$，$B_{i_2}$，$B_{i_3}$中至少一对无公共元，这4个元素互不相同，且和为$2n+1+2n=4n+1$.

因此，所求的最小$k=n+3$.

巩固练习

1. 已知集合$A=\{x\,\|\,x-1\,|\leqslant\sqrt{10},x\in\mathbf{Z}\}$，$B=\{y\mid y=-x^2+1,x\in\mathbf{R}\}$，则$A\cap B$的非空真子集有(　　).

A. 31个　　B. 30个　　C. 15个　　D. 14个

解　D. 由条件知，$A=\{-2,-1,0,1,2,3,4\}$，$B=(-\infty,1]$，$A\cap B=\{-2,-1,0,1\}$. 所以$A\cap B$的非空真子集有$2^4-2=14$(个).

2. 已知A与B是集合$\{1,2,3,\cdots,100\}$的两个子集，满足：A与B的元素个数相同，且$A\cap B$为空集. 若$n\in A$时总有$2n+2\in B$，则集合$A\cup B$的元素个数最多为(　　).

A. 62　　B. 66　　C. 68　　D. 74

解　B. 先证$|A\cup B|\leqslant 66$，只需证$|A|\leqslant 33$，为此只需证若A是$\{1,2,\cdots,49\}$的任一个34元子集，则必存在$n\in A$，使得$2n+2\in B$. 证明如下：

将$\{1,2,\cdots,49\}$分成如下33个集合：$\{1,4\}$，$\{3,8\}$，$\{5,12\}$，$\cdots$，$\{23,48\}$共12个；$\{2,6\}$，$\{10,22\}$，$\{14,30\}$，$\{18,38\}$共4个；$\{25\}$，$\{27\}$，$\{29\}$，$\cdots$，$\{49\}$共13个；$\{26\}$，$\{34\}$，$\{42\}$，$\{46\}$共4个. 由于A是$\{1,2,\cdots,49\}$的34元子集，从而由抽屉原理可知上述33个集合中至少有一个2元集合中的数均属于A，即存在$n\in A$，使得$2n+2\in B$. 如取$A=\{1,3,5,\cdots,23,2,10,14,18,25,27,29,\cdots,49,26,34,42,46\}$，$B=\{2n+2\mid n\in A\}$，则$A$，$B$满足题设且$|A\cup B|\leqslant 66$.

3. 集合A中的元素均为正整数，具有性质：若$a\in A$，则$12-a\in A$，这样的集合共有________个.

解　63. 从集合A的性质可得，A必然是六个集合$\{1,11\}$，$\{2,10\}$，$\{3,9\}$，$\{4,8\}$，$\{5,7\}$，$\{6\}$中某几个的并集，因此符合要求的A共有$\mathrm{C}_6^1+\mathrm{C}_6^2+\mathrm{C}_6^3+\mathrm{C}_6^4+\mathrm{C}_6^5+\mathrm{C}_6^6=2^6-1=63$(个).

4. 正整数集合A_k的最小元素为1，最大元素为2 007，并且各元素可以从小到大排成一个公差为k的等差数列，则并集$A_{17}\cup A_{59}$中的元素个数为(　　).

A. 119　　B. 120　　C. 151　　D. 154

解　C. 用 $|A_k|$ 表示集合 A_k 的元素个数，设 $|A_k|=n+1$，由 $2\,007=1+nk$，得 $n=\dfrac{2\,006}{k}$，于是 $|A_{17}|=\dfrac{2\,006}{17}+1=119$，$|A_{59}|=\dfrac{2\,006}{59}+1=35$，$|A_{17}\cap A_{59}|=|A_{1\,003}|=\dfrac{2\,006}{17\times 59}+1=3$；从而 $|A_{17}\cup A_{59}|=|A_{17}|+|A_{59}|-|A_{1\,003}|=119+35-3=151$.

5. 如果：(1) a, b, c, d 都属于 $\{1, 2, 3, 4\}$；

(2) $a\neq b$, $b\neq c$, $c\neq d$, $d\neq a$；

(3) a 是 a, b, c, d 中的最小数，那么，可以组成的不同的四位数 $\overline{abcd}$ 的个数是________.

解　46. $abcd$ 中恰有 2 个不同数字时，能组成 $C_4^2=6$ 个不同的数. $abcd$ 中恰有 3 个不同数字时，能组成 $C_3^1C_2^1C_2^1+C_2^1C_2^1=16$ 个不同数. $abcd$ 中恰有 4 个不同数字时，能组成 $A_4^4=24$ 个不同数，所以符合要求的数共有 $6+16+24=46$(个).

6. 设数集 $M=\{a,b,c,d\}$，而 a,b,c,d 两两之和构成集合 $S=\{5,8,9,11,12,15\}$，则集合 $M=$________.

解　$\{1,4,7,8\}$ 或 $\{2,3,6,9\}$. 设 $a<b<c<d$，由于集合 S 中有 $6=C_4^2$ 个元素，即知 a,b,c,d 两两的和互不相同，因 $a+b<a+c<a+d<b+d<c+d$，且 $a+c<b+c<b+d$，只有两种情况：

(1) $a+d<b+c$，则 $(a+b,a+c,a+d,b+c,b+d,c+d)=(5,8,9,11,12,15)$，由 $c-b=3$, $b+c=11$，得 $b=4$, $c=7$，进而得 $a=1$, $d=8$, $\{a,b,c,d\}=\{1,4,7,8\}$；

(2) $b+c<a+d$，则 $(a+b,a+c,b+c,a+d,b+d,c+d)=(5,8,9,11,12,15)$，于是 $c-b=3$, $b+c=9$，得 $b=3$, $c=6$，进而得 $a=2$, $d=9$, $\{a,b,c,d\}=\{2,3,6,9\}$.

7. 集合的容量是指集合中元素的和，则满足条件"$A\subseteq\{1,2,3,4,5,6,7\}$，且若 $a\in A$ 时，必有 $8-a\in A$"的所有非空集合 A 的容量的总和是________.(用具体数字作答)

解　224. 先找出满足条件的单元素和二元素的集合有：$A_1=\{4\}$, $A_2=\{1,7\}$, $A_3=\{2,6\}$, $A_4=\{3,5\}$，将这四个集合中的元素任意组合起来也满足要求，则所有符合条件的集合 A 中元素的总和是：$(4+8+8+8)\times 2^3=224$.

8. 设集合 $S=\{1,2,\cdots,15\}$, $A=\{a_1,a_2,a_3\}$ 是 S 的子集，且 (a_1,a_2,a_3) 满足：$1\leqslant a_1<a_2<a_3\leqslant 15$, $a_3-a_2\leqslant 6$，那么满足条件的子集的个数为________.

解　371. 当 $2\leqslant a_2\leqslant 9$ 时，(a_1,a_2) 有 C_9^2 种选择方法，a_3 有 6 种选择方法，

所以(a_1,a_2,a_3)共有$6\times C_9^2=216$种选择方法;当$10\leqslant a_2\leqslant 14$时,一旦$a_2$取定,$a_1$有$a_2-1$种选择方法,$a_3$有$15-a_2$种选择方法,所以选择$(a_1,a_2,a_3)$的方法有$\sum\limits_{a_2=10}^{14}(a_2-1)(15-a_2)=9\times 5+10\times 4+11\times 3+12\times 2+13\times 1=155$种.综上,满足条件的子集共有371个.

9.已知集合$S=\{x\mid 1<x<10,x\in \mathbf{N}^*\}$,对它的任一非空子集$A$,可以将$A$中的每一个元素$k$都乘以$(-1)^k$再求和(例如,$A=\{2,3,8\}$,则可求得和为$(-1)^2\times 2+(-1)^3\times 3+(-1)^8\times 8=7$),对$S$的所有非空子集,这些和的总和为________.

解 -512.因为$S=\{2,3,\cdots,9\}$,对于每个$k(k=2,3,\cdots,9)$,在总和中出现2^7次,故总和为$2^7(2-3+4-5+6-7+8-9)=-512$.

10.设集合$M=\{1,2,\cdots,2\ 010\}$,现对M的任一非空子集X,令a_x表示X中最大数与最小值之和,那么,所有这样的a_x的算术平均值为________.

解 将M中非空子集进行配对,对每个非空子集$X\subset M$,令$X'=\{2\ 011-X\mid X\in M\}$.

则当X_1也是M的非空子集且$X\neq X_1$时,有$X'\neq X'_1$,于是所有非空子集除$\{1,2,\cdots,2\ 010\}$外分为两类:(1)$X'\neq X$;(2)$X'=X$.对于(1)中的一对X与X',有$a_x+a'_x=2\ 011\times 2=4\ 022$,对于(2)中的$X$,必有$a_x=2\ 011$.由此可见,所有$a_x$的算术平均数为2 011.

11.(2014·天津卷)已知q和n均为给定的大于1的自然数.设集合$M=\{0,1,2,\cdots,q-1\}$,集合$A=\{x\mid x=x_1+x_2q+\cdots+x_nq^{n-1},x_i\in M,i=1,2,\cdots,n\}$.

(1) 当$q=2,n=3$时,用列举法表示集合A.

(2) 设$s,t\in A,s=a_1+a_2q+\cdots+a_nq^{n-1},t=b_1+b_2q+\cdots+b_nq^{n-1}$,其中$a_i,b_i\in M,i=1,2,\cdots,n$.证明:若$a_n<b_n$,则$s<t$.

解 (1) 当$q=2,n=3$时,$M=\{0,1\},A=\{x\mid x=x_1+x_2\cdot 2+x_3\cdot 2^2,x_i\in M,i=1,2,3\}$,可得$A=\{0,1,2,3,4,5,6,7\}$.

(2) 由$s,t\in A,s=a_1+a_2q+\cdots+a_nq^{n-1},t=b_1+b_2q+\cdots+b_nq^{n-1},a_i,b_i\in M,i=1,2,\cdots,n$及$a_n<b_n$,可得

$$\begin{aligned}s-t&=(a_1-b_1)+(a_2-b_2)q+\cdots+(a_{n-1}-b_{n-1})q^{n-2}+(a_n-b_n)q^{n-1}\\&\leqslant (q-1)+(q-1)q+\cdots+(q-1)q^{n-2}-q^{n-1}\\&=\frac{(q-1)(1-q^{n-1})}{1-q}-q^{n-1}=-1<0\end{aligned}$$

所以$s<t$.

12.(2014·华约自主招生)x_1,x_2,x_3,x_4,x_5是正整数,任取4个求和后组

成的集合是{44,45,46,47},求这 5 个数.

解 从 5 个正整数中取四个求和可得 5 个和,而本题只给四个和值,说明有两个和值相等,这 5 个和值之和为 $4(x_1+x_2+x_3+x_4+x_5)$,所以 $226=44+44+45+46+47\leqslant 4(x_1+x_2+x_3+x_4+x_5)\leqslant 44+45+46+47+47=229$,于是 $x_1+x_2+x_3+x_4+x_5=57$ 也得 5 个和是 44,45,46,46,47.

所以所求 5 个数是 10,11,11,12,13.

13. 已知 $f(x)=\lg(x+1)-\dfrac{1}{2}\log_3 x$.

(1) 解方程 $f(x)=0$;

(2) 求集合 $M=\{n \mid f(n^2-214n-1\,998)\geqslant 0, n\in \mathbf{Z}\}$ 的子集个数.

解 (1) 任取 $0<x_1<x_2$,则

$$\begin{aligned}f(x_1)-f(x_2)&=\lg(x_1+1)-\lg(x_2+1)-\frac{1}{2}(\log_3 x_1-\log_3 x_2)\\&=\lg\frac{x_1+1}{x_2+1}-\frac{1}{2}\log_3\frac{x_1}{x_2}\\&=\lg\frac{x_1+1}{x_2+1}-\log_9\frac{x_1}{x_2}\end{aligned}$$

因为 $\dfrac{x_1+1}{x_2+1}>\dfrac{x_1}{x_2}$,所以 $\lg\dfrac{x_1+1}{x_2+1}>\lg\dfrac{x_1}{x_2}$,所以

$$f(x_1)-f(x_2)=\lg\frac{x_1+1}{x_2+1}-\log_9\frac{x_1}{x_2}>\lg\frac{x_1}{x_2}-\frac{\lg\frac{x_1}{x_2}}{\lg 9}$$

因为 $0<\lg 9<1$,所以 $f(x_1)-f(x_2)>\lg\dfrac{x_1}{x_2}-\lg\dfrac{x_1}{x_2}=0$,所以 $f(x)$ 为 $(0,+\infty)$ 上的减函数.

注意到 $f(9)=0$,所以当 $x>9$ 时,$f(x)<f(9)=0$;当 $0<x<9$ 时,$f(x)>f(9)=0$.

所以 $f(x)=0$ 有且仅有一个根 $x=9$.

(2) 由

$$f(n^2-214n-1\,998)\geqslant 0\Rightarrow f(n^2-214n-1\,998)\geqslant f(9)$$

得

$$\begin{aligned}&\begin{cases}n^2-214n-1\,998\leqslant 9\\ n^2-214n-1\,998>0\end{cases}\\ \Leftrightarrow&\begin{cases}n^2-214n-2\,007\leqslant 0\\ n^2-214n-1\,998>0\end{cases}\\ \Leftrightarrow&\begin{cases}(n-223)(n+9)\leqslant 0\\ (n-107)^2>1\,998+107^2=13\,447>115^2\end{cases}\end{aligned}$$

$$\Leftrightarrow\begin{cases}-9\leqslant n\leqslant 223\\ n>222 \text{ 或 } n<-8\end{cases}$$

$$\Leftrightarrow\begin{cases}-9\leqslant n\leqslant 223\\ n\geqslant 223 \text{ 或 } n\leqslant -9\end{cases}$$

所以 $n=223$ 或 $n=-9$,所以 $M=\{-9,223\}$,M 的子集的个数是 4.

14. (2008 第 5 届中国东南数学奥林匹克试题) 已知集合 $S=\{1,2,3,\cdots,3n\}$,n 是正整数,T 是 S 的子集,满足:对任意的 $x,y,z\in T$(其中 x,y,z 可以相同)都有 $x+y+z\notin T$,求所有这种集合 T 的元素个数的最大值.

解 若取 $T_0=\{n+1,n+2,\cdots,3n\}$,此时 $|T_0|=2n$,且 T_0 中任三数之和大于 $3n$,即不在 T_0 中;故 $\max|T|\geqslant 2n$,另一方面,作三元子集列

$$A_0=\{n,2n,3n\},A_k=\{k,2n-k,2n+k\},k=1,2,\cdots,n-1$$

则 $S=\bigcup\limits_{k=0}^{n-1}A_k$,对于 S 的任一个 $2n+1$ 元子集 T',必包含有某个 A_k.若 $A_0\subset T'$,则其中有元素 $3n=n+n+n$;若某个 $A_k\subset T'$,$k\in\{1,2,\cdots,n-1\}$,则其中有元素 $2n+k=k+k+(2n-k)$,于是 $\max|T|<2n+1$,因此 $\max|T|=2n$.

第 4 节 集合的划分与覆盖以及应用

在这一节里,我们介绍集合的划分与覆盖的定义与性质以及应用.集合的划分与覆盖的应用往往要用到容斥原理.

定义 设 $A_1,A_2,\cdots,A_n$ 是集合 A 的非空子集,满足条件

(1)$A_i\cap A_j=\varnothing(i\neq j)$;(2)$A=A_1\cup A_2\cup\cdots\cup A_n$.

如果只满足条件(1),则称 $A_1,A_2,\cdots,A_n$ 为集合 A 的一个划分,如果只满足条件(2),则称 $A_1,A_2,\cdots,A_n$ 是集合 A 的一个覆盖.集合的划分与覆盖都是反映全集与子集的关系,只是刻画的角度不同,划分是覆盖的特殊情况.

定理 (1) 如果 A 是有限集合,$A_1,A_2,\cdots,A_n$ 为集合 A 的一个划分,由加法原理得

$$|A|=|A_1|+|A_2|+\cdots+|A_n|$$

(2) 如果 $A_1,A_2,\cdots,A_n$ 是集合 A 的一个覆盖,则有:

① 容斥原理

$$|A|=\sum_{1\leqslant i\leqslant n}|A_i|-\sum_{1\leqslant i<j\leqslant n}|A_i\cap A_j|+\cdots+(-1)^{n-1}|A_1\cap A_2\cap\cdots\cap A_n|$$

② 逐步淘汰原理.设 $\overline{A_i}$ 是 A_i 在全集 U 中的补集

$$\begin{aligned}&|\overline{A_1\cap A_2\cap\cdots\cap A_n}|\\ =&|U|-|A_1\cup A_2\cup\cdots\cup A_n|\end{aligned}$$

$$=|U|-\sum_{1\leqslant i\leqslant n}|A_i|+\sum_{1\leqslant i<j\leqslant n}|A_i\cap A_j|-\cdots-(-1)^n|A_1\cap A_2\cap\cdots\cap A_n|$$

例 1 由 1,2,3 组成的 n 位数,要求 n 位数中 1,2,3 每一个至少出现一次,求所有这种 n 位数的个数.

分析 题设中的数集可看作有 1 的数集,有 2 的数集,有 3 的数集,用容斥原理简化问题.

解 设所有由 1,2,3 组成的 n 位数的集合即为集合 U,$|U|=3^n$,U 中不含 $i(i=1,2,3)$ 的 n 位数的集合即为 A, $|A|=2^n$, $|A_i\cap A_j|=1$, $|A_1\cap A_2\cap A_3|=0,i\neq j,i,j=1,2,3,\cdots,\overline{A_1}\cap\overline{A_2}\cap\overline{A_3}$ 为 U 中同时含有 1,2,3 至少一次的 n 位数全体的集合,由容斥原理知

$$|\overline{A_1}\cap\overline{A_2}\cap\overline{A_3}|=3^n-3\times 2^n+3$$

例 2 设 S 是集合 $\{1,2,\cdots,50\}$ 的非空子集,S 中任何两个数字之和不能被 7 整除,求 $|S|$ 的最大值.

解 将集合 $\{1,2,\cdots,50\}$ 中的数按被 7 除所得的余数划分,有如下几个子集

$$A_1=\{1,8,15,22,29,36,43,50\},A_2=\{2,9,16,23,30,37,44\}$$
$$A_3=\{3,10,17,24,31,38,45\},A_4=\{4,11,18,25,32,39,46\}$$
$$A_5=\{5,12,19,26,33,40,47\},A_6=\{6,13,20,27,34,41,48\}$$
$$A_7=\{7,14,21,28,35,42,49\}$$

取 $S=A_1\cup A_2\cup A_3\cup\{7\}$,下面证明 S 为满足条件的一个集合,取 $S=A_1\cup A_2\cup\cdots\cup A_7$.

由于 a,b 属于 S 有三种可能:

(1)a,b 属于 $A_i(i=1,2,3)$,则 $a+b\equiv 2i(\bmod 7)$,从而 7 不能整除 $a+b$.

(2)a 属于 $A_i(i=1,2,3)$,b 属于 $A_j(j=1,2,3,j\neq i)$,则 $a+b\equiv i+j(\bmod 7)$,从而 7 不能整除 $a+b$.

(3)a 属于 $A_i(i=1,2,3)$,$b=7$,则 $a+b\equiv i(\bmod 7)$,从而 7 不能整除 $a+b$.

综上,集合 S 满足条件.

其次证明若给 S 添加一个元素 c,必定存在 S 中的一个元素与 c 之和被 7 整除,添加的 c 有两个可能:

①c 属于 $A_i(i=4,5,6)$,则 c 能与 A_{7-i} 的元素之和被 7 整除;

②c 属于 A_7,则 c 与 7 之和能被 7 整除;

综上,S 不能再添加元素, 所以 $|S|$ 的最大值为 23.

例 3 设集合 A 是 $\{1,2,\cdots,100\}$ 的子集,且对任意的 x,y 属于 A,必有 $2x$ 不等于 y,求子集 A 中所含元素个数的最大值.

解 令

$$M_1=\{51,52,\cdots,100\},M_2=\{26,27,\cdots,50\},M_3=\{13,14,\cdots,25\}$$
$$M_4=\{7,8,9,\cdots,12\},M_5=\{4,5,6\},M_6=\{2,3\},M_7=\{1\}$$

则 $M_1\cup M_3\cup M_5\cup M_7$ 含有67个元素，其中每一个数都不是另一个数的两倍.

现设 A 是 $\{1,2,\cdots,100\}$ 的子集，其中每一个数都不是另一个数的两倍，当 a 属于 $A\cap M_2$ 时，$2a$ 不属于 A 但 $2a$ 属于 M_1，故 $|A\cap(M_1\cup M_2)|\leqslant 50$.

同理，$|A\cap(M_3\cup M_4)|\leqslant 13$，$|A\cap(M_5\cup M_6)|\leqslant 3$，所以子集 A 的元素个数最大值为 67.

点评 求满足条件的子集所含元素个数的最大值，首先将集合进行划分，先构造后证明.

例 4 （2013 年重庆高考理科）对正整数 n，记 $I_n=\{1,2,3,\cdots,n\}$，$P_n=\left\{\frac{m}{\sqrt{k}}\middle| m\in I_n,k\in I_n\right\}$.

(1) 求集合 P_7 中元素的个数；

(2) 若 P_n 的子集 A 中任意两个元素之和不是整数的平方，则称 A 为"稀疏集". 求 n 的最大值，使 P_n 能分成两个不相交的稀疏集的并.

解 (1) 当 $k=4$ 时，$\left\{\frac{m}{\sqrt{k}}\middle| m\in I_7\right\}$ 中有 3 个数与 I_7 中的 3 个数重复，因此 P_7 中元素的个数为 $7\times7-3=46$.

(2) 先证：当 $n\geqslant 15$ 时，P_n 不能分成两个不相交的稀疏集的并. 若不然，设 A,B 为不相交的稀疏集，使 $A\cup B=P_n\supseteq I_n$. 不妨设 $1\in A$，则因 $1+3=2^2$，故 $3\notin A$，即 $3\in B$，同理 $6\in A$，$10\in B$，又推得 $15\in A$，但 $1+15=4^2$，这与 A 为稀疏集矛盾.

再证 P_{14} 符合要求.

当 $k=1$ 时，$\left\{\frac{m}{\sqrt{k}}\middle| m\in I_{14}\right\}=I_{14}$ 可分成两个稀疏集之并，事实上，只要取 $A_1=\{1,2,4,6,9,11,13\}$，$B_1=\{3,5,7,8,10,12,14\}$，则 A_1,B_1 为稀疏集，且 $A_1\cup B_1=I_{14}$.

当 $k=4$ 时，集 $\left\{\frac{m}{\sqrt{k}}\middle| m\in I_{14}\right\}$ 中除整数外剩下的数组成集 $\left\{\frac{1}{2},\frac{3}{2},\frac{5}{2},\cdots,\frac{13}{2}\right\}$，可分解为下面两稀疏集的并：$A_2=\left\{\frac{1}{2},\frac{5}{2},\frac{9}{2},\frac{11}{2}\right\}$，$B_2=\left\{\frac{3}{2},\frac{7}{2},\frac{13}{2}\right\}$.

当 $k=9$ 时，集 $\left\{\frac{m}{\sqrt{k}}\middle| m\in I_{14}\right\}$ 中除整数外剩下的数组成集 $\left\{\frac{1}{3},\frac{2}{3},\frac{4}{3},\frac{5}{3},\cdots,\frac{13}{3},\frac{14}{3}\right\}$，可分解为下面两稀疏集的并：$A_3=\left\{\frac{1}{3},\frac{4}{3},\frac{5}{3},\frac{10}{3},\frac{13}{3}\right\}$，$B_3=\left\{\frac{2}{3},\frac{7}{3},\frac{8}{3},\frac{11}{3},\frac{14}{3}\right\}$.

最后，集 $C=\left\{\frac{m}{\sqrt{k}}\middle| m\in I_{14},k\in I_{14},k\neq 1,4,9\right\}$ 中的数的分母均为无理数，它与 P_{14} 中的任何其他数之和都不是整数，因此，令 $A=A_1\cup A_2\cup A_3\cup C$，$B=B_1\cup B_2\cup B_3$，则 A 和 B 是不相交的稀疏集，且 $A\cup B=P_{14}$.

综上，所求 n 的最大值为 14.（注：对 P_{14} 的分拆方法不是唯一的.）

巩固练习

1. 集合 $M=\{4,9,14,15,19,63,99,124\}$，求出它的每一个非空子集中各元素的乘积(若该子集中仅有 1 个元素，则该元素即为要求的积)，再求出这些积的和，这个和等于(　　).

A. 10^{10}　　B. $1.121\ 4\times 10^{10}+1$

C. $1.92\times 10^{11}-1$　　D. $2\times 10^{12}+1$

解　C. 设 M 中的元素为 $a_1,a_2,a_3,\cdots,a_8$，要求的值是 $(a_1+a_2+a_3+\cdots+a_8)+(a_1a_2+a_1a_3+\cdots+a_7a_8)+(a_1a_2a_3+\cdots+a_6a_7a_8)+(a_1a_2\cdot\cdots\cdot a_8)$，括号中依次代表单个数之和，两两积之和，3 个 3 个数积之和，……，7 个 7 个数积之和，8 个数之积. 设要求的和为 S，则 $S=(1+a_1)(1+a_2)\cdots(1+a_8)-1$，所以 $S=\left[\prod_{i=1}^{8}(1+a_i)\right]-1=1.92\times 10^{11}-1$.

2. 非空集合 A,B 是 $U=\{1,2,3,\cdots,n\}$ 的子集，且 A 中的最大元素小于 B 中的最小元素，则这样的 (A,B) 对数为(　　).

A. 2^n　　B. $n\cdot 2^{n-1}-2^n+1$　　C. $n\cdot 2^{n-1}-2^n+2^{n-1}$　　D. $n\cdot 2^{n-1}$

解　B. $A\cap B=\varnothing$，$A\cup B\subseteq U$，对 $A\cup B$ 分类，任取 U 的一个子集 X，当 $A\cup B=X$ 时，这样的 (A,B) 对数显然为 $|X|-1$，当 $|X|=k$ 时，这样的又有 C_n^k 个，故所求的 (A,B) 对数为

$$\begin{aligned}\sum_{k=1}^{n}(k-1)C_n^k=\sum_{k=1}^{n}kC_n^k-\sum_{k=1}^{n}C_n^k=\\ n\cdot\sum_{k=1}^{n}C_{n-1}^{k-1}-\sum_{k=1}^{n}C_n^k=\\ n\cdot 2^{n-1}-2^n+1\end{aligned}$$

3. 集合 $S=\{1,2,3,4,5,6,7\}$ 的五元子集共有 21 个，每个子集的数从小到大排好后，取出中间的数，则所有这些数之和是(　　).

A. 80　　B. 84　　C. 100　　D. 168

解法 1　B. 显然中间数只能是 3,4,5. 以 3 为中间数的子集有 C_4^2 个，以 4 为中间数的子集有 $C_3^2\times C_3^2$ 个，以 5 为中间数的子集有 C_4^2 个. 所以，这些中间数的

和为 $3\times C_4^2+4\times C_3^2\times C_3^2+5\times C_4^2=84$.

解法 2 对某个子集 A,用 $8-A$ 表示 A 中每个元素被 8 减所得的集合,这个集合也是一个满足要求的五元子集. 这是一个一一对应,且这两个集合中中间数之和为 8,平均为 4.

故所有的中间数的和为 $21\times 4=84$.

4. 从集合 $\{1,2,3,\cdots,10\}$ 中任取两个不相邻的数(这两个数可以相同)相乘,所有这样的积再求和等于________.

解 990. 任取两个数相乘再求和得

$$\begin{aligned}S_1&=\frac{1}{2}\sum_{k=1}^{10}k\left(\sum_{i=1}^{10}i-k\right)\\&=\frac{1}{2}\sum_{k=1}^{10}k(55-k)\\&=\frac{1}{2}\sum_{k=1}^{10}(55k-k^2)=\frac{1}{2}(55\times 55-385)=1\ 320\end{aligned}$$

其中不符合条件的和为 $S_2=\sum\limits_{k=1}^{9}k(k+1)=\sum\limits_{k=1}^{9}(k^2+k)=285+45=330$, 所求之和 $S=S_1-S_2=1\ 320-330=990$.

5. (2014 年福建高考理科) 若集合 $\{a,b,c,d\}=\{1,2,3,4\}$,且下列四个关系:① $a=1$,② $b\neq 1$,③ $c=2$,④ $d\neq 4$ 有且只有一个是正确的,则符合条件的有序数组 (a,b,c,d) 的个数是________.

解 6. 若只有 ① 对,即 $a=1$,则 $b\neq 1$ 不正确,所以 $b=1$,与集合元素互异性矛盾,不符合题意;若只有 ② 对,则有序数组为 $(3,2,1,4)$,$(2,3,1,4)$;若只有 ③ 对,则有序数组为 $(3,1,2,4)$;若只有 ④ 对,则有序数组为 $(2,1,4,3)$,$(3,1,4,2)$,$(4,1,3,2)$.

6. 从前 2 014 个正整数构成的集 $M=\{1,2,\cdots,2\ 014\}$ 中取出一个 k 元子集 A,使得 A 中任两数之和不能被这两数之差整除,则 k 的最大值为________.

解 672. 首先,我们可以取 672 元集,$A=\{1,4,7,\cdots,2\ 014\}$,$A$ 中任两数之和不能被 3 整除,而其差是 3 的倍数;其次,将 M 中的数自小到大按每三数一段,共分为 672 段:$1,2,3,\mid 4,5,6,\mid 7,8,9,\mid \cdots,\mid 2\ 008,2\ 009,2\ 010,\mid 2\ 011,2\ 012,2\ 013,2\ 014$. 现从 M 中任取 673 个数,必有两数 x,y 取自同一段,则 $|x-y|=1$ 或 2,注意 $x-y$ 与 $x+y$ 同奇偶,于是 $(x-y)\nmid(x+y)$,因此 k 的最大值为 672.

第 5 节 集合综合问题选讲

前面我们已经介绍了集合的概念与运算以及性质，集合中元素个数与集合中最值的求解方法，集合的划分与覆盖的定义与性质以及简单应用. 下面将介绍集合的综合应用.

例 1 如果$\{1,2,3,\cdots,2\,005\}$的非空子集中不含有相邻的自然数，则称这个子集为“好子集”，它的所有元素的乘积称为它的“含量”，求所有“好子集”的“含量”的平方和.

解 观察好子集序列$\{1\}$，$\{1,3\}$，$\{1,4\}$，$\{1,5\}$，$\{1,3,5\}$，$\{1,6\}$，$\{1,3,6\}$，$\{1,4,6\}$，$\{2\}$，$\{2,4\}$，$\{2,5\}$，$\{2,6\}$，$\{2,4,6\}$，$\{3\}$，$\{3,5\}$，$\{3,6\}$，$\{4\}$，$\{4,6\}$，$\{5\}$，$\{6\}$.

可知当原集合的最大元素由n变为$n+1$时，对于最大元素不大于$n-1$的好子集，可以加入$n+1$构成新的好子集，此外，还增加一个单独的好子集$\{n+1\}$.

于是，记原集合最大元素为n时，所有好子集含量的平方和为a_n，则有

$$a_{n+1}=a_n+(n+1)^2a_{n-1}+(n+1)^2$$

上式可化为

$$a_n-(n+1)a_{n-1}=-n(a_{n-1}-na_{n-2})+n^2$$

由此易知$a_n-(n+1)a_{n-1}=n$，于是有$a_n+1=(n+1)(a_{n-1}+1)$，由此得$a_n=(n+1)!-1$，所求即为$a_{2\,005}=2\,006!-1$.

例 2 （2007 年北京）已知集合$A=\{a_1,a_2,a_3,\cdots,a_k\}\ (k\geqslant 2)$，其中$a_i\in\mathbf{Z}(i=1,2,\cdots,k)$，由$A$中的元素构成两个相应的集合$S=\{(a,b)\mid a\in A,b\in A,a+b\in A\}$，$T=\{(a,b)\mid a\in A,b\in A,a-b\in A\}$，其中$(a,b)$是有序实数对，集合$S$和$T$的元素个数分别为$m,n$. 若对于任意的$a\in A$，总有$-a\notin A$，则称集合$A$具有性质$P$.

(1) 检验集合$\{0,1,2,3\}$与$\{-1,2,3\}$是否具有性质P，并对其中具有性质P的集合写出相应的集合S和T；

(2) 对任何具有性质P的集合A，证明：$n\leqslant\dfrac{k(k-1)}{2}$；

(3) 判断m和n的大小关系，并证明你的结论.

解 (1) 集合$\{0,1,2,3\}$不具有性质P，$\{-1,2,3\}$具有性质P，其相应的集合S和T是$S=\{(-1,3),(3,-1)\}$，$T=\{(2,-1),(2,3)\}$.

(2) 首先由A中的元素构成的有序实数对共有k^2个，因为$0\in A$，

$(a_i,a_i)\in T(i=1,2,\cdots,k)$，又因为当 $a\in A$ 时，$-a\notin A$，所以当 $(a_i,a_j)\in T$ 时，$(a_j,a_i)\notin T(i=1,2,\cdots,k)$，于是集合 T 中的元素的个数最多为 $n=\frac{1}{2}(k^2-k)=\frac{1}{2}k(k-1)$，即 $n\leqslant\frac{k(k-1)}{2}$.

(3) $m=n$，证明如下：

① 对于 $(a,b)\in S$，根据定义 $a\in A,b\in A$，则 $a+b\in A$，从而 $(a+b,b)\in T$.

如果 (a,b) 与 (c,d) 是 S 中的不同元素，那么 $a=c$ 与 $b=d$ 中至少有一个不成立，于是 $a+b=c+d$ 与 $b=d$ 中至少有一个不成立，故 $(a+b,b)$ 与 $(c+d,d)$ 也是 T 中的不同元素. 可见 S 中的元素个数不多于 T 中的元素个数，即 $m\leqslant n$；

② 对于 $(a,b)\in T$，根据定义 $a\in A,b\in A$，则 $a-b\in A$，从而 $(a-b,b)\in S$，如果 (a,b) 与 (c,d) 是 T 中的不同元素，那么 $a=c$ 与 $b=d$ 中至少有一个不成立，于是 $a-b=c-d$ 与 $b=d$ 中至少有一个不成立，故 $(a-b,b)$ 与 $(c-d,d)$ 也是 S 中的不同元素. 可见 T 中的元素个数不多于 S 中的元素个数，即 $n\leqslant m$. 由①② 可知 $m=n$.

例 3 设集合 $E=\{1,2,3,\cdots,200\}$，$F=\{a_1,a_2,\cdots,a_n\}$ 是 E 的子集，且 F 具有下列性质：

(1) 对任意的 $1\leqslant i<j\leqslant 100$，$a_i+a_j\neq 201$；

(2) $a_1+a_2+\cdots+a_{100}=10\ 080$.

证明：F 中奇数的个数是 4 的倍数，且 F 中所有数的平方和是定值.

证明 把集合 E 划分为 100 个子集，$\{1,200\}$，$\{2,199\}$，$\cdots$，$\{100,101\}$ 分成以下两类.

一类的特征：每个子集中，偶数是 $4k$ 型，奇数是 $4k+1$ 型，有 $\{1,200\}$，$\{4,197\}$，$\cdots$.

另一类的特征：每个子集中偶数是 $4k+2$ 型，奇数是 $4k+3$ 型，有 $\{2,199\}$，$\{3,198\}$，$\cdots$.

设 F 的 100 个元素中有 $4k+1$ 型的奇数 x 个，$4k+3$ 型的奇数 y 个，则 F 中有 $4k$ 型的偶数 $50-x$ 个，$4k+2$ 型的偶数 $50-y$ 个，k 属于正整数，F 中奇数有 $x+y$ 个，即

$$\begin{aligned}x+y&\equiv(4k+1)x+4k(50-x)+(4k+3)y+(4k+2)(50-y)\\&\equiv\sum_{i=1}^{100}a_i=10\ 080\equiv 0(\bmod 4)\end{aligned}$$

故 $4\mid(x+y)$.

下面证明 F 中所有数的平方和为定值，设符合条件的不同子集 $F_1=$

$\{a_1,\cdots,a_{100}\}$，$F_2=\{b_1,\cdots,b_{100}\}$，$F_1\cap F_2$ 中有 $100-k$ 个元素，其和为 m，则 $F_1\cap F_2$ 关于 F_1 的补集有 K 个元素，从小到大排列成 $a_{i1}<a_{i2}<\cdots<a_{ik}$，$F_1\cap F_2$ 关于 F_2 的补集有 K 个元素，从大到小排列成 $b_{i1}>b_{i2}>\cdots>b_{ik}$，于是必有 $a_{i1}+b_{i1}=a_{i2}+b_{i2}=\cdots=a_{ik}+b_{ik}=201$，所以

$$\sum_{i=1}^{100}a_i^2-\sum_{i=1}^{100}b_i^2=201\times(\sum_{j=1}^{k}a_{ij}-\sum_{j=1}^{k}b_{ij})=201\times(10\ 080-10\ 080)=0$$

所以 $\sum_{i=1}^{100}a_i^2=\sum_{i=1}^{100}b_i^2$，所以 F 中所有数的平方和为定值.

点评 这是一个集合与数论的综合题，上述解法的关键是对集合 E 的划分和分类讨论，请读者体会.

例 4 对于恰有 120 个元素的集合 A. 问是否存在子集 $A_1,A_2,\cdots,A_{10}$ 满足：(1) $|A_i|=36,i=1,2,\cdots,10$；(2) $A_1\cup A_2\cup\cdots\cup A_{10}=A$；(3) $|A_i\cap A_j|=8,i\neq j$. 请说明理由.

解 存在. 考虑长度为10的0，1数列. 其中仅3项为1的恰有 $C_{10}^3=120$ 个，每个作为集合 A 的一个元素.

对每个 $j=1,2,\cdots,10$，第 j 项为1的0，1数列恰有 $C_9^2=36$ 个，它们是集合 A_j 的36个元素. 对每对 $i,j\in\{1,2,\cdots,10\}(i<j)$，第 i 项与第 j 项均为1的0，1数列恰有 $C_8^1=8$ 个，它们是 $A_i\cap A_j$ 的元素. 综上知，存在满足条件的10个子集.

例 5 设正整数构成的数列 $\{a_n\}$ 使得 $a_{10k-9}+a_{10k-8}+\cdots+a_{10k}\leqslant 19$ 对一切 $k\in\mathbf{N}^*$ 恒成立. 记该数列若干连续项的和 $\sum_{p=i+1}^{j}a_p$ 为 $S(i,j)$，其中 $i,j\in\mathbf{N}^*$，且 $i<j$. 求证：所有 $S(i,j)$ 构成的集合等于 $\mathbf{N}^*$.

证明 显然 $S(i,j)\in\mathbf{N}^*$. 下证对任意 $n_0\in\mathbf{N}^*$，存在 $S(i,j)=n_0$，用 S_n 表示数列 $\{a_n\}$ 的前 n 项和，考虑 $10n_0+10$ 个前 n 项和

$$S_1<S_2<\cdots<S_{10n_0+10} \quad ①$$

由题设

$$S_{10n_0+10}=(a_1+a_2+\cdots+a_{10})+(a_{11}+\cdots+a_{20})+\cdots+(a_{10n_0+1}+\cdots+a_{10n_0+10})$$

另外，再考虑如下 $10n_0+10$ 个正整数

$$S_1+n_0<S_2+n_0<\cdots<S_{10n_0+10}+n_0 \quad ②$$

显然 $S_{10n_0+10}+n_0\leqslant 20n_0+19$，这样式①②中出现的 $20n_0+20$ 个正整数，都不超过 $20n_0+19$.

由抽屉原理，必有两个相等. 由于式①中各数两两不相等，式②中各数也两两不等，故存在 $i,j\in\mathbf{N}^*$，使得 $S_j=S_i+n_0$，即 $j>i$，且 $n_0=S_j-S_i=S(i,j)$.

所以，所有 $S(i,j)$ 构成的集合等于 $\mathbf{N}^*$.

例 6 （2010 北京文数）已知集合 $S_n=\{X \mid X=(x_1,x_2,\cdots,x_n),x_1\in\{0,1\},i=1,2,\cdots,n\}(n\geqslant 2)$ 对于 $A=(a_1,a_2,\cdots,a_n),B=(b_1,b_2,\cdots,b_n)\in S_n$，定义 A 与 B 的差为 $A-B=(|a_1-b_1|,|a_2-b_2|,\cdots,|a_n-b_n|)$；$A$ 与 B 之间的距离为 $d(A,B)=\sum\limits_{i=1}^{n}|a_i-b_i|$.

(1) 当 $n=5$ 时，设 $A=(0,1,0,0,1),B=(1,1,1,0,0)$，求 $d(A,B)$；

(2) 证明：$\forall A,B,C\in S_n$，有 $A-B\in S_n$，且 $d(A-C,B-C)=d(A,B)$；

(3) 证明：$\forall A,B,C\in S_n,d(A,B),d(A,C),d(B,C)$ 三个数中至少有一个是偶数.

解 (1)

$$A-B=(|0-1|,|1-1|,|0-1|,|0-0|,|1-0|)=(1,0,1,0,1)$$

$$d(A,B)=|0-1|+|1-1|+|0-1|+|0-0|+|1-0|=3$$

(2) 设 $A=(a_1,a_2,\cdots,a_n),B=(b_1,b_2,\cdots,b_n),C=(c_1,c_2,\cdots,c_n)\in S_n$，因为 $a_i,b_i\in\{0,1\}$，所以 $|a_i-b_i|\in\{0,1\}(i=1,2,\cdots,n)$，从而 $A-B=(|a_1-b_1|,|a_2-b_2|,\cdots,|a_n-b_n|)\in S_n$，由题意知 $a_i,b_i,c_i\in\{0,1\}(i=1,2,\cdots,n)$.

当 $c_i=0$ 时，$||a_i-c_i|-|b_i-c_i||=|a_i-b_i|$；

当 $c_i=1$ 时，$||a_i-c_i|-|b_i-c_i||=|(1-a_i)-(1-b_i)|=|a_i-b_i|$.

所以 $d(A-C,B-C)=\sum\limits_{i=1}^{n}|a_i-b_i|=d(A,B)$.

(3) 设 $A=(a_1,a_2,\cdots,a_n),B=(b_1,b_2,\cdots,b_n),C=(c_1,c_2,\cdots,c_n)\in S_n$.

$d(A,B)=k,d(A,C)=l,d(B,C)=h$，记 $0=(0,0,\cdots,0)\in S_n$，由(2)可知

$$d(A,B)=d(A-A,B-A)=d(0,B-A)=k$$

$$d(A,C)=d(A-A,C-A)=d(0,C-A)=l$$

$$d(B,C)=d(B-A,C-A)=h$$

所以 $|b_i-a_i|(i=1,2,\cdots,n)$ 中 1 的个数为 k，$|c_i-a_i|(i=1,2,\cdots,n)$ 中 1 的个数为 l.

设 t 是使 $|b_i-a_i|=|c_i-a_i|=1$ 成立的 i 的个数，则 $h=l+k-2t$.

由此可知，k,l,h 三个数不可能都是奇数.

即 $d(A,B),d(A,C),d(B,C)$ 三个数中至少有一个是偶数.

例 7 设 $n\in\mathbf{N}^*,n\geqslant 2$，$S$ 是一个 n 元集合. 求最小的正整数 k，使得存在 S 的子集 $A_1,A_2,\cdots,A_k$ 具有如下性质：对 S 中任意两个不同元素 a,b，存在 $j\in\{1,2,\cdots,k\}$，使得 $A_j\cap\{a,b\}$ 为 S 的一元子集.

解 设 $S=\{1,2,\cdots,n\}$，构造如下表格：

	1	2	3	…	n
A_1					
A_2					
A_3					
…					
A_k					
	P_1	P_2	P_3	…	P_n

如果 $i \in A_j$，那么在 A_j 所在行，i 所在列处的方格中标上 1，其余的方格中标上 0.

考虑到表格中的列构成的序列 $P_1, P_2, \cdots, P_n$. 我们证明 S 中的子集 $A_1, A_2, \cdots, A_k$ 具有题中性质的充要条件是 $P_1, P_2, \cdots, P_n$ 两两不同.

充分性：由 $P_1, P_2, \cdots, P_n$ 两两不同，则 $a, b \in S, a \neq b$，有 $P_a \neq P_b$，于是在某一行(设为第 j 行)上，第 a 列与第 b 列的方格中一个为 1，而另一个为 0. 这表明 $A_j \cap \{a, b\}$ 为单元素集，故 $A_1, A_2, \cdots, A_k$ 具有题中性质.

必要性：由于对 S 中任意两个不同元素 a, b，存在 $j \in \{1, 2, \cdots, k\}$，使得 $A_j \cap \{a, b\}$ 为 S 的一元子集. 故 P_a 与 P_b 在第 j 行处的两个方格中的数一个为 1，而另一个为 0，故 $P_a \neq P_b$，所以 $P_1, P_2, \cdots, P_n$ 两两不同.

注意到由 0，1 构成的 k 序列有且仅有 2^k 个两两不同，从而由抽屉原理及前面所证明的结论知应有 $2^k \geqslant n$.

所以，所求的最小正整数 $k = \begin{cases} \log_2 n, \log_2 n \in \mathbf{N}^* \\ [\log_2 n] + 1, \log_2 n \notin \mathbf{N}^* \end{cases}$.

例 8 已知两个非负整数组成的不同集合 $\{a_1, a_2, \cdots, a_n\}$，$\{b_1, b_2, \cdots, b_n\}$. 求证：集合 $\{a_i + a_j \mid 1 \leqslant i < j \leqslant n\}$ 与集合 $\{b_i + b_j \mid 1 \leqslant i < j \leqslant n\}$ 相同的充要条件是 n 是 2 的幂次. 这里允许集合内相同的元素重复出现.

证明 必要性：构造母函数 $f(x) = x^{a_1} + x^{a_2} + \cdots + x^{a_n}$，$g(x) = x^{b_1} + x^{b_2} + \cdots + x^{b_n}$. 其中，$a_1, a_2, \cdots, a_n$ 和 $b_1, b_2, \cdots, b_n$ 为非负整数，所以

$$f^2(x) - f(x^2) = 2 \sum_{1 \leqslant i < j \leqslant n} x^{a_i + a_j}, g^2(x) - g(x^2) = 2 \sum_{1 \leqslant i < j \leqslant n} x^{b_i + b_j}$$

因为集合 $\{a_i + a_j \mid 1 \leqslant i < j \leqslant n\}$ 与集合 $\{b_i + b_j \mid 1 \leqslant i < j \leqslant n\}$ 相同，所以

$$f^2(x) - f(x^2) = g^2(x) - g(x^2)$$

即

$$f^2(x) - g(x^2) = f(x^2) - g(x^2)$$

因为 $f(1) - g(1) = 0$，所以 $x - 1 \mid f(x) - g(x)$，所以存在 $h \in \mathbf{N}^*$，使得

$$(x-1)^h P(x) = f(x) - g(x), P(x) \neq 0$$

所以，以 x^2 代 x 得

$$(x^2 - 1)^h P(x^2) = f(x^2) - g(x^2)$$

所以

$$(f(x) + g(x))(x-1)^h P(x) = (x^2 - 1)^h P(x^2)$$

所以 $$f(x)+g(x)=\frac{(x+1)^h P(x^2)}{P(x)}$$

令 $x=1$,则得 $2n=2^h$. 所以,$n=2^{h-1}$,即 n 为 2 的幂次.

充分性:用构造法证明. 如 $\{a_1,a_2,\cdots,a_n\}$ 中取 $\binom{k+1}{2l}$ 个 $2l$,其中 $l=0,1,\cdots,\left[\frac{k+1}{2}\right]$. $\{b_1,b_2,\cdots,b_n\}$ 中取 $\binom{k+1}{2l+1}$ 个 $2l+1$,其中 $l=0,1,\cdots,\left[\frac{k}{2}\right]$. 则这两个集合满足问题的要求.

巩固练习

1. 设 A,B 是集合 $\{a_1,a_2,a_3,\cdots,a_n\}$ 的两个不同子集,且 A 中每个元素都大于 B 中的所有元素,求不同的有序集组 (A,B) 的组数为________.

解 $n\cdot 2^{n-1}$. 若 $A\cup B$ 的元素个数为 k,有 k 元子集 C_n^k 个,对每个 k 元子集 $\{a_1,a_2,a_3,\cdots,a_k\}$ $(a_1<a_2<\cdots<a_k)$,则集合 B 可以为 $\varnothing$, $\{a_1\}$,$\cdots$,$\{a_1,a_2,a_3,\cdots,a_{k-1}\}$ 共 k 种,故满足条件的组数为 $n\cdot 2^{n-1}$.

2. 设 A,B 是集合 $\{a_1,a_2,a_3,\cdots,a_n\}$ 的两个不同子集,且满足 $A\cup B=\{a_1,a_2,a_3,\cdots,a_n\}$,则不同的有序集组 (A,B) 的组数为________.

解 3^n. 对于 $a_i(i=1,2,\cdots,n)$ 有三种归属,$A\cap\overline{B}$,$A\cap B$,$\overline{A}\cap B$,因此满足条件的组数为 3^n.

3. 给定集合 $S=\{1,2,3,\cdots,2n,2n+1\}$,其中的一个子集 T 中的任意三个元素 x,y,z,都有 $x+y\neq z$,则 T 中元素最多有________个.

解 $n+1$. 设 T 中共有 k 个元素,则用 T 中的最大元减去其他元,所得的差均在 S 中,而不在 T 中,因此可得 $k+(k-1)\leqslant 2n+1$,所以 $k\leqslant n+1$. 又 S 的子集 $\{n+1,n+2,\cdots,2n+1\}$ 共有 $n+1$ 个元素,显然符合问题中的要求. 故 k 的最大值为 $n+1$.

4. 若集合 A 中的每个元素都可表示为 $1,2,\cdots,9$ 中两个不同的数之积,则集合 A 中元素个数的最大值为________.

解 31. 从 $1,2,\cdots,9$ 中每次取一对作乘积,共得 $C_9^2=36$ 个值,但其中有重复,重复的情况为 $1\times 6=2\times 3$,$1\times 8=2\times 4$,$2\times 9=3\times 6$,$2\times 6=3\times 4$,$3\times 8=4\times 6$,共 5 种,因此集合 A 中至多有 $C_9^2-5=31$(个) 数 .

5. 将集合 $M=\{1,2,\cdots,12\}$ 的元素分成不相交的三个子集:$M=A\cup B\cup C$,其中 $A=\{a_1,a_2,a_3,a_4\}$,$B=\{b_1,b_2,b_3,b_4\}$,$C=\{c_1,c_2,c_3,c_4\}$,$c_1<c_2<c_3<c_4$,且 $a_k+b_k=c_k$,$k=1,2,3,4$,则集合 C 为________.

解　{8,9,10,12}，{7,9,11,12}，{6,10,11,12}．由 $\sum_{i=1}^{4}c_i=\sum_{i=1}^{4}a_i+\sum_{i=1}^{4}b_i$，得 $2\sum_{i=1}^{4}c_i=\sum_{i=1}^{4}a_i+\sum_{i=1}^{4}b_i+\sum_{i=1}^{4}c_i=1+2+\cdots+12=78$，所以 $\sum_{i=1}^{4}c_i=39$，先不考虑搭配情况，设 $c_1<c_2<c_3<c_4$，则 $c_4=12$，$c_1+c_2+c_3=27$，故 $3c_3>27$，$10\leqslant c_3\leqslant 11$，且 $c_2\leqslant 9$；若 $c_3=10$，则 $c_1+c_2=17$，$c_2\geqslant 9$，所以 $c_2=9$，$c_1=8$；

于是 $C=\{8,9,10,12\}$；若 $c_3=11$，则 $c_1+c_2=16$，$c_2\leqslant 10$，得 $c_2>8$，故 c_2 只能取 9 或 10，c_1 只能取 7 与 6；分别得 $C=\{7,9,11,12\}$，$C=\{6,10,11,12\}$；另一方面，三种情况都对应相应的子集 A 和 B，例如以下的表：

2	4	3	1
6	5	7	11
8	9	10	12

2	3	1	4
5	6	10	8
7	9	11	12

1	3	2	4
5	7	9	8
6	10	11	12

因此子集 C 的三种情况都合条件．

6．设 $A=\{1,2,\cdots,n\}$，用 S_n 表示 A 的所有非空真子集中各元素之和，B_n 表示 A 的子集个数．求 $\lim\limits_{n\to\infty}\dfrac{S_n}{n^2\cdot B_n}$．

解　易知 $B_n=2^n$，先考察数字 1 在 A 的所有非空真子集中出现的次数：在一元子集中只出现 1 次，在二元子集中出现 C_{n-1}^1 次，在三元子集中出现 C_{n-1}^2 次，……，在 $n-1$ 元子集中出现 C_{n-1}^{n-2} 次，故数字 1 在所有子集中出现的次数为 $1+\mathrm{C}_{n-1}^1+\mathrm{C}_{n-1}^2+\cdots\cdots+\mathrm{C}_{n-1}^{n-2}=2^{n-1}-1$ 次，对其余数字有完全相同的结论．于是

$$S_n=(1+2+3+\cdots+n)(2^{n-1}-1)=\frac{n(n+1)}{2}(2^{n-1}-1)$$

所以
$$\lim_{n\to\infty}\frac{S_n}{n^2\cdot B_n}=\lim_{n\to\infty}\frac{n(n+1)(2n-1-1)}{2n^2\cdot 2^n}=\frac{1}{4}$$

7．(2009 第 6 届中国东南数学奥林匹克试题) 设 1，2，3，…，9 的所有排列 $X=(x_1,x_2,\cdots,x_9)$ 的集合为 A；$\forall X\in A$，记 $f(X)=x_1+2x_2+3x_3+\cdots+9x_9$，$M=\{f(X)\mid X\in A\}$；求 $|M|$ (其中 $|M|$ 表示集合 M 的元素个数)．

解　我们一般地证明，若 $n\geqslant 4$，对于前 n 个正整数 $1,2,\cdots,n$ 的所有排列 $X_n=(x_1,x_2,\cdots,x_n)$ 构成的集合 A，若 $f(X_n)=x_1+2x_2+3x_3+\cdots+nx_n$，$M_n=\{f(X)\mid X\in A\}$，则 $|M_n|=\dfrac{n^3-n+6}{6}$．

下面用数学归纳法证明：

$$M_n=\left\{\frac{n(n+1)(n+2)}{6},\frac{n(n+1)(n+2)}{6}+1,\cdots,\frac{n(n+1)(2n+1)}{6}\right\}$$

当 $n=4$ 时，由排序不等式知，集合 M 中的最小元素是 $f(\{4,3,2,1\})=20$，

最大元素是 $f(\{1,2,3,4\})=30$. 又

$$f(\{3,4,2,1\})=21, f(\{3,4,1,2\})=22, f(\{4,2,1,3\})=23$$

$$f(\{3,2,4,1\})=24, f(\{2,4,1,3\})=25, f(\{1,4,3,2\})=26, f(\{1,4,2,3\})=27$$

$$f(\{2,1,4,3\})=28, f(\{1,2,4,3\})=29$$

所以 $|M_4|=\{20,21,\cdots,30\}$ 共有 $11=\frac{4^3-4+6}{6}$ 个元素. 因此 $n=4$ 时命题成立.

假设命题在 $n-1(n\geqslant 5)$ 时成立;考虑命题在 n 时的情况. 对于 $1,2,\cdots,n-1$ 的任一排列 $X_{n-1}=(x_1,x_2,\cdots,x_{n-1})$,恒取 $x_n=n$,得到 $1,2,\cdots,n$ 的一个排列 $x_1,x_2,\cdots,x_{n-1},n$,则 $\sum_{k=1}^{n}kx_k=n^2+\sum_{k=1}^{n-1}kx_k$. 由归纳假设知,此时 $\sum_{k=1}^{n}kx_k$ 取遍区间

$$\left[n^2+\frac{(n-1)n(n+1)}{6}, n^2+\frac{(n-1)n(2n-1)}{6}\right]=\left[\frac{n(n^2+5)}{6},\frac{n(n+1)(2n+1)}{6}\right]$$

上所有整数. 再令 $x_n=1$,则

$$\sum_{k=1}^{n}kx_k=n+\sum_{k=1}^{n-1}kx_k=n+\sum_{k=1}^{n-1}k(x_k-1)+\frac{n(n-1)}{2}=$$

$$\frac{n(n+1)}{2}+\sum_{k=1}^{n-1}k(x_k-1)$$

再由归纳假设知,$\sum_{k=1}^{n}kx_k$ 取遍区间

$$\left[\frac{n(n+1)}{2}+\frac{(n-1)n(n+1)}{6},\frac{n(n+1)}{2}+\frac{n(n-1)(2n-1)}{6}\right]=$$

$$\left[\frac{n(n+1)(n+2)}{6},\frac{2n(n^2+2)}{6}\right]$$

上的所有整数. 因为 $\frac{2n(n^2+2)}{6}\geqslant\frac{n(n^2+5)}{6}$, 所以, $\sum_{k=1}^{n}kx_k$ 取遍区间 $\left[\frac{n(n+1)(n+2)}{6},\frac{n(n+1)(2n+1)}{6}\right]$ 上的所有整数,即命题对 n 也成立. 由数学归纳法知, 命题成立. 由于 $\frac{n(n+1)(2n+1)}{6}-\frac{n(n+1)(n+2)}{6}=\frac{n^3-n+6}{6}$,从而,集合 M_n 的元素个数为 $\frac{n^3-n+6}{6}$. 特别地,当 $n=9$ 时,$|M|=|M_9|=121$.

函数的性质及其应用

第
2
讲

函数是中学数学的核心与主干知识,不管在高考还是竞赛中都是经常考查的重点内容.因此,有必要对函数的基本知识与函数思想方法及其应用做重点研究和介绍.

第1节　函数的概念与常用性质及其应用

函数的常用性质主要是指以下性质:

一、函数与映射的概念

1.函数的概念

(1)函数的定义.设 A,B 是非空的数集,如果按照某种确定的对应关系 f,使对于集合 A 中的任意一个数 x,在集合 B 中都有唯一确定的数 $f(x)$ 和它对应,那么就称 $f:A\to B$ 为从集合 A 到集合 B 的一个函数,记作 $y=f(x),x\in A$.

(2)函数的定义域、值域.在函数 $y=f(x),x\in A$ 中,x 叫作自变量,x 的取值范围 A 叫作函数的定义域;与 x 的值相对应的 y 值叫作函数值,函数值的集合 $\{f(x)\mid x\in A\}$ 叫作函数的值域.显然,值域是集合 B 的子集.

(3)函数的三要素:定义域、对应关系和值域.

(4)函数的表示法.表示函数的常用方法有解析法、图像法和列表法.

2. 映射的概念

设 A,B 是两个非空的集合，如果按某一个确定的对应关系 f，使对于集合 A 中的任意一个元素 x，在集合 B 中都有唯一确定的元素 y 与之对应，那么就称对应 $f:A\to B$ 为从集合 A 到集合 B 的一个映射.

特别地，当集合 A 与 B 都是数集时，映射 f 就是函数 $f(x)$.

例 1 设集合 $M=\{x\mid 1\leqslant x\leqslant 9,x\in\mathbf{N}\}$，$P=\{(a,b,c,d)\mid a,b,c,d\in M\}$. 定义 P 到 Z 的映射 $f:(a,b,c,d)\to ab-cd$. 若 u,v,x,y 都是 M 中的元素，且满足 $f:(u,v,x,y)\to 39$，$(u,y,x,v)\to 66$，求 u,v,x,y 的值.

分析 根据对应法则列出方程组，由方程组结合题意解得.

解 由题意得

$$uv-xy=39 \qquad ①$$

$$uy-xv=66 \qquad ②$$

式 ①＋②，得

$$(u-x)(v+y)=3\times 5\times 7 \qquad ③$$

式 ②－①，得

$$(y-v)(u+x)=3\times 3\times 3 \qquad ④$$

由于 $0<u-x<9$，$v+y\leqslant 18$，$0<y-v<9$，$u+x\leqslant 18$，所以由 ③，④ 可得

$$u-x=7,v+y=15,y-v=3,u+x=9$$

解得 $u=8,v=6,x=1,y=9$.

点评 题目中 u,v,x,y 都是 1 到 9 的自然数，根据范围确定大小，使方程的解从“不定”到“定”，从而顺利解答.

二、函数的零点

1. 函数的零点与方程的根

(1) 函数的零点：对于函数 $f(x)$，我们把使 $f(x)=0$ 的实数 x 叫作函数 $f(x)$ 的零点.

(2) 函数的零点与方程根的关系：函数 $F(x)=f(x)-g(x)$ 的零点就是方程 $f(x)=g(x)$ 的根，即函数 $y=f(x)$ 的图像与函数 $y=g(x)$ 的图像交点的横坐标.

(3) 零点存在性定理：如果函数 $y=f(x)$ 在区间 $[a,b]$ 上的图像是连续不断的一条曲线，且有 $f(a)\cdot f(b)<0$，那么，函数 $y=f(x)$ 在区间 (a,b) 内有零点，即存在 $c\in(a,b)$ 使得 $f(c)=0$，这个 c 也就是方程 $f(x)=0$ 的根.

由此易知：

① 函数 $f(x)$ 有零点 $\Leftrightarrow$ 方程 $f(x)=0$ 有实根 $\Leftrightarrow$ 函数 $f(x)$ 的图像与 x 轴

有交点.

② 如果函数 $f(x)$ 在区间$[a,b]$上的图像是连续不断的曲线,并且函数 $f(x)$ 在区间$[a,b]$上是一个单调函数,那么当 $f(a)\cdot f(b)<0$ 时,函数 $f(x)$ 在区间(a,b)内有唯一的零点,即存在唯一的 $c\in(a,b)$,使 $f(c)=0$.

③ 如果函数 $f(x)$ 在区间$[a,b]$上的图像是连续不断的曲线,并且有 $f(a)\cdot f(b)>0$,那么,函数 $f(x)$ 在区间(a,b)内不一定没有零点.

2. 在高考中与函数有关的问题

在高考中与函数有关的问题有:求函数的零点;确定函数零点的取值范围;判断和讨论零点的个数;根据零点个数求参数的取值范围;证明与零点有关的不等式;函数与导数同零点有关的综合问题.

3. 解答函数零点的一般方法

解答函数零点的一般方法有两种:其一是构造函数,利用函数的单调性与零点存在性定理处理;其二是利用数形结合的方法处理.

例 2 (1)(2012 年湖北) 函数 $f(x)=x\cos x^2$ 在区间$[0,4]$上的零点个数为(　　)

A. 4　　B. 5　　C. 6　　D. 7

(2) 设函数 $f(x)=x^2+\dfrac{2}{x}(x\neq 0)$. 当 $a>1$ 时,方程 $f(x)=f(a)$ 的实根个数为________.

解 (1)C; (2)3

(1) 当 $x=0$ 时,$f(x)=0$. 又因为 $x\in[0,4]$,所以 $0\leqslant x^2\leqslant 16$. 因为 $5\pi<16<\dfrac{11\pi}{2}$,所以函数 $y=\cos x^2$ 在 x^2 取 $\dfrac{\pi}{2},\dfrac{3\pi}{2},\dfrac{5\pi}{2},\dfrac{7\pi}{2},\dfrac{9\pi}{2}$ 时为 0,此时 $f(x)=0$,所以 $f(x)=x\cos x^2$ 在区间$[0,4]$上的零点个数为 6.

(2) 令 $g(x)=f(x)-f(a)$,即 $g(x)=x^2+\dfrac{2}{x}-a^2-\dfrac{2}{a}$,整理得

$$g(x)=\frac{1}{ax}(x-a)(ax^2+a^2x-2)$$

显然 $g(a)=0$,令 $h(x)=ax^2+a^2x-2$. 因为 $h(0)=-2<0,h(a)=2(a^3-1)>0$,所以 $h(x)$ 在区间$(-\infty,0)$和$(0,a)$上各有一个零点.

因此,$g(x)$ 有三个零点,即方程 $f(x)=f(a)$ 有三个实数解.

点评 函数零点的确定问题,常见的有:① 函数零点值大致存在区间的确定;② 零点个数的确定;③ 两函数图像交点的横坐标或有几个交点的确定. 解决这类问题的常用方法有解方程法、利用零点存在性判断或数形结合法.

三、函数的单调性

一般地,设函数 $f(x)$ 的定义域为 I:

(1) 如果对于定义域 I 内某个区间 D 上的任意两个自变量的值 x_1, x_2，当 $x_1 < x_2$ 时，都有 $f(x_1) < f(x_2)$，那么就说函数 $f(x)$ 在区间 D 上是增函数.

(2) 如果对于定义域 I 内某个区间 D 上的任意两个自变量的值 x_1, x_2，当 $x_1 < x_2$ 时，都有 $f(x_1) > f(x_2)$，那么就说函数 $f(x)$ 在区间 D 上是减函数.

(3) 如果函数 $y=f(x)$ 在区间 D 上是增函数或减函数，那么就说函数 $y=f(x)$ 在这一区间具有(严格的)单调性，区间 D 叫作 $y=f(x)$ 的单调区间.

(4) 基本函数的单调区间.

①$y=ax+b(a>0)$ 的单调增区间为$(-\infty,+\infty)$；

②$a>0$ 时，二次函数 $y=ax^2$ 的单调增区间为$[0,+\infty)$，单调减区间是$(-\infty,0]$；

③ 函数 $y=\dfrac{1}{x}$ 的单调递减区间为$(-\infty,0)$ 和$(0,+\infty)$.

例 3 设二次函数 $f(x)=ax^2+bx+c$ 的图像以 y 轴为对称轴，已知 $a+b=1$，且若点(x,y) 在 $y=f(x)$ 的图像上，则点(x,y^2+1) 在函数 $g(x)=f(f(x))$ 的图像上.

(1) 求 $g(x)$ 的解析式；

(2) 设 $F(x)=g(x)-\lambda f(x)$，问是否存在实数 λ，使 $F(x)$ 在 $\left(-\infty,-\dfrac{\sqrt{2}}{2}\right]$ 内是减函数，在$\left(-\dfrac{\sqrt{2}}{2},0\right)$ 内是增函数.

解 (1) 因 $f(x)=ax^2+bx+c$ 的对称轴为 y 轴，即 $-\dfrac{b}{2a}=0$，故 $b=0$，从而 $a=1$，$f(x)=x^2+c$. 设(x_0,y_0) 在 $y=f(x)$ 的图像上，由题意知，点(x_0,y_0^2+1) 在 $y=f(f(x))$ 的图像上，即 $y_0=x_0^2+c$，$y_0^2+1=(x_0^2+c)^2+c$，从上面两式易知 $c=1$，因此 $f(x)=x^2+1$，进而 $g(x)=(x^2+1)^2+1$.

(2) 由(1) 可得 $F(x)=g(x)-\lambda f(x)=x^4+(2-\lambda)x^2+2-\lambda$. 设 $x_1<x_2<-\dfrac{\sqrt{2}}{2}$，则 $F(x_1)-F(x_2)=(x_1^2-x_2^2)(x_1^2+x_2^2+2-\lambda)$. 要使 $F(x)$ 在 $\left(-\infty,-\dfrac{\sqrt{2}}{2}\right)$ 内为减函数，只需 $F(x_1)-F(x_2)>0$，但 $x_1^2-x_2^2>0$，故只要 $x_1^2+x_2^2+2-\lambda>0$，所以$\lambda<x_1^2+x_2^2+2$，然而当$x_1, x_2\in\left(-\infty,-\dfrac{\sqrt{2}}{2}\right)$ 时，$x_1^2+x_2^2+2>3$，因此只要$\lambda\leqslant 3$，$F(x)$ 在$\left(-\infty,-\dfrac{\sqrt{2}}{2}\right)$ 内是减函数，同理可得，当$\lambda\geqslant 3$ 时，$F(x)$ 在$\left(-\dfrac{\sqrt{2}}{2},0\right)$ 内是增函数. 综上讨论，存在唯一的实数$\lambda=3$，使得对应的 $F(x)$ 满足条件.

四、函数的最值

1. 函数最大值定义

一般地，设函数 $y=f(x)$ 的定义域为 I，如果存在实数 M 满足：

(1) 对于任意的 $x\in I$，都有 $f(x)\leqslant M$.

(2) 存在 $x_0\in I$，使得 $f(x_0)=M$.

那么，称 M 是函数 $y=f(x)$ 的最大值.

2. 函数最小值定义

一般地，设函数 $y=f(x)$ 的定义域为 I，如果存在实数 M，满足：

(1) 对于任意的 $x\in I$，都有 $f(x)\geqslant M$.

(2) 存在 $x_0\in I$，使得 $f(x_0)=M$.

那么，称 M 是函数 $y=f(x)$ 的最小值.

3. 最值定理

若函数 $f(x)$ 在 $[a,b]$ 上连续，则 $f(x)$ 在 $[a,b]$ 上一定存在最大值与最小值.

4. 函数最值与单调性的联系

(1) 若函数 $y=f(x)$ 在区间 $[a,b]$ 上单调递增，则 $f(x)$ 的最大值为 $f(b)$，最小值为 $f(a)$；

(2) 若函数 $y=f(x)$ 在区间 $[a,b]$ 上单调递减，则 $f(x)$ 的最大值为 $f(a)$，最小值为 $f(b)$.

例 4 已知函数 $f(x)=ax^2+4x-2$ 满足对任意 $x_1,x_2\in\mathbf{R}$ 且 $x_1\neq x_2$，都有 $f\left(\frac{x_1+x_2}{2}\right)<\frac{f(x_1)+f(x_2)}{2}$.

(1) 求实数 a 的取值范围；

(2) 试讨论函数 $y=f(x)$ 在区间 $[-1,1]$ 上的零点的个数；

(3) 对于给定的实数 a，有一个最小的负数 $M(a)$，使得 $x\in[M(a),0]$ 时，$-4\leqslant f(x)\leqslant 4$ 都成立，则当 a 为何值时，$M(a)$ 最小，并求出 $M(a)$ 的最小值.

解 (1) 因为

$$f\left(\frac{x_1+x_2}{2}\right)-\frac{f(x_1)+f(x_2)}{2}$$

$$=a\left(\frac{x_1+x_2}{2}\right)^2+4\left(\frac{x_1+x_2}{2}\right)-2-\frac{ax_1^2+4x_1-2+ax_2^2+4x_2-2}{2}$$

$$=-\frac{a}{4}(x_1-x_2)^2<0$$

因为 $x_1\neq x_2$，所以 a 的取值范围是 $(0,+\infty)$.

(2) $\Delta=16+8a$，由 (1) 知：$a>0$，所以 $\Delta>0$.

① 当 $a>0$ 时，$f(1)=a+2>0$，当 $0<a\leqslant 6$ 时，总有 $f(-1)\leqslant 0$，故 $0<a\leqslant 6$ 时，$f(x)$ 在 $[-1,1]$ 上有一个零点；

② 当 $a>6$ 时

$$\begin{cases}a>0\\-1<-\dfrac{4}{2a}<1\\f(1)=a+4-2>0\\f(-1)=a-4-2>0\end{cases}$$

即 $a>6$ 时，$f(x)$ 在 $[-1,1]$ 上有两个零点.

综上，当 $0<a\leqslant 6$ 时，$f(x)$ 在 $[-1,1]$ 上有一个零点；$a>6$ 时，$f(x)$ 在 $[-1,1]$ 上有两个零点.

(3) 因为 $f(x)=ax^2+4x-2=a\left(x+\dfrac{2}{a}\right)^2-2-\dfrac{4}{a}$，显然 $f(0)=-2$，对称轴 $x=-\dfrac{2}{a}<0$.

① 当 $-2-\dfrac{4}{a}<-4$，即 $0<a<2$ 时，$M(a)\in\left(-\dfrac{2}{a},0\right)$，且 $f(M(a))=-4$.

令 $ax^2+4x-2=-4$，解得 $x=\dfrac{-2\pm\sqrt{4-2a}}{a}$.

此时 $M(a)$ 取较大的根，即 $M(a)=\dfrac{-2+\sqrt{4-2a}}{a}=\dfrac{-2}{\sqrt{4-2a}+2}$.

因为 $0<a<2$，所以 $M(a)=\dfrac{-2}{\sqrt{4-2a}+2}>-1$.

② 当 $-2-\dfrac{4}{a}\geqslant -4$，即 $a\geqslant 2$ 时，$M(a)<-\dfrac{2}{a}$，且 $f(M(a))=4$.

令 $ax^2+4x-2=4$，解得 $x=\dfrac{-2\pm\sqrt{4+6a}}{a}$，此时 $M(a)$ 取较小的根，即

$$M(a)=\frac{-2\sqrt{4+6a}}{a}=\frac{6}{\sqrt{4+6a}-2}$$

因为 $a\geqslant 2$，所以 $M(a)=\dfrac{-6}{\sqrt{4+6a}-2}\geqslant -3$. 当且仅当 $a=2$ 时，取等号.

因为 $-3<-1$，所以当 $a=2$ 时，$M(a)$ 取得最小值 -3.

点评 由本题的条件可知：已知的二次函数是上凸函数，因此它的图像是开口向下的，所以，它的二次项系数 $a<0$. 故二次函数图像的凹凸性的判断方法：利用二次项系数的正负去判断与利用导数的方法去判断是一致的.

五、函数的奇偶性

1. 函数的奇偶性概念

(1) 偶函数：如果对于函数 $f(x)$ 的定义域内任意一个 x，都有 $f(-x)=f(x)$，那么函数 $f(x)$ 就叫作偶函数.

(2) 奇函数：如果对于函数 $f(x)$ 的定义域内任意一个 x，都有 $f(-x)=-f(x)$，那么函数 $f(x)$ 就叫作奇函数.

2. 奇、偶函数图像的对称性

(1) 偶函数的图像关于 y 轴对称，图像关于 y 轴对称的函数一定是偶函数.

(2) 奇函数的图像关于原点对称，图像关于原点对称的函数一定是奇函数.

3. 判断函数奇偶性的原则

判断函数奇偶性要注意定义域优先原则，即首先要看定义域是否关于原点对称.

4. 奇偶性的应用中常用到的结论

(1) 若函数 $f(x)$ 是定义在 $\mathbf{R}$ 上的奇函数，则必有 $f(0)=0$；

(2) 若奇函数 $f(x)$ 在 $[a,b]$ 上是增函数，且有最大值 M，则 $f(x)$ 在 $[-b,-a]$ 上是增函数，且有最小值 $-M$；

(3) 若偶函数 $f(x)$ 在 $(-\infty,0)$ 上是减函数，则 $f(x)$ 在 $(0,+\infty)$ 上是增函数；

(4) 若 $y=f(x)$ 是定义在实数集 $\mathbf{R}$ 上的以 T 为周期的奇函数，且 $f\left(\frac{T}{2}\right)$ 有意义，则 $f\left(\frac{T}{2}\right)=f\left(-\frac{T}{2}\right)=0$.

事实上：若 $f(x)$ 的周期为 T，则 $f\left(\frac{T}{2}\right)=f\left(\frac{T}{2}-T\right)=f\left(-\frac{T}{2}\right)=-f\left(\frac{T}{2}\right)$，所以 $f\left(\frac{T}{2}\right)=f\left(-\frac{T}{2}\right)=0$.

(5) 奇函数在原点的两边单调性相同，偶函数在原点的两边单调性相反；

(6) 若函数 $f(x)$ 是偶函数，则 $f(x)=f(-x)=f(|x|)$；

单调奇函数的性质如下：

(7) 已知函数 $f(x)$ 是区间 D 上的单调递增奇函数，若 $a,b\in D$，则：

①$a+b>0\Leftrightarrow f(a)+f(b)>0$；

②$a+b<0\Leftrightarrow f(a)+f(b)<0$；

③$f(a)+f(b)=0\Leftrightarrow a+b=0$.

证明 (i) 先证 $a+b>0\Rightarrow f(a)+f(b)>0$. 若 $a+b>0$，则 $a>-b$，

因为 $f(x)$ 在区间 D 上单调递增，所以 $f(a)>f(-b)$. 又 $f(x)$ 是区间 D 上的奇函数，所以 $f(-b)=-f(b)$，故上述不等式为 $f(a)>-f(b)$，所以 $f(a)+f(b)>0$.

(ii) 再证 $f(a)+f(b)>0\Rightarrow a+b>0$. 因为 $f(a)+f(b)>0$，所以 $f(a)>-f(b)$.

又 $f(x)$ 是区间 D 上的奇函数，所以 $-f(b)=f(-b)$，故上述不等式为 $f(a)>f(-b)$，又 $f(x)$ 在区间 D 上单调递增，所以 $a>-b$，所以 $a+b>0$.

综合(i)(ii)得 $a+b>0\Leftrightarrow f(a)+f(b)>0$.

同理可得②. 同理可证如下性质：

③ 已知函数 $f(x)$ 是区间 D 上的单调递减奇函数，若 $a,b\in D$，则：

(i) $a+b>0\Leftrightarrow f(a)+f(b)<0$；

(ii) $a+b<0\Leftrightarrow f(a)+f(b)>0$；

(iii) $f(a)+f(b)=0\Leftrightarrow a+b=0$.

例 5 设 $f(x)=ax^2+bx+c(a\neq 0)$，若函数 $f(x+1)$ 与 $f(x)$ 的图像关于 y 轴对称，求证：$f\left(x+\frac{1}{2}\right)$ 为偶函数.

分析 在证明 $f\left(x+\frac{1}{2}\right)$ 是偶函数时，用特殊值 $f\left(\frac{3}{2}+\frac{1}{2}\right)=f\left(-\frac{3}{2}+\frac{1}{2}\right)$ 成立来判断 $f\left(x+\frac{1}{2}\right)$ 是偶函数. 这种用特殊代一般的证法是错误的.

证明 由函数 $f(x+1)$ 与 $f(x)$ 的图像关于 y 轴对称，可知 $f(x+1)=f(-x)$.

将 x 换成 $x-\frac{1}{2}$ 代入上式可得 $f\left(x-\frac{1}{2}+1\right)=f\left[-\left(x-\frac{1}{2}\right)\right]$，即 $f\left(x+\frac{1}{2}\right)=f\left(-x+\frac{1}{2}\right)$.

由偶函数的定义可知 $f\left(x+\frac{1}{2}\right)$ 为偶函数.

六、函数的周期性

1. 周期函数定义

对于函数 $y=f(x)$，如果存在一个非零常数 T，使得当 x 取定义域内的任何值时，都有 $f(x+T)=f(x)$，那么就称函数 $y=f(x)$ 为周期函数，称 T 为这个函数的周期.

2. 最小正周期

如果在周期函数 $f(x)$ 的所有周期中存在一个最小的正数，那么这个最小

正数就叫作 $f(x)$ 的最小正周期.

例 6 求函数 $f(x)=|\sin x|+|\cos x|$ 的最小正周期.

分析 我们先求出函数 $f(x)$ 的周期,然后去证明这个就是最小正周期.

解 对任意 $x\in\mathbf{R}$,都有

$$f\left(x+\frac{\pi}{2}\right)=\left|\sin\left(x+\frac{\pi}{2}\right)\right|+\left|\cos\left(x+\frac{\pi}{2}\right)\right|=$$
$$|\sin x|+|\cos x|=f(x)$$

因此,$f(x)$ 是周期函数,$\frac{\pi}{2}$ 是它的一个周期.

下面用反证法证明 $\frac{\pi}{2}$ 是函数 $f(x)$ 的最小正周期.

设函数 $f(x)$ 有小于 $\frac{\pi}{2}$ 的正周期 T,则对任意的 $x\in\mathbf{R}$,有

$$|\sin(x+T)|+|\cos(x+T)|=|\sin x|+|\cos x|$$

令 $x=0$ 有 $|\sin T|+|\cos T|=1$,两边平方得 $|\sin 2T|=0$,从而 $\sin 2T=0$,又因为 $0<T<\frac{\pi}{2}$,所以不可能使 $\sin 2T=0$. 故函数 $f(x)$ 的最小正周期为 $\frac{\pi}{2}$.

点评 *反证法是证明周期函数的某个周期是该函数的最小正周期的常用方法.*

七、函数的对称性

函数的对称性主要表现在两个方面:其一是函数的图像关于点的对称性,其二是函数的图像关于直线的对称性.

设定义在实数集上的函数 $y=f(x)$,则:

(1) $f(a+x)=f(a-x)\Leftrightarrow f(x)=f(2a-x)\Leftrightarrow y=f(x)$ 的图像关于直线 $x=a$ 对称;事实上:若 $a-x=m$,则 $a+x=2a-(a-x)=2a-m$,则 $f(m)=f(2a-m)$,由此易知:$f(a+x)=f(a-x)\Leftrightarrow f(x)=f(2a-x)$,设点 $A(x_0,y_0)$ 为 $y=f(x)$ 的图像上任意一点,则 $y_0=f(x_0)$,且点 A 关于直线 $x=a$ 的对称点为 $A'(2a-x_0,y_0)$,所以 $y_0=f(2a-x_0)$,又 $y_0=f(x_0)$,所以 $f(x_0)=f(2a-x_0)$,由点 A 的任意性可知结论成立.

(2) 若将直线 $x=a$ 改为任意直线 $y=kx+b$(这里 k 存在且不为 0 是因为 k 不存在就是(1)的情形,k 为 0 时简单易处理),则点 $P(x_0,y_0)$ 是函数 $y=f(x)$ 的图像上任意一点且关于直线 $y=kx+b$ 的对称点为 $P'(x,y)$,利用平面解析几何知识易知,满足以下两条件:其中是线段 PP' 中点 P_0 在直线 $y=kx+b$ 上,其二是直线 PP' 与直线 l 互相垂直,因此利用中点坐标公式与两条直线互相垂

直且斜率存在时其积等于 -1 解决.

(3) 若 $f(a+x)=f(a-x)\Leftrightarrow f(x)=-f(a-x)\Leftrightarrow y=f(x)$ 的图像,关于点 $(a,0)$ 对称.

说明:关于(3) 的证明与(1) 类似.

(4) 若将点 $A(a,0)$ 改为点 $B(a,b)$,则可设点 $P(x_0,y_0)$ 关于点 B 的对称点为 $P'(x,y)$,则由中点坐标公式可得 $x_0=2a-x,y_0=2b-y$,于是有:$2b-y=-f(2a-x)$,即 $y=2b-f(2a-x)$,因此可得:

若 $f(x)=2b-f(2a-x)\Leftrightarrow y=f(x)$ 的图像关于点 $B(a,b)$ 对称,特别注意:点 $A(x,y)$ 关于 x 轴的对称点为 $A_1(x,-y)$,关于 y 轴的对称点为 $A_2(-x,y)$,关于原点的对称点为 $A_3(-x,-y)$. 关于直线 $y=x$ 的对称点为 $A_4(y,x)$,关于直线 $y=-x$ 的对称点为 $A_5(-y,-x)$.

例 7 已知函数 $f(x)=-\dfrac{\sqrt{a}}{a^x+\sqrt{a}}(a>0$ 且 $a\neq 1)$.

(1) 证明:函数 $y=f(x)$ 的图像关于点 $\left(\dfrac{1}{2},-\dfrac{1}{2}\right)$ 对称;

(2) 求 $f(-2)+f(-1)+f(0)+f(1)+f(2)+f(3)$ 的值.

分析 证明本题是依据中心对称的定义,函数 $y=f(x)$ 的图像上的任一点关于对称中心的对称点仍在图像上,即 $f(x)=-\dfrac{\sqrt{a}}{a^x+\sqrt{a}}(a>0$ 且 $a\neq 1)$ 的图像关于点 $\left(\dfrac{1}{2},-\dfrac{1}{2}\right)$ 对称.

证明 (1) 函数 $f(x)$ 的定义域为全体实数,任取一点 (x,y),它关于点 $\left(\dfrac{1}{2},-\dfrac{1}{2}\right)$ 对称的点的坐标为 $(1-x,-1-y)$. 由已知得 $y=-\dfrac{\sqrt{a}}{a^x+\sqrt{a}}$,则

$$-1-y=-1+\frac{\sqrt{a}}{a^x+\sqrt{a}}=-\frac{a^x}{a^x+\sqrt{a}}$$

$$f(1-x)=-\frac{\sqrt{a}}{a^{1-x}+\sqrt{a}}=-\frac{\sqrt{a}}{\dfrac{a}{a^x}+\sqrt{a}}=-\frac{\sqrt{a}\cdot a^x}{a+\sqrt{a}\cdot a^x}=-\frac{a^x}{a^x+\sqrt{a}}$$

所以 $-1-y=f(1-x)$,即函数 $y=f(x)$ 的图像关于点 $\left(\dfrac{1}{2},-\dfrac{1}{2}\right)$ 对称.

(2) 由(1) 知 $-1-f(x)=f(1-x)$,即 $f(x)+f(1-x)=-1$,所以 $f(-2)+f(3)=-1,f(-1)+f(2)=-1,f(0)+f(1)=-1$,则 $f(-2)+f(-1)+f(0)+f(1)+f(2)+f(3)=-3$.

八、函数的渐近性

在平面解析几何中，我们学习过双曲线$\frac{x^2}{a^2}-\frac{y^2}{b^2}=1(a>0,b>0)$的渐近线是两条直线$\frac{x}{a}\pm\frac{y}{b}=0$，即$y=\pm\frac{b}{a}x$，虽然不能画出全部双曲线，但是有了渐近线就能知道双曲线无限延伸时的走向及变化趋势，因此如果知道函数$f(x)$的图像存在渐近线，也就大概知道函数图像的走向及变化趋势，对函数的研究会有很大的帮助作用.

1.函数的渐近线定义

当曲线上动点P沿着曲线无限远移，若动点P到直线l的距离无限趋近于0时，则称直线l是曲线的渐近线.

曲线的渐近线有两种：其一是垂直渐近线(即与x轴垂直的直线，此时渐近线的斜率不存在，亦即直线的倾斜角为90°)；其二是斜渐近线(即渐近线的斜率存在，包括水平渐近线，亦即斜率为0的直线).

2.垂直渐近线

若$\lim\limits_{x\to a^+}f(x)=\infty$，或$\lim\limits_{x\to a^-}f(x)=\infty$，则直线$x=a$是函数$y=f(x)$的垂直渐近线(垂直于$x$轴)，通常表现为函数$y=f(x)$表达式中值为0对应的$x$值，如$y=\frac{1}{x}$的渐近线是$x=0$与$y=0$，又如$y=\tan x$有无数条垂直渐近线，$x=k\pi+\frac{\pi}{2}(k\in\mathbf{Z})$等.

3.斜渐近线

若直线$y=kx+b$(k存在且$k\neq0$)是函数$y=f(x)$的渐近线，则k与b应满足什么条件？

设函数$y=f(x)$的图像上动点为$P(x,f(x))$，则由定义可知$|PB|=|f(x)-(kx+b)|$，在$\mathrm{Rt}\triangle PMB$中$\angle BPM=\alpha$，动点P到直线$l:y=kx+b$的距离PM为$|PM|=|PB|\cos\alpha=|f(x)-(kx+b)|\cos\alpha$，因为$\alpha$是常数，所以当动点$P$沿函数$y=f(x)$的图像远移时，即当$x\to\infty$时，有

$$\lim_{x\to\infty}|f(x)-(kx+b)|=0 \quad ①$$

则有

$$\lim_{x\to\infty}\frac{f(x)-kx-b}{x}=0$$

即

$$\lim_{x\to\infty}\frac{f(x)}{x}-k-\frac{b}{x}=0$$

从而

$$k=\lim_{x\to\infty}\frac{f(x)}{x} \tag{②}$$

由式 ① 可得

$$b=\lim_{x\to\infty}(f(x)-kx) \tag{③}$$

由以上讨论可知：若直线 $l: y=kx+b$ 是函数 $y=f(x)$ 的斜渐近线，则 $k=\lim\limits_{x\to\infty}\frac{f(x)}{x}$，$b=\lim\limits_{x\to\infty}(f(x)-kx)$.

例 8 求双曲线 $\frac{x^2}{a^2}-\frac{y^2}{b^2}=1(a>0,b>0)$ 的渐近线.

解 由已知可得：$y=\pm\frac{b}{a}\sqrt{x^2-a^2}$，设它的渐近线为 $y=kx+c$，则

$$k=\lim_{x\to\infty}\frac{y}{x}=\lim_{x\to\infty}\pm\frac{b}{a}\frac{\sqrt{x^2-a^2}}{x}$$

$$=\pm\frac{b}{a}\cdot\lim_{x\to\infty}\sqrt{1-\left(\frac{a}{x}\right)^2}=\pm\frac{b}{a}$$

$$c=\lim_{x\to\infty}(y-kx)=\lim_{x\to\infty}\left(\pm\frac{b}{a}\sqrt{x^2-a^2}\mp\frac{b}{a}x\right)$$

$$=\lim_{x\to\infty}\left(\pm\frac{b}{a}\right)(\sqrt{x^2-a^2}-x)=\left(\pm\frac{b}{a}\right)\lim_{x\to\infty}\frac{-a^2}{\sqrt{x^2-a^2}+x}=0$$

则 $y=\pm\frac{b}{a}x$，即 $y=\frac{b}{a}x$ 与 $y=-\frac{b}{a}x$ 都是双曲线的渐近线.

点评 本例是人民教育出版社所编写的普通高中数学 A 版中双曲线的一个重要性质的证明.

九、函数的凹凸性

1. 函数凹凸性定义

定义 1 设 $f(x)$ 是定义在区间 D 上的实函数，如果对任意 $x_1,x_2\in D$，有

$$f\left(\frac{x_1+x_2}{2}\right)\leqslant\frac{f(x_1)+f(x_2)}{2} \tag{①}$$

则称 $f(x)$ 为区间 D 上的上凹函数，或称下凸函数. 如果成立不等式

$$f\left(\frac{x_1+x_2}{2}\right)\geqslant\frac{f(x_1)+f(x_2)}{2} \tag{②}$$

则称 $f(x)$ 为区间 D 上的下凹函数，或称上凸函数.

显然，若 $f(x)$ 为区间 D 上的上凸(凹) 函数，则 $-f(x)$ 必是区间 D 上的下凹(凸) 函数. 凹凸函数的图像特征：由定义可以看到，区间 D 上的上凹函数 $f(x)$ 有着明显的几何意义：曲线 $y=f(x)$ 的任一弦的中点必在该曲线上方或

在该曲线上(图 1). 关于下凹函数也有同样的几何解释:曲线 $y=f(x)$ 的一条弦的中点必在该曲线之下方或在该曲线上(图 2).

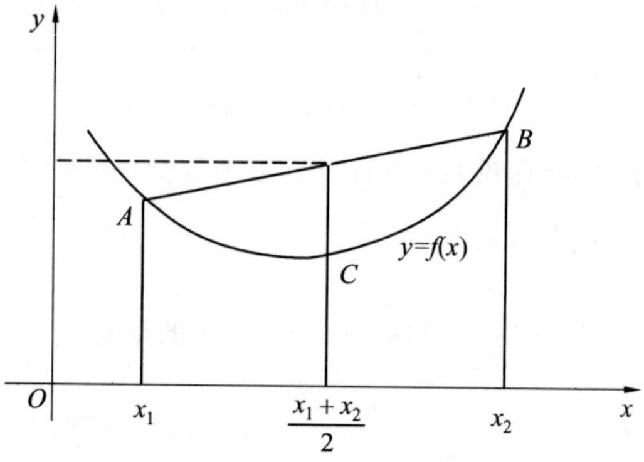

图 1

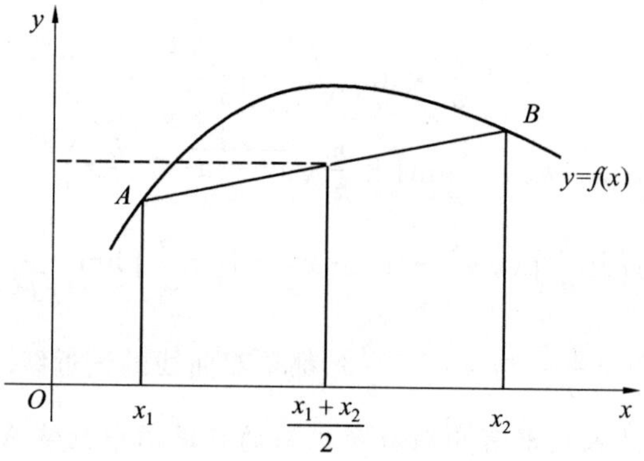

图 2

定义中的区间 D 可以是开的,闭的,半开半闭的,也可以是有限的或无穷的. 凸函数有许多简单性质,特别是连续凸函数的性质,应用极为广泛.

2. 判定方法

方法一:利用定义.

方法二:利用已知结论.

(1) 若 $g(x)$ 是线性函数,则函数 $f(x)+g(x)$ 与 $f(x)$ 凸性相同;函数 $f(x)$ 与函数 $-f(x)$ 的凸性相反.

(2) 基本初等函数的凸性.

方法三:若函数 $f(x)$ 在 $[a,b]$ 上连续且在 (a,b) 内具有一阶和二阶导数,则:

(1) 若在 (a,b) 内 $f''(x)<0$,则 $f(x)$ 在 $[a,b]$ 上是上凹的.

(2) 若在 (a,b) 内 $f''(x)>0$,则 $f(x)$ 在 $[a,b]$ 上是下凹的.

例 9 求证：当 $0\leqslant x_1,x_2<\frac{\pi}{2}$ 时，$f(x)=\tan x$ 在 $\left(0,\frac{\pi}{2}\right)$ 上是上凸函数.

证明 当 $0\leqslant x_1,x_2<\frac{\pi}{2}$ 时

$$f(x_1)+f(x_2)=\tan x_1+\tan x_2=\frac{\sin x_1}{\cos x_1}+\frac{\sin x_2}{\cos x_2}=\frac{\sin(x_1+x_2)}{\cos x_1\cos x_2}$$

$$=\frac{2\sin(x_1+x_2)}{\cos(x_1+x_2)+\cos(x_1-x_2)}$$

$$\geqslant\frac{2\sin(x_1+x_2)}{\cos(x_1+x_2)+1}$$

$$=2\tan\left(\frac{x_1+x_2}{2}\right)$$

即 $\frac{f(x_1)+f(x_2)}{2}\geqslant f\left(\frac{x_1+x_2}{2}\right)$. 所以，$f(x)=\tan x$ 在 $\left(0,\frac{\pi}{2}\right)$ 上是凸函数.

点评 本题是利用凸函数的定义进行证明的，其实也可以用导数知识进行证明. 如：

$$f'(x)=(\tan x)'=\left(\frac{\sin x}{\cos x}\right)'=\frac{\cos x\cdot\cos x-\sin x\cdot(-\sin x)}{\cos^2 x}=\frac{1}{\cos^2 x}$$

则

$$f''(x)=\left(\frac{1}{\cos^2 x}\right)'=(\cos^{-2}x)'=-2\cos^{-1}x\cdot(\cos x)'=$$

$$-2(\cos^{-1}x)(-\sin x)=2\tan x$$

因为 $x\in\left(0,\frac{\pi}{2}\right)$，所以 $f''(x)>0$，故 $f(x)=\tan x$ 在 $\left(0,\frac{\pi}{2}\right)$ 上是上凸函数.

十、函数的有界性

定义 若函数 $y=f(x)$ 在数集 A 上有定义，且存在常数 $c>0$ 对任意 $x\in A$ 均有 $|f(x)|\leqslant c$，则称函数 $y=f(x)$ 在数集 A 上有界.

如果存在常数 p（或 q），对任意 $x\in A$，均有 $f(x)\leqslant p$ 或（$f(x)\geqslant q$），则称函数 $y=f(x)$ 在数集 A 上有上界（或有下界），并称 p 是函数 $y=f(x)$ 在数集 A 上的上界（或称 q 是函数 $y=f(x)$ 在数集 A 上的下界）.

函数 $y=f(x)$ 在区间 $[a,b]$ 上有界的几何意义是：函数 $y=f(x)$ 的图像位于以直线 $y=c$ 与 $y=-c$ 为边界的带型区域内.

函数有界性的判定方法：

函数 $y=f(x)$ 在数集 A 上有界的充要条件是函数 $y=f(x)$ 在数集 A 上既有上界又有下界.

证明 必要性：若函数 $y=f(x)$ 在数集 A 上有界，即存在 $c>0$，使得：

$|f(x)|\leqslant c$ 或 $-c\leqslant f(x)\leqslant c$，则函数 $y=f(x)$ 在数集 A 上既有上界 c 又有下界 $-c$.

充分性：若函数 $y=f(x)$ 在数集 A 上既有上界 p 又有下界 q，即存在实数 p 与 q 满足 $q\leqslant f(x)\leqslant p$. 设 $c=\max\{p,q\}$，则有 $|f(x)|\leqslant c$，即函数 $y=f(x)$ 在数集 A 上有界. 如：$y=\sin x$ 与 $y=\cos x$ 在定义域为实数集 $\mathbf{R}$ 上均有界，且 $|\sin x|\leqslant 1$，$|\cos x|\leqslant 1$.

例 10 设函数 $f(x)$ 在区间 (a,b) 内可导，$f'(x)$ 在 (a,b) 内有界，试证：函数 $f(x)$ 在区间 (a,b) 内有界.

证明 由于 $f(x)$ 在 (a,b) 内有界，所以存在 $M>0$，使得任意 $x\in(a,b)$，均有 $|f'(x)|\leqslant M$. 因为 $f(x)$ 在 (a,b) 内可导，则 $f(x)$ 在 (a,b) 内连续，记 (a,b) 的中点为 x_0，则 $f(x_0)$ 有意义，即 $\left|f\left(\dfrac{a+b}{2}\right)\right|$ 是一个确定的值. 在 (a,b) 内任取异于 x_0 的点 x，在以 x_0 和 x 为端点的闭区间上，应用拉氏定理得 $f(x)-f(x_0)=f'(\xi)(x-x_0)$，$\xi$ 在 x_0 和 x 之间，所以

$$|f(x)|-|f(x_0)|\leqslant|f(x)-f(x_0)|=|f'(\xi)||(x-x_0)|\leqslant M(b-a)$$

得

$$|f(x)|\leqslant\left|f\left(\frac{a+b}{2}\right)\right|+M|b-a|$$

该式对 $x=x_0$ 也成立，故 $f(x)$ 在 (a,b) 内有界.

十一、典例精析

例 11 对于三次函数 $f(x)=ax^3+bx^2+cx+d(a\neq 0)$，给出定义：设 $f'(x)$ 是函数 $y=f(x)$ 的导数，$f''(x)$ 是 $f'(x)$ 的导数，若方程 $f''(x)=0$ 有实数解 x_0，则称点 $(x_0,f(x_0))$ 为函数 $y=f(x)$ 的"拐点". 某同学经过探究发现：任何一个三次函数都有"拐点"；任何一个三次函数都有对称中心，且"拐点"就是对称中心. 若 $f(x)=\dfrac{1}{3}x^3-\dfrac{1}{2}x^2+3x-\dfrac{5}{12}$，请你根据这一发现，解决如下问题：

(1) 求函数 $f(x)=\dfrac{1}{3}x^3-\dfrac{1}{2}x^2+3x-\dfrac{5}{12}$ 的对称中心；

(2) 计算 $f\left(\dfrac{1}{2\,013}\right)+f\left(\dfrac{2}{2\,013}\right)+f\left(\dfrac{3}{2\,013}\right)+f\left(\dfrac{4}{2\,013}\right)+\cdots+f\left(\dfrac{2\,012}{2\,013}\right)$.

解 (1) $f'(x)=x^2-x+3$，$f''(x)=2x-1$，由 $f''(x)=0$，即 $2x-1=0$，解得 $x=\dfrac{1}{2}$.

$$f\left(\frac{1}{2}\right)=\frac{1}{3}\times\left(\frac{1}{2}\right)^3-\frac{1}{2}\times\left(\frac{1}{2}\right)^2+3\times\frac{1}{2}-\frac{5}{12}=1$$

由题中给出的结论，可知函数 $f(x)=\frac{1}{3}x^3-\frac{1}{2}x^2+3x-\frac{5}{12}$ 的对称中心为 $\left(\frac{1}{2},1\right)$.

(2) 由(1)知，函数 $f(x)=\frac{1}{3}x^3-\frac{1}{2}x^2+3x-\frac{5}{12}$ 的对称中心为 $\left(\frac{1}{2},1\right)$，所以 $f\left(\frac{1}{2}+x\right)+f\left(\frac{1}{2}-x\right)=2$，即 $f(x)+f(1-x)=2$，故

$$f\left(\frac{1}{2\ 013}\right)+f\left(\frac{2\ 012}{2\ 013}\right)=2, f\left(\frac{2}{2\ 013}\right)+f\left(\frac{2\ 011}{2\ 013}\right)=2$$

$$f\left(\frac{3}{2\ 013}\right)+f\left(\frac{2\ 010}{2\ 013}\right)=2,\cdots,f\left(\frac{2012}{2\ 013}\right)+f\left(\frac{1}{2\ 013}\right)=2$$

所以

$$f\left(\frac{1}{2\ 013}\right)+f\left(\frac{2}{2\ 013}\right)+f\left(\frac{3}{2\ 013}\right)+f\left(\frac{4}{2\ 013}\right)+\cdots+f\left(\frac{2\ 012}{2\ 013}\right)=$$

$$\frac{1}{2}\times2\times2\ 012=2\ 012$$

点评　对于一般的一元三次函数 $f(x)=ax^3+bx^2+cx+d(a\neq0)$ 的对称中心是 $\left(-\frac{b}{3a},f\left(-\frac{b}{3a}\right)\right)$，这个性质在解题中是非常重要的.

例 12　已知函数 $f(x)=\frac{\sqrt{a^2-x^2}}{x-2a}(a>0)$.

(1) 证明 $f(x)$ 既不是奇函数也不是偶函数.

(2) 求 $f(x)$ 的值域.

(3) 若对于 $f(x)$ 定义域内的任意实数 x_1，都能构造出一个无穷数列 $\{x_n\}$，使其满足条件 $x_{n+1}=f(x_n)(n\in\mathbf{N}^*)$，求 a 的取值范围.

证明　(1) 函数的定义域为 $[-a,a]$，因为 $f\left(\frac{a}{2}\right)=-\frac{\sqrt{3}}{3}$，$f\left(-\frac{a}{2}\right)=-\frac{\sqrt{3}}{5}$，$f\left(\frac{a}{2}\right)\neq f\left(-\frac{a}{2}\right)$ 且 $f\left(\frac{a}{2}\right)\neq -f\left(-\frac{a}{2}\right)$，所以 $f(x)$ 既不是奇函数也不是偶函数；

(2) 令 $t=x-2a$，$t\in[-3a,-a]$，

$$f(t)=\frac{\sqrt{-t^2-4at-3a^2}}{t}=-\sqrt{-1-\frac{4a}{t}-\frac{3a^2}{t^2}}$$

令 $\frac{a}{t}=k$，$-1\leqslant k\leqslant-\frac{1}{3}$，则 $f(k)$ 在 $\left[-1,-\frac{2}{3}\right]$ 上递增，在

$\left[-\frac{2}{3},-\frac{1}{3}\right]$上递减；

所以函数的值域为$\left[-\frac{\sqrt{3}}{3},0\right]$.

(3) 由题意可知，函数 $f(x)$ 的值域 B 应为定义域 A 的子集，即 $B\subseteq A$，所以 a 的取值范围为$\left[\frac{\sqrt{3}}{3},+\infty\right)$.

点评 本题是证明既不是奇函数也不是偶函数，因此，只需要找出一个反例即可；依题意只要确定函数 $f(x)$ 的值域 B 应为定义域 A 的子集，就可以得出参数的取值范围.

例 13 设函数 $f(x)=\sqrt[3]{1+x}-\lambda x$，其中 $\lambda>0$.

(1) 求 λ 的取值范围，使得函数 $f(x)$ 在$[0,+\infty)$ 上是单调递减函数；

(2) 此单调性能否扩展到整个定义域$(-\infty,+\infty)$ 上？

(3) 求解不等式 $2x-\sqrt[3]{1+x}<12$.

解 (1) 设 $0\leqslant x_1<x_2<+\infty$，则

$$
\begin{aligned}
&f(x_1)-f(x_2)\\
=&(x_1-x_2)\left[\frac{1}{\sqrt[3]{(1+x_1)^2}+\sqrt[3]{1+x_1}\cdot\sqrt[3]{1+x_2}+\sqrt[3]{(1+x_2)^2}}-\lambda\right]
\end{aligned}
$$

设 $M=\sqrt[3]{(1+x_1)^2}+\sqrt[3]{1+x_1}\cdot\sqrt[3]{1+x_2}+\sqrt[3]{(1+x_2)^2}$，则显然 $M>3$. 因为 $f(x_1)-f(x_2)>0$，所以 $\lambda>\frac{1}{M}$，因为$\frac{1}{M}<\frac{1}{3}$，所以只需要 $\lambda\geqslant\frac{1}{3}$，就能使 $f(x)$ 在$[0,+\infty)$ 上是单调递减函数；

(2) 此单调性不能扩展到整个定义域上，这可由单调性定义说明之；

(3) 构造函数 $g(x)=2x-\sqrt[3]{1+x}$，由(1) 知当 $x>0$ 时，$g(x)$ 是单调递增函数. 因为 $g(7)=12$，所以 $2x-\sqrt[3]{1+x}<12\Leftrightarrow g(x)<g(7)$，所以 $x<7$，所以所求解集为$(-\infty,7)$.

例 14 已知 $f(x)$ 为二次函数，且 $a,f(a),f(f(a)),f(f(f(a)))$ 成正项等比数列，求证：$f(a)=a$.

证法 1 设 $f(x)=mx^2+nx+t(m\neq 0)$，数列 $a,f(a),f(f(a))$，$f(f(f(a)))$ 的公比为 $q(q>0)$，则 $f(a)=aq,f(f(a))=f(aq)=aq^2$，$f(f(f(a)))=f(aq^2)=aq^3$，所以

$$ma^2+na+t=aq \qquad ①$$

$$m(aq)^2+naq+t=aq^2 \qquad ②$$

$$m(aq^2)^2+naq^2+t=aq^3 \qquad ③$$

式①－②得 $\qquad ma^2(1-q^2)+na(1-q)=aq(1-q)$

式②－③得　$ma^2q^2(1-q^2)+naq(1-q)=aq^2(1-q)$

若 $q=1$，则 $f(a)=a$；

若 $q\neq 1$，则 $ma^2(1+q)+na=aq$ 与 $ma^2q(1+q)+na=aq$ 矛盾. 所以 $f(a)=a$.

证法 2　由 $a, f(a), f(f(a)), f(f(f(a)))$ 成等比数列得

$$\frac{f(a)}{a}=\frac{f(f(a))}{f(a)}=\frac{f(f(f(a)))}{f(f(a))}$$

所以

$$\frac{f(f(a))-f(a)}{f(a)-a}=\frac{f(f(f(a)))-f(f(a))}{f(f(a))-f(a)}$$

所以三点 $A(a,f(a)), B(f(a),f(f(a))), C(f(f(a)),f((f(a))))$ 满足 $k_{AB}=k_{BC}$，所以 A,B,C 三点共线，与 A,B,C 三点在抛物线上矛盾，所以 $f(a)=a$.

例 15　已知函数 $f(x)=x^3-mx^2-x+1$，其中 m 为实数.

(1) 求函数 $f(x)$ 的单调区间；

(2) 若对一切的实数 x，有 $f'(x)\geqslant |x|-\frac{7}{4}$ 成立，其中 $f'(x)$ 为 $f(x)$ 的导函数. 求实数 m 的取值范围.

解　(1) 因为

$$f'(x)=3x^2-2mx-1, \Delta=4m^2+12>0$$

所以 $f'(x)=0$ 有两个不等实根：$x_1=\frac{m-\sqrt{m^2+3}}{3}$，$x_2=\frac{m+\sqrt{m^2+3}}{3}$，显然 $x_1<x_2$.

当 $x_1<x<x_2$ 时，$f'(x)<0$，即 $f(x)$ 单调递减；当 $x>x_2$ 或 $x<x_1$ 时，$f'(x)>0$，即 $f(x)$ 单调递增；综上所述，$f(x)$ 的单调递减区间为 $\left[\frac{m-\sqrt{m^2+3}}{3},\frac{m+\sqrt{m^2+3}}{3}\right]$；

单调递增区间为 $\left(-\infty,\frac{m-\sqrt{m^2+3}}{3}\right)$，$\left(\frac{m+\sqrt{m^2+3}}{3},+\infty\right)$.

(2) 由条件有

$$3x^2-2mx-1\geqslant |x|-\frac{7}{4} \quad ①$$

当 $x>0$ 时，$3x^2-(2m+1)x+\frac{3}{4}\geqslant 0$，即 $3x+\frac{3}{4x}\geqslant 2m+1$ 在 $x>0$ 时恒成立. 因为 $3x+\frac{3}{4x}\geqslant 2\sqrt{3x\cdot\frac{3}{4x}}=3$，当 $x=\frac{1}{2}$ 时等号成立，所以 $3\geqslant 2m+1$，即

$$m \leqslant 1 \quad ②$$

当 $x<0$ 时，$3|x|^2+(2m-1)|x|+\frac{3}{4}\geqslant 0$，即 $3|x|+\frac{3}{4|x|}\geqslant 1-2m$ 在 $x<0$ 时恒成立，因为 $3|x|+\frac{3}{4|x|}\geqslant 2\sqrt{3|x|\cdot\frac{3}{4|x|}}=3$，当 $x=-\frac{1}{2}$ 时等号成立，所以 $3\geqslant 1-2m$，即

$$m \geqslant -1 \quad ③$$

当 $x=0$ 时，$m\in\mathbf{R}$.

综上所述，实数 m 的取值范围是 $[-1,1]$.

例 16 设函数 $f(x)=ax^2+bx+c$，且 $f(1)=-\frac{a}{2}$，$3a>2c>2b$.

(1) 求证：$a>0$ 且 $-3<\frac{b}{a}<-\frac{3}{4}$；

(2) 求证：函数 $f(x)$ 在区间 $(0,2)$ 内至少有一个零点；

(3) 设 x_1,x_2 是函数 $f(x)$ 的两个零点，求 $|x_1-x_2|$ 的范围.

证明 (1) 因为 $f(1)=a+b+c=-\frac{a}{2}$，所以 $3a+2b+2c=0$.

又 $3a>2c>2b$，所以 $3a>0$，$2b<0$，所以 $a>0$，$b<0$.

又 $2c=-3a-2b$，由 $3a>2c>2b$，所以 $3a>-3a-2b>2b$，因为 $a>0$，所以 $-3<\frac{b}{a}<-\frac{3}{4}$.

(2) 因为 $f(0)=c$，$f(2)=4a+2b+c=a-c$.

① 当 $c>0$ 时，因为 $a>0$，所以 $f(0)=c>0$ 且 $f(1)=-\frac{a}{2}<0$，所以函数 $f(x)$ 在区间 $(0,1)$ 内至少有一个零点.

② 当 $c\leqslant 0$ 时，因为 $a>0$，所以 $f(1)=-\frac{a}{2}<0$ 且 $f(2)=a-c>0$，所以函数 $f(x)$ 在区间 $(1,2)$ 内至少有一个零点. 综合 ①② 得 $f(x)$ 在 $(0,2)$ 内至少有一个零点.

(3) 因为 x_1,x_2 是函数 $f(x)$ 的两个零点，则 x_1,x_2 是方程 $ax^2+bx+c=0$ 的两根，所以

$$x_1+x_2=-\frac{b}{a},\ x_1x_2=\frac{c}{a}=-\frac{3}{2}-\frac{b}{a}$$

所以

$$|x_1-x_2|=\sqrt{(x_1+x_2)^2-4x_1x_2}=$$

$$\sqrt{\left(-\frac{b}{a}\right)^2-4\left(-\frac{3}{2}-\frac{b}{a}\right)}=$$

$$\sqrt{\left(\frac{b}{a}+2\right)^2+2}$$

因为 $-3<\frac{b}{a}<-\frac{3}{4}$，所以 $\sqrt{2}\leqslant|x_1-x_2|<\frac{\sqrt{57}}{4}$.

例 17 已知函数 $f(x)=\log_4(4^x+1)+kx(k\in\mathbf{R})$ 是偶函数.

(1) 求 k 的值；

(2) 设 $g(x)=\log_4(a\cdot 2^x-\frac{4}{3}a)$，若函数 $f(x)$ 与 $g(x)$ 的图像有且只有一个公共点，求实数 a 的取值范围.

解 (1) 由函数 $f(x)$ 是偶函数可知 $f(x)=f(-x)$，所以

$$\log_4(4^x+1)+kx=\log_4(4^{-x}+1)-kx$$

$$\log_4\frac{4^x+1}{4^{-x}+1}=-2kx$$

即 $x=-2kx$ 对一切 $x\in\mathbf{R}$ 恒成立，所以 $k=-\frac{1}{2}$.

(2) 函数 $f(x)$ 与 $g(x)$ 的图像有且只有一个公共点，即方程 $\log_4(4^x+1)-\frac{1}{2}x=\log_4\left(a\cdot 2^x-\frac{4}{3}a\right)$ 有且只有一个实根，化简得：方程 $2^x+\frac{1}{2^x}=a\cdot 2^x-\frac{4}{3}a$ 有且只有一个实根，令 $t=2^x>0$，则方程 $(a-1)t^2-\frac{4}{3}at-1=0$ 有且只有一个正根. ① $a=1\Rightarrow t=-\frac{3}{4}$，不合题意；② $\Delta=0\Rightarrow a=\frac{3}{4}$ 或 -3，若 $a=\frac{3}{4}\Rightarrow t=-\frac{1}{2}$，不合题意；若 $a=-3\Rightarrow t=\frac{1}{2}$；③ 一个正根与一个负根，即 $\frac{-1}{a-1}<0\Rightarrow a>1$. 综上：实数 a 的取值范围是 $\{-3\}\cup(1,+\infty)$.

例 18 (2015 年四川省高考理科试题) 已知函数 $f(x)=-2(x+a)\ln x+x^2-2ax-2a^2+a$，其中 $a>0$.

(1) 设 $g(x)$ 是 $f(x)$ 的导函数，评论 $g(x)$ 的单调性；

(2) 证明：存在 $a\in(0,1)$，使得 $f(x)\geqslant 0$ 在区间 $(1,+\infty)$ 内恒成立，且 $f(x)=0$ 在 $(1,+\infty)$ 内有唯一解.

解 (1) 由已知，函数 $f(x)$ 的定义域为 $(0,+\infty)$，则

$$g(x)=f'(x)=2x-2a-2\ln x-2\left(1+\frac{a}{x}\right)$$

所以

$$g'(x)=2-\frac{2}{x}+\frac{2a}{x^2}=\frac{2\left(x-\frac{1}{2}\right)^2+2\left(a-\frac{1}{4}\right)}{x^2}$$

当 $0<a<\frac{1}{4}$ 时,$g(x)$ 在区间 $\left(0,\frac{1-\sqrt{1-4a}}{2}\right)$,$\left(\frac{1+\sqrt{1-4a}}{2},+\infty\right)$ 上单调递增,在区间 $\left(\frac{1-\sqrt{1-4a}}{2},\frac{1+\sqrt{1-4a}}{2}\right)$ 上单调递减;当 $a\geqslant\frac{1}{4}$ 时,$g(x)$ 在区间 $(0,+\infty)$ 上单调递增.

(2) 由 $f'(x)=2x-2a-2\ln x-2\left(1+\frac{a}{x}\right)=0$,解得 $a=\frac{x-1-\ln x}{1+x^{-1}}$.

令 $\varphi(x)=-2\left(x+\frac{x-1-\ln x}{1+x^{-1}}\right)\ln x+x^2-2\left(\frac{x-1-\ln x}{1+x^{-1}}\right)x-2\left(\frac{x-1-\ln x}{1+x^{-1}}\right)^2+\frac{x-1-\ln x}{1+x^{-1}}$,则 $\varphi(1)=1>0$,$\varphi(\mathrm{e})=-\frac{\mathrm{e}(\mathrm{e}-2)}{1+\mathrm{e}^{-1}}-2\left(\frac{\mathrm{e}-2}{1+\mathrm{e}^{-1}}\right)^2<0$. 故存在 $x_0\in(1,\mathrm{e})$,使得 $\varphi(x_0)=0$.

令 $a_0=\frac{x_0-1-\ln x_0}{1+x_0^{-1}}$,$u(x)=x-1-\ln x(x\geqslant 1)$. 由 $u'(x)=1-\frac{1}{x}\geqslant 0$ 知,函数 $u(x)$ 在区间 $(1,+\infty)$ 上单调递增,所以 $0=\frac{u(1)}{1+1}<\frac{u(x_0)}{1+x_0^{-1}}=a_0<\frac{u(\mathrm{e})}{1+\mathrm{e}^{-1}}=\frac{\mathrm{e}-2}{1+\mathrm{e}^{-1}}<1$,即 $a_0\in(0,1)$.

当 $a=a_0$ 时,有 $f'(x_0)=0$,$f(x_0)=\varphi(x_0)=0$.

由(1) 知,函数 $f'(x)$ 在区间 $(1,+\infty)$ 上单调递增.

故当 $x\in(1,x_0)$ 时,有 $f'(x_0)<0$,从而 $f(x)>f(x_0)=0$;

当 $x\in(x_0,+\infty)$ 时,有 $f'(x_0)>0$,从而 $f(x)>f(x_0)=0$;

所以,当 $x\in(1,+\infty)$ 时,$f(x)\geqslant 0$.

综上所述,存在 $a\in(0,1)$,使得 $f(x)\geqslant 0$ 在区间 $(1,+\infty)$ 内恒成立,且 $f(x)=0$ 在 $(1,+\infty)$ 内有唯一解.

点评 (1) 本题考查导数的运算、导数在研究函数中的应用、函数的零点等基础知识,考查推理论证能力、运算求解能力、创新意识,考查函数与方程、数形结合、分类与整合、化归与转化等数学思想.

(2) 第(1) 题的本质是对一元二次方程 $2x^2-2x+2a=0$,即 $x^2-x+a=0$ 的判别式 $\Delta=1-4a$ 分为 $\Delta\geqslant 0$,即 $a\geqslant\frac{1}{4}$ 与 $\Delta<0$,即 $0<a<\frac{1}{4}$ 讨论后得到单调区间. 对于形如 $ax^2+bx+c=0$(其中 a,b,c 为实常数) 的分类讨论的方法和步骤是:第一步是对二次系数分为 $a>0$,$a=0$,$a<0$ 三种情况讨论;第二步是在 $a\neq 0$ 的条件下,对这个关于 x 的一元二次方程的判别式 $\Delta=b^2-4ac$ 分为 $\Delta>0$,$\Delta=0$,$\Delta<0$ 三种情况讨论;第三步是在 $\Delta>0$ 的条件下,对它的两个实根 x_1 与 x_2 的大小分为三种情况进行讨论,这体现了分类讨论的层次性.

第(2)题要想求出方程 $\varphi(x)=0$ 的实根是不可能的，但我们依据函数零点存在定理，通过观察，再验证 $\varphi(1)>0$，$\varphi(\mathrm{e})<0$，于是确定方程 $\varphi(x)=0$ 在 $(1,\mathrm{e})$ 存在实根 x_0，这就是虚设零点，再由 x_0 的取值范围确定 a 的取值范围，最后利用第(1)题单调性讨论的结果得到要证明的结论，这就充分体现了函数零点的巧妙运用.

巩固练习

1. 设 $f(n)$ 为正整数 n(十进制) 的各数位上的数字的平方之和，比如 $f(123)=1^2+2^2+3^2=14$. 记 $f_1(n)=f(n)$，$f_{k+1}(n)=f(f_k(n))$，$k=1,2,3,\cdots$，则 $f_{2\,006}(2\,006)=($ $)$

A. 20　　B. 4　　C. 42　　D. 145

解　D. 将 $f(2\,006)=40$ 记作 $2\,006\rightarrow40$，于是有 $2\,006\rightarrow40\rightarrow16\rightarrow37\rightarrow58\rightarrow89\rightarrow145\rightarrow42\rightarrow20\rightarrow4\rightarrow16\rightarrow\cdots$ 所以从 16 开始，f_n 是周期为 8 的周期数列. 故 $f_{2\,006}(2\,006)=f_{2\,004}(16)=f_{4+250\times8}(16)=f_4(16)=145$.

2. 设函数 $f(x)=\ln x$，$g(x)=ax+\dfrac{b}{x}$，它们的图像在 x 轴上的公共点处有公切线，则当 $x>1$ 时，$f(x)$ 与 $g(x)$ 的大小关系是( )

A. $f(x)>g(x)$　　B. $f(x)<g(x)$

C. $f(x)=g(x)$　　D. $f(x)$ 与 $g(x)$ 的大小不确定

解　B. $f(x)$ 与 $g(x)$ 的图像在 x 轴上有公共点 $(1,0)$，所以 $g(1)=0$，即 $a+b=0$.

因为 $f'(x)=\dfrac{1}{x}$，$g'(x)=a-\dfrac{b}{x^2}$，由题意 $f'(1)=g'(1)=1$，即 $a-b=1$，所以 $a=\dfrac{1}{2}$，$b=-\dfrac{1}{2}$.

令 $F(x)=f(x)-g(x)=\ln x-\left(\dfrac{1}{2}x-\dfrac{1}{2x}\right)$，则 $F'(x)=\dfrac{1}{x}-\dfrac{1}{2}-\dfrac{1}{2x^2}=-\dfrac{1}{2}\left(\dfrac{1}{x}-1\right)^2\leqslant0$.

所以 $F(x)$ 在其定义域内单调递减. 又因为 $F(1)=0$，所以当 $x>1$ 时，$F(x)<0$，即 $f(x)<g(x)$.

3. 已知函数 $f(x)$ 满足 $f(1)=2$，$f(x+1)=\dfrac{1+f(x)}{1-f(x)}(x\in\mathbf{N}^*)$，则 $f(1)\cdot f(2)\cdot f(3)\cdot\cdots\cdot f(2\,012)$ 的值为( )

A. 3　　B. 2　　C. 1　　D. -6

解法 1 C. 因为 $f(x+2)=\dfrac{1+\dfrac{1+f(x)}{1-f(x)}}{1-\dfrac{1+f(x)}{1-f(x)}}=-\dfrac{1}{f(x)}$，所以 $f(x+4)=f(x)$，所以 $f(x)$ 的周期 $T=4$. 由已知条件，可求得 $f(2)=-3, f(3)=-\dfrac{1}{2}$，$f(4)=\dfrac{1}{3}$，所以 $f(1)\cdot f(2)\cdot f(3)\cdot f(4)=1$，故 $f(1)\cdot f(2)\cdot f(3)\cdot \cdots \cdot f(2\,012)=1$.

解法 2 C. 由 $f(x+1)=\dfrac{1+f(x)}{1-f(x)}(x\in\mathbf{N}^*)$，联想到两角和的正切公式.

设 $f(1)=2=\tan\theta$，则有 $f(2)=\tan\left(\dfrac{\pi}{4}+\theta\right)$，$f(3)=\tan\left(\dfrac{\pi}{2}+\theta\right)$，$f(4)=\tan\left(\dfrac{3\pi}{4}+\theta\right)$，$f(5)=\tan(\pi+\theta)=f(1)$，$\cdots$.

则 $f(1)\cdot f(2)\cdot f(3)\cdot f(4)=1$，故 $f(1)\cdot f(2)\cdot f(3)\cdot \cdots \cdot f(2\,012)=1$.

4. 已知 $a\in\mathbf{R}$，则函数 $f(x)=4^x+a\cdot 2^{x+1}+1(x\geqslant 0)$ 的最小值是（　　）.

A. $2a+2$　　　　B. $1-a^2$

C. $\begin{cases}2a+2 & (a\leqslant -1)\\ 1-a^2 & (a>-1)\end{cases}$　　　　D. $\begin{cases}1-a^2 & (a\leqslant -1)\\ 2a+2 & (a>-1)\end{cases}$

解 D. $f(x)=4^x+a\cdot 2^{x+1}+1=(2^x+a)^2-a^2+1$，因为 $x\geqslant 0$，所以 $2^x\geqslant 1$，所以当 $a\leqslant -1$ 时，$f(x)_{\min}=1-a^2$，当 $a>-1$ 时，$f(x)_{\min}=2a+2$.

5. 若函数 $f(x)$ 在定义域内满足 $f(x+2)=f(x+1)-f(x)$，有以下命题：

① 函数 $f(x)$ 可以为一次函数；

② 函数 $f(x)$ 的最小正周期一定为 6；

③ 若函数 $f(x)$ 为奇函数且 $f(1)=0$，则在区间 $[-5,5]$ 上至少有 11 个零点；

④ 若 $\omega,\varphi\in\mathbf{R}$ 且 $\omega\neq 0$，则当且仅当 $\omega=2k\pi+\dfrac{\pi}{3}(k\in\mathbf{Z})$ 时，函数 $f(x)=\cos(\omega x+\varphi)$ 满足已知条件. 其中错误的是（　　）.

A. ①②　　B. ③④　　C. ①②③　　D. ①②④

解 D. 由 $f(x+2)=f(x+1)-f(x)$，可得 $f(x+3)=f(x+2)-f(x+1)=-f(x)$，所以 $f(x+6)=f(x)$，所以 $f(x)$ 的周期 $T=6$. 而一次函数没有周期，从而 ① 错误；若 $f(x)\equiv 0$，则 $f(x)$ 的周期为任意非零实数，从而 ② 错误；对于 ③

$$f(0)=0, f(1)=0\Rightarrow f(2)=0\Rightarrow f(3)=0\Rightarrow f(4)=0\Rightarrow f(5)=0$$

又 $f(x)$ 为奇函数,所以 $f(x)$ 在区间$[-5,5]$上至少有 11 个解,从而 ③ 正确;对于 ④,当 $\omega=2k\pi-\frac{\pi}{3}(k\in\mathbf{Z})$ 时,函数也符合已知条件,从而 ④ 错误.

6. 设集合 $M=\{-2,0,1\}$,$N=\{1,2,3,4,5\}$,映射 $f:M\to N$ 使得对任意的 $x\in M$,都有 $x+f(x)+xf(x)$ 是奇数,则这样的映射 f 的个数是(　　).

A. 45　　B. 27　　C. 15　　D. 11

解　A. 当 $x=-2$ 时,$x+f(x)+xf(x)=-2-f(-2)$ 为奇数,则 $f(-2)$ 可取 1,3,5,有 3 种取法;当 $x=0$ 时,$x+f(x)+xf(x)=f(0)$ 为奇数,则 $f(0)$ 可取 1,3,5,有 3 种取法;当 $x=1$ 时,$x+f(x)+xf(x)=1+2f(1)$ 为奇数,则 $f(1)$ 可取 1,2,3,4,5,有 5 种取法. 由乘法原理知共有 $3\times3\times5=45$ 个映射.

7. 关于 x 的三次函数 $y=f(x)$ 的两个极值点为 P,Q,其中 P 为原点,Q 在曲线 $y=1+\sqrt{2x-x^2}$ 上,则曲线 $y=f(x)$ 的切线斜率的最大值的最小值为________.

解　$\frac{3}{4}$. 设 $f(x)=ax^3+bx^2+cx+d$,依题意知:$f(0)=0$ 且 $f'(0)=0$,所以 $c=d=0$,故 $f(x)=ax^3+bx^2$,$f'(x)=3ax^2+2bx$,由 $y=1+\sqrt{2x-x^2}$ 及点 Q 在其上,可设点 Q 的坐标为 $(1+\cos\theta,1+\sin\theta)$,$\theta\in[0,\pi]$. 由 Q 为 $y=f(x)$ 的一个极值点得 $\begin{cases}1+\sin\theta=a(1+\cos\theta)^3+b(1+\cos\theta)^2\\0=3a(1+\cos\theta)^2+2b(1+\cos\theta)\end{cases}$,显然 $\cos\theta\neq-1$,$\theta\neq\pi$,所以 $1+\cos\theta=-\frac{2b}{3a}$,所以

$$\begin{cases}a=\dfrac{-2(1+\sin\theta)}{(1+\cos\theta)^3}\\b=\dfrac{3(1+\sin\theta)}{(1+\cos\theta)^2}\end{cases}$$

因为 $a<0$,所以 $f'(x)=3ax^2+2bx$ 存在最大值

$$f'\left(-\frac{2b}{3a}\right)=f'\left(\frac{1+\cos\theta}{2}\right)=\frac{3}{2}\cdot\frac{1+\sin\theta}{1+\cos\theta}$$

数形结合可求得 $\frac{3}{2}\cdot\frac{1+\sin\theta}{1+\cos\theta}=\frac{3}{2}\cdot k_{OQ}$,其最小值为 $\frac{3}{4}$.

8. 已知 $t>0$,关于 x 的方程 $|x|+\sqrt{t-x^2}=\sqrt{2}$,则这个方程有相异实根的个数情况是________.

解　0 或 2 或 3 或 4. 令 $C_1:y=|x|-\sqrt{2}$,$C_2:y=-\sqrt{t-x^2}$,利用数形结合知:当 $0<t<1$ 或 $t>2$ 时,方程无实数根;当 $t=1$ 时,方程有 2 个实数根;当 $t=2$ 时,方程有 3 个实数根;当 $1<t<2$ 时,方程有 4 个实数根.

9. 函数 $f(x)$ 满足:对任意实数 x,y,都有 $\frac{f(x)f(y)-f(xy)}{3}=x+y+2$,

则 $f(36)=$________.

解 39. 取 $x=y=0$，得 $f(0)=-2$ 或 $f(0)=3$，若 $f(0)=-2$，令 $y=0$，可得 $f(x)=-\frac{3}{2}x-2$，代入原式知不符合；若 $f(0)=3$，解得 $f(x)=x+3$，代入检验知满足题意，所以 $f(36)=39$.

10. 已知奇函数 $f(x)$ 在区间 $(-\infty,0)$ 上是增函数，且 $f(-2)=-1$，$f(1)=0$，当 $x_1>0,x_2>0$，有 $f(x_1x_2)=f(x_1)+f(x_2)$，求不等式 $\log_2|f(x)+1|<0$ 的解集.

解 由 $\log_2|f(x)+1|<0$ 得 $0<|f(x)+1|<1$，所以 $-2<f(x)<-1$ 或 $-1<f(x)<0$.

因为 $f(x)$ 为奇函数，且在区间 $(-\infty,0)$ 上是增函数，知 $f(x)$ 在 $(0,+\infty)$ 上是增函数，且 $f(2)=1$，于是

$$f(1)=f\left(2\cdot\frac{1}{2}\right)=f(2)+f\left(\frac{1}{2}\right)$$

得

$$f\left(\frac{1}{2}\right)=-1,f\left(\frac{1}{4}\right)=f\left(\frac{1}{2}\right)+f\left(\frac{1}{2}\right)=-2$$

从而

$$f\left(\frac{1}{4}\right)<f(x)<f\left(\frac{1}{2}\right),f\left(\frac{1}{2}\right)<f(x)<f(1)$$

所以

$$\frac{1}{4}<x<\frac{1}{2},\frac{1}{2}<x<1$$

所以解集为 $\left(\frac{1}{4},\frac{1}{2}\right)\cup\left(\frac{1}{2},1\right)$.

11. 函数 $y=f(x)$ 是定义在 $\mathbf{R}$ 上的偶函数，且对任意 $x\in\mathbf{R}$ 都有 $f(x+1)=f(x-1)$ 成立. 若当 $x\in[1,2]$ 时，$y=\log_2 x$.

(1) 求 $y=f(x)$ 在区间 $[-1,1]$ 上的解析式；

(2) 求 $y=f(x)$ 在区间 $[2k-1,2k+1]$ $(k\in\mathbf{Z})$ 上的解析式.

解 $f(x)=f(-x)$，且 $f(x+1)=f(x-1)\Rightarrow f(x+2)=f(x)$，即 $T=2$.

(1) 当 $-1\leqslant x\leqslant 0$ 时，$1\leqslant x+2\leqslant 2$，所以 $f(x)=f(x+2)=\log_2(x+2)$.

当 $0\leqslant x\leqslant 1$ 时，$-1\leqslant -x\leqslant 0$，所以 $f(x)=f(-x)=\log_2(-x+2)$，故

$$f(x)=\begin{cases}\log_2(x+2) & (-1\leqslant x\leqslant 0)\\ \log_2(-x+2) & (0\leqslant x\leqslant 1)\end{cases}$$

(2) 当 $2k-1\leqslant x\leqslant 2k$ 时，$-1\leqslant x-2k\leqslant 0$，所以

$$f(x)=f(x-2k)=\log_2(x-2k+2)$$

当 $2k \leqslant x \leqslant 2k+1$ 时，$0 \leqslant x-2k \leqslant 1$，所以

$$f(x)=f(x-2k)=\log_2(-x+2k+2)$$

由上，故

$$f(x)=\begin{cases}\log_2(x-2k+2) & (2k-1 \leqslant x \leqslant 2k)\\ \log_2(-x+2k+2) & (2k \leqslant x \leqslant 2k+1)\end{cases}$$

12.已知函数 $f(x)=-x^2+2\mathrm{e}x+m-1$，$g(x)=x+\dfrac{\mathrm{e}^2}{x}(x>0)$.

(1) 若 $y=g(x)-m$ 有零点，求 m 的取值范围；

(2) 确定 m 的取值范围，使得 $g(x)-f(x)=0$ 有两个相异实根.

分析 (1) $y=g(x)-m$ 有零点，即 $y=g(x)$ 与 $y=m$ 的图像有交点，所以可以结合图像求解；

(2) $g(x)-f(x)=0$ 有两个相异实根 $\Leftrightarrow y=f(x)$ 与 $y=g(x)$ 的图像有两个不同交点，所以可利用它们的图像求解.

解 (1) 解法 1：因为 $g(x)=x+\dfrac{\mathrm{e}^2}{x} \geqslant 2\sqrt{\mathrm{e}^2}=2\mathrm{e}$，等号成立的条件是 $x=\mathrm{e}$，故 $g(x)$ 的值域是 $[2\mathrm{e},+\infty)$，因而只需 $m \geqslant 2\mathrm{e}$，则 $y=g(x)-m$ 就有零点.

解法 2：作出 $g(x)=x+\dfrac{\mathrm{e}^2}{x}(x>0)$ 的大致图像如图 3 所示. 可知若使 $y=g(x)-m$ 有零点，则只需 $m \geqslant 2\mathrm{e}$.

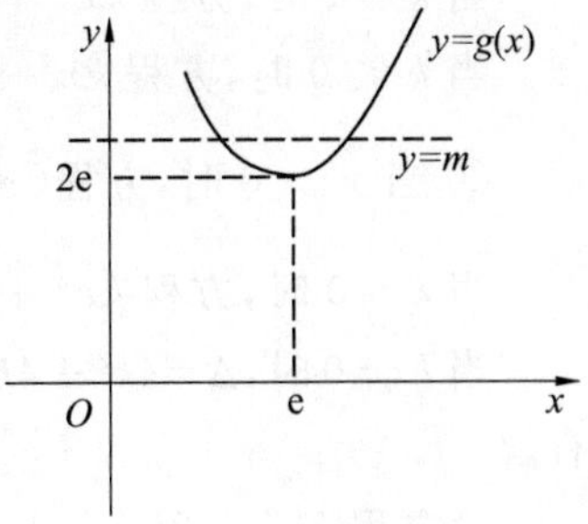

图 3

(2) 若 $g(x)-f(x)=0$ 有两个相异实根，即 $g(x)$ 与 $f(x)$ 的图像有两个不同的交点，作出 $g(x)=x+\dfrac{\mathrm{e}^2}{x}(x>0)$ 的大致图像如图 3 所示. 因为 $f(x)=-x^2+2\mathrm{e}x+m-1=-(x-\mathrm{e})^2+m-1+\mathrm{e}^2$. 所以其图像的对称轴为 $x=\mathrm{e}$，开口向下，最大值为 $m-1+\mathrm{e}^2$.

故当 $m-1+\mathrm{e}^2>2\mathrm{e}$，即 $m>-\mathrm{e}^2+2\mathrm{e}+1$ 时，$g(x)$ 与 $f(x)$ 有两个交点，即 $g(x)-f(x)=0$ 有两个相异实根. 所以 m 的取值范围是 $(-\mathrm{e}^2+2\mathrm{e}+1,+\infty)$.

13.已知函数 $f(x)=\dfrac{|x|}{x+2}$.

(1) 判断函数 $f(x)$ 在区间 $(0,+\infty)$ 上的单调性，并加以证明；

(2) 关于 x 的方程 $f(x)=kx^2$ 有四个不同的实数解，求实数 k 的取值范围.

解 (1) 因为 $f(x)=\dfrac{|x|}{x+2}$，所以当 $x>0$ 时，$f(x)=\dfrac{x}{x+2}$. 因为当 $x>$

0 时，$f'(x)=\dfrac{2}{(x+2)^2}>0$，所以 $f(x)$ 在 $(0,+\infty)$ 上为单调递增函数.

(2) 原方程即

$$\frac{|x|}{x+2}=kx^2 \qquad (*)$$

① $x=0$ 恒为方程 $(*)$ 的一个解.

② 当 $x<0$ 且 $x\neq-2$ 时方程 $(*)$ 有解，则 $\dfrac{-x}{x+2}=kx^2$，$kx^2+2kx+1=0$.

当 $k=0$ 时，方程 $kx^2+2kx+1=0$ 无解；

当 $k\neq0$ 时，$\Delta=4k^2-4k\geqslant0$，即 $k<0$ 或 $k\geqslant1$ 时，方程 $kx^2+2kx+1=0$ 有解.

设方程 $kx^2+2kx+1=0$ 的两个根分别是 x_1,x_2，则 $x_1+x_2=-2$，$x_1\cdot x_2=\dfrac{1}{k}$.

当 $k>1$ 时，方程 $kx^2+2kx+1=0$ 有两个不等的负根；

当 $k=1$ 时，方程 $kx^2+2kx+1=0$ 有两个相等的负根；

当 $k<0$ 时，方程 $kx^2+2kx+1=0$ 有一个负根.

③ 当 $x>0$ 时，方程 $(*)$ 有解，则 $\dfrac{x}{x+2}=kx^2$，$kx^2+2kx-1=0$；

当 $k=0$ 时，方程 $kx^2+2kx-1=0$ 无解；

当 $k\neq0$ 时，$\Delta=4k^2+4k\geqslant0$，即 $k\leqslant-1$ 或 $k>0$ 时，方程 $kx^2+2kx-1=0$ 有解.

设方程 $kx^2+2kx-1=0$ 的两个根分别是 x_3,x_4，所以 $x_3+x_4=-2$，$x_3x_4=-\dfrac{1}{k}$.

所以当 $k>0$ 时，方程 $kx^2+2kx-1=0$ 有一个正根；

当 $k\leqslant-1$ 时，方程 $kx^2+2kx-1=0$ 没有正根.

综上可得，当 $k\in(1,+\infty)$ 时，方程 $f(x)=kx^2$ 有 4 个不同的实数解.

14. 已知 a 是实数，函数 $f(x)=2ax^2+2x-3-a$，如果函数 $y=f(x)$ 在区间 $[-1,1]$ 上有零点，求 a 的取值范围.

解 若 $a=0$，$f(x)=2x-3$，显然在 $[-1,1]$ 上没有零点，所以 $a\neq0$.

令 $\Delta=4+8a(3+a)=8a^2+24a+4=0$，得 $a=\dfrac{-3\pm\sqrt{7}}{2}$.

(1) 当 $a=\dfrac{-3-\sqrt{7}}{2}$ 时，重根 $x=\dfrac{3-\sqrt{7}}{2}\in[-1,1]$，所以，$y=f(x)$ 恰有

一个零点在$[-1,1]$上；当$a=\dfrac{-3+\sqrt{7}}{2}$时，重根$x=\dfrac{3+\sqrt{7}}{2}\notin[-1,1]$，不合题意.

(2) 当$f(-1)\cdot f(1)=(a-1)(a-5)<0$，即$1<a<5$时，$y=f(x)$也恰有一个零点在$[-1,1]$上.

(3) 当$y=f(x)$在$[-1,1]$上有两个零点时，则

$$\begin{cases}a>0\\ \Delta=8a^2+24a+4>0\\ -1<-\dfrac{1}{2a}<1\\ f(1)\geqslant 0\\ f(-1)\geqslant 0\end{cases}$$

或

$$\begin{cases}a<0\\ \Delta=8a^2+24a+4>0\\ -1<-\dfrac{1}{2a}<1\\ f(1)\leqslant 0\\ f(-1)\leqslant 0\end{cases}$$

解得$a\geqslant 1$或$a\leqslant\dfrac{-3-\sqrt{7}}{2}$.

因此a的取值范围是$a\geqslant 1$或$a\leqslant\dfrac{-3-\sqrt{7}}{2}$.

15. 设函数$f(x)$的定义域为$(0,+\infty)$，当$x\in(0,+\infty)$时，恒有$f(f(x))=2x$成立，且过$f(x)$图像上任意两点的直线的斜率都大于1，求证：

(1) $f(x)$为增函数；

(2) $f(x)>x$；

(3) $\dfrac{4}{3}<\dfrac{f(x)}{x}<\dfrac{3}{2}$.

证明 (1) 设$0<x_1<x_2$，所以$k=\dfrac{f(x_1)-f(x_2)}{x_1-x_2}>1>0$，所以$f(x_1)<f(x_2)$，所以$f(x)$为增函数.

(2) 若存在$x_0\in(0,+\infty)$，使$f(x_0)\leqslant x_0$，则：

① 当$f(x_0)=x_0>0$时，则$f(f(x_0))=f(x_0)$，即$2x_0=x_0$，所以$x_0=0$与$x_0>0$矛盾；

② 当$f(x_0)<x_0$时，由(1)知$f(x)$为增函数，所以$f(f(x_0))<f(x_0)$，

即 $2x_0 < x_0$，所以 $x_0 < 0$，此时与 $x_0 > 0$ 矛盾，所以必有 $f(x) > x$.

(3) 由(2) 得 $f(x) > x > 0$，所以

$$\frac{f(f(x)) - f(x)}{f(x) - x} > 1$$

所以

$$f(f(x)) - f(x) > f(x) - x$$

即

$$2x - f(x) > f(x) - x$$

所以

$$\frac{f(x)}{x} < \frac{3}{2}$$

同理

$$f(f(f(x))) - f(f(x)) > f(f(x)) - f(x)$$

即

$$2f(x) - 2x > 2x - f(x)$$

所以

$$f(x) > \frac{4}{3}x$$

所以

$$\frac{4}{3} < \frac{f(x)}{x} < \frac{3}{2}$$

16. 设函数 $f(x) = x^2 + \frac{2t}{x}(x \neq 0, t \in \mathbf{R})$.

(1) 判断并证明函数的奇偶性；

(2) 若 $t > 0$，求函数的单调区间；

(3) 求函数 $f(x)$ 在区间 $[1,2]$ 上的最大值与最小值.

解 (1)$t = 0$ 时，$f(x) = x^2$，它的定义域是 $(-\infty, 0) \cup (0, +\infty)$.

且对定义域内任一点都有 $f(-x) = f(x)$，故函数 $f(x)$ 是偶函数；$t \neq 0$ 时，$f(1) = 1 + 2t$，$f(-1) = 1 - 2t$，$f(-1) \neq -f(1)$ 且 $f(-1) \neq f(1)$，函数既不是奇函数，也不是偶函数.

(2)$f'(x) = 2x - \frac{2t}{x^2} = \frac{2(x^3 - t)}{x^2}$，当 $x > t^{\frac{1}{3}}$ 时，$f'(x) > 0$，$f(x)$ 单调递增；

当 $x < 0$ 或 $0 < x < t^{\frac{1}{3}}$ 时，$f'(x) < 0$，$f(x)$ 单调递减；所以 $f(x)$ 的单调递增区间是 $(t^{\frac{1}{3}}, +\infty)$；故 $f(x)$ 的单调递减区间是 $(-\infty, 0)$ 和 $(0, t^{\frac{1}{3}})$；

(3)① 若 $t < 1$ 时，$f'(x) = \frac{2(x^3 - t)}{x^2}$ 在区间 $[1,2]$ 上恒正，$f(x)$ 单调递增；

当 $x = 1$ 时，$f(x)$ 有最小值 $2t + 1$，当 $x = 2$ 时，$f(x)$ 有最大值 $t + 4$；

② 若 $t>8$，$f'(x)=\dfrac{2(x^3-t)}{x^2}$ 在区间 $[1,2]$ 上恒负，$f(x)$ 单调递减；

当 $x=1$ 时，$f(x)$ 有最大值 $2t+1$，当 $x=2$ 时，$f(x)$ 有最小值 $t+4$；

③ 若 $1\leqslant t\leqslant 3$，$2t+1\leqslant t+4$，即 $f(1)\leqslant f(2)$，$f'(x)=\dfrac{2(x^3-t)}{x^2}$ 在区间 $[1,t^{\frac{1}{3}}]$ 上非正，$f(x)$ 单调递减；在区间 $[t^{\frac{1}{3}},2]$ 上非负，$f(x)$ 单调递增；

当 $x=t^{\frac{1}{3}}$ 时，$f(x)$ 有最小值 $3t^{\frac{2}{3}}$；当 $x=2$ 时，$f(x)$ 有最大值 $t+4$；

④ 若 $3\leqslant t\leqslant 8$，$t+4\leqslant 2t+1$，即 $f(2)\leqslant f(1)$，$f'(x)=\dfrac{2(x^3-t)}{x^2}$ 在区间 $[1,t^{\frac{1}{3}}]$ 上非正，$f(x)$ 单调递减；在区间 $[t^{\frac{1}{3}},2]$ 上非负，$f(x)$ 单调递增；

当 $x=t^{\frac{1}{3}}$ 时，$f(x)$ 有最小值 $3t^{\frac{2}{3}}$；当 $x=1$ 时，$f(x)$ 有最大值 $2t+1$.

综上可得：函数的最大值是

$$\begin{cases}2t+1 & (t\geqslant 3)\\ t+4 & (t<3)\end{cases}$$

函数的最小值是

$$\begin{cases}2t+1 & (t<1)\\ 3t^{\frac{2}{3}} & (1\leqslant t\leqslant 8)\\ t+4 & (t>8)\end{cases}$$

17. 如图 4，定义在 D 上的函数 $f(x)$，如果满足：对任意 $x\in D$，存在常数 A，都有 $f(x)\geqslant A$ 成立，则称函数 $f(x)$ 在 D 上有下界，其中 A 称为函数的下界.

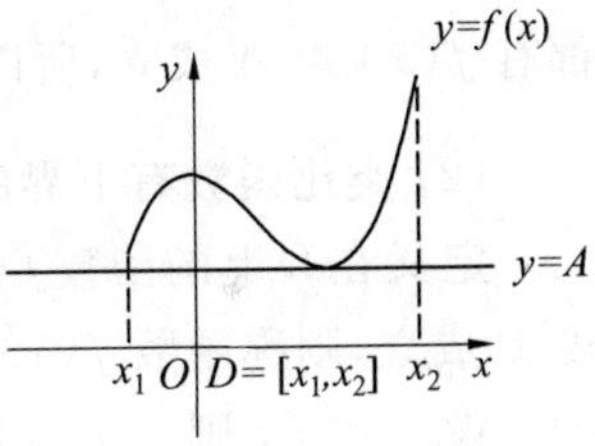

图 4

（提示：图 4、图 5 中的常数 A,B 可以是正数，也可以是负数或零.）

(1) 试判断函数 $f(x)=x^3+\dfrac{48}{x}$ 在 $(0,+\infty)$ 上是否有下界？并说明理由；

(2) 又如具有图 5 特征的函数称为在 D 上有上界. 请你类比函数有下界的定义，给出函数 $f(x)$ 在 D 上有上界的定义，并判断(1) 中的函数在 $(-\infty,0)$ 上是否有上界？并说明理由；

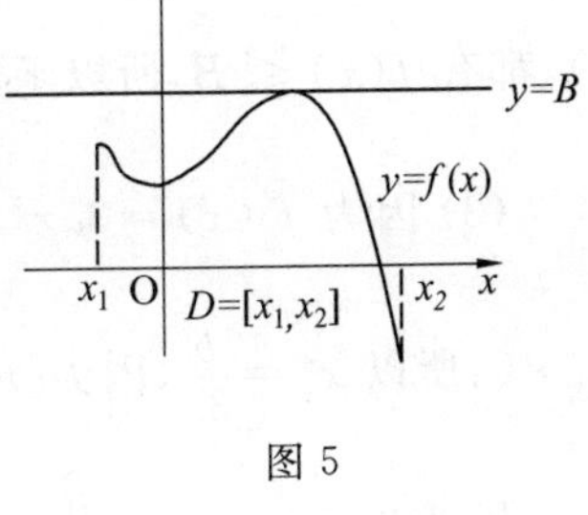

图 5

(3) 若函数 $f(x)$ 在 D 上既有上界又有下界，则称函数 $f(x)$ 在 D 上有界，函数 $f(x)$ 叫作有界函数. 试探究函数 $f(x)=ax^3+\dfrac{b}{x}(a>0,b>0,$

a,b 是常数）是否是$[m,n](m>0,n>0,m,n$ 是常数）上的有界函数？

解　(1) 解法 1：因为 $f'(x)=3x^2-\frac{48}{x^2}$，由 $f'(x)=0$ 得 $3x^2-\frac{48}{x^2}=0$，$x^4=16$，因为 $x\in(0,+\infty)$，所以 $x=2$，因为当 $0<x<2$ 时，$f'(x)<0$，所以函数 $f(x)$ 在$(0,2)$ 上是减函数；

当 $x>2$ 时，$f'(x)>0$，所以函数 $f(x)$ 在$(2,+\infty)$ 上是增函数；

所以 $x=2$ 是函数在区间$(0,+\infty)$ 上的最小值点，$f(x)_{\min}=f(2)=8+\frac{48}{2}=32$.

所以对任意 $x\in(0,+\infty)$，都有 $f(x)\geqslant 32$，即在区间$(0,+\infty)$ 上存在常数 $A=32$，使得对任意 $x\in(0,+\infty)$ 都有 $f(x)\geqslant A$ 成立，所以函数 $f(x)=x^3+\frac{48}{x}$ 在$(0,+\infty)$ 上有下界.

解法 2：因为 $x>0$，所以

$$f(x)=x^3+\frac{48}{x}=x^3+\frac{16}{x}+\frac{16}{x}+\frac{16}{x}\geqslant 4\sqrt[4]{x^3\cdot\frac{16}{x}\cdot\frac{16}{x}\cdot\frac{16}{x}}=32$$

当且仅当 $x^3=\frac{16}{x}$，即 $x=2$ 时等号成立，所以对任意 $x\in(0,+\infty)$，都有 $f(x)\geqslant 32$，即在区间$(0,+\infty)$ 上存在常数 $A=32$，使得对任意 $x\in(0,+\infty)$ 都有 $f(x)\geqslant A$ 成立，所以函数 $f(x)=x^3+\frac{48}{x}$ 在$(0,+\infty)$ 上有下界.

(2) 类比函数有下界的定义，函数有上界可以这样定义：

定义在 D 上的函数 $f(x)$，如果满足：对任意 $x\in D$，存在常数 B，都有 $f(x)\leqslant B$ 成立，则称函数 $f(x)$ 在 D 上有上界，其中 B 称为函数的上界.

设 $x<0$，则 $-x>0$，由(1) 知，对任意 $x\in(0,+\infty)$，都有 $f(x)\geqslant 32$，所以 $f(-x)\geqslant 32$，因为函数 $f(x)=x^3+\frac{48}{x}$ 为奇函数，所以 $f(-x)=-f(x)$，故 $-f(x)\geqslant 32$，所以 $f(x)\leqslant -32$，即存在常数 $B=-32$，对任意 $x\in(-\infty,0)$，都有 $f(x)\leqslant B$，所以函数 $f(x)=x^3+\frac{48}{x}$ 在$(-\infty,0)$ 上有上界.

(3) 因为 $f'(x)=3ax^2-\frac{b}{x^2}$，由 $f'(x)=0$ 得 $3ax^2-\frac{b}{x^2}=0$，因为 $a>0$，$b>0$，所以 $x^4=\frac{b}{3a}$，因为$[m,n]\subset(0,+\infty)$，所以 $x=\sqrt[4]{\frac{b}{3a}}$.

因为当 $0<x<\sqrt[4]{\frac{b}{3a}}$ 时，$f'(x)<0$，所以函数 $f(x)$ 在$\left(0,\sqrt[4]{\frac{b}{3a}}\right)$ 上是减函数；

当 $x>\sqrt[4]{\dfrac{b}{3a}}$ 时，$f'(x)>0$，所以函数 $f(x)$ 在 $\left(\sqrt[4]{\dfrac{b}{3a}},+\infty\right)$ 上是增函数；

所以 $x=\sqrt[4]{\dfrac{b}{3a}}$ 是函数在区间 $(0,+\infty)$ 上的最小值点，有

$$f\left(\sqrt[4]{\frac{b}{3a}}\right)=a\left(\sqrt[4]{\frac{b}{3a}}\right)^3+\frac{b}{\sqrt[4]{\frac{b}{3a}}}=\frac{4}{3}\sqrt[4]{3ab^3}$$

① 当 $m\geqslant\sqrt[4]{\dfrac{b}{3a}}$ 时，函数 $f(x)$ 在 $[m,n]$ 上是增函数；所以 $f(m)\leqslant f(x)\leqslant f(n)$. 因为 m,n 是常数，所以 $f(m),f(n)$ 都是常数，令 $f(m)=A,f(n)=B$，所以对任意 $x\in[m,n]$，存在常数 A,B，都有 $A\leqslant f(x)\leqslant B$，即函数 $f(x)=ax^3+\dfrac{b}{x}$ 在 $[m,n]$ 上既有上界又有下界.

② 当 $n\leqslant\sqrt[4]{\dfrac{b}{3a}}$ 时，函数 $f(x)$ 在 $[m,n]$ 上是减函数，所以对 $\forall x\in[m,n]$ 都有 $f(n)\leqslant f(x)\leqslant f(m)$，所以函数 $f(x)=ax^3+\dfrac{b}{x}$ 在 $[m,n]$ 上有界.

③ 当 $m<\sqrt[4]{\dfrac{b}{3a}}<n$ 时，函数 $f(x)$ 在 $[m,n]$ 上有最小值，即

$$f(x)_{\min}=f\left(\sqrt[4]{\frac{b}{3a}}\right)=a\left(\sqrt[4]{\frac{b}{3a}}\right)^3+\frac{b}{\sqrt[4]{\frac{b}{3a}}}=\frac{4}{3}\sqrt[4]{3ab^3}$$

令 $A=\dfrac{4}{3}\sqrt[4]{3ab^3}$，令 $B=f(m)$、$f(n)$ 中的最大者，则对任意 $x\in[m,n]$，存在常数 A,B，都有 $A\leqslant f(x)\leqslant B$，所以函数 $f(x)=ax^3+\dfrac{b}{x}$ 在 $[m,n]$ 上有界.

综上可知函数 $f(x)=ax^3+\dfrac{b}{x}$ 是 $[m,n]$ 上的有界函数.

第 2 节　多元函数的最值

我们称自变量的个数多于一个的函数为多元函数. 多元函数的一个显著特点是：其约束条件或所求的最值（或极值）的函数表达式较为复杂. 函数中的变量较多，难以发现函数的变化趋势. 这就是求多变量函数极值的难点所在. 通常求多变元函数的最值方法有：(1) 换元法（通常分为三角换元与代数换元等）；(2) 参数法（通过引进参数，借助于常见的不等式求解）；(3) 配方法（通过对变

元多次配方，使得函数表达式显现出平方和的形式)；(4) 均值不等式(通过运用均值不等式求其最值)；(5) 局部调整法. 下面分别举例说明：

一、换元法求多元函数的最值

例 1 若正数 a,b,c 满足 $\frac{a}{b+c}=\frac{b}{a+c}-\frac{c}{a+b}$，则 $\frac{b}{a+c}$ 的最小值是________.

解 $\frac{\sqrt{17}-1}{4}$. 由条件，有 $\frac{b}{a+c}=\frac{c}{a+b}+\frac{a}{b+c}$，令 $a+b=x,b+c=y,c+a=z$；则 $a=\frac{x+z-y}{2},b=\frac{x+y-z}{2},c=\frac{y+z-x}{2}$，从而原条件可化为

$$\frac{x+y}{z}=\frac{y+z}{x}+\frac{z+x}{y}-1\geqslant\frac{z}{x}+\frac{z}{y}+1\geqslant\frac{4z}{x+y}+1$$

令 $\frac{x+y}{z}=t$，则 $t\geqslant\frac{4}{t}+1$，解得 $t\geqslant\frac{1+\sqrt{17}}{2}$ 或 $t\leqslant\frac{1-\sqrt{17}}{2}$，故

$$\frac{b}{a+c}=\frac{x+y-z}{2z}=\frac{t}{2}-\frac{1}{2}\geqslant\frac{\sqrt{17}-1}{4}$$

例 2 设 x,y 为实数，若 $x^2+xy-2y^2=1$，求 $z=3x^2-y^2$ 的取值范围.

解 令 $x=r\cos\theta,y=r\sin\theta$，代入 $x^2+xy-2y^2=1$，化简得

$$r^2=\frac{1}{\cos^2\theta+\sin\theta\cos\theta-2\sin^2\theta}$$

令 $t=\tan\theta$，则 $z^2=\frac{1+t^2}{1+t-2t^2}>0$，所以 $-\frac{1}{2}<t<1$，而

$$z=3x^2-y^2=r^2(3\cos^2\theta-\sin^2\theta)=\frac{3\cos^2\theta-\sin^2\theta}{\cos^2\theta+\sin\theta\cos\theta-2\sin^2\theta}=\frac{3-t^2}{1+t-2t^2}$$

即

$$(2z-1)t^2-zt+3-z=0$$

若 $z=\frac{1}{2}$，则 $t=5$，从而 $z^2=\frac{1+t^2}{1+t-2t^2}<0$，不符合条件；

若 $z\neq\frac{1}{2}$，则由 $\Delta=z^2-4(2z-1)(3-z)\geqslant0$，解得 $z\leqslant\frac{14-2\sqrt{22}}{9}$ 或 $z\geqslant\frac{14+2\sqrt{22}}{9}$，又 $\frac{1}{2}\notin\left(-\infty,\frac{14-2\sqrt{22}}{9}\right]\cup\left[\frac{14+2\sqrt{22}}{9},+\infty\right)$，由于 $-\frac{1}{2}<t<1$，所以 $3-t^2>0$，即 $z>0$，故 $z=3x^2-y^2$ 的取值范围为

$\left[\frac{14+2\sqrt{22}}{9},+\infty\right)$.

点评 由于近年让学生感到很棘手的二元最值问题在高考中频频出现，对这类问题，若利用三角换元的方法求解，往往有意想不到的效果.

例 3 （第四届北方数学奥林匹克邀请赛）设 a,b,c 为直角三角形的三边长，其中，c 为斜边长，求使得 $\frac{a^3+b^3+c^3}{abc}\geqslant k$ 成立的最大 k 值.

解 由 $a^2+b^2=c^2$，令 $a=c\cos\theta,b=c\sin\theta\left(\theta\in\left(0,\frac{\pi}{2}\right)\right)$，则

$$f=\frac{a^3+b^3+c^3}{abc}=\frac{(\sin\theta+\cos\theta)^3-3\sin\theta\cos\theta(\sin\theta+\cos\theta)+1}{\sin\theta\cos\theta}$$

令 $\sin\theta+\cos\theta=t\in(1,\sqrt{2}]$，则

$$f=\frac{-t^2+t+2}{t-1}=-(t-1)+\frac{2}{t-1}-1\quad(t\in(1,\sqrt{2}])$$

易得，$f_{\min}=f(\sqrt{2})=2+\sqrt{2}$. 此时，$a=b$. 故 $k_{\max}=2+\sqrt{2}$.

例 4 设 a,b,c 为正实数，求 $\frac{a+3c}{a+2b+c}+\frac{4b}{a+b+2c}-\frac{8c}{a+b+3c}$ 的最小值.

解 作变换，令 $a+2b+c=x,a+b+2c=y,a+b+3c=z$，则有 $x-y=b-c,z-y=c$，得

$$\begin{cases}a+3c=2y-x\\b=z+x-2y\\c=z-y\end{cases}$$

代入原式，有

$$\begin{aligned}\text{原式}=&\frac{2y-x}{x}+\frac{4(z+x-2y)}{y}-\frac{8(z-y)}{z}=\\&-17+2\frac{y}{x}+4\frac{x}{y}+4\frac{z}{y}+8\frac{y}{z}\geqslant\\&-17+2\sqrt{8}+2\sqrt{32}=\\&-17+12\sqrt{2}\end{aligned}$$

上述不等式中等号成立的充要条件是 $2\frac{y}{x}=4\frac{x}{y},4\frac{z}{y}=8\frac{y}{z}$，等价于 $y^2=2x^2,z^2=2y^2$ 或 $y=\sqrt{2}x,z=2x$，亦即

$$\begin{cases}a+b+2c=\sqrt{2}(a+2b+c)\\a+b+3c=2(a+2b+c)\end{cases}$$

解得 $b=(1+\sqrt{2})a,c=(4+3\sqrt{2})a$. 因此，对于任意正实数 a，当 $b=(1+\sqrt{2})a$，

$c=(4+3\sqrt{2})a$ 时，就有：原式 $=-17+12\sqrt{2}$，即原式的最小值为 $-17+12\sqrt{2}$.

点评　原式为三个分式之代数和，欲求其最小值，对分母作变量替换是成功的关键，要求 a,b,c 是正实数，是必需的，这样，x,y,z 才是正数，才能用均值不等式.

二、参数法求多元函数的最值

例 5　已知 x,y,z 是正实数，求 $\dfrac{xy+2yz}{x^2+y^2+z^2}$ 的最大值.

解　引入待定常数 $l(0<l<1)$，将 y^2 拆分，即

$$x^2+y^2+z^2=x^2+ly^2+(1-l)y^2+z^2$$

$$\frac{xy+2yz}{x^2+y^2+z^2}=\frac{xy+2yz}{x^2+ly^2+(1-l)y^2+z^2}\leqslant\frac{xy+2yz}{2\sqrt{l}xy+2\sqrt{1-l}yz}$$

需满足的条件是 $x=\sqrt{l}y$ 且 $z=\sqrt{1-l}y$ 且 $2\sqrt{l}:2\sqrt{1-l}=1:2$，解得 $l=\dfrac{1}{5}$，于是

$$\frac{xy+2yz}{x^2+y^2+z^2}=\frac{xy+2yz}{\left(x^2+\frac{1}{5}y^2\right)+\left(\frac{4}{5}y^2+z^2\right)}\leqslant\frac{xy+2yz}{2\sqrt{\frac{1}{5}}xy+2\sqrt{\frac{4}{5}}yz}=\frac{\sqrt{5}}{2}$$

当 $x^2=\dfrac{1}{5}y^2$ 且 $\dfrac{4}{5}y^2=z^2$，即 $y=\sqrt{5}x$ 且 $z=2x$ 时取等号，故 $\dfrac{xy+2yz}{x^2+y^2+z^2}$ 的最大值为 $\dfrac{\sqrt{5}}{2}$.

例 6　设 x,y,z 是三个不全为零的实数，求函数 $f(x,y,z)=\dfrac{xy+2yz+2zx}{x^2+y^2+z^2}$ 的最大值.

解　显然，只需考虑 $x\geqslant 0,y\geqslant 0,z\geqslant 0$ 的情形. 因为函数 f 关于 x,y 对称，故可对分子的后两项应用带有相同参数的不等式，即有

$$xy+2yz+2zx\leqslant\frac{1}{2}x^2+\frac{1}{2}y^2+\lambda y^2+\frac{1}{\lambda}z^2+\frac{1}{\lambda}z^2+\lambda x^2=$$

$$\left(\frac{1}{2}+\lambda\right)x^2+\left(\frac{1}{2}+\lambda\right)y^2+\frac{2}{\lambda}z^2 \qquad ①$$

为了使式 ① 右端作为分子能与原分母约掉，只需取 λ，使 $\dfrac{1}{2}+\lambda=\dfrac{2}{\lambda}$，即 $2\lambda^2+\lambda-4=0$，解得 $\lambda=\dfrac{1}{4}(\sqrt{33}-1)$. 代入式 ①，得到

$$xy+2yz+2zx\leqslant\frac{1}{4}(\sqrt{33}+1)(x^2+y^2+z^2) \qquad ②$$

由式 ② 得到

$$f(x,y,z) \leqslant \frac{1}{4}(\sqrt{33}+1) \qquad ③$$

若存在 (x_0, y_0, z_0)，使式③中等号成立，立即可知最大值就是 $f(x,y,z)=\frac{1}{4}(\sqrt{33}+1)$. 而为使式③等号成立，必须且只需式①中等号成立，而这又当且仅当 $x=y=\frac{z}{\lambda}$. 可见，当 $x_0=y_0=1, z_0=\frac{1}{4}(\sqrt{33}-1)$ 时，式③中等号成立. 所以，所求的最大值即为 $\frac{1}{4}(\sqrt{33}+1)$.

点评 由此题解法可见，若只用通常不带参数的不等式，是难以求出最大值的，这就充分显示了使用带参数不等式这一工具的优越性.

例 7 设 $x,y,z \in \mathbf{R}_+$，欲使 $\frac{xy+ayz+zx}{x^2+y^2+z^2}$ 的最大值在区间 $[1,2]$ 之间，求证实数 a 的取值范围.

分析 因 y 和 z 对称，引入参数 $s,t \in (0,1)$，将分母变形为

$$x^2+y^2+z^2=(sx^2+ty^2)+[(1-t)y^2+(1-t)z^2]+[(1-s)x^2+tz^2] \geqslant 2\sqrt{st}\,xy+2(1-t)yz+2\sqrt{(1-s)t}\,xz$$

再令 $2\sqrt{st}\,xy+2(1-t)yz+2\sqrt{(1-s)t}\,xz=k(xy+ayz+zx)$ 可得.

解 设 $s,t \in (0,1)$，则

$$x^2+y^2+z^2=(sx^2+ty^2)+[(1-t)y^2+(1-t)z^2+[(1-s)x^2+tz^2] \geqslant 2\sqrt{st}\,xy+2(1-t)yz+2\sqrt{(1-s)t}\,xz$$

再令 $\quad 2\sqrt{st}\,xy+2(1-t)yz+2\sqrt{(1-s)t}\,xz=k(xy+ayz+zx)$

比较可得

$$\begin{cases} 2\sqrt{st}=k \\ 2(1-t)=ak \\ 2\sqrt{(1-s)t}=k \end{cases}$$

解之得

$$\begin{cases} s=\dfrac{1}{2} \\ t=\dfrac{k^2}{2} \\ a=\dfrac{2}{k}-k \end{cases}$$

所以

$$\frac{xy+ayz+zx}{x^2+y^2+z^2} \leqslant \frac{1}{k}$$

由题设知 $1 \leqslant \frac{1}{k} \leqslant 2$，解之得 $\frac{1}{2} \leqslant k \leqslant 1$. 因函数 $a = \frac{2}{k} - k, k \in [\frac{1}{2}, 1]$ 是减函数，所以 $1 \leqslant a \leqslant \frac{7}{2}$.

三、不等式法求多元函数的最值

例 8 已知 a, b, c 是满足 $a^2 = b^2 + c^2$ 的正数，求函数 $f(a,b,c) = \frac{a^3 + b^3 + c^3}{a^2(b+c) + b^2(a+c) + c^2(a+b)}$ 的最小值.

解 因为 $b^3 + bc^2 + c^3 + b^2c \geqslant 2\sqrt{b^3 \cdot bc^2} + 2\sqrt{c^3 \cdot b^2 c} = 2b^2c + 2bc^2$. 则 $b^3 + c^3 \geqslant b^2c + bc^2$，故 $a^3 + (\sqrt{2}b)^3 \geqslant a^2 \cdot \sqrt{2}b + a(\sqrt{2}b)^2$，即 $\sqrt{2}a^3 + 4b^3 \geqslant 2a^2b + 2\sqrt{2}ab^2$.

同理，$\sqrt{2}a^3 + 4c^3 \geqslant 2a^2c + 2\sqrt{2}ac^2$. 综上可得

$$2\sqrt{2}a^3 + 7b^3 + 7c^3 \geqslant 2a^2(b+c) + 2\sqrt{2}(b^2a + c^2a) + 3(b^2c + c^2b) \quad ①$$

由 $a^2 = b^2 + c^2 \geqslant \frac{1}{2}(b+c)^2$，得 $a \geqslant \frac{1}{\sqrt{2}}(b+c)$，则

$$(5-\sqrt{2})a^3 \geqslant (4-\sqrt{2})a^2 \cdot \frac{1}{\sqrt{2}}(b+c) + a^3 =$$

$$(2\sqrt{2}-1)a^2(b+c) + b^2a + c^2a \quad ②$$

注意到

$$a^3 \geqslant \frac{1}{\sqrt{2}}a^2(b+c) = \frac{1}{\sqrt{2}}(b^2+c^2)(b+c) \geqslant$$

$$\sqrt{2}bc(b+c) = \sqrt{2}(b^2c + c^2b)$$

则

$$(2-\sqrt{2})a^3 \geqslant (2\sqrt{2}-2)(b^2c + c^2b) \quad ③$$

将式①②③相加，整理即得

$$a^3 + b^3 + c^3 \geqslant \frac{2\sqrt{2}+1}{7}[a^2(b+c) + b^2(c+a) + c^2(a+b)]$$

易知，当且仅当 $a = \sqrt{2}b = \sqrt{2}c$ 时，上式等号成立，故 $f(a,b,c) = \frac{2\sqrt{2}+1}{7}$.

例 9 （第二届世界数学团体锦标赛青年组团体赛第20题）已知正数 x, y, z 满足 $x+y+z=1$ 且 $xy + yz + zx + \lambda\sqrt{xyz} \leqslant 1$，求 λ 的最大值.

解 由命题组给出解答知

$$\lambda \leqslant \frac{x^2 + y^2 + z^2 + xy + yz + zx}{\sqrt{xyz}} \quad ①$$

欲求 λ 最大值，显然 $\lambda_{\max} > 0$，不妨设 $\lambda > 0$，式 ① 两边平方，得

$$\lambda^2 \leqslant \frac{(x^2+y^2+z^2+xy+yz+zx)^2}{xyz}$$

而

$$\frac{(x^2+y^2+z^2+xy+yz+zx)^2}{xyz} \geqslant \left[\frac{(x^2+y^2+z^2+xy+yz+zx)^2}{xyz}\right]_{\min}$$

因为

$$x^2+y^2+z^2 \geqslant xy+yz+zx$$

则

$$x^2+y^2+z^2+xy+yz+zx \geqslant 2(xy+yz+zx)$$

所以

$$\frac{(x^2+y^2+z^2+xy+yz+zx)^2}{xyz} \geqslant \frac{4(xy+yz+zx)^2}{xyz} \quad ②$$

注意到

$$\begin{aligned}(xy+yz+zx)^2 = & x^2y^2+y^2z^2+z^2x^2+2(xy^2z+x^2yz+xyz^2) = \\ & x^2y^2+y^2z^2+z^2x^2+2xyz(x+y+z) = \\ & x^2y^2+y^2z^2+z^2x^2+2xyz \geqslant \\ & xy\cdot yz+xy\cdot zx+yz\cdot zx+2xyz = \\ & xyz(x+y+z)+2xyz=3xyz\end{aligned}$$

所以式 ② 的右端 $\geqslant \frac{12xyz}{xyz}=12$，即

$$\left[\frac{(x^2+y^2+z^2+xy+yz+zx)^2}{xyz}\right]_{\min}=12$$

所以 $\lambda^2 \leqslant 12, \lambda \leqslant 2\sqrt{3}$，故 λ 的最大值为 $2\sqrt{3}$（此时 $x=y=z=\frac{1}{3}$）.

例 10 （2012 年浙江省高中数学竞赛试题）已知 $a,b,c \in \mathbf{R}_+$，且满足 $\frac{kabc}{a+b+c} \geqslant (a+b)^2+(a+b+4c)^2$，求 k 的最小值.

解 由均值不等式得

$$\begin{aligned}&(a+b)^2+(a+b+4c)^2 = \\ &(a+b)^2+[(a+2c)+(b+2c)]^2 \geqslant \\ &(2\sqrt{ab})^2+(2\sqrt{2ac}+2\sqrt{2bc})^2 = \\ &4ab+4\cdot 2ac+4\cdot 2bc+2\cdot 2\cdot 2\cdot 2c\cdot\sqrt{ab} = \\ &4ab+8ac+8bc+16c\sqrt{ab}\end{aligned}$$

所以

$$\begin{aligned}&\frac{(a+b)^2+(a+b+4c)^2}{abc}\cdot(a+b+c) \geqslant \\ &\frac{4ab+8ac+8bc+16c\sqrt{ab}}{abc}\cdot(a+b+c) =\end{aligned}$$

$$\left(\frac{4}{c}+\frac{8}{b}+\frac{8}{a}+\frac{16}{\sqrt{ab}}\right)(a+b+c)=$$

$$8\left(\frac{1}{2c}+\frac{1}{b}+\frac{1}{a}+\frac{1}{\sqrt{ab}}+\frac{1}{\sqrt{ab}}\right)\left(\frac{a}{2}+\frac{a}{2}+\frac{b}{2}+\frac{b}{2}+c\right)\geqslant$$

$$8\left(5\cdot\sqrt[5]{\frac{1}{2a^2b^2c}}\right)\left(5\cdot\sqrt[5]{\frac{a^2b^2c}{2^4}}\right)=100$$

等号成立当且仅当 $a=b=2c>0$，故 k 的最小值为 100，故 $k_{\min}=100$.

例 11 （2006 年湖南省竞赛题）设 x,y,z 为正实数，求函数 $f(x,y,z)=\frac{(1+2x)(3y+4x)(4y+3z)(2z+1)}{xyz}$ 的最小值.

解 在取定 y 的情况下，有

$$\frac{(1+2x)(3y+4x)}{x}=\frac{8x^2+(6y+4)x+3y}{x}=8x+\frac{3y}{x}+6y+4\geqslant$$

$$2\sqrt{24y}+6y+4=(\sqrt{6y}+2)^2$$

当且仅当 $x=\sqrt{\frac{3y}{8}}$ 时，上式等号成立. 同理

$$\frac{(4y+3z)(2z+1)}{z}=6z+\frac{4y}{z}+8y+3\geqslant(\sqrt{8y}+\sqrt{3})^2$$

当且仅当 $z=\sqrt{\frac{2y}{3}}$ 时，上式等号成立，故

$$\frac{(1+2x)(3y+4x)(4y+3z)(2z+1)}{xyz}\geqslant$$

$$\frac{(\sqrt{6y}+2)^2(\sqrt{8y}+\sqrt{3})^2}{y}=$$

$$\left(\sqrt{48y}+\frac{2\sqrt{3}}{\sqrt{y}}+7\sqrt{2}\right)^2\geqslant$$

$$(2\sqrt{\sqrt{48}\times 2\sqrt{3}}+7\sqrt{2})^2=194+112\sqrt{3}$$

当且仅当 $y=\frac{1}{2},x=\frac{\sqrt{3}}{4},z=\frac{\sqrt{3}}{3}$ 时，$f(x,y,z)$ 取得最小值，故 $f(x,y,z)$ 的最小值为 $194+112\sqrt{3}$.

四、多元函数最值综合问题

例 12 （第三届中国东南地区数学奥林匹克试题）求最小的实数 m，使得对于满足 $a+b+c=1$ 的任意正实数 a,b,c 都有 $m(a^3+b^3+c^3)\geqslant 6(a^2+b^2+c^2)+1$.

解法 1 当 $a=b=c=\frac{1}{3}$ 时，有 $m\geqslant 27$. 下证不等式 $27(a^3+b^3+c^3)\geqslant$

$6(a^2+b^2+c^2)+1$ 对于满足 $a+b+c=1$ 的任意正实数 a,b,c 都成立. 因为对于 $0<x<1$,有

$$27x^3 \geqslant 6x^2+5x-\frac{4}{3} \Leftrightarrow 81x^3-18x^2-15x+4 \geqslant 0 \Leftrightarrow$$

$$(3x-1)^2(9x+4) \geqslant 0$$

故

$$27x^3 \geqslant 6x^2+5x-\frac{4}{3}, 0<x<1$$

所以

$$27a^3 \geqslant 6a^2+5a-\frac{4}{3}, 27b^3 \geqslant 6b^2+5b-\frac{4}{3}$$

$$27c^3 \geqslant 6c^2+5c-\frac{4}{3}$$

把上面三个不等式相加,得 $27(a^3+b^3+c^3) \geqslant 6(a^2+b^2+c^2)+1$,所以 m 的最小值为 27.

解法 2 当 $a=b=c=\frac{1}{3}$ 时,有 $m \geqslant 27$. 下证不等式

$$27(a^3+b^3+c^3) \geqslant 6(a^2+b^2+c^2)+1$$

对于满足 $a+b+c=1$ 的任意正实数 a,b,c 都成立.

因为 $(a-b)^2(a+b) \geqslant 0$,所以 $a^3+b^3 \geqslant a^2b+ab^2$,同理

$$b^3+c^3 \geqslant b^2c+bc^2, c^3+a^3 \geqslant c^2a+ca^2$$

于是

$$2(a^3+b^3+c^3) \geqslant a^2b+b^2c+c^2a+ab^2+bc^2+ca^2$$

$$3(a^3+b^3+c^3) \geqslant a^3+b^3+c^3+a^2b+b^2c+c^2a+ab^2+bc^2+ca^2=$$

$$(a+b+c)(a^2+b^2+c^2)=a^2+b^2+c^2$$

所以

$$6(a^2+b^2+c^2)+1=6(a^2+b^2+c^2)+(a+b+c)^2 \leqslant$$

$$6(a^2+b^2+c^2)+3(a^2+b^2+c^2)=$$

$$9(a^2+b^2+c^2) \leqslant 27(a^3+b^3+c^3)$$

所以 m 的最小值为 27.

解法 3 当 $a=b=c=\frac{1}{3}$ 时,有 $m \geqslant 27$. 下证不等式 $27(a^3+b^3+c^3) \geqslant 6(a^2+b^2+c^2)+1$ 对于满足 $a+b+c=1$ 的任意正实数 a,b,c 都成立.

由切比雪夫不等式,得

$$27(a^3+b^3+c^3) \geqslant 9(a^2+b^2+c^2)=$$

$$6(a^2+b^2+c^2)+3(a^2+b^2+c^2) \geqslant$$

$$6(a^2+b^2+c^2)+(a+b+c)^2=$$

$$6(a^2+b^2+c^2)+1$$

所以 m 的最小值为 27.

例 13 (2008 年德国数学奥林匹克试题) 求最小值的常数 c,使得对所有的

实数 x,y 有 $1+(x+y)^2\leqslant c(1+x^2)(1+y^2)$.

解法 1 取 $x=y=\frac{\sqrt{2}}{2}$,代入原不等式得 $3\leqslant\frac{9}{4}c$,解得 $c\geqslant\frac{4}{3}$. 下面证明:$c=\frac{4}{3}$ 满足条件,这只需证 $1+(x+y)^2\leqslant\frac{4}{3}(1+x^2)(1+y^2)$,化简整理得 $(2x-y)^2+(x-y)^2\geqslant 0$,这时显然成立的,故 $c_{\min}=\frac{4}{3}$.

点评 本题解法取 $x=y=\frac{\sqrt{2}}{2}$,实在值得思考.

解法 2 (1) 当 $c\geqslant 2$ 时,满足题意,事实上,只需验证 $1+(x+y)^2\leqslant 2(1+x^2)(1+y^2)$,化简得 $(x-y)^2+2x^2y^2+1\geqslant 0$,这时显然成立. 而

$$2(1+x^2)(1+y^2)\leqslant c(1+x^2)(1+y^2)$$

因此

$$1+(x+y)^2\leqslant c(1+x^2)(1+y^2)$$

(2) 当 $c<2$ 时,在原不等式中令 $x=y=0$,得 $c\geqslant 1$,于是 $1\leqslant c<2$,从而

$$1+(x+y)^2\leqslant c(1+x^2)(1+y^2)$$

等价于

$$cx^2y^2+(c-1)(x^2+y^2)-2xy+c-1\geqslant 0 \quad ③$$

令 $g(x,y)=cx^2y^2+(c-1)(x^2+y^2)-2xy+c-1$,则不等式 ③ 恒成立的充要条件是 $g(x,y)_{\min}\geqslant 0$.

下面求 $g(x,y)_{\min}$,由基本不等式 $x^2+y^2\geqslant 2xy$ 得

$$g(x,y)\geqslant cx^2y^2+2(c-2)xy+c-1 \quad ④$$

当且仅当 $x=y$ 时等号成立. 记 $f(xy)=cx^2y^2+2(c-2)xy+c-1$,令 $xy=t$,则

$$f(xy)=f(t)=ct^2+2(c-2)t+c-1\quad(t\in\mathbf{R})$$

因此

$$f(t)\geqslant\frac{4c(c-1)-4(c-2)^2}{4c} \quad ⑤$$

当且仅当 $t=-\frac{2(c-2)}{2c}$,也即 $xy=\frac{2-c}{c}$ 时,等号成立. 由式 ④,式 ⑤ 得,当且仅当 $x=y=\pm\sqrt{\frac{2-c}{c}}$ 时,$g(x,y)_{\min}=\frac{4c(c-1)-4(c-2)^2}{4c}$,解 $g(x,y)_{\min}\geqslant 0$ 得 $\frac{4}{3}\leqslant c<2$. 综合式 ①② 得 $c\geqslant\frac{4}{3}$,故 $c_{\min}=\frac{4}{3}$.

解法 3 不等式 $1+(x+y)^2\leqslant c(1+x^2)(1+y^2)$ 可化为

$$(cy^2+c-1)x^2-2yx+(c-1)(y^2-1)\geqslant 0 \quad ⑥$$

令 $x=y=0$,得 $c\geqslant 1$. 对任意 $x,y\in\mathbf{R}$,式 ⑥ 恒成立等价于 $\Delta=4y^2-$

$4(cy^2+c-1)(c-1)(y^2-1)\leqslant 0$对任意$y\in\mathbf{R}$恒成立,整理得$c(c-1)y^4+c(2c-3)y^2+(c-1)^2\geqslant 0$. 令$y^2=t$,则等价于$c(c-1)t^2+c(2c-3)t+(c-1)^2\geqslant 0$,对任意$t\in[0,+\infty)$恒成立.

当$c=1$时,显然不符合题意;当$c>1$时,令$f(t)=c(c-1)t^2+c(2c-3)t+(c-1)^2$,其对称轴为$t=-\frac{2c-3}{2(c-1)}$. 由$f(t)\geqslant 0$在$[0,+\infty)$上恒成立,得

$$-\frac{2c-3}{2(c-1)}\leqslant 0$$

或

$$\begin{cases}-\frac{2c-3}{2(c-1)}>0\\ f\left(-\frac{2c-3}{2(c-1)}\right)\geqslant 0\end{cases}$$

结合$c>1$,解得$c\geqslant\frac{4}{3}$,故$c_{\min}=\frac{4}{3}$.

解法4 $x,y\in\mathbf{R}$,$1+(x+y)^2\leqslant c(1+x^2)(1+y^2)$等价于对任意$x$,$y\in\mathbf{R}$,有

$$c\geqslant\frac{1+(x+y)^2}{(1+x^2)(1+y^2)} \qquad ⑦$$

即

$$c\geqslant\left[\frac{1+(x+y)^2}{(1+x^2)(1+y^2)}\right]_{\max}(x,y\in\mathbf{R}) \qquad ⑧$$

令

$$M=\frac{1+(x+y)^2}{(1+x^2)(1+y^2)}$$

下面求M的最大值. 注意到$M=\frac{1+(x+y)^2}{(1+x^2)(1+y^2)}$,是一个分式函数,而且分子、分母展开后都出现$1+x^2+y^2$,想到用分离常数法,于是

$$M=\frac{1+(x+y)^2}{(1+x^2)(1+y^2)}=\frac{1+x^2+y^2+2xy}{1+x^2+y^2+x^2y^2}=$$
$$\frac{1+x^2+y^2+x^2y^2+2xy-x^2y^2}{1+x^2+y^2+x^2y^2}=$$
$$1+\frac{2xy-x^2y^2}{1+x^2+y^2+x^2y^2} \qquad ⑨$$

注意到式⑨的分子、分母中3处出现了xy,结合分母中的x^2+y^2,自然想到用基本不等式$x^2+y^2\geqslant 2xy$来放缩,但必须考虑$2xy-x^2y^2>0$时取得,于是不妨设$2xy-x^2y^2>0$(即$0<xy<2$),则

$$M=1+\frac{2xy-x^2y^2}{1+x^2+y^2+x^2y^2}\leqslant$$

$$1+\frac{2xy-x^2y^2}{1+2xy+x^2y^2}=\frac{4xy+1}{(xy+1)^2}$$

当且仅当 $x=y$ 时，等号成立.

下面求 $\frac{4xy+1}{(xy+1)^2}$ 的最大值，令 $4xy+1=u$，则

$$\frac{4xy+1}{(xy+1)^2}=\frac{16}{u+\frac{9}{u}+6}\leqslant\frac{4}{3}$$

当且仅当 $u=3$，即 $xy=\frac{1}{2}$ 时，等号成立，即 $\left[\frac{4xy}{(xy+1)^2}\right]_{\max}=\frac{4}{3}$. 综上所述，当 $x=y$ 且 $xy=\frac{1}{2}$，也即 $x=y=\pm\frac{\sqrt{2}}{2}$ 时，$M_{\max}=\frac{4}{3}$. 结合式 ⑧ 得 $c\geqslant\frac{4}{3}$，故 $c_{\min}=\frac{4}{3}$.

点评 求 $\frac{4xy+1}{(xy+1)^2}$ 的最大值还可以用导数法或配方法.

(1) 导数法. 令 $xy=t$，设 $h(t)=\frac{4t+1}{(t+1)^2}$，$t\in(0,2)$，得 $h'(t)=-\frac{2(2t-1)}{(t+1)^3}$. 当 $0<t<\frac{1}{2}$ 时，$h'(t)>0$；当 $\frac{1}{2}<t<2$ 时，$h'(t)<0$；所以 $h(t)$ 在 $\left(0,\frac{1}{2}\right)$ 上递增，在 $\left(\frac{1}{2},2\right)$ 上递减，故当 $t=\frac{1}{2}$ 时，$h(t)_{\max}=h\left(\frac{1}{2}\right)=\frac{4}{3}$，即 $\left[\frac{4xy}{(xy+1)^2}\right]_{\max}=\frac{4}{3}$.

(2) 配方法. 由于式 ⑦ 对任意的实数 x,y 都成立，当然在特殊情形 $x=y$ 下也成立，于是得到了式 ⑦ 的一个必要条件，即对任意 $x\in\mathbf{R}$，都有 $c\geqslant\frac{1+4x^2}{(1+x^2)^2}$，$c\geqslant\left[\frac{1+4x^2}{(1+x^2)^2}\right]_{\max}$，可求得 $f(x)=\frac{1+4x^2}{(1+x^2)^2}$ 的最大值为 $\frac{4}{3}$，所以 $c\geqslant\frac{4}{3}$，接下来验证充分条件，同解法 1. 综上可得，$c_{\min}=\frac{4}{3}$.

巩固练习

1. 设 $S=x^2+2xy+2y^2+2x+1$，其中 $x\in\mathbf{R}$，$y\in\mathbf{R}$，则 S 的最小值为（　　）.

A. 1　　B. -1　　C. $-\frac{3}{4}$　　D. 0

解法 1 B. $x^2+(2y+2)x+(2y^2+1-S)=0$，由 $\Delta=(2y+2)^2-$

$4(2y^2+1-S)\geqslant 0$ 得 $S\geqslant y^2-2y=(y-1)^2-1\geqslant -1$. 当且仅当 $y=1,x=-2$ 时,$S_{\min}=-1$.

解法 2 B. $S=x^2+2xy+2y^2+2x+1=x^2+2(y+1)x+(y+1)^2+y^2-2y=(x+y+1)^2+(y-1)^2-1\geqslant -1$.

当且仅当 $y=1,x=-2$ 时,$S_{\min}=-1$.

2.(2010 年四川高考理科第 12 题)设 $a>b>c>0$,则 $2a^2+\frac{1}{ab}+\frac{1}{a(a-b)}-10ac+25c^2$ 的最小值是( ).

A. 2 B. 4 C. $2\sqrt{5}$ D. 5

解 B. 因为 $a>b>c>0$,所以

$$2a^2+\frac{1}{ab}+\frac{1}{a(a-b)}-10ac+25c^2=$$

$$(a-5c)^2+\left[a^2+\frac{1}{ab}+\frac{1}{a(a-b)}\right]\geqslant$$

$$a^2+\frac{1}{ab}+\frac{1}{a(a-b)}\geqslant$$

$$a^2+2\sqrt{\frac{1}{ab}\cdot\frac{1}{a(a-b)}}\geqslant$$

$$a^2+\frac{2}{a}\sqrt{\frac{1}{b(a-b)}}\geqslant$$

$$a^2+\frac{2}{a}\sqrt{\frac{1}{\left[\frac{b+(a-b)}{2}\right]^2}}=$$

$$a^2+\frac{4}{a^2}\geqslant 2\sqrt{a^2\cdot\frac{4}{a^2}}=4$$

当且仅当

$$\begin{cases}a=5c\\ab=a(a-b)\\b=a-b\\a^2=\dfrac{4}{a^2}\end{cases}$$

即 $\begin{cases}a=\sqrt{2}\\b=\dfrac{\sqrt{2}}{2}\\c=\dfrac{\sqrt{2}}{5}\end{cases}$ 时,4 个不等式的等号同时成立. 所以当 $a=\sqrt{2},b=\frac{\sqrt{2}}{2},c=\frac{\sqrt{2}}{5}$ 时,

$$\left[2a^2+\frac{1}{ab}+\frac{1}{a(a-b)}-10ac+25c^2\right]_{\min}=4$$，故选 B.

3.（2010 年湖北省高中数学联赛）若 x,y,z 均为正实数，且 $x^2+y^2+z^2=1$，则 $S=\frac{(z+1)^2}{2xyz}$ 的最小值为________.

解 $3+2\sqrt{2}$. 由 $x^2+y^2+z^2=1$，令 $x=\cos\theta\cos\varphi, y=\cos\theta\sin\varphi, z=\sin\theta\left(\theta,\varphi\in\left(0,\frac{\pi}{2}\right)\right)$，则

$$S=\frac{(z+1)^2}{2xyz}=\frac{(1+\sin\theta)^2}{\sin\theta\cos^2\theta\sin 2\varphi}\geqslant\frac{(1+\sin\theta)^2}{\sin\theta\cos^2\theta}\left(\varphi=\frac{\pi}{4}\text{ 时，等号成立}\right)=$$
$$\frac{(1+\sin\theta)^2}{\sin\theta(1-\sin^2\theta)}=\frac{1+\sin\theta}{\sin\theta(1-\sin\theta)}$$

令 $t=1+\sin\theta\in(0,2)$，则

$$S=\frac{t}{-t^2+3t-2}=\frac{1}{-\left(t+\frac{2}{t}\right)+3}\geqslant 3+2\sqrt{2}$$

故

$$t=\sqrt{2}\Rightarrow\sin\theta=\sqrt{2}-1$$

4. 实数 x,y,z 满足 $x^2+y^2+z^2=1$，则 $\sqrt{2}xy+yz$ 的最大值为________.

解 $\frac{\sqrt{3}}{2}$.

$$1=x^2+y^2+z^2=(x^2+\frac{2}{3}y^2)+\left(\frac{1}{3}y^2+z^2\right)\geqslant$$
$$2\sqrt{\frac{2}{3}}xy+2\sqrt{\frac{1}{3}}yz=\frac{2}{\sqrt{3}}(\sqrt{2}xy+yz)$$

由此可得 $\sqrt{2}xy+yz\leqslant\frac{\sqrt{3}}{2}$，其中等号成立当且仅当 $x=\sqrt{\frac{1}{3}}, y=\sqrt{\frac{1}{2}}, z=\sqrt{\frac{1}{6}}$.

5. 设 $x_k,y_k(k=1,2,3)$ 均为非负实数，则 $\sqrt{(2\,007-y_1-y_2-y_3)^2+x_3^2}+\sqrt{y_3^2+x_2^2}+\sqrt{y_2^2+x_1^2}+\sqrt{y_1^2+(x_1+x_2+x_3)^2}$ 的最小值为________.

解 2 007. 在直角坐标系中，作点 $O(0,0)$，$A(0,2\,007)$，$P_1(x_1+x_2+x_3,y_1)$，$P_2(x_2+x_3,y_1+y_2)$，$P_3(x_3,y_1+y_2+y_3)$，则

$$I=\sqrt{(2\,007-y_1-y_2-y_3)^2+x_3^2}+\sqrt{y_3^2+x_2^2}+\sqrt{y_2^2+x_1^2}+$$
$$\sqrt{y_1^2+(x_1+x_2+x_3)^2}=$$
$$|\overline{AP_3}|+|\overline{P_3P_2}|+|\overline{P_2P_1}|+|\overline{P_1O}|\text{（应用三角不等式）}\geqslant$$

$$|\overline{AP_2}|+|\overline{P_2P_1}|+|\overline{P_1O}|\geqslant|\overline{AP_1}|+|\overline{P_1O}|\geqslant$$
$$|\overline{AO}|=2\ 007$$

如果取 $A=P_1=P_2=P_3$，即 $x_1=x_2=x_3=0,y_1=2\ 007,y_2=y_3=0$，那么 I 取到最小值 2 007.

6. 设 $x,y,z\in\mathbf{R}_+,x+y+z=1$，则函数 $f(x,y,z)=xy^2z^3$ 的最大值是________.

解 $\frac{1}{432}$. 由

$$1=x+y+z=x+\frac{y}{2}+\frac{y}{2}+\frac{z}{3}+\frac{z}{3}+\frac{z}{3}\geqslant 6\sqrt[6]{x\cdot\frac{y}{2}\cdot\frac{y}{2}\cdot\frac{z}{3}\cdot\frac{z}{3}\cdot\frac{z}{3}}$$

所以

$$\frac{1}{4\cdot 27}xy^2z^3\leqslant\left(\frac{1}{6}\right)^6$$

即
$$xy^2z^3\leqslant\frac{1}{2^4\cdot 3^3}=\frac{1}{432}$$

当 $x=\frac{y}{2}=\frac{z}{3}=\frac{1}{6}$，即 $x=\frac{1}{6},y=\frac{1}{3},z=\frac{1}{2}$ 时取等号.

7. 已知 $a,b,c,d\in\mathbf{R}_+$，若 $M=\sqrt[4]{\frac{a}{b+c}}+\sqrt[4]{\frac{b}{c+a}}+\sqrt[4]{\frac{c}{a+b}}+\sqrt{\frac{b+c}{a}}+\sqrt{\frac{a+c}{b}}+\sqrt{\frac{a+b}{c}}$，则 M 的最小值为________.

解 $3\sqrt{2}+\frac{3\sqrt[4]{8}}{8}$. 由 AG－MG 得

$$\sqrt{\frac{b+c}{a}}+2\sqrt[4]{\frac{8a}{b+c}}\geqslant$$
$$3\sqrt[3]{\sqrt{\frac{b+c}{a}}\cdot\sqrt[4]{\frac{8a}{b+c}}\cdot\sqrt[4]{\frac{8a}{b+c}}}=$$
$$3\sqrt[3]{\sqrt{\frac{b+c}{a}}\cdot\sqrt{\frac{8a}{b+c}}}=3\sqrt{2}$$

由此可得

$$M\geqslant\frac{9\cdot\sqrt[4]{8}}{8}+\left(1-\frac{\sqrt[4]{2}}{4}\right)\left(\sqrt{\frac{b+c}{a}}+\sqrt{\frac{c+a}{b}}+\sqrt{\frac{a+b}{c}}\right)\qquad ①$$

另一方面，由 AM－GM 得

$$\sqrt{\frac{b+c}{a}}+\sqrt{\frac{c+a}{b}}+\sqrt{\frac{a+b}{c}}\geqslant 3\sqrt{2}\qquad ②$$

故由式 ①② 推得
$$M\geqslant 3\sqrt{2}+\frac{3\sqrt[4]{8}}{8}$$

8. 记 $F(x,y)=(x-y)^2+\left(\frac{x}{3}+\frac{3}{y}\right)^2(y\neq 0)$,则 $F(x,y)$ 的最小值是________.

解 $\frac{18}{5}$. 设动点 $P\left(x,-\frac{x}{3}\right)$ 与 $Q\left(y,\frac{3}{y}\right)$,则 $F(x,y)=|PQ|^2$,点 P 的轨迹为直线 $y=-\frac{x}{3}$,点 Q 的轨迹为双曲线 $y=\frac{3}{x}$,双曲线上的任一点 $\left(x_0,\frac{3}{x_0}\right)$ 到直线 $x+3y=0$ 的距离 $d=\frac{\left|x_0+3\cdot\frac{3}{x_0}\right|}{\sqrt{10}}\geqslant\frac{6}{\sqrt{10}}$,当 $x_0=\pm 3$ 时等号成立,故 $F(x,y)$ 的最小值为 $\frac{18}{5}$.

9. 设 $a,b,c\in\mathbf{R}_+$,求 $\frac{a}{b+3c}+\frac{b}{8c+4a}+\frac{9c}{3a+2b}$ 的最小值.

解 设

$$\begin{cases}b+3c=x\\8c+4a=y\\3a+2b=z\end{cases}$$

解之得

$$a=-\frac{1}{3}x+\frac{1}{8}y+\frac{1}{6}z,b=\frac{1}{2}x-\frac{3}{16}y+\frac{1}{4}z$$

$$c=\frac{1}{6}x+\frac{1}{16}y-\frac{1}{12}z$$

于是

$$\text{所求式}=\frac{-\frac{1}{3}x+\frac{1}{8}y+\frac{1}{6}z}{x}+\frac{\frac{1}{2}x-\frac{3}{16}y+\frac{1}{4}z}{y}+\frac{\frac{3}{2}x+\frac{9}{16}y-\frac{3}{4}z}{z}=$$

$$\frac{y}{8x}+\frac{x}{2y}+\frac{z}{6x}+\frac{3x}{2z}+\frac{z}{4y}+\frac{9y}{16z}-\frac{1}{3}-\frac{3}{16}-\frac{3}{4}\geqslant$$

$$2\cdot\frac{1}{4}+2\cdot\frac{1}{2}+2\cdot\frac{3}{8}-\frac{1}{3}-\frac{3}{16}-\frac{3}{4}=\frac{47}{48}$$

10. 设 x,y,z 是正实数,使得对某个实数 $k\geqslant 2$,有 $xyz\leqslant 2$,且 $\frac{1}{x^2}+\frac{1}{y^2}+\frac{1}{z^2}<k$. 求所有的实数 k,使得满足上述条件的 x,y,z 可以是某个三角形的三边长.

解 我们发现当 $x=y=1,z=2$ 时,$xyz\leqslant 2$,且 $\frac{1}{x^2}+\frac{1}{y^2}+\frac{1}{z^2}=\frac{9}{4}$. 而 1,1,2 不能作为三角形的三边长,所以 $k\leqslant\frac{9}{4}$. 我们将证明任意 $k\in\left[\frac{3}{\sqrt[3]{4}},\frac{9}{4}\right]$ 都是

满足题意的解.

由题意 $k \geqslant 2$，所以 k 的取值范围是 $\left[2, \frac{9}{4}\right]$. 不妨设 $x \leqslant y \leqslant z$，且满足 $xyz \leqslant 2$，$\frac{1}{x^2}+\frac{1}{y^2}+\frac{1}{z^2}<\frac{9}{4}$. 若以 x,y,z 为边长的三角形不存在，则 $z \geqslant x+y$. 记 $s=x+y$，$p=xy$，则 $z \geqslant s$，$zp \leqslant 2$，因此 $sp \leqslant 2$，且由 $\frac{1}{z} \leqslant \frac{p}{2}$ 可得

$$\frac{1}{x^2}+\frac{1}{y^2}+\frac{p^2}{4}<\frac{9}{4} \Leftrightarrow \frac{p^2}{4}+\frac{x^2+y^2}{p^2}<\frac{9}{4} \Leftrightarrow$$

$$\frac{p^2}{4}+\frac{s^2-2p}{p^2}<\frac{9}{4} \Leftrightarrow$$

$$p^2+4s^2-8p<9p^2 \Leftrightarrow$$

$$p^4-9p^2-8p+4s^2<0$$

由平均不等式知 $s^2 \geqslant 4p$，得 $p^4-9p^2+8p<0$，即 $(p-1)(p^2+p-8)<0$.

若 $p \leqslant 1$，因为 $p>0$，所以 $p^2+p \leqslant 2<8$，故 $(p-1)(p^2+p-8) \geqslant 0$. 矛盾. 若 $p>1$，因为 $sp \leqslant 2$，所以 $s<2$，但 $4>s^2 \geqslant 4p>4$ 矛盾.

这表明假设不成立. 所以 x,y,z 是三角形的三边长.

当 $x=y=z=\sqrt[3]{2}$ 时，$\frac{1}{x^2}+\frac{1}{y^2}+\frac{1}{z^2}=\frac{3}{\sqrt[3]{2}}<2$，这表明在整个区间 $[2, \frac{9}{4}]$ 上的实数 k 都是满足题意的解.

11. 已知正实数 x,y,z 满足 $x^2+y^2+z^2=3$，求 $u=\frac{2-x}{4x-x^2}+\frac{2-y}{4y-y^2}+\frac{2-z}{4z-z^2}$ 的最小值.

解 因为正实数 x,y,z 满足 $x^2+y^2+z^2=3$，所以 $0<x<\sqrt{3}<2$，由 $\frac{9}{4x-x^2}+\frac{2}{2-x} \geqslant 5$，得

$$\frac{2-x}{4x-x^2} \geqslant \frac{1}{9}[5(2-x)-2]=\frac{8-5x}{9}$$

同理 $$\frac{2-y}{4y-y^2} \geqslant \frac{8-5y}{9}, \frac{2-z}{4z-z^2} \geqslant \frac{8-5z}{9}$$

所以 $$\frac{2-x}{4x-x^2}+\frac{2-y}{4y-y^2}+\frac{2-z}{4z-z^2} \geqslant \frac{8}{3}-\frac{5}{9}(x+y+z)$$

又因为 $$(x+y+z)^2 \leqslant 3(x^2+y^2+z^2)=9$$

所以 $x+y+z \leqslant 3$，所以 $\frac{8}{3}-\frac{5}{9}(x+y+z) \geqslant 1$，故

$$\frac{2-x}{4x-x^2}+\frac{2-y}{4y-y^2}+\frac{2-z}{4z-z^2} \geqslant 1$$

12. 设 $x_1, x_2, \cdots, x_n \in \mathbf{R}_+$，定义 $S_n = \sum_{i=1}^{n}\left(x_i + \frac{n-1}{n^2} \cdot \frac{1}{x_i}\right)^2$，则

(1) 求 S_n 的最小值；

(2) 在 $x_1^2 + x_2^2 + \cdots + x_n^2 = 1$ 条件下，求 S_n 的最小值；

(3) 在 $x_1 + x_2 + \cdots + x_n = 1$ 条件下，求 S_n 的最小值，并加以证明.

证明 (1) $S_n \geqslant \sum_{i=1}^{n}\left(2\sqrt{\frac{n-1}{n^2}}\right)^2 = 4\sum_{i=1}^{n}\frac{n-1}{n^2} = 4\,\frac{n-1}{n}$

（当 $x_i = \frac{\sqrt{n-1}}{n}$ 时，取到最小值）

(2)
$$S_n = \sum_{i=1}^{n}\left[x_i^2 + 2\,\frac{n-1}{n^2} + \frac{(n-1)^2}{n^4}\,\frac{1}{x_i^2}\right] = $$
$$1 + 2\,\frac{n-1}{n} + \frac{(n-1)^2}{n^4}\sum_{i=1}^{n}\frac{1}{x_i^2} \geqslant$$
$$1 + 2\,\frac{n-1}{n} + \frac{(n-1)^2}{n^2} = \left(1 + \frac{n-1}{n}\right)^2$$

$\left(\text{当 } x_1 = x_2 = \cdots = x_n = \frac{1}{\sqrt{n}} \text{ 时，取到最小值} \left(1 + \frac{n-1}{n}\right)^2\right)$

(3) 因为
$$\left[\sum_{i=1}^{n} 1 \cdot \left(x_i + \frac{n-1}{n^2} \cdot \frac{1}{x_i}\right)\right]^2 \leqslant \left(\sum_{i=1}^{n} 1^2\right) \cdot \sum_{i=1}^{n}\left(x_i + \frac{n-1}{n^2} \cdot \frac{1}{x_i}\right)^2$$

所以
$$S_n = \sum_{i=1}^{n}\left(x_i + \frac{n-1}{n^2} \cdot \frac{1}{x_i}\right)^2 \geqslant \frac{1}{n}\left[\sum_{i=1}^{n}\left(x_i + \frac{n-1}{n^2} \cdot \frac{1}{x_i}\right)\right]^2 \geqslant$$
$$\frac{1}{n}\left(1 + \frac{n-1}{n^2} \cdot n^2\right)^2 = n$$

（当 $x_1 = x_2 = \cdots = x_n = \frac{1}{n}$ 时，取到最小值 n）

13. 设 $a, b \in [0,1]$，求 $S = \frac{a}{1+b} + \frac{b}{1+a} + (1-a)(1-b)$ 的最大值和最小值.

解 因为
$$S = \frac{a}{1+b} + \frac{b}{1+a} + (1-a)(1-b) =$$
$$\frac{1 + a + b + a^2b^2}{(1+a)(1+b)} = 1 - \frac{ab(1-ab)}{(1+a)(1+b)} \leqslant 1$$

当 $ab = 0$ 或 $ab = 1$ 时等号成立，所以 S 的最大值为 1.

令 $T = \frac{ab(1-ab)}{(1+a)(1+b)}$，$x = \sqrt{ab}$，则

$$T=\frac{ab(1-ab)}{1+a+b+ab}\leqslant\frac{ab(1-ab)}{1+2\sqrt{ab}+ab}=$$

$$\frac{x^2(1-x^2)}{(1+x)^2}=\frac{x^2(1-x)}{1+x}$$

下证
$$\frac{x^2(1-x)}{1+x}\leqslant\frac{5\sqrt{5}-11}{2} \qquad ①$$

$$① \Leftrightarrow \left(x-\frac{\sqrt{5}-1}{2}\right)^2(x+\sqrt{5}-2)\geqslant 0$$

所以 $T\leqslant\frac{5\sqrt{5}-11}{2}$,从而 $S\geqslant\frac{13-5\sqrt{5}}{2}$,当 $a=b=\frac{\sqrt{5}-1}{2}$ 时等号成立,所以 S 的最小值为 $\frac{13-5\sqrt{5}}{2}$.

14. 若 x,y,z 是正实数,且 $xy+yz+zx=xyz$,求 $x^7(yz-1)+y^7(zx-1)+z^7(xy-1)$ 的最小值.

解 由题设条件得:$\frac{1}{x}+\frac{1}{y}+\frac{1}{z}=1$,设

$$\begin{cases}x=\dfrac{a+b+c}{a}\\ y=\dfrac{a+b+c}{b}\\ z=\dfrac{a+b+c}{c}\end{cases}$$

其中 a,b,c 是正实数,则

$$\text{左边}=\sum\frac{(a+b+c)^7}{a^7}\left[\frac{(a+b+c)^2}{bc}-1\right]=$$

$$\sum\frac{(a+b+c)^7}{a^7}\cdot\frac{a^2+b^2+c^2+2ab+bc+2ac}{bc}\geqslant$$

$$\sum\frac{3^7(abc)^{\frac{7}{3}}}{a^7}\cdot\frac{8a^{\frac{6}{8}}b^{\frac{5}{8}}c^{\frac{5}{8}}}{bc}\geqslant$$

$$3^7\cdot 8\cdot 3\sqrt[3]{\prod\frac{(abc)^{\frac{7}{3}}a^{\frac{6}{8}}b^{\frac{5}{8}}c^{\frac{5}{8}}}{a^7bc}}=8\cdot 3^8$$

当且仅当 $a=b=c$ 时,即 $x=y=z=3$ 时取等号.

15. 试确定最小的正实数 λ,使得对所有满足 $x_1+x_2+\cdots+x_n=1$ 的实数序列 $x_1,x_2,\cdots,x_n$ 均有 $\lambda\cdot\left(\sum\limits_{i=1}^{n}x_i^2\right)^3\geqslant\left(\sum\limits_{i=1}^{n}|x_{i+1}-x_i|\right)^2\cdot\sum\limits_{1\leqslant i<j\leqslant n}(x_i-x_j)^2$,这里 $x_{n+1}=x_1$,n 是给定大于 1 的正奇数.

解 设 $n=2m+1$,设 y_1, y_2, $\cdots$, y_n 是 $x_1,x_2,\cdots,x_n$ 的一个排列,且 y_1

$< y_2 < \cdots < y_n$，则 $y_1 < y_2 < \cdots < y_n$，则

$$\sum_{i=1}^{n} | x_{in} - x_i | = (x_{i1} + x_{i2} + \cdots + x_{in}) - (x_{j1} + \cdots + x_{jn})$$

（这里去掉绝对值，恰有 n 个符号为正，n 个符号为负）$\leqslant$

$$(y_n + y_n + y_{n-1} + \cdots + y_{n+1}) - (y_{m+1} + 2y_m + \cdots + 2y_1) =$$

$$2\left(\sum_{i=m+2}^{n} y_i - \sum_{i=1}^{m} y_i\right) \qquad ①$$

根据上式形式，设 $y_{m+1+i} = y_{m+1} + \lambda j_i$，$y_{m+1-i} = y_{m+1} - \mu_i (i = 1, 2, \cdots)$.

记 $t = \sum_{i=1}^{m} \lambda$，$S = \sum \mu_i$，则 ① 即 $\sum_{i=1}^{n} | x_{i+1} - x_i | \leqslant 2(t + S)$，又由 $\sum_{i=1}^{n} x_i = 1$，即 $y_{m+1} = \frac{1 + S - t}{n}$，所以

$$\sum_{i=1}^{n} x_i^2 = \sum_{i=1}^{n} y_i^2 = y_{m+1}^2 + \sum_{i=1}^{m} (y_{m+1} + \lambda_i)^2 + \sum_{i=1}^{m} (y_{m+1} - \mu_i)^2 =$$

$$ny_{m+1}^2 + 2(t - S)y_{m+1} + \sum_{i=1}^{m} \lambda i^2 + \sum_{i=1}^{m} \mu_i^2 =$$

$$\frac{1 - (t - S)^2}{n} + \sum_{i=1}^{m} \lambda_i^2 + \sum_{i=1}^{m} \mu_i^2 = \frac{m + A}{mn}$$

这里

$$A = n\left(m\sum_{i=1}^{m} \lambda_i^2 + m\sum_{i=1}^{m} \mu_i^2\right) - m(t - S)^2 \geqslant$$

$$n(t^2 + S^2) - m(t^2 + S^2) + 2mtS = m(t + S)^2 + t^2 + S^2 \text{（柯西不等式）} \geqslant$$

$$\left(m + \frac{1}{2}\right)(t + S)^2 \Rightarrow (t + S)^2 \leqslant \frac{A}{m + \frac{1}{2}} \qquad ②$$

而
$$\sum_{1 \leqslant i < j \leqslant n} (x_i - x_j)^2 = n \cdot \sum_{i=1} x_i^2 - (\sum_{i=1} x_i)^2 = \frac{A + m}{m} - 1 = \frac{A}{m}$$

所以

$$\frac{\sum_{i=1} (x_{i+1} - x_i)^2 \cdot \sum_{1 \leqslant i < j \leqslant n} (x_i - x_j)^2}{(\sum_{i=1}^{n} x_i^2)^3} \leqslant$$

$$\frac{4(t + S)^2 \cdot \frac{A}{m}}{\left(\frac{A + m}{mn}\right)^3} \leqslant$$

$$\frac{4 \cdot \frac{A}{m + \frac{1}{2}} \cdot \frac{A}{m} \cdot m^3 \cdot n^3}{(A + m)^3} = \text{（② 代入）}$$

$$\frac{8m^2n^2A^2}{(A+m)^3} \quad ③$$

由均值不等式

$$A+m=\frac{A}{2}+\frac{A}{2}+m \geqslant 3 \cdot \sqrt[3]{\frac{mA^2}{4}}$$

得

$$式③ \leqslant \frac{8m^2n^2A^2}{27 \cdot \frac{mA^2}{4}}=\frac{32}{27}mn^2=\frac{16}{27}n^2(n-1)$$

所以 $$\lambda_{\min} \geqslant \frac{32}{27}mn^2$$

又当 $x_1=x_3=x_5=\cdots=x_{n-2}=\frac{1}{n}-\frac{1}{\sqrt{mn}}, x_2=x_4=\cdots=x_{n-1}=\frac{1}{n}+\frac{1}{\sqrt{mn}}$.

$x_n=\frac{1}{n}$ 时,原不等式即 $\lambda \leqslant \frac{32}{27}mn^2$.

综上所述,所求的 λ 的最小值为 $\frac{16}{27}n^2(n-1)$.

16. 设 $a \leqslant b < c$ 是直角三角形的三边,求最大常数 M 使得 $\frac{1}{a}+\frac{1}{b}+\frac{1}{c} \geqslant \frac{M}{a+b+c}$ 总成立.

解

$$M \leqslant \left(\frac{1}{a}+\frac{1}{b}+\frac{1}{c}\right)(a+b+c)=3+\frac{b}{a}+\frac{a}{b}+\frac{c}{a}+\frac{a}{c}+\frac{c}{b}+\frac{b}{c}$$

右式的最小值就是所求的最大 M. 不妨设 $c=1, a=\cos\alpha, b=\sin\alpha$,由题设有 $\frac{\pi}{4} \leqslant \alpha < \frac{\pi}{2}$,则右式化为

$$\frac{\sin\alpha}{\cos\alpha}+\frac{\cos\alpha}{\sin\alpha}+\sin\alpha+\cos\alpha+\frac{1}{\sin\alpha}+\frac{1}{\cos\alpha}+3$$

易见当 $\sin\alpha=\cos\alpha$ 时,前两项之和取得最小值 2. 中间四项之和

$$\sin\alpha+\cos\alpha+\frac{1}{\sin\alpha}+\frac{1}{\cos\alpha}=$$

$$(\sin\alpha+\cos\alpha)\left(1+\frac{1}{\sin\alpha\cos\alpha}\right)=$$

$$\sqrt{1+\sin 2\alpha}\left(1+\frac{2}{\sin 2\alpha}\right)$$

令 $t=\sin 2\alpha$,则有 $t\in(0,1]$. 记 $f(t)=\sqrt{1+t}\left(1+\frac{2}{t}\right)$,不难证明 $f(t)$ 在 $(0,1]$ 上是减函数,其最小值在 $t=1$ 时取得. 这时 $\alpha=\frac{\pi}{4}$, $\sin\alpha=\cos\alpha$. 可见中间四项

之和也是这时取最小值.由此可求得 $M=5+3\sqrt{2}$.

17.(2006 年中国国家队集训题) 设 $a_i,b_i(i=1,2,\cdots,n)$ 是有理数,使得对任意的实数 x 都有 $x^2+x+4=\sum\limits_{i=1}^{n}(a_ix+b_i)^2$.求 n 的最小可能值.

解 因 $x^2+x+4=\left(x+\frac{1}{2}\right)^2+\left(\frac{3}{2}\right)^2+1^2+\left(\frac{1}{2}\right)^2+\left(\frac{1}{2}\right)^2$,故 $n=5$ 是可以的,下证 $n=4$ 不可以.

反证法:设 $x^2+x+4=\sum\limits_{t=1}^{4}(a_ix+b_i)^2$,$a_i,b_i\in\mathbf{Q}$,则

$$\sum_{i=1}^{4}a_i^2=1,\sum_{i=1}^{4}a_ib_i=\frac{1}{2},\sum_{i=1}^{4}b_i^2=4$$

故
$$\frac{15}{4}=\left(\sum_{i=1}^{4}a_i^2\right)\left(\sum_{i=1}^{4}b_i^2\right)-\left(\sum_{i=1}^{4}a_ib_i\right)^2=$$
$$(-a_1b_2+a_2b_1-a_3b_4+a_4b_3)^2+$$
$$(-a_1b_3+a_3b_1-a_4b_2+a_2b_4)^2+(-a_1b_4+a_4b_1-a_2b_3+a_3b_2)^2$$

上表表明 $a^2+b^2+c^2=15d^2=-d^2(\bmod 8)$ 有理,不妨设 a,b,c,d 至少有一个奇数,且 $a^2,b^2,c^2,d^2=0,1,4(\bmod 8)$,上式显然无解,矛盾.

18.已知 $a,b,c\in\mathbf{R}_+$,满足 $abc(a+b+c)=1$,则

(1) 求 $S=(a+c)(b+c)$ 的最小值;

(2) 当 S 取最小值时,求 c 的最大值.

解 (1) 因为

$$(a+c)(b+c)=ab+ac+bc+c^2=ab+(a+b+c)c=$$
$$ab+\frac{1}{ab}\geqslant 2\sqrt{ab\cdot\frac{1}{ab}}=2$$

等号成立的条件是 $ab=1$,当 $a=b=1$,$c=\sqrt{2}-1$ 时,S 可取最小值 2.

(2) 当 S 取最小值时,$ab=1$,从而 $c(a+b+c)=1$,即 $c^2+(a+b)c-1=0$,令 $t=a+b$,则 $t\geqslant 2\sqrt{ab}=2$,从而 $c=\frac{-t+\sqrt{t^2+4}}{2}$ 或者 $c=\frac{-t-\sqrt{t^2+4}}{2}<0$(舍去),故 $c=\frac{-t+\sqrt{t^2+4}}{2}=\frac{2}{\sqrt{t^2+4}+t}$ 在 $t\in[2,+\infty)$ 单调递减,所以在 $t=2$ 时,c 有最大值 $\sqrt{2}-1$.

20.设二次函数 $f(x)=ax^2+(2b+1)x-a-2(a,b\in\mathbf{R},a\neq 0)$ 在 $[3,4]$ 上至少有一个零点,求 a^2+b^2 的最小值.

解法1 由已知得,设 t 为二次函数在 $[3,4]$ 上的零点,则有 $at^2+(2b+1)t-a-2=0$,变形

$$\begin{aligned}(2-t)^2=[a(t^2-1)+2bt]^2\leqslant\\(a^2+b^2)[(t^2-1)^2+t^2]=\\(a^2+b^2)(1+t^2)^2\end{aligned}$$

于是 $$a^2+b^2\geqslant\left(\frac{t-2}{1+t^2}\right)^2=\frac{1}{\left(t-2+\frac{5}{t-2}+4\right)^2}\geqslant\frac{1}{100}$$

因为 $t-2+\frac{5}{t-2}$，$t\in[3,4]$ 是减函数，上述式子在 $t=3$，$a=-\frac{2}{25}$，$b=-\frac{3}{50}$ 时取等号，故 a^2+b^2 的最小值为 $\frac{1}{100}$.

解法 2 把等式看成关于 a,b 的直线方程：$(x^2-1)a+2xb+x-2=0$，利用直线上一点 (a,b) 到原点的距离大于原点到直线的距离，即 $\sqrt{a^2+b^2}\geqslant\frac{|x-2|}{\sqrt{(x^2-1)^2+(2x)^2}}$（以下同解法 1）.

20. 已知实系数二次函数 $f(x)=ax^2+bx+c$ 对任何 $-1\leqslant x\leqslant1$，都有 $|f(x)|\leqslant1$.

(1) 若 $f(x)=2x^2-1$，$g'(x)=f(x)$，且 $g(0)=0$，数列 $\{a_n\}$ 满足 $a_n=g(a_{n-1})$，问数列 $\{a_n\}$ 能否构成等差数列，若能，请求出满足条件的所有等差数列；若不能，请说明理由；

(2) 求 $|a|+|b|+|c|$ 的最大值.

解 (1) 设 $g(x)=dx^3+ex^2+hx+k$，则 $g'(x)=3dx^2+2ex+h=2x^2-1$，所以 $3d=2$，$2e=0$，$h=-1$，所以 $d=\frac{2}{3}$，$e=0$，$h=-1$，又 $g(0)=0$，所以 $k=0$，所以 $g(x)=\frac{2}{3}x^3-x$，若数列 $\{a_n\}$ 构成等差数列，可设 $a_n=un+v$，u，v 为常数，因为 $a_n=g(a_{n-1})$，所以 $u(n+1)=\frac{2}{3}(un+v)^3-(un+v)$，解得：$u=0$，$v=0$，$\pm\sqrt{3}$，所以数列 $\{a_n\}$ 能构成等差数列：

①0，0，0，…；② $\sqrt{3}$，$\sqrt{3}$，$\sqrt{3}$，…；③ $-\sqrt{3}$，$-\sqrt{3}$，$-\sqrt{3}$，…

(2) 因为

$$\begin{cases}a+b+c=f(1)\\a-b+c=f(-1)\\c=f(0)\end{cases}$$

所以 $$\begin{cases}a=\frac{1}{2}(f(1)+f(-1))-f(0)\\b=\frac{1}{2}(f(1)-f(-1))\\c=f(0)\end{cases}$$

$$|c|=|f(0)|\leqslant 1$$

$$|b|=\frac{1}{2}|f(1)-f(-1)|\leqslant\frac{1}{2}(|f(1)|+|f(-1)|\leqslant\frac{1}{2}(1+1)=1$$

$$\begin{aligned}|a|+|b|+|c|=&\left|\frac{1}{2}(f(1)+f(-1))-f(0)\right|+\frac{1}{2}|f(1)-f(-1)|+|f(0)|\leqslant\\&\frac{1}{2}|f(1)+f(-1)|+|f(0)|+\frac{1}{2}|f(1)-f(-1)|+|f(0)|=\\&\frac{1}{2}(|f(1)+f(-1)|+|f(1)-f(-1)|)+2|f(0)|\end{aligned}\quad①$$

若$|f(1)|\geqslant|f(-1)|$，则$f^2(1)\geqslant f^2(-1)$，即

$$[f(1)+f(-1)][f(1)-f(-1)]\geqslant 0$$

$$\begin{aligned}式①=&\frac{1}{2}|f(1)+f(-1)+f(1)-f(-1)|+2|f(0)|=\\&|f(1)|+2|f(0)|\leqslant 1+2\times 1=3\end{aligned}$$

若$|f(1)|<|f(-1)|$，同上可得式①$\leqslant 3$.

令$a=2,b=0,c=-1$，此时函数$f(x)=2x^2-1$满足条件，即$|x|\leqslant 1$时，$|f(x)|\leqslant 1$，且$|a|+|b|+|c|=3$，所以$|a|+|b|+|c|$的最大值是3.

21. 设实数a,b满足条件$a=x_1+x_2+x_3=x_1x_2x_3$，$ab=x_1x_2+x_2x_3+x_3x_1$，其中$x_1,x_2,x_3>0$，求$P=\frac{a^2+6b+1}{a^2+a}$的最大值.

解 $$a=x_1x_2x_3=x_1+x_2+x_3\geqslant 3\sqrt[3]{x_1x_2x_3}=3\sqrt[3]{a}$$

所以 $$a\geqslant 3\sqrt{3}$$

$$\begin{aligned}a^2=&(x_1+x_2+x_3)^2=x_1^2+x_2^2+x_3^2+2(x_1x_2+x_2x_3+x_3x_1)\geqslant\\&3(x_1x_2+x_2x_3+x_3x_1)=3ab\end{aligned}$$

从而

$$a\geqslant 3b,P=\frac{a^2+6b+1}{a^2+a}\leqslant\frac{a^2+2a+1}{a^2+a}=\frac{a+1}{a}=1+\frac{1}{a}\leqslant 1+\frac{1}{3\sqrt{3}}=1+\frac{\sqrt{3}}{9}$$

当且仅当$x_1=x_2=x_3$，$a=3\sqrt{3}$，$a=3b$时等号成立，即$x_1=x_2=x_3=\sqrt{3}$，$a=3\sqrt{3}$，$b=\sqrt{3}$时，$P=\frac{a^2+6b+1}{a^2+a}$有最大值$1+\frac{\sqrt{3}}{9}$.

23. 设a,b,c是正整数，关于x的一元二次方程$ax^2+bx+c=0$的两实数根的绝对值均小于$\frac{1}{3}$，求$a+b+c$的最小值.

解 设方程的两实数根为x_1,x_2，由韦达定理知，x_1,x_2均为负数，由$\frac{c}{a}=x_1x_2<\frac{1}{9}$，得$\frac{a}{c}>9$，所以$b^2\geqslant 4ac=4\frac{a}{c}\cdot c^2>4\cdot 9\cdot 1^2=36$，得$b>6$，故

$b\geqslant 7$.

又$\dfrac{b}{a}=-(x_1+x_2)<\dfrac{1}{3}+\dfrac{1}{3}=\dfrac{2}{3}$,所以$\dfrac{a}{b}>\dfrac{3}{2}$,$a>\dfrac{3}{2}b\geqslant\dfrac{21}{2}\geqslant 11$.

(1) 当$b=7$时,由$4a\leqslant 4ac\leqslant b^2$及$a\geqslant 11$得,$a=11$或12,$c=1$,但方程$11x^2+7x+1=0$及$12x^2+7x+1=0$的根不满足条件.

(2) 当$b=8$时,由$4ac\leqslant b^2=64$及$a\geqslant 11$得,$a=11,12,13,14,15,16$,$c=1$,故由$x_2=\dfrac{-b-\sqrt{b^2-4ac}}{2a}>-\dfrac{1}{3}$,得$4+\sqrt{16-a}<\dfrac{a}{3}$,易知$f(a)=\dfrac{a}{3}-\sqrt{16-a}-4(a=11,12,13,14,15,16)$为增函数,$f(a)\leqslant f(16)=\dfrac{4}{3}>0$,而$f(15)=0$,故$a=16$,此时$a+b+c=25$,而方程$16x^2+8x+1=0$的两根满足条件.

(3) 当$b\geqslant 9$时,$a>\dfrac{3}{2}b\geqslant\dfrac{27}{2}\geqslant 14$,于是$a+b+c\geqslant 24$,若$a+b+c<25$,则只能$a=14,b=9,c=1$,此时方程$14x^2+9x+1=0$的根不满足条件.综上所述,$a+b+c$的最小值是25.

第3节　常见函数的最值

在这里我们将介绍常见函数(主要是指:二次函数、指数函数、对数函数、三次函数、无理函数(带有根号的函数)、抽象函数、绝对值函数(含绝对值符号的函数)、三角函数等)的最值的求解方法与策略.

例1　已知$m>0$,若函数$f(x)=x+\sqrt{100-mx}$的最大值为$g(m)$,求$g(m)$的最小值.

解　令$t=\sqrt{100-mx}$,则$x=\dfrac{100-t^2}{m}$,所以

$$y=\frac{100-t^2}{m}+t=-\frac{1}{m}\left(t-\frac{m}{2}\right)^2+\frac{100}{m}+\frac{m}{4}$$

所以当$t=\dfrac{m}{2}$时,y有最大值$\dfrac{100}{m}+\dfrac{m}{4}$,即

$$g(m)=\frac{100}{m}+\frac{m}{4}$$

所以

$$g(m)=\frac{100}{m}+\frac{m}{4}\geqslant 2\sqrt{\frac{100}{m}\times\frac{m}{4}}=10$$

等号当且仅当$m=20$时成立,所以当$m=20$时,$g(m)$有最小值10.

点评　本题通过换元去掉根号,化为一元二次函数,再配方求得函数的最

小值.

例 2 设 $f(x)=3ax^2-2bx+c$,若 $a-b+c=0,f(0)>0,f(1)>0$.

(1) 求证:方程 $f(x)=0$ 在区间(0,1)内有两个不等的实数根;

(2) 若 a,b,c 都为正整数,求 $a+b+c$ 的最小值.

证明 (1)
$$f(0)=c>0 \quad ①$$
$$f(1)=3a-2b+c>0 \quad ②$$
$$a-b+c=0 \quad ③$$

由 ①③ 得
$$a-b<0\Rightarrow a<b \quad ④$$

由 ②③ 得
$$2a-b>0\Rightarrow 2a>b \quad ⑤$$

由 ④⑤ 得
$$2a>b>a \quad ⑥$$

因为 $b=a+c$,代入 ② 得 $a>c$,所以 $a>0$.

所以由 ⑤ 得 $1<\frac{b}{a}<2$,因为对称轴 $x=\frac{b}{3a}\in\left(\frac{1}{3},\frac{2}{3}\right)$,又 $f(0)>0$,$f(1)>0$ 且 $\Delta=4b^2-12ac=4(a+c)^2-12ac=(2a-c)^2+3c^2>0$.

所以方程 $f(x)=0$ 在(0,1)内有两个不等实根.

(2) 若 a,b,c 都为正整数,$f(0),f(1)$ 都是正整数,设 $f(x)=3a(x-x_1)\cdot(x-x_2)$,其中 x_1,x_2 是 $f(x)=0$ 的两根,则 $x_1,x_2\in(0,1)$,且 $x_1\neq x_2$.

因为 $1\leqslant f(0)f(1)=9a^2x_1(1-x_1)x_2(1-x_2)<\frac{9a^2}{16}$,所以 $9a^2>16$,a 为正整数,所以 $a\geqslant 2$,所以 $a+b+c\geqslant 2+(2+c)+c=4+2c\geqslant 6$.若取 $a=2$,则 $\frac{b}{a}=\frac{b}{2}\in(1,2)$ 得 $b\in(2,4)$.

因为 b 为正整数,所以 $b=3,c=b-a=1,f(x)=6x^2-6x+1=0$ 的两根都在区间(0,1)内,所以 $a+b+c$ 的最小值为 6.

例 3 已知函数 $F(x)=|x-1|+|x^3-3x^2+4x-12|$,求函数 $F(x)$ 的最小值.

解 设 $f(x)=x^3-3x^2+4x$,易得 $f'(x)=3x^2-6x+4$.

令 $f'(x)=3x^2-6x+4=1$,解得 $x=1$.

当 $x>1$,时,由 $f''(x)=6x-6>f''(1)=0$ 可得 $f(x)$ 单调递增,则可得
$$f(x)=x^3-3x^2+4x>f'(1)=2$$
令
$$f(x)=x^3-3x^2+4x=12$$
即
$$x^2(x-3)+4(x-3)=0$$
解得 $x=3$.分别计算函数 $F(x)$ 在边界处和在 $f(x)=1$ 成立的 x 处的函数值,

并比较大小，因为 $F(1)=8$，$F(3)=2$，所以 $F(x)_{\min}=F(3)=2$.

例 4 已知函数 $f(x)$ 对任意实数 x,y，均有 $f(x+y)=f(x)+f(y)$，且当 $x>0$ 时，$f(x)>0$，$f(-1)=-2$.

(1) 判断函数 $f(x)$ 的单调性；

(2) 判断函数 $f(x)$ 的奇偶性；

(3) 求函数 $f(x)$ 在区间 $[-2,1]$ 上的值域.

分析 由题设可知，函数 $f(x)$ 是类似于 $y=kx\,(k\neq 0)$ 的线性函数型抽象函数.

解 (1) 任取 x_1,x_2，设 $x_1<x_2$，则 $x_2-x_1>0$. 因为当 $x>0$ 时，$f(x)>0$，所以 $f(x_2-x_1)>0$. 因为

$$f(x_2)=f[(x_2-x_1)+x_1]=f(x_2-x_1)+f(x_1)$$

所以

$$f(x_2)-f(x_1)=f(x_2-x_1)>0$$

即 $f(x_2)>f(x_1)$，所以 $f(x)$ 为增函数.

(2) 在条件中，令 $y=-x$，则 $f(0)=f(x)+f(-x)$. 再令 $x=y=0$，则 $f(0)=2f(0)$，所以 $f(0)=0$，故 $f(-x)=-f(x)$，$f(x)$ 为奇函数.

(3) 由(2) 可知 $f(1)=-f(-1)=2$，又 $f(-2)=2f(-1)=-4$，由(1)，$f(x)$ 为增函数，所以 $f(x)$ 的值域为 $[-4,2]$.

例 5 给定 y 轴上的一点 $A(0,a)(a>1)$，对于曲线 $y=\left|\dfrac{x^2}{2}-1\right|$ 上的动点 $M(x,y)$，试求 A,M 两点之间距离 $|AM|$ 的最小值(用 a 表示).

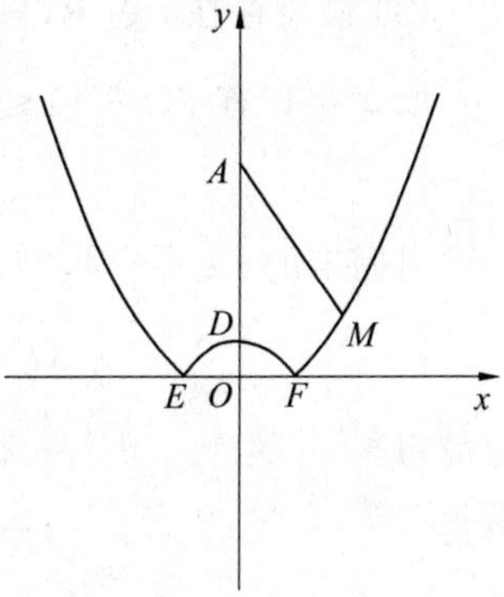

图 1

解 如图 1，易求得曲线上诸点的坐标为：$E(-\sqrt{2},0)$，$F(\sqrt{2},0)$，$D(0,1)$，当 $x^2<2$，即 $-\sqrt{2}\leqslant x\leqslant\sqrt{2}$ 时，曲线方程为

$$y=1-\frac{x^2}{2} \qquad ①$$

而当 $x^2\geqslant 2$ 时，曲线方程为

$$y=\frac{x^2}{2}-1 \qquad ②$$

对于情形 ①，即 $-\sqrt{2}\leqslant x\leqslant\sqrt{2}$ 时，显然当 M 位于顶点 D 处时，距离 $|AM|$ 取得最小值 $a-1$；

对于情形 ②，即在 $x\leqslant-\sqrt{2}$ 或 $x\geqslant\sqrt{2}$ 时，设点 $M\left(x,\dfrac{x^2}{2}-1\right)$，由于

$$|AM|^2=x^2+\left(\frac{x^2}{2}-1-a\right)^2=\frac{1}{4}(x^2-2a)^2+2a+1$$

因 $a>1$，则 $2a>2$，$\sqrt{2a}>\sqrt{2}$，于是，当 $x=\sqrt{2a}$ 时，$|AM|$ 取得最小值 $\sqrt{2a+1}$；再比较 AD 与 AM：

令 $f(a)=|AD|^2-|AM|^2=(a-1)^2-(2a+1)=a(a-4)$.

则当 $1<a\leqslant 4$ 时，$f(a)\leqslant 0$，$|AD|\leqslant|AM|$，即最小值为 $|AD|=a-1$；

而当 $a>4$ 时，$f(a)>0$，则最小值 $|AM|=\sqrt{2a+1}$.

例 6　设二次函数 $f(x)=ax^2+bx+c(a,b,c\in\mathbf{R})$ 满足下列条件：

① 当 $x\in\mathbf{R}$ 时，其最小值为 0，且 $f(x-1)=f(-x-1)$ 成立；

② 当 $x\in(0,5)$ 时，$x\leqslant f(x)\leqslant 2|x-1|+1$ 恒成立.

(1) 求 $f(1)$ 的值；

(2) 求 $f(x)$ 的解析式；

(3) 求最大的实数 $m(m>1)$，使得存在 $t\in\mathbf{R}$，只要当 $x\in[1,m]$ 时，就有 $f(x+t)\leqslant x$ 成立.

解　(1) 在 ② 中令 $x=1$，有 $1\leqslant f(x)\leqslant 1$，故 $f(1)=1$；

(2) 由 ① 知二次函数的开口向上且关于 $x=-1$ 对称，故可设些二次函数为

$$f(x)=a(x+1)^2\quad(a>0)$$

又由 $f(1)=1$ 代入求得 $a=\frac{1}{4}$，故 $f(x)=\frac{1}{4}(x+1)^2$.

(3) 假设存在 $t\in\mathbf{R}$，只要 $x\in[1,m]$，就有 $f(x+t)\leqslant x$.

取 $x=1$，有 $f(t+1)\leqslant 1$，即 $\frac{1}{4}(t+1)^2+\frac{1}{2}(t+1)+\frac{1}{4}\leqslant 1$，解得 $-4\leqslant t\leqslant 0$.

对固定的 $t\in[-4,0]$，取 $x=m$，有 $f(t+m)\leqslant m$，即

$$\frac{1}{4}(t+m)^2+\frac{1}{2}(t+m)+\frac{1}{4}\leqslant m$$

化简得
$$m^2-2(t-1)m+(t^2+2t+1)\leqslant 0$$

解得
$$1-t-\sqrt{-4t}\leqslant m\leqslant 1-t+\sqrt{-4t}$$

故
$$m\leqslant 1-t+\sqrt{-4t}\leqslant 1-(-4)+\sqrt{-4(-4)}=9$$

$t=-4$ 时，对任意的 $x\in[1,9]$，恒有

$$f(x-4)-x=\frac{1}{4}(x^2-10x+9)=\frac{1}{4}(x-1)(x-9)\leqslant 0$$

m 的最大值为 9.

例 7　已知函数 $f(x)=x^2+2x\sin\theta-1$，$x\in\left[-\frac{\sqrt{3}}{2},\frac{1}{2}\right]$.

(1) 当 $\theta=\frac{\pi}{6}$ 时，求 $f(x)$ 的最大值和最小值；

(2) 若 $f(x)$ 在 $x\in[-\frac{\sqrt{3}}{2},\frac{1}{2}]$ 上是单调增函数,且 $\theta\in[0,2\pi)$,求 θ 的取值范围.

解 (1) 当 $\theta=\frac{\pi}{6}$ 时

$$f(x)=x^2+x-1=\left(x+\frac{1}{2}\right)^2-\frac{5}{4}$$

所以 $f(x)$ 在 $\left[-\frac{\sqrt{3}}{2},-\frac{1}{2}\right]$ 上单调递减,在 $\left[-\frac{1}{2},\frac{1}{2}\right]$ 上单调递增.

所以当 $x=-\frac{1}{2}$ 时,函数 $f(x)$ 有最小值 $-\frac{5}{4}$;当 $x=\frac{1}{2}$ 时,函数 $f(x)$ 有最大值 $-\frac{1}{4}$.

(2) 要使 $f(x)$ 在 $x\in\left[-\frac{\sqrt{3}}{2},\frac{1}{2}\right]$ 上是单调增函数,则 $-\sin\theta\leqslant-\frac{\sqrt{3}}{2}$,即 $\sin\theta\geqslant\frac{\sqrt{3}}{2}$,又因为 $\theta\in[0,2\pi)$,解得 $\theta\in\left[\frac{\pi}{3},\frac{2}{3}\pi\right]$.

例 8 已知奇函数 $f(x)$ 在 $(-\infty,0)\cup(0,+\infty)$ 上有意义,且在 $(0,+\infty)$ 上是减函数,$f(1)=0$,又有函数 $g(\theta)=\sin^2\theta+m\cos\theta-2m$,$\theta\in[0,\frac{\pi}{2}]$,若集合 $M=\{m\mid g(\theta)<0\}$,$N=\{m\mid f[g(\theta)]>0\}$.

(1) 解不等式 $f(x)>0$;

(2) 求 $M\cap N$.

解 (1) 因为 $f(x)$ 为奇函数且 $f(1)=0$,所以 $f(-1)=-f(1)=0$.

又 $f(x)$ 在 $(1,+\infty)$ 上是减函数,所以 $f(x)$ 在 $(-\infty,0)$ 上也是减函数.

故 $f(x)>0$ 的解集为 $\{x\mid x<-1$ 或 $0<x<1\}$.

(2) 由(1)知 $N=\{m\mid g(\theta)<-1$ 或 $0<g(\theta)<1\}$,所以 $M\cap N=\{m\mid g(\theta)<-1\}$.

由 $g(\theta)<-1$ 得

$$(2-\cos\theta)m>2-\cos^2\theta$$

即
$$m>\frac{2-\cos^2\theta}{2-\cos\theta}=4-[(2-\cos\theta)+\frac{2}{2-\cos\theta}]$$

因为 $\theta\in\left[0,\frac{\pi}{2}\right]$,所以 $2-\cos\theta\in[1,2]$.

所以 $(2-\cos\theta)+\frac{2}{2-\cos\theta}\geqslant2\sqrt{2}$,等号成立时 $\cos\theta=2-\sqrt{2}$.

故 $4-\left[(2-\cos\theta)+\frac{2}{2-\cos\theta}\right]$ 的最大值是 $4-2\sqrt{2}$.

从而 $m > 4-2\sqrt{2}$，即 $M \cap N = \{m \mid m > 4-2\sqrt{2}\}$.

例 9 已知函数 $f(x) = x + \frac{a}{x} - a$.

(1) 若方程 $f(x)=0$ 有正根，求实数 a 的取值范围；

(2) 设 $g(x) = |xf(x)|$，且 $g(x)$ 在区间 $[0,1]$ 上是减函数，求实数 a 的取值范围.

解 (1) 方程 $x + \frac{a}{x} - a = 0$ 有正根 $\Leftrightarrow$ 方程 $x^2 - ax + a = 0$ 有正根，$\Delta = a^2 - 4a$：

① 当 $\Delta = 0$，即 $a=0$ 或 $a=4$ 时，经检验 $a=4$ 符合题意.

② 当 $\Delta > 0$，即 $a>4$ 或 $a<0$ 时，设方程 $x^2 - ax + a = 0$ 的两个根为 x_1，x_2.

因为 $a>4$ 时，使得 $\begin{cases} x_1 + x_2 > 0 \\ x_1 x_2 > 0 \end{cases}$ 成立，所以 $a>4$ 符合题意.

因为 $a<0$ 时，使得 $x_1 x_2 < 0$ 成立，所以 $a<0$ 符合题意. 综上，$a \geqslant 4$ 或 $a<0$.

(2)
$$g(x) = \left| \left(x - \frac{a}{2}\right)^2 + a - \frac{a^2}{4} \right| \quad ①$$

(i) 当 $a - \frac{a^2}{4} \geqslant 0$ 即 $0 \leqslant a \leqslant 4$ 时，$g(x)$ 在区间 $(-\infty, \frac{a}{2}]$ 上是减函数，又已知 $g(x)$ 在区间 $[0,1]$ 上是减函数，所以 $\frac{a}{2} \geqslant 1$ 即 $a \geqslant 2$，所以 $2 \leqslant a \leqslant 4$.

(ii) 当 $a - \frac{a^2}{4} < 0$ 即 $a>4$ 或 $a<0$ 时，设方程 $g(x)=0$ 的两根为 x_1，x_2 且 $x_1 < x_2$，此时 $g(x)$ 在区间 $(-\infty, x_1]$ 或区间 $[\frac{a}{2}, x_2]$ 上是减函数，若 $[0,1] \subset (-\infty, x_1]$，则 $x_1 \geqslant 1 \Leftrightarrow \begin{cases} \frac{a}{2} > 1 \\ 1 \cdot f(1) > 0 \end{cases}$，得 $a>2$，所以 $a>4$.

若 $[0,1] \subset [\frac{a}{2}, x_2]$，则 $\begin{cases} \frac{a}{2} \leqslant 0 \\ x_2 \geqslant 1 \end{cases} \Leftrightarrow \begin{cases} \frac{a}{2} \leqslant 0 \\ 1 \cdot f(1) \leqslant 0 \end{cases}$，此时 a 不存在.

综上，$a \geqslant 2$.

例 10 求函数 $y = \sqrt{x^4 - 32x + 80} + x^2 + 4$ 的最小值和取最小值时 x 的值.

解法 1 改写 x 为 a，改写 y 为 s，则

$$s = \sqrt{a^4 - 32a + 80} + a^2 + 4 =$$

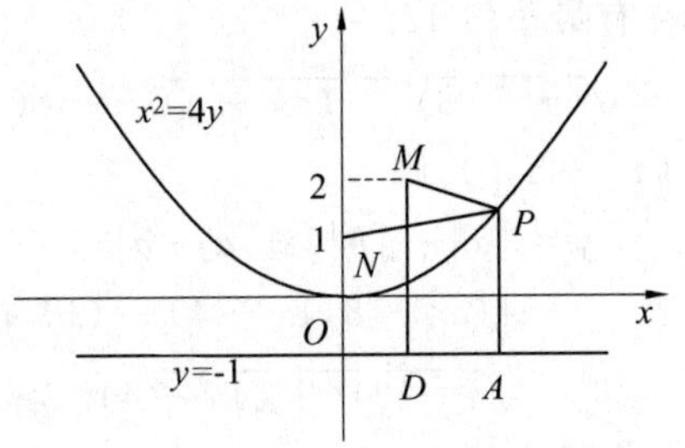

图 2

$$\sqrt{(a^2-8)^2+(4a-4)^2}+\sqrt{(a^2-4)^2+(4a)^2}=$$
$$4\left[\sqrt{(a-1)^2+\left(\frac{a^2}{4}-2\right)^2}+\sqrt{(a-0)^2+\left(\frac{a^2}{4}-1\right)^2}\right]$$

因而 s 等于动点 $P\left(a,\frac{a^2}{4}\right)$ 到两个定点 $M(1,2)$ 和 $N(0,1)$ 的距离之和的 4 倍.动点 P 的轨迹是抛物线 $x^2=4y$,$N(0,1)$ 恰好是它的焦点,准线是 $y=-1$.因此 $|PN|=|PA|$(P 到准线 $y=-1$ 的距离).

$$s=4(|PM|+|PN|)=4(|PM|+|PA|)\geqslant 4|MD|$$

所以 $s_{\min}=4[2-(-1)]=12$.此时 $a=1$.即 $x=1$ 时,y 取得最小值 12.

解法 2 由已知函数式,得 $\sqrt{x^4-32x+80}=(y-4)-x^2$,两边平方并整理,得 $2(y-4)x^2-32x+(64+8y-y^2)=0$,看作关于 x 的方程,由 $x\in\mathbf{R}$,知 $\Delta_x\geqslant 0$,即 $32^2-8(y-4)(64+8y-y^2)\geqslant 0$,得

$$-4\sqrt{2}\leqslant y\leqslant 4\sqrt{2} \qquad ①$$

或

$$y\geqslant 12 \qquad ②$$

因为

$$\sqrt{x^4-32x+80}=\sqrt{(x^2-4)^2-8(x-2)^2+32}\geqslant 4\sqrt{2}$$

即
$$y\geqslant(x^2+4)+4\sqrt{2}\geqslant 4+4\sqrt{2}$$

故舍去 ①,只取 ②:$y\geqslant 12$,将 $y=12$ 代入已知函数式,得 $x=1$,即当且仅当 $x=1$ 时,y 有最小值 12.

解法 3 因为

$$\begin{aligned}y=&\sqrt{(x^2-8)^2+(4x-4)^2}+\sqrt{(x^2+4)^2}=\\&|(x^2-8)+(4x-4)\mathrm{i}|+|x^2+4|\geqslant\\&|(x^2-8)+(4x-4)\mathrm{i}-(x^2+4)|=\\&|-12+(4x-4)\mathrm{i}|=\\&\sqrt{(-12)^2+(4x-4)^2}\geqslant 12\end{aligned}$$

故当且仅当 $x=1$ 时，y 有最小值 12.

解法 4 因为 $y=\sqrt{(x^2-8)^2+(4x-4)^2}+\sqrt{(x^2+4)^2}$，所以设 $\boldsymbol{a}=(x^2-8,4x-4)$，$\boldsymbol{b}=(x^2+4,0)$，则

$$\begin{aligned}y=|\boldsymbol{a}|+|\boldsymbol{b}|\geqslant|\boldsymbol{a}-\boldsymbol{b}|=\\|(x^2-8,4x-4)-(x^2+4,0)|=\\\sqrt{(-12)^2+(4x-4)^2}\geqslant 12\end{aligned}$$

故当且仅当 $x=1$ 时，y 有最小值 12.

例 11 函数 $y=\sqrt{x^2-3x+2}+\sqrt{2+3x-x^2}$ 的最大值是________，最小值是________.

解法 1 由 $y=\sqrt{x^2-3x+2}+\sqrt{2+3x-x^2}$，得

$$\begin{aligned}y^2=(x^2-3x+2)+2\sqrt{(x^2-3x+2)(2+3x-x^2)}+(2+3x-x^2)=\\4+2\sqrt{4-(x^2-3x)^2}\end{aligned}$$

显然，当 $x^2-3x=0$ 时，$y^2_{\max}=4+2\sqrt{4}=8$；当 $\sqrt{4-(x^2-3x)^2}=0$ 时，$y^2_{\min}=4+2\times 0=4$. 又因为 $y\geqslant 0$，所以 $y_{\max}=2\sqrt{2}$，$y_{\min}=2$.

解法 2 因为 $(x+y)^2\leqslant 2(x^2+y^2)$，所以 $x+y\leqslant\sqrt{2(x^2+y^2)}$，所以

$$\begin{aligned}y=\sqrt{x^2-3x+2}+\sqrt{2+3x-x^2}\leqslant\\\sqrt{2\left[\left(\sqrt{x^2-3x+2}\right)^2+\left(\sqrt{2+3x-x^2}\right)^2\right]}=2\sqrt{2}\end{aligned}$$

故 $y_{\max}=2\sqrt{2}$. 又

$$y^2=4+2\sqrt{x^2-3x+2}\cdot\sqrt{2+3x-x^2}$$

所以

$$\sqrt{x^2-3x+2}\cdot\sqrt{2+3x-x^2}=\frac{y^2-4}{2}\geqslant 0$$

解得 $y\geqslant 2$ 或 $y\leqslant -2$（舍去），所以 $y_{\min}=2$.

解法 3 注意到

$$\left(\sqrt{x^2-3x+2}\right)^2+\left(\sqrt{2+3x-x^2}\right)^2=4$$

设 $X=\sqrt{x^2-3x+2}$，$Y=\sqrt{2+3x-x^2}$，则有

$$X^2+Y^2=4(X\geqslant 0,Y\geqslant 0),y=X+Y,\cdots$$

即

$$Y=-X+y$$

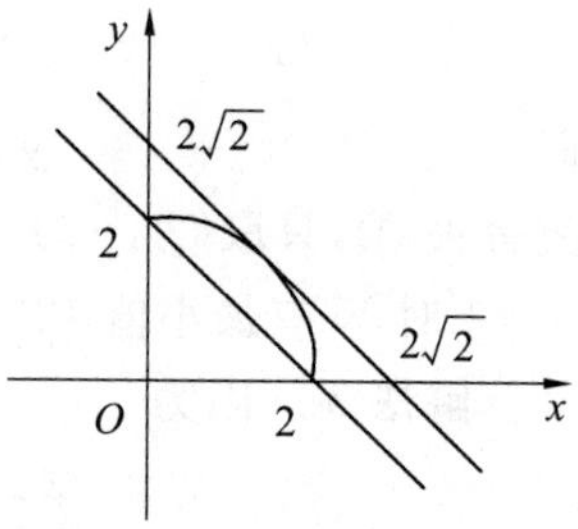

图 3

问题转化为在直角坐标系 xOy 中，过圆弧 $X^2+Y^2=4(X\geqslant 0,Y\geqslant 0)$ 上的点且斜率为 -1 的直线在 y 轴上的截距的最值. 如图 3 所示，显然有 $y_{\max}=2\sqrt{2}$，$y_{\min}=2$.

解法 4 因为

$$(\sqrt{x^2-3x+2})^2+(\sqrt{2+3x-x^2})^2=4$$

所以可设
$$\sqrt{x^2-3x+2}=2\cos\theta$$
$$\sqrt{2+3x-x^2}=2\sin\theta,\theta\in\left[0,\frac{\pi}{2}\right]$$

则有
$$y=2\sin\theta+2\cos\theta=2\sqrt{2}\sin\left(\theta+\frac{\pi}{4}\right)$$

所以
$$y_{\max}=2\sqrt{2},y_{\min}=2$$

解法5 易求得已知函数的定义域为$\left[\frac{3-\sqrt{17}}{2},1\right]\cup\left[2,\frac{3+\sqrt{17}}{2}\right]$. 因为
$$f(x)=\sqrt{x^2-3x+2}+\sqrt{2+3x-x^2}$$

所以
$$f(3-x)=\sqrt{(3-x)^2-3(3-x)+2}+\sqrt{2+3(3-x)-(3-x)^2}=\sqrt{x^2-3x+2}+\sqrt{2+3x-x^2}$$

所以 $f(x)=f(3-x)$，故已知函数的图像关于直线 $x=\frac{3}{2}$ 对称，从而只需求出函数在闭区间$\left[\frac{3-\sqrt{17}}{2},1\right]$上的最大值与最小值即可. 由
$$f(x)=\sqrt{x^2-3x+2}+\sqrt{2+3x-x^2}$$

得
$$f'(x)=\frac{2x-3}{2\sqrt{x^2-3x+2}}+\frac{-2x+3}{2\sqrt{2+3x-x^2}}$$

令 $f'(x)=0$，得 $x=0$ 或 $x=3$(舍去). 当 $x\in\left[\frac{3-\sqrt{17}}{2},0\right)$ 时，$f'(x)>0$；当 $x\in(0,1]$ 时，$f'(x)<0$；所以当 $x=0$ 时，$y_{\max}=2\sqrt{2}$，又 $f(1)=f\left(\frac{3-\sqrt{17}}{2}\right)=2$，所以 $y_{\min}=2$.

例12 已知函数 $f(x)=\log_3(ax+b)$ 的图像经过点 $A(2,1)$ 和 $B(5,2)$，记 $a_n=3^{f(n)},n\in\mathbf{N}^*$.

(1) 求数列 $\{a_n\}$ 的通项公式；

(2) 设 $b_n=\frac{a_n}{2^n},T_n=b_1+b_2+\cdots+b_n$，若 $T_n<m(m\in\mathbf{Z})$，求 m 的最小值；

(3) 求使不等式$\left(1+\frac{1}{a_1}\right)\left(1+\frac{1}{a_2}\right)\cdots\left(1+\frac{1}{a_n}\right)\geqslant p\sqrt{2n+1}$ 对一切 $n\in\mathbf{N}^*$ 均成立的最大实数 p.

解 (1) 由题意得$\begin{cases}\log_3(2a+b)=1\\\log_3(5a+b)=2\end{cases}$，解得$\begin{cases}a=2\\b=-1\end{cases}$，所以

$$f(x)=\log_3(2x-1)$$

$$a_n=3^{\log_3(2n-1)}=2n-1\quad(n\in\mathbf{N}^*)$$

(2) 由(1) 得

$$b_n=\frac{2n-1}{2^n}$$

所以

$$T_n=\frac{1}{2^1}+\frac{3}{2^2}+\frac{5}{2^3}+\cdots+\frac{2n-3}{2^{n-1}}+\frac{2n-1}{2^n} \qquad ①$$

$$\frac{1}{2}T_n=\frac{1}{2^2}+\frac{3}{2^3}+\cdots+\frac{2n-5}{2^{n-1}}+\frac{2n-3}{2^n}+\frac{2n-1}{2^{n+1}} \qquad ②$$

① − ② 得

$$\frac{1}{2}T_n=\frac{1}{2^1}+\frac{2}{2^2}+\frac{2}{2^3}+\cdots+\frac{2}{2^{n-1}}+\frac{2}{2^n}-\frac{2n-1}{2^{n+1}}=$$

$$\frac{1}{2^1}+\left(\frac{1}{2^1}+\frac{1}{2^2}+\cdots+\frac{1}{2^{n-2}}+\frac{1}{2^{n-1}}\right)-\frac{2n-1}{2^{n+1}}=$$

$$\frac{3}{2}-\frac{1}{2^{n-1}}-\frac{2n-1}{2^{n+1}}$$

所以

$$T_n=3-\frac{1}{2^{n-2}}-\frac{2n-1}{2^n}=3-\frac{2n+3}{2^n}$$

设 $f(n)=\dfrac{2n+3}{2^n}$,$n\in\mathbf{N}^*$,则由

$$\frac{f(n+1)}{f(n)}=\frac{\dfrac{2n+5}{2^{n+1}}}{\dfrac{2n+3}{2^n}}=\frac{2n+5}{2(2n+3)}=$$

$$\frac{1}{2}+\frac{1}{2n+3}\leqslant\frac{1}{2}+\frac{1}{5}<1$$

得

$$f(n)=\frac{2n+3}{2^n},n\in\mathbf{N}^*$$

随 n 的增大而减小，所以当 $n\to+\infty$ 时,$T_n\to 3$，又 $T_n<m(m\in\mathbf{Z})$ 恒成立，所以 $m_{\min}=3$.

(3) 由题意得 $p\leqslant\dfrac{1}{\sqrt{2n+1}}\left(1+\dfrac{1}{a_1}\right)\left(1+\dfrac{1}{a_2}\right)\cdots\left(1+\dfrac{1}{a_n}\right)$ 对 $n\in\mathbf{N}^*$ 恒成立,记 $F(n)=\dfrac{1}{\sqrt{2n+1}}\left(1+\dfrac{1}{a_1}\right)\left(1+\dfrac{1}{a_2}\right)\cdots\left(1+\dfrac{1}{a_n}\right)$,则

$$\frac{F(n+1)}{F(n)}=\frac{\dfrac{1}{\sqrt{2n+3}}\left(1+\dfrac{1}{a_1}\right)\left(1+\dfrac{1}{a_2}\right)\cdots\left(1+\dfrac{1}{a_n}\right)\left(1+\dfrac{1}{a_{n+1}}\right)}{\dfrac{1}{\sqrt{2n+1}}\left(1+\dfrac{1}{a_1}\right)\left(1+\dfrac{1}{a_2}\right)\cdots\left(1+\dfrac{1}{a_n}\right)}=$$

$$\frac{2n+2}{\sqrt{(2n+1)(2n+3)}}=$$

$$\frac{2(n+1)}{\sqrt{4(n+1)^2-1}}>$$

$$\frac{2(n+1)}{2(n+1)}=1$$

因为 $F(n)>0$,所以 $F(n+1)>F(n)$,即 $F(n)$ 是随 n 的增大而增大.

$F(n)$ 的最小值为 $F(1)=\frac{2}{3}\sqrt{3}$,所以 $p\leqslant\frac{2}{3}\sqrt{3}$,即 $p_{\max}=\frac{2}{3}\sqrt{3}$.

例 13 已知 $x,y,z\in\mathbf{R}_+$,求函数 $u(x,y,z)=\frac{xy+yz}{x^2+y^2+z^2}$ 的最大值.

解法 1 取待定正数 α,β,由均值不等式得

$$xy+yz=(\alpha x)\left(\frac{1}{\alpha}y\right)+(\beta y)\left(\frac{1}{\beta}z\right)\leqslant$$

$$\frac{1}{2}\left(\alpha^2x^2+\frac{1}{\alpha^2}y^2+\beta^2y^2+\frac{1}{\beta^2}z^2\right)=$$

$$\frac{1}{2}\left[\alpha^2x^2+\left(\frac{1}{\alpha^2}+\beta^2\right)y^2+\frac{1}{\beta^2}z^2\right]$$

令 $\alpha^2=\frac{1}{\alpha^2}+\beta^2=\frac{1}{\beta^2}$,则 $\alpha^2=\frac{2}{\alpha^2}$,$\alpha^4=2$,所以 $\alpha=\sqrt[4]{2}$,$\beta=\frac{1}{\sqrt[4]{2}}$,于是

$$xy+yz\leqslant\frac{\alpha^2}{2}(x^2+y^2+z^2)=\frac{\sqrt{2}}{2}(x^2+y^2+z^2)$$

所以

$$u(x,y,z)=\frac{xy+yz}{x^2+y^2+z^2}\leqslant$$

$$\frac{\frac{\sqrt{2}}{2}(x^2+y^2+z^2)}{x^2+y^2+z^2}=\frac{\sqrt{2}}{2}$$

当 $x=1,y=\sqrt{2},z=1$ 时取等号,所以

$$u_{\max}=\frac{\sqrt{2}}{2}$$

解法 2 因为 $y\in\mathbf{R}_+$,$u(x,y,z)=\frac{xy+yz}{x^2+y^2+z^2}=\frac{\frac{x}{y}+\frac{z}{y}}{1+\left(\frac{x}{y}\right)^2+\left(\frac{z}{y}\right)^2}$,可化为

$$\left(\frac{x}{y}\right)^2+\left(\frac{z}{y}\right)^2-\left(\frac{x}{y}+\frac{z}{y}\right)\frac{1}{u}+1=0$$

配方,得

$$\left(\frac{x}{y}-\frac{1}{2u}\right)^2+\left(\frac{z}{y}-\frac{1}{2u}\right)^2=\frac{1}{2u^2}-1$$

由上式可得$\frac{1}{2u^2}-1\geqslant 0$，即$-\frac{\sqrt{2}}{2}\leqslant u\leqslant\frac{\sqrt{2}}{2}$. 因为$x,y,z\in\mathbf{R}_+$，由已知，显然有$u>0$，所以$0<u\leqslant\frac{\sqrt{2}}{2}$.

所以$u_{\max}=\frac{\sqrt{2}}{2}$（当$\frac{x}{y}=\frac{z}{y}=\frac{\sqrt{2}}{2}$时，$u$取得最大值）.

解法 3 由已知，得$u=\frac{(x+z)y}{x^2+y^2+z^2}$. 因为$x,y,z\in\mathbf{R}_+$，且$\left(\frac{x+z}{2}\right)^2\leqslant\frac{x^2+z^2}{2}$，所以

$$u\leqslant\frac{\sqrt{2(x^2+z^2)}\cdot y}{(x^2+z^2)+y^2}\leqslant\frac{\sqrt{2}y\sqrt{x^2+z^2}}{2y\sqrt{x^2+z^2}}=\frac{\sqrt{2}}{2}$$

当且仅当$x=z$且$x^2+z^2=y^2$，即$x=z=\frac{\sqrt{2}}{2}y$时取等号，所以$u_{\max}=\frac{\sqrt{2}}{2}$.

解法 4 因为$x,y,z\in\mathbf{R}_+$，所以

$$x^2+y^2+z^2=x^2+\frac{1}{2}y^2+\frac{1}{2}y^2+z^2\geqslant$$
$$2\sqrt{x^2\cdot\frac{1}{2}y^2}+2\sqrt{\frac{1}{2}y^2\cdot z^2}=$$
$$\sqrt{2}(xy+yz)$$

当且仅当$x=z=\frac{\sqrt{2}}{2}y$时取等号，所以

$$u(x,y,z)=\frac{xy+yz}{x^2+y^2+z^2}\leqslant$$
$$\frac{xy+yz}{\sqrt{2}(xy+yz)}=\frac{\sqrt{2}}{2}$$

所以当且仅当$x=z=\frac{\sqrt{2}}{2}y$时，u取得最大值$\frac{\sqrt{2}}{2}$.

解法 5

$$\frac{1}{u}=\frac{x^2+y^2+z^2}{xy+yz}=$$
$$\frac{\left(x^2+\frac{1}{2}y^2\right)+\left(\frac{1}{2}y^2+z^2\right)}{xy+yz}\geqslant$$
$$\frac{2\sqrt{\frac{1}{2}}xy+2\sqrt{\frac{1}{2}}yz}{xy+yz}=$$

$$\frac{\sqrt{2}(xy+yz)}{xy+yz}=\sqrt{2}$$

所以 $u\leqslant\frac{\sqrt{2}}{2}$，当且仅当 $x^2=\frac{1}{2}y^2=z^2$，即 $x=z=\frac{\sqrt{2}}{2}y$ 时取等号，所以 $u_{\max}=\frac{\sqrt{2}}{2}$.

解法 6 因为

$$x^2+y^2\geqslant 2xy, x^2+y^2\geqslant\frac{(x+y)^2}{2}$$

所以

$$u=\frac{xy+yz}{x^2+y^2+z^2}\leqslant$$
$$\frac{xy+yz}{\frac{(x+z)^2}{2}+y^2}=$$
$$\frac{2(xy+yz)}{(x+z)^2+(\sqrt{2}y)^2}\leqslant$$
$$\frac{2(x+z)y}{2(x+z)\sqrt{2}y}=\frac{\sqrt{2}}{2}$$

所以当且仅当 $x=z=\frac{\sqrt{2}}{2}y$ 时，$u_{\max}=\frac{\sqrt{2}}{2}$.

解法 7 构造如图 4 所示的长方体 AC_1，设对角线 $AC_1=d$，AC_1 与交于点 C_1 的三个面所成的锐角分别为 α,β,γ，长方体的三条棱分别为 x,y,z，则有

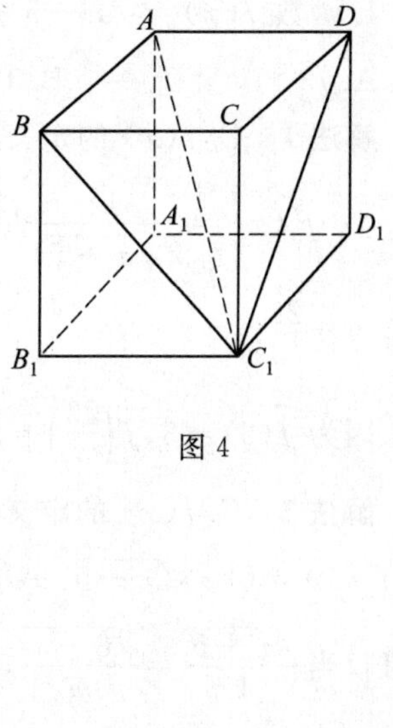

图 4

$$d^2=x^2+y^2+z^2$$

$$\sin\alpha=\frac{x}{d},\sin\beta=\frac{y}{d},\sin\gamma=\frac{z}{d}$$

$$(\sin^2\alpha+\sin^2\beta+\sin^2\gamma=1)$$

于是

$$u=\frac{xy+yz}{x^2+y^2+z^2}=\frac{xy+yz}{d^2}=$$
$$\frac{x}{d}\cdot\frac{y}{d}+\frac{y}{d}\cdot\frac{z}{d}=$$
$$\sin\alpha\sin\beta+\sin\beta\sin\gamma\leqslant$$
$$\frac{\sin^2\alpha+\frac{1}{2}\sin^2\beta}{\sqrt{2}}+\frac{\sin^2\gamma+\frac{1}{2}\sin^2\beta}{\sqrt{2}}=$$
$$\frac{\sin^2\alpha+\sin^2\beta+\sin^2\gamma}{\sqrt{2}}=\frac{\sqrt{2}}{2}$$

所以当且仅当 $\sin\alpha=\frac{\sin\beta}{\sqrt{2}}=\sin\gamma$,即 $x=z=\frac{\sqrt{2}}{2}y$ 时,$u_{\max}=\frac{\sqrt{2}}{2}$.

解法 8 由 $u=\frac{xy+yz}{x^2+y^2+z^2}$,得

$$uy^2-(x+z)y+u(x^2+z^2)=0 \quad ①$$

因为 $x,y,z\in\mathbf{R}_+,u>0$,所以关于 y 的一元二次方程 ① 的判别式

$$\Delta=(x+z)^2-4u^2(x^2+z^2)\geqslant 0$$

解得
$$u^2\leqslant\frac{x^2+z^2+2xz}{4(x^2+z^2)}\leqslant\frac{x^2+z^2+x^2+z^2}{4(x^2+z^2)}=\frac{1}{2}$$

当且仅当 $x=z$ 时取得等号. 所以 $u_{\max}^2=\frac{1}{2}$,故 $u_{\max}=\frac{\sqrt{2}}{2}$. 把 $x=z$ 代入 ① 可得 $y=\sqrt{2}x$,所以当且仅当 $x=z=\frac{\sqrt{2}}{2}y$ 时,$u_{\max}=\frac{\sqrt{2}}{2}$.

巩固练习

1. 函数 $f(x)=\sqrt{x-5}+\sqrt{24-3x}$ 的最大值为(　　)

A. $\sqrt{3}$　　B. 3　　C. $2\sqrt{3}$　　D. $3\sqrt{3}$

解法 1 C. $f(x)$ 的定义域为 $5\leqslant x\leqslant 8$,由

$$f'(x)=\frac{1}{2\sqrt{x-5}}+\frac{-3}{2\sqrt{24-3x}}=\frac{\sqrt{24-3x}-3\sqrt{x-5}}{2\sqrt{x-5}\cdot\sqrt{24-3x}}=0$$

解得 $x=\frac{23}{4}$.

因为 $f(5)=3,f\left(\frac{23}{4}\right)=2\sqrt{3},f(8)=\sqrt{3}$,于是 $f(x)_{\max}=f\left(\frac{23}{4}\right)=2\sqrt{3}$.

解法 2 C. $f(x)$ 的定义域为 $5\leqslant x\leqslant 8$,

$$f^2(x)=(1\cdot\sqrt{x-5}+\sqrt{3}\cdot\sqrt{8-x})^2\leqslant(1+3)(x-5+8-x)=12$$

当且仅当$\frac{\sqrt{x-5}}{1}=\frac{\sqrt{8-x}}{\sqrt{3}}$,即 $x=\frac{23}{4}$ 时,$f(x)$ 取到最大值 $2\sqrt{3}$.

2. 函数 $y=3\sqrt{x-1}+\sqrt{8-2x}$ 的最大值是________.

解 $\sqrt{33}$. 函数的定义域为[1,4],且 $y\geqslant 0$. 根据柯西不等式有

$$y=3\cdot\sqrt{x-1}+\sqrt{2}\cdot\sqrt{4-x}\leqslant$$
$$\sqrt{3^2+(\sqrt{2})^2}\cdot\sqrt{(\sqrt{x-1})^2+(\sqrt{4-x})^2}=\sqrt{33}$$

上式当且仅当$\sqrt{2}\cdot\sqrt{x-1}=3\cdot\sqrt{4-x}$时，等号成立，即$x=\frac{38}{11}$时函数取最大值$\sqrt{33}$.

3. 实数x,y满足$2x^2+3y^2=6y$，则$x+y$的最大值是________.

解 $1+\frac{\sqrt{10}}{2}$. 令$x+y=t$，则$x=t-y$，由$2(t-y)^2+3y^2=6y$，得$5y^2-2(2t+3)y+2t^2=0$，因y为实数，则判别式$\Delta=4(2t+3)^2-4\times5\times2t^2\geqslant0$，得$\frac{2-\sqrt{10}}{2}\leqslant t\leqslant\frac{2+\sqrt{10}}{2}$.

4. 已知函数$f(x)=\log_2(4^x+a)$，$g(x)=x$，设$h(x)=f(x)-g(x)$.

(1) 若$h(x)$是偶函数，求a的值；

(2) 若关于x的方程$h(x)=0$有解，求a的取值范围.

解 (1) 因为$h(x)$是偶函数，所以$\log_2(4^x+a)-x=\log_2(4^{-x}+a)+x$恒成立，所以

$$\log_2\frac{4^x+a}{4^{-x}+a}=2x$$

所以
$$4^x+a=(4^{-x}+a)\cdot4^x$$

即$4^x+a=a\cdot4^x+1$，所以$a=1$.

(2) 由题意得：关于x的方程$\log_2(4^x+a)=x$有解，即$4^x+a=2^x$有解，令$2^x=t(t>0)$，所以$a=-t^2+t=-\left(t-\frac{1}{2}\right)^2+\frac{1}{4}\leqslant\frac{1}{4}$，所以$a$的取值范围为$(-\infty,\frac{1}{4}]$.

5. 已知函数$F(x)=|x-3|+|x^2+4x-5|$，求函数$F(x)$的最小值.

解 当$x\leqslant-5$时，原函数可化为

$$F(x)=3-x+x^2+4x-5=x^2+3x-2$$

由二次函数图像可知

$$F(x)_{\min}=F(-5)=25-15-2=8$$

当$-5<x\leqslant1$时，原函数可化为

$$F(x)=5-4x-x^2+3-x=-x^2-5x+8$$

由二次函数图像可知

$$F(x)_{\min}=F(1)=-1-5+8=2$$

当$1<x\leqslant3$时，原函数可化为

$$F(x)=x^2+4x-5+3-x=x^2+3x-2$$

由二次函数图像可知

$$F(x)_{\min}=F(1)=1+3-2=2$$

当 $x \geqslant 3$ 时，原函数可化为

$$F(x)=x^2+4x-5-3+x=x^2+5x-8$$

由二次函数图像可知

$$F(x)_{\min}=F(3)=9+15-8=16$$

综上可知：当 $x=1$ 时，函数 $F(x)_{\min}=F(1)=2$.

6. 已知函数 $f(x)=-2x^2+bx+c$ 在 $x=1$ 时有最大值 1，$0<m<n$，并且 $x\in[m,n]$ 时，$f(x)$ 的取值范围为 $\left[\frac{1}{n},\frac{1}{m}\right]$. 试求 m,n 的值.

解 由题 $f(x)=-2(x-1)^2+1$，所以 $f(x)\leqslant 1$，所以 $\frac{1}{m}\leqslant 1$，即 $m\geqslant 1$，所以 $f(x)$ 在 $[m,n]$ 上单调递减，所以 $f(m)=-2(m-1)^2+1=\frac{1}{m}$ 且 $f(n)=-2(n-1)^2+1=\frac{1}{n}$. 所以 m,n 是方程 $f(x)=-2(x-1)^2+1=\frac{1}{x}$ 的两个解，方程即

$$(x-1)(2x^2-2x-1)=0$$

解方程，得解为 $1,\frac{1+\sqrt{3}}{2},\frac{1-\sqrt{3}}{2}$. 所以 $1\leqslant m<n$，故 $m=1,n=\frac{1+\sqrt{3}}{2}$.

7. 设函数 $f(x)=|x+1|+|ax+1|$，已知 $f(-1)=f(1)$，且 $f\left(-\frac{1}{a}\right)=f\left(\frac{1}{a}\right)$ $(a\in\mathbf{R}$，且 $a\neq 0)$，函数 $g(x)=ax^3+bx^2+cx$ $(b\in\mathbf{R}$，c 为正整数）有两个不同的极值点，且该函数图像上取得极值的两点 A,B 与坐标原点 O 在同一直线上.

(1) 试求 a,b 的值；

(2) 若 $x\geqslant 0$ 时，函数 $g(x)$ 的图像恒在函数 $f(x)$ 图像的下方，求正整数 c 的值.

解 (1) 因为 $f(-1)=f(1)$，所以

$$|1-a|=2+|a+1| \quad ①$$

又

$$f\left(-\frac{1}{a}\right)=f\left(\frac{1}{a}\right)$$

所以

$$\left|1-\frac{1}{a}\right|=\left|\frac{1}{a}+1\right|+2$$

即

$$|1-a|=2|a|+|a+1| \quad ②$$

由 ①② 得 $|a|=1$，所以 $a=\pm 1$. 又因为 $a=1$ 时，①② 不成立，故 $a=-1$.

所以 $g(x)=-x^3+bx^2+cx$，设 x_1,x_2 是函数 $g(x)$ 的两个极值点，则 x_1，

x_2 是方程 $g'(x)=-3x^2+2bx+c=0$ 的两个根，$\Delta=4b^2+12c>0$（c 为正整数），所以 $x_1+x_2=\dfrac{2b}{3}$，又因为 A,O,B 三点共线，所以

$$\frac{-x_1^3+bx_1^2+cx_1}{x_1}=\frac{-x_2^3+bx_2^2+cx_2}{x_2}$$

所以 $(x_1-x_2)[-(x_1+x_2)+b]=0$，又因为 $x_1\neq x_2$，所以 $b=x_1+x_2=\dfrac{2b}{3}$，故 $b=0$.

(2) 因为 $x\geqslant 0$ 时，$f(x)_{\min}=2$，由 $g'(x)=-3x^2+c=0$ 得 $x=\sqrt{\dfrac{c}{3}}$，可知 $g(x)$ 在 $\left(0,\sqrt{\dfrac{c}{3}}\right)$ 上单调递增，在 $\left(\sqrt{\dfrac{c}{3}},+\infty\right)$ 上单调递减，$g(x)_{极大值}=g\left(\sqrt{\dfrac{c}{3}}\right)=-\dfrac{c}{3}\sqrt{\dfrac{c}{3}}+c\sqrt{\dfrac{c}{3}}=\dfrac{2c}{3}\sqrt{\dfrac{c}{3}}$.

① 由 $\begin{cases}\sqrt{\dfrac{c}{3}}\leqslant 1\\ \dfrac{2c}{3}\sqrt{\dfrac{c}{3}}<2\end{cases}$ 得 $c<3$，所以 c 的值为 1 或 2.（因为 c 为正整数）

② $\sqrt{\dfrac{c}{3}}>1$ 时，记 $g(x)$ 在 $x\in\left[1,\sqrt{\dfrac{c}{3}}\right]$ 上切线斜率为 2 的切点的横坐标为 x_0，则由 $g'(x)=-3x^2+c=2$ 得 $x_0=\sqrt{\dfrac{c-2}{3}}$，依题意得 $g(x_0)<f(x_0)$，所以 $-x_0{}^3+cx_0<2x_0$，所以 $x_0{}^2>c-2$，所以 $\dfrac{c-2}{3}>c-2$，得 $c<2$，与 $c>3$ 矛盾.（或构造函数 $h(x)=2x-g(x)$ 在 $x\geqslant 1$ 上恒正）

综上，所求 c 的值为 1 或 2.

8. 已知二次函数 $f(x)=ax^2+bx+c$ 的图像经过点 $(-2,0)$，且不等式 $2x\leqslant f(x)\leqslant \dfrac{1}{2}x^2+2$ 对一切实数 x 都成立.

(1) 求函数 $f(x)$ 的解析式；

(2) 若对一切 $x\in[-1,1]$，不等式 $f(x+t)<f\left(\dfrac{x}{2}\right)$ 恒成立，求实数 t 的取值范围.

解 (1) 由题设知

$$4a-2b+c=0 \qquad ①$$

令 $2x=\dfrac{1}{2}x^2+2$，解得 $x=2$，由题意可得

$$2\times 2\leqslant f(x)\leqslant \frac{1}{2}\times 2^2+2$$

即 $4\leqslant f(2)\leqslant 4$，所以 $f(2)=4$，即

$$4a+2b+c=4 \qquad ②$$

由 ①② 可得 $c=2b-4a, b=1$.

又 $f(x)\geqslant 2x$ 恒成立，即 $ax^2+(b-2)x+c\geqslant 0$ 恒成立，所以 $a>0$，且 $\Delta=(b-2)^2-4ac\leqslant 0$，即 $(1-2)^2-4a(2-4a)\leqslant 0$，所以 $a=\frac{1}{4}$，从而 $c=2-4a=1$.

因此函数 $f(x)$ 的解析式为 $f(x)=\frac{1}{4}x^2+x+1$.

(2) 由 $f(x+t)<f\left(\frac{x}{2}\right)$ 得

$$\frac{1}{4}(x+t)^2+(x+t)+1<\frac{1}{4}\left(\frac{x}{2}\right)^2+\frac{x}{2}+1$$

整理得
$$(x+2t)\left(x+\frac{2t+8}{3}\right)<0$$

当 $-2t<-\frac{2t+8}{3}$，即 $t>2$ 时，$-2t<x<-\frac{2t+8}{3}$，此不等式对一切 $x\in[-1,1]$ 都成立的充要条件是 $\begin{cases}-2t<-1\\ -\frac{2t+8}{3}>1\end{cases}$，此不等式组无解.

当 $-2t=-\frac{2t+8}{3}$，即 $t=2$ 时，$(x+2t)^2<0$，矛盾.

当 $-2t>-\frac{2t+8}{3}$，即 $t<2$ 时，$-\frac{2t+8}{3}<x<-2t$，此不等式对一切 $x\in[-1,1]$ 都成立的充要条件是 $\begin{cases}-\frac{2t+8}{3}<-1\\ -2t>1\end{cases}$，解得 $-\frac{5}{2}<t<-\frac{1}{2}$.

综合可知，实数 t 的取值范围是 $\left(-\frac{5}{2},-\frac{1}{2}\right)$.

9. 已知二次函数 $y=f(x)=x^2+bx+c$ 的图像过点 $(1,13)$，且函数 $y=f\left(x-\frac{1}{2}\right)$ 是偶函数.

(1) 求 $f(x)$ 的解析式；

(2) 函数 $y=f(x)$ 的图像上是否存在这样的点，其横坐标是正整数，纵坐标是一个完全平方数？如果存在，求出这样的点的坐标；如果不存在，请说明理由.

解 (1) 因为函数 $y=f\left(x-\frac{1}{2}\right)$ 是偶函数，所以二次函数 $f(x)=x^2+bx+c$ 的对称轴方程为 $x=-\frac{1}{2}$，故 $b=1$. 又因为二次函数 $f(x)=x^2+bx+c$ 的图像过点(1,13)，所以 $1+b+c=13$，故 $c=11$. 因此，$f(x)$ 的解析式为 $f(x)=x^2+x+11$.

(2) 如果函数 $y=f(x)$ 的图像上存在符合要求的点，设为 $P(m,n^2)$，其中 m 为正整数，n 为自然数，则 $m^2+m+11=n^2$，从而 $4n^2-(2m+1)^2=43$，即 $[2n+(2m+1)][2n-(2m+1)]=43$.

注意到 43 是质数，且 $2n+(2m+1)>2n-(2m+1)$，$2n+(2m+1)>0$，所以有 $\begin{cases}2n+(2m+1)=43\\2n-(2m+1)=1\end{cases}$，解得 $\begin{cases}m=10\\n=11\end{cases}$.

因此，函数 $y=f(x)$ 的图像上存在符合要求的点，它的坐标为(10,121).

10. 已知二次函数 $f(x)=ax^2+bx+c$.

(1) 若 $x_1,x_2\in\mathbf{R}$，$x_1<x_2$，$f(x_1)\neq f(x_2)$，求证：关于 x 的方程 $f(x)=\frac{1}{2}[f(x_1)+f(x_2)]$ 有两个不相等的实数根且必有一个根属于 (x_1,x_2)；

(2) 若关于 x 的方程 $f(x)=\frac{1}{2}[f(x_1)+f(x_2)]$ 在 (x_1,x_2) 的根为 m，且 $x_1,m-\frac{1}{2},x_2$ 成等差数列，设函数 $f(x)$ 的图像的对称轴为 $x=x_0$，求证：$x_0<m^2$.

解 (1) 因为

$$f(x)=\frac{1}{2}[f(x_1)+f(x_2)]$$

所以

$$ax^2+bx+c=\frac{1}{2}(ax_1^2+bx_1+c+ax_2^2+bx_2+c)$$

整理得

$$2ax^2+2bx-a(x_1^2+x_2^2)-b(x_1+x_2)=0$$

$$\Delta=4b^2+8a[a(x_1^2+x_2^2)+b(x_1+x_2)]=$$
$$2[(2ax_1+b)^2+(2ax_2+b)^2]$$

因为 $x_1,x_2\in\mathbf{R}$，$x_1<x_2$，所以 $2ax_1+b\neq 2ax_2+b$，所以 $\Delta>0$，故方程有两个不相等的实数根.

令 $g(x)=f(x)-\frac{1}{2}[f(x_1)+f(x_2)]$，所以

$$g(x_1)g(x_2)=-\frac{1}{4}[f(x_1)-f(x_2)]^2$$

又 $f(x_1)\neq f(x_2)$，所以 $g(x_1)<g(x_2)<0$，故方程 $f(x)=\frac{1}{2}[f(x_1)+f(x_2)]$ 有两个不相等的实数根且必有一个根属于 (x_1,x_2).

(2) 因为方程 $f(x)=\frac{1}{2}[f(x_1)+f(x_2)]$ 在 (x_1,x_2) 的根为 m，所以

$$f(m)=\frac{1}{2}[f(x_1)+f(x_2)]$$

所以 $$a(2m^2-x_1^2-x_2^2)+b(2m-x_1-x_2)=0$$

因为 $x_1,m-\frac{1}{2},x_2$ 成等差数列，则 $x_1+x_2=2m-1$，所以

$$b=-a(2m^2-x_1^2-x_2^2)$$

故 $$x_0=-\frac{b}{2a}=\frac{2m^2-(x_1^2+x_2^2)}{2}=m^2-\frac{x_1^2+x_2^2}{2}<m^2$$

11. 已知 $a>0$，函数 $f(x)=ax-bx^2$.

(1) 当 $b>0$ 时，若对任意 $x\in\mathbf{R}$ 都有 $f(x)\leqslant 1$，证明：$a\leqslant 2\sqrt{b}$；

(2) 当 $b>1$ 时，证明：对任意 $x\in[0,1]$，$|f(x)|\leqslant 1$ 的充要条件是：$b-1\leqslant a\leqslant 2\sqrt{b}$；

(3) 当 $0<b\leqslant 1$ 时，讨论：对任意 $x\in[0,1]$，$|f(x)|\leqslant 1$ 的充要条件.

解 (1) 依题设，对任意 $x\in\mathbf{R}$，都有 $f(x)\leqslant 1$. 因为 $f(x)=-b\left(x-\frac{a}{2b}\right)^2+\frac{a^2}{4b}$，所以 $f\left(\frac{a}{2b}\right)=\frac{a^2}{4b}\leqslant 1$，因为 $a>0$，$b>0$，所以 $a\leqslant 2\sqrt{b}$.

(2) 必要性：对任意 $x\in[0,1]$，$|f(x)|\leqslant 1\Rightarrow -1\leqslant f(x)$，据此可推出 $-1\leqslant f(1)$，即 $a-b\geqslant -1$，所以 $a\geqslant b-1$. 对任意 $x\in[0,1]$，$|f(x)|\leqslant 1\Rightarrow f(x)\leqslant 1$，因为 $b>1$，可推出 $f\left(\frac{1}{\sqrt{b}}\right)\leqslant 1$，即 $a\cdot\frac{1}{\sqrt{b}}-1\leqslant 1$，所以 $a\leqslant 2\sqrt{b}$，所以 $b-1\leqslant a\leqslant 2\sqrt{b}$.

充分性：因 $b>1$，$a\geqslant b-1$，对任意 $x\in[0,1]$，可以推出：$ax-bx^2\geqslant b(x-x^2)-x\geqslant -x\geqslant -1$，即 $ax-bx^2\geqslant -1$；因为 $b>1$，$a\leqslant 2\sqrt{b}$，对任意 $x\in[0,1]$，可推出 $ax-bx^2\leqslant 2\sqrt{b}-bx^2\leqslant 1$，即 $ax-bx^2\leqslant 1$，所以 $-1\leqslant f(x)\leqslant 1$. 综上，当 $b>1$ 时，对任意 $x\in[0,1]$，$|f(x)|\leqslant 1$ 的充要条件是：$b-1\leqslant a\leqslant 2\sqrt{b}$.

(3) 因为 $a>0$，$0<b\leqslant 1$ 时，对任意 $x\in[0,1]$，$f(x)=ax-bx^2\geqslant -b\geqslant -1$，即 $f(x)\geqslant -1$；

$f(x)\leqslant 1\Rightarrow f(1)\leqslant 1\Rightarrow a-b\leqslant 1$，即 $a\leqslant b+1$；

$a\leqslant b+1\Rightarrow f(x)\leqslant (b+1)x-bx^2\leqslant 1$，即 $f(x)\leqslant 1$.

所以，当 $a>0$，$0<b\leqslant 1$ 时，对任意 $x\in[0,1]$，$|f(x)|\leqslant 1$ 的充要条

件是：$a \leqslant b+1$.

12. 已知函数 $f(x)=x^3+ax^2-2x+5$.

(1) 若函数 $f(x)$ 在 $(\frac{2}{3},1)$ 上单调递减，在 $(1,+\infty)$ 上单调递增，求实数 a 的值；

(2) 是否存在正整数 a，使得 $f(x)$ 在 $(\frac{1}{3},\frac{1}{2})$ 上既不是单调递增函数也不是单调递减函数？若存在，试求出 a 的值，若不存在，请说明理由.

解 (1) 因为 $f(x)=x^3+ax^2-2x+5$ 在 $(\frac{2}{3},1)$ 上单调递减，在 $(1,+\infty)$ 上单调递增，所以 $f'(x)=3x^2+2ax-2$，$f'(1)=0$，所以 $a=-\frac{1}{2}$.

(2) 令 $f'(x)=3x^2+2ax-2=0$. 因为 $\Delta=4a^2+24>0$，所以方程有两个实根，分别记为 x_1, x_2. 由于 $x_1 \cdot x_2=-\frac{2}{3}$，说明 x_1, x_2 一正一负，即在 $(\frac{2}{3},1)$ 内方程 $f'(x)=0$ 不可能有两个解. 故要使得 $f(x)$ 在 $(\frac{1}{3},\frac{1}{2})$ 上既不是单调增函数也不是单调减函数的充要条件是 $f'(\frac{1}{3})\cdot f'(\frac{1}{2})<0$，即

$$(\frac{1}{3}+\frac{2}{3}a-2)(\frac{3}{4}+a-2)<0$$

解得 $\frac{5}{4}<a<\frac{5}{2}$. 因为 a 是正整数，所以 $a=2$.

13. 已知函数 $f(x)=ax^2+bx+c(a>0,bc\neq 0)$，$F(x)=\begin{cases} f(x) & x>0 \\ -f(x) & x<0 \end{cases}$.

(1) 若函数 $f(x)$ 的最小值是 $f(-1)=0$，且 $f(0)=1$，求 $F(2)+F(-2)$ 的值；

(2) 在(1)的条件下，$f(x)>x+k$ 在区间 $[-3,-1]$ 上恒成立，试求 k 的取值范围；

(3) 令 $g(x)=2ax+b$，若 $g(1)=0$，又 $f(x)$ 的图像在 x 轴上截得的弦的长度为 m，且 $0<m\leqslant 2$，试确定 $c-b$ 的符号.

解 (1) 由已知 $c=1, a-b+c=0$，且 $-\frac{b}{2a}=-1$. 解得 $a=1, b=2$，所以 $f(x)=(x+1)^2$，所以

$$F(x)=\begin{cases} (x+1)^2 & (x>0) \\ -(x+1)^2 & (x<0) \end{cases}$$

所以
$$F(2)+F(-2)=(2+1)^2+[-(-2+1)^2]=8$$

(2) 在(1) 条件下，$f(x)>x+k$ 在区间$[-3,-1]$上恒成立，即 $x^2+x+1-k>0$ 在$[-3,-1]$上恒成立，从而 $k<x^2+x+1$ 在区间$[-3,-1]$上恒成立，令 $p(x)=x^2+x+1$，则函数 $p(x)=x^2+x+1$ 在区间$[-3,-1]$上是减函数，

且其最小值 $p(x)_{\min}=p(-1)=1$，所以 k 的取值范围为$(-\infty,1)$.

(3) 由 $g(1)=0$，得 $2a+b=0$，因为 $a>0$，所以 $b=-2a<0$.

设方程 $f(x)=0$ 的两根为 x_1,x_2，则 $x_1+x_2=-\dfrac{b}{a}=2$，$x_1x_2=\dfrac{c}{a}$，所以

$$m=|x_1-x_2|=\sqrt{(x_1+x_2)^2-4x_1x_2}=\sqrt{4-\frac{4c}{a}}$$

因为 $0<m\leqslant 2$，所以 $0<\sqrt{4-\dfrac{4c}{a}}\leqslant 2$，所以 $0\leqslant\dfrac{c}{a}<1$，因为 $a>0$ 且 $bc\neq 0$，所以 $c>0$，所以 $c-b>0$.

14. 已知奇函数 $f(x)$ 在区间$(-\infty,0)$上是增函数，且 $f(-2)=-1$，$f(1)=0$，当 $x_1>0,x_2>0$ 有 $f(x_1x_2)=f(x_1)+f(x_2)$，求不等式 $\log_2|f(x)+1|<0$ 的解集.

解 由 $\log_2|f(x)+1|<0$ 得 $0<|f(x)+1|<1$，所以 $-2<f(x)<-1$ 或 $-1<f(x)<0$.

因为 $f(x)$ 为奇函数，且在区间$(-\infty,0)$上是增函数，知 $f(x)$ 在$(0,+\infty)$上是增函数，且 $f(2)=1$，于是 $f(1)=f\left(2\cdot\dfrac{1}{2}\right)=f(2)+f\left(\dfrac{1}{2}\right)$，得 $f\left(\dfrac{1}{2}\right)=-1$，$f\left(\dfrac{1}{4}\right)=f\left(\dfrac{1}{2}\right)+f\left(\dfrac{1}{2}\right)=-2$.

从而 $f\left(\dfrac{1}{4}\right)<f(x)<f\left(\dfrac{1}{2}\right)$，$f\left(\dfrac{1}{2}\right)<f(x)<f(1)$，所以 $\dfrac{1}{4}<x<\dfrac{1}{2}$，$\dfrac{1}{2}<x<1$.

所以解集为 $\left(\dfrac{1}{4},\dfrac{1}{2}\right)\cup\left(\dfrac{1}{2},1\right)$.

15. 已知函数 $f(x)$ 对任意的实数 x,y 都有 $f(x+y)=f(x)+f(y)+2y(x+y)+1$，且 $f(1)=1$.

(1) 若 $x\in\mathbf{N}^*$，试求 $f(x)$ 的表达式；

(2) 若 $x\in\mathbf{N}^*$ 且 $x\geqslant 2$ 时，不等式 $f(x)\geqslant(a+7)x-(a+10)$ 恒成立，求实数 a 的取值范围.

解 (1) 令 $y=1$，则 $f(x+1)=f(x)+f(1)+2(x+1)+1$，所以

$$f(x+1)-f(x)=2x+4$$

所以当 $x\in\mathbf{N}^*$ 时，有 $f(2)-f(1)=2\times 1+4$，$f(3)-f(2)=2\times 2+4$，

$f(4)-f(3)=2\times3+4$，即

$$f(x)-f(x-1)=2(x-1)+4$$

将上面各式相加得

$$f(x)=x^2+3x-3\quad(x\in\mathbf{N}^*)$$

(2) 当 $x\in\mathbf{N}^*$ 且 $x\geqslant2$ 时，$f(x)=x^2+3x-3$. 要使不等式 $f(x)\geqslant(a+7)x-(a+10)$ 恒成立.

即当 $x\in\mathbf{N}^*$ 且 $x\geqslant2$ 时，不等式 $x^2+3x-3\geqslant(a+7)x-(a+10)$ 恒成立，即 $x^2-4x+7\geqslant a(x-1)$ 恒成立，因为 $x\geqslant2$，所以 $\dfrac{x^2-4x+7}{x-1}\geqslant a$ 恒成立.

又 $\dfrac{x^2-4x+7}{x-1}=(x-1)+\dfrac{4}{(x-1)}-2\geqslant2$.（当且仅当 $x-1=\dfrac{4}{(x-1)}$，即 $x=3$ 时取"等号"）.

所以 $\dfrac{x^2-4x+7}{x-1}$ 的最小值是 2，故 $a\leqslant2$.

16. 已知定义在 $\mathbf{R}$ 上的函数 $f(x)$ 满足：$f(1)=\dfrac{5}{2}$，且对于任意实数 x,y，总有 $f(x)f(y)=f(x+y)+f(x-y)$ 成立.

(1) 求 $f(0)$ 的值，并证明 $f(x)$ 为偶函数；

(2) 若数列 $\{a_n\}$ 满足 $a_n=2f(n+1)-f(n)(n=1,2,3,\cdots)$，求数列 $\{a_n\}$ 的通项公式；

(3) 若对于任意非零实数 y，总有 $f(y)>2$. 设有理数 x_1,x_2 满足 $|x_1|<|x_2|$，判断 $f(x_1)$ 和 $f(x_2)$ 的大小关系，并证明你的结论.

解 (1) 令 $x=1,y=0$，所以 $f(1)\cdot f(0)=f(1)+f(1)$，又因为 $f(1)=\dfrac{5}{2}$，所以 $f(0)=2$.

令 $x=0$，得 $f(0)f(y)=f(y)+f(-y)$，即 $2f(y)=f(y)+f(-y)$，所以 $f(y)=f(-y)$ 对任意的实数 y 总成立，所以 $f(x)$ 为偶函数.

(2) 令 $x=y=1$，得 $f(1)f(1)=f(2)+f(0)$，所以 $\dfrac{25}{4}=f(2)+2$，所以 $f(2)=\dfrac{17}{4}$，故 $a_1=2f(2)-f(1)=\dfrac{17}{2}-\dfrac{5}{2}=6$.

令 $x=n+1,y=1$，得 $f(n+1)f(1)=f(n+2)+f(n)$，所以

$$f(n+2)=\frac{5}{2}f(n+1)-f(n)$$

所以

$$\begin{aligned}a_{n+1}&=2f(n+2)-f(n+1)=\\&2\left[\frac{5}{2}f(n+1)-f(n)\right]-f(n+1)=\end{aligned}$$

$$4f(n+1)-2f(n)=$$
$$2[2f(n+1)-f(n)]=2a_n \quad (n\geqslant 1)$$

所以$\{a_n\}$是以 6 为首项,以 2 为公比的等比数列.

所以 $a_n=6\times 2^{n-1}$.

(3) 结论:$f(x_1)<f(x_2)$.

证明:因为 $y\neq 0$ 时,$f(y)>2$,所以

$$f(x+y)+f(x-y)=f(x)f(y)>2f(x)$$

即
$$f(x+y)-f(x)>f(x)-f(x-y)$$

所以令 $x=ky(k\in\mathbf{N}^*)$,故 $\forall k\in\mathbf{N}^*$,总有 $f[(k+1)y]-f(ky)>f(ky)-f[(k-1)y]$ 成立,则

$$f[(k+1)y]-f(ky)>f(ky)-f[(k-1)y]>$$
$$f[(k-1)y]-f[(k-2)y]>\cdots>$$
$$f(y)-f(0)>0$$

所以对于 $k\in\mathbf{N}^*$,总有 $f[(k+1)y]>f(ky)$ 成立. 所以对于 $m,n\in\mathbf{N}^*$,若 $n<m$,则有 $f(ny)<f[(n-1)y]<\cdots<f(my)$ 成立. 因为 $x_1,x_2\in\mathbf{Q}$,所以可设 $|x_1|=\dfrac{q_1}{p_1}$,$|x_2|=\dfrac{q_2}{p_2}$,其中 q_1,q_2 是非负整数,p_1,p_2 都是正整数,则 $|x_1|=\dfrac{q_1p_2}{p_1p_2}$,$|x_2|=\dfrac{p_1q_2}{p_1p_2}$,令 $y=\dfrac{1}{p_1p_2}$,$t=q_1p_2$,$s=p_1q_2$,则 $t,s\in\mathbf{N}^*$. 因为 $|x_1|<|x_2|$,所以 $t<s$,所以 $f(ty)<f(sy)$,即 $f(|x_1|)<f(|x_2|)$. 因为函数 $f(x)$ 为偶函数,所以 $f(|x_1|)=f(x_1)$,$f(|x_2|)=f(x_2)$.

所以 $f(x_1)<f(x_2)$.

17. 对于函数 $f(x)=-\dfrac{1}{4}x^4+\dfrac{2}{3}x^3+ax^2-2x-2$,其中 a 为实常数,已知函数 $y=f(x)$ 的图像在点$(-1,f(-1))$处的切线与 y 轴垂直.

(1) 求实数 a 的值;

(2) 若关于 x 的方程 $f(3^x)=m$ 有三个不等实根,求实数 m 的取值范围;

(3) 若函数 $y=\log_2[f(x)+p]$ 无零点,求实数 p 的取值范围.

解 (1)
$$f'(x)=-x^3+2x^2+2ax-2$$

据题意,当 $x=-1$ 时,$f(x)$ 取极值,所以 $f'(-1)=0$.

因为 $f'(-1)=-(-1)^3+2\times(-1)^2+2a\times(-1)-2=1-2a$. 由 $1-2a=0$,得 $a=\dfrac{1}{2}$.

(2) 因为 $a=\dfrac{1}{2}$,则 $f(x)=-\dfrac{1}{4}x^4+\dfrac{2}{3}x^3+\dfrac{1}{2}x^2-2x-2$,所以

$$f'(x)=-x^3+2x^2+x-2=-(x-1)(x+1)(x-2)$$

由 $f'(x)>0$，得 $(x-1)(x+1)(x-2)<0$，即 $x<-1$ 或 $1<x<2$. 所以 $f(x)$ 在区间 $(-\infty,-1)$，$(1,2)$ 上单调递增，在区间 $(-1,1)$，$(2,+\infty)$ 上单调递减.

所以 $f(x)$ 的极大值为 $f(-1)=-\frac{5}{12}$，$f(2)=-\frac{8}{3}$，极小值为 $f(1)=-\frac{37}{12}$. 由此可得函数 $y=f(x)$ 的大致图像如图 5 所示。

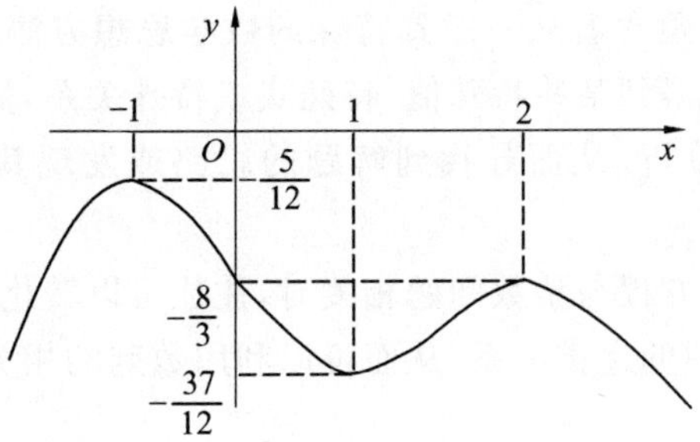

图 5

令 $3^x=t(t>0)$，若关于 x 的方程 $f(3^x)=m$ 有三个不等实根，则关于 t 的方程 $f(t)=m$ 在 $(0,+\infty)$ 上有三个不等实根，即函数 $y=f(t)$ 的图像与直线 $y=m$ 在 $(0,+\infty)$ 上有三个不同的交点.

又 $f(0)=-2>-\frac{8}{3}$，由图像可知，$-\frac{37}{12}<m<-\frac{8}{3}$，故 m 的取值范围是 $\left(-\frac{37}{12},-\frac{8}{3}\right)$.

(3) 若函数 $y=\log_2[f(x)+p]$ 无零点，则当 $f(x)+p>0$ 时，$f(x)+p\neq 1$. 设函数 $y=\log_2[f(x)+p]$ 的定义域为 D，则当 $x\in D$ 时，恒有 $f(x)+p>1$ 或 $0<f(x)+p<1$.

因为函数 $y=f(x)+p$ 的值域是 $(-\infty,-\frac{5}{12}+p]$，所以 $0<-\frac{5}{12}+p<1$，即 $\frac{5}{12}<p<\frac{17}{12}$.

故 p 的取值范围是 $\left(\frac{5}{12},\frac{17}{12}\right)$.

第 4 节　函数方程的求解方法

一、函数方程的求解方法

(1) 函数方程的概念：含有未知函数的等式叫作函数方程. 如另一个函数

$f(x)$ 对其定义域自变量的一切值均满足所给的方程，则称 $f(x)$ 为这函数方程的解.

(2) 对于一般的函数方程没有统一的处理方法，只能具体问题具体分析，处理这类问题应把握其中所给函数的本质特征，采用灵活多变的手段来处理.

函数方程的常用解法有：配方法、换元法、待定系数法、数学归纳法、不等式法等，我们在教材中已经学过. 除此以外还有：

赋值法：赋值法蕴含着从一般到特殊的数学思想方法，它是根据题设所给的条件，合理地赋值得到某些特殊值、特殊式或特殊关系，然后利用新得到的特殊因素进一步讨论分析，从而寻找到解题的思路或发现其一般规律来解决问题.

递推法：当函数方程与整数问题相关时，往往可以转化为数列问题，此时关键在于找到数列通项的递推关系，从而可以利用数列的相关知识顺利地解决问题.

柯西法：柯西法是求解函数方程经常用的一种方法，它是先求出当自变量为整数时的函数解析式，再依次证明该函数解析式对有理数、实数乃至复数也成立. 特别地，我们需要掌握柯西(Cauchy) 方程，即一个定义在有理集上的实数函数 $f(x)$，若对于一切有理数 x 和 y 都有 $f(x+y)=f(x)+f(y)$，则 $f(x)=f(1)\cdot x$.

爬坡式法：爬坡式法是柯西法的推广，其蕴含着数学中简单化的思想方法，即我们先找到比较容易证明的局部范围内该函数的性质成立，然后将局部推广到整个定义内，或者排除其他范围内存在的可能性.

无限逼近法：无限逼近法就是数学研究中一种极端化思想方法，它通过利用极限的有关知识(思想) 来研究函数的变化趋势，从而顺利地来解决问题.

下面运用这些方法解决函数方程中的常用问题，主要是：探求函数的解析式，探求函数的值，研究函数的性质.

二、函数方程求解方法的应用

函数方程的求解是自主招生和数学竞赛的热点问题，也是难点问题，本讲主要精选了近几年高校自主招生中的部分函数方程问题，谈谈这类问题的常见求解方法.

例 1 解函数方程 $f(x)+f\left(\frac{x-1}{x}\right)=1+x$.

分析 这是一个定性的函数方程问题，其基本的解法是利用题中 x 的任意性，对 x 进行赋值，从而得到多个方程，将 $f(x)$ 看作其中的一个未知数进行求解，也即代换法.

解法 1　令 $x=\frac{u-1}{u}$，代入原式得

$$f\left(\frac{u-1}{u}\right)+f\left(\frac{1}{1-u}\right)=\frac{2u-1}{u} \tag{①}$$

$x=\frac{1}{1-u}$，代入原式得

$$f\left(\frac{1}{1-u}\right)+f(u)=\frac{u-2}{u-1} \tag{②}$$

又

$$f(u)+f\left(\frac{u-1}{u}\right)=1+u \tag{③}$$

三个方程中仅含有 $f(u),f\left(\frac{u-1}{u}\right),f\left(\frac{1}{1-u}\right)$，所以由方程组 ①②③ 得 $f(u)=\frac{u^3-u^2-1}{2u(u-1)}$，即 $f(x)=\frac{x^3-x^2-1}{2x(x-1)}(x\neq 0,x\neq 1)$.

检验：$f(x)+f\left(\frac{x-1}{x}\right)=\frac{x^3-x^2-1}{2x(x-1)}+\frac{\left(\frac{x-1}{x}\right)^3-\left(\frac{x-1}{x}\right)^2-1}{2\,\frac{x-1}{x}\left(\frac{x-1}{x}-1\right)}=x+1$，

所以 $f(x)=\frac{x^3-x^2-1}{2x(x-1)},\forall x\in \mathbf{R}\backslash\{0,1\}$. 经检验上式满足条件.

解法 2　令 $\varphi(x)=\frac{x-1}{x}$，则

$$\varphi_2(x)=\varphi(\varphi(x))=\varphi\left(\frac{x-1}{x}\right)=\frac{\frac{x-1}{x}-1}{\frac{x-1}{x}}=\frac{1}{1-x}$$

$$\varphi_3(x)=\varphi(\varphi_2(x))=\varphi\left(\frac{1}{1-x}\right)=\frac{\frac{1}{1-x}-1}{\frac{1}{1-x}}=x$$

此时可将式(2) 表示为 $f(x)+f(\varphi(x))=1+x$，迭代一次可得 $f(\varphi(x))+f(\varphi_2(x))=1+\varphi(x)=\frac{2x-1}{x}$，再迭代一次可得

$$f(\varphi_2(x))+f(\varphi_3(x))=\frac{2\varphi(x)-1}{\varphi(x)}=f(\varphi_2(x))+f(x)=\frac{2-x}{1-x}$$

解方程可得

$$f(x)=\frac{x^3-x^2-1}{2x(x-1)}\quad (\forall x\neq 0,1;x\in \mathbf{R})$$

检验知合条件.

点评　一般而言，对于函数方程 $a(x)f(x)+b(x)f(\varphi(x))=c(x)(*)$，

其中 $a(x), b(x), \varphi(x), c(x)$ 为已知函数，如果存在一个 $k \in \mathbf{N}^*$，使得 $\varphi^k(x)=x$，即可把原来的方程式经过适当的变量变换而得到一个或多个函数方程式，使得原来的函数方程和新得到的函数方程式形成一个含有未知函数的函数方程组，然后再用消去法(或行列式法)来解这个函数方程组以得到欲求的函数.

例 2 已知 $f(x)$ 是定义在自然数集 $\mathbf{N}$ 上的函数，满足 $f(1)=\frac{3}{2}$，且对任意 $x, y \in \mathbf{N}$，有 $f(x+y)=\left(1+\frac{y}{x+1}\right) f(x)+\left(1+\frac{x}{y+1}\right) f(y)+x^2 y+xy+xy^2$，求 $f(x)$.

分析 利用递推数列的想法构造递推式进行求解.

解 原函数方程中令 $y=1$，并利用 $f(1)=\frac{3}{2}$，得

$$f(x+1)=\left(1+\frac{1}{x+1}\right) f(x)+\left(1+\frac{x}{2}\right) \cdot \frac{3}{2}+x^2+2x$$

整理后，可得

$$\frac{f(x+1)}{x+2}-\frac{f(x)}{x+1}=x+\frac{3}{4}$$

令 $x=1,2,3,\cdots,n-1$，得

$$\frac{f(2)}{3}-\frac{f(1)}{2}=1+\frac{3}{4}, \frac{f(3)}{4}-\frac{f(2)}{3}=2+\frac{3}{4}, \cdots$$

$$\frac{f(n)}{n+1}-\frac{f(n-1)}{n}=(n-1)+\frac{3}{4}$$

将上述各式相加，得

$$\frac{f(n)}{n+1}-\frac{f(1)}{2}=[1+2+\cdots+(n-1)]+\frac{3}{4}(n-1)=$$

$$\frac{1}{2}(n-1)n+\frac{3}{4}(n-1)=\frac{1}{4}(n-1)(2n+3)$$

以 $f(1)=\frac{3}{2}$ 代入后，经过整理得 $f(n)=\frac{1}{4}n(n+1)(2n+1)$.

于是，所求的函数应为 $f(x)=\frac{1}{4}x(x+1)(2x+1)(x \in \mathbf{N})$. 经验证它满足原函数方程.

点评 对于定义域为自然数的函数方程，往往可以转化为数列问题，通过找出 $f(x)$ 的某个递归公式，然后依次取 x 为自然数 $1,2,\cdots,m$ 个值代入递归公式，得到 m 个等式；设法利用这些等式消去 $f(x)$ 以外其他形式的函数，即可求出函数方程的解.

例 3 $f(x)$ 的定义域在非负实数集合上并取非负数值的函数，求满足下列所有条件的 $f(x)$：

(1) $f(xf(y))\cdot f(x)=f(x+y)$;

(2) $f(2)=0$;

(3) 当 $0\leqslant x<2$ 时，$f(x)\neq 0$.

分析 当 $x\geqslant 2$ 时，求函数值比较容易，关键在于当 $0\leqslant x<2$ 时，采用两边夹的思想.

解 (1) 令 $x=2, y=t-2(t\geqslant 2)$ 得 $0=f(2f(t-2))\cdot f(2)=f(t)$. 所以当 $t\geqslant 2$ 时，$f(t)=0$.

(2) 考虑 $0\leqslant x<2$，则 $f[(2-x)f(x)]f(x)=f(2-x+x)=0$. 因为 $f(x)\neq 0$，所以 $f[(2-x)f(x)]=0$，从而 $(2-x)f(x)\geqslant 2$，所以 $f(x)\geqslant \dfrac{2}{2-x}$.

另一方面

$$f\left(\frac{2}{f(x)}+x\right)=f\left(\frac{2}{f(x)}f(x)\right)\cdot f\left(\frac{2}{f(x)}\right)=f(2)\cdot f\left(\frac{2}{f(x)}\right)=0$$

从而 $\dfrac{2}{f(x)}+x\geqslant 2$，所以 $f(x)\leqslant \dfrac{2}{2-x}$，所以 $f(x)=\dfrac{2}{2-x}$.

综上 $f(x)=\begin{cases}\dfrac{2}{2-x} & (0\leqslant x<2).\\ 0 & (x\geqslant 2).\end{cases}$

点评 事实上，当 $0\leqslant x<2$ 时，基于这样的想法；若存在 $x_0\in[0,2)$，使 $f(x_0)=t>\dfrac{2}{2-x}$，即 $(2-x_0)t>2$，从而存在 y，使得 $x_0<y<2$，且有 $(2-y)t>2$，则 $f[(2-y)f(x_0)]=f[(2-y)t]=0$；另一方面，$f[(2-y)f(x_0)]=f(2-y+x_0)\neq 0$，矛盾. 从而只有 $f(x)=\dfrac{2}{2-x}$.

例 4 (2013 年北大暑假夏令营) 实数集上有定义的实值函数 $f(x)$，问：是否存在 $f(n)$，对任意 $n\in\mathbf{Z}$，有 $f(-n^2+3n+1)=f^2(n)+2$.

解 假设存在满足条件的函数 $f(x)$，对任意 $n\in\mathbf{Z}$，有 $f(-n^2+3n+1)=f^2(n)+2$. 取 $n=1$，得 $f(3)=f^2(1)+2$；取 $n=3$，得

$$f(1)=f^2(3)+2$$

两式相减，得

$$f(3)-f(1)=f^2(1)-f^2(3)$$

所以
$$f(3)-f(1)=0 \text{ 或 } f(3)+f(1)+1=0$$

① 若 $f(3)-f(1)=0$，则 $f(3)=f^2(3)+2$，显然 $f(3)$ 不是实数，所以 $f(3)-f(1)\neq 0$；

② 若 $f(3)+f(1)+1=0$，得 $f(1)=-f(3)-1$，则 $-f(3)-1=f^2(3)+2$，所以 $f^2(3)+f(3)+3=0$，显然 $f(3)$ 不是实数，所以 $f(3)+f(1)+1\neq 0$.

因此,不存在 $f(n)$ 满足题设条件.

例 5 (2013 年华东师范大学) 已知函数 $f(x)$ 不恒为 0,且对 $\forall x,y\in\mathbf{R}$,有 $f(x+y)+f(x-y)=2f(x)f(y)$,若存在常数 T,使得 $f(T)=0$. 求证:$4T$ 是 $f(x)$ 的一个周期,且 $-1\leqslant f(x)\leqslant 1$.

证明 令 $y=T$,得 $f(x+T)+f(x-T)=2f(x)f(T)=0$,故 $f(x+T)=-f(x-T)$,令 $t=x-T$,得 $x=t+T$,故 $f(t+2T)=-f(t)$,即 $f(x+2T)=-f(x)$,所以有 $f(x+4T)=-f(x+2T)=f(x+2T)=f(x)$,因此 $4T$ 是 $f(x)$ 的一个周期.

令 $x=y=0$,则 $f(0)+f(0)=2f(0)f(0)$,得 $f(0)=0$ 或 $f(0)=1$.

若 $f(0)=0$,则令 $y=0$,得 $f(x)+f(x)=2f(x)f(0)$,有 $f(x)=0$ 恒成立,与条件"函数 $f(x)$ 不恒为 0"矛盾,故 $f(0)=1$.

令 $x=y=\frac{a}{2}$,则 $f(a)+f(0)=2f^2\left(\frac{a}{2}\right)\geqslant 0$,即 $f(a)=2f^2\left(\frac{a}{2}\right)-1\geqslant -1$,由 a 的任意性知,$f(x)\geqslant -1$;

令 $x=y=\frac{a}{2}+T$,则 $f(a+2T)+f(0)=2f^2\left(\frac{a}{2}+T\right)$,即 $f(a)=1-2f^2\left(\frac{a}{2}+T\right)\leqslant 1$,由 a 的任意性知,$f(x)\leqslant -1$,因此有 $-1\leqslant f(x)\leqslant 1$.

例 6 (2013 年清华大学暑假夏令营) 若对每一个实数 x,y,函数 $f(x)$ 满足 $f(x+y)=f(x)+f(y)+xy+1$,若 $f(-2)=-2$,试求满足 $f(a)=a$ 的所有整数 a.

解 令 $x=y=0$,得 $f(0)=-1$;再令 $x=y=-1$,得 $f(-1)=-2$;令 $x=1,y=-1$,得 $f(x)=1$.

令 $x=n(n\in\mathbf{N}^*)$,$y=-1$,得

$$f(n+1)=f(n)+f(1)+n+1=f(n)+n+2$$

由累加法得 $f(n)=\frac{1}{2}(n^2+3n-2)(n\in\mathbf{N}^*)$.

令 $y=-x$,则 $f(x-x)=f(x)+f(-x)+1-x^2$,所以 $f(x)=x^2-2-f(-x)$.

因为当 $n\in\mathbf{N}^*$ 时,有 $f(n)=\frac{1}{2}(n^2+3n-2)$,所以当 n 为负整数时,$-n\in\mathbf{N}^*$,有

$$f(n)=n^2-2-f(-n)=n^2-2-\frac{1}{2}(n^2-3n-2)=\frac{1}{2}(n^2+3n-2)$$

结合 $f(0)=-1$,有 $f(n)=\frac{1}{2}(n^2+3n-2)(n\in\mathbf{Z})$,由 $\frac{1}{2}(a^2+3a-2)=a$ 得 $a=-2$ 或 $a=1$.

因此,满足 $f(a)=a$ 的所有整数 a 的值为 -2 或 1.

例 7 (2014 年北约)已知函数 $f(x)$ 满足 $f\left(\frac{a+2b}{3}\right)=\frac{f(a)+2f(b)}{3}$, $f(1)=1,f(4)=7$,求 $f(2\ 014)$.

解法 1 由 $f\left(\frac{a+2b}{3}\right)=\frac{f(a)+2f(b)}{3}$ 得 $f\left(\frac{b+2a}{3}\right)=\frac{f(b)+2f(a)}{3}$,两式相减,得

$$f\left(\frac{a+2b}{3}\right)-f\left(\frac{b+2a}{3}\right)=\frac{f(a)+2f(b)}{3}-\frac{f(b)+2f(a)}{3}=\frac{f(b)-f(a)}{3}$$

所以
$$f(b)-f(a)=3\left[f\left(\frac{a+2b}{3}\right)-f\left(\frac{b+2a}{3}\right)\right]$$

令 $y=n+3,x=n$,得

$$f(n+3)-f(n)=3[f(n+2)-f(n+1)]$$

即
$$f(n+3)=3f(n+2)-3f(n+1)+f(n)$$

且 $f(1)=1,f(2)=3,f(3)=5$.

其特征方程为 $x^3=3x^2-3x+1$,即 $(x-1)^3=0$,有三重根 $x=1$,不妨设 $f(n)=(An^2+Bn+C)\times 1^n$,利用待定系数法得 $f(n)=2n-1$,因此 $f(2\ 014)=4\ 027$.

解法 2 由条件得

$$f\left(\frac{a+2b}{3}\right)-f(0)=\frac{1}{3}\{[f(a)-f(0)]+2[f(b)-f(0)]\} \quad ①$$

令 $a=0$,得

$$f\left(\frac{2b}{3}\right)-f(0)=\frac{2}{3}[f(b)-f(0)]$$

令 $b=0$,得

$$f\left(\frac{a}{3}\right)-f(0)=\frac{1}{3}[f(a)-f(0)]$$

于是

$$f\left(\frac{a+2b}{3}\right)-f(0)=f\left(\frac{a}{3}\right)-f(0)+f\left(\frac{2b}{3}\right)-f(0) \quad ②$$

令 $x=\frac{a}{3},y=\frac{2b}{3}$,并记 $g(x)=f(x)-f(0)$,则有 $g(x+y)=g(x)+g(y)$.

由柯西法得 $g(n)=g(1)*n$,从而有

$$f(n)-f(0)=[f(1)-f(0)]*n$$

于是 $f(4)-f(0)=4[f(1)-f(0)]$,化简得 $f(0)=-1$,进一步有 $f(n)=2n-1$,因此 $f(2\ 014)=4\ 027$.

例 8 (2000 年上海交大)若函数 $f(x)$ 满足 $f(x+y)=f(x)+f(y)+$

$xy(x+y)$ 且 $f'(0)=1$,求函数的解析式.

解 由条件得

$$f(x+y)=f(x)+f(y)+\frac{1}{3}[(x+y)^3-(x^3+y^3)]$$

即

$$f(x+y)-\frac{1}{3}(x+y)^3=f(x)-\frac{1}{3}x^3+f(y)-\frac{1}{3}y^3 \qquad ①$$

令 $g(x)=f(x)-\frac{1}{3}x^3$,则 ① 转化为 $g(x+y)=g(x)+g(y)$,由于 $f'(0)=1$,知 $f(x)$ 在 $x=0$ 处连续. 由柯西法得 $g(x)=cx$(记 $c=g(1)$),所以 $f(x)=\frac{1}{3}x^3+cx$,$f'(x)=x^2+c$,再由 $f'(0)=1$ 得 $c=1$.

因此,函数 $f(x)$ 的解析式为 $f(x)=\frac{1}{3}x^3+x$.

例 9 (2011 年清华大学保送生)设函数 $f(x)$ 是定义在$[0,1]$上的非负函数,对于任意 $x\cdot y\cdot x-y\in[0,1]$,有 $f(x+y)\geqslant f(x)+f(y)$,$f(x)=1$,证明:$f(x)\leqslant 2x$.

证明 先由题设易证 $f(x)$ 在$[0,1]$上是增函数,故当$\frac{1}{2}<x\leqslant 1$ 时,$f(x)\leqslant f(1)=1<2x$.

下面证明当 $0\leqslant x<\frac{1}{2}$ 时,$f(x)\leqslant 2x$ 也成立.

在 $f(x+y)\geqslant f(x)+f(y)$ 中,取 $x=y=x_0$,则 $f(x_0)\leqslant\frac{1}{2}f(2x_0)$;

取 $x=y=0$,则 $f(0)\leqslant 0\leqslant 2x$.

当$\frac{1}{4}<x\leqslant\frac{1}{2}$时,有$\frac{1}{2}<2x\leqslant 1$,所以 $f(x)\leqslant\frac{1}{2}f(2x)\leqslant\frac{1}{2}f(1)<2x$;

当$\frac{1}{8}<x\leqslant\frac{1}{4}$ 时,有$\frac{1}{4}<2x\leqslant\frac{1}{2}$,所以 $f(x)\leqslant\frac{1}{2}f(2x)\leqslant\frac{1}{4}f(1)<2x$;

当$\frac{1}{2^{n+1}}<x\leqslant\frac{1}{2^n}$时,有 $f(x)\leqslant\frac{1}{2}f(2x)\leqslant\frac{1}{4}f(4x)\leqslant\cdots\leqslant\frac{1}{2^n}f(2^n x)\leqslant\frac{1}{2^n}f(1)<2x$.

所以,当 $0\leqslant x<\frac{1}{2}$,$f(x)\leqslant 2x$ 也成立,因此,在$[0,1]$上有 $f(x)\leqslant 2x$.

例 10 (2006 年清华)已知函数 $f(x)$ 满足:对实数 a,b 有 $f(ab)=af(b)+bf(a)$,且 $|f(x)|\leqslant 1$,求证:$f(x)$ 恒为 0.

证法 1 先证明 $f(x)$ 为奇函数. 令 $a=b=0$, 则 $f(0)=0$; 令 $a=b=1$, 则 $f(1)=0$.

令 $a=b=-1$, 则 $f(-1)=0$, 令 $a=x, b=-1$, 则 $f(-x)=xf(-1)-f(x)$, 即 $f(-x)=-f(x)$.

因此, 要证明"当 $x\in\mathbf{R}$ 时, $f(x)$ 恒为 0", 只要证明: 当 $x>0$ 时, $f(x)$ 恒为 0.

令 $a=b=x$, 则 $f(x^2)=2xf(x), f(x^3)=3x^2f(x), \cdots, f(x^n)=nx^{n-1}f(x)$.

① 当 $x>1$ 时, $f(x^n)=nx^{n-1}f(x)$, 若 $f(x)$ 不等于 0, 则当 $n\to+\infty$, $|f(x^n)|\to+\infty$, 这与条件 $|f(x)|\leqslant 1$ 不相符, 故当 $x>1$ 时, $f(x)\equiv 0$;

② 当 $0<x<1$ 时, 令 $a=x, b=\dfrac{1}{x}$, 由 $f(1)=xf\left(\dfrac{1}{x}\right)+\dfrac{1}{x}f(x)=0\Rightarrow$ $f(x)=-x^2f\left(\dfrac{1}{x}\right)$.

而 $\dfrac{1}{x}>1$, 故 $f\left(\dfrac{1}{x}\right)=0$, 知 $f(x)\equiv 0$, 故当 $0<x<1$ 时, $f(x)\equiv 0$;

因此, 当 $x>0$, $f(x)$ 恒为 0, 结合 $f(x)$ 为奇函数且 $f(0)=0$ 知 $f(0)\equiv 0$.

证法 2 令 $a=0, b=0$, 则 $f(0)=0$, 对于任意的非零实数 x_0, 令 $b=x_0$, 则 $f(ax_0)=af(x_0)+x_0f(a)$, 当 a 不等于 0 时

$$\frac{f(x_0)}{x_0}=\frac{f(ax_0)}{ax_0}-\frac{f(a)}{a} \qquad ①$$

因为 $\lim\limits_{a\to\infty}\dfrac{1}{a}=0$, $|f(a)|\leqslant 1$, 所以 $\lim\limits_{a\to\infty}\dfrac{f(a)}{a}=0$;

因为 $\lim\limits_{a\to\infty}\dfrac{1}{ax_0}=0$, $|f(ax_0)|\leqslant 1$, 所以 $\lim\limits_{a\to\infty}\dfrac{f(ax_0)}{ax_0}=0$.

因此对 ① 两边取极限, 得

$$\lim_{a\to\infty}\frac{f(x_0)}{x_0}=\lim_{a\to\infty}\frac{f(ax_0)}{ax_0}-\frac{f(a)}{a}$$

故

$$\lim_{a\to\infty}\frac{f(x_0)}{x_0}=0, f(x_0)=0$$

综上, 对于任意的 $x\in\mathbf{R}$, $f(x)$ 恒为 0.

例 11 (2007 南京大学) 设 $f(x)$ 对一切实数 x, y 满足: $f(xy)=x^2f(y)+y^2f(x)-(xy)^2$, 且 $|f(x)-x^2|\leqslant 1$, 求函数 $f(x)$.

解 令 $x=y=0$, 则 $f(0)=0$. 由已知条件得

$$\frac{f(xy)}{x^2y^2}-1=\frac{f(y)}{y^2}-1+\frac{f(x)}{x^2}-1$$

令

$$g(x)=\frac{f(x)}{x^2}-1$$

则

$$g(xy)=g(x)+g(y)$$

因为 $$0 \leqslant \lim_{x \to \infty} |g(x)| = \lim_{x \to \infty} \left| \frac{f(x) - x^2}{x^2} \right| \leqslant \lim_{x \to \infty} \left| \frac{1}{x^2} \right| = 0$$

所以 $$\lim_{x \to \infty} |g(x)| = 0$$

故有 $\lim\limits_{x \to \infty} g(x) = 0$，所以，当固定 x_0 时，则

$$g(x_0) = \lim_{y \to \infty} g(x_0) = \lim_{y \to \infty} g(x_0 y) - \lim_{y \to \infty} g(y) = 0$$

即 $g(x) = 0$，故 $f(x) = x^2$.

三、探求函数的值和函数的性质

例 12 （2010 年重庆高考理科）已知函数 $f(x)$ 满足：$f(1) = \dfrac{1}{4}$，$4f(x)f(y) = f(x+y) + f(x-y)(x, y \in \mathbf{R})$，则 $f(2\ 010) =$ ________.

分析 赋予 x, y 特殊值，分别求出 $f(0), f(2), f(3), f(4), f(5), f(6), f(7), \cdots$，归纳概括找出规律，最后求出 $f(2\ 010)$ 的值；或根据已知条件推导出函数具有周期性.

解法 1 令 $x = 1, y = 0$，则 $4f(1)f(0) = f(1) + f(1)$，所以 $f(0) = \dfrac{1}{2}$；

令 $x = y = 1$，则 $4f(1)f(1) = f(2) + f(0)$，所以 $f(2) = -\dfrac{1}{4}$；

令 $x = 2, y = 1$，则 $4f(2)f(1) = f(3) + f(1)$，所以 $f(3) = -\dfrac{1}{2}$；

令 $x = y = 2$，则 $4f(2)f(2) = f(4) + f(0)$，所以 $f(4) = -\dfrac{1}{4}$；

令 $x = 4, y = 1$，则 $4f(4)f(1) = f(5) + f(3)$，所以 $f(5) = \dfrac{1}{4}$；

令 $x = y = 3$，则 $4f(3)f(3) = f(6) + f(0)$，所以 $f(6) = \dfrac{1}{2}$；

令 $x = 6, y = 1$，则 $4f(6)f(1) = f(7) + f(5)$，所以 $f(7) = \dfrac{1}{4}$；

……

函数值以 6 为周期循环出现，又因为 $\dfrac{2\ 010}{6} = 335$，所以 $f(2\ 010) = f(335 \times 6) = \dfrac{1}{2}$.

解法 2 令 $y = 1$，则 $4f(x)f(1) = f(x+1) + f(x-1)$，所以

$$f(x) = f(x+1) + f(x-1)$$

所以

$$f(x+1) = f(x) + f(x+2) = f(x+1) + f(x-1) + f(x+2)$$

所以 $f(x-1)=-f(x+2)$，即 $f(x)=-f(x+3)$，所以 $f(x+6)=f(x)$，即函数 $f(x)$ 是周期为 6 的函数，有 $f(0)=\frac{1}{2}$，所以 $f(2\,010)=f(335\times 6+0)=f(0)=\frac{1}{2}$.

点评 解法1是应用归纳得出的结论求值，需要求出多个函数值才发现规律；解法 2 是巧妙推导出周期函数的结论，减少了运算.

例 13 函数 $f(x)$ 对于任意非负实数 x,y 都满足 $f(x+y^2)=f(x)+2[f(y)]^2$，且 $f(x)\geqslant 0, f(1)\neq 0$，则 $f(2+\sqrt{3})=$________

分析 这里要求 $f(x)$ 的表达式并不容易，但根据要求，只要求 $2+\sqrt{3}$ 的函数值即可，因此在一些具体值上入手比较方便.

解 设 $x=y=0$，则由已知得 $f(0)=f(0)+2[f(0)]^2\Rightarrow f(0)=0$. 再设 $x=0, y=1$，得 $f(1)=f(0)+2[f(1)]^2$，以 $f(0)=0$ 代入 $2[f(1)]^2=f(1)$，已知 $f(1)\neq 0$，所以 $f(1)=\frac{1}{2}$.

设 $x=y=1$，得 $f(2)=f(1)+2[f(1)]^2$，即

$$f(2)=\frac{1}{2}+2\times\frac{1}{4}=1$$

设 $x=2, y=1$，得 $f(3)=f(2)+2[f(1)]^2$，$f(3)=1+2\times\frac{1}{4}=\frac{3}{2}$.

设 $x=0, y=\sqrt{3}$，得 $\frac{3}{2}=2[f(\sqrt{3})]^2$，所以 $f(\sqrt{3})=\frac{\sqrt{3}}{2}$.

设 $x=0, y=\sqrt[4]{3}$，得 $f(\sqrt{3})=f(0)+2[f(\sqrt[4]{3})]^2$，即 $\frac{\sqrt{3}}{2}=2[f(\sqrt[4]{3})]^2$，$[f(\sqrt[4]{3})]^2=\frac{\sqrt{3}}{4}$，至此可求 $f(2+\sqrt{3})$：

$$f(2+\sqrt{3})=f(2)+2[f(\sqrt[4]{3})]^2=1+2\times\frac{\sqrt{3}}{4}=1+\frac{\sqrt{3}}{2}$$

点评 对 x,y 进行赋值操作是这类问题的常用解法，但赋何值有时需要对未知数进行多次赋值试验，有时候需要从数的结构中去寻找规律.

例 14 已知定义域为$[0,1]$的函数 $f(x)$ 同时满足以下三个条件：

(i) 对任意的 $x\in[0,1]$，总有 $f(x)\geqslant 0$；

(ii) $f(1)=1$；

(iii) 若 $x_1\geqslant 0, x_2\geqslant 0$，且 $x_1+x_2\leqslant 1$，则有 $f(x_1+x_2)\geqslant f(x_1)+f(x_2)$ 成立，并且称 $f(x)$ 为"友谊函数"，请解答下列各题：

(1) 若已知 $f(x)$ 为"友谊函数"，求 $f(0)$ 的值；

(2) 函数 $g(x)=2^x-1$ 在区间 $[0,1]$ 上是否为"友谊函数"? 并给出理由.

(3) 已知 $f(x)$ 为"友谊函数",假定存在 $x_0\in[0,1]$,使得 $f(x_0)\in[0,1]$ 且 $f[f(x_0)]=x_0$,求证:$f(x_0)=x_0$.

解 (1) 取 $x_1=x_2=0$ 得 $f(0)\geqslant f(0)+f(0)\Rightarrow f(0)\leqslant 0$,又由 $f(0)\geqslant 0$,得 $f(0)=0$.

(2) 显然 $g(x)=2^x-1$ 在 $[0,1]$ 上满足 ① $g(x)\geqslant 0$;② $g(1)=1$. 若 $x_1\geqslant 0$,$x_2\geqslant 0$,且 $x_1+x_2\leqslant 1$,则有

$$g(x_1+x_2)-[g(x_1)+g(x_2)]=2^{x_1+x_2}-1-[(2^{x_1}-1)+(2^{x_2}-1)]=$$
$$(2^{x_2}-1)(2^{x_1}-1)\geqslant 0$$

故 $g(x)=2^x-1$ 满足条件(i)(ii)(iii),所以 $g(x)=2^x-1$ 为友谊函数.

(3) 由(3) 知任给 $x_2,x_1\in[0,1]$,其中 $x_2>x_1$,且有 $x_2+x_1\leqslant 1$,不妨设 $x_2=x_1+\Delta x(\Delta x>0)$,则必有:$0<\Delta x<1$,所以

$$f(x_2)-f(x_1)=f(x_1+\Delta x)-f(x_1)\geqslant$$
$$f(x_1)+f(\Delta x)-f(x_1)=$$
$$f(\Delta x)\geqslant 0$$

所以 $f(x_2)\geqslant f(x_1)$. 依题意必有 $f(x_0)=x_0$.

下面用反证法证明:假设 $f(x_0)\neq x_0$,则有 $x_0<f(x_0)$ 或 $x_0>f(x_0)$.

若 $x_0<f(x_0)$,则 $f(x_0)\leqslant f[f(x_0)]=x_0$,这与 $x_0<f(x_0)$ 矛盾;

若 $x_0>f(x_0)$,则 $f(x_0)\geqslant f[f(x_0)]=x_0$,这与 $x_0>f(x_0)$ 矛盾.

故由上述证明知假设不成立,则必有 $f(x_0)=x_0$,证毕.

例 15 定义在正实数集上的函数 $f(x)$ 满足下列条件:(i) 存在常数 $a(0<a<1)$,使得 $f(a)=1$;(ii) 对任意实数 m,当 $x\in\mathbf{R}_+$ 时,有 $f(x^m)=mf(x)$.

(1) 求证:对于任意正数 x,y,$f(xy)=f(x)+f(y)$;

(2) 证明:$f(x)$ 在正实数集上单调递减;

(3) 若不等式 $f(\log_a^2(4-x)+2)-f(\log_a(4-x)^8)\leqslant 3$ 恒成立,求实数 a 的取值范围.

证明 (1) 因为 x,y 均为正数,且 $0<a<1$,根据指数函数性质可知,总有实数 m,n 使得 $x=a^m$,$y=a^n$,于是

$$f(xy)=f(a^m a^n)=f(a^{m+n})=(m+n)f(a)=m+n$$

又 $$f(x)+f(y)=f(a^m)+f(a^n)=mf(a)+nf(a)=m+n$$

所以 $$f(xy)=f(x)+f(y)$$

(2) 任设 $x_1,x_2\in\mathbf{R}_+$,$x_1>x_2$,可令 $x_1=x_2t(t>1)$,$t=a^\alpha(\alpha<0)$. 则由(1) 知

$$f(x_1)-f(x_2)=f(x_2t)-f(x_2)=$$
$$f(x_2)+f(t)-f(x_2)=$$

$$f(t)=f(a^{\alpha})=\alpha f(a)=\alpha<0$$

即 $f(x_1)<f(x_2)$. 所以 $f(x)$ 在正实数集上单调递减.

(3) 令 $\log_a(4-x)=t$，原不等式化为 $f(t^2+2)-f(8t)\leqslant 3$，其中 $t>0$. 因为 $f(x)-f(y)=f(x)+f(y^{-1})=f\left(\dfrac{x}{y}\right)$ 且 $f(a)=1(0<a<1)$，不等式可进一步化为 $f\left(\dfrac{t^2+2}{8t}\right)\leqslant f(a^3)$，又由于单调递减，所以 $\dfrac{t^2+2}{8t}\geqslant a^3$ 对于 $t>0$ 恒成立.

而 $\dfrac{t^2+2}{8t}=\dfrac{1}{8}\left[\left(\sqrt{t}-\sqrt{\dfrac{2}{t}}\right)^2+2\sqrt{2}\right]$，且当 $t=\sqrt{2}$ 时，$\left(\dfrac{t^2+2}{8t}\right)_{\min}=\dfrac{1}{2\sqrt{2}}$.

所以 $a^3\leqslant\dfrac{1}{2\sqrt{2}}$，又 $0<a<1$，终得 $0<a\leqslant\dfrac{\sqrt{2}}{2}$.

巩固练习

1. 已知 $f(x)$ 为 $\mathbf{R}$ 上增函数，且对任意 $x\in\mathbf{R}$，都有 $f[f(x)-3^x]=4$，则 $f(2)=$________.

解　10. 依题意，$f(x)-3^x$ 为常数. 设 $f(x)-3^x=m$，则 $f(m)=4$，$f(x)=3^x+m$，所以

$$3^m+m=4,3^m+m-4=0$$

易知方程 $3^m+m-4=0$ 有唯一解 $m=1$，所以

$$f(x)=3^x+1,f(2)=3^2+1=10$$

2. 已知对每一对实数 x,y，函数 f 满足 $f(x)+f(y)=f(x+y)-xy-1$. 若 $f(1)=1$，则满足 $f(n)=n(n\in\mathbf{Z})$ 的 n 个数是________.

解　2. 令 $y=1$ 得 $f(x)+f(1)=f(x+1)-x-1$，即 $f(x+1)=f(x)+x+2$. 令 $x=0$ 得 $f(1)=f(0)+2$. 由 $f(1)=1$ 知 $f(0)=-1$. 当 $n\in\mathbf{N}^*$ 时

$$f(n)=\sum_{k=1}^{n}[f(k)-f(k-1)]+f(0)=\sum_{k=1}^{n}(k+1)+f(0)=\frac{n(n+3)}{2}-1$$

同理
$$f(-n)=-\frac{n(-n+3)}{2}-1$$

所以，$f(n)=\dfrac{n(n+3)}{2}-1,n\in\mathbf{Z}$. 令 $f(n)=n$，解得 $n=-2$ 或 $n=1$.

3. 设函数 $f:\mathbf{R}\to\mathbf{R}$，满足 $f(0)=1$，且对任意 $x,y\in\mathbf{R}$，都有 $f(xy+1)=f(x)f(y)-f(y)-x+2$，则 $f(x)=$________;

解　$x+1$. 因为 $\forall x,y\in\mathbf{R}$，有

$$f(xy+1)=f(x)f(y)-f(y)-x+2$$

所以有 $$f(xy+1)=f(y)f(x)-f(x)-y+2$$

所以 $$f(x)f(y)-f(y)-x+2=f(y)f(x)-f(x)-y+2$$

即 $f(x)+y=f(y)+x$，令 $y=0$，得 $f(x)=x+1$.

4.已知多项式 $f(x)$ 满足：$f(x^2+x+3)+2f(x^2-3x+5)=6x^2-10x+17(x\in\mathbf{R})$，则 $f(2\,011)=$________.

解 4 019.用 $1-x$ 代替原式中的 x 得

$$f(x^2-3x+5)+2f(x^2+x+3)=6x^2-2x+13$$

解二元一次方程组得 $f(x^2+x+3)=2x^2+2x+3$，所以 $f(x)=2x-3$，则 $f(2\,011)=4\,019$（分析得 $f(x)$ 为一次多项式，可直接求 $f(x)$ 的解析式）.

5.设函数 $f(x):\mathbf{R}\to\mathbf{R}$，且满足，$\forall x,y\in\mathbf{R}$，

$$f(x)f(y)=f(2xy+3)+3f(x+y)-3f(x)+6x$$

则 $f(x)=$________.

解 $2x+3$.取 $x=0$ 代入得 $f(0)\cdot f(y)=f(3)+3f(y)-3f(0)$，即

$$[f(0)-3]\cdot f(y)=f(3)-3f(0)$$

显然 $f(y)$ 不恒等于常数，所以 $f(0)-3=0$ 且 $f(3)-3f(0)=0$，所以 $f(0)=3$，$f(3)=9$，又取 $y=0$ 代入可得 $f(x)=2x+3$.

6.函数 $f(x)$ 的定义域为 $(0,+\infty)$，并且对任意正实数 x，都有 $f(x)+xf\left(\frac{2\,012}{x}\right)=3x$，则 $f(2)=$________.

解 2 010.令 $x=2$，得

$$f(2)+2f\left(\frac{2\,012}{2}\right)=6 \qquad ①$$

令 $x=\frac{2\,012}{2}$，得

$$f\left(\frac{2\,012}{2}\right)+2f(2)=3\times\frac{2\,012}{2} \qquad ②$$

从 ①② 中消去 $f\left(\frac{2\,012}{2}\right)$，得 $f(2)=2\,010$.

7.已知对每一个实数 x 和 y，函数 $f(x)$ 满足 $f(x)+f(y)=f(x+y)+xy$.若 $f(1)=m$，则满足 $f(n)=2\,014$ 的正整数对 (m,n) 共有________个.

解 8.令 $y=1$，得 $f(x)+f(1)=f(x+1)+x$，所以 $f(x+1)-f(x)=m-x$，所以

$$f(x)-f(x-1)=m-(x-1)$$

$$f(x)=[f(x)-f(x-1)]+[f(x-1)-f(x-2)]+\cdots+[f(2)-f(1)]+f(1)=$$

$$mx-\frac{1}{2}x(x-1)$$

而 $f(n)=2\ 014$,设

$$2\ 014=mn-\frac{1}{2}n(n-1)\Rightarrow$$

$$n(2m+1-n)=4\times 19\times 53$$

又 $n+(2m+1-n)=2m+1$ 为奇数,所以 n 与 $(2m+1-n)$ 为一奇一偶. 当 n 为偶数时,$2m+1-n$ 取得奇数的个数为 $(1+1)(1+1)=4$ 个(19×53 的约数),即有 4 个解;同理,n 为奇数时,也有 4 个解,故共有 8 个.

8. 已知函数 $y=f(x)$ 的定义域为 $\mathbf{R}$,并对一切实数 x,都满足 $f(2+x)=f(2-x)$.

证明:(1) 函数 $y=f(x)$ 的图像关于直线 $x=2$ 对称;

(2) 若 $f(x)$ 是偶函数,且 $x\in[0,2]$ 时,$f(x)=2x-1$,求 $x\in[-4,0]$ 时 $f(x)$ 的表达式.

证明 (1) 设 $P(x_0,y_0)$ 是函数 $y=f(x)$ 图像上任一点,则 $y_0=f(x_0)$,点 P 关于直线 $x=2$ 的对称点为 $P'(4-x_0,y_0)$. 因为

$$f(4-x_0)=f[2+(2-x_0)]=f[2-(2-x_0)]=f(x_0)=y_0$$

所以 P' 也在 $y=f(x)$ 的图像上,所以函数 $y=f(x)$ 的图像关于直线 $x=2$ 对称.

(2) 当 $x\in[-2,0]$ 时,$-x\in[0,2]$,所以 $f(-x)=-2x-1$. 又因为 $f(x)$ 为偶函数,所以

$$f(x)=f(-x)=-2x-1,x\in[-2,0]$$

当 $x\in[-4,-2]$ 时,$4+x\in[0,2]$,所以

$$f(4+x)=2(4+x)-1=2x+7$$

而

$$f(4+x)=f(-x)=f(x)$$

所以

$$f(x)=2x+7,x\in[-4,-2]$$

所以

$$f(x)=\begin{cases}2x+7,x\in[-4,-2]\\-2x-1,x\in[-2,0]\end{cases}$$

9. 函数 $f(x)$ 的定义域为 $\mathbf{R}$,且满足:对于任意的 $x,y\in\mathbf{R}$,

$$f(x-y+1)=f(x)f(y)+f(1-x)f(1-y)$$

$f(x)$ 在区间 $[0,1]$ 上单调递增. 求:

(1) $f(0)$;

(2) 不等式 $2f(x+1)-1\geqslant 0$ 的解集.

解 (1) 令 $x=0,y=1$,则 $f(0)=2f(0)f(1)$,所以 $f(0)=0$ 或 $f(1)=\frac{1}{2}$,

令 $x=0,y=0$，则 $f(1)=[f(0)]^2+[f(1)]^2$，令 $x=y=\frac{1}{2}$，则 $f(1)=2\left[f\left(\frac{1}{2}\right)\right]^2$，若 $f(1)=\frac{1}{2}$，则 $f(0)=\pm\frac{1}{2}$，$f\left(\frac{1}{2}\right)=\pm\frac{1}{2}$，因为 $f(x)$ 在$[0,1]$上单调递增，所以 $f(0)<f\left(\frac{1}{2}\right)<f(1)$，矛盾！因此 $f(0)=0$.

(2)$f(1)=[f(1)]^2$，$f(1)=1$. 令 $y=0$，则

$$f(x+1)=f(x)f(0)+f(1-x)f(1)=f(1-x)$$

所以 $f(x)$ 的图像关于直线 $x=1$ 对称. 再证 $f(x)$ 的图像关于原点对称.

令 $x=\frac{1}{2},y=\frac{3}{2}$，所以

$$f(0)=f\left(\frac{1}{2}\right)f\left(\frac{3}{2}\right)+f\left(\frac{1}{2}\right)f\left(-\frac{1}{2}\right)$$

因为

$$f\left(\frac{1}{2}\right)>f(0)=0$$

所以

$$f\left(-\frac{1}{2}\right)=-f\left(\frac{3}{2}\right)=-f\left(\frac{1}{2}\right)$$

令 $y=2$，有

$$f(x-1)=f(x)f(2)+f(1-x)f(-1)$$

对上式令 $x=\frac{1}{2}$，则 $f\left(-\frac{1}{2}\right)=f\left(\frac{1}{2}\right)f(-1)$，所以 $f(-1)=-1$.

又因为 $f(2)=f(0)=0$，所以对任意的 $x\in\mathbf{R}$，恒有 $f(x-1)=-f(1-x)$，所以 $f(x)$ 的图像关于原点对称. 所以对于任意 $x\in\mathbf{R}$，有

$$f(x)=f(2-x)=-f(x-2)=-f(4-x)=f(x-4)$$

从而 $f(x)$ 的最小正周期为 4.

这样可以大致描述 $f(x)$ 的图像如图 1 所示.

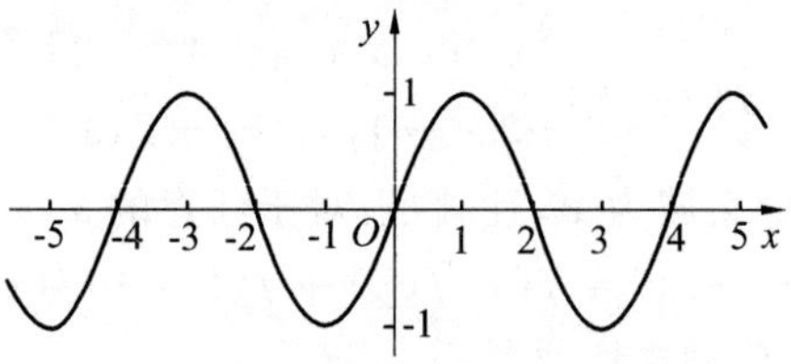

图 1

令 $x=\frac{1}{3},y=\frac{2}{3}$，$f\left(\frac{2}{3}\right)=2f\left(\frac{1}{3}\right)f\left(\frac{2}{3}\right)$，因为 $f\left(\frac{2}{3}\right)>f(0)=0$，所以

$f\left(\frac{1}{3}\right)=\frac{1}{2}$,所以 $f\left(\frac{5}{3}\right)=\frac{1}{2}$. 由 $2f(x+1)-1\geqslant 0$,可得 $f(x+1)\geqslant\frac{1}{2}$. 根据图像,可知$\frac{1}{3}+4k\leqslant x+1\leqslant\frac{5}{3}+4k,k\in\mathbf{Z}$,所以不等式的解集是$\{x\mid 4k-\frac{2}{3}\leqslant x\leqslant 4k+\frac{2}{3},k\in\mathbf{Z}\}$.

10. 设$\mathbf{R}$是全体实数的集合. 试求出所有的函数 $f:\mathbf{R}\to\mathbf{R}$,使得对于$\mathbf{R}$中的一切 x 和 y,都有

$$f(x^2+f(y))=y+(f(x))^2 \quad ①$$

解 先求 $f(0)$. 令 $x=0,t=(f(0))^2$,代入式 ①,得

$$f(f(y))=y+t \quad ②$$

由式 ②,可知

$$f(f(x^2+f(f(y))))=x^2+f(f(y))+t \quad ③$$

由式 ①,可得

$$f(f(x^2+f(f(y))))=f((f(x))^2+f(y))=y+(f(f(x)))^2 \quad ④$$

从式 ②,③,④ 便得 $x^2+y+2t=y+(x+t)^2$,即 $2t=t^2+2tx$ 对任意实数 x 均成立. 所以 $t=0$,从而 $f(0)=0$. 将 $t=0$ 代入式 ②,得

$$f(f(y))=y \quad ⑤$$

当 $x\geqslant 0$ 时,由式 ① 和式 ⑤,得

$$f(x+y)=f(x+f(f(y)))=f(y)+(f(\sqrt{x}))^2\geqslant f(y)$$

于是知 $f(x)$ 是 $\mathbf{R}$ 上的递增函数,即当 $x\geqslant y$ 时,有 $f(x)\geqslant f(y)$. 因此,$f(x)=x$.

事实上,若存在 $x_0\in\mathbf{R}$,使得 $f(x_0)\neq x_0$. 如果 $x_0<f(x_0)$,则 $f(x_0)\leqslant f(f(x_0))=x_0$,矛盾. 如果 $x_0>f(x_0)$,则 $f(x_0)\geqslant f(f(x_0))=x_0$,矛盾. 易知 $f(x)=x$ 满足式 ①. 因此所求的函数为 $f(x)=x$.

点评 通过观察式 ①,容易知道 $f(x)=x$ 是式 ① 的一个解. 估计 $f(x)$ 可能是线性函数,所以先求 $f(0)$ 将有助于解题.

11. 已知一个二元函数的 $f:\mathbf{R}_+\times\mathbf{R}_+=|(x,y)||x,y\in\mathbf{R}_+|\to\mathbf{R}_+$ 满足下面两个条件:

(i) 对任意正实数 x,y,z,有 $f(f(x,y),z)=f(f(z,y),x)$;

(ii) 对任意正实数 x,y,有 $f(x,1)=\frac{1}{x}$,$f(1,y)=y$.

求证:(1) 若 $f(x,y)=f(x,z)$,则 $y=z$;

(2) 若 $f(x,y)=f(z,y)$,则 $x=z$.

证明 令 $x=1$,由条件(1),(2) 得 $f(y,z)=\frac{1}{f(z,y)}$,即

$$f(y,z)\cdot f(z,y)=1 \qquad ①$$

在上式中令 $y=z$,得$(f(y,y))^2=1$,所以 $f(y,y)=1$.

若 $f(x,y)=f(x,z)$,则由式①,得$\frac{1}{f(y,x)}=\frac{1}{f(z,x)}$,所以 $f(y,x)=f(z,x)$.

于是 $f(f(y,x),x)=f((z,x),x)$.再由条件(i),便得

$$f(f(x,x),y)=f((x,x),z)$$

所以 $f(1,y)=f(1,z)$.

由条件(ii)便知 $y=z$.

若 $f(x,y)=f(z,y)$,则由式①得$\frac{1}{f(y,x)}=\frac{1}{f(y,z)}$.

所以 $f(y,x)=f(y,z)$.由上面已证的结果知,$x=z$.

综上所述,命题成立.

12.求所有的函数 $f:\mathbf{R}\rightarrow\mathbf{R}$,对于所有实数 x,y,满足

$$f(x+y)+f(x)f(y)=f(xy)+2xy+1$$

解 在原方程中,设 $y=1$,且设 $a=1-f(1)$,则有 $f(x+1)=af(x)+2x+1$.

在原方程中,将 y 变为 $y+1$,得

$$f(x+y+1)+f(x)f(y+1)=f(x(y+1))+2x(y+1)+1$$

将 $f(x+y+1)\backslash af(x+y)+2(x+y)+1,f(y+1)=af(y)+2y+1$ 代入得

$$a(f(x+y)+f(x)f(y))+(2y+1)(1+f(x))=f(x(y+1))+2xy+1$$

再次利用原方程,可得

$$a(f(xy)+2xy+1)+(2y+1)(1+f(x))=f(x(y+1))+2xy+1$$

设 $x=2t,y=-\frac{1}{2}$,则有 $a(f(-t)-2t+1)=f(t)-2t+1$.用 $-t$ 代替上式中的 t 得

$$a(f(t)+2t+1)=f(-t)+2t+1 \qquad ①$$

消去 $f(-t)$,得

$$(1-a^2)f(t)=2(1-a)^2t+a^2-1$$

其中,$a\neq-1$,否则对于所有的 t,有 $8t=0$,矛盾.

若 $a\neq1$,则 $1-a^2\neq0$,所以,$f(t)=2\left(\frac{1-a}{1+a}\right)t-1$.令 $t=1$,得

$$1-a=2\left(\frac{1-a}{1+a}\right)-1$$

从而,$a=0$ 或 $a=3$.

当 $a=0$ 时，得 $f(t)=2t-1$；当 $a=3$ 时，得 $f(t)=-t-1$.

若 $a=1$，由式 ① 可得 $f(t)=f(-t)$.

在原方程中分别设 $y=x$ 和 $y=-x$，得

$$f(2x)+f^2(x)=f(x^2)+2x^2+1, f(0)+f^2(x)=f(x^2)-2x^2+1$$

两式相减得
$$f(2x)=4x^2+f(0)$$

在 $f(x+1)=af(x)+2x+1$ 中，令 $x=0$，得 $f(1)=af(0)+1$.

因为 $a=1$，$f(1)=1-a=0$，所以，$f(0)=-1$. 于是，$f(2x)=4x^2-1$.

因此，对于所有 $x\in\mathbf{R}$，有 $f(x)=x^2-1$.

13. 求所有函数 $f:\mathbf{R}_+\to\mathbf{R}_+$，使得对所有的 $x,y\in\mathbf{R}_+$ 有 $f(x+f(y))=f(x+y)+f(y)$.

解 首先证明：对于所有的 $y\in\mathbf{R}_+$，有 $f(y)>y$：事实上，由条件可得

$$f(x+f(y))>f(x+y)$$

因此，$f(y)\neq y$.

若存在正实数 y，使得 $f(y)<y$，设 $x=y-f(y)$，则

$$f(y)=f((y-f(y))+f(y))=f(2y-f(y))+f(y)>f(y)$$

矛盾.

所以，对于所有的 $y\in\mathbf{R}_+$，有 $f(y)>y$.

对于 $x\in\mathbf{R}_+$，设 $g(x)=f(x)-x$，则 $f(x)=g(x)+x$，且 $g(x)>0$.

在原函数方程中令 $t=x+y$，有 $f(t+g(y))=f(t)+f(y)$，即

$$g(t+g(y))+t+g(y)=g(t)+t+g(y)+y$$

所以，对于任意的 $t>y>0$，有 $g(t+g(y))=g(t)+y$.

若存在 $y_1,y_2\in\mathbf{R}_+$，使得 $g(y_1)=g(y_2)$，那么，对于任意的 $t>\max\{y_1,y_2\}$，有

$$g(t)+y_1=g(t+g(y_1))=g(t+g(y_2))=g(t)+y_2$$

因此，$y_1=y_2$. 于是，g 是单射. 设 u,v 是任意的正实数，$t>u+v$，则

$$g(t+g(u)+g(v))=g(t+g(u))+v=g(t)+u+v=g(t+g(u+v))$$

于是，$t+g(u)+g(v)=t+g(u+v)$. 从而，$g(u)+g(v)=g(u+v)$.

由于 $g(v)$ 是正实数，因此，g 是严格递增的. 因 $g(t)+y=g(t+g(y))=g(t)+g(g(y))$，所以，$g(g(y))=y$. 若存在一个 $x\in\mathbf{R}_+$，使得 $g(x)\neq x$. 由 g 的单调性可知：当 $x>g(x)$ 时，$g(x)>g(g(x))=x$，矛盾；当 $x<g(x)$ 时，$g(x)<g(g(x))=x$，矛盾.

故 $g(x)=x$，$f(x)=g(x)+x=2x\ (x\in\mathbf{R}_+)$.

14. 已知实函数 $f(x,y)$ 满足

$$f(x,0)=1 \qquad ①$$

$$f(f(x,y),z)=f(z,xy)+z \qquad ②$$

求 $f(x,y)$ 的表达式.

解 把①代入②,有

$$f(1,y)=f(f(x,0),y)=f(y,0)+y=1+y \quad ③$$

进而

$$f(x,1)=f(1+(x-1),1)=f(f(1,(x-1)),1)=$$
$$(\text{由}③)f(1,1\cdot(x-1))+1=$$
$$[1+(x-1)]+1=x+1 \quad ④$$

一方面由④有

$$f(f(x,y),1)=f(x,y)+1 \quad ⑤$$

另一方面由②,③有

$$f(f(x,y),1)=f(1,xy)+1=1+xy+1 \quad ⑥$$

由⑤⑥得,$f(x,y)+1=1+xy+1$,即 $f(x,y)=xy+1$. 检验知 $f(x,y)=xy+1$ 为所求.

第5节　函数综合问题选讲

在本节里我们将选讲一些函数综合问题,进一步给出函数综合问题的求解方法与策略.

例1 已知 $f(x)=\dfrac{2x-a}{x^2+2}(x\in\mathbf{R})$,关于 x 的方程 $f(x)=\dfrac{1}{x}$ 有两个非零实数根 x_1,x_2. 是否存在实数 m,使得不等式 $m^2+tm+1\geqslant|x_1-x_2|$ 对任意的 $-1\leqslant a\leqslant 1$, $-1\leqslant t\leqslant 1$ 恒成立? 若存在,求 m 的取值范围;若不存在,请说明理由.

解 由 $\dfrac{2x-a}{x^2+2}=\dfrac{1}{x}$,得 $x^2-ax-2=0$, $\Delta=a^2+8>0$,由韦达定理得 $x_1+x_2=a$, $x_1x_2=-2$,从而 $|x_1-x_2|=\sqrt{a^2+8}$,因为 $-1\leqslant a\leqslant 1$,所以 $|x_1-x_2|\leqslant 3$. 要使不等式 $m^2+tm+1\geqslant|x_1-x_2|$ 对任意的 $-1\leqslant a\leqslant 1$, $-1\leqslant t\leqslant 1$ 恒成立,当且仅当 $m^2+tm+1\geqslant 3$ 对任意 $-1\leqslant t\leqslant 1$ 恒成立. 设 $g(t)=mt+(m^2-2)$,则

$$\begin{cases}g(1)=m+m^2-2\geqslant 0\\ g(-1)=-m+m^2-2\geqslant 0\end{cases}$$

解得 $m\geqslant 2$ 或 $m\leqslant -2$.

例2 求证:不存在这样的函数 $f:Z\to\{1,2,3\}$,满足对任意的整数 x,y,若 $|x-y|\in\{2,3,5\}$,则 $f(x)\neq f(y)$.

证明 假设存在这样的函数 f,则对任意的整数 n,设 $f(n)=a$,

$f(n+5)=b$,其中 $a,b\in\{1,2,3\}$,由条件知 $a\neq b$. 由于 $|(n+5)-(n+2)|=3$, $|n-(n+2)|=2$,所以 $f(n+2)\neq a$ 且 $f(n+2)\neq b$,即 $f(n+2)$ 是$\{1,2,3\}$除去 a,b 后剩下的那个数,不妨设 $f(n+2)=c$. 又由于 $|(n+5)-(n+3)|=2$, $|n-(n+3)|=3$,所以 $f(n+3)=f(n+2)$.

以 $n+1$ 代替 n,得 $f(n+4)=f(n+3)=f(n+2)$,但这与 $|(n+4)-(n+2)|=2$ 矛盾!

因此假设不成立,即不存在这样的函数 f.

例 3 某机床厂今年年初用98万元购进一台数控机床,并立即投入生产使用,计划第一年维修、保养费用 12 万元,从第二年开始,每年所需维修、保养费用比上一年增加4万元,该机床使用后,每年的总收入为50万元,设使用 x 年后数控机床的盈利额为 y 万元.

(1) 写出 y 与 x 之间的函数关系式;

(2) 从第几年开始,该机床开始盈利(盈利额为正值);

(3) 使用若干年后,对机床的处理方案有两种:

(i) 当年平均盈利额达到最大值时,以 30 万元价格处理该机床;

(ii) 当盈利额达到最大值时,以 12 万元价格处理该机床,问用哪种方案处理较为合算?请说明你的理由.

解 (1) $y=50x-\left[12x+\dfrac{x(x-1)}{2}\times 4\right]-98=-2x^2+40x-98$.

(2) 解不等式 $-2x^2+40x-98>0$,得 $10-\sqrt{51}<x<10+\sqrt{51}$. 因为 $x\in\mathbf{N}$,所以 $3\leqslant x\leqslant 17$. 故从第 3 年工厂开始盈利.

(3)(i) 因为

$$\frac{y}{x}=-2x+40-\frac{98}{x}=40-\left(2x+\frac{98}{x}\right)\leqslant 40-2\sqrt{2\times 98}=12$$

当且仅当 $2x=\dfrac{98}{x}$ 时,即 $x=7$ 时,等号成立.

所以到 2008 年,年平均盈利额达到最大值,工厂共获利 $12\times 7+30=114$(万元).

(ii) 因为 $y=-2x^2+40x-98=-2(x-10)^2+102$,所以当 $x=10$ 时,$y_{\max}=102$.

故到 2011 年,盈利额达到最大值,工厂共获利 $102+12=114$(万元).

答 从年平均盈利来看,第一种处理方案为好.

例 4 已知函数 $f(x)$ 的定义域为$[0,1]$,且同时满足:(i) $f(1)=3$;(ii) $f(x)\geqslant 2$ 对一切 $x\in[0,1]$ 恒成立;(iii) 若 $x_1\geqslant 0, x_2\geqslant 0, x_1+x_2\leqslant 1$,则 $f(x_1+x_2)\geqslant f(x_1)+f(x_2)-2$.

(1) 求函数 $f(x)$ 的最大值和最小值;

(2) 试比较 $f\left(\frac{1}{2^n}\right)$ 与 $\frac{1}{2^n}+2(n\in\mathbf{N})$ 的大小;

(3) 某同学发现:当 $x=\frac{1}{2^n}(n\in\mathbf{N})$ 时,有 $f(x)<2x+2$,由此他提出猜想:对一切 $x\in(0,1]$,都有 $f(x)<2x+2$,请你判断此猜想是否正确,并说明理由.

解 (1) 设 $x_1,x_2\in[0,1]$,$x_1<x_2$,则 $x_2-x_1\in[0,1]$.

所以 $f(x_1)=f[(x_2-x_1)+x_1]\geqslant f(x_2-x_1)+f(x_1)-2$,所以 $f(x_2)-f(x_1)\geqslant f(x_2-x_1)-2\geqslant 0$,故 $f(x_1)\leqslant f(x_2)$. 则当 $0\leqslant x\leqslant 1$ 时,$f(0)\leqslant f(x)\leqslant f(1)$.

在(iii)中,令 $x_1=x_2=0$,得 $f(0)\leqslant 2$,由(ii)得 $f(0)\geqslant 2$,所以 $f(0)=2$. 所以当 $x=0$ 时,$f(x)$ 取得最小值为 2;当 $x=1$ 时,$f(x)$ 取得最大值为 3.

(2) 在(iii)中,令 $x_1=x_2=\frac{1}{2^n}$,得

$$f\left(\frac{1}{2^{n-1}}\right)\geqslant 2f\left(\frac{1}{2^n}\right)-2$$

所以

$$f\left(\frac{1}{2^n}\right)-2\leqslant\frac{1}{2}\left[f\left(\frac{1}{2^{n-1}}\right)-2\right]\leqslant\frac{1}{2^2}\left[f\left(\frac{1}{2^{n-2}}\right)-2\right]\cdots\leqslant\frac{1}{2^n}\left[f\left(\frac{1}{2^{n-n}}\right)-2\right]=\frac{1}{2^n}$$

则

$$f\left(\frac{1}{2^n}\right)\leqslant\frac{1}{2^n}+2$$

(3) 对 $x\in[0,1]$,总存在 $n\in\mathbf{N}$,满足 $\frac{1}{2^{n+1}}<x\leqslant\frac{1}{2^n}$. 由(1)与(2),得 $f(x)\leqslant f\left(\frac{1}{2^n}\right)\leqslant\frac{1}{2^n}+2$,又 $2x+2>2\cdot\frac{1}{2^{n+1}}+2=\frac{1}{2^n}+2$,所以 $f(x)<x+2$.

综上所述,对任意 $x\in[0,1]$,$f(x)<x+2$ 恒成立.

例 5 设函数 $f(x)=3ax^2-2(a+b)x+b$,其中 $a>0$,b 为任意常数. 证明:当 $0\leqslant x\leqslant 1$ 时,有 $|f(x)|\leqslant\max(f(0),f(1))$.

证明 已知 $f(x)=3ax^2-2(a+b)x+b$,所以 $x_0=\frac{a+b}{3a}$ 为其极小值点,此时 $|f(x_0)|=\frac{|ab-(a^2+b^2)|}{3a}=\frac{a^2+b^2-ab}{3a}$,而 $\max\limits_{0\leqslant x\leqslant 1}|f(x)|=\max\{|f(x_0)|,|f(0)|,|f(1)|\}$.

(1) $0\leqslant x_0\leqslant 1$,此时有 $\begin{cases}a+b\geqslant 0\\ 2a-b\geqslant 0\end{cases}$.

(i) 当 $b\leqslant 0$ 时,$|f(1)|=|a-b|=a-b=f(1)>-b=|f(0)|$;$|f(x_0)|=$

$\dfrac{a^2+b^2-ab}{3a} \leqslant f(1) \Leftrightarrow a^2+b^2-ab \leqslant 3a(a-b) \Leftrightarrow a^2+b^2+2ab \leqslant 3a^2 \Leftrightarrow 0<$

$a+b \leqslant \sqrt{3}a$（此不等式显然成立），于是有

$$\max_{0\leqslant x\leqslant 1} |f(x)| = \max\{|f(x_0)|, |f(0)|, |f(1)|\} = f(1) = \max\{f(0), f(1)\}$$

(ii) 当 $a>b>0$ 时，$|f(1)|=|a-b|=a-b=f(1)$，$|f(0)|=b=f(0)$；此时同样有 $|f(x_0)| \leqslant f(1)$. 于是有

$$\max_{0\leqslant x\leqslant 1} |f(x)| = \max\{|f(x_0)|, |f(0)|, |f(1)|\} = \max\{f(0), f(1)\}$$

(iii) 当 $b>a>0$ 时，$|f(1)|=|a-b|=b-a<|f(0)|=b=f(0)$，此时考虑 $|f(x_0)| \leqslant f(0) \Leftrightarrow a^2+b^2-ab \leqslant 3ab \Leftrightarrow (2a-b)^2 \leqslant 3a^2 \Leftrightarrow 0 \leqslant 2a-b \leqslant \sqrt{3}a \Leftrightarrow (2-\sqrt{3})a<a<b$，于是有

$$\max_{0\leqslant x\leqslant 1} |f(x)| = \max\{|f(x_0)|, |f(0)|, |f(1)|\} = \max\{f(0), f(1)\}$$

(2) $x_0<0$；此时有 $a+b<0$. 由于 $a>0$，所以 $b<0$. 于是有

$$\max_{0\leqslant x\leqslant 1} |f(x)| = \max\{|f(0)|, |f(1)|\} = \max\{-b, a-b\} = a-b = f(1) = \max\{f(0), f(1)\}$$

(3) $x_0>1$；此时有 $2a-b<0$. 由于 $a>0$，所以 $b>0$，于是有

$$\max_{0\leqslant x\leqslant 1} |f(x)| = \max\{|f(0)|\ |f(1)|\} = \max\{b, |a-b|\}$$

当 $a>b$ 时，$\max\{b, |a-b|\} = \max\{b, a-b\} = \max\{f(0), f(1)\}$

当 $a<b$ 时，$\max\{b, |a-b|\} = \max\{b, b-a\} = b = \max\{f(0), f(1)\}$

综合(1)，(2)，(3)，有：当 $0 \leqslant x \leqslant 1$ 时，有 $|f(x)| \leqslant \max(f(0), f(1))$.

例 6　设 P 为曲线 C_1 上任意一点，Q 为曲线 C_2 上任意一点. 定义 P，Q 两点间的距离 $|PQ|$ 的最小值为曲线 C_1 与 C_2 间的距离. 已知曲线 $C_1: y=x^2-1$，曲线 $C_2: x^2+(y-r)^2=r^2 (r>0)$.

(1) 求曲线 C_1 与曲线 C_2 间的距离 $f(r)$ 的表达式；

(2) 若关于 r 的方程 $f(r)=m$ 有解，求 m 的取值范围.

解　(1) 曲线 C_2 表示以 $A(0,r)$ 为圆心，r 为半径的圆. 设 $P(t, t^2-1)$ 为曲线 $C_1: y=x^2-1$ 上任意一点，则

$$|PA|^2 = t^2+(t^2-1-r)^2 = t^4-(2r+1)t^2+(r+1)^2 = \left(t^2-\frac{2r+1}{2}\right)^2+\frac{4r+3}{4}$$

由于 $r>0$，所以当 $t^2=\dfrac{2r+1}{2}$ 时，$|PA|^2$ 有最小值 $\dfrac{4r+3}{4}$. 所以，$|PA|$ 的最小值为 $\dfrac{\sqrt{4r+3}}{2}$.

当 $\dfrac{\sqrt{4r+3}}{2} \leqslant r$，即 $r \geqslant \dfrac{3}{2}$ 时，$f(r)=0$. 当 $\dfrac{\sqrt{4r+3}}{2} > r$，即 $0<r<\dfrac{3}{2}$ 时，

$f(r)=\dfrac{\sqrt{4r+3}}{2}-r$,所以

$$f(r)=\begin{cases}0 & \left(r\geqslant\dfrac{3}{2}\right)\\ \dfrac{\sqrt{4r+3}}{2}-r & \left(0<r<\dfrac{3}{2}\right)\end{cases}$$

(2) 问题等价于求函数 $f(r)$ 的值域. 设 $0<r_1<r_2<\dfrac{3}{2}$,则 $r_1-r_2<0$,所以

$$\begin{aligned}f(r_1)-f(r_2)=&\frac{\sqrt{4r_1+3}}{2}-r_1-\frac{\sqrt{4r_2+3}}{2}+r_2=\\&\frac{(4r_1+3)-(4r_2+3)}{2(\sqrt{4r_1+3}+\sqrt{4r_2+3})}-(r_1-r_2)=\\&\frac{2-(\sqrt{4r_1+3}+\sqrt{4r_2+3})}{\sqrt{4r_1+3}+\sqrt{4r_2+3}}\cdot(r_1-r_2)>0\end{aligned}$$

所以 $f(r_1)>f(r_2)$,$f(r)$ 在区间 $\left(0,\dfrac{3}{2}\right)$ 上为减函数,$r\in\left(0,\dfrac{3}{2}\right)$ 时,$f(r)$ 的值域为 $\left(0,\dfrac{\sqrt{3}}{2}\right)$. 又 $r\geqslant\dfrac{3}{2}$ 时,$f(r)=0$. 因此,$f(r)$ 的值域为 $\left[0,\dfrac{\sqrt{3}}{2}\right)$,所以 m 的取值范围为 $\left[0,\dfrac{\sqrt{3}}{2}\right)$.

例 7 函数 $f(x)=\log_2[ax^2+(a+2)x+2(a+2)]$ 在区间 $[a+2,2(a+2)]$ 上恒有定义,求实数 a 的取值范围.

解 设 $g(x)=ax^2+(a+2)x+2(a+2)$,则 $f(x)=\log_2[ax^2+(a+2)x+2(a+2)]$ 在区间 $[a+2,2(a+2)]$ 上恒有定义,即 $g(x)>0$ 在 $[a+2,2(a+2)]$ 上恒成立.

当 $a=0$ 时,$g(x)=2x+4>0$ 在 $[2,4]$ 上恒成立.

当 $a>0$ 时,$g(x)$ 的对称轴 $-\dfrac{a+2}{2a}<0$,$g(x)$ 在 $[a+2,2(a+2)]$ 上单调增加,所以

$$g(a+2)=(a+2)(a^2+3a+4)>0$$

由 $a+2>0$,$a^2+3a+4>0$,所以 $a\in(0,+\infty)$.

当 $a<0$ 时,$g(x)>0$ 在 $[a+2,2(a+2)]$ 上恒成立,则

$$\begin{cases}g(a+2)>0\\ g[2(a+2)]>0\end{cases}$$

由 $g(a+2)=(a+2)(a^2+3a+4)>0$,$a^2+3a+4>0$,得 $a+2>0$,即 $a>-2$;

由 $g[2(a+2)]=(a+2)(2a^2+5a+3)>0$，得 $2a^2+5a+3>0$.

解得 $a<-\frac{3}{2}$ 或 $a>-1$，所以，$-2<a<-\frac{3}{2}$ 或 $-1<a<0$.

综上，$a\in\left(-2,-\frac{3}{2}\right)\cup(-1,+\infty)$.

例 8 已知直线 $l:y=-\frac{4}{3}x+\frac{7}{3}$ 与幂函数 $f(x)=x^m(m\neq 0)$ 的图像交于 A,B 两点，且 $|AB|=\frac{5}{4}$.

(1) 求 m 的值；

(2) 设符号 $[x]$ 表示不超过 x 的最大整数. 记 $S_n=f(1)+f(2)+f(3)+\cdots+f(n)(n\in\mathbf{N}^*)$. 求 $[S_{100}]$ 的值.

解 (1) 因为直线 l 过点 $(1,1)$，幂函数 $f(x)=x^m$ 的图像也过点 $(1,1)$. 所以点 $(1,1)$ 是直线 l 与幂函数 $f(x)=x^m$ 图像的一个交点，不妨设此点为 A，设 $B\left(x_0,-\frac{4}{3}x_0+\frac{7}{3}\right)$ 是直线 l 与幂函数 $f(x)=x^m$ 图像的另一个交点，则由 $|AB|=\frac{5}{4}$ 知

$$(x_0-1)^2+\left(-\frac{4}{3}x_0+\frac{7}{3}-1\right)^2=\left(\frac{5}{4}\right)^2$$

整理得

$$(x_0-1)^2=\left(\frac{3}{4}\right)^2$$

所以 $x_0=\frac{1}{4}$ 或 $x_0=\frac{7}{4}$，$B\left(\frac{1}{4},2\right)$ 或 $B\left(\frac{7}{4},0\right)$. 显然点 $B\left(\frac{7}{4},0\right)$ 不在幂函数 $f(x)=x^m$ 的图像上，因此，幂函数 $f(x)=x^m$ 的图像过点 $B\left(\frac{1}{4},2\right)$，所以

$$\left(\frac{1}{4}\right)^m=2,m=-\frac{1}{2}$$

(2) 由(1)知

$$f(x)=x^{-\frac{1}{2}}=\frac{1}{\sqrt{x}},S_n=\frac{1}{\sqrt{1}}+\frac{1}{\sqrt{2}}+\frac{1}{\sqrt{3}}+\cdots+\frac{1}{\sqrt{n}}$$

因为对任意的正整数 n，$\frac{1}{\sqrt{n}}=\frac{2}{\sqrt{n}+\sqrt{n}}>\frac{2}{\sqrt{n}+\sqrt{n+1}}=2(\sqrt{n+1}-\sqrt{n})$，所以

$$S_{100}>2(\sqrt{2}-\sqrt{1})+2(\sqrt{3}-\sqrt{2})+2(\sqrt{4}-\sqrt{3})+\cdots+2(\sqrt{101}-\sqrt{100})=$$
$$2(\sqrt{101}-\sqrt{1})>18$$

因为对任意的正整数 n，

$$\frac{1}{\sqrt{n}}=\frac{2}{\sqrt{n}+\sqrt{n}}<\frac{2}{\sqrt{n}+\sqrt{n-1}}=2(\sqrt{n}-\sqrt{n-1})$$

所以

$$S_{100}<1+2(\sqrt{2}-\sqrt{1})+2(\sqrt{3}-\sqrt{2})+\cdots+2(\sqrt{100}-\sqrt{99})=$$
$$1+2(\sqrt{100}-\sqrt{1})=19$$

所以 $$18<S_{100}<19,[S_{100}]=18$$

例 9 记函数 $f(x)$ 的定义域为 D，若存在 $x_0\in D$，使 $f(x_0)=x_0$ 成立，则称以 (x_0,x_0) 为坐标的点为函数 $f(x)$ 图像上的不动点.

(1) 若函数 $f(x)=\dfrac{3x+a}{x+b}$ 的图像上有两个关于原点对称的不动点，求 a,b 应满足的条件；

(2) 下述结论"若定义在 $\mathbf{R}$ 上的奇函数 $f(x)$ 的图像上存在有限个不动点，则不动点有奇数个"是否正确？若正确，请给予证明，并举出一例；若不正确，请举出一反例说明.

解 (1) 由 $f(x)=\dfrac{3x_0+a}{x_0+b}=x_0$，整理得

$$x_0^2+(b-3)x_0-a=0 \qquad (*)$$

由题意知方程(*)有两个互为相反数的根，所以 $\begin{cases}b-3=0\\-a<0\end{cases}$，即 $b=3,a>0$.

因为 $f(x)=3+\dfrac{a-9}{x+3}$，所以 $a\neq 9$，故 a,b 应满足 $b=3,a>0$ 且 $a\neq 9$.

(2) 结论正确. 证明：因为 $f(x)$ 为奇函数，所以 $f(-x)=-f(x)$，取 $x=0$，得 $f(0)=0$，即 $(0,0)$ 为函数的一个不动点，设函数 $f(x)$ 除 0 以外还有不动点 $(x,x)(x\neq 0)$，则 $f(x)=x$.

又 $f(-x)=-f(x)=-x$，故 $(-x,-x)$ 也为函数的不动点.

综上，若定义在 $\mathbf{R}$ 上的奇函数 $f(x)$ 图像上存在有限个不动点，则不动点有奇数个.

例如：$f(x)=x^3-x$.

例 10 设实数 $a>\dfrac{1}{9}$，函数 $f(x)=\sqrt{\dfrac{1-x^2}{1+x^2}}+a\sqrt{\dfrac{1+x^2}{1-x^2}}$.

(1) 当 $a=1$ 时，判断 $f(x)$ 的单调性；

(2) 求实数 a 的范围，使得对于区间 $\left[-\dfrac{2\sqrt{5}}{5},\dfrac{2\sqrt{5}}{5}\right]$ 上的任意三个实数 r,s,t，都存在以 $f(r),f(s),f(t)$ 为边长的三角形.

解 易知 $f(x)$ 的定义域为 $(-1,1)$，且 $f(x)$ 为偶函数.

(1) 当 $a=1$ 时，$f(x)=\sqrt{\frac{1-x^2}{1+x^2}}+\sqrt{\frac{1+x^2}{1-x^2}}$，令 $t=\sqrt{\frac{1-x^2}{1+x^2}}=\sqrt{\frac{2}{1+x^2}-1}$，则关于 x 的函数 t 在 $(-1,0)$ 上单调递增，在 $(0,1)$ 上单调递减，又定义域为 $(-1,1)$，所以 $t\in(0,1]$，而 $y=t+\frac{1}{t}$ 在 $(0,1]$ 上单调递减，由复合函数的单调性可知，$f(x)$ 在 $(-1,0)$ 上单调递减，在 $(0,1)$ 上单调递增.

(2) 令 $t=\sqrt{\frac{1-x^2}{1+x^2}}$，因为 $x\in\left[-\frac{2\sqrt{5}}{5},\frac{2\sqrt{5}}{5}\right]$，所以 $t\in\left[\frac{1}{3},1\right]$，所以 $y=t+\frac{a}{t}\left(\frac{1}{3}\leqslant t\leqslant 1\right)$.

从而原问题等价于求实数 a 的范围，使得在区间 $\left[\frac{1}{3},1\right]$ 上，恒有 $2y_{\min}>y_{\max}$.

① 当 $0<a\leqslant\frac{1}{9}$ 时，$y=t+\frac{9}{t}$ 在 $\left[\frac{1}{3},1\right]$ 上单调递增，所以 $y_{\min}=3a+\frac{1}{3}$，$y_{\max}=a+1$，由 $2y_{\min}>y_{\max}$ 得 $a>\frac{1}{15}$，所以 $\frac{1}{15}<a\leqslant\frac{1}{9}$.

② 当 $\frac{1}{9}<a\leqslant\frac{1}{3}$ 时，$y=t+\frac{a}{t}$ 在 $\left[\frac{1}{3},\sqrt{a}\right]$ 上单调递减，在 $[\sqrt{a},1]$ 上单调递增，所以

$$y_{\min}=2\sqrt{a},\ y_{\max}=\max\left\{3a+\frac{1}{3},a+1\right\}=a+1$$

由 $2y_{\min}>y_{\max}$ 得 $7-4\sqrt{3}<a<7+4\sqrt{3}$，从而 $\frac{1}{9}<a\leqslant\frac{1}{3}$.

③ 当 $\frac{1}{3}<a<1$ 时，$y=t+\frac{a}{t}$ 在 $\left[\frac{1}{3},\sqrt{a}\right]$ 上单调递减，在 $[\sqrt{a},1]$ 上单调递增，所以

$$y_{\min}=2\sqrt{a},\ y_{\max}=\max\left\{3a+\frac{1}{3},a+1\right\}=3a+\frac{1}{3}$$

由 $2y_{\min}>y_{\max}$ 得 $\frac{7-4\sqrt{3}}{9}<a<\frac{7+4\sqrt{3}}{9}$，从而 $\frac{1}{3}<a<1$.

④ 当 $a\geqslant 1$ 时，$y=t+\frac{a}{t}$ 在 $\left[\frac{1}{3},1\right]$ 上单调递减，所以 $y_{\min}=a+1$，$y_{\max}=3a+\frac{1}{3}$，由 $2y_{\min}>y_{\max}$ 得 $a<\frac{5}{3}$，从而 $1\leqslant a<\frac{5}{3}$；

综上，$\frac{1}{15}<a<\frac{5}{3}$.

例 11 若实数 x_0 满足 $f(x_0)=x_0$，则称 $x=x_0$ 为 $f(x)$ 的不动点. 已知函

数 $f(x)=x^3+ax^2+bx+3$,其中 a,b 为常数.

(1) 若 $a=0$,求函数 $f(x)$ 的单调递增区间;

(2) 若 $a=0$ 时,存在一个实数 x_0,使得 $x=x_0$ 既是 $f(x)$ 的不动点,又是 $f(x)$ 的极值点.求实数 b 的值;

(3) 求证:不存在实数组(a,b),使得 $f(x)$ 互异的两个极值点皆为不动点.

解 (1) 若 $a=0$,$f(x)=x^3+bx+3$,故 $f'(x)=3x^2+b$.当 $b\geqslant 0$ 时,显然 $f(x)$ 在 $\mathbf{R}$ 上单调递增;当 $b<0$ 时,由 $f'(x)>0$ 知 $x>\sqrt{-\frac{b}{3}}$ 或 $x<-\sqrt{-\frac{b}{3}}$.所以,当 $b\geqslant 0$ 时,$f(x)$ 的单调递增区间为$(-\infty,+\infty)$;当 $b<0$ 时,$f(x)$ 的单调递增区间为$\left(-\infty,-\sqrt{-\frac{b}{3}}\right)$,$\left(\sqrt{-\frac{b}{3}},+\infty\right)$.

(2) 由条件知$\begin{cases}3x_0^2+b=0\\x_0^3+bx_0+3=x_0\end{cases}$,于是 $2x_0^3+x_0-3=0$,即$(x_0-1)\cdot(2x_0^2+2x_0+3)=0$,解得 $x_0=1$,从而 $b=-3$.

(3) 假设存在一组实数(a,b) 满足条件.由条件知 $f'(x)=3x^2+2ax+b$,

因为 $f(x)$ 有两个不同极值点,则 $\Delta=4a^2-12b>0$,即

$$a^2>3b \qquad ①$$

设 $f(x)$ 的两个不同极值点为 x_1,x_2,其中 $x_1<x_2$,则 x_1,x_2 是方程 $3x^2+2ax+b=0$ 的两实根,所以 $x_1+x_2=-\frac{2a}{3}$,$x_1x_2=\frac{b}{3}$.又由 x_1,x_2 是 $f(x)$ 的不动点,则 x_1,x_2 是方程 $x^3+ax^2+(b-1)x+3=0$ 的两根,设其另一个根为 x_3,故

$$x^3+ax^2+(b-1)x+3=(x-x_1)(x-x_2)(x-x_3)$$

即

$$x^3+ax^2+(b-1)x+3=$$
$$x^3-(x_1+x_2+x_3)x^2+(x_1x_2+x_2x_3+x_3x_1)x-x_1x_2x_3$$

故有

$$\begin{cases}x_1+x_2+x_3=-a\\x_1x_2+x_2x_3+x_3x_1=b-1\\x_1x_2x_3=-3\end{cases}$$

于是 $x_3=-\frac{a}{3}=-\frac{9}{b}$,从而

$$ab=27 \qquad ②$$

又 $b-1=x_1x_2+(x_1+x_2)x_3=\frac{b}{3}+\left(-\frac{2a}{3}\right)\left(-\frac{a}{3}\right)$,即$\frac{2a^2}{9}-\frac{2b}{3}+1=0$,故$\frac{2a^2}{9}-\frac{18}{a}+1=0$,即 $2a^3+9a-162=0$.

令 $g(x)=2x^3+9x-162$，则 $g'(x)=6x^2+9>0$. 故 $g(x)$ 在 $\mathbf{R}$ 上单调递增，从而 $g(x)=0$ 至多有一个实根；又因为 $g(0)=-162<0$, $g(4)=2>0$，从而 $g(x)=0$ 至少有一个实根；所以，$g(x)=0$ 恰有一个实数根 $x=a\in(0,4)$.

由 ①，② 知 $a^2>3b=\dfrac{81}{a}$，即 $a^3>81$，这与 $a\in(0,4)$，矛盾！

所以，不存在实数组 (a,b)，使得 $f(x)$ 互异的两个极值点皆为不动点.

例 12 定义在正实数集上的函数 $f(x)$ 满足下列条件：(i) 存在常数 $a(0<a<1)$，使得 $f(a)=1$；(ii) 对任意实数 m，当 $x\in\mathbf{R}_+$ 时，有 $f(x^m)=mf(x)$.

(1) 求证：对于任意正数 x,y，$f(xy)=f(x)+f(y)$；

(2) 证明：$f(x)$ 在正实数集上单调递减；

(3) 若不等式 $f(\log_a^2(4-x)+2)-f(\log_a(4-x)^8)\leqslant 3$ 恒成立，求实数 a 的取值范围.

证明 (1) 因为 x,y 均为正数，且 $0<a<1$，根据指数函数性质可知，总有实数 m,n 使得 $x=a^m$，$y=a^n$，于是

$$f(xy)=f(a^m a^n)=f(a^{m+n})=(m+n)f(a)=m+n$$

又
$$f(x)+f(y)=f(a^m)+f(a^n)=mf(a)+nf(a)=m+n$$

所以
$$f(xy)=f(x)+f(y)$$

(2) 任设 $x_1,x_2\in\mathbf{R}_+$，$x_1>x_2$，可令 $x_1=x_2t(t>1)$，$t=a^\alpha(\alpha<0)$.

则由(1) 知

$$\begin{aligned}f(x_1)-f(x_2)&=f(x_2t)-f(x_2)=\\&f(x_2)+f(t)-f(x_2)=\\&f(t)=f(a^\alpha)=\alpha f(a)=\alpha<0\end{aligned}$$

即 $f(x_1)<f(x_2)$，所以 $f(x)$ 在正实数集上单调递减.

(3) 令 $\log_a(4-x)=t$，原不等式化为 $f(t^2+2)-f(8t)\leqslant 3$，其中 $t>0$. 因为 $f(x)-f(y)=f(x)+f(y^{-1})=f\left(\dfrac{x}{y}\right)$ 且 $f(a)=1(0<a<1)$，不等式可进一步化为

$$f\left(\frac{t^2+2}{8t}\right)\leqslant f(a^3)$$

又由于单调递减，所以 $\dfrac{t^2+2}{8t}\geqslant a^3$ 对于 $t>0$ 恒成立.

而 $\dfrac{t^2+2}{8t}=\dfrac{1}{8}\left[\left(\sqrt{t}-\sqrt{\dfrac{2}{t}}\right)^2+2\sqrt{2}\right]\geqslant\dfrac{1}{2\sqrt{2}}$，且当 $t=\sqrt{2}$ 时

$$\left(\frac{t^2+2}{8t}\right)_{\min}=\frac{1}{2\sqrt{2}}$$

所以 $a^3\leqslant\dfrac{1}{2\sqrt{2}}$，又 $0<a<1$，终得 $0<a\leqslant\dfrac{\sqrt{2}}{2}$.

例 13 是否存在正整数 k,使映射 $(x,y)\to x^2+kxy+y^2(x,y\in \mathbf{Z})$ 的象集包含所有的正整数?如果存在,请找出一个来;如果不存在,请给出证明.

解 问题的答案是否定的.我们讨论模 4 的各种可能,仅有 3 种情形需要考虑:

(a) $k\equiv 0(\bmod 4)$;(b) $k\equiv 2(\bmod 4)$;(c) k 是奇数.

由情形(a),对任意的整数 x 和 y,$x^2+kxy+y^2\equiv x^2+y^2(\bmod 4)$.这意味着 $x^2+kxy+y^2$ 与两个整数的平方和相差一个 4 的倍数.但是两个整数的平方和被 4 除的余数不可能为 3.因此 $x^2+kxy+y^2$ 不可能取 $\{3,7,11,\cdots,\}$ 中的任何值.

由情形(b),对任意的整数 x,y,

$$x^2+kxy+y^2\equiv x^2+2xy+y^2=(x+y)^2 \pmod 4$$

因此 $x^2+kxy+y^2$ 被 4 除的余数一定是 0 或 1,所以不可能取 $\{2,3,6,7,10,11,\cdots\}$ 中的任何值.

现假设情形(c)成立,且 k 是奇数,则 $k\equiv\pm 1(\bmod 4)$,从而对任意的整数 x 和 y,$x^2+kxy+y^2\equiv x^2\pm xy+y^2\equiv x(x\pm y)+y^2(\bmod 4)$.当 y 是奇数时,y^2 是奇数,且 $x(x\pm y)$ 是偶数,所以 $x^2+kxy+y^2$ 是奇数.另一方面,当 y 是偶数时,$x(x\pm y)$ 要么是奇数,要么被 4 整除,而 y^2 也能被 4 整除,所以 $x^2+kxy+y^2$ 或能被 4 整除.

这样,无论 y 是奇数还是偶数,$x^2+kxy+y^2$ 被 4 除不可能有余数 2,因此也就不可能是 $\{2,6,10,14,\cdots\}$ 中的一个值.

所以,不管 k 取何值,总存在正整数 n,使 $x^2+kxy+y^2\neq n$.

例 14 已知无穷数列 $\{a_n\}$ 满足 $a_0=x,a_1=y,a_{n+1}=\dfrac{a_na_{n-1}+1}{a_n+a_{n-1}},n=1,2,\cdots$.

(1) 对于怎样的实数 x 与 y,总存在正整数 n_0,使当 $n_0\geqslant n$ 时 a_n 恒为常数?

(2) 求数列 $\{a_n\}$ 的通项公式.

解 (1) 我们有

$$a_n-a_{n+1}=a_n-\frac{a_na_{n-1}+1}{a_n+a_{n-1}}=\frac{a_n^2-1}{a_n+a_{n-1}}\quad(n=1,2,\cdots) \qquad ①$$

所以,如果对某个正整数 n,有 $a_{n+1}=a_n$,则必有 $(a_n)^2=1$,且 $a_n+a_{n-1}\neq 0$.

如果该 $n=1$,我们得 $|y|=1$ 且 $x\neq -y$. ②

如果该 $n>1$,我们有

$$a_n-1=\frac{a_{n-1}a_{n-2}+1}{a_{n-1}+a_{n-2}}-1=\frac{(a_{n-1}-1)(a_{n-2}-1)}{a_{n-1}+a_{n-2}}\quad(n\geqslant 2) \qquad ③$$

和

$$a_n+1=\frac{a_{n-1}a_{n-2}+1}{a_{n-1}+a_{n-2}}+1=\frac{(a_{n-1}+1)(a_{n-2}+1)}{a_{n-1}+a_{n-2}}\quad(n\geqslant 2)\qquad④$$

将式 ③ 和 ④ 两端相乘,得

$$a_n^2-1=\frac{a_{n-1}^2-1}{a_{n-1}+a_{n-2}}\cdot\frac{a_{n-2}^2-1}{a_{n-1}+a_{n-2}}\quad(n\geqslant 2)\qquad⑤$$

由 ⑤ 递推,必有 ② 或 $|x|=1$ 且 $y\neq -x$. ⑥

反之,如果条件 ② 或 ⑥ 满足,则当 $n\geqslant 2$ 时,必有 a_n 为常数,且常数是1或-1.

(2) 由 ③ 和 ④,我们得到

$$\frac{a_n-1}{a_n+1}=\frac{a_{n-1}-1}{a_{n-1}+1}\cdot\frac{a_{n-2}-1}{a_{n-2}+1}\quad(n\geqslant 2)\qquad⑦$$

记 $b_n=\dfrac{a_n-1}{a_n+1}$,则当 $n\geqslant 2$ 时

$$b_n=b_{n-1}b_{n-2}=(b_{n-2}b_{n-3})b_{n-2}=b_{n-2}^2b_{n-3}=(b_{n-3}b_{n-4})^2b_{n-3}=b_{n-3}^3b_{n-4}^2=\cdots$$

由此递推,我们得到

$$\frac{a_n-1}{a_n+1}=\left(\frac{y-1}{y+1}\right)^{F_{n-1}}\cdot\left(\frac{x-1}{x+1}\right)^{F_{n-2}}\quad(n\geqslant 2)\qquad⑧$$

这里

$$F_n=F_{n-1}+F_{n-2},n\geqslant 2,F_0=F_1=1\qquad⑨$$

由 ⑨ 解得

$$F_n=\frac{1}{\sqrt5}\left[\left(\frac{1+\sqrt5}{2}\right)^{n+1}-\left(\frac{1-\sqrt5}{2}\right)^{n+1}\right]\qquad⑩$$

上式中的 n 还可以向负向延伸,例如 $F_{-1}=0,F_{-2}=1$.

这样一来,式 ⑧ 对所有的 $n\geqslant 0$ 都成立. 由 ⑧ 解得

$$a_n=\frac{(x+1)^{F_{n-2}}(y+1)^{F_{n-1}}+(x-1)^{F_{n-2}}(y-1)^{F_{n-1}}}{(x+1)^{F_{n-2}}(y+1)^{F_{n-1}}-(x-1)^{F_{n-2}}(y-1)^{F_{n-1}}},n\geqslant 0\qquad⑪$$

式 ⑪ 中的 F_{n-1},F_{n-2} 由式 ⑩ 确定.

巩固练习

1. 已知 $f(x)=|x+1|+|x+2|+\cdots+|x+2\,007|+|x-1|+|x-2|+\cdots+|x-2\,007|$ $(x\in\mathbf{R})$,且 $f(a^2-3a+2)=f(a-1)$,则 a 的值有(　　).

A. 2 个　　B. 3 个　　C. 4 个　　D. 无数个

解　D. 由题设知 $f(x)$ 为偶函数,则考虑在 $-1\leqslant x\leqslant 1$ 时,恒有

$$f(x)=2\times(1+2+\cdots+2\ 007)=2\ 008\times 2\ 007$$

所以当 $-1\leqslant a^2-3a+2\leqslant 1$，且 $-1\leqslant a-1\leqslant 1$ 时，恒有 $f(a^2-3a+2)=f(a-1)$. 由于不等式 $-1\leqslant a^2-3a+2\leqslant 1$ 的解集为 $\frac{3-\sqrt{5}}{2}\leqslant a\leqslant\frac{3+\sqrt{5}}{2}$，不等式 $-1\leqslant a-1\leqslant 1$ 的解集为 $0\leqslant a\leqslant 2$.

因此当 $\frac{3-\sqrt{5}}{2}\leqslant a\leqslant 2$ 时，恒有 $f(a^2-3a+2)=f(a-1)$.

2. 函数 $f(x)$ 是 $(0,+\infty)$ 上的单调递增函数，当 $n\in\mathbf{N}^*$ 时，$f(n)\in\mathbf{N}^*$，且 $f[f(n)]=3n$，则 $f(1)$ 的值等于(　　).

A. 1　　　　B. 2　　　　C. 3　　　　D. 4

解　B.(排除法) 令 $n=1$，则得 $f[f(1)]=3$.

若 $f(1)=1$，则 $f[f(1)]=f(1)=3$，与 $f(1)=1$ 矛盾；

若 $f(1)=3$，则 $f[f(1)]=f(3)=3$，与“$f(x)$ 在 $(0,+\infty)$ 上单调递增”矛盾；

若 $f(1)=4$，则 $f[f(1)]=f(4)=3$，也与“$f(x)$ 在 $(0,+\infty)$ 上单调递增”矛盾.

3. 二次函数 $y=ax^2+bx+c$ 的图像经过点 $A(3,6)$ 和 $B\left(-\frac{1}{2},6\right)$，若其与 x 轴的两个交点 C,D 的距离满足 $|CD|=\frac{1}{2}$，则函数的具体表达式为 $y=$________.

解　$y=2x^2-5x+3$. 由条件得 $y-6=a(x-3)\left(x+\frac{1}{2}\right)$，于是二次函数 $y=ax^2+bx+c$ 又可表为

$$y=ax^2-\frac{5a}{2}x-\frac{3a}{2}+6$$

设其两根为 x_1,x_2，有

$$x_1+x_2=\frac{5}{2},|x_1-x_2|=\frac{1}{2},x_1x_2=\frac{6}{a}-\frac{3}{2}$$

据 $(x_1+x_2)^2=(x_1-x_2)^2+4x_1x_2$，得 $a=2$，代入得 $y=2x^2-5x+3$.

4. 函数 $f(x)=\frac{x-x^3}{(1+x^2)^2}$ 的值域是________.

解　$\left[-\frac{1}{4},\frac{1}{4}\right]$. $f(x)=\frac{x}{1+x^2}\cdot\frac{1-x^2}{1+x^2}$，令 $x=\tan\alpha$，则 $f=\frac{1}{2}\sin 2\alpha\cdot\cos 2\alpha=\frac{1}{4}\sin 4\alpha$，由此 $-\frac{1}{4}\leqslant f\leqslant\frac{1}{4}$，当 $x=-\tan\frac{\pi}{8},\tan\frac{\pi}{8}$ 时两边分别取得等号.

5.已知函数 $f(x)=\lg x$ 和 $g(x)=\cos x$，则满足 $f(x)=g(x)$ 的实数 x 的个数为(　　)

A. 1　　　B. 2　　　C. 3　　　D. 4

解　C. 作出函数 $f(x)=\lg x$ 和 $g(x)=\cos x$ 可以看出有 3 个交点.

6. 设 $f(x)=\log_a(x+b)(a>0$ 且 $a\neq 1)$ 的图像经过点(2,1)，它的反函数的图像经过点(2,8)，则 $a+b$ 等于________.

解　4. 由题设知

$$\begin{cases}\log_a(2+b)=1\\ \log_a(8+b)=2\end{cases}$$

化简得

$$\begin{cases}2+b=a\\ 8+b=a^2\end{cases}$$

解之得 $\begin{cases}a_1=3,\\ b_1=1;\end{cases}\begin{cases}a_2=-2\\ b_2=-4\end{cases}$(舍去)，故 $a+b$ 等于 4.

7. 函数 $y=2^{|x|}$ 的图像与函数 $y=x^2$ 的图像围成的面积大小为________(平方单位).

解　由于函数 $y=2^{|x|}$ 与函数 $y=x^2$ 都是偶函数，故有

$$S=2\left[\int_0^2(2^x-x^2)\mathrm{d}x+\int_2^4(x^2-2^x)\mathrm{d}x\right]=2\left(\frac{48}{3}-\frac{9}{\ln 2}\right)$$

8. 设 $A=\{x\mid 2x^2+ax+2=0\}$，$B=\{x\mid x^2+3x+2a=0\}$，$A\cap B=\{2\}$.

(1) 求 a 的值及集合 A，B；

(2) 设全集 $U=A\cup B$，求 $(\complement_U A)\cup(\complement_U B)$ 的所有子集.

解　(1) 因为 $A\cap B=\{2\}$，所以 $2\in A$，所以 $8+2a+2=0$，求得 $a=-5$，所以 $A=\{2,\frac{1}{2}\}$，$B=\{2,-5\}$.

(2)$U=A\cup B=\{2,\frac{1}{2},-5\}$，所以 $\complement_U A=\{-5\}$，$\complement_U B=\{\frac{1}{2}\}$，所以

$$(\complement_U A)\cup(\complement_U B)=\{-5,\frac{1}{2}\}$$

所以 $(\complement_U A)\cup(\complement_U B)$ 的所有子集是：$\varnothing$，$\{-5\}$，$\{\frac{1}{2}\}$，$\{-5,\frac{1}{2}\}$.

9. 设 a 为实数，且函数 $f(x)=2a\sqrt{1-x^2}-\sqrt{1+x}-\sqrt{1-x}$ 的最小值为 $g(a)$.

(1) 设 $t=\sqrt{1+x}+\sqrt{1-x}$，求 t 的取值范围，并把 $f(x)$ 表示为 t 的函数 $m(t)$.

(2) 求 $g\left(\frac{1}{8}\right)$ 的值.

解 (1) 因为$t=\sqrt{1+x}+\sqrt{1-x}$，所以要使t有意义，必须$\begin{cases}1+x\geqslant 0\\1-x\geqslant 0\end{cases}$，解得$-1\leqslant x\leqslant 1$，因为$t^2=2+2\sqrt{1-x^2}\in[2,4]$，且$t\geqslant 0$，所以$t$的取值范围是$[\sqrt{2},2]$. 又$\sqrt{1-x^2}=\frac{1}{2}t^2-1$，所以

$$m(t)=2a\left(\frac{1}{2}t^2-1\right)-t=at^2-t-2a \quad (t\in[\sqrt{2},2])$$

(2) 由题意知$g\left(\frac{1}{8}\right)$即为函数$m(t)=\frac{1}{8}t^2-t-\frac{1}{4}=\frac{1}{8}(x-4)^2-\frac{9}{4}$，$t\in[\sqrt{2},2]$的最小值.

此时，$m(t)$在$[\sqrt{2},2]$上是减函数，故得$g\left(\frac{1}{8}\right)=m(2)=-\frac{7}{4}$.

10. 某厂生产某种零件，每个零件的成本为40元，出厂单价定为60元，该厂为鼓励销售商订购，决定当一次订购量超过100个时，每多订购一个，订购的全部零件的出厂单价就降低0.02元，但实际出厂单价不低于51元.

(1) 当一次订购量为多少个时，零件的实际出厂单价恰降为51元？

(2) 设一次订购量为x个，零件的实际出厂单价为P元，写出函数$P=f(x)$的表达式.

(3) 当销售商一次订购500个零件时，该厂获得的利润是多少元？如果订购1 000个利润又是多少元？（工厂售出一个零件的利润＝实际出厂单价－成本）

解 (1) 设每个零件的实际出厂单价恰好降为51时，一次订购量为x_0个. 则

$$x_0=100+\frac{60-51}{0.02}=550$$

(2) 当$0<x\leqslant 100$时，$P=60$；当$100<x<550$时，$P=60-0.002(x-100)=62-\frac{x}{50}$；

当$x\geqslant 550$时，$P=51$，所以

$$P=f(x)=\begin{cases}60 & (0<x\leqslant 100)\\ 62-\dfrac{x}{50} & (100<x<550, x\in\mathbf{N})\\ 51 & (x\geqslant 550)\end{cases}$$

(3) 设销售商一次订购量为x时，工厂获得的利润L元，则

$$L=(P-40)x=\begin{cases}20x & (0<x\leqslant 100)\\ 22x-\dfrac{x^2}{50} & (100<x<550, x\in\mathbf{N})\\ 11x & (x\geqslant 550)\end{cases}$$

当 $x=500$ 时,$L=600$;当 $x=1\ 000$ 时,$L=1\ 100$.

所以当销售商一次订购500个零件时,该厂获得的利润是600元;如果订购1 000个,利润是1 100元.

11. (1) 已知一元二次不等式 $ax^2+bx+1>0$ 的解集为 $\{x\mid -2<x<1\}$,求 $a+b$ 的值.

(2) 求函数 $y=2-x-\dfrac{9}{x}(x>0)$ 的最大值,并指出此时 x 的值.

解 (1) 由于不等式 $ax^2+bx+1>0$ 的解集为 $\{x\mid -2<x<1\}$,所以二次函数 $y=ax^2+bx+1$ 的图像是开口向下的抛物线,且与 x 轴交于两点 $(-2,0)$,$(1,0)$,所以 -2 和 1 是方程 $ax^2+bx+1=0$ 的两根,由此得

$$\begin{cases}-2+1=-\dfrac{b}{a}\\ -2\times 1=\dfrac{1}{a}\end{cases}$$

解得 $a=b=-\dfrac{1}{2}$,所以 $a+b=-1$.

(2) 因为 $x>0$,所以 $x+\dfrac{9}{x}\geqslant 6$,当且仅当 $x=\dfrac{9}{x}$ 即 $x=3$ 时,等号成立.

因此 $y=2-x-\dfrac{9}{x}\leqslant 2-6=-4$,即 $x=3$ 时,函数取最大值 -4.

12. 已知函数 $f(x)$ 的定义域为 $\mathbf{R}$,对任意实数 m,n 都有 $f(m+n)=f(m)+f(n)+\dfrac{1}{2}$,且 $f\left(\dfrac{1}{2}\right)=0$,当 $x>\dfrac{1}{2}$ 时,$f(x)>0$.

(1) 求 $f(1)$;

(2) 求和 $f(1)+f(2)+\cdots+f(n)(n\in\mathbf{N}^*)$;

(3) 判断函数 $f(x)$ 的单调性并加以证明.

解 (1) $f(1)=f\left(\dfrac{1}{2}+\dfrac{1}{2}\right)=f\left(\dfrac{1}{2}\right)+f\left(\dfrac{1}{2}\right)+\dfrac{1}{2}=\dfrac{1}{2}$.

(2) 因为 $f(n+1)=f(n)+f(1)+\dfrac{1}{2}$,所以 $f(n+1)-f(n)=1$,所以 $\{f(n)\}$ 是首项为$\dfrac{1}{2}$,公差为 1 的等差数列,所以

$$f(1)+f(2)+\cdots+f(n)=\frac{1}{2}n+\frac{n(n-1)}{2}=\frac{n^2}{2}$$

(3) $f(x)$ 在 $\mathbf{R}$ 上是增函数. 证明:设 $x_1<x_2$,$x_1,x_2\in\mathbf{R}$,因为 $f\left(\dfrac{1}{2}\right)=0$,所以

$$f(x_2)-f(x_1)=f(x_2-x_1+x_1)-f(x_1)=$$

$$f(x_2-x_1)+f(x_1)+\frac{1}{2}-f(x_1)=$$

$$f(x_2-x_1)+f\left(\frac{1}{2}\right)+\frac{1}{2}=$$

$$f\left(x_2-x_1+\frac{1}{2}\right)$$

因为 $x_2>x_1$，所以 $x_2-x_1+\frac{1}{2}>\frac{1}{2}$，由 $x>\frac{1}{2}$ 时 $f(x)>0$，知 $f\left(x_2-x_1+\frac{1}{2}\right)>f\left(\frac{1}{2}\right)=0$，即 $f(x_2)>f(x_1)$，所以 $f(x)$ 在 **R** 上是增函数.

13. 已知指数函数 $y=g(x)$ 满足：$g(2)=4$，定义域为 **R**，函数 $f(x)=\frac{-g(x)+n}{2g(x)+m}$ 是奇函数.

(1) 确定 $y=g(x)$ 的解析式；

(2) 求 m,n 的值；

(3) 若对任意的 $t\in\mathbf{R}$，不等式 $f(t^2-2t)+f(2t^2-k)>0$ 恒成立，求实数 k 的取值范围.

解 (1) $y=g(x)=2^x$；

(2) 由(1)知 $f(x)=\frac{-2^x+n}{2^{x+1}+m}$，因为 $f(x)$ 是奇函数，所以 $f(0)=0$，即 $\frac{-1+n}{2+m}=0\Rightarrow n=1$，所以 $f(x)=\frac{1-2^x}{2^{x+1}+m}$，又由 $f(1)=-f(-1)$ 知，

$$\frac{1-2}{4+m}=-\frac{1-\frac{1}{2}}{1+m}\Rightarrow m=2$$，所以 $m=2,n=1$.

(3) 由(2)知，$f(x)=\frac{1-2^x}{2^{x+1}+2}=-\frac{1}{2}+\frac{1}{2^x+1}$，易知 $f(x)$ 在 $(-\infty,+\infty)$ 上为减函数，又因 $f(x)$ 是奇函数，从而不等式 $f(t^2-2t)+f(2t^2-k)<0$ 等价于 $f(t^2-2t)<-f(2t^2-k)=f(k-2t^2)$，因 $f(x)$ 为减函数，由上式推得：$t^2-2t>k-2t^2$，即对一切 $t\in\mathbf{R}$ 有：$3t^2-2t-k>0$，从而判别式 $\Delta=4+12k<0$，得 $k<-\frac{1}{3}$.

所以实数 k 的取值范围是 $(-\infty,\frac{1}{3})$.

14. 已知函数 $f(x)=\frac{1-x^2}{1+x+x^2}(x\in\mathbf{R})$.

(1) 求函数 $f(x)$ 的单调区间和极值；

(2) 若 $(\mathrm{e}^t+2)x^2+\mathrm{e}^tx+\mathrm{e}^t-2\geqslant 0$ 对满足 $|x|\leqslant 1$ 的任意实数 x 恒成立，求实数 t 的取值范围(这里 e 是自然对数的底数)；

(3) 求证:对任意正数 a,b,λ,μ,恒有

$$f\left[\left(\frac{\lambda a+\mu b}{\lambda+\mu}\right)^2\right]-f\left(\frac{\lambda a^2+\mu b^2}{\lambda+\mu}\right)\geqslant\left(\frac{\lambda a+\mu b}{\lambda+\mu}\right)^2-\frac{\lambda a^2+\mu b^2}{\lambda+\mu}$$

解 (1) $f'(x)=\dfrac{-2x(1+x+x^2)-(2x+1)(1-x^2)}{(1+x+x^2)^2}=$

$$\frac{[x-(-2+\sqrt{3})]\cdot[x-(-2-\sqrt{3})]}{(1+x+x^2)^2}$$

所以 $f(x)$ 的增区间为$(-2-\sqrt{3},-2+\sqrt{3})$,$f(x)$ 的减区间为$(-\infty,-2-\sqrt{3})$和$(-2+\sqrt{3},+\infty)$;极大值为 $f(-2+\sqrt{3})=\dfrac{2\sqrt{3}}{3}$,极小值为 $f(-2-\sqrt{3})=-\dfrac{2\sqrt{3}}{3}$.

(2) 原不等式可化为 $e^t\geqslant\dfrac{2(1-x^2)}{1+x+x^2}$,由(1)知,$|x|\leqslant 1$时,$f(x)$ 的最大值为$\dfrac{2\sqrt{3}}{3}$.

所以$\dfrac{2(1-x^2)}{1+x+x^2}$的最大值为$\dfrac{4\sqrt{3}}{3}$,由恒成立的意义知道 $e^t\geqslant\dfrac{4\sqrt{3}}{3}$,从而$t\geqslant\ln\dfrac{4\sqrt{3}}{3}$.

(3) 设 $g(x)=f(x)-x=\dfrac{1-x^2}{1+x+x^2}-x(x>0)$,则

$$g'(x)=f'(x)-1=\frac{-(x^2+4x+1)}{(1+x+x^2)^2}-1=-\frac{x^4+2x^3+4x^2+6x+2}{(1+x+x^2)^2}$$

所以当 $x>0$ 时,$g'(x)<0$,故 $g(x)$ 在$(0,+\infty)$上是减函数,又当 a,b,λ,μ 是正实数时

$$\left(\frac{\lambda a+\mu b}{\lambda+\mu}\right)^2-\frac{\lambda a^2+\mu b^2}{\lambda+\mu}=-\frac{\lambda\mu(a-b)^2}{(\lambda+\mu)^2}\leqslant 0$$

所以
$$\left(\frac{\lambda a+\mu b}{\lambda+\mu}\right)^2\leqslant\frac{\lambda a^2+\mu b^2}{\lambda+\mu}$$

由 $g(x)$ 的单调性有

$$f\left[\left(\frac{\lambda a+\mu b}{\lambda+\mu}\right)^2\right]-\left(\frac{\lambda a+\mu b}{\lambda+\mu}\right)^2\geqslant f\left(\frac{\lambda a^2+\mu b^2}{\lambda+\mu}\right)-\frac{\lambda a^2+\mu b^2}{\lambda+\mu}$$

即
$$f\left[\left(\frac{\lambda a+\mu b}{\lambda+\mu}\right)^2\right]-f\left(\frac{\lambda a^2+\mu b^2}{\lambda+\mu}\right)\geqslant\left(\frac{\lambda a+\mu b}{\lambda+\mu}\right)^2-\frac{\lambda a^2+\mu b^2}{\lambda+\mu}$$

递推数列及其应用

第3讲

第1节　递推数列的通项公式的求法

数列是高中数学中的重要内容，也是高考和竞赛的热点，而递推数列既是数列的重要内容，又是高考和竞赛的亮点. 纵观近几年全国各地高考与竞赛数学试题，递推数列试题多数以"压轴题"的形式出现，其中递推数列通项公式又是递推数列的核心内容，因此，掌握递推数列通项公式的求法尤为重要. 求解递推数列通项公式的基本方法主要有：(1) 累加法；(2) 累乘法；(3) 递推法；(4) 换元法；(5) 取倒数法；(6) 化归与转化法；(7)"归纳 — 猜想 — 证明"法；(8) 特征根法；(9) 函数不动点法；(10) 矩阵法.

一、求递推数列通项公式的基本方法：累加法与累乘法等

例1　在数列 $\{a_n\}$ 中，$a_1=2$，$a_{n+1}=a_n+\ln\left(1+\frac{1}{n}\right)$，求 a_n.

解　由已知得 $\{a_{n+1}-a_n\}=\ln\left(1+\frac{1}{n}\right)$，令 $n=1,2,\cdots,n-1$，再相加可得 $a_n-a_1=\ln\frac{2}{1}+\ln\frac{3}{2}+\cdots+\ln\frac{n}{n-1}=\ln n$，所以 $a_n=2+\ln n$.

点评 本题使用求递推数列通项公式的方法称之为累加法. 凡形如 $a_{n+1}=a_n+f(n)$ 的递推数列通项公式的求解均可利用此法. 简记为: $a_n=(a_n-a_{n-1})+(a_{n-1}-a_{n+2})+\cdots+(a_2-a_1)+a_1$.

例 2 已知数列 $\{a_n\}$ 中, $a>0$, 且 $a_n^2=a\cdot a_{n+1}$, 求数列 $\{a_n\}$ 的通项公式 a_n.

解法 1 因为 $a_n^2=a\cdot a_{n+1}$, 所以 $\dfrac{a_n^2}{a_{n+1}}=\dfrac{1}{a}(n=2,3,\cdots)$, 故

$$a_n=\frac{a_n}{a_{n-1}^2}\cdot\frac{a_{n-1}^2}{a_{n-2}^4}\cdot\frac{a_{n-2}^4}{a_{n-3}^8}\cdot\cdots\cdot a_2^{2^{n-2}}=$$

$$\frac{a_n}{a_{n-1}^2}\cdot\left(\frac{a_{n-1}}{a_{n-2}^2}\right)^2\cdot\left(\frac{a_{n-2}}{a_{n-3}^2}\right)^4\cdot\cdots\cdot\left(\frac{a_2}{a_1^2}\right)^{2^{n-2}}\cdot a_1{}^{2^{n-2}}=$$

$$\left(\frac{1}{a}\right)^{1+2+4+\cdots+2^{n-2}}\cdot a_1^{2^{n-2}}=$$

$$a\left(\frac{a_1}{a}\right)^{2^{n-2}}$$

所以

$$a_n=a\cdot\left(\frac{a_1}{a}\right)^{2^{n-2}}\quad(n\geqslant 2)$$

解法 2 因为 $a_n^2=a\cdot a_{n+1}$, 所以 $\dfrac{a_{n+1}}{a}=\left(\dfrac{a_n}{a}\right)^2$, 当 $n\geqslant 2$ 时

$$\frac{a_n}{a}=\left(\frac{a_{n-1}}{a}\right)^2=\left(\frac{a_{n-2}}{a}\right)^{2^2}=\cdots=\left(\frac{a_1}{a}\right)^{2^{n-2}}$$

所以

$$a_n=a\left(\frac{a_1}{a}\right)^{2^{n-2}}\quad(n\geqslant 2)$$

点评 解法 1 通常称为累乘法, 凡形如 $a_{n+1}=a_n\cdot f(n)$ 的递推数列, 求通项公式均可用此法, 此法简记为: $a_n=\dfrac{a_n}{a_{n-1}}\cdot\dfrac{a_{n-1}}{a_{n-2}}\cdot\dfrac{a_{n-2}}{a_{n-3}}\cdot\cdots\cdot\dfrac{a_2}{a_1}\cdot a_1$. 解法 2 通常称递推法. 就是根据已知条件将递推关系式连续递推, 直至递推出 a_n 与 a_1 及 n 之间的关系为止.

二、化归与转化法

化归与转化法的运用主要通过将已知的递推关系式进行恒等变形, 化归为等差数列与等比数列的通项公式求解, 或能将它换元后使用累加法与累乘法得以解决, 主要常见的有:

(1) 形如: $a_{n+1}=pa_n+q(p\neq 1,q\neq 0)$.

这种类型的递推数列称之为一阶线性递推数列, 通常是利用待定系数法化为等比数列, 即令 $a_{n+1}+\lambda=p(a_n+\lambda)$, 得 $a_{n+1}=pa_n+(p-1)\lambda$ 与已知递推数列关系式比较得: $\lambda=\dfrac{q}{p-1}$. 从而化归为 $\left\{a_n+\dfrac{q}{p-1}\right\}$ 是公比为 p 的等比数列.

(2) 形如：$S_n=f(a_n)$.

这种类型的递推数列一般利用 $a_n=\begin{cases}S_1 & (n=1)\\ S_n-S_{n-1} & (n\geqslant 2)\end{cases}$，或 $a_n=S_n-S_{n-1}=f(a_n)-f(a_{n-1})$，消去 $S_n(n\geqslant 2)$ 得到 a_n 的递推关系式，或利用 $a_n=S_n-S_{n-1}$ 代入 $S_n=f(a_n)(n\geqslant 2)$ 消去 a_n 化归为 S_n 的递推关系式.

(3) 形如：$a_{n+1}=pa_n+rq^n(p\neq 1,q\neq 0,r\neq 0)$.

此类型递推数列通项公式的求解思路一般有两种.一种是利用待定系数法构造数列，即令 $a_{n+1}+\lambda q^{n+1}=p(a_n+\lambda q^n)$，即 $a_{n+1}=pa_n+\lambda(p-q)\cdot q^n$.已知递推关系式比较得 $\lambda=\dfrac{r}{p-q}$，从而化为 $\left\{a_n+\dfrac{r}{p-q}\cdot q^n\right\}$ 是公比为 q 的等比数列.另一种将已知递推关系式 $a_{n+1}=pa_n+rq^n$ 两边同时除以 p^{n+1} 得

$$\frac{a_{n+1}}{p^{n+1}}=\frac{a_n}{p^n}+\frac{r}{p}\left(\frac{q}{p}\right)^n$$

从而可用累加法求出数列通项公式 a_n.

(4) 形如：$a_{n+1}=pa_n+an+b(p\neq 1,a\neq 0)$.

此类型递推数列一般利用待定系数法化归为等比数列，即令 $a_{n+1}+x(n+1)+y=p(a_n+xn+y)$，与已知递推关系式比较，解出 x,y，从而化归为 $\{a_n+xn+y\}$ 是公比为 q 的等比数列.

(5) 形如：$a_{n+2}=pa_{n+1}+qa_n$.

此类型的递推数列为二阶线性递推数列.一般有两种方法求 a_n.一种是利用待定系数法化归为等比数列，即令 $a_{n+2}+\alpha a_{n+1}=\beta(a_{n+1}+\alpha a_n)$ 和 $a_{n+2}+\beta a_{n+1}=\alpha(a_{n+1}+\beta a_n)$ 构造两个等比数列来解决.另一种是特征根法.

(6) 形如：$a_{n+1}=\dfrac{f(n)\cdot a_n}{g(n)a_n+k(n)}$.

此类递推数列通项公式的求解一般是两边取倒数后化为一阶线性递推数列求 a_n.

由于递推数列关系式的形式多样，解法灵活，不能将所有的类型全部列举出来，但能够活用以上方法，解高考题是没有问题的.

例 3 设 $\{a_n\}$ 为 $a_1=4$ 的单调递增数列，且满足 $a_{n+1}^2+a_n^2+16=8(a_{n+1}+a_n)+2a_{n+1}a_n$，求 a_n.

解 $a_{n+1}^2+a_n^2+16=8(a_{n+1}+a_n)+2a_{n+1}a_n\Leftrightarrow$

$(a_{n+1}+a_n)^2-8(a_{n+1}+a_n)+16=4a_{n+1}a_n\Leftrightarrow$

$(a_{n+1}+a_n-4)^2=4a_{n+1}a_n\Leftrightarrow$

$a_{n+1}+a_n-4=2\sqrt{a_{n+1}a_n}$ （由题意可知取正号）$\Leftrightarrow$

$(\sqrt{a_{n+1}}-\sqrt{a_n})^2=4\Leftrightarrow$

$$\sqrt{a_{n+1}}-\sqrt{a_n}=2$$

因此，$\{\sqrt{a_n}\}$为公差为 2 的等差数列，即$\sqrt{a_n}=2n$，从而可得 $a_n=4n^2$.

例 4 设数列$\{a_n\}$的前n项和S_n满足：$S_n+a_n=\frac{n-1}{n(n+1)}$，$n=1,2,\cdots$，则通项 $a_n=$________.

解 $a_{n+1}=S_{n+1}-S_n=\frac{n}{(n+1)(n+2)}-a_{n+1}-\frac{n-1}{n(n+1)}+a_n$

即
$$2a_{n+1}=\frac{n+2-2}{(n+1)(n+2)}-\frac{1}{n+1}+\frac{1}{n(n+1)}+a=$$
$$\frac{-2}{(n+1)(n+2)}+a_n+\frac{1}{n(n+1)}$$

由此得
$$2\left[a_{n+1}+\frac{1}{(n+1)(n+2)}\right]=a_n+\frac{1}{n(n+1)}$$

令 $b_n=a_n+\frac{1}{n(n+1)}$，$b_1=a_1+\frac{1}{2}=\frac{1}{2}$ $(a_1=0)$.

有 $b_{n+1}=\frac{1}{2}b_n$，故 $b_n=\frac{1}{2^n}$，所以 $a_n=\frac{1}{2^n}-\frac{1}{n(n+1)}$.

例 5 数列$\{a_n\}$中，$a_1=0$，$a_2=1$，$a_3=2$，满足 $a_n=(n-1)(a_{n-1}+a_{n-2})$ $(n\geqslant 4)$，求 a_n.

解 令 $a_n=n!\ b_n(n\geqslant 4)$. 代入关系式
$$n!\ b_n=(n-1)[(n-1)!\ b_{n-1}+(n-2)!\ b_{n-2}]$$

即
$$n(n-2)!\ b_n=(n-1)!\ b_{n-1}+(n-2)!\ b_{n-2}$$

即
$$nb_n=(n-1)b_{n-1}+b_{n-2}$$

即
$$n(b_n-b_{n-1})=-b_{n-1}+b_{n-2}$$

所以
$$b_n-b_{n-1}=-\frac{1}{n}(b_{n-1}-b_{n-2})\quad(n\geqslant 4)$$

可以得到
$$b_{n-1}-b_{n-2}=-\frac{1}{n-1}(b_{n-2}-b_{n-3})$$
$$b_{n-2}-b_{n-3}=-\frac{1}{n-2}(b_{n-3}-b_{n-4}),\cdots,b_4-b_3=-\frac{1}{4}(b_3-b_2)$$

自下而上相继代入
$$b_n-b_{n-1}=\frac{(-1)^{n-3}}{n(n-1)(n-2)\cdots 4}(b_3-b_2)$$

其中由 $a_3=3!\ b_3$，$a_2=2!\ b_2$，求得 $b_3=\frac{1}{3}$，$b_2=\frac{1}{2}$，代入上式

$$b_n-b_{n-1}=\frac{(-1)^{n-3}}{n(n-1)(n-2)\cdot\cdots\cdot 4}\cdot\frac{-1}{6}=\frac{(-1)^{n-2}}{n!}=\frac{(-1)^n}{n!}\quad(n\geqslant 4)$$

由
$$b_n-b_{n-1}=\frac{(-1)^n}{n!}$$

$$b_{n-1}-b_{n-2}=\frac{(-1)^{n-1}}{(n-1)!},b_{n-2}-b_{n-3}=\frac{(-1)^{n-2}}{(n-2)!},\cdots,b_5-b_4=\frac{(-1)^5}{5!}$$

相加
$$b_n-b_4=\sum_{k=5}^{n}\frac{(-1)^k}{k!}$$

其中,由 $a_4=4!\ b_4$,而 a_4 可由递推关系式推出
$$a_4=(4-1)(a_3+a_2)=9$$

从而 $b_4=\frac{3}{8}$. 注意到
$$\frac{(-1)^2}{2!}+\frac{(-1)^3}{3!}+\frac{(-1)^4}{4!}=\frac{1}{2}-\frac{1}{6}+\frac{1}{24}=b_4$$

因此
$$b_n=b_4+\sum_{k=5}^{n}\frac{(-1)^k}{k!}=\sum_{k=2}^{4}\frac{(-1)^k}{k!}+\sum_{k=5}^{n}\frac{(-1)^k}{k!}$$

即 $b_n=\sum\limits_{k=2}^{n}\frac{(-1)^k}{k!}$,再利用 $a_n=n!\ b_n$,得 $a_n=n!\ \sum\limits_{k=2}^{n}\frac{(-1)^k}{k!}(n\geqslant 2)$. 不难验证,当 $n=2,3$ 时,上面通项公式也适用.

例 6 在数列 $\{a_n\}$ 中,$a_1=2,a_2=12,a_{n+1}=4a_n-4a_{n-1}+2^{n+1}$,求 a_n.

解 由已知得
$$\frac{a_{n+1}}{2^{n+1}}=\frac{4a_n}{2^{n+1}}-\frac{4a_{n-1}}{2^{n+1}}+1$$

即
$$\frac{a_{n+1}}{2^{n+1}}=2\cdot\frac{a_n}{2^n}-\frac{a_{n-1}}{2^{n-1}}+1$$

设 $b_n=\frac{a_n}{2^n}$,得 $b_{n+1}=2b_n-b_{n-1}+1$,变形得:$b_{n+1}-b_n=b_n-b_{n-1}+1$,再设 $c_n=b_n-b_{n-1}$,则 $c_{n+1}=c_n+1$,于是 $c_n=c_2+n-2=n$,所以 $b_n-b_{n-1}=n(n\geqslant 2)$,所以
$$b_n=b_1+(2+3+\cdots+n)=\frac{n(n+1)}{2}\quad(n\geqslant 2)$$

又 $b_1=1$ 适合上式,所以 $b_n=\frac{n(n+1)}{2}$,故 $a_n=n(n+1)2^{n-1}$.

三、"归纳 — 猜想 — 证明"法

"归纳 — 猜想 — 证明"的解题思路与方法:先通过计算得出前几项 a_1,

$a_2, a_3, \cdots$，再猜想出数列$\{a_n\}$的通项公式，最后用数学归纳法给出证明.

例 7 数列$\{a_n\}$中，$a_1=0$，满足关系式$(n+1)a_{n+1}=(n-1)a_n+1$，求a_n.

分析 注意到递推关系式的系数与n有关，我们发现$a_2=\frac{1}{2}$(此时$n=1$)，$a_3=\frac{1}{2}, a_4=\frac{1}{2}, a_5=\frac{1}{2}, \cdots$ 猜想$a_n=\frac{1}{2}(n\geqslant 2)$. 我们做一般性考虑.

解 对$n\geqslant 2$的情形，在关系式两端同乘n，得到$(n+1)na_{n+1}=n(n-1)a_n+n$. 令$b_n=n(n-1)a_n$，有$b_{n+1}=b_n+n(n\geqslant 2)$，所以$b_n=b_{n-1}+n-1, b_{n-1}=b_{n-2}+n-2, \cdots, b_3=b_2+2, b_2=b_1+1$，各式相加，得

$$b_{n+1}=b_1+(1+2+\cdots+n)$$

注意到$b_1=0, b_{n+1}=\frac{1}{2}n(n+1), b_n=\frac{1}{2}(n-1)n$，即$n(n-1)a_n=\frac{1}{2}(n-1)n$，所以$a_n=\frac{1}{2}(n\geqslant 2)$.

四、特征根法求数列的通项公式

(1) 关于一阶线性递推数列：$a_1=b, a_{n+1}=ca_n+d(c\neq 1)$，其通项公式的求法一般采用如下的参数法，将递推数列转化为等比数列：

设$a_{n+1}+t=c(a_n+t)$，则$a_{n+1}=ca_n+(c-1)t$，令$(c-1)t=d$，即$t=\frac{d}{c-1}$，当$c\neq 1$时可得

$$a_{n+1}+\frac{d}{c-1}=c\left(a_n+\frac{d}{c-1}\right)$$

知数列$\left\{a_n+\frac{d}{c-1}\right\}$是以$c$为公比的等比数列，所以

$$a_n+\frac{d}{c-1}=\left(a_1+\frac{d}{c-1}\right)c^{n-1}$$

将$a_1=b$代入并整理，得$a_n=\frac{bc^n+(d-b)c^{n-1}-d}{c-1}$.

(2) 对于二阶线性递推数列，一般都采用特征方程法.

定理 1 设递推公式为$a_{n+1}=pa_n+qa_{n-1}$，其特征方程为$x^2=px+q$，即$x^2-px-q=0$.

(1) 若方程有两相异根α, β，则$a_n=c_1\alpha^n+c_2\beta^n$；

(2) 若方程有两等根$A=B$，则$a_n=(c_1+nc_2)A^n$.

其中c_1, c_2可由初始条件确定.

证明 设$a_{n+1}-ta_n=s(a_n-ta_{n-1})$，则$a_{n+1}=(s+t)a_n-sta_{n-1}$，令

$$\begin{cases} s+t=p \\ st=-q \end{cases} \qquad (*)$$

(1) 若方程组(*)有两组不同的解(s_1,t_1),(s_2,t_2),则

$$a_{n+1}-t_1a_n=s_1(a_n-t_1a_{n-1}),a_{n+1}-t_2a_n=s_2(a_n-t_2a_{n-1})$$

由等比数列性质可得

$$a_{n+1}-t_1a_n=(a_2-t_1a_1)s_1^{n-1},\ a_{n+1}-t_2a_n=(a_2-t_2a_1)s_2^{n-1}$$

因为$t_1\neq t_2$,由上两式消去a_{n+1}可得

$$a_n=\frac{(a_2-t_1a_1)}{s_1(t_2-t_1)}\cdot s_1^n-\frac{a_2-t_2a_1}{s_2(t_2-t_1)}\cdot s_2^n$$

特别地,若方程组(*)有一对共轭虚根$r(\cos\theta\pm \mathrm{i}\sin\theta)$,通过复数三角形式运算不难求得此时数列的通项公式为$a_n=r^n(c_1\cos n\theta+c_2\sin n\theta)$,其中$c_1$,$c_2$可由初始条件求出.

(2) 若方程组(*)有两组相等的解$\begin{cases}s_1=s_2\\t_1=t_2\end{cases}$,易证此时$s_1=t_1$,则

$$a_{n+1}-t_1a_n=s_1(a_n-t_1a_{n-1})=s_1{}^2(a_{n-1}-t_1a_{n-2})=\cdots=s_1{}^{n-1}(a_2-t_1a_1)$$

所以$\dfrac{a_{n+1}}{s_1^{n+1}}-\dfrac{a_n}{s_1^n}=\dfrac{a_2-t_1a_1}{s_1{}^2}$,即$\left\{\dfrac{a_n}{s_1^n}\right\}$是等差数列.

由等差数列性质可知

$$\frac{a_n}{s_1^n}=\frac{a_1}{s_1}+(n-1)\cdot\frac{a_2-t_1a_1}{s_1{}^2}$$

所以
$$a_n=\left[\left(\frac{a_1}{s_1}-\frac{a_2-t_1a_1}{s_1^2}\right)+\frac{a_2-t_1a_1}{s_1^2}\cdot n\right]s_1^n$$

这样,我们通过将递推数列转化为等比(差)数列的方法,求得二阶线性递推数列的通项,若将方程组(*)消去t(或s)即得$s^2-ps-q=0$或$t^2-pt-q=0$,此方程的两根即为特征方程$x^2=px+q$的两根,读者不难发现它们的结论是完全一致的,这正是特征方程法求递推数列通项公式的根源所在.

例 8 斐波那契数列$a_1=a_2=1$,$a_{n+1}=a_n+a_{n-1}(n=2,3,\cdots)$,求通项公式$a_n$.

解 此数列对应特征方程为$x^2=x+1$,即$x^2-x-1=0$,解得$x=\dfrac{1\pm\sqrt{5}}{2}$.

设此数列的通项公式为

$$a_n=c_1\left(\frac{1+\sqrt{5}}{2}\right)^n+c_2\left(\frac{1-\sqrt{5}}{2}\right)^n$$

由初始条件$a_1=a_2=1$可知

$$\begin{cases}c_1\dfrac{1+\sqrt{5}}{2}+c_2\dfrac{1-\sqrt{5}}{2}=1\\ c_1\left(\dfrac{1+\sqrt{5}}{2}\right)^2+c_2\left(\dfrac{1-\sqrt{5}}{2}\right)^2=1\end{cases}$$

解之得
$$\begin{cases} c_1 = \dfrac{1}{\sqrt{5}} \\ c_2 = -\dfrac{1}{\sqrt{5}} \end{cases}$$

所以
$$a_n = \frac{\sqrt{5}}{5}\left[\left(\frac{1+\sqrt{5}}{2}\right)^n - \left(\frac{1-\sqrt{5}}{2}\right)^n\right]$$

例 9 已知数列 $a_1=1, a_2=5$，且 $a_{n+1}=4a_n-4a_{n-1}(n\geqslant 2)$，求通项公式 a_n.

解 此数列对应特征方程为 $x^2=4x-4$，即 $x^2-4x+4=0$，解得 $x_1=x_2=2$，设此数列的通项公式为 $a_n=(c_1+nc_2)\cdot 2^n$，由初始条件 $a_1=1, a_2=5$，可知
$$\begin{cases} (c_1+c_2)\cdot 2=1 \\ (c_1+2c_2)\cdot 4=5 \end{cases}$$

解之得$\begin{cases} c_1=-\dfrac{1}{4} \\ c_2=\dfrac{3}{4} \end{cases}$，所以 $a_n=(3n-1)\cdot 2^{n-2}$.

例 10 已知数列 $a_1=0, a_2=1$，且 $a_{n+1}=2a_n+2a_{n-1}(n\geqslant 2)$，求通项公式 a_n.

解 此数列对应特征方程为 $x^2=2x-2$，即 $x^2-2x+2=0$，解得
$$x=1\pm \mathrm{i}=\sqrt{2}\left(\cos\frac{\pi}{4}\pm \mathrm{i}\sin\frac{\pi}{4}\right)$$

设此数列的通项公式为
$$a_n=(\sqrt{2})^n\left(c_1\cos\frac{n\pi}{4}+c_2\sin\frac{n\pi}{4}\right)$$

由初始条件 $a_1=0, a_2=1$，可知
$$\begin{cases} \sqrt{2}\left(c_1\cos\dfrac{\pi}{4}+c_2\sin\dfrac{\pi}{4}\right)=0 \\ (\sqrt{2})^2\left(c_1\cos\dfrac{2\pi}{4}+c_2\sin\dfrac{2\pi}{4}\right)=1 \end{cases}$$

解之得
$$\begin{cases} c_1=-\dfrac{1}{2} \\ c_2=\dfrac{1}{2} \end{cases}$$

所以
$$a_n=\frac{(\sqrt{2})^n}{2}\left(\sin\frac{n\pi}{4}-\cos\frac{n\pi}{4}\right)$$

最后我们指出，上述结论在求一类数列通项公式时固然有用，但将递推数列转化为等比(等差)数列的方法更为重要. 如对于高阶线性递推数列和分式

线性递推数列，我们也可借鉴前面的参数法，求得通项公式.

例 11 设数列 $\{a_n\}$ 满足 $a_1=2, a_{n+1}=\dfrac{5a_n+4}{2a_n+7}$，求 a_n.

解 对等式两端同加参数 t 得

$$a_{n+1}+t=\frac{5a_n+4}{2a_n+7}+t=\frac{(2t+5)a_n+7t+4}{2a_n+7}=(2t+5)\cdot\frac{a_n+\dfrac{7t+4}{2t+5}}{2a_n+7}$$

令 $t=\dfrac{7t+4}{2t+5}$，解之可得 $t=-1,2$，代入

$$a_{n+1}+t=(2t+5)\cdot\frac{a_n+t}{2a_n+7}$$

得
$$a_{n+1}-1=3\cdot\frac{a_n-1}{2a_n+7}, a_{n+1}+2=9\cdot\frac{a_n+2}{2a_n+7}$$

相除得
$$\frac{a_{n+1}-1}{a_{n+2}+2}=\frac{1}{3}\cdot\frac{a_n-1}{a_n+2}$$

即 $\left\{\dfrac{a_n-1}{a_n+2}\right\}$ 是首项为 $\dfrac{a_1-1}{a_1+2}=\dfrac{1}{4}$，公比为 $\dfrac{1}{3}$ 的等比数列

$$\frac{a_n-1}{a_n+2}=\frac{1}{4}\cdot 3^{1-n}$$

解得 $a_n=\dfrac{4\cdot 3^{n-1}+2}{4\cdot 3^{n-1}-1}$.

点评 此处介绍的特征根求数列的通项公式的方法，从本质上看其实就是待定系数法或恒等转化法. 因此问题的关键是要掌握好化归的数学思想方法，将非等比(差)数列化为等比(差)数列的方法，这才是我们要掌握的根本所在. 下面要介绍的利用函数的不动点求数列的通项公式也是如此.

例 12 （1986 年高考全国理科卷试题改编）已知数列 $\{a_n\}$，其中 $a_1>0$，$a_1\neq 0$，且 $a_{n+1}=\dfrac{a_n(a_n^2+3)}{3a_n^2+1}(n=1,2,3,\cdots)$，求数列 $\{a_n\}$ 的通项公式 a_n.

解 左端化为 $a_{n+1}-k$，右端分母不变，分子化为 $(a_n-k)^3$，即希望得到

$$a_{n+1}-k=\frac{(a_n-k)^3}{3a_n^2+1}$$

即整理得

$$a_{n+1}-k=\frac{a_n^3+3k^2a-k^3+k}{3a_n^2+1}$$

与原式 $a_{n+1}=\dfrac{a_n^3+3a_n}{3a_n^2+1}$ 比较，得 $3k^2=3$，且 $-k^3+k=0$，解得 $k_1=-1, k_2=1$，则有

$$a_{n+1}+1=\frac{a_n^3+3a_n}{3a_n^2+1}+1=\frac{(a_n+1)^3}{3a_n^2+1} \quad ①$$

$$a_{n+1}-1=\frac{a_n^3+3a_n}{3a_n^2+1}-1=\frac{(a_n-1)^3}{3a_n^2+1} \quad ②$$

①÷②得

$$\frac{a_{n+1}+1}{a_{n+1}-1}=\left(\frac{a_n+1}{a_n-1}\right)^3$$

下面用递推法可以求出数列$\{a_n\}$的通项公式a_n. 特别地，当$\frac{a_n+1}{a_n-1}>0$时，则两边取对数，得 $\ln\frac{a_{n+1}+1}{a_{n+1}-1}=3\ln\frac{a_n+1}{a_n-1}$，转化为等比数列可以求出数列$\{a_n\}$的通项公式$a_n$. 以下过程留给读者完成.

五、函数的不动点法求数列的通项公式

1. 函数的不动点概念

给出函数 $y=f(x)$，满足方程 $f(x_0)=x_0$ 的解 x_0，称为函数 $y=f(x)$ 的一个不动点. 例如求函数 $f(x)=2x-4$ 的不动点. 令 $2x-4=x$，解出 $x=4$，即 4 是函数 $f(x)=2x-4$ 的一个不动点.

2. 用函数的不动点求数列的通项公式

如果给出的数列的递推式中不含有自变量n的函数$f(n)$，那么就可以考虑用函数的不动点法：首先求出函数的不动点，然后把递推式的两边都减去不动点，最后把递推式的两边都化为相同的形式去求数列的通项公式.

例 13 已知数列$\{a_n\}$中，$a_1=1$，$a_{n+1}=\frac{1}{2}a_n+1$，求数列的通项公式a_n.

解 因为 $a_{n+1}=\frac{1}{2}a_n+1$，所以 $x=\frac{1}{2}x+1\Rightarrow x=2$，两边都减去不动点 2 得 $a_{n+1}-2=2a_n+1-2$，所以可以得到 $a_{n+1}-2=\frac{1}{2}(a_n-2)$，设 $a_n-2=b_n$，所以 $b_{n+1}=\frac{1}{2}b_n$，故 $b_n=b_1\cdot\left(\frac{1}{2}\right)^{n-1}=-2^{1-n}$，所以 $a_n=2+b_n=2-2^{1-n}$.

定理 2 若函数 $f(x)=ax+b$，$a\neq 0$ 且 $a\neq 1$，p 是函数 $f(x)=ax+b$ 的一个不动点，即 $f(p)=p$，如果数列 $\{x_n\}$ 满足递推关系 $x_n=f(x_{n-1})$，$n>1$，则 $x_n-p=a(x_{n-1}-p)$.

定理 3 数列$\{a_n\}$满足：$a_n=\frac{a\cdot a_{n-1}+b}{c\cdot a_{n-1}+d}$($c\neq 0$，$ad\neq bc$，$n>1$，$n\in\mathbf{N}^*$)，$a_1\neq\frac{a\cdot a_1+b}{c\cdot a_1+d}$，若方程 $x=\frac{ax+b}{cx+d}$ 有两相异实根 x_1，x_2，则$\frac{a_n-x_1}{a_n-x_2}=k\cdot\frac{a_{n-1}-x_1}{a_{n-1}-x_2}$，且 $k=\frac{a-cx_1}{a-cx_2}$，即数列$\left\{\frac{a_n-x_1}{a_n-x_2}\right\}$是以$\frac{a_1-x_1}{a_1-x_2}$为首项，$k$为公比的等比数列.

证明 因为 $x=\frac{ax+b}{cx+d}$ 有两个相异的实根 x_1,x_2,代入得

$$\begin{cases}x_1=\frac{ax_1+b}{cx_1+d}\\ x_2=\frac{ax_2+b}{cx_2+d}\end{cases}$$

即

$$\begin{cases}cx_1^2-ax_1=b-x_1d\\ cx_2^2-ax_2=b-x_2d\end{cases}$$

所以

$$\frac{a_n-x_1}{a_n-x_2}=\frac{\frac{a\cdot a_{n-1}+b}{c\cdot a_{n-1}+d}-x_1}{\frac{a\cdot a_{n-1}+b}{c\cdot a_{n-1}+d}-x_2}=$$

$$\frac{(a-cx_1)a_{n-1}+b-x_1d}{(a-cx_2)a_{n-1}+b-x_1d}=$$

$$\frac{(a-cx_1)a_{n-1}-x_1(a-cx_1)}{(a-cx_2)a_{n-1}-x_2(a-cx_2)}=$$

$$\frac{a-cx_1}{a-cx_2}\cdot\frac{a_{n-1}-x_1}{a_{n-1}-x_2}$$

令 $k=\frac{a-cx_1}{a-cx_2}$,即

$$\frac{a_n-x_1}{a_n-x_2}=k\cdot\frac{a_{n-1}-x_1}{a_{n-1}-x_2}$$

故定理 3 得证.

定理 4 数列 $\{a_n\}$ 满足:$a_n=\frac{a\cdot a_{n-1}+b}{c\cdot a_{n-1}+d}(c\neq 0,ad\neq bc,n>1,n\in\mathbf{N}^*)$,$a_1\neq\frac{a\cdot a_1+b}{c\cdot a_1+d}$,若方程 $x=\frac{ax+b}{cx+d}$ 有两相同实根 $x_1=x_2=x_0$,则 $\frac{1}{a_n-x_0}-\frac{1}{a_{n-1}-x_0}=\frac{2c}{a+d}$,即数列 $\left\{\frac{1}{a_n-x_0}\right\}$ 是以 $\frac{1}{a_1-x_0}$ 为首项,$\frac{2c}{a+d}$ 为公差的等差数列.

证明 由方程 $x=\frac{ax+b}{cx+d}$ 有两相同实根 $x_1=x_2=x_0$,代入 $\frac{ax_0+b}{cx_0+d}=x_0$,整理得

$$cx_0^2+(d-a)x_0-b=0$$

所以

$$x_0=\frac{a-d}{2c},b=cx_0^2+(d-a)x_0$$

故

$$a_n-x_0=\frac{a\cdot a_{n-1}+b}{c\cdot a_{n-1}+d}-x_0=$$

$$\frac{a\cdot a_{n-1}+c\cdot x_0^2+(d-a)x_0}{c\cdot a_{n-1}+d}-x_0=$$
$$\frac{(a-cx_0)a_{n-1}+cx_0^2-ax_0}{c\cdot a_{n-1}+d}=$$
$$\frac{(a-cx_0)(a_{n-1}-x_0)}{c\cdot a_{n-1}+d}$$

即
$$\frac{1}{a_n-x_0}=\frac{ca_{n-1}+d}{(a-cx_0)(a_{n-1}-x_0)}=$$
$$\frac{c(a_{n-1}-x_0)+cx_0+d}{(a-cx_0)(a_{n-1}-x_0)}=$$
$$\frac{c}{a-cx_0}+\frac{cx_0+d}{(a-cx_0)(a_{n-1}-x_0)}=$$
$$\frac{c}{a-c\cdot\frac{a-d}{2c}}+\frac{c\cdot\frac{a-d}{2c}+d}{\left(a-c\cdot\frac{a-d}{2c}\right)(a_{n-1}-x_0)}=$$
$$\frac{2c}{a+d}+\frac{1}{a_{n-1}-x_0}$$

故
$$\frac{1}{a_n-x_0}-\frac{1}{a_{n-1}-x_0}=\frac{2c}{a+d}$$

即定理 4 得证.

定理 5　数列$\{a_n\}$满足:$a_n=\frac{aa_{n-1}+b}{ca_{n-1}+d}(c\neq 0,ad\neq bc,n>1,n\in\mathbf{N}^*)$,$a_1\neq\frac{aa_{n-1}+b}{ca_{n-1}+d}$,若方程$x=\frac{ax+b}{cx+d}$有两个虚根$x_1,x_2$,则数列$\{a_n\}$是周期数列,且周期$T$满足$\left(\frac{a-cx_1}{a-cx_2}\right)^T=1(T\in\mathbf{N}^*)$.

证明　若方程有两个虚数根 x_1,x_2,则由定理 3 知:$\frac{a_n-x_1}{a_n-x_2}=k^{n-1}\frac{a_1-x_1}{a_1-x_2}$,令$\frac{a_1-x_1}{a_1-x_2}=a$,则$a_n=\frac{x_1-x_2}{1+ak^{n-1}}+x_2$,数列$\{a_n\}$是周期数列的充要条件是存在正整数$T$,使得$a_{n+T}=a_n$成立,而$\frac{x_1-x_2}{1+ak^{n-1}}+x_2=\frac{x_1-x_2}{1+ak^{n+T-1}}+x_2$,则$k^{n-1}=k^{n+T-1}$,所以$k^T=1$,因此$\left(\frac{a-cx_1}{a-cx_2}\right)^T=1(T\in\mathbf{N}^*)$,又因为

$$k=\frac{a-cx_1}{a-cx_2}=\frac{(a+b)-\sqrt{-(a-b)^2-4bc}\cdot\mathrm{i}}{(a+b)+\sqrt{-(a-b)^2-4bc}\cdot\mathrm{i}}=$$
$$\frac{r(\cos\theta+\mathrm{i}\sin\theta)}{r(\cos\theta-\mathrm{i}\sin\theta)}=\cos 2\theta+\mathrm{i}\sin 2\theta$$

则 $k^T=\cos 2T\theta+i\sin 2T\theta=1$，而 $\cos 2T\theta=0$ 且 $\sin T\theta=1$，所以 $2T\theta=2k\pi$，而 $T=\dfrac{k\pi}{\theta}$（这里 k 为正整数）.

点评　以这两个定理为基础不但命制出了很多高考压轴题，如 2012 年高考大纲卷理科压轴题，2010 年高考全国卷 Ⅰ 压轴题，2010 年高考天津卷理科压轴题等，而且还衍生出了大量的数学竞赛试题.

例 14　已知数列 $\{a_n\}$ 满足 $a_1=1$，$a_n=\dfrac{4a_{n-1}-6}{a_{n-1}-1}$，求 a_n.

解　因为所给数列的递归函数 $f(x)=\dfrac{4x-6}{x-1}$ 对应的不动点的方程为 $x=\dfrac{4x-6}{x-1}(a=4,c=1)$，解为 $x_1=3$，$x_2=2$，所以数列 $\left\{\dfrac{a_n-x_1}{a_n-x_2}\right\}$ 是以 $\dfrac{a-cx_1}{a-cx_2}$ 为公比的等比数列，因为 $\dfrac{a-cx_1}{a-cx_2}=\dfrac{4-3}{4-2}=\dfrac{1}{2}$，所以 $\dfrac{a_n-3}{a_n-2}=\dfrac{a_1-3}{a_1-2}\times\left(\dfrac{1}{2}\right)^{n-1}=2^{2-n}$，再解出 $a_n=\dfrac{3-2^{3-n}}{1-2^{2-n}}$.

六、递推数列通项公式综合应用

由于递推数列通项公式的求解难度大，综合性与灵活性都强，因此，再举几个综合性强的例题如下：

例 15　已知数列 $\{a_n\}$ 中 $a_1=1$，关于 x 的方程 $x^2-a_{n+1}\sin(\cos x)+(2a_n+1)\sin 1=0$ 有唯一解.

(1) 求数列 $\{a_n\}$ 的通项公式；

(2) 设 $b_n=na_n$，求数列 $\{b_n\}$ 的前 n 项和 s_n；

(3) 设 $c_n=\left[1+\dfrac{1}{\log_2(a_n+1)}\right]^n$，求证：$c_n<3$.

解　(1) 设 $f(x)=x^2-a_{n+1}\sin(\cos x)+(2a_n+1)\sin 1$，显然 $f(x)$ 是偶函数.

因为关于 x 的方程 $x^2-a_{n+1}\sin(\cos x)+(2a_n+1)\sin 1=0$ 有唯一解，所以 $x=0$ 是方程 $x^2-a_{n+1}\sin(\cos x)+(2a_n+1)\sin 1=0$ 的唯一解.

所以 $0^2-a_{n+1}\sin(\cos 0)+(2a_n+1)\sin 1=0$，即 $a_{n+1}=2a_n+1$.

所以 $a_{n+1}+1=2(a_n+1)$，所以 $a_n+1=2^{n-1}(a_1+1)=2^n$，故 $a_n=2^n-1$ $(n\in\mathbf{N}^*)$.

(2)
$$\begin{aligned}s_n&=1\times(2^1-1)+2\times(2^2-1)+\cdots+n\times(2^n-1)=\\&1\times 2^1+2\times 2^2+\cdots+n\times 2^n-(1+2+\cdots+n)=\\&(n-1)\times 2^{n+1}-\frac{n(n+1)}{2}+2\end{aligned}$$

(3)

$$c_n=\left(1+\frac{1}{n}\right)^n=1+\mathrm{C}_n^1\frac{1}{n}+\cdots+\mathrm{C}_n^n\left(\frac{1}{n}\right)^n\leqslant 2+\frac{1}{2!}+\cdots+\frac{1}{n!}<$$
$$2+\frac{1}{2^1}+\cdots+\frac{1}{2^{n-1}}<2+1-\left(\frac{1}{2}\right)^{n-1}<3$$

例 16 已知函数 $f(x)=\dfrac{x^3+3x}{3x^2+1}$，数列 $\{x_n\}$ 满足：$x_1=2,x_{n+1}=f(x_n)$ $(n\in\mathbf{N}^*)$.

记 $b_n=\log_3\left(\dfrac{x_{n+1}-1}{x_{n+1}+1}\right)$ $(n\in\mathbf{N}^*)$.

(1) 求证：数列 $\{b_n\}$ 成等比数列，并求数列 $\{b_n\}$ 的通项公式；

(2) 记 $c_n=-nb_n(n\in\mathbf{N}^*)$，求数列 $\{c_n\}$ 的前 n 项和公式 T_n.

解 (1)

$$\frac{x_{n+1}-1}{x_{n+1}+1}=\frac{f(x_n)-1}{f(x_n)+1}=\frac{\dfrac{x_n^3+3x_n}{3x_n^2+1}-1}{\dfrac{x_n^3+3x_n}{3x_n^2+1}+1}=\frac{x_n^3-3x_n^2+3x_n-1}{x_n^3+3x_n^2+3x_n+1}=\left(\frac{x_n-1}{x_n+1}\right)^3$$

于是
$$\log_3\left(\frac{x_{n+1}-1}{x_{n+1}+1}\right)=3\log_3\left(\frac{x_n-1}{x_n+1}\right)$$

即 $b_n=3b_{n-1}$，所以数列 $\{b_n\}$ 成等比数列.

又由条件知 $x_2=\dfrac{14}{13}$，故 $b_1=\log_3\left(\dfrac{\dfrac{14}{13}-1}{\dfrac{14}{13}+1}\right)=\log_3\dfrac{1}{27}=-3$，于是 $b_n=-3^n$.

所以数列 $\{b_n\}$ 的通项公式为 $b_n=-3^n$.

(2) 由(1)知，$b_n=-3^n$，故 $c_n=n\cdot 3^n$，则

$$T_n=1\times 3^1+2\times 3^2+3\times 3^3+\cdots+n\times 3^n$$
$$3T_n=1\times 3^2+2\times 3^3+3\times 3^4+\cdots+n\times 3^{n+1}$$

于是
$$-2T_n=3+3^2+3^3+\cdots+3^n-n\times 3^{n+1}=\frac{3^{n+1}-3}{2}-n\times 3^{n+1}$$

即
$$T_n=\frac{(2n-1)\cdot 3^{n+1}+3}{4}$$

所以，数列 $\{c_n\}$ 的前 n 项和公式 $T_n=\dfrac{(2n-1)\cdot 3^{n+1}+3}{4}(n\in\mathbf{N}^*)$.

例 17 (2012 年大纲版全国卷高考理科) 函数 $f(x)=x^2-2x-3$，定义数列 $\{x_n\}$ 如下：$x_1=2$，x_{n+1} 是过两点 $P(4,5)$，$Q_n(x_n,f(x_n))$ 的直线 PQ_n 与 x 轴交点的横坐标.

(1) 证明：$2\leqslant x_n<x_{n+1}<3$；

(2) 求数列 $\{x_n\}$ 的通项公式.

分析 本题(1) 先求出直线 PQ_n 的方程,然后利用数学归纳法进行证明;(2) 结合(1) 中的相关结论写出数列的递推公式,根据递推公式的结构特征,构造新数列,求数列 $\{x_n\}$ 的通项公式.

解 (1) 用数学归纳法证明 $2 \leqslant x_n < x_{n+1} < 3$.

(ⅰ) 当 $n=1$ 时,$x_1=2$,直线 PQ_1 的方程为 $y-5=\frac{f(2)-5}{2-4}(x-4)$,令 $y=0$,解得 $x_2=\frac{11}{4}$,所以 $2 \leqslant x_1 \leqslant x_2 < 3$.

(ⅱ) 假设 $n=k$ 时,结论成立,即 $2 \leqslant x_k < x_{k+1} < 3$,直线 PQ_{k+1} 的方程为

$$y-5=\frac{f(x_{k+1})-5}{x_{k+1}-4}(x-4)$$

令 $y=0$,解得 $x_{k+2}=\frac{3+4x_{k+1}}{2+x_{k+1}}$.

由归纳假设知

$$x_{k+2}=\frac{3+4x_{k+1}}{2+x_{k+1}}=4-\frac{5}{2+x_{k+1}}<4-\frac{5}{2+3}=3$$

$$x_{k+2}-x_{k+1}=\frac{(3-x_{k+1})(1+x_{k+1})}{2+x_{k+1}}>0$$

即 $x_{k+2} > x_{k+1}$. 所以 $2 \leqslant x_{k+1} < x_{k+2} < 3$,即当 $n=k+1$ 时,结论成立.

由(i)(ii) 知,对于任意的正整数 n,$2 \leqslant x_n < x_{n+1} < 3$ 成立.

(2) 由(1) 及 $x_{n+1}=\frac{3+4x_n}{2+x_n}$. 设 $b_n=x_n-3$,则

$$\frac{1}{b_{n+1}}=\frac{5}{b_n}+1,\frac{1}{b_{n+1}}+\frac{1}{4}=5\left(\frac{1}{b_n}+\frac{1}{4}\right)$$

数列 $\left\{\frac{1}{b_n}+\frac{1}{4}\right\}$ 是首项为 $-\frac{3}{4}$,公比为 5 的等比数列,所以 $\frac{1}{b_n}+\frac{1}{4}=-\frac{3}{4}\cdot 5^{n-1}$,即数列 $\{x_n\}$ 的通项公式为 $x_n=3-\frac{4}{3\cdot 5^{n-1}+1}$.

巩固练习

1. 设无穷数列 $\{a_n\}$ 的各项都是正数,S_n 是它的前 n 项之和,对于任意正整数 n,a_n 与 2 的等差中项等于 S_n 与 2 的等比中项,则该数列的通项公式为 $a_n=4n-2(n \in \mathbf{N}^*)$.

解 由题意知 $\frac{a_n+2}{2}=\sqrt{2S_n}$,即

$$S_n=\frac{(a_n+2)^2}{8} \tag{①}$$

由 $a_1=S_1$ 得 $\frac{a_1+2}{2}=\sqrt{2a_1}$，从而 $a_1=2$. 又由式 ① 得

$$S_{n-1}=\frac{(a_{n-1}+2)^2}{8}\quad(n\geqslant 2) \tag{②}$$

于是有 $$a_n=S_n-S_{n-1}=\frac{(a_n+2)^2}{8}-\frac{(a_{n-1}+2)^2}{8}\quad(n\geqslant 2)$$

整理得 $(a_n+a_{n-1})(a_n-a_{n-1}-4)=0$. 因 $a_n>0, a_{n-1}>0$，故 $a_n-a_{n-1}=4(n\geqslant 2), a_1=2$.

所以数列 $\{a_n\}$ 是以 2 为首项、4 为公差的等差数列，其通项公式为 $a_n=2+4(n-1)$，即 $a_n=4n-2$，故填 $a_n=4n-2(n\in\mathbf{N}^*)$.

2. 数列 $\{a_n\}$ 中，$a_1=3, a_n\cdot a_{n+1}=\left(\frac{1}{2}\right)^n(n\in\mathbf{N}^*)$，则 $S_{2\,007}=$________.

解 $\frac{19}{3}-\frac{5}{3}\cdot\left(\frac{1}{2}\right)^{1\,002}$. 由已知，易得 $a_2=\frac{1}{6}$，又 $a_n\cdot a_{n+1}=\left(\frac{1}{2}\right)^n$，则 $a_{n-1}\cdot a_n=\left(\frac{1}{2}\right)^{n-1}$，两式相除，得 $\frac{a_{n+1}}{a_{n-1}}=\frac{1}{2}$，故数列 $\{a_n\}$ 的奇数项和偶数项都分别成公比为 $\frac{1}{2}$ 的等比数列，则

$$S_{2\,007}=(a_1+a_3+\cdots+a_{2\,007})+(a_2+a_4+\cdots+a_{2\,006})=$$

$$\frac{3\left[1-\left(\frac{1}{2}\right)^{1\,004}\right]}{1-\frac{1}{2}}+\frac{\frac{1}{6}\left[1-\left(\frac{1}{2}\right)^{1\,003}\right]}{1-\frac{1}{2}}=$$

$$\frac{19}{3}-\frac{5}{3}\cdot\left(\frac{1}{2}\right)^{1\,002}$$

10. 在双曲线 $xy=1$ 上，横坐标为 $\frac{n}{n+1}$ 的点为 A_n，横坐标为 $\frac{n+1}{n}$ 的点为 $B_n(n\in\mathbf{N}^*)$. 记坐标为 $(1,1)$ 的点为 M，$P_n(x_n,y_n)$ 是 $\triangle A_nB_nM$ 的外心，则 $x_1+x_2+\cdots+x_{100}=$________.

解 $200\frac{50}{101}$. 易得 $A_n\left(\frac{n}{n+1},\frac{n+1}{n}\right)$，$B_n\left(\frac{n+1}{n},\frac{n}{n+1}\right)$，所以 $|A_nM|=|B_nM|$，$k=-1$. 故 $\triangle A_nB_nM$ 是以 A_nB_n 为底边的等腰三角形，且底边所在直线的斜率为 -1. 因为 M 在直线 $y=x$ 上，所以底边的中垂线方程为 $y=x$，由此 $x_n=y_n$.

因为 A_nM 的中点为 $E\left(\frac{2n+1}{2n+2},\frac{2n+1}{2n}\right)$，$k_{A_nM}=\dfrac{\frac{n+1}{n}-1}{\frac{n}{n+1}-1}=-\frac{n+1}{n}$，所以

外心 $P_n(x_n, y_n)$ 在直线 $y-\frac{2n+1}{2n}=\frac{n}{n+1}\left(x-\frac{2n+1}{2n+2}\right)$ 上，由此得

$$x_n=\frac{(2n+1)^2}{2n(n+1)}=2+\frac{1}{2n(n+1)}=2+\frac{1}{2}\left(\frac{1}{n}-\frac{1}{n+1}\right)$$

于是

$$x_1+x_2+\cdots+x_{100}=200+\frac{1}{2}\left(1-\frac{1}{2}+\frac{1}{2}-\frac{1}{3}+\cdots+\frac{1}{100}-\frac{1}{101}\right)=200\,\frac{50}{101}$$

8. 已知数列 $\{a_n\}$ 中，$a_1=1$，且 $a_n=\frac{n}{n-1}a_{n-1}+2n\cdot 3^{n-2}(n\geqslant 2, n\in \mathbf{N}^*)$. 则数列 $\{a_n\}$ 的通项公式为________.

解 $a_n=n\cdot 3^{n-1}$. 由题 $a_n=\frac{n}{n-1}a_{n-1}+2n\cdot 3^{n-2}$ 知

$$\frac{a_n}{n}=\frac{a_{n-1}}{n-1}+2\cdot 3^{n-2}$$

由累加法，当 $n\geqslant 2$ 时

$$\frac{a_n}{n}-\frac{a_1}{1}=2+2\times 3+2\times 3^2+\cdots+2\times 3^{n-2}$$

代入 $a_1=1$，得 $n\geqslant 2$ 时

$$\frac{a_n}{n}=1+\frac{2(1-3^{n-1})}{1-3}=3^{n-1}$$

又 $a_1=1$，故 $a_n=n\cdot 3^{n-1}(n\in \mathbf{N}^*)$.

9. 已知数列 $\{a_n\}$ 满足 $a_1=a_2=2$，$2na_{n+1}-(3n+2)a_n+(n+1)a_{n-1}=0$ $(n\geqslant 2)$，求 $a_{2\,009}$ 的值.

解 因为

$$2na_{n+1}-(3n+2)a_n+(n+1)a_{n-1}=0\quad(n\geqslant 2)$$

所以
$$2na_{n+1}-na_n=2(n+1)a_n-(n+1)a_{n-1}=0$$

所以
$$n(2a_{n+1}-a_n)=(n+1)(2a_n-a_{n-1})$$

故
$$2a_{n+1}-a_n=\frac{n+1}{n}(2a_n-a_{n-1})=$$
$$\frac{n+1}{n}\cdot\frac{n}{n-1}\cdot\cdots\cdot\frac{3}{2}(2a_2-a_1)=$$
$$\frac{n+1}{2}\cdot(2\times 2-2)=n+1$$

所以
$$2a_{n+1}-a_n=n+1$$

故
$$2(a_{n+1}-n)=a_n-(n-1)$$

所以
$$a_{n+1}-n=\frac{1}{2}[a_n-(n-1)]$$

故
$$a_n-(n-1)=2\cdot\left(\frac{1}{2}\right)^{n-1}=\left(\frac{1}{2}\right)^{n-2}$$

所以 $$a_n=\left(\frac{1}{2}\right)^{n-2}+n-1$$

故 $$a_{2\,009}=\left(\frac{1}{2}\right)^{2\,007}+2\,008$$

10. 数列 $\{a_n\}$ 满足：$a_1=\dfrac{1}{2}, a_{n+1}=\dfrac{na_n}{(n+1)(na_n+1)}$；令 $x_k=a_1+a_2+\cdots+a_k, y_k=\dfrac{1}{a_1}+\dfrac{1}{a_2}+\cdots+\dfrac{1}{a_k}, k=1,2,3,\cdots$；求 $\sum\limits_{k=1}^{n}x_ky_k$.

解 已知化为

$$\frac{1}{(n+1)a_n}-\frac{1}{na_n}=1, \frac{1}{na_n}=2+(n-1)\times 1=n+1$$

$$a_n=\frac{1}{n(n+1)}$$

$$x_k=\frac{k}{k+1}$$

$$y_k=\frac{1}{6}k(k+1)(2k+1)+\frac{k(k+1)}{2}$$

$$x_ky_k=\frac{1}{3}k^3+\frac{2}{3}k^2$$

$$\sum_{k=1}^{n}x_ky_k=\sum_{k=1}^{n}\left(\frac{1}{3}k^3+\frac{2}{3}k^2\right)=$$

$$\frac{1}{3}\left[\frac{n(n+1)}{2}\right]^2+\frac{2}{3}\cdot\frac{1}{6}n(n+1)(2n+1)=$$

$$\frac{n(n+1)(3n^2+11n+4)}{36}$$

11. 已知数列 $\{a_n\}$ 满足 $a_1=a_2=1, a_n=1-\dfrac{a_1+\cdots+a_{n-2}}{4}(n\geqslant 3)$，求 a_n 的通项公式.

解 $$a_n=1-\frac{a_1+\cdots+a_{n-2}}{4}=a_{n-1}-\frac{a_{n-2}}{4}\Rightarrow$$

$$a_n-\frac{a_{n-1}}{2}=\frac{1}{2}\left(a_{n-1}-\frac{a_{n-2}}{2}\right)=\cdots=\frac{1}{2^{n-1}}\Rightarrow$$

$$2^{n-1}a_n=2^{n-2}a_{n-1}+1=\cdots=n\Rightarrow$$

$$a_n=\frac{n}{2^{n-1}}$$

12. 已知点集 $L=\{(x,y)\mid y=\boldsymbol{m}\cdot\boldsymbol{n}\}$，其中 $\boldsymbol{m}=(2x-b,1), \boldsymbol{n}=(1,1+b)$，又知点列 $P_n(a_n,b_n)\in L$，P_1 为 L 与 y 轴的交点. 等差数列 $\{a_n\}$ 的公差为 1，$n\in\mathbf{N}^*$.

(1) 求 $P_n(a_n,b_n)$；

(2) 若 $f(n)=\begin{cases}a_n, n=2k-1\\ b_n, n=2k\end{cases}$，$k\in\mathbf{N}^*$，$f(k+11)=2f(k)$，求出 k 的值；

(3) 对于数列 $\{b_n\}$，设 S_n 是其前 n 项和，是否存在一个与 n 无关的常数 M，使 $\dfrac{S_n}{S_{2n}}=M$，若存在，求出此常数 M；若不存在，请说明理由.

解 (1) 由题设有 $L=\{(x,y)\mid y=2x+1\}$，故 L 为直线 $y=2x+1$，它与 y 轴的交点为 $P_1(0,1)$，所以 $a_1=0$，又数列 $\{a_n\}$ 是以 1 为公差的等差数列，所以 $a_n=n-1$，$b_n=2a_n+1=2(n-1)+1=2n-1$，故 $P_n(n-1,2n-1)$.

(2) $f(n)=\begin{cases}a_n\\ b_n\end{cases}=\begin{cases}n-1, n=2k-1\\ 2n-1, n=2k\end{cases}\quad(k\in\mathbf{N}^*)$

当 k 为奇数时，$f(k+11)=2f(k)\Rightarrow 2(k+11)-1=2(k-1)\Rightarrow k\in\varnothing$；

当 k 为偶数时，$f(k+11)=2f(k)\Rightarrow (k+11)-1=2(2k-1)\Rightarrow k=4$.

(3) 因为 $b_n=2n-1$，所以 $S_n=n^2$，假设存在与 n 无关的常数 M，使 $\dfrac{S_n}{S_{2n}}=M$，即 $\dfrac{n^2}{(2n)^2}=M\Rightarrow M=\dfrac{1}{4}$，故存在与 n 无关的常数 $M=\dfrac{1}{4}$，使 $\dfrac{S_n}{S_{2n}}=M$.

13. 数列 $\{a_n\}$ 满足 $a_1=\dfrac{1}{2}$，$a_{n+1}=a_n^2+a_n$，$n\in\mathbf{N}$，$b_n=\dfrac{1}{1+a_n}$，$S_n=b_1+b_2+\cdots+b_n$，$P_n=b_1b_2\cdots b_n$，试求 $2P_n+S_n$ 的值.

解 因为 $a_1=\dfrac{1}{2}$，$a_{n+1}=a_n^2+a_n$，$n\in\mathbf{N}$，所以

$$a_{n+1}>a_n>0,\ a_{n+1}=a_n(a_n+1)$$

所以
$$b_n=\frac{1}{1+a_n}=\frac{a_n}{a_{n+1}}=\frac{a_n^2}{a_na_{n+1}}=\frac{a_{n+1}-a_n}{a_na_{n+1}}=\frac{1}{a_n}-\frac{1}{a_{n+1}}$$

所以
$$P_n=b_1b_2\cdots b_n=\frac{a_1}{a_2}\cdot\frac{a_2}{a_3}\cdot\cdots\cdot\frac{a_n}{a_{n+1}}=\frac{1}{2a_{n+1}}$$

$$S_n=b_1+b_2+\cdots+b_n=\left(\frac{1}{a_1}-\frac{1}{a_2}\right)+\left(\frac{1}{a_2}-\frac{1}{a_3}\right)+\cdots+\left(\frac{1}{a_n}-\frac{1}{a_{n+1}}\right)=2-\frac{1}{a_{n+1}}$$

故
$$2P_n+S_n=\frac{1}{a_{n+1}}+\left(2-\frac{1}{a_{n+1}}\right)=2$$

14. 已知函数 $f(x)=x^2+x-1$，α,β 是方程 $f(x)=0$ 的两个根 $(\alpha>\beta)$，$f'(x)$ 是 $f(x)$ 的导数. 设 $a_1=1$，$a_{n+1}=a_n-\dfrac{f(a_n)}{f'(a_n)}(n=1,2,3,\cdots)$.

(1) 求 α,β 的值；

(2) 已知对任意的正整数 n 有 $a_n>\alpha$，记 $b_n=\ln\dfrac{a_n-\beta}{a_n-\alpha}(n=1,2,3,\cdots)$，求数列 $\{b_n\}$ 的前 n 项和 S_n.

解 (1) 由 $x^2+x-1=0$ 得 $x=\dfrac{-1\pm\sqrt{5}}{2}$，所以 $\alpha=\dfrac{-1+\sqrt{5}}{2}$，$\beta=\dfrac{-1-\sqrt{5}}{2}$.

(2) $$f'(x)=2x+1, a_{n+1}=a_n-\frac{a_n^2+a_n-1}{2a_n+1}=\frac{a_n^2+1}{2a_n+1}$$

$$\frac{a_{n+1}-\beta}{a_{n+1}-\alpha}=\frac{\dfrac{a_n^2+1}{2a_n+1}+\dfrac{1+\sqrt{5}}{2}}{\dfrac{a_n^2+1}{2a_n+1}+\dfrac{1-\sqrt{5}}{2}}=$$

$$\frac{a_n^2+(1+\sqrt{5})a_n+\dfrac{3+\sqrt{5}}{2}}{a_n^2+(1-\sqrt{5})a_n+\dfrac{3-\sqrt{5}}{2}}=$$

$$\left(\frac{a_n+\dfrac{1+\sqrt{5}}{2}}{a_n+\dfrac{1-\sqrt{5}}{2}}\right)^2=$$

$$\left(\frac{a_n-\beta}{a_n-\alpha}\right)^2$$

所以 $b_{n+1}=2b_n$，又

$$b_1=\ln\frac{a_1-\beta}{a_1-\alpha}=\ln\frac{3+\sqrt{5}}{3-\sqrt{5}}=4\ln\frac{1+\sqrt{5}}{2}$$

所以数列 $\{b_n\}$ 是一个首项为 $4\ln\dfrac{1+\sqrt{5}}{2}$，公比为 2 的等比数列；所以

$$S_n=\frac{4\ln\dfrac{1+\sqrt{5}}{2}(1-2^n)}{1-2}=4(2^n-1)\ln\frac{1+\sqrt{5}}{2}$$

15. 下表给出一个"等差数阵"：其中每行、每列都是等差数列，a_{ij} 表示位于第 i 行第 j 列的数.

(1) 写出 a_{54} 的值；

(2) 写出 a_{ij} 的计算公式；

(3) 指出 2 008 这个数在等差数阵中所在的位置.

4	7	( )	( )	( )	…	a_{1j}	…
7	12	( )	( )	( )	…	a_{2j}	…
( )	( )	( )	( )	( )	…	a_{3j}	…
( )	( )	( )	( )	( )	…	a_{4j}	…
…	…	…	…	…	…	…	…
a_{i1}	a_{i2}	a_{i3}	a_{i4}	a_{i5}	…	a_{ij}	…
…	…	…	…	…	…	…	…

解 (1)49；

(2) 该等差数阵的第一行是首项为4，公差为3的等差数列 $a_{1j}=4+3(j-1)$；第二行是首项为7，公差为5的等差数列 $a_{2j}=7+5(j-1)$；……；第 i 行是首项为 $4+3(i-1)$，公差为 $2i+1$ 的等差数列，因此

$$a_{ij}=4+3(i-1)+(2i+1)(j-1)=2ij+i+j$$

(3) 要找2 008在该等差数阵中的位置，也就是要找正整数 ij，使得 $2ij+i+j=2\ 008$，即 $(2i+1)(2j+1)=4\ 017$，解得 $\begin{cases}i=1\\j=669\end{cases}$ 或 $\begin{cases}i=669\\j=1\end{cases}$ 或 $\begin{cases}i=19\\j=51\end{cases}$ 或 $\begin{cases}i=51\\j=19\end{cases}$ 或 $\begin{cases}i=6\\j=154\end{cases}$ 或 $\begin{cases}i=154\\j=6\end{cases}$，故2 008分别位于等差数阵中的第1行第699列，第699行第1列，第19行第51列，第51行第19列，第6行第154列，第154行第6列.

16. 已知斐波那契数列 $\{F_n\}$ 满足：$F_1=1, F_2=1, F_{n+2}=F_{n+1}+F_n(n\in\mathbf{N}^*)$，若数列 $\{F_{n+1}+\lambda F_n\}$ 是等比数列（λ 为实常数）.

(1) 求出所有 λ 的值，并求数列 $\{F_n\}$ 的通项公式；

(2) 求证：$\dfrac{1}{F_1}+\dfrac{1}{F_2}+\cdots+\dfrac{1}{F_{2\,007}}<\dfrac{7}{2}$.

解 (1) 设 $F_{n+2}+\lambda F_{n+1}=q(F_{n+1}+\lambda F_n)(q\neq 0)$，则

$$F_{n+2}=(q-\lambda)F_{n+1}+q\lambda F_n$$

又因为 $F_{n+2}=F_{n+1}+F_n$，所以 $\begin{cases}q-\lambda=1\\q\lambda=1\end{cases}$.

解得 $\begin{cases}\lambda=\dfrac{-1+\sqrt{5}}{2}\\q=\dfrac{1+\sqrt{5}}{2}\end{cases}$ 或 $\begin{cases}\lambda=\dfrac{-1-\sqrt{5}}{2}\\q=\dfrac{1-\sqrt{5}}{2}\end{cases}$.

所以数列 $\left\{F_{n+1}+\dfrac{-1+\sqrt{5}}{2}F_n\right\}$ 和 $\left\{F_{n+1}+\dfrac{-1-\sqrt{5}}{2}F_n\right\}$ 都是等比数列，所以

$$\begin{cases} F_{n+1}+\dfrac{-1+\sqrt{5}}{2}F_n=\left(\dfrac{1+\sqrt{5}}{2}\right)^n \\ F_{n+1}+\dfrac{-1-\sqrt{5}}{2}F_n=\left(\dfrac{1-\sqrt{5}}{2}\right)^n \end{cases}$$

两式相减得

$$F_n=\frac{1}{\sqrt{5}}\left[\left(\frac{1+\sqrt{5}}{2}\right)^n-\left(\frac{1-\sqrt{5}}{2}\right)^n\right]$$

(2) 显然 $F_n>0$,所以 $F_{n+2}=F_{n+1}+F_n>F_{n+1}$,所以 $\{F_n\}$ 为递增数列,所以

$$F_{n+2}=F_{n+1}+F_n>F_n+F_n$$

即

$$F_{n+2}>2F_n$$

所以

$$F_7>2F_5=2\times5,F_9>2F_7>2^2F_5=2^2\times5,\cdots,$$

$$F_{2\,007}>2F_{2\,005}>2^2F_{2\,003}>\cdots>2^{1\,001}F_5=2^{1\,001}\times5$$

所以

$$F_8>2F_6=2\times8,F_{10}>2F_8>2^2F_6=2^2\times8,\cdots,$$

$$F_{2\,006}>2F_{2\,004}>2^2F_{2\,002}>\cdots>2^{1\,000}F_6=2^{1\,000}\times8$$

所以

$$\frac{1}{F_1}+\frac{1}{F_2}+\cdots+\frac{1}{F_{2\,007}}<$$

$$1+1+\frac{1}{2}+\frac{1}{3}+\frac{1}{5}+\frac{1}{8}+$$

$$\left(\frac{1}{2\times5}+\frac{1}{2^2\times5}+\cdots+\frac{1}{2^{1\,001}\times5}\right)+\left(\frac{1}{2\times8}+\frac{1}{2^2\times8}+\cdots+\frac{1}{2^{1\,000}\times8}\right)=$$

$$\frac{5}{2}+\frac{1}{3}+\frac{1}{5}+\frac{1}{8}+\frac{1}{5}\times\frac{\frac{1}{2}\left[1-\left(\frac{1}{2}\right)^{1\,001}\right]}{1-\frac{1}{2}}+\frac{1}{8}\times\frac{\frac{1}{2}\left[1-\left(\frac{1}{2}\right)^{1\,000}\right]}{1-\frac{1}{2}}<$$

$$\frac{5}{2}+\frac{1}{3}+\frac{1}{5}+\frac{1}{8}+\frac{1}{5}+\frac{1}{8}=$$

$$\frac{5}{2}+\frac{59}{60}<\frac{7}{2}$$

所以

$$\frac{1}{F_1}+\frac{1}{F_2}+\cdots+\frac{1}{F_{2\,007}}<\frac{7}{2}$$

17. 已知整数列 $\{a_n\}$ 满足 $a_3=-1,a_7=4$,前 6 项依次成等差数列,从第 5 项起依次成等比数列.

(1) 求数列 $\{a_n\}$ 的通项公式;

(2) 求出所有的正整数 m,使得 $a_m+a_{m+1}+a_{m+2}=a_ma_{m+1}a_{m+2}$.

解 (1) 设数列前 6 项的公差为 d,则 $a_5=-1+2d,a_6=-1+3d$,d 为整数. 又 a_5,a_6,a_7 成等比数列,所以 $(3d-1)^2=4(2d-1)$,即 $9d^2-14d+5=0$,

得 $d=1$.

当 $n\leqslant 6$ 时，$a_n=n-4$，由此 $a_5=1,a_6=2$，数列从第5项起构成的等比数列的公比为2，所以，当 $n\geqslant 5$ 时，$a_n=2^{n-5}$，故

$$a_n=\begin{cases}n-4, n\leqslant 4\\2^{n-5}, n\geqslant 5\end{cases}$$

(2) 由(1)知，数列 $\{a_n\}$ 为：$-3,-2,-1,0,1,2,4,8,16,\cdots$

当 $m=1$ 时等式成立，即 $-3-2-1=-6=(-3)(-2)(-1)$；当 $m=3$ 时等式成立，即 $-1+0+1=0$；当 $m=2,4$ 时等式不成立；当 $m\geqslant 5$ 时

$$a_m a_{m+1} a_{m+2}=2^{3m-12},\ a_m+a_{m+1}+a_{m+2}=2^{m-5}(2^3-1)=7\times 2^{m-5}$$

$$7\times 2^{m-5}\neq 2^{3m-12}$$

所以

$$a_m+a_{m+1}+a_{m+2}\neq a_m a_{m+1} a_{m+2}$$

故所求 $m=1$，或 $m=3$.

第2节　矩阵法求递推数列的通项公式

前面已经介绍了求递推数列通项公式的常用方法：累加法、累乘法、恒等转化法、特征根法与函数不动点法等，由于矩阵知识进入中学数学，而且矩阵的应用又非常广泛，因此，有必要专门介绍如何利用矩阵法求递推数列的通项公式. 为此，先介绍一些预备知识.

一、预备知识

由于数列是特殊的函数（数列是定义在正整数集合上的函数），于是先介绍：

定义　设映射 $f:D\rightarrow D$ 是一个函数. 对任意 $x\in D$，记 $f_0(x)=x$，$f_1(x)=f(x)$，$f_2(x)=f(f(x))$，$f_3(x)=f(f(f(x)))$，$\cdots$，$f_{n+1}(x)=f(f_n(x))$，$\cdots$，则称 $f_n(x)$ 是函数 $f(x)$ 在 D 上的 n 次迭代函数，并称 n 为 $f_n(x)$ 的迭代指数.

很显然，由函数 $f(x)$ 的 n 次迭代的定义易知：$f_{n+1}(x)=f(f_n(x))=\cdots=f(f(\cdots f(x)\cdots))$，实际上是一种递推关系.

定理1　若函数 $f(x)=\dfrac{ax+b}{cx+d}$，$f_1(x)=f(x)$，$f_n(x)=f(f_{n-1}(x))(n\geqslant 2)$，$a,b,c,d$ 是保证 $f_n(x)$ 有意义的常数，且有方程

$$\lambda^2-(a+d)\lambda+(ad-bc)=0 \qquad ①$$

(1) 若方程 ① 有两个不相等的实数根 λ_1,λ_2,则

$$f_n(x)=\frac{[(a-\lambda_2)\lambda_1^n-(a-\lambda_1)\lambda_2^n]x+b(\lambda_1^n-\lambda_2^n)}{c(\lambda_1^n-\lambda_2^n)x+[(d-\lambda_2)\lambda_1^n-(d-\lambda_1)\lambda_2^n]}$$

(2) 若方程 ① 有两个相等的实数根 $\lambda_1=\lambda_2=\lambda_0$,则

$$f_n(x)=\frac{[an\lambda_0^{n-1}+(1-n)\lambda_0^n]x+bn\lambda_0^{n-1}}{cn\lambda_0^{n-1}x+[dn\lambda_0^{n-1}+(1-n)\lambda_0^n]}$$

证明 设函数 $f(x)=\dfrac{ax+b}{cx+d}$ 对应于矩阵 $\mathbf{A}=\begin{pmatrix}a & b\\ c & d\end{pmatrix}$,则函数 $f_n(x)$ 对应矩阵记为 $\mathbf{A}^n$.下面用数学归纳法进行证明.

(1) 当 $n=2$ 时,有

$$f_2(x)=f(f_1(x))=f(f(x))=\frac{(a^2+bc)x+ab+bd}{(ac+cd)x+bc+d^2}$$

又
$$\mathbf{A}^2=\begin{pmatrix}a & b\\ c & d\end{pmatrix}\mathbf{A}=\begin{pmatrix}a & b\\ c & d\end{pmatrix}\begin{pmatrix}a & b\\ c & d\end{pmatrix}=\begin{pmatrix}a^2+bc & ab+bd\\ ac+cd & bc+d^2\end{pmatrix}$$

所以,$f_2(x)$ 对应于矩阵 $\mathbf{A}^2$.

(2) 假设当 $n=k$ 时,$f_k(x)=\dfrac{a_kx+b_k}{c_kx+d_k}$,$f_k(x)$ 对应于矩阵 $\mathbf{A}^k=\begin{pmatrix}a_k & b_k\\ c_k & d_k\end{pmatrix}$,那么当 $n=k+1$ 时

$$f_{k+1}(x)=f(f_k(x))=\frac{af_k(x)+b}{cf_k(x)+d}=\frac{(aa_k+bc_k)x+ab_k+bd_k}{(ca_k+dc_k)x+cb_k+dd_k}$$

又
$$\mathbf{A}^{k+1}=\mathbf{A}\mathbf{A}_k=\begin{pmatrix}a & b\\ c & d\end{pmatrix}\begin{pmatrix}a_k & b_k\\ c_k & d_k\end{pmatrix}=\begin{pmatrix}aa_k+bc_k & ab_k+bd_k\\ ca_k+dc_k & cb_k+dd_k\end{pmatrix}$$

所以 $f_{k+1}(x)$ 对应于矩阵 $\mathbf{A}^{k+1}$.这就证明了当 $n=k+1$ 时,命题成立.

故 $f_n(x)$ 对应于矩阵 $\mathbf{A}^n$,于是由高等代数中矩阵知识,易得

$$|\lambda\mathbf{E}-\mathbf{A}|=\begin{vmatrix}\lambda-a & -b\\ -c & \lambda-d\end{vmatrix}=(\lambda-a)(\lambda-d)-bc=$$
$$\lambda^2-(a+d)\lambda+(ad-bc)=0$$

(1) 当方程 ① 有两个不相等的实数特征根 λ_1,λ_2 时,且设

$$\lambda^n=\xi(\lambda)\ |\lambda\mathbf{E}-\mathbf{A}|+\lambda\alpha+\beta \qquad ②$$

其中 $\xi(\lambda)$ 为关于 λ 的最高次数是 $n-2$ 次的多项式,α,β 为待定系数,将 λ_1,λ_2 分别代入式 ②,得

$$\begin{cases}\lambda_1^n=\alpha\lambda_1+\beta\\ \lambda_2^n=\alpha\lambda_2+\beta\end{cases}$$

由于 $\lambda_1\neq\lambda_2$,解得

$$\begin{cases}\alpha=\dfrac{(\lambda_1^n-\lambda_2^n)}{\lambda_1-\lambda_2}\\ \beta=\dfrac{\lambda_1\lambda_2(\lambda_2^{n-1}-\lambda_1^{n-1})}{\lambda_1-\lambda_2}\end{cases}$$

又由高等代数中哈密尔顿－凯利定理，有

$$\boldsymbol{A}^n=\alpha\boldsymbol{A}+\beta\boldsymbol{E}=\begin{pmatrix}a\dfrac{\lambda_1^n-\lambda_2^n}{\lambda_1-\lambda_2}+\gamma & b\dfrac{\lambda_1^n-\lambda_2^n}{\lambda_1-\lambda_2}\\ c\dfrac{\lambda_1^n-\lambda_2^n}{\lambda_1-\lambda_2} & d\dfrac{\lambda_1^n-\lambda_2^n}{\lambda_1-\lambda_2}+\gamma\end{pmatrix}$$

其中
$$\gamma=\frac{\lambda_1\lambda_2(\lambda_2^{n-1}-\lambda_1^{n-1})}{\lambda_1-\lambda_2}$$

于是有

$$f_n(x)=\frac{[a\dfrac{\lambda_1^n-\lambda_2^n}{\lambda_1-\lambda_2}+\dfrac{\lambda_1\lambda_2(\lambda_2^{n-1}-\lambda_1^{n-1})}{\lambda_1-\lambda_2}]x+b\dfrac{\lambda_1^n-\lambda_2^n}{\lambda_1-\lambda_2}}{c\dfrac{\lambda_1^n-\lambda_2^n}{\lambda_1-\lambda_2}x+[d\dfrac{\lambda_1^n-\lambda_2^n}{\lambda_1-\lambda_2}+\dfrac{\lambda_1\lambda_2(\lambda_2^{n-1}-\lambda_1^{n-1})}{\lambda_1-\lambda_2}]}=$$
$$\frac{[(a-\lambda_2)\lambda_1^n-(a-\lambda_1)\lambda_2^n]x+b(\lambda_1^n-\lambda_2^n)}{c(\lambda_1^n-\lambda_2^n)+[(d-\lambda_2)\lambda_1^n-(d-\lambda_1)\lambda_2^n]}$$

故
$$f_n(x)=\frac{[(a-\lambda_2)\lambda_1^n-(a-\lambda_1)\lambda_2^n]x+b(\lambda_1^n-\lambda_2^n)}{c(\lambda_1^n-\lambda_2^n)x+[(d-\lambda_2)\lambda_1^n-(d-\lambda_1)\lambda_2^n]}$$

特别地，有：

(1) 当 $d=-b$ 时，$f_n(x)=\begin{cases}f(x),n\text{ 为奇数},\\ x,n\text{ 为偶数}.\end{cases}$

(2) 当 $c=0$ 且 $d=1$ 时，$f_n(x)=\begin{cases}a^nx+b\dfrac{1-a^n}{1-a}(a\neq1),\\ x+nb(a=1).\end{cases}$

(3) 当方程 ① 有两个相等的实数根 $\lambda_1=\lambda_2=\lambda_0$ 时，矩阵 $\boldsymbol{A}$ 的特征多项式为

$$|\lambda\boldsymbol{E}-\boldsymbol{A}|=\begin{vmatrix}\lambda-a & -b\\ -c & \lambda-d\end{vmatrix}=(\lambda-a)(\lambda-d)-bc=$$
$$\lambda^2-(a+d)\lambda+(ad-bc)$$

由于该多项式有重根 λ_0，所以，$|\lambda\boldsymbol{E}-\boldsymbol{A}|=(\lambda-\lambda_0)^2$，这样

$$\begin{aligned}\lambda^n=&[(\lambda-\lambda_0)+\lambda_0]^n=\\&(\lambda-\lambda_0)^n+C_n^1(\lambda-\lambda_0)^{n-1}\lambda_0+C_n^2(\lambda-\lambda_0)^{n-2}\lambda_0^2+\cdots+\\&C_n^{n-1}(\lambda-\lambda_0)\lambda_0^{n-1}+C_n^n\lambda_0^n=\\&(\lambda-\lambda_0)^2\xi(\lambda)+C_n^{n-1}(\lambda-\lambda_0)\lambda_0^{n-1}+C_n^n\lambda_n^n=|\lambda\boldsymbol{E}-\boldsymbol{A}|\xi(\lambda)+\alpha\lambda+\beta\end{aligned}$$

其中 $\alpha=n\lambda_0^{n-1}$，$\beta=(1-n)\lambda_0^n$，$\xi(\lambda)$ 是 λ 的 $n-2$ 次多项式. 由高等代数中哈密尔顿－凯利定理，有

$$\boldsymbol{A}^n=\alpha\boldsymbol{A}+\beta\boldsymbol{E}=$$
$$\begin{pmatrix} an\lambda_0^{n-1}+(1-n)\lambda_0^{n-1} & bn\lambda_0^{n-1} \\ cn\lambda_0^{n-1} & dn\lambda_0^{n-1}+(1-n)\lambda_0^{n-1}\end{pmatrix}$$

于是有
$$f_n(x)=\frac{[an\lambda_0^{n-1}+(1-n)\lambda_0^n]x+bn\lambda_0^{n-1}}{cn\lambda_0^{n-1}x+[dn\lambda_0^{n-1}+(1-n)\lambda_0^n]}$$

点评 (1) 由于本定理的证明过程较长，先总结它的证明方法与思路：将线性分式函数 $f(x)=\dfrac{ax+b}{cx+d}(a,b,c,d\in\mathbf{R},ad\neq bc)$ 的 n 次迭代问题转化为与之相应的矩阵 $\begin{pmatrix} a & b \\ c & d\end{pmatrix}$ 的 n 次幂问题，并分别在特征根互异与相等的情况下得到了线性分式函数 n 次迭代的一般计算公式. 由于分式线性递推数列问题可以看作相应线性分式函数的迭代问题，从而可以进一步转化为矩阵方幂问题. 最后，在特征根互异的情况下用二阶矩阵的特征根和特征向量解之；在特征根相同的情况下用矩阵变换和二项式定理解之.

(2) 利用本定理可以解答一些简单的递推数列通项公式的求解问题，但我们更多地是用本定理的证明方法去求递推数列通项公式. 如：

例 1 若函数 $f(x)=\dfrac{4x-2}{x+1}$，求 $f_n(x)$.

解 由定理 1(1) 易求得：$\lambda_1=2,\lambda_2=3$，所以
$$f_n(x)=\frac{(4-3)\cdot 2^n-(4-2)\cdot 3^n x+(-2)(2^n-3^n)}{(2^n-3^n)+[(1-3)\cdot 2^n-(1-2)\cdot 3^n]}=$$
$$\frac{(2\cdot 3^n-2^n)x-2(3^n-2^n)}{(3^n-2^n)x-(3^n-2^{n+1})}$$

点评 本题直接由公式得到. 又如：若 $f(x)=x+1$，则 $f_n(x)=x+n$；若函数 $f(x)=\dfrac{5x+13}{2x-5}$，则 $f_{10}(x)=x$.

例 2 若函数 $f(x)=\dfrac{3x-1}{x+1}$，求 $f_n(x)$.

解 由已知易得：这里 $a=3,b=-1,c=1,d=1,\lambda_0=2$，由定理 1(2) 知
$$f_n(x)=\frac{[3n\cdot 2^{n-1}+(1-n)\cdot 2^n]x-n\cdot 2^{n-1}}{n\cdot 2^{n-1}x+[n\cdot 2^{n-1}+(1-n)\cdot 2^n]}$$

二、矩阵法求递推数列的通项公式

利用矩阵法可以求形如 $a_{n+1}=pa_n+q(p,q$ 为常数)，$a_{n+1}=\dfrac{Aa_n+B}{Ca_n+D}(A,B,C,D$ 为常数，且 $AD\neq BC)$，$a_{n+1}=pa_n+qb^n(b,p,q$ 为常数，且 $b\neq 0,1)$，$a_{n+2}=pa_{n+1}+qa_n(p,q$ 为常数)，联立递推式 $\begin{cases} a_{n+1}=a_na+bb_n \\ b_{n+1}=ca_n+db_n\end{cases}(a,b,c,d$ 为常数) 等.

下面分别做介绍：

1. 矩阵法求形如 $a_{n+1}=pa_n+q$(p,q 为常数) 递推数列的通项公式

例 3 已知数列 $\{a_n\}$ 满足 $a_1=1, a_{n+1}=2a_n+1(n\in\mathbf{N})$，求数列 $\{a_n\}$ 的通项公式.

解 设 $f(x)=2x+1$，则 $a_{n+1}=f(a_n)=f(f(a_{n-1}))=\cdots=f_n(a_1)$，易知函数 $f(x)=2x+1$ 的对应矩阵为 $\boldsymbol{A}=\begin{pmatrix}2 & 1\\ 0 & 1\end{pmatrix}$，$f_n(x)$ 的对应矩阵为 $\boldsymbol{A}^n$.

因为 $|\lambda\boldsymbol{E}-\boldsymbol{A}|=\begin{vmatrix}\lambda-2 & -1\\ 0 & \lambda-1\end{vmatrix}=(\lambda-1)(\lambda-2)=0$，所以 $\boldsymbol{A}$ 的特征值为 $\lambda_1=1, \lambda_2=2$，相应于 λ_1, λ_2 的特征向量分别为 $\boldsymbol{\xi}_1=\begin{pmatrix}1\\ -1\end{pmatrix}$，$\boldsymbol{\xi}_2=\begin{pmatrix}1\\ 0\end{pmatrix}$. 现考虑

$$\boldsymbol{A}\begin{pmatrix}1 & 1\\ -1 & 0\end{pmatrix}=\boldsymbol{A}(\boldsymbol{\xi}_1,\boldsymbol{\xi}_2)=(\boldsymbol{A}\boldsymbol{\xi}_1,\boldsymbol{A}\boldsymbol{\xi}_2)=(\boldsymbol{\lambda}\boldsymbol{\xi}_1,\boldsymbol{\lambda}\boldsymbol{\xi}_2)=(\boldsymbol{\xi}_1,\boldsymbol{\xi}_2)\begin{bmatrix}\lambda_1 & 0\\ 0 & \lambda_2\end{bmatrix}=$$

$$\begin{pmatrix}1 & 1\\ -1 & 0\end{pmatrix}\begin{bmatrix}\lambda_1 & 0\\ 0 & \lambda_2\end{bmatrix}$$

令 $\boldsymbol{P}=\begin{pmatrix}1 & 1\\ -1 & 0\end{pmatrix}$，则

$$\boldsymbol{P}^{-1}=\begin{pmatrix}0 & -1\\ 1 & 1\end{pmatrix}, \boldsymbol{A}=\begin{pmatrix}1 & 1\\ -1 & 0\end{pmatrix}\begin{bmatrix}\lambda_1 & 0\\ 0 & \lambda_2\end{bmatrix}\begin{pmatrix}1 & 1\\ -1 & 0\end{pmatrix}^{-1}=\boldsymbol{P}\begin{bmatrix}\lambda_1 & 0\\ 0 & \lambda_2\end{bmatrix}\boldsymbol{P}^{-1}$$

$$\boldsymbol{A}^n=\boldsymbol{P}\begin{bmatrix}\lambda_1^n & 0\\ 0 & \lambda_2^n\end{bmatrix}\boldsymbol{P}^{-1}=\begin{pmatrix}1 & 1\\ -1 & 0\end{pmatrix}\begin{bmatrix}\lambda_1^n & 0\\ 0 & \lambda_2^n\end{bmatrix}\begin{pmatrix}0 & -1\\ 1 & 1\end{pmatrix}=\begin{bmatrix}\lambda_2^n & \lambda_2^n-\lambda_1^n\\ 0 & \lambda_1^n\end{bmatrix}=\begin{pmatrix}2^n & 2^{n-1}\\ 0 & 1\end{pmatrix}$$

故 $f_n(x)=2^nx+2^n-1$，从而有 $a_{n+1}=f_n(a_1)=f_n(1)=2^{n+1}-1$. 因此 $a_n=2^n-1(n\in\mathbf{N})$.

点评 本题先将递推数列问题转化为函数的迭代问题，再将函数的迭代问题转化为矩阵的方幂问题，进一步利用二阶矩阵的特征根（互异）与特征向量解得.

例 4 证明：等差数列 $\{a_n\}$ 的通项公式为 $a_n=a_1+(n-1)d(n\in\mathbf{N})$，其中 d 是公差.

证明 由等差数列的定义知：$a_{n+1}-a_n=d$，即 $a_{n+1}=a_n+d$. 令 $f(x)=x+d$，则

$$a_{n+1}=f(a_n)=f(f(a_{n-1}))=\cdots=f_n(a_1)$$

易知 $f(x)=x+d$ 的对应矩阵为 $\boldsymbol{A}=\begin{pmatrix}1 & d\\ 0 & 1\end{pmatrix}$，$f_n(x)$ 的对应矩阵为 $\boldsymbol{A}^n$. 易知 $\boldsymbol{A}$ 有两个相等的特征根. 又由于 $\boldsymbol{EB}=\boldsymbol{BE}$，因此下面用二项式定理处理 $\boldsymbol{A}^n$.

因为$\boldsymbol{A}=\begin{pmatrix}1&0\\0&1\end{pmatrix}+\begin{pmatrix}0&d\\0&0\end{pmatrix}$，令$\boldsymbol{B}=\begin{pmatrix}0&d\\0&0\end{pmatrix}$，则

$$\boldsymbol{A}=\boldsymbol{E}+\boldsymbol{B}$$

$$\boldsymbol{A}^n=(\boldsymbol{E}+\boldsymbol{B})^n=\boldsymbol{E}^n+n\boldsymbol{E}^{n-1}\boldsymbol{B}+\frac{n(n-1)}{2}\boldsymbol{E}^{n-2}\boldsymbol{B}^2+\cdots+\boldsymbol{B}^n$$

而

$$\boldsymbol{E}^n=\boldsymbol{E}^{n-1}=\cdots=\boldsymbol{E}$$

$$B^2=\begin{pmatrix}0&0\\0&0\end{pmatrix},B^k=\begin{pmatrix}0&0\\0&0\end{pmatrix}\quad(k\geqslant 2)$$

于是有

$$\boldsymbol{A}^n=\boldsymbol{E}^n+n\boldsymbol{E}^{n-1}\boldsymbol{B}=\begin{pmatrix}1&0\\0&1\end{pmatrix}+\begin{pmatrix}0&nd\\0&0\end{pmatrix}=\begin{pmatrix}1&nd\\0&1\end{pmatrix}$$

因此

$$f_n(x)=x+nd,f_n(a_1)=a_1+nd$$

即

$$a_n=a_1+(n-1)d\quad(n\in\mathbf{N})$$

2.矩阵法求形如$a_{n+1}=\dfrac{Aa_n+B}{Ca_n+D}(A,B,C,D$为常数，且$AD\neq BC)$递推数列的通项公式

例 5 已知数列$\{a_n\}$中，$a_1=2,a_{n+1}=\dfrac{3a_n+4}{2a_n+3}(n=1,2,\cdots)$，求$a_n$.

解 设$f(x)=\dfrac{3x+4}{2x+3}$，则$a_{n+1}=f(a_n)=f(f(a_{n-1}))=\cdots=f_n(a_1)=f_n(2)$，易知$f(x)=\dfrac{3x+4}{2x+3}$的对应矩阵为$\boldsymbol{A}=\begin{pmatrix}3&4\\2&3\end{pmatrix}$，$f_n(x)$的对应矩阵为$\boldsymbol{A}^n$.

因为$|\lambda\boldsymbol{E}-\boldsymbol{A}|=\begin{vmatrix}\lambda-3&-4\\-2&\lambda-3\end{vmatrix}=\lambda^2-6\lambda+1=0$，所以$\boldsymbol{A}$的特征根为$\lambda_1=3-2\sqrt{2},\lambda_2=3+2\sqrt{2}$，相应于$\lambda_1,\lambda_2$的特征向量为$\boldsymbol{\xi}_1=\begin{pmatrix}-\sqrt{2}\\1\end{pmatrix},\boldsymbol{\xi}_2=\begin{pmatrix}\sqrt{2}\\1\end{pmatrix}$.

现考虑

$$\boldsymbol{A}\begin{pmatrix}-\sqrt{2}&\sqrt{2}\\1&1\end{pmatrix}=\boldsymbol{A}(\boldsymbol{\xi}_1,\boldsymbol{\xi}_2)=(\boldsymbol{A}\boldsymbol{\xi}_1,\boldsymbol{A}\boldsymbol{\xi}_2)=$$
$$(\lambda_1\boldsymbol{\xi}_2,\lambda_2\boldsymbol{\xi}_2)=(\boldsymbol{\xi}_1,\boldsymbol{\xi}_2)\begin{pmatrix}\lambda_1&0\\0&\lambda_2\end{pmatrix}$$

设$\boldsymbol{P}=\begin{pmatrix}-\sqrt{2}&\sqrt{2}\\1&1\end{pmatrix}$，则

$$\boldsymbol{P}^{-1}=\begin{pmatrix}-\dfrac{1}{2\sqrt{2}}&\dfrac{1}{2}\\\dfrac{1}{2\sqrt{2}}&\dfrac{1}{2}\end{pmatrix},\boldsymbol{A}=\boldsymbol{P}\begin{pmatrix}\lambda_1&0\\0&\lambda_2\end{pmatrix}\boldsymbol{P}^{-1}$$

$$\boldsymbol{A}^n=\boldsymbol{P}\begin{pmatrix}\lambda_1^n & 0\\ 0 & \lambda_2^n\end{pmatrix}\boldsymbol{P}^{-1}=$$

$$\begin{pmatrix}-\sqrt{2} & \sqrt{2}\\ 1 & 1\end{pmatrix}\begin{pmatrix}\lambda_1^n & 0\\ 0 & \lambda_2^n\end{pmatrix}\begin{pmatrix}-\dfrac{1}{2\sqrt{2}} & \dfrac{1}{2}\\ \dfrac{1}{2\sqrt{2}} & \dfrac{1}{2}\end{pmatrix}=$$

$$\begin{pmatrix}\dfrac{1}{2}(\lambda_1^n+\lambda_2^n) & -\dfrac{\sqrt{2}}{2}\lambda_1^n+\dfrac{\sqrt{2}}{2}\lambda_2^n\\ -\dfrac{1}{2\sqrt{2}}\lambda_1^n+\dfrac{1}{2\sqrt{2}}\lambda_2^2 & \dfrac{1}{2}\lambda_1^n+\dfrac{1}{2}\lambda_2^n\end{pmatrix}$$

于是
$$f_n(x)=\frac{\dfrac{1}{2}(\lambda_1^n+\lambda_2^n)-\dfrac{\sqrt{2}}{2}\lambda_1^n+\dfrac{\sqrt{2}}{2}\lambda_2^n}{(-\dfrac{1}{2\sqrt{2}}\lambda_1^n+\dfrac{1}{2\sqrt{2}}\lambda_2^n)x+\dfrac{1}{2}(\lambda_1^n+\lambda_2^n)}$$

$$a_{n+1}=f_n(2)=\frac{\lambda_1^n+\lambda_2^n-\dfrac{\sqrt{2}}{2}\lambda_1^n+\dfrac{\sqrt{2}}{2}\lambda_2^n}{-\dfrac{1}{\sqrt{2}}\lambda_1^n+\dfrac{1}{\sqrt{2}}\lambda_2^n+\dfrac{1}{2}(\lambda_1^n+\lambda_2^n)}=$$

$$\frac{(2-\sqrt{2})\lambda_1^n+(2+\sqrt{2})\lambda_2^n}{(1-\sqrt{2})\lambda_1^n+(1+\sqrt{2})\lambda_2^n}=$$

$$\frac{(2-\sqrt{2})(3-2\sqrt{2})^n+(2+\sqrt{2})(3+2\sqrt{2})^n}{(1-\sqrt{2})(3-2\sqrt{2})^n+(1+\sqrt{2})(3+2\sqrt{2})^n}=$$

$$\sqrt{2}\cdot\frac{(3+2\sqrt{2})^{2n+1}+1}{(3+2\sqrt{2})^{2n+1}-1}$$

故
$$a_n=\sqrt{2}\cdot\frac{(3+2\sqrt{2})^{2n-1}+1}{(3+2\sqrt{2})^{2n-1}-1}$$

点评 本题是由2007年高考全国卷Ⅰ理科试题改编.

3.矩阵法求形如“$a_{n+1}=pa_n+qb^n$”型的递推数列的通项公式

关于“$a_{n+1}=pa_n+qb^n$”型的递推数列可以先写成如下矩阵形式

$$\begin{pmatrix}a_n\\ b^n\end{pmatrix}=\begin{pmatrix}p & qb\\ 0 & b\end{pmatrix}^{n-1}\begin{pmatrix}a_1\\ b\end{pmatrix}$$

然后利用矩阵的特征多项式理论解之.

例 6 已知数列$\{a_n\}$中，a_0为常数，$a_n=3^{n-1}-2a_{n-1}(n\in\mathbf{N})$. 证明：对任意$n\geqslant 1$，$a_n=\dfrac{1}{5}[3^n+(-1)^{n-1}2^n]+(-1)^n2^na_0$.

证明 因为

$$a_n = -2a_{n-1} + \frac{1}{3} \cdot 3^n$$

所以
$$\begin{bmatrix} a_n \\ 3^n \end{bmatrix} = \begin{pmatrix} -2 & 1 \\ 0 & 3 \end{pmatrix} \begin{bmatrix} a_{n-1} \\ 3^{n-1} \end{bmatrix} = \begin{pmatrix} -2 & 1 \\ 0 & 3 \end{pmatrix}^n \begin{pmatrix} a_0 \\ 1 \end{pmatrix}$$

令 $\boldsymbol{A} = \begin{pmatrix} -2 & 1 \\ 0 & 3 \end{pmatrix}$，则

$$|\lambda \boldsymbol{E} - \boldsymbol{A}| = \begin{vmatrix} \lambda + 2 & -1 \\ 0 & \lambda - 3 \end{vmatrix} = (\lambda - 3)(\lambda + 2) = 0$$

于是 $\boldsymbol{A}$ 的特征根为 $\lambda_1 = -2, \lambda_2 = 3$，相应于 λ_1, λ_2 的特征向量分别记为

$$\boldsymbol{\xi}_1 = \begin{pmatrix} 1 \\ 0 \end{pmatrix}, \boldsymbol{\xi}_2 = \begin{pmatrix} 1 \\ 5 \end{pmatrix}, \boldsymbol{A}\begin{pmatrix} 1 & 1 \\ 0 & 5 \end{pmatrix} = \boldsymbol{A}(\boldsymbol{\xi}_1, \boldsymbol{\xi}_2) = (\boldsymbol{A}\boldsymbol{\xi}_1, \boldsymbol{A}\boldsymbol{\xi}_2) = (\boldsymbol{\xi}_1, \boldsymbol{\xi}_2) \begin{bmatrix} \lambda_1 & 0 \\ 0 & \lambda_2 \end{bmatrix}$$

令 $\boldsymbol{P} = \begin{pmatrix} 1 & 1 \\ 0 & 5 \end{pmatrix}$，则

$$\boldsymbol{P}^{-1} = \frac{1}{5} \begin{pmatrix} 5 & -1 \\ 0 & 1 \end{pmatrix}$$

$$\boldsymbol{A} = \boldsymbol{P} \begin{bmatrix} \lambda_1 & 0 \\ 0 & \lambda_2 \end{bmatrix} \boldsymbol{P}^{-1}$$

$$\boldsymbol{A}^n = \boldsymbol{P} \begin{bmatrix} \lambda_1^n & 0 \\ 0 & \lambda_2^n \end{bmatrix} \boldsymbol{P}^{-1} =$$

$$\frac{1}{5} \begin{pmatrix} 1 & 1 \\ 0 & 5 \end{pmatrix} \begin{bmatrix} \lambda_1^n & 0 \\ 0 & \lambda_2^n \end{bmatrix} \begin{pmatrix} 5 & -1 \\ 0 & 1 \end{pmatrix} =$$

$$\frac{1}{5} \begin{bmatrix} 5\lambda_1^n & -\lambda_1^n + \lambda_2^n \\ 0 & 5\lambda_2^n \end{bmatrix}$$

所以
$$\begin{bmatrix} a_n \\ 3^n \end{bmatrix} = \frac{1}{5} \begin{bmatrix} 5\lambda_1^n & -\lambda_1^n + \lambda_2^n \\ 0 & 5\lambda_2^n \end{bmatrix} \begin{pmatrix} a_0 \\ 1 \end{pmatrix} = \frac{1}{5} \begin{bmatrix} 5a_0\lambda_1^n + \lambda_2^n - \lambda_1^n \\ 5\lambda_2^n \end{bmatrix}$$

从而有

$$a_n = \frac{1}{5}[5a_0(-2)^n + 3^n - (-2)^n] = \frac{1}{5}[3^n + (-1)^{n-1}2^n] + (-1)^n 2^n a_0$$

点评　本题是由 2003 年全国高考天津卷试题改编.

4. 矩阵法求形如“$a_1 = a, a_2 = b, a_{n+2} = pa_{n+1} + qa_n$（$p, q$ 为常数）”型的递推数列的通项公式

这类递推数列可以先写成如下矩阵形式

$$\begin{bmatrix} a_n \\ b^n \end{bmatrix} = \begin{pmatrix} p & q \\ 1 & 0 \end{pmatrix} \begin{bmatrix} a_{n-1} \\ a_{n-2} \end{bmatrix} = \begin{pmatrix} p & q \\ 1 & 0 \end{pmatrix}^{n-2} \begin{bmatrix} a_2 \\ a_1 \end{bmatrix}$$

然后利用矩阵的特征多项式理论解之；或者先用待定系数法，再用克莱姆法则

解之.

例 7 设数列$\{a_n\}$满足$a_1=1,a_2=\frac{5}{3},a_{n+2}=\frac{5}{3}a_{n+1}-\frac{2}{3}a_n$,令$b_n=a_{n+1}-a_n(n=1,2,3,\cdots)$,求数列$\{b_n\}$的通项公式.

解 因为

$$\begin{pmatrix}a_n\\a_{n-1}\end{pmatrix}=\begin{pmatrix}\frac{5}{3}&-\frac{2}{3}\\1&0\end{pmatrix}\begin{pmatrix}a_{n-1}\\a_{n-2}\end{pmatrix}=\begin{pmatrix}\frac{5}{3}&-\frac{2}{3}\\1&0\end{pmatrix}^{n-2}\begin{pmatrix}a_2\\a_1\end{pmatrix}$$

所以令

$$\boldsymbol{A}=\begin{pmatrix}\frac{5}{3}&-\frac{2}{3}\\1&0\end{pmatrix},\begin{pmatrix}a_n\\a_{n-1}\end{pmatrix}=\boldsymbol{A}^{n-2}\begin{pmatrix}\frac{5}{3}\\1\end{pmatrix}$$

$$|\lambda\boldsymbol{E}-\boldsymbol{A}|=\begin{vmatrix}\lambda-\frac{5}{3}&\frac{2}{3}\\-1&\lambda\end{vmatrix}=\lambda^2-\frac{5}{3}\lambda+\frac{2}{3}=0$$

于是有,$\boldsymbol{A}$的特征根$\lambda_1=\frac{2}{3},\lambda_2=1$,与之相应的特征向量$\boldsymbol{\xi}_1=\begin{pmatrix}1\\\frac{3}{2}\end{pmatrix},\boldsymbol{\xi}_2=\begin{pmatrix}1\\1\end{pmatrix}$.

设

$$\begin{pmatrix}\frac{5}{3}\\1\end{pmatrix}=m\boldsymbol{\xi}_1+n\boldsymbol{\xi}_2=\begin{pmatrix}m+n\\\frac{3}{2}m+n\end{pmatrix}$$

则

$$\begin{cases}m=-\frac{4}{3}\\n=3\end{cases}$$

于是

$$\begin{pmatrix}a_n\\a_{n-1}\end{pmatrix}=\boldsymbol{A}^{n-2}\begin{pmatrix}\frac{5}{3}\\1\end{pmatrix}=\boldsymbol{A}^{n-2}(-\frac{4}{3}\boldsymbol{\xi}_1+3\boldsymbol{\xi}_2)=$$

$$-\frac{4}{3}\lambda_1^{n-2}\boldsymbol{\xi}_1+3\lambda_2^{n-2}\boldsymbol{\xi}_2=$$

$$\begin{pmatrix}-\frac{4}{3}\lambda_1^{n-2}+3\lambda_2^{n-2}\\-\frac{4}{3}\lambda_1^{n-2}\cdot\frac{3}{2}+3\lambda_2^{n-2}\end{pmatrix}$$

从而有

$$a_n=-\frac{4}{3}\cdot\left(\frac{2}{3}\right)^{n-2}+2=-3\left(\frac{2}{3}\right)^n+2$$

故

$$b_n=a_{n+1}-a_n=\left(\frac{2}{3}\right)^n$$

点评 本题是2004年全国高考重庆卷文科试题.

例8 (2008年广东省高考试题)设p,q为实数,α,β是方程$x^2-px+q=0$的两个实根,数列$\{x_n\}$满足$x_1=p,x_2=p^2-q,x_n=px_{n-1}-qx_{n-2}(n=3,4,\cdots)$.

(1) 证明:$\alpha+\beta=p,\alpha\beta=q$;

(2) 求数列$\{x_n\}$的通项公式;

(3) 若$p=1,q=\frac{1}{4}$,求$\{x_n\}$的前n项和S_n.

解 (1) 由求根公式,不妨设$\alpha<\beta$,得

$$\alpha=\frac{p-\sqrt{p^2-4q}}{2},\beta=\frac{p+\sqrt{p^2-4q}}{2}$$

所以
$$\alpha+\beta=\frac{p-\sqrt{p^2-4q}}{2}+\frac{p+\sqrt{p^2-4q}}{2}=p$$

$$\alpha\beta=\frac{p-\sqrt{p^2-4q}}{2}\cdot\frac{p+\sqrt{p^2-4q}}{2}=q$$

(2) 设$x_n-sx_{n-1}=t(x_{n-1}-sx_{n-2})$,则$x_n=(s+t)x_{n-1}-stx_{n-2}$,由$x_n=px_{n-1}-qx_{n-2}$,得

$$\begin{cases}s+t=p\\st=q\end{cases}$$

消去t,得$s^2-ps+q=0$,所以s是方程$x^2-px+q=0$的根,由题意可知$s_1=\alpha,s_2=\beta$.

① 当$\alpha\neq\beta$时,此时方程组$\begin{cases}s+t=p\\st=q\end{cases}$的解记为$\begin{cases}s_1=\alpha\\t_1=\beta\end{cases}$或$\begin{cases}s_2=\alpha\\t_2=\beta\end{cases}$,所以

$$x_n-\alpha x_{n-1}=\beta(x_{n-1}-\alpha x_{n-2}),x_n-\beta x_{n-1}=\alpha(x_{n-1}-\beta x_{n-2})$$

即$\{x_n-t_1x_{n-1}\}$,$\{x_n-t_2x_{n-1}\}$分别是公比为$s_1=\alpha,s_2=\beta$的等比数列,由等比数列性质可得

$$x_n-\alpha x_{n-1}=(x_2-\alpha x_1)\beta^{n-2},x_n-\beta x_{n-1}=(x_2-\beta x_1)\alpha^{n-2}$$

两式相减,得

$$(\beta-\alpha)x_{n-1}=(x_2-\alpha x_1)\beta^{n-2}-(x_2-\beta x_1)\alpha^{n-2}$$

因为
$$x_2=p^2-q,x_1=p$$

所以
$$x_2=\alpha^2+\beta^2+\alpha\beta,x_1=\alpha+\beta$$

故
$$(x_2-\alpha x_1)\beta^{n-2}=\beta^2\cdot\beta^{n-2}=\beta^n,(x_2-\beta x_1)\alpha^{n-2}=\alpha^2\cdot\alpha^{n-2}=\alpha^n$$

所以
$$(\beta-\alpha)x_{n-1}=\beta^n-\alpha^n$$

即
$$x_{n-1}=\frac{\beta^n-\alpha^n}{\beta-\alpha}$$

所以 $$x_n=\frac{\beta^{n+1}-\alpha^{n+1}}{\beta-\alpha}$$

② 当 $\alpha=\beta$ 时，即方程 $x^2-px+q=0$ 有重根，所以 $p^2-4q=0$，即 $(s+t)^2-4st=0$，得 $(s-t)^2=0$，所以 $s=t$，不妨设 $s=t=\alpha$，由 ① 可知

$$x_n-\alpha x_{n-1}=(x_2-\alpha x_1)\beta^{n-2}$$

因为 $\alpha=\beta$，所以

$$x_n-\alpha x_{n-1}=(x_2-\alpha x_1)\alpha^{n-2}=\alpha^n$$

即 $$x_n=\alpha x_{n-1}+\alpha^n$$

等式两边同时除以 α^n，得 $\frac{x_n}{\alpha^n}=\frac{x_{n-1}}{\alpha^{n-1}}+1$，即 $\frac{x_n}{\alpha^n}-\frac{x_{n-1}}{\alpha^{n-1}}=1$，所以数列 $\left\{\frac{x_n}{\alpha^n}\right\}$ 是以1为公差的等差数列，所以

$$\frac{x_n}{\alpha^n}=\frac{x_1}{\alpha}+(n-1)\times 1=\frac{2\alpha}{\alpha}+n-1=n+1$$

所以 $$x_n=n\alpha^n+\alpha^n$$

综上所述，$x_n=\begin{cases}\dfrac{\beta^{n+1}-\alpha^{n+1}}{\beta-\alpha} & (\alpha\neq\beta)\\ n\alpha^n+\alpha^n & (\alpha=\beta)\end{cases}$.

(3) 把 $p=1,q=\frac{1}{4}$ 代入 $x^2-px+q=0$，得 $x^2-x+\frac{1}{4}=0$，解得 $\alpha=\beta=\frac{1}{2}$，所以

$$x_n=n\cdot\left(\frac{1}{2}\right)^n+\left(\frac{1}{2}\right)^n$$

$$\begin{aligned}S_n=&\left[\left(\frac{1}{2}\right)+\left(\frac{1}{2}\right)^2+\left(\frac{1}{2}\right)^3+\cdots+\left(\frac{1}{2}\right)^n\right]+\\&\left[\left(\frac{1}{2}\right)+2\cdot\left(\frac{1}{2}\right)^2+3\cdot\left(\frac{1}{2}\right)^3+\cdots+n\cdot\left(\frac{1}{2}\right)^n\right]=\\&1-\left(\frac{1}{2}\right)^n+\left[\left(\frac{1}{2}\right)+2\cdot\left(\frac{1}{2}\right)^2+3\cdot\left(\frac{1}{2}\right)^3+\cdots+n\cdot\left(\frac{1}{2}\right)^n\right]=\\&1-\left(\frac{1}{2}\right)^n+2-\left(\frac{1}{2}\right)^{n-1}-n\left(\frac{1}{2}\right)^n=3-(n+3)\left(\frac{1}{2}\right)^n\end{aligned}$$

点评 本题第(2)问用矩阵法求解如下：由(1)知：$\alpha+\beta=p,\alpha\beta=q$，于是

$$x_n=(\alpha+\beta)x_{n-1}-\alpha\beta x_{n-2}\quad(n=3,4,5,\cdots)$$

$$x_n-\alpha x_{n-1}=\beta(x_{n-1}-\alpha x_{n-2})$$

$$x_n-\beta x_{n-1}=\alpha(x_{n-1}-\beta x_{n-2})$$

这样就构成了分别以 α,β 为等比的两个等比数列，于是

$$x_n-\beta x_{n-1}=\alpha^{n-2}(x_2-\beta x_1),x_n-\alpha x_{n-1}=\beta^{n-2}(x_2-\alpha x_1)$$

(1) 当 $\alpha\neq\beta$ 时，上述两式可以写成如下的矩阵形式

$$\begin{pmatrix}1 & -\beta\\1 & -\alpha\end{pmatrix}\begin{bmatrix}x_n\\x_{n-1}\end{bmatrix}=\begin{bmatrix}\alpha^{n-2}(x_2-\beta x_1)\\\beta^{n-2}(x_2-\alpha x_1)\end{bmatrix}$$

系数矩阵行列式为 $D=\begin{vmatrix}1 & -\beta\\1 & -\alpha\end{vmatrix}=\beta-\alpha\neq 0$

于是由克莱姆法则,得

$$x_n=\frac{\begin{vmatrix}\alpha^{n-2}(x_2-\beta x_1) & -\beta\\\beta^{n-2}(x_2-\alpha x_1) & -\alpha\end{vmatrix}}{\beta-\alpha}=\frac{-\alpha^{n-1}(x_2-\beta x_1)+\beta^{n-1}(x_2-\alpha x_1)}{\beta-\alpha}=$$

$$\frac{(x_2-\beta x_1)\alpha^n}{\alpha(\alpha-\beta)}-\frac{(x_2-\alpha x_1)\beta^n}{\beta(\alpha-\beta)}$$

又因为 $x_1=\alpha+\beta,x_2=\alpha^2+\alpha\beta+\beta^2$

所以

$$x_2-\beta x_1=\alpha^2,x_2-\alpha x_1=\beta^2,x_n=\frac{\alpha^{n+2}}{\alpha(\alpha-\beta)}-\frac{\beta^{n+2}}{\beta(\alpha-\beta)}=\frac{\alpha^{n+1}-\beta^{n+1}}{\alpha-\beta}$$

(2) 当 $\alpha=\beta$ 时,上式两个等比数列相同,此时

$$x_n-\alpha x_{n-1}=\alpha(x_{n-1}-\alpha x_{n-2})=\alpha^2(x_{n-2}-\alpha x_{n-3})=\cdots=$$
$$\alpha^{n-2}(x_2-\alpha x_1)(n-2)\alpha^{n-2}(x_2-\alpha x_1)=$$
$$x_n-\alpha x_{n-1}+\alpha(x_{n-1}-\alpha x_{n-2})+\alpha^2(x_{n-2}-\alpha x_{n-3})+\cdots+$$
$$\alpha^{n-3}(x_3-\alpha x_2)=$$
$$x_n-\alpha^{n-2}x_2$$

于是有

$$x_n=(n-2)\alpha^{n-2}(x_2-\alpha x_1)+\alpha^{n-2}x_2=(n-2)\alpha^{n-2}\alpha^2+\alpha^{n-2}\cdot 3\alpha^2=(n+1)\alpha^n$$

故
$$x_n=\begin{cases}\dfrac{\alpha^{n+1}-\beta^{n+1}}{\alpha-\beta} & (\alpha\neq\beta)\\(n+1)\alpha^n & (\alpha=\beta)\end{cases}$$

5. 矩阵法求联立式“$\begin{cases}a_{n+1}=aa_n+bb_n\\b_{n+1}=ca_n+db_n\end{cases}$($a,b,c,d$ 为常数)”型的递推数列的通项公式

求联立式型的递推数列的通项公式,先将该递推式写成矩阵形式

$$\begin{bmatrix}a_{n+1}\\b_{n+1}\end{bmatrix}=\begin{pmatrix}a & b\\c & d\end{pmatrix}\begin{bmatrix}a_n\\b_n\end{bmatrix}$$

依此递推得

$$\begin{bmatrix}a_n\\b_n\end{bmatrix}=\begin{pmatrix}a & b\\c & d\end{pmatrix}\begin{bmatrix}a_{n-1}\\b_{n-1}\end{bmatrix}=\begin{pmatrix}a & b\\c & d\end{pmatrix}^2\begin{bmatrix}a_{n-1}\\b_{n-1}\end{bmatrix}=\cdots=\begin{pmatrix}a & b\\c & d\end{pmatrix}^{n-1}\begin{bmatrix}a_1\\b_1\end{bmatrix}$$

这样可以利用特征向量法计算矩阵 $\begin{pmatrix}a & b\\c & d\end{pmatrix}$ 的方幂,由此可以求出 a_n 与 b_n.

例 9 已知数列$\{a_n\}$,$\{b_n\}$满足$a_1=2,b_1=1$,且

$$\begin{cases} a_n=\dfrac{3}{4}a_{n-1}+\dfrac{1}{4}b_{n-1} \\ b_n=\dfrac{1}{4}a_{n-1}+\dfrac{3}{4}b_{n-1} \end{cases} \quad (n\geqslant 2)$$

求a_n与b_n.

解 把递推关系转化为对应的矩阵形式为

$$\begin{pmatrix} a_n \\ b_n \end{pmatrix}=\begin{pmatrix} \dfrac{3}{4} & \dfrac{1}{4} \\ \dfrac{1}{4} & \dfrac{3}{4} \end{pmatrix}\begin{pmatrix} a_{n-1} \\ b_{n-1} \end{pmatrix}$$

令$\boldsymbol{U}_n=\begin{pmatrix} a_n \\ b_n \end{pmatrix}$,$\boldsymbol{A}=\begin{pmatrix} \dfrac{3}{4} & \dfrac{1}{4} \\ \dfrac{1}{4} & \dfrac{3}{4} \end{pmatrix}$,则

$$\boldsymbol{U}_n=\boldsymbol{A}\boldsymbol{U}_{n-1}=\boldsymbol{A}^2\boldsymbol{U}_{n-2}=\cdots=\boldsymbol{A}^{n-1}\boldsymbol{U}_1$$

因为

$$|\lambda\boldsymbol{E}-\boldsymbol{A}|=\begin{vmatrix} \lambda-\dfrac{3}{4} & -\dfrac{1}{4} \\ -\dfrac{1}{4} & \lambda-\dfrac{3}{4} \end{vmatrix}=\lambda^2-\frac{3}{2}\lambda+\frac{1}{2}=0$$

所以$\boldsymbol{A}$的特征根为$\lambda_1=\dfrac{1}{2}$,$\lambda_2=1$,λ_1对应的特征向量为$\begin{pmatrix} 1 \\ -1 \end{pmatrix}$,$\lambda_2$对应的特征向量为$\begin{pmatrix} 1 \\ 1 \end{pmatrix}$.

取$\boldsymbol{P}=\begin{pmatrix} 1 & 1 \\ -1 & 1 \end{pmatrix}$,则$\boldsymbol{P}^{-1}=\begin{pmatrix} \dfrac{1}{2} & -\dfrac{1}{2} \\ \dfrac{1}{2} & \dfrac{1}{2} \end{pmatrix}$,则

$$\boldsymbol{P}^{-1}\boldsymbol{A}\boldsymbol{P}=\begin{pmatrix} \lambda_1 & 0 \\ 0 & \lambda_2 \end{pmatrix},\boldsymbol{A}=\boldsymbol{P}\begin{pmatrix} \lambda_1 & 0 \\ 0 & \lambda_2 \end{pmatrix}\boldsymbol{P}^{-1}$$

$$\boldsymbol{A}^{n-1}=\boldsymbol{P}\begin{pmatrix} \lambda_1 & 0 \\ 0 & \lambda_2 \end{pmatrix}^{n-1}\boldsymbol{P}^{-1}=\boldsymbol{P}\begin{pmatrix} \lambda_1^n & 0 \\ 0 & \lambda_2^n \end{pmatrix}\boldsymbol{P}^{-1}=$$

$$\begin{pmatrix} 1 & 1 \\ -1 & 1 \end{pmatrix}\begin{pmatrix} \lambda_1^{n-1} & 0 \\ 0 & \lambda_2^{n-1} \end{pmatrix}\begin{pmatrix} \dfrac{1}{2} & -\dfrac{1}{2} \\ \dfrac{1}{2} & \dfrac{1}{2} \end{pmatrix}=$$

$$\begin{pmatrix} \dfrac{1}{2^n}+\dfrac{1}{2} & -\dfrac{1}{2^n}+\dfrac{1}{2} \\ -\dfrac{1}{2^n}+\dfrac{1}{2} & \dfrac{1}{2^n}+\dfrac{1}{2} \end{pmatrix}$$

所以

$$\boldsymbol{U}_n=\begin{pmatrix}a_n\\b_n\end{pmatrix}=\boldsymbol{A}^{n-1}\boldsymbol{U}_1=\begin{pmatrix}\frac{1}{2^n}+\frac{1}{2} & -\frac{1}{2^n}+\frac{1}{2}\\-\frac{1}{2^n}+\frac{1}{2} & \frac{1}{2^n}+\frac{1}{2}\end{pmatrix}\begin{pmatrix}a_1\\b_1\end{pmatrix}=$$

$$\begin{pmatrix}\frac{1}{2^n}+\frac{1}{2} & -\frac{1}{2^n}+\frac{1}{2}\\-\frac{1}{2^n}+\frac{1}{2} & \frac{1}{2^n}+\frac{1}{2}\end{pmatrix}\begin{pmatrix}2\\1\end{pmatrix}=\begin{pmatrix}\frac{1}{2^n}+\frac{3}{2}\\\frac{3}{2}-\frac{1}{2^n}\end{pmatrix}$$

所以

$$a_n=\frac{1}{2^n}+\frac{3}{2},b_n=\frac{3}{2}-\frac{1}{2^n}$$

点评 (1) 求解分两步进行，第一步：将数列递推关系式用矩阵表示；第二步：将求通项公式转化为求矩阵 n 次幂 $\boldsymbol{M}^n\beta$.

(2) 计算 n 次幂 $\boldsymbol{M}^n\beta$ 的方法：先求出矩阵 $\boldsymbol{M}$ 的特征根 λ_1,λ_2 及相应的特征向量 $\boldsymbol{\alpha}_1,\boldsymbol{\alpha}_2$，然后将向量 $\boldsymbol{\beta}$ 表示成 $\boldsymbol{\beta}=s\boldsymbol{\alpha}_1+t\boldsymbol{\alpha}_2$ 形式，最后代入公式 $\boldsymbol{M}^n\boldsymbol{\beta}=s\lambda_1^n\boldsymbol{\alpha}_1+t\lambda_2^n\boldsymbol{\alpha}_2$ 即可.

例 10 已知数列 $\{a_n\}$，$\{b_n\}$ 满足 $a_1=2,b_1=1$，且

$$\begin{cases}a_n=\frac{3}{4}a_{n-1}+\frac{1}{4}b_{n-1}+1\\b_n=\frac{1}{4}a_{n-1}+\frac{3}{4}b_{n-1}+1\end{cases}\quad(n\geqslant 2)$$

求 a_n 与 b_n.

解 把递推关系转化为对应的矩阵形式为

$$\begin{pmatrix}a_n\\b_n\end{pmatrix}=\begin{pmatrix}\frac{3}{4} & \frac{1}{4}\\\frac{1}{4} & \frac{3}{4}\end{pmatrix}\begin{pmatrix}a_{n-1}\\b_{n-1}\end{pmatrix}+\begin{pmatrix}1\\1\end{pmatrix}$$

令 $\boldsymbol{U}_n=\begin{pmatrix}a_n\\b_n\end{pmatrix}$，$\boldsymbol{A}=\begin{pmatrix}\frac{3}{4} & \frac{1}{4}\\\frac{1}{4} & \frac{3}{4}\end{pmatrix}$，$\boldsymbol{\xi}=\begin{pmatrix}1\\1\end{pmatrix}$，则

$$\boldsymbol{U}_n=\boldsymbol{A}\boldsymbol{U}_{n-1}+\boldsymbol{\xi}=\boldsymbol{A}^2(\boldsymbol{U}_{n-2}+\boldsymbol{\xi})+\boldsymbol{\xi}=$$

$$\boldsymbol{A}^2\boldsymbol{U}_{n-2}+\boldsymbol{A}\boldsymbol{\xi}+\boldsymbol{\xi}=\cdots=\boldsymbol{A}^{n-1}\boldsymbol{U}_1+(\boldsymbol{A}^{n-2}+\boldsymbol{A}^{n-3}+\cdots+\boldsymbol{A})\boldsymbol{\xi}+\boldsymbol{\xi}$$

由上列知

$$\boldsymbol{A}^{n-1}=\begin{pmatrix}\frac{1}{2^n}+\frac{1}{2} & -\frac{1}{2^n}+\frac{1}{2}\\-\frac{1}{2^n}+\frac{1}{2} & \frac{1}{2^n}+\frac{1}{2}\end{pmatrix}$$

于是 $$U_n=A^{n-1}U_1+(A^{n-2}+A^{n-3}+\cdots+A)\xi+\xi$$

所以

$$U_n=\begin{pmatrix}\frac{1}{2^n}+\frac{3}{2}\\ \frac{3}{2}-\frac{1}{2^n}\end{pmatrix}+\begin{pmatrix}-\frac{1}{2^{n-1}}+\frac{n-1}{2} & \frac{1}{2^{n-1}}+\frac{n-3}{2}\\ \frac{1}{2^{n-1}}+\frac{n-3}{2} & -\frac{1}{2^{n-1}}+\frac{n-1}{2}\end{pmatrix}\begin{pmatrix}1\\1\end{pmatrix}+\begin{pmatrix}1\\1\end{pmatrix}=$$

$$\begin{pmatrix}\frac{1}{2^n}+n+\frac{1}{2}\\ -\frac{1}{2^n}+n+\frac{1}{2}\end{pmatrix}$$

故 $$a_n=\frac{1}{2^n}+n+\frac{1}{2},b_n=-\frac{1}{2^n}+n+\frac{1}{2}$$

点评 (1)本题的解题方法可以用来解决二元线性联立递推数列的通项公式:已知数列$\{a_n\}$,$\{b_n\}$满足:$a_1=a,b_1=b$,且

$$\begin{cases}a_n=x_{11}a_{n-1}+x_{12}b_{n-1}+s\\ b_n=x_{21}a_{n-1}+x_{22}b_{n-1}+t\end{cases}(n\geqslant 2)$$

求a_n与b_n.

如果矩阵$\begin{pmatrix}x_{11} & x_{12}\\ x_{21} & x_{22}\end{pmatrix}$可以对角化,即存在可逆矩阵$P$,使$P^{-1}AP=\begin{pmatrix}\lambda_1 & 0\\ 0 & \lambda_2\end{pmatrix}$,则把递推关系式转化为对应的矩阵形式是

$$\begin{pmatrix}a_n\\ b_n\end{pmatrix}=\begin{pmatrix}x_{11} & x_{12}\\ x_{21} & x_{22}\end{pmatrix}\begin{pmatrix}a_{n-1}\\ b_{n-1}\end{pmatrix}+\begin{pmatrix}s\\ t\end{pmatrix}$$

令$U_n=\begin{pmatrix}a_n\\ b_n\end{pmatrix}$,$A=\begin{pmatrix}x_{11} & x_{12}\\ x_{21} & x_{22}\end{pmatrix}$,$\xi=\begin{pmatrix}s\\ t\end{pmatrix}$,则

$$U_n=AU_{n-2}+\xi=A(AU_{n-1}+\xi)+\xi=$$
$$A^2U_{n-2}+A\xi+\xi=\cdots=A^{n-1}U_1+(A^{n-2}+A^{n-3}+\cdots+A)\xi+\xi$$

只需细心计算出:A^{n-1},$A^{n-2}+A^{n-3}+\cdots+A$,就可以算出a_n和b_n.

(2)本题是2007年全国高考辽宁文科试题.

6.矩阵法求形如"$a_1=a,a_2=b,a_{n+2}=pa_{n+1}+qa_n+kq^n$($p,q$为常数,$n\in\mathbf{N}$)"型的递推数列的通项公式

为了利用矩阵法求形如"$a_1=a,a_2=b,a_{n+2}=pa_{n+1}+qa_n+kq^n$($p,q$为常数,$n\in\mathbf{N}$)"型的递推数列的通项公式,需要先证明:

定理2 如果数列$\{a_n\}$满足:$a_{n+1}=ma_n+la_{n-1}+kq^n$,且矩阵$A=\begin{pmatrix}m & l\\ 1 & 0\end{pmatrix}$的特征值为$\lambda_1,\lambda_2$;$\lambda_1,\lambda_2,q$两两互不相等,则$a_{n+1}=t_1\lambda_1^n+t_2\lambda_2^n+t_3q^n$

$(n \in \mathbf{N})$.

证明　由 $a_{n+1}=ma_n+la_{n-1}+kq^n$,可得如下递推等式组

$$\begin{cases} a_{n+1}=ma_n+lb_n+kc_n \\ b_{n+1}=a_n \\ c_{n+1}=q^{n+1} \end{cases}$$

即
$$\begin{pmatrix} a_{n+1} \\ b_{n+1} \\ c_{n+1} \end{pmatrix}=\begin{pmatrix} m & l & k \\ 1 & 0 & 0 \\ 0 & 0 & q \end{pmatrix}\begin{pmatrix} a_n \\ b_n \\ c_n \end{pmatrix}$$

令 $\mathbf{A}=\begin{pmatrix} m & l & q \\ 1 & 0 & 0 \\ 0 & 0 & q \end{pmatrix}$,特征多项式为

$$f(\lambda)=\begin{vmatrix} \lambda-m & -l & -k \\ -1 & \lambda & 0 \\ 0 & 0 & \lambda-q \end{vmatrix}=(\lambda-q)\begin{pmatrix} \lambda-m & -l \\ -1 & \lambda \end{pmatrix}=$$
$$(\lambda-q)(\lambda-\lambda_1)(\lambda-\lambda_2)$$

设 λ_1,λ_2,q 对应的特征向量为

$$\boldsymbol{\alpha}_1=\begin{pmatrix} d_1 \\ d_2 \\ d_3 \end{pmatrix},\boldsymbol{\alpha}_2=\begin{pmatrix} e_1 \\ e_2 \\ e_3 \end{pmatrix},\boldsymbol{\alpha}_3=\begin{pmatrix} f_1 \\ f_2 \\ f_3 \end{pmatrix}$$

则可设
$$\boldsymbol{\beta}=\begin{pmatrix} a_2 \\ b_2 \\ c_2 \end{pmatrix}=m_1\boldsymbol{\alpha}_1+m_2\boldsymbol{\alpha}_2+m_3\boldsymbol{\alpha}_3$$

所以
$$\begin{pmatrix} a_{n+1} \\ b_{n+1} \\ c_{n+1} \end{pmatrix}=\mathbf{A}\begin{pmatrix} a_n \\ b_n \\ c_n \end{pmatrix}=\cdots=\mathbf{A}^{n-1}\begin{pmatrix} a_2 \\ b_2 \\ c_2 \end{pmatrix}=\mathbf{A}^{n-1}(m_1\boldsymbol{\alpha}_1+m_2\boldsymbol{\alpha}_2+m_3\boldsymbol{\alpha}_3)=$$
$$\mathbf{A}^{n-2}(m_1\lambda_1\boldsymbol{\alpha}_1+m_2\lambda_2\boldsymbol{\alpha}_2+m_3\lambda_3\boldsymbol{\alpha}_3)=\cdots=$$
$$m_1\lambda_1^{n-1}\boldsymbol{\alpha}_1+m_2\lambda_2^{n-1}\boldsymbol{\alpha}_2+m_3q^{n-1}\boldsymbol{\alpha}_3=$$
$$m_1\lambda_1^{n-1}\begin{pmatrix} d_1 \\ d_2 \\ d_3 \end{pmatrix}+m_2\lambda_2^{n-1}\begin{pmatrix} e_1 \\ e_2 \\ e_3 \end{pmatrix}+m_3q^{n-1}\begin{pmatrix} f_1 \\ f_2 \\ f_3 \end{pmatrix}=$$
$$\begin{pmatrix} m_1d_1\lambda_1^{n-1}+m_2e_1\lambda_2^{n-1}+m_3f_1q^{n-1} \\ m_1d_2\lambda_1^{n-1}+m_2e_2\lambda_2^{n-1}+m_3f_2q^{n-1} \\ m_1d_3\lambda_1^{n-1}+m_2e_3\lambda_2^{n-1}+m_3f_3q^{n-1} \end{pmatrix}$$

所以 $a_{n+1}=m_1d_1\lambda_1^{n-1}+m_2e_1\lambda_2^{n-1}+m_3f_3q^{n-1}$,因此,无论 λ_1,λ_2,q 是否为0,a_{n+1} 都

可以写成 $t_1\lambda_1^n+t_2\lambda_2^n+t_3q^n(n\in\mathbf{N})$ 的形式.

由此定理容易得到下列推论：

推论 1　如果数列 $\{a_n\}$ 满足 $a_{n+2}=pa_{n+1}+qa_n$，$\mathbf{A}=\begin{pmatrix}p&q\\1&0\end{pmatrix}$ 有两个不相等的特征值 λ_1,λ_2，则 $a_{n+2}=k\lambda_1^n+l\lambda_2^n$.

本推论 1 只要在定理中令 $q=0$ 即得，实际上就是前面利用特征根法得到的二阶线性递推数列的通项公式的结论.

推论 2　如果数列 $\{a_n\}$ 满足 $a_{n+2}=ma_{n+1}+la_n+k(k\neq 0)$，$\mathbf{A}=\begin{pmatrix}p&q\\1&0\end{pmatrix}$ 的特征值为 λ_1,λ_2；$\lambda_1,\lambda_2,1$ 两两不相等，则 $a_{n+2}=t_1\lambda_1^n+t_2\lambda_2^n+t_3$.

本推论 1 只要在定理中令 $q=1$ 即得.

例 11　已知数列 $\{x_n\}$ 满足 $x_1=2,x_2=3$，且 $x_n=x_{n-1}+2x_{n-2}+3$，求 x_n.

解　由 $\mathbf{A}=\begin{pmatrix}1&2\\1&0\end{pmatrix}$，则 $f(\lambda)=|\lambda\mathbf{E}-\mathbf{A}|=\begin{vmatrix}\lambda-1&-2\\-1&\lambda\end{vmatrix}=\lambda^2-\lambda-2=0$，则 $\lambda_1=-1,\lambda_2=2$，所以 $a_n=t_1(-1)^{n-1}+t_2\cdot 2^{n-1}+t_3$，又 $a_3=a_2+2a_1+3=10$，所以得方程组

$$\begin{cases}t_1+t_2+t_3=2\\-t_1+2t_2+t_3=3\\t_1+4t_2+t_3=10\end{cases}$$

解之得

$$\begin{cases}t_1=\dfrac{5}{6}\\t_2=\dfrac{8}{3}\\t_3=-\dfrac{3}{2}\end{cases}$$

故

$$a_n=\frac{5}{6}\cdot(-1)^{n-1}+\frac{8}{3}\cdot 2^{n-1}-\frac{3}{2}$$

点评　本题是利用推论 2 得到解答的.

例 12　已知数列 $\{a_n\}$ 满足 $a_1=1,a_2=2$，且 $a_{n+1}=2a_n+3a_{n-1}(n\geqslant 2)$，求 a_n.

解　由 $\mathbf{A}=\begin{pmatrix}2&3\\1&0\end{pmatrix}$，则 $f(\lambda)=|\lambda\mathbf{E}-\mathbf{A}|=\begin{vmatrix}\lambda-2&-3\\1&\lambda\end{vmatrix}=\lambda^2-2\lambda-3=0$，则 $\lambda_1=-1,\lambda_2=3$，所以 $a_n=t_1(-1)^{n-1}+t_2\cdot 3^{n-1}+t_3\cdot 2^{n-1}$，又 $a_3=2a_2+3a_1+3\cdot 2^2=19$，所以得方程组

$$\begin{cases} t_1+t_2+t_3=1 \\ -t_1+3t_2+2t_3=2 \\ t_1+9t_2+2t_3=19 \end{cases}$$

解之得

$$\begin{cases} t_1=\dfrac{5}{4} \\ t_2=\dfrac{15}{4} \\ t_3=-4 \end{cases}$$

故

$$a_n=\frac{5}{4}\cdot(-1)^{n-1}+\frac{15}{4}\cdot 2^{n-1}-4\cdot 2^{n-1}$$

点评 本题是利用定理 2 得到解答的.

巩固练习

1. 已知数列$\{a_1\}$满足$a_1=2,a_2=3$,且$a_{n+1}=3a_n+4a_{n-1}(n\geqslant 2)$,求$a_n$.

解 由$\boldsymbol{A}=\begin{pmatrix}3 & 4\\1 & 0\end{pmatrix}$,则$f(\lambda)=|\lambda\boldsymbol{E}-\boldsymbol{A}|=\begin{vmatrix}\lambda-3 & -4\\-1 & \lambda\end{vmatrix}=\lambda^2-3\lambda-4=0$,则$\lambda_1=-1,\lambda_2=4$,所以$a_n=k\cdot(-1)^{n-1}+l\cdot 4^{n-1}$,将$a_1=2,a_2=3$,代入得$k=l=1$,故$a_n=(-1)^{n-1}+4^{n-1}$.

2. 已知数列$\{a_n\}$中,$a_1=2,a_{n+1}=\dfrac{3a_n-2}{2a_n-1}$,求$\{a_n\}$的通项公式.

解 由$\boldsymbol{A}=\begin{pmatrix}3 & -2\\2 & -1\end{pmatrix}$,则$f(\lambda)=|\lambda\boldsymbol{E}-\boldsymbol{A}|=\begin{vmatrix}\lambda-3 & 2\\-2 & \lambda+1\end{vmatrix}=\lambda^2-2\lambda+1=0$,则$\lambda_1=\lambda_2=1$,则

$$\boldsymbol{A}=\begin{pmatrix}1 & 0\\0 & -1\end{pmatrix}+\begin{pmatrix}2 & -2\\2 & -2\end{pmatrix},\boldsymbol{B}=\begin{pmatrix}2 & -2\\2 & -2\end{pmatrix}$$

所以

$$\boldsymbol{A}^{n-1}=\lambda^{n-1}\boldsymbol{E}+(n-1)\lambda^{n-2}\boldsymbol{B}=\begin{pmatrix}1 & 0\\0 & 1\end{pmatrix}+(n-1)\begin{pmatrix}2 & -2\\2 & -2\end{pmatrix}=\begin{pmatrix}2n-1 & 2-2n\\2n-2 & 3-2n\end{pmatrix}$$

故

$$a_n=\frac{2n}{2n-1}$$

3. 已知数列$\{a_n\}$,$\{b_n\}$满足$a_1=a,b_1=b$,且$\begin{cases}a_{n+1}=3a_n-b_n\\b_{n+1}=a_n+b_n\end{cases}$,求数列$\{a_n\}$,$\{b_n\}$的通项公式.

解 令$\boldsymbol{A}=\begin{pmatrix}3 & -1\\1 & 1\end{pmatrix}$,则$f(\lambda)=\begin{vmatrix}\lambda-3 & 1\\-1 & \lambda-1\end{vmatrix}=(\lambda-2)^2$,即特征值为

$\lambda_1=\lambda_2=2$，从而

$$\boldsymbol{A}^n=p\boldsymbol{A}+q\boldsymbol{E}=n\lambda_0^{n-1}\begin{pmatrix}3 & -1\\ 1 & 1\end{pmatrix}+(1-n)\lambda_0^n\begin{pmatrix}1 & 0\\ 0 & 1\end{pmatrix}=$$

$$n\cdot 2^{n-1}\begin{pmatrix}3 & -1\\ 1 & 1\end{pmatrix}+(1-n)\cdot 2^n\begin{pmatrix}1 & 0\\ 0 & 1\end{pmatrix}=$$

$$\begin{pmatrix}3n\cdot 2^{n-1}+(1-n)\cdot 2^n & -n\cdot 2^{n-1}\\ n\cdot 2^{n-1} & n\cdot 2^{n-1}+(1-n)\cdot 2^n\end{pmatrix}=$$

$$\begin{pmatrix}n\cdot 2^{n-1}+2^n & -n\cdot 2^{n-1}\\ n\cdot 2^{n-1} & -n\cdot 2^{n-1}+2^n\end{pmatrix}$$

由 $\begin{pmatrix}a_n\\ b_n\end{pmatrix}=\boldsymbol{A}^{n-1}\begin{pmatrix}a_1\\ b_1\end{pmatrix}=\boldsymbol{A}^{n-1}\begin{pmatrix}a\\ b\end{pmatrix}$，得

$$\begin{pmatrix}a_n\\ b_n\end{pmatrix}=\begin{pmatrix}(n-1)2^{n-2}+2^{n-1} & -(n-1)2^{n-2}\\ (n-1)2^{n-2} & -(n-1)2^{n-2}+2^{n-1}\end{pmatrix}$$

即得

$$\begin{cases}a_n=(n+1)\cdot 2^{n-1}a-(n-1)\cdot 2^{n-2}b\\ b_n=(n-1)\cdot 2^{n-2}a-(n-3)\cdot 2^{n-2}b\end{cases}$$

第 3 节　非线性递推数列通项公式的求法与应用

线性递推式问题已经有了较为成熟的求解方法，如待定系数法、特征根法、不动点法、母函数法、矩阵法等．而非线性递推式的求解则是一个难点，这类递推式往往结构复杂，没有固定的模式可套，方法多姿多彩，因此一直是各类竞赛的热点和难点问题．其中，含根式的非线性递推式在近几年的竞赛中频频亮相，应引起足够的重视．所谓非线性递推数列主要有以下几种情况：

(1) 含有根号的无理递推数列；

(2) 对于整式型递推数列是 a_n 关于它的前几项的次数大于或等于 2 次的，对于分式递推数列是 a_n 关于它的分子或分母的次数大于或等于 2 次的；

(3) 递推关系式是 a_n 与 b_n 关于它们的前几项的方程组型的递推数列．下面分别介绍它们的通项公式的求法与应用．

一、含有根号的无理递推数列通项公式的求法与应用

本节先就含根式的数列递推式的求解方法做一些探究和分析，根据根式在递推式中的从属、主次、位置关系，常见的处理方法有：配方法、换元法、三角换元法、恒等变形法、取对数法、平方法、先猜后证法等．下面举例说明之．

1.配方法

例 1 （第 23 届希望杯全国数学邀请赛高一第 2 试）在正项数列 $\{a_n\}$ 中，$a_1=\frac{1}{4}$，$a_{n+1}=a_n+\sqrt{a_n}+\frac{1}{4}$，则 $a_{2\,012}=$________

A. 1 012 025　　B. 1 012 036　　C. 1 013 025　　D. 1 013 036

解 B. 因为 $a_n>0$，且 $a_{n+1}=a_n+\sqrt{a_n}+\frac{1}{4}=\left(\sqrt{a_n}+\frac{1}{2}\right)^2$，所以 $\sqrt{a_{n+1}}=\sqrt{a_n}+\frac{1}{2}$. 故数列 $\{\sqrt{a_n}\}$ 是以 $\sqrt{a_1}=\frac{1}{2}$ 为首项、以 $\frac{1}{2}$ 为公差的等差数列. 所以 $\sqrt{a_n}=\frac{1}{2}+(n-1)\times\frac{1}{2}=\frac{n}{2}$，所以 $a_n=\frac{n^2}{4}$，故 $a_{2\,012}=\frac{2\,012^2}{4}=1\,012\,036$.

点评 通过观察发现，递推式右边是一个完全平方式，故应大胆配方，开方后得到一个关于 $\sqrt{a_n}$ 的一阶常系数线性递推式，而这是我们非常熟悉的问题.

例 2 （2016 年高中数学联赛新疆预赛）已知数列 $\{a_n\}$ 满足 $a_1=0$，$a_{n+1}=a_n+4\sqrt{a_n+1}+4(n\geqslant 1)$，则 $a_n=$________.

解 $4n^2-4n$. 由 $a_{n+1}=a_n+4\sqrt{a_n+1}+4$，得

$$a_{n+1}+1=(a_n+1)+4\sqrt{a_n+1}+4=(\sqrt{a_n+1}+2)^2$$

即

$$(\sqrt{a_{n+1}+1})^2=(\sqrt{a_n+1}+2)^2$$

从而 $\sqrt{a_{n+1}+1}=\sqrt{a_n+1}+2$，故数列 $\{\sqrt{a_n+1}\}$ 是首项为 $\sqrt{a_1+1}=1$，公差为 2 的等差数列. 因此 $\sqrt{a_n+1}=2n-1$，从而 $a_n=4n^2-4n$.

2.换元法

将含无理递推式数列中的无理部分，进行整体换元，再运用乘方策略.

例 3 数列 $\{u_n\}$ 定义为 $u_1=1$，$u_{n+1}=\frac{1}{16}(1+4u_n+\sqrt{1+24u_n})(n\geqslant 1)$.

证明：数列 $\{u_n\}$ 中只有 u_1 为整数.

证明 设 $a_n=\sqrt{1+24u_n}(n\geqslant 1)$，则 $u_n=\frac{a_n^2-1}{24}$，$u_{n+1}=\frac{a_{n+1}^2-1}{24}$. 代入已知递推关系得

$$16\times\frac{a_{n+1}^2-1}{24}=1+4\times\frac{a_n^2-1}{24}+a_n$$

整理得

$$4a_{n+1}^2=a_n^2+6a_n+9$$

即

$$(2a_{n+1})^2=(a_n+3)^2$$

因为 $a_n>0$，$a_{n+1}>0$，所以 $2a_{n+1}=a_n+3$，即 $2(a_{n+1}-3)=a_n-3$，从而 $\frac{a_{n+1}-3}{a_n-3}=$

$\frac{1}{2}$. 又 $a_1=\sqrt{1+24u_1}=5$，$a_1-3=2$，则

$$a_n=3+\frac{1}{2^{n-2}}\quad(n\geqslant 1) \tag{①}$$

将式 ① 代入 $u_n=\frac{a_n^2-1}{24}$，整理得

$$u_n=\frac{2\cdot 4^{n-1}+3\cdot 2^{n-1}}{6\cdot 4^{n-1}} \tag{②}$$

当 $n>1$ 时，式 ② 的分子为奇数，分母为偶数，故 u_n 不可能为整数，又因为 $u_1=1\in\mathbf{Z}$，所以，数列 $\{u_n\}$ 中只有 u_1 为整数.

例 4 （2009 年高中数学联赛山东预赛）已知数列 $\{a_n\}$ 满足：$a_1=1$，$a_{n+1}=1+a_n+\sqrt{1+4a_n}$ $(n\in\mathbf{N}^*)$，则数列的通项 $a_n=$________.

解 $(n-1)(n+\sqrt{5}-1)+1$. 设 $b_n=\sqrt{1+4a_n}$，则 $a_n=\frac{b_n^2-1}{4}$，故 $a_{n+1}=\frac{b_{n+1}^2-1}{4}$，所以 $a_{n+1}=1+a_n+\sqrt{1+4a_n}$ 可化为

$$\frac{b_{n+1}^2-1}{4}=1+\frac{b_n^2-1}{4}+b_n$$

即为

$$b_{n+1}^2=b_n^2+4b_n+4=(b_n+2)^2$$

由 $b_1=\sqrt{1+4a_1}=\sqrt{5}$ 及 $b_n>0$，知 $b_{n+1}=b_n+2$，故数列 $\{b_n\}$ 是以 $\sqrt{5}$ 为首项，以 2 为公差的等差数列，所以 $b_n=\sqrt{5}+2(n-1)$，从而

$$a_n=\frac{b_n^2-1}{4}=\frac{1}{4}[5+4\sqrt{5}(n-1)+4(n-1)^2-1]=$$
$$(n-1)(n+\sqrt{5}-1)+1$$

点评 此题如若直接去除根号，不利于问题的解决，若能对根式进行整体换元，问题便转化为一个等差数列问题，问题也就迎刃而解，换元法是数学中非常重要的思想方法.

3. 三角换元法

对某些无理递推式，认真研究其结构关系，若能类比三角公式，则可进行三角换元，从而使问题顺利获解.

例 5 （第 30 届 IMO 预选赛）数列 $a_0,a_1,a_2,\cdots$，与数列 $b_0,b_1,b_2,\cdots$，定义如下：

$$a_0=\frac{\sqrt{2}}{2},a_{n+1}=\frac{\sqrt{2}}{2}\sqrt{1-\sqrt{1-a_n^2}},b_0=1,b_{n+1}=\frac{\sqrt{1+b_n^2}-1}{b_n},$$

$(n=0,1,2,\cdots)$

证明：不等式：$2^{n+2}a_n<\pi<2^{n+2}b_n$.

证明 因为 $a_0=\frac{\sqrt{2}}{2}=\sin\frac{\pi}{2^2}$，设 $a_n=\sin\frac{\pi}{2^{n+2}}$，则

$$a_{n+1}=\frac{\sqrt{2}}{2}\sqrt{1-\sqrt{1-a_n^2}}=$$

$$\frac{\sqrt{2}}{2}\sqrt{1-\sqrt{1-\sin^2\frac{\pi}{2^{n+2}}}}=$$

$$\frac{\sqrt{2}}{2}\sqrt{1-\cos\frac{\pi}{2^{n+2}}}=$$

$$\frac{\sqrt{2}}{2}\sqrt{1-\left(1-2\sin^2\frac{\pi}{2^{n+3}}\right)}=$$

$$\sin\frac{\pi}{2^{n+3}}$$

所以 $a_n=\sin\frac{\pi}{2^{n+2}}$. 同样地，有 $b_n=\tan\frac{\pi}{2^{n+2}}$. 因为 $x\in\left(0,\frac{\pi}{2}\right)$ 时，$\sin x<x<\tan x$，所以

$$2^{n+2}a_n=2^{n+2}\sin\frac{\pi}{2^{n+2}}<2^{n+2}\times\frac{\pi}{2^{n+2}}=\pi$$

$$2^{n+2}b_n=2^{n+2}\tan\frac{\pi}{2^{n+2}}<2^{n+2}\times\frac{\pi}{2^{n+2}}=\pi$$

故不等式 $2^{n+2}a_n<\pi<2^{n+2}b_n$ 得证.

点评 根据此题递推式的特点，暗含某些三角公式的运算形式，应用三角代换后，可去除递推式中的根式，类比公式即可得出所要求的通项公式.

例 6 已知数列 $\{a_n\}$ 中，$a_0=1$，$a_n=\frac{\sqrt{1+a_{n-1}^2}-1}{a_{n-1}}$. 求证：$a_n>\frac{\pi}{2^{n+2}}$.

证明 设 $a_{n-1}=\tan\theta_{n-1}$，则 $a_n=\tan\theta_n$. 注意到 $a_n=\frac{\sqrt{1+a_{n-1}^2}-1}{a_{n-1}}=\frac{a_{n-1}}{\sqrt{1+a_{n-1}^2}+1}$. 由 $a_0=1>0$，可得 $a_2>0,a_3>0,\cdots,a_n>0$. 从而，$0<\theta_{n-1}<\frac{\pi}{2}$，$0<\theta_n<\frac{\pi}{2}$，故

$$a_n=\frac{\sqrt{1+\tan^2\theta_{n-1}}-1}{\tan\theta_{n-1}}=\frac{\sec\theta_{n-1}-1}{\tan\theta_{n-1}}=\frac{1-\cos\theta_{n-1}}{\sin\theta_{n-1}}=\tan\frac{\theta_{n-1}}{2}$$

因此，$\tan\theta_n=\tan\frac{\theta_{n-1}}{2}$，所以 $\theta_n=\frac{\theta_{n-1}}{2}$，即 $\frac{\theta_n}{\theta_{n-1}}=\frac{1}{2}$. 由 $a_0=1$，得 $\tan\theta_0=1$，故 $\theta_0=\frac{\pi}{4}$. 从而，$\theta_n=\theta_0\left(\frac{1}{2}\right)^n=\frac{\pi}{2^{n+2}}$. 又当 $0<x<\frac{\pi}{2}$ 时，$\sin x<x<\tan x$. 而 $0<\frac{\pi}{2^{n+2}}<\frac{\pi}{2}$，因此，$a_n=\tan\frac{\pi}{2^{n+2}}>\frac{\pi}{2^{n+2}}$.

点评 此题可通过求出 $f(x)$ 的反函数 $f^{-1}(x)=\frac{2x}{1-x^2}(0<x<1)$ 得 $a_n=f^{-1}(a_{n+1})$，即 $a_n=\frac{2a_{n+1}}{1-a_{n+1}^2}$，令 $a_n=\tan\theta_n$. 证明更简单.

4.恒等变形法

例 7 (2012 年高中数学联赛湖北预赛) 已知正项数列 $\{a_n\}$ 满足 $\sqrt{a_n a_{n+1}+a_n a_{n+2}}=4\sqrt{a_n a_{n+1}+a_{n+1}^2}+3\sqrt{a_n a_{n+1}}$，且 $a_1=1$，$a_2=8$，求 $\{a_n\}$ 的通项公式.

解 $\sqrt{a_n a_{n+1}+a_n a_{n+2}}=4\sqrt{a_n a_{n+1}+a_{n+1}^2}+3\sqrt{a_n a_{n+1}}$，两边同除以 $\sqrt{a_n a_{n+1}}$，得

$$\sqrt{1+\frac{a_{n+2}}{a_{n+1}}}=4\sqrt{1+\frac{a_{n+1}}{a_n}}+3$$

故

$$\sqrt{1+\frac{a_{n+2}}{a_{n+1}}}+1=4\left(\sqrt{1+\frac{a_{n+1}}{a_n}}+1\right)$$

又 $\sqrt{1+\frac{a_2}{a_1}}+1=4$，故数列 $\left\{\sqrt{1+\frac{a_{n+1}}{a_n}}+1\right\}$ 是以 4 为首项、4 为公比的等比数列，所以 $\sqrt{1+\frac{a_{n+1}}{a_n}}+1=4^n$，故 $a_{n+1}=[(4^n-1)^2-1]a_n$. 于是，当 $n>1$ 时

$a_n=[(4^{n-1}-1)^2-1]a_{n-1}=$

$[(4^{n-1}-1)^2-1][(4^{n-2}-1)^2-1]a_{n-2}=\cdots=a_1\prod\limits_{k-1}^{n-1}[(4^{k-1}-1)^2-1]=$

$\prod\limits_{k=1}^{n-1}[(4^{k-1}-1)^2-1]$

所以通项公式为

$$a_n=\begin{cases}1 & (n=1)\\ \prod\limits_{k=1}^{n-1}[(4^{k-1}-1)^2-1]\end{cases}$$

点评 此题有多个根式，初看很难处理，若能减少根式的个数，问题便显得直观一些，通过观察，递推式两端可同除以较为简单的那个根式，然后运用整体思想和迭代方法使问题得到解决.

5.取对数法

对于某些根式内乘积形式的无理递推式，可考虑两边取同底的对数，进行对数换元. 但要注意说明对数有意义的条件.

例 8 (1991 年四川高中数学联赛高二试题) 在正项数列 $\{a_n\}$ 中，$a_1=10$，$a_{k+1}=10\sqrt{a_k}$，求通项公式 a_n.

解 因为 $a_{k+1}=10\sqrt{a_k}$，所以

$$\lg a_{k+1}=\lg(10\sqrt{a_k})=\lg\sqrt{a_k}+\lg 10=\frac{1}{2}\lg a_k+1$$

所以 $$-2+\lg a_{k+1}=-1+\frac{1}{2}\lg a_k=\frac{1}{2}(-2+\lg a_k)$$

又 $-2+\lg a_1=-1$，所以数列 $\{-2+\lg a_n\}$ 是以 -1 为首项，以 $\frac{1}{2}$ 为公比的等比数列，所以 $-2+\lg a_n=-\frac{1}{2^{n-1}}$，故 $\lg a_n=2-\frac{1}{2^{n-1}}$，所以通项公式 $a_n=10^{2-\frac{1}{2^{n-1}}}$.

点评 运用取对数的方法，可以将含有指数式或根式的递推式转化为一阶线性递推式.

例 9 已知 $x_1=1, x_n=\sqrt[4]{ax_{n-1}}\ (a>0)$，求数列 $\{x_n\}$ 的通项公式 x_n.

解 因为 $x_1=1>0$，所以，$x_2>0, x_3>0, \cdots, x_n>0$. 对 $x_n=\sqrt[4]{ax_{n-1}}$，两边取常用对数得

$$\lg x_n=\frac{1}{4}(\lg x_{n-1}+\lg a)$$

设 $b_n=\lg x_n, b_{n-1}=\lg x_{n-1}$，则

$$b_n=\frac{1}{4}(b_{n-1}+\lg a)$$

即 $4b_n=b_{n-1}+\lg a$. 恒等变形得

$$4\left(b_n-\frac{1}{3}\lg a\right)=b_{n-1}-\frac{1}{3}\lg a$$

即 $$\frac{b_n-\frac{1}{3}\lg a}{b_{n-1}-\frac{1}{3}\lg a}=\frac{1}{4}$$

由 $b_1=\lg x_1=0$，得

$$b_1-\frac{1}{3}\lg a=-\frac{1}{3}\lg a$$

从而 $$b_n-\frac{1}{3}\lg a=\left(-\frac{1}{3}\lg a\right)\left(\frac{1}{4}\right)^{n-1}$$

故

$$b_n=\frac{1}{3}\lg a-\frac{1}{3}\lg a\cdot\left(\frac{1}{4}\right)^{n-1}=\frac{1}{3}\left[1-\left(\frac{1}{4}\right)^{n-1}\right]\lg a=\lg a^{\frac{1}{3}\left[1-\left(\frac{1}{4}\right)^{n-1}\right]}$$

又因为 $b_n=\lg x_n$，所以

$$\lg x_n=\lg a^{\frac{1}{3}\left[1-\left(\frac{1}{4}\right)^{n-1}\right]}$$

从而 $$x_n=a^{\frac{1}{3}\left[1-\left(\frac{1}{4}\right)^{n-1}\right]}$$

6. 平方法

例 10 （2011 年高中数学联赛天津预赛）设数列 $\{a_n\}$ 定义为 $a_1=1, a_{n+1}=$

$2a_n+\sqrt{3a_n^2+1}, n\geqslant 1$.

(1) 证明:当 $n>1$ 时,$a_{n+1}+a_{n-1}=4a_n$;

(2) 证明:$\frac{1}{a_1}+\frac{1}{a_2}+\cdots+\frac{1}{a_n}<\frac{1+\sqrt{3}}{2}$.

解 (1) 由条件可知,$\{a_n\}$ 是递增数列,$a_2=2a_1+\sqrt{3a_1^2+1}=4$. 由 $a_{n+1}=2a_n+\sqrt{3a_n^2+1}$ 可得 $(a_{n+1}-2a_n)^2=3a_n^2+1$,即

$$a_{n+1}^2-4a_{n+1}a_n+a_n^2-1=0 \quad ①$$

用 $n-1$ 替换上式中的 n,得

$$a_{n-1}^2-4a_na_{n-1}+a_n^2-1=0 \quad ②$$

下面用两种方法得到 $a_{n+1}=4a_n-a_{n-1}$.

解法 1 利用因式分解①－②,得

$$a_{n+1}^2-a_n^2-4a_{n+1}a_n+4a_na_{n-1}=0$$

故
$$(a_{n+1}+a_{n-1})(a_{n+1}-a_{n-1})-4a_n(a_{n+1}-a_{n-1})=0$$

所以
$$(a_{n+1}-a_{n-1})(a_{n+1}+a_{n-1}-4a_n)=0$$

因为$\{a_n\}$是递增数列,所以 $a_{n+1}-a_{n-1}>0$,故 $a_{n+1}=4a_n-a_{n-1}$.

解法 2 利用韦达定理.

由 ①② 可知 a_{n+1}, a_{n-1} 是一元二次方程 $x^2-4a_nx+a_n^2-1=0$ 的两个不同实根,由韦达定理可得 $a_{n+1}+a_{n-1}=4a_n$,即 $a_{n+1}=4a_n-a_{n-1}$.

此为二阶线性递推式,其特征方程为$\lambda^2-4\lambda+1=0$,可解得特征根为 $\lambda_1=2+\sqrt{3}, \lambda_2=2-\sqrt{3}$. 所以其通项公式可设为 $a_n=A_1(2+\sqrt{3})^n+A_2(2-\sqrt{3})^n$. 因为 $a_1=1, a_2=4$,所以

$$\begin{cases}A_1(2+\sqrt{3})^1+A_2(2-\sqrt{3})^1=1\\ A_1(2+\sqrt{3})^2+A_2(2-\sqrt{3})^2=4\end{cases}$$

解得 $A_1=\frac{\sqrt{3}}{6}, A_2=-\frac{\sqrt{3}}{6}$,所以

$$a_n=\frac{\sqrt{3}}{6}[(2+\sqrt{3})^n-(2-\sqrt{3})^n]$$

(2) 设 $S_n=\frac{1}{a_1}+\frac{1}{a_2}+\cdots+\frac{1}{a_n}$,因为 $\lambda_1>1>\lambda_2>0$,且 $\lambda_1\lambda_2=1$,所以

$$(\lambda_1^k-\lambda_2^k)>\lambda_1(\lambda_1^{k-1}-\lambda_2^{k-1})=\frac{1}{\lambda_2}(\lambda_1^{k-1}-\lambda_2^{k-1}) \quad (k\geqslant 2)$$

故可得$\frac{1}{a_k}<\frac{\lambda_2}{a_{k-1}}, k\geqslant 2$. 所以当 $n-1$ 时

$$S_n=\frac{1}{a_1}+\sum_{k=2}^{n}\frac{1}{a_k}<\frac{1}{a_1}+\sum_{k=2}^{n}\frac{\lambda_2}{a_{k-1}}=\frac{1}{a_1}+\lambda_2\left(S_n-\frac{1}{a_n}\right)<\frac{1}{a_1}+\lambda_2S_n$$

所以
$$S_n<\frac{1}{(1-\lambda_2)a_1}=\frac{1+\sqrt{3}}{2}$$

当 $n=1$ 时，$S_1=\frac{1}{a_1}=1<\frac{1+\sqrt{3}}{2}$，所以
$$\frac{1}{a_1}+\frac{1}{a_2}+\cdots+\frac{1}{a_n}<\frac{1+\sqrt{3}}{2}$$

点评 处理根式的最直接的方式就是平方，此题很好地体现了这一点，去除根号后，可用因式分解或韦达定理化为二阶常系数线性递推式，这一过程是升阶思想，化为二阶常系数线性递推式后可用特征根法求出通项公式.

例 11 (2016 年高中数学联赛山东预赛) 已知数列 $\{x_n\}$ 满足：$x_1>0$，$x_{n+1}=\sqrt{5}x_n+2\sqrt{x_n^2+1}$，$n\in\mathbf{N}^*$，证明：在 $x_1,x_2,\cdots,x_{2\,016}$ 中，至少存在 672 个无理数.

证明 由题设易得 $\{x_n\}$ 为正项数列，且 $x_{n+1}=\sqrt{5}x_n+2\sqrt{x_n^2+1}>x_n$，由题设，得
$$(x_{n+1}-\sqrt{5}x_n)^2=4(x_n^2+1)$$
即
$$x_{n+1}^2+x_n^2-2\sqrt{5}x_nx_{n+1}=4$$
同理得
$$x_{n+2}^2+x_{n+1}^2-2\sqrt{5}x_{n+1}x_{n+2}=4$$
两式相减得
$$x_{n+1}^2-x_n^2-2\sqrt{5}x_{n+1}(x_{n+2}-x_n)=0$$
即
$$(x_{n+2}+x_n-2\sqrt{5}x_{n+1})(x_{n+2}-x_n)=0$$
从而 $x_{n+2}+x_n-2\sqrt{5}x_{n+1}=0$，$\frac{x_{n+2}+x_n}{x_{n+1}}=2\sqrt{5}$，所以 x_n,x_{n+1},x_{n+2} 三项中至少一项为无理数，从而 $x_1,x_2,\cdots,x_{2\,016}$ 中，至少有 $\left[\frac{2\,016}{3}\right]=672$ 项为无理数.

例 12 (2015 年高中数学联赛浙江预赛) 已知数列 $\{a_n\}$ 满足 $a_1=1$，$a_{n+1}=3a_n+2\sqrt{2a_n^2-1}\ (n\in\mathbf{N}^*)$.

(1) 证明：数列 $\{a_n\}$ 是正整数数列；

(2) 是否存在 $m\in\mathbf{N}^*$，使得 $2\,015\mid a_m$，并说明理由.

证明 (1) 由 $a_{n+1}=3a_n+2\sqrt{2a_n^2-1}$，得
$$a_{n+1}^2-6a_na_{n+1}+a_n^2+4=0 \quad ①$$
同理可得
$$a_{n+2}^2-6a_{n+1}a_{n+2}+a_{n+1}^2+4=0 \quad ②$$
由 ①② 可知 a_n,a_{n+2} 为方程 $x^2-6a_{n+1}x+a_{n+1}^2+4=0$ 的两根，所以 a_n+

$a_{n+2}=6a_{n+1}$，即 $a_{n+2}=6a_{n+1}-a_n$，因为 $a_1=1,a_2=5$，又 $a_n<a_{n+2}$，所以 a_n 为正整数.

7. 先猜后证法

例 13 （2016 年四川卷）设数列 $\{a_n\}$ 满足 $a_1=6,a_{n+1}=\left[\frac{5}{4}a_n+\frac{3}{4}\sqrt{a_n^2-2}\right],n\in\mathbf{N}^*$，其中 $[x]$ 表示不超过 x 的最大整数，S_n 为 $\{a_n\}$ 的前 n 项和，则 $S_{2\,016}$ 的个位数字是（　　）.

A. 1　　B. 2　　C. 5　　D. 6

解　A. 由 $a_1=6,a_{n+1}=\left[\frac{5}{4}a_n+\frac{3}{4}\sqrt{a_n^2-2}\right],n\in\mathbf{N}^*$，得 $a_2=11,a_3=21$，$a_4=41,\cdots$，猜想 $a_n=5\cdot2^{n-1}+1$，下面用数学归纳法证之.

证明：(1) 当 $n=1$ 时，$a_1=5\times2^{1-1}+1=6$，命题成立.

(2) 假设 $n=k$ 时，$a_k=5\cdot2^{k-1}+1$，则当 $n=k+1$ 时，因为

$$2a_k-1<a_{k+1}=\frac{5}{4}a_k+\frac{3}{4}\sqrt{a_k^2-2}<2a_k$$

所以

$$a_{k+1}=\left(\frac{5}{4}a_k+\frac{3}{4}\sqrt{a_k^2-2}\right)=2a_k-1=$$

$$2(5\cdot2^{k-1}+1)-1=5\cdot2^{(k+1)-1}+1$$

即 $n=k+1$ 时命题成立.

由(1)(2) 可知数列 $\{a_n\}$ 的通项公式是 $a_n=5\cdot2^{n-1}+1$，所以 $S_{2\,016}=\frac{5\times(1-2^{2\,016})}{1-2}+2\,016=5\times2^{2\,016}+2\,011=10\times2^{2\,015}+2\,011$，其个位数为 1.

评注　通过以上几例可发现，含根式递推式数列的求解关键在于通过恰当的等价变换，使问题转化为熟悉的数列问题，因此，在探究问题的过程中，要认真细致观察，用心探索，并找出恰当的方法，使问题得到解决.

例 14 （2012 年高中数学联赛辽宁省预赛）设递增数列 $\{a_n\}$ 满足 $a_1=1$，$4a_{n+1}=5a_n+\sqrt{9a_n^2+16}\ (n\geqslant1,n\in\mathbf{N}^*)$.

(1) 求数列 $\{a_n\}$ 的通项公式；

(2) 证明：$\frac{1}{a_1}+\frac{1}{a_2}+\frac{1}{a_3}+\cdots+\frac{1}{a_n}<2$.

解　(1) 由 $a_1=1,4a_{n+1}=5a_n+\sqrt{9a_n^2+16}\ (n\geqslant1,n\in\mathbf{N}^*)$，得 $a_2=\frac{5}{2}$，$a_3=\frac{21}{4},a_4=\frac{85}{8}$，由于

$$\frac{5}{2}=\frac{1+4}{2},\frac{21}{4}=\frac{1+4+4^2}{2^2},\frac{85}{8}=\frac{1+4+4^2+4^3}{2^3}$$

猜想 $a_n=\frac{1+4+4^2+4^{n-1}}{2^{n-1}}=\frac{4^n-1}{3\cdot2^{n-1}}=\frac{2}{3}\left(2^n-\frac{1}{2^n}\right)$. 下面用数学归纳法证明

之.

证明:① 当 $n-1$ 时,$a_1=\frac{2}{3}\left(2^1-\frac{1}{2^1}\right)=1$,命题成立.

② 假设 $n=k$ 时,$a_k=\frac{2}{3}\left(2^k-\frac{1}{2^k}\right)$,则当 $n=k+1$ 时

$$4a_{k+1}=5a_k+\sqrt{9a_k^2+16}=\frac{10}{3}\left(2^k-\frac{1}{2^k}\right)+\sqrt{4\left(2^k-\frac{1}{2^k}\right)^2-16}=$$

$$\frac{10}{3}\left(2^k-\frac{1}{2^k}\right)+2\sqrt{\left(2^k+\frac{1}{2^k}\right)^2}=\frac{10}{3}\left(2^k-\frac{1}{2^k}\right)+2\left(2^k+\frac{1}{2^k}\right)=$$

$$\frac{16}{3}\times 2^k-\frac{4}{3}\times\frac{1}{2^k}=$$

$$\frac{8}{3}\left(2^{k+1}-\frac{1}{2^{k+1}}\right)$$

$$a_{k+1}=\frac{2}{3}\left(2^{k+1}-\frac{1}{2^{k+1}}\right)$$

即 $n=k+1$ 时,命题成立.由 ①② 可知,数列 $\{a_n\}$ 的通项公式为

$$a_n=\frac{2}{3}\left(2^n-\frac{1}{2^n}\right)$$

(2) 类似例 10 第(2) 问的方法可证明之,此处从略.

点评 本题和例 10 是同类型题,可用例 10 的方法解答.这里给出数列通项公式的另外一种求法,通过猜想归纳得出通项公式,然后用数学归纳法严格证明,这是解数列递推式问题的一种惯用手法,也是探究新知的重要手段.

8. 利用韦达定理转化为线性递推数列

形如 $x_{n+1}=Ax_n+\sqrt{(A^2-1)x_n^2+B}$ 这种类型的递推关系,可以利用韦达定理转化为二阶线性递推关系,再利用特征方程的方法解答.

例 15 设 $\{x_n\}$ 满足 $x_0=0$,且 $x_{n+1}=3x_n+\sqrt{8x_n^2+1}$,求通项公式 x_n.

解 由 $x_{n+1}=3x_n+\sqrt{8x_n^2+1}$ 得 $(x_{n+1}-3x_n)^2=8x_n^2+1$,即

$$x_{n+1}^2-6x_{n+1}x_n+x_n^2-1=0 \quad ①$$

用 $n-1$ 替代 ① 中的 n,得

$$x_n^2-6x_{n-1}x_n+x_{n-1}^2-1=0 \quad ②$$

由 ①② 知 x_{n+1},x_{n-1} 是二次方程 $t^2+6x_nt+x_n^2-1=0$ 的两根.由韦达定理得

$$x_{n+1}+x_{n-1}=6x_n$$

这是一个线性递推数列,其特征方程 $\lambda^2-6\lambda+1=0$ 的特征根为 $\lambda_1=3+2\sqrt{2}$,$\lambda_2=3-2\sqrt{2}$.故可设其通项为 $x_n=C_1(3+2\sqrt{2})^n+C_2(3-2\sqrt{2})^n$.由 $x_0=0$ 可推出 $x_1=1$,于是

$$\begin{cases}C_1+C_2=0\\(3+2\sqrt{2})C_1+(3-2\sqrt{2})C_2=1\end{cases}$$

所以
$$C_1=\frac{\sqrt{2}}{8},C_2=-\frac{\sqrt{2}}{8}$$

所以
$$x_n=\frac{\sqrt{2}}{8}(3+2\sqrt{2})^n-\frac{\sqrt{2}}{8}(3-2\sqrt{2})^n$$

9. 多次换元

某些复杂的含无理递推式的通项的求解，绝非一次换元就可求出，而需要反复运用换元技巧.

例 16 设 $x_1=1,x_{n+1}=\dfrac{x_n^2}{\sqrt{3x_n^4+6x_n^2+2}}(n\geqslant 1)$. 求 x_n.

解 将原递推式两边平方得 $x_{n+1}^2=\dfrac{x_n^4}{3x_n^4+6x_n^2+2}$，所以 $y_n=x_n^2$，则 $y_{n+1}=x_{n+1}^2$，所以

$$y_{n+1}=\frac{y_n^2}{\sqrt{3y_n^2+6y_n+2}}$$

从而
$$\frac{1}{y_{n+1}}=\frac{3y_n^2+6y_n+2}{y_n^2}=3+6\cdot\frac{1}{y_n}+2\left(\frac{1}{y_n}\right)^2$$

令 $t_n=\dfrac{1}{y_n}$，则 $t_{n+1}=\dfrac{1}{y_{n+1}}$，故 $t_{n+1}+\dfrac{3}{2}=2\left(t_n+\dfrac{3}{2}\right)^2$. 两边取常用对数得

$$\lg\left(t_{n+1}+\frac{3}{2}\right)=\lg 2+2\lg\left(t_n+\frac{3}{2}\right)$$

令 $b_n=\lg\left(t_n+\dfrac{3}{2}\right)$，则 $b_{n+1}=\lg\left(t_{n+1}+\dfrac{3}{2}\right)$. 故 $b_{n+1}=\lg 2+2b_n$，即 $b_{n+1}+\lg 2=2(b_n+\lg 2)$，从而 $\dfrac{b_{n+1}+\lg 2}{b_n+\lg 2}=2$.

由 $x_1=1$，知 $y_1=1$，进而 $t_1=1$. 于是 $b_1=\lg\left(1+\dfrac{3}{2}\right)=\lg\dfrac{5}{2}$，即 $b_1+\lg 2=\lg\dfrac{5}{2}+\lg 2=\lg 5$. 因此 $b_n+\lg 2=(\lg 5)2^{n-1}$，即 $\lg\left(t_n+\dfrac{3}{2}\right)+\lg 2=\lg 5^{2^{n-1}}$. 从而 $2\left(t_n+\dfrac{3}{2}\right)=5^{2^{n-1}}$，即 $2t_n+3=5^{2^{n-1}}$. 故 $\dfrac{2}{y_n}+3=5^{2^{n-1}}$，即 $\dfrac{2}{x_n^2}+3=5^{2^{n-1}}$. 因为 $x_n>0$，所以 $x_n=\dfrac{\sqrt{2}}{\sqrt{5^{2^{n-1}}-3}}$.

点评 此题经过 3 次换元，才得以求出通项，将换元法发挥得淋漓尽致，从中可体会到换元法之奥妙.

10. 构造法

无理递推式除了常用的 5 种方法求通项外，若在递推式中含有 a_n，s_n 这样的式子，需根据式子的结构特征采用构造法求解.

例 17 若数列 $\{a_n\}$ 的前 n 项和为 s_n，$a_1=a(a>0)$，且满足：$a_{n+1}=\sqrt{a^2+as_n+s_n^2}$，求数列 $\{a_n\}$ 的通项公式.

解 由 $a_{n+1}^2=a^2+s_n^2-2as_n\cos 120°$，联想余弦定理，以 a_{n+1}，s_n，a 为三边构造 $\triangle A_0AA_n$，如图 1，易知 $\angle AA_0A_n=120°$，现在边 A_0A_n 上取 $n-1$ 个点，设为 A_1，A_2，…，A_i，…A_{n-1}，且满足 $A_{i-1}A_i=a_i(1\leqslant i\leqslant n)$，于是对于 A_0A_n 上任一点 A_i，在 $\triangle AA_0A_i$ 中由余弦定理有

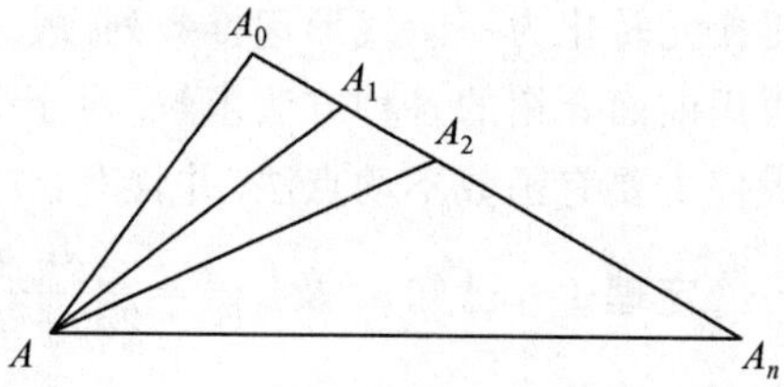

图 1

$AA_i=$

$\sqrt{AA_0^2-2AA_0\cdot A_0A_i\cos 120°+A_0A_i^2}=$

$\sqrt{AA_0^2-2AA_0(A_0A_1+A_1A_2+\cdots+A_{i-1}A_i)+(A_0A_1+A_1A_2+\cdots+A_{i-1}A_i)^2}=$

$\sqrt{a^2+as_i+s_i^2}=a_{i+1}=A_iA_{i+1}$

由 $AA_i=A_iA_{i+1}$ 易知 $\angle AA_iA_0=2\angle AA_{i+1}A_0$，所以 $\angle AA_nA_0=\dfrac{\angle AA_1A_0}{2^{n-1}}$，在 $\triangle AA_0A_i$ 中，$AA_0=A_0A_1=a$，$\angle A_1A_0A=120°$，所以 $\angle AA_1A_0=30°$，所以 $\angle AA_nA_0=\dfrac{30°}{2^{n-1}}$. $\triangle AA_0A_i$ 中，由正弦定理得

$$\frac{a_{n+1}}{\sin 120°}=\frac{a}{\sin\dfrac{30°}{2^{n-1}}}$$

解得

$$a_n=\frac{\sqrt{3}a}{2\sin\dfrac{30°}{2^{n-2}}}$$

点评 沿此思路，将此题进一步推广为：若数列 $\{a_n\}$ 的前 n 项和为 s_n，$a_1=a(a>0)$，且满足：$a_{n+1}=\sqrt{a^2+tas_n+s_n^2}\ (-2<t<2)$，则数列 $\{a_n\}$ 的通项公式 $a_n=\dfrac{a\sin\theta}{2\sin\dfrac{\pi-\theta}{2^{n-2}}}\left(\theta=\arccos\dfrac{t}{2}\right)$.

总之，通过对以上几道竞赛题的分析，我们发现，对含有根式的数列递推式的通项公式的求解，关键在于通过恰当的数学变换，使问题化归为我们熟悉的数列问题. 因此，在探究问题的过程中，我们要认真细致观察，进行大探索，并找出恰当的方法，使问题得到圆满的解决.

二、项的次数大于或等于二次的整式型与分式非线性递推数列的通项公式的求法与应用

解决对于整式型递推数列是 a_n 关于它的前几项的次数大于或等于2次的，或者对于分式型递推数列是 a_n 关于它的分子或分母的次数大于或等于2次的递推数列的思路与方法主要有两种：其一是函数不动点法；其二是先恒等变形，再换元转化为一阶线形递推数列，或二阶线性递推数列，或分式线性递推数列，再用前面介绍的各种方法求解. 对于分式非线性递推数列的通项公式的求法，我们主要有函数不动点法. 并且有：

定理1 已知 a_1 及 $a_{n+1}=\dfrac{a_n^2+\beta}{2a_n+\beta}$. 记 λ_1,λ_2 为 $f(x)=\dfrac{x^2+\beta}{2x+\beta}$ 的不动点，则有如下结论：

(1) 当 $4\alpha+\beta\neq 0$ 时，$\left\{\ln\left(\dfrac{a_n-\lambda_1}{a_n-\lambda_2}\right)\right\}$ 是公比为2的等比数列；

(2) 当 $4\alpha+\beta=0$ 时，$\left\{a_n+\dfrac{1}{2}\beta\right\}$ 是公比为 $\dfrac{1}{2}$ 的等比数列.

证明 (1) $4\alpha+\beta\neq 0$ 时，$a_{n+1}=\dfrac{\alpha a_n^2+\beta}{2a_n+\beta}$ 的特征方程为 $x=\dfrac{x^2+\beta}{2x+\beta}$，化简得：$x^2+\beta x-\alpha=0$，根据不动点的定义，则 λ_1,λ_2 为方程 $x^2+\beta x-\alpha=0$ 的两个根，由韦达定理有 $\lambda_1+\lambda_2=-\beta,\lambda_1\lambda_2=-\alpha$. 做如下运算

$$a_{n+1}-\lambda_1=\frac{a_n^2+\alpha}{2a_n+\beta}-\lambda_1=\frac{a_n^2+\alpha-2\lambda_1a_n-\lambda\beta_1}{2a_n+\beta}=$$

$$\frac{a_n^2-\lambda_1\lambda_2-2\lambda_1a_n+\lambda_1(\lambda_1+\lambda_2)}{2a_n+\beta}$$

$$a_{n+1}-\lambda_1=\frac{a_n^2+\alpha}{2a_n+\beta}-\lambda_1=\frac{a_n^2+\alpha-2\lambda_1a_n-\lambda\beta_1}{2a_n+\beta}=$$

$$\frac{a_n^2-\lambda_1\lambda_2-2\lambda_1a_n+\lambda_1(\lambda_1+\lambda_2)}{2a_n+\beta}=$$

$$\frac{a_n^2-2\lambda_1a_n+\lambda_1^2}{2a_n+\beta}=\frac{(a_1-\lambda_1)^2}{2a_n+\beta} \qquad ①$$

同理可得
$$a_{n+1}-\lambda_2=\frac{(a_1-\lambda_2)^2}{2a_n+\beta}$$

所以有

$$\frac{a_{n+1}-\lambda_1}{a_{n+1}-\lambda_2}=\frac{(a_n-\lambda_1)^2}{(a_n-\lambda_n)^2}=\left(\frac{a_n-\lambda_1}{a_n-\lambda_2}\right)^2 \qquad ②$$

对②两边取对数，得

$$\ln\frac{a_{n+1}-\lambda_1}{a_{n+1}-\lambda_2}=\ln\left(\frac{a_n-\lambda_1}{a_n-\lambda_2}\right)^2=2\ln\frac{a_n-\lambda_1}{a_n-\lambda_2} \quad \text{（也可以两边取 lg）}$$

所以$\{\ln\frac{a_n-\lambda_1}{a_n-\lambda_2}\}$是公比为 2 的等比数列.

注意 有了 ② 后,还可以用递推法求得

$$\frac{a_{n+1}-\lambda_1}{a_{n+1}-\lambda_2}=\left(\frac{a_n-\lambda_1}{a_n-\lambda_2}\right)^2=\left(\frac{a_1-\lambda_1}{a_1-\lambda_2}\right)^{2n}$$

解得
$$a_{n+1}=\frac{\lambda_1(a_1-\lambda_2)^{2n}-\lambda_2(a_1-\lambda_1)^{2n}}{(a_1-\lambda_2)^{2n}-(a_1-\lambda_1)^{2n}}$$

即
$$a_n=\frac{\lambda_1(a_1-\lambda_2)^{2n-1}-\lambda_2(a_1-\lambda_1)^{2n-1}}{(a_1-\lambda_2)^{2n-1}-(a_1-\lambda_1)^{2n-1}}$$

(2) 当 $4\alpha+\beta=0$ 时,$\lambda_1=\lambda_2=-\frac{\beta}{2}$,此时式 ② 仍然成立,即得 $a_{n+1}-\lambda_1=\frac{(a_1-\lambda_1)^2}{2a_n+\beta}$,代入,得 $a_{n+1}+\frac{1}{2}\beta=\frac{1}{2}(a_n+\frac{1}{2}\beta)$,即$\{a_n+\frac{1}{2}\beta\}$是公比为$\frac{1}{2}$的等比数列.

点评 定理的应用在高考中出现了多次.如:1984 年高考理科数学第八题(最后一题)就出现了分式非线性递推数列 $x_{n+1}=\frac{x_n^2}{2(x_n-1)}$;2002 年全国春季高考(北京卷)理科数学就出现了分式非线性递推数列 $x_{n+1}=\frac{x_n^2+2}{2x_n}$;而高考模拟试题中 2008 年广州二模压轴题就出现了分式非线性递推数列 $a_{n+1}=\frac{a_n^2}{2a_n+1}$等.

例 18 (四川文 22) 已知函数 $f(x)=x^2-4$,设曲线 $y=f(x)$ 在点$(x_n,f(x_n))$处的切线与 x 轴的交点为$(x_{n+1},u)(u\in\mathbf{N}^*)$,其中 x_1 为正实数.

(1) 用 x_n 表示 x_{n+1};

(2) 若 $x_1=4$,记 $a_n=\lg\frac{x_n+2}{x_n-2}$,证明数列$\{a_n\}$成等比数列,并求数列$\{x_n\}$的通项公式;

(3) 若 $x_1=4$,$b_n=x_n-2$,T_n 是数列$\{b_n\}$的前 n 项和,证明:$T_n<3$.

解 (1) 由题可得 $f'(x)=2x$.所以曲线 $y=f(x)$ 在点$(x_n,f(x_n))$处的切线方程是:$y-f(x_n)=f'(x_n)(x-x_n)$,即 $y-(x_n^2-4)=2x_n(x-x_n)$.

令 $y=0$,得 $-(x_n^2-4)=2x_n(x_{n+1}-x_n)$,即 $x_n^2+4=2x_nx_{n+1}$.

显然 $x_n\neq 0$,所以 $x_{n+1}=\frac{x_n}{2}+\frac{2}{x_n}$.

(2) 由 $x_{n+1}=\frac{x_n}{2}+\frac{2}{x_n}$,知 $x_{n+1}+2=\frac{x_n}{2}+\frac{2}{x_n}+2=\frac{(x_n+2)^2}{2x_n}$,同理 $x_{n+1}-2=\frac{(x_n-2)^2}{2x_n}$.

故$\frac{x_{n+1}+2}{x_{n+1}-2}=\left(\frac{x_n+2}{x_n-2}\right)^2$，从而$\lg\frac{x_{n+1}+2}{x_{n+1}-2}=2\lg\frac{x_n+2}{x_n-2}$，即$a_{n+1}=2a_n$.

所以，数列$\{a_n\}$成等比数列，故$a_n=2^{n-1}a_1=2^{n-1}\lg\frac{x_1+2}{x_1-2}=2^{n-1}\lg 3$，即

$$\lg\frac{x_n+2}{x_n-2}=2^{n-1}\lg 3$$

从而$\frac{x_n+2}{x_n-2}=3^{2^{n-1}}$，所以$x_n=\frac{2(3^{2^{n-1}}+1)}{3^{2^{n-1}}-1}$.

(3) 由(2)知$x_n=\frac{2(3^{2^{n-1}}+1)}{3^{2^{n-1}}-1}$，所以

$$b_n=x_n-2=\frac{4}{3^{2^{n-1}}-1}>0$$

所以
$$\frac{b_{n+1}}{b_n}=\frac{3^{2^{n-1}}-1}{3^{2^n}-1}=\frac{1}{3^{2^{n-1}}+1}<\frac{1}{3^{2^{n-1}}}\leqslant\frac{1}{3^{2^{1-1}}}=\frac{1}{3}$$

当$n=1$时，显然$T_1=b_1=2<3$.

当$n>1$时，$b_n<\frac{1}{3}b_{n-1}<\left(\frac{1}{3}\right)^2b_{n-2}<\cdots<\left(\frac{1}{3}\right)^{n-1}b_1$，所以

$$T_n=b_1+b_2+\cdots+b_n<b_1+\frac{1}{3}b_1+\cdots+\left(\frac{1}{3}\right)^{n-1}b_1$$

$$=\frac{b_1\left[1-\left(\frac{1}{3}\right)^n\right]}{1-\frac{1}{3}}=3-3\cdot\left(\frac{1}{3}\right)^n<3$$

综上，$T_n<3(n\in\mathbf{N}^*)$

点评 本题的通项公式是$x_{n+1}=\frac{x_n}{2}+\frac{2}{x_n}=\frac{x_n^2+2}{2x_n}$，和2002年全国春季高考(北京卷)理科数学出现了分式非线性递推数列的通项公式是一样的.还有2007年四川理科数学第21题，2007年广东理科数学第21题等.对于更一般地情形我们有：

定理2 已知数列$\{a_n\}$满足$a_{n+1}=\frac{Ca_n^2+D}{Aa_n+B}(ABCD\neq 0)$，则

(1) 当$D=0$时，有

$$a_n=\frac{B}{C\left[\left(\frac{a_1+\frac{B}{C}}{a_1}\right)^{2n-1}-1\right]}$$

(2)(i) 当$D\neq 0$，且$B^2+4CD=0$时，有

$$a_n=\frac{B}{C\left[\left(\dfrac{a_1+\dfrac{B}{C}}{a_1}\right)^{2n-1}-1\right]}$$

(ii) 当 $D\neq 0$,且 $B^2+4CD\neq 0$ 时,有

$$a_n=\frac{\alpha\cdot\left(\dfrac{a_1+\beta}{a_1+\alpha}\right)^{2n-1}-\beta}{1-\left(\dfrac{a_1+\beta}{a_1+\alpha}\right)^{2n-1}}$$

其中 α,β 是方程 $Ck^2-Bk-D=0$ 的两个不等实根.

证明 将 $a_{n+1}=\dfrac{Ca_n^2+D}{Aa_n+B}$ 的两边同时加上常数 k,并取倒数,得

$$\frac{1}{a_{n+1}+k}=\frac{Aa_n+B}{Ca_n^2+kAa_n+Bk+D}=\frac{Aa_n+B}{C\left(a_n^2+\dfrac{kAa_n}{C}+\dfrac{Bk+D}{C}\right)}$$

由于要保持两边的分母结构一致性,必须满足 $(a_{n+1}+k)^2$ 的展开系数与 $\left(a_n^2+\dfrac{kAa_n}{C}+\dfrac{Bk+D}{C}\right)$ 的系数相等,得

$$\begin{cases}2k=\dfrac{kA}{C}\\ k^2=\dfrac{Bk+D}{C}\end{cases}$$

即 $Cx^2-Bx-D=0$,假设方程 $Cx^2-Bx-D=0$ 有解.

(1) 若 $D=0$,则解得 $k=0$ 或 $k=\dfrac{B}{C}$,此时仍然有 $2k=\dfrac{kA}{C}$ 成立,即 A,C 之间的取值没有限制,此时对于 $a_{n+1}=\dfrac{Ca_n^2}{Aa_n+B}(AC\neq 0)$,有

$$\begin{cases}\dfrac{1}{a_{n+1}}=\dfrac{Aa_n+B}{Ca_n^2}\\ \dfrac{1}{a_{n+1}+\dfrac{B}{C}}=\dfrac{Aa_n+B}{C\left(a_n+\dfrac{B}{C}\right)}\end{cases}$$

两式相除,得
$$\frac{a_{n+1}+\dfrac{B}{C}}{a_{n+1}}=\left(\frac{a_n+\dfrac{B}{C}}{a_a}\right)^2$$

两边取对数(可以取对数),得

$$\lg\frac{a_{n+1}+\dfrac{B}{C}}{a_{n+1}}=2\lg\frac{a_n+\dfrac{B}{C}}{a_a}$$

所以，数列$\left\{\lg\frac{a_n+\frac{B}{C}}{a_n}\right\}$是以首项为$\lg\frac{a_1+\frac{B}{C}}{a_1}$，公比为 2 的等比数列，解之得

$$a_n=\frac{B}{C\left[\left(\frac{a_1+\frac{B}{C}}{a_1}\right)^{2n-1}-1\right]}$$

(2) 当$D\neq 0$时，由于要保证$2k=\frac{kA}{C}$成立，则需要限制$A=2C$，对于方程$Ck^2-Bk-D=0$，解得$k=\frac{B\pm\sqrt{B^2+4CD}}{2C}$.

(i) 若$B^2+4CD=0$，则方程有两个相等的解，$k_1=k_2=\frac{B}{2C}$，此时，有$\begin{cases}\frac{1}{a_{n+1}}=\frac{Aa_n+B}{Ca_n^2},\\ \frac{1}{a_{n+1}+\frac{B}{C}}=\frac{Aa_n+B}{C\left(a_n+\frac{B}{C}\right)},\end{cases}$于是，由上述解法，可得

$$a_n=\frac{B}{C\left[\left(\frac{a_1+\frac{B}{C}}{a_1}\right)^{2n-1}-1\right]}$$

(ii) 若$B^2+4CD\neq 0$，则方程有两个不相等的解，令

$$\begin{cases}\alpha=\frac{B+\sqrt{B^2+4CD}}{2C}\\ \beta=\frac{B-\sqrt{B^2+4CD}}{2C}\end{cases}$$

有

$$\begin{cases}\frac{1}{a_{n+1}+\alpha}=\frac{Aa_n+B}{C(a_n+\alpha)^2}\\ \frac{1}{a_{n+1}+\beta}=\frac{Aa_n+B}{C(a_n+\beta)^2}\end{cases}$$

两式相除，得

$$\frac{a_{n+1}+\beta}{a_{n+1}+\alpha}=\left(\frac{a_n+\beta}{a_n+\alpha}\right)^2$$

两边取对数(可以取对数，否则可以用递推法)，得

$$\lg\frac{a_{n+1}+\beta}{a_{n+1}+\alpha}=2\lg\frac{a_n+\beta}{a_n+\alpha}$$

所以，数列$\left\{\lg\frac{a_n+\beta}{a_n+\alpha}\right\}$是以首项为$\lg\frac{a_1+\beta}{a_1+\alpha}$，公比为 2 的等比数列，解之得

$$a_n=\frac{B}{C\left[\left(\frac{a_1+\frac{B}{C}}{a_1}\right)^{2n-1}-1\right]}$$

从而
$$\lg\frac{a_{n+1}+\beta}{a_{n+1}+\alpha}=2\lg\frac{a_n+\beta}{a_n+\alpha}=\cdots=$$

$$2^n\lg\frac{a_1+\beta}{a_1+\alpha}=\left(\lg\frac{a_1+\beta}{a_1+\alpha}\right)^{2^{n-1}}$$

即
$$\frac{a_n+\beta}{a_1+\alpha}=\left(\frac{a_1+\beta}{a_1+\alpha}\right)^{2^{n-1}}$$

解得 $D\neq 0$，且 $B^2+4CD\neq 0$ 时

$$a_n=\frac{\alpha\left(\frac{a_1+\beta}{a_1+\alpha}\right)^{2n-1}-\beta}{1-\left(\frac{a_1+\beta}{a_1+\alpha}\right)^{2n-1}}$$

点评 对于形如 $a_{n+1}=\frac{Ca_n^2+D}{Aa_n+B}(ABCD\neq 0)$ 的递推数列，定理 2 给出了 $D=0$ 或 $A=2C$ 的一般解法，历年高考试题出现的题型，也基本上是这种类型. 另外，定理 1 显然是定理 2 的特殊情形.

例 19 已知数列 $\{a_n\}$ 满足 $a_1=\frac{1}{2}$，$a_{n+1}=\frac{2a_n}{a_n^2+1}$，求 a_n.

解 将已知条件 $a_{n+1}=\frac{2a_n}{a_n^2+1}$，两边同时加上 k，并取倒数，得

$$\frac{1}{a_{n+1}+k}=\frac{a_n^2+1}{ka_n^2+2a_n+k}$$

令 $\begin{cases}2k=\frac{2}{k},\\ k^2=1,\end{cases}$ 解得 $k=-1$ 或 $k=1$，代入上式，得

$$\begin{cases}\frac{1}{a_{n+1}-1}=-\frac{a_n^2+1}{(a_n-1)^2}\\ \frac{1}{a_n+1}=\frac{a_n^2+1}{(a_n+1)^2}\end{cases}$$

两式相除，得

$$\frac{a_{n+1}+1}{a_{n+1}-1}=-\left(\frac{a_n+1}{a_n-1}\right)^2$$

即
$$\frac{1+a_{n+1}}{1-a_{n+1}}=\left(\frac{1+a_n}{1-a_n}\right)^2$$

再取对数，得

$$\lg\frac{1+a_{n+1}}{1-a_{n+1}}=2\lg\frac{1+a_n}{1-a_n}$$

因此,数列$\{\lg\frac{1+a_n}{1-a_n}\}$是首项为$\lg\frac{1+a_1}{1-a_1}$,公比为2的等比数列.

故$\lg\frac{1+a_n}{1-a_n}=2^{n-1}\lg\frac{1+a_1}{1-a_1}=2^{n-1}\lg 3=\lg 3^{2^{n-1}}$,解之,得$a_n=\frac{3^{2^{n-1}}-1}{3^{2^{n-1}}+1}$.

点评 对于求递推数列的通项公式,方法灵活多变,除了要掌握常见的题型的解法外,还必须综合运用各种方法,特别是注重恒等转化法的应用.

例20 数列$\{a_n\}$中,$a_1=\frac{1}{2}$,$a_{n+1}=a_n^2+a_n$,$n\in\mathbf{N}^*$.

证明:(1)$a_{n+1}>a_n$.

(2)当$n\geqslant 2$时,$1<\frac{1}{1+a_1}+\frac{1}{1+a_2}+\cdots+\frac{1}{1+a_n}<2$.

证明 (1)因为$a_{n+1}-a_n=a_n^2\geqslant 0$,所以$a_{n+1}\geqslant a_n\geqslant a_1=\frac{1}{2}$,从而$a_{n+1}>a_n$.因为$a_{n+1}=a_n^2+a_n$,所以

$$\frac{1}{a_{n+1}}=\frac{1}{a_n^2+a_n}=\frac{1}{a_n(a_n+1)}=\frac{1}{a_n}-\frac{1}{1+a_n}$$

故$\frac{1}{1+a_n}=\frac{1}{a_n}-\frac{1}{a_{n+1}}$,所以

$$\frac{1}{1+a_1}+\frac{1}{1+a_2}+\cdots+\frac{1}{1+a_n}=\left(\frac{1}{a_1}-\frac{1}{a_2}\right)+\left(\frac{1}{a_2}-\frac{1}{a_3}\right)+\cdots+\left(\frac{1}{a_n}-\frac{1}{a_{n+1}}\right)=$$

$$\frac{1}{a_1}-\frac{1}{a_{n+1}}=2-\frac{1}{a_{n+1}}$$

当$n\geqslant 2$时,因为$a_{n+1}\geqslant a_3=\frac{21}{16}$,所以$0<\frac{1}{a_{n+1}}\leqslant\frac{16}{21}<1$,所以$1<2-\frac{1}{a_{n+1}}<2$,故

$$1<\frac{1}{1+a_1}+\frac{1}{1+a_2}+\cdots+\frac{1}{1+a_n}<2$$

例21 (2012年中国西部数学奥林匹克竞赛)设数列$\{a_n\}$满足$a_0=\frac{1}{2}$,$a_{n+1}=a_n+\frac{a_n^2}{2\,012}(n=0,1,2,\cdots)$,求整数$k$,使得$a_k<1<a_{k+1}$.

证明 由$a_{n-1}=a_n+\frac{a_n^2}{2\,012}(n=0,1,2,\cdots)$知$a_{n+1}>a_n>\frac{1}{2}$,且

$$\frac{1}{a_n+2\,012}=\frac{1}{a_n}-\frac{1}{a_{n+1}}$$

所以

$$\frac{1}{a_0+2\ 012}+\frac{1}{a_1+2\ 012}+\cdots+\frac{1}{a_n+2\ 012}=\frac{1}{a_n}-\frac{1}{a_{n+1}}=2-\frac{1}{a_{n+1}}$$

所以

$$2-\frac{1}{a_{2\ 012}}=\frac{1}{a_0+2\ 012}+\frac{1}{a_1+2\ 012}+\cdots+\frac{1}{a_{2\ 011}+2\ 012}\times 2\ 012\times\frac{1}{0+2\ 012}=1$$

所以

$$a_n<a_1<\cdots<a_{2\ 012}<1$$

又

$$2-\frac{1}{a_{2\ 013}}=\frac{1}{a_0+2\ 012}+\frac{1}{a_1+2\ 012}+\cdots+\frac{1}{a_{2\ 012}+2\ 012}\times 2\ 013\times\frac{1}{1+2\ 012}=1$$

所以 $a_{2\ 013}>1$,故所求整数 $k=2\ 012$.

例 22 设数列 $\{a_k\}$ 满足 $a_0=\frac{1}{2}$,$a_{k+1}=a_k+\frac{a_k^2}{n}(k=0,1,\cdots,n-1)$,证明:$1-\frac{1}{n}<a_n<1$.

证明 由 $a_{k+1}=a_k+\frac{a_k^2}{n}$ 得 $a_{k+1}>a_k(k=0,1,\cdots,n-1)$,即数列 $\{a_k\}$ 单调递增.又 $a_0=\frac{1}{2}$,所以 $a_{k+1}>a_k>0$,所以 $a_{k+1}=a_k+\frac{a_k^2}{n}<\frac{a_ka_{k+1}}{n}$,所以 $\frac{1}{a_k}-\frac{1}{a_{k+1}}<\frac{1}{n}$,故 $\frac{1}{a_0}-\frac{1}{a_n}=\left(\frac{1}{a_0}-\frac{1}{a_1}\right)+\left(\frac{1}{a_1}-\frac{1}{a_2}\right)+\cdots+\left(\frac{1}{a_{n-1}}-\frac{1}{a_n}\right)<n\cdot\frac{1}{n}=1$,又 $a_0=\frac{1}{2}$,解得 $a_n<1$,于是可得

$$0<a_1<a_2<\cdots<a_{n-1}<a_n<1$$

所以

$$a_{k+1}=a_k+\frac{a_k^2}{n}<a_k+\frac{a_k}{n}=\frac{n+1}{n}\cdot a_k$$

所以

$$a_k>\frac{n}{n+1}\cdot a_{k+1}$$

故可得

$$a_{k+1}=a_k+\frac{a_k^2}{n}>a_k+\frac{a_k}{n}\cdot\frac{n}{n+1}\cdot a_{k+1}=a_k+\frac{a_k\cdot a_{k+1}}{n+1}$$

所以

$$\frac{1}{a_k}-\frac{1}{a_{k+1}}>\frac{1}{n+1}$$

所以

$$\frac{1}{a_0}-\frac{1}{a_n}=\left(\frac{1}{a_0}-\frac{1}{a_1}\right)+\left(\frac{1}{a_1}-\frac{1}{a_2}\right)+\cdots+\left(\frac{1}{a_{n-1}}-\frac{1}{a_n}\right)>n\cdot\frac{1}{n+1}=\frac{n}{n+1}$$

又 $a_0=\frac{1}{2}$，所以 $2-\frac{1}{a_n}>\frac{n}{n+1}$，所以 $a_n>1-\frac{1}{n+2}>1-\frac{1}{n}$. 因此，$1-\frac{1}{n}<a_n<1$.

例 23 已知 $x_1=2$，且 $x_{n+1}=\frac{x_n^2+2}{2x_n}(n\geqslant 1)$，求数列 $\{x_n\}$ 的通项公式.

解 因为所给数列的递归函数 $f(x)=\frac{x^2+2}{2x}$ 对应的不动点的方程为 $x=\frac{x^2+2}{2x}(a=1,c=2)$，解方程得到函数的不动点为 $x_1=-\sqrt{2}$，$x_2=\sqrt{2}$，所以

$x_{n+1}+\sqrt{2}=\frac{x_n^2+2}{2x_n}+\sqrt{2}=\frac{(x_n+\sqrt{2})^2}{2x_n}$，$x_{n+1}-\sqrt{2}=\frac{x_n^2+2}{2x_n}-\sqrt{2}=\frac{(x_n-\sqrt{2})^2}{2x_n}$，

两式相除得 $\frac{x_{n+1}+\sqrt{2}}{x_{n+1}-\sqrt{2}}=\left(\frac{x_n+\sqrt{2}}{x_n-\sqrt{2}}\right)^2$，再经反复迭代得

$$\frac{x_n+\sqrt{2}}{x_n-\sqrt{2}}=\left(\frac{x_{n-1}+\sqrt{2}}{x_{n-1}-\sqrt{2}}\right)^2=\left(\frac{x_{n-2}+\sqrt{2}}{x_{n-2}-\sqrt{2}}\right)^{2^2}=$$
$$\left(\frac{x_{n-3}+\sqrt{2}}{x_{n-3}-\sqrt{2}}\right)^{2^3}=\cdots=\left(\frac{x_1+\sqrt{2}}{x_1-\sqrt{2}}\right)^{2^{n-1}}=\left(\frac{2+\sqrt{2}}{2-\sqrt{2}}\right)^{2^{n-1}}$$

因此可以解出数列的通项公式

$$x_n=\sqrt{2}\times\frac{(2+\sqrt{2})^{2^{n-1}}+(2-\sqrt{2})^{2^{n-1}}}{(2+\sqrt{2})^{2^{n-1}}-(2-\sqrt{2})^{2^{n-1}}}$$

点评 本题就是用函数不动点求出递推关系式的特征根，然后利用递推法求出递推数列的通项公式.

例 24 已知数列 $a_1=a_2=a_3=1$，且 $a_{n+3}=\frac{1+a_{n+1}a_{n+2}}{a_n}(n\in\mathbf{N}^*)$，试求通项 a_n.

分析 此数列的递推复杂，含有乘积项，宜从整体上加以分析求解.

解 由已知得 $a_{n+3}a_n=1+a_{n+1}a_{n+2}$，所以

$$a_{n+1}a_{n-2}=1+a_na_{n-1}(n\geqslant 3,n\in\mathbf{N}^*),a_na_{n-3}=1+a_{n-1}a_{n-2}$$

以上两式相减得

$$a_{n-2}(a_{n+1}+a_{n-1})=(a_{n-1}+a_{n-3})a_n$$

即

$$\frac{a_{n+1}+a_{n-1}}{a_n}=\frac{a_{n-1}+a_{n-3}}{a_{n-2}}$$

设 $b_{n-1}=\frac{a_{n+1}+a_{n-1}}{a_n}$，则 $b_1=2$，$b_2=3$ 且 $b_{n-1}=b_n-3$.

故 $\forall n\in\mathbf{N}^*$ 且 $n\geqslant 2$，有 $b_{2n-1}=2$，$b_{2n}=3$，所以

$$\begin{cases}a_{2n+1}+a_{2n-1}=2a_{2n}\\ a_{2n+2}+a_{2n}=3a_{2n+1}\end{cases}$$

即

$$\begin{cases}a_{2n+1}=2a_{2n}-a_{2n-1} & ①\\ a_{2n+2}=3a_{2n+1}-a_{2n} & ②\end{cases}$$

令 $a_0=3a_1-a_2=2$,且设

$$a_{2n+1}+\alpha a_{2n}=\beta(a_{2n-1}+\alpha a_{2n-2}) \quad ③$$

将 ① 代入后与 ② 比较,由待定系数法得

$$\begin{cases}\alpha_1=\dfrac{\sqrt{3}-3}{3}\\ \beta_1=2+\sqrt{3}\end{cases},\begin{cases}\alpha_2=-\dfrac{3+\sqrt{3}}{3}\\ \beta_2=2-\sqrt{3}\end{cases}$$

由 ③ 得

$$\frac{a_{2n+1}+\alpha a_{2n}}{a_{2n-1}+\alpha a_{2n-2}}=\beta$$

由等比数列得

$$a_{2n+1}+a_1a_{2n}=\beta_1^n(a_1+\alpha_1a_0) \quad ④$$

$$a_{2n+1}+a_2a_{2n}=\beta_2^n(a_1+\alpha_2a_0) \quad ⑤$$

解 ④⑤ 可得

$$a_n=\begin{cases}\dfrac{\sqrt{3}}{6}[(2\sqrt{3}-3)(2+\sqrt{3})^k+(3+2\sqrt{3})(2-\sqrt{3})^k](n=2k,k\in\mathbf{N}^*)\\ \dfrac{1}{6}[(3-2\sqrt{3})(2+\sqrt{3})^{k-1}+(3+2\sqrt{3})(2-\sqrt{3})^{k-1}](n=2k-1,k\in\mathbf{N}^*)\end{cases}$$

点评 此题也可对 ①,② 作出奇偶分析,分别通过特征根法求出通项.再看几例:

例 25 数列$\{a_n\}$的定义是:$a_1=1,a_2=1,a_3=2,a_{n+3}=\dfrac{1}{a_n}(a_{n+1}a_{n+2}+7)$,证明:该数列中的项都是正整数.

解 由递推公式知,$a_{n+3}a_n=a_{n+1}a_{n+2}+7$,$a_{n+4}a_{n+1}=a_{n+2}a_{n+3}+7$,两式相减,得

$$a_{n+3}a_n-a_{n+4}a_{n+1}=a_{n+1}a_{n+2}-a_{n+2}a_{n+3}$$

即

$$a_{n+3}a_n+a_{n+2}a_{n+3}=a_{n+1}a_{n+2}+a_{n+4}a_{n+1},a_{n+3}(a_n+a_{n+2})=a_{n+1}(a_{n+2}+a_{n+4})$$

$$\frac{a_n+a_{n+2}}{a_{n+1}}=\frac{a_{n+2}+a_{n+4}}{a_{n+3}} \quad (*)$$

记 $b_n=\dfrac{a_n+a_{n+2}}{a_{n+1}}$,则

$$b_{n+2}=\frac{a_{n+2}+a_{n+4}}{a_{n+3}}$$

即 $$b_n = b_{n+2} \qquad (**)$$

$$a_1 = 1, a_2 = 1, a_3 = 2, a_{n+3} = \frac{1}{a_n}(a_{n+1}a_{n+2} + 7)$$

得 $$a_4 = 9, b_1 = 3, b_2 = 5$$

从而 $$a_{2k+1} = 3a_{2k} - a_{2k-1}, a_{2k+2} = 5a_{2k+1} - a_{2k}$$

结合 $a_1 = 1, a_2 = 1, a_3 = 2$,知数列中各项为正.

点评 本题就是先恒等变形后换元化为二阶线性递推数列,使问题很快得到解决.

例 26 已知单调递增数列$\{a_n\}$的前 n 项和为 S_n,满足 $S_n = \frac{1}{2}(a_n^2 + n)$.

(1) 求数列$\{a_n\}$的通项公式;

(2) 设 $c_n = \begin{cases} \frac{1}{a_{n+1}^2 - 1}, n\text{ 为奇数} \\ 3 \cdot 2a_{n-1} + 1, n\text{ 为偶数} \end{cases}$,求数列$\{c_n\}$的前 n 项和 T_n.

解 (1)$n=1$ 时,$a_1 = \frac{1}{2}(a_1^2 + 1)$,得 $a_1 = 1$,由

$$S_n = \frac{1}{2}(a_n^2 + n) \qquad ①$$

则当 $n \geqslant 2$ 时

$$S_{n-1} = \frac{1}{2}(a_{n-1}^2 + n - 1) \qquad ②$$

① - ② 得

$$a_n = S_n - S_{n-1} = \frac{1}{2}(a_n^2 - a_{n-1}^2 + 1)$$

化简得

$$(a_n - 1)^2 - a_{n-1}^2 = 0, a_n - a_{n-1} = 1\text{ 或 }a_n + a_{n-1} = 1(n \geqslant 2)$$

又$\{a_n\}$是单调递增数列,故 $a_n - a_{n-1} = 1$,所以$\{a_n\}$是首项为1,公差为1的等差数列,故 $a_n = n$.

(2) $$c_n = \begin{cases} \frac{1}{a_{n+1}^2 - 1} & (n\text{ 为奇数}) \\ 3 \cdot 2a_{n-1} + 1 & (n\text{ 为偶数}) \end{cases}$$

当 n 为偶数时

$$T_n = (c_1 + c_3 + \cdots + c_{n-1}) + (c_2 + c_4 + \cdots + c_n) =$$

$$\left(\frac{1}{2^2 - 1} + \frac{1}{4^2 - 1} + \cdots + \frac{1}{n^2 - 1}\right) + 3 \times (2^1 + 2^3 + \cdots + 2^{n-1}) + \frac{n}{2} =$$

$$\frac{1}{1 \times 3} + \frac{1}{3 \times 5} + \cdots + \frac{1}{(n-1) \times (n+1)} + 3 \times \frac{2\left(1 - 4^{\frac{n}{2}}\right)}{1 - 4} + \frac{n}{2} =$$

$$\frac{1}{2}\times\left(\frac{1}{1}-\frac{1}{3}+\frac{1}{3}-\frac{1}{5}+\cdots+\frac{1}{n-1}-\frac{1}{n+1}\right)+2\times\left(4^{\frac{n}{2}}-1\right)+\frac{n}{2}=$$

$$2^{n+1}+\frac{n^2-2n-4}{2(n+1)}$$

当 n 为奇数时

$$T_n=(c_1+c_3+\cdots+c_n)+(c_2+c_4+\cdots+c_{n-1})=$$

$$\left[\frac{1}{2^2-1}+\frac{1}{4^2-1}+\cdots+\frac{1}{(n+1)^2-1)}\right]+3\times(2^1+2^3+\cdots+2^{n-2})+\frac{n-1}{2}=$$

$$\frac{1}{2}\times\left(\frac{1}{1}-\frac{1}{3}+\frac{1}{3}-\frac{1}{5}+\cdots+\frac{1}{n}-\frac{1}{n+2}\right)+2\times\left(4^{\frac{n-1}{2}}-1\right)+\frac{n-1}{2}=$$

$$2^n+\frac{n^2-2n-9}{2(n+2)}$$

所以
$$T_n=\begin{cases}2^n+\dfrac{n^2-2n-9}{2(n+2)} & (n\text{ 为奇数})\\ 2^{n+1}+\dfrac{n^2-2n-4}{2(n+1)} & (n\text{ 为偶数})\end{cases}$$

点评　本题是先分类讨论，再裂项相消处理分母中的二次项.

例 27　设数列 $\{a_n\}(n\geqslant 0)$ 满足 $a_1=2,a_{m+n}+a_{m-n}-m+n=\frac{1}{2}(a_{2m}+a_{2n})$，其中 $m,n\in\mathbf{N},m\geqslant n$.

(1) 证明：对一切 $n\in\mathbf{N}$，有 $a_{n+2}=2a_{n+1}-a_n+2$；

(2) 证明：$\frac{1}{a_1}+\frac{1}{a_2}+\cdots+\frac{1}{a_{2\,009}}<1$.

证明　(1) 在已知关系式 $a_{m+n}+a_{m-n}-m+n=\frac{1}{2}(a_{2m}+a_{2n})$ 中，令 $m=n$，可得 $a_0=0$；

令 $n=0$，可得

$$a_{2m}=4a_m-2m \qquad ①$$

令 $m=n+2$，可得

$$a_{2n+2}+a_2-2=\frac{1}{2}(a_{2n+4}+a_{2n}) \qquad ②$$

由 ① 得

$$a_{2n+2}=4a_{n+1}-2(n+1),a_2=4a_1-2=6$$
$$a_{2n+4}=4a_{n+2}-2(n+2),a_{2n}=4a_n-2n$$

代入 ②，化简得

$$a_{n+2}=2a_{n+1}-a_n+2$$

(2) 由 $a_{n+2}=2a_{n+1}-a_n+2$，得 $(a_{n+2}-a_{n+1})=(a_{n+1}-a_n)+2$，故数列 $\{a_{n+1}-a_n\}$ 是首项为 $a_1-a_0=2$，公差为 2 的等差数列，因此 $a_{n+1}-a_n=2n+2$.

于是

$$a_n=\sum_{k=1}^{n}(a_k-a_{k-1})+a_0=\sum_{k=1}^{n}(2k)+0=n(n+1)$$

因为 $$\frac{1}{a_n}=\frac{1}{n(n+1)}=\frac{1}{n}-\frac{1}{n+1}\quad(n\geqslant 1)$$

所以

$$\frac{1}{a_1}+\frac{1}{a_2}+\cdots+\frac{1}{a_{2\,009}}=\left(1-\frac{1}{2}\right)+\left(\frac{1}{2}-\frac{1}{3}\right)+\cdots+\left(\frac{1}{2\,009}-\frac{1}{2\,010}\right)=$$

$$1-\frac{1}{2\,010}<1$$

例 28 已知函数 $f(x)=(x-1)^2, g(x)=k(x-1)$，函数 $f(x)-g(x)$ 其中一个零点为 5，数列 $\{a_n\}$ 满足 $a_1=\frac{k}{2}$，且 $(a_{n+1}-a_n)g(a_n)+f(a_n)=0$.

(1) 求数列 $\{a_n\}$ 的通项公式；

(2) S_n 为 $\{a_n\}$ 前 n 项和，求 S_n 的最小值(用含有 n 的代数式表示)；

(3) 设 $b_n=3f(a_n)-g(a_{n+1})$，试探究数列 $\{b_n\}$ 是否存在最大项和最小项？若存在，求出最大项和最小项；若不存在，说明理由.

解 (1) 函数 $f(x)-g(x)$ 有一个零点为 5，即方程 $(x-1)^2-k(x-1)=0$，有一个根为 5，将 $x=5$ 代入方程得 $16-4k=0$，所以 $k=4$，故 $a_1=2$，由 $(a_{n+1}-a_n)g(a_n)+f(a_n)=0$ 得

$$4(a_{n+1}-a_n)(a_n-1)+(a_n-1)^2=0$$

$$(a_n-1)(4a_{n+1}-4a_n+a_n-1)=0$$

所以 $$a_n-1=0$$

或 $$4a_{n+1}-4a_n+a_n-1=0$$

因为 $a_1=2$，所以 $a_n-1=0$ 不合，舍去，由 $4a_{n+1}-4a_n+a_n-1=0$ 得 $4a_{n+1}=3a_n+1$.

解法 1 由 $4a_{n+1}=3a_n+1$ 得

$$a_{n+1}-1=\frac{3}{4}(a_n-1)$$

所以数列 $\{a_n-1\}$ 是首项为 $a_1-1=1$，公比为 $\frac{3}{4}$ 的等比数列，所以

$$a_n-1=\left(\frac{3}{4}\right)^{n-1}$$

所以 $$a_n=\left(\frac{3}{4}\right)^{n-1}+1$$

解法 2 由

$$4a_{n+1}=3a_n+1 \qquad ①$$

得当 $n \geqslant 2$ 时

$$4a_n = 3a_{n-1} + 1 \qquad ②$$

①－② 得
$$4(a_{n+1} - a_n) = 3(a_n - a_{n-1})$$

所以
$$\frac{a_{n+1} - a_n}{a_n - a_{n-1}} = \frac{3}{4} \quad (n \geqslant 2)$$

即数列 $\{a_n - a_{n-1}\}$ 是首项为 $a_2 - a_1$，公比为 $\frac{3}{4}$ 的等比数列，因为

$$a_2 - a_1 = \frac{1}{4} - \frac{1}{4}a_1 = -\frac{1}{4}$$

所以

$$a_{n+1} - a_n = -\frac{1}{4} \cdot \left(\frac{3}{4}\right)^{n-1} \qquad ③$$

由 ① 得 $a_{n+1} = \frac{3}{4}a_n + \frac{1}{4}$，代入 ③ 整理得

$$a_n = \left(\frac{3}{4}\right)^{n-1} + 1$$

(2) 由(1) 知

$$a_n = \left(\frac{3}{4}\right)^{n-1} + 1$$

所以
$$\sum_{i=1}^{n} a_i = 1 + \frac{3}{4} + \left(\frac{3}{4}\right)^2 + \cdots + \left(\frac{3}{4}\right)^{n-1} + n =$$
$$\frac{\left[1 - \left(\frac{3}{4}\right)^n\right]}{1 - \frac{3}{4}} + n =$$
$$4\left[1 - \left(\frac{3}{4}\right)^n\right] + n$$

因为对 $\forall n \in \mathbf{N}^*$，有 $\left(\frac{3}{4}\right)^n \leqslant \frac{3}{4}$，所以

$$1 - \left(\frac{3}{4}\right)^n \geqslant 1 - \frac{3}{4} = \frac{1}{4}$$

所以
$$4\left[1 - \left(\frac{3}{4}\right)^n\right] + n \geqslant 1 + n$$

即
$$\sum_{i=1}^{n} a_i \geqslant 1 + n$$

即所求 S_n 的最小值为 2.

(3) 由 $b_n = 3f(a_n) - g(a_{n+1})$ 得

$$b_n = 3(a_n - 1)^2 - 4(a_{n+1} - 1)$$

所以
$$b_n = 3\left[\left(\frac{3}{4}\right)^{n-1}\right]^2 - 4\left(\frac{3}{4}\right)^n = 3\left\{\left[\left(\frac{3}{4}\right)^{n-1}\right]^2 - \left(\frac{3}{4}\right)^{n-1}\right\}$$

令 $u=\left(\frac{3}{4}\right)^{n-1}$，则 $0<u\leqslant 1$，即

$$b_n=3(u^2-u)=3\left[\left(u-\frac{1}{2}\right)^2-\frac{1}{4}\right]$$

因为函数 $b_n=3\left[\left(u-\frac{1}{2}\right)^2-\frac{1}{4}\right]$ 在 $\left[\frac{1}{2},1\right]$ 上为增函数，在 $\left(0,\frac{1}{2}\right)$ 上为减函数.

当 $n=1$ 时 $u=1$，当 $n=2$ 时 $u=\frac{3}{4}$，当 $n=3$ 时，$u=\left(\frac{3}{4}\right)^2=\frac{9}{16}$，当 $n=4$ 时 $u=\frac{27}{64}$. 因为

$$\frac{27}{64}<\frac{1}{2}<\frac{9}{16}<\frac{3}{4}<1$$

且

$$\left|\frac{1}{2}-\frac{27}{64}\right|>\left|\frac{1}{2}-\frac{9}{16}\right|$$

所以当 $n=3$ 时，b_n 有最小值，即数列 $\{b_n\}$ 有最小项，最小项为 $b_3=3\left[\left(\frac{9}{16}\right)^2-\frac{9}{16}\right]=-\frac{189}{256}$.

故当 $n=1$，即 $u=1$ 时，b_n 有最大值，即数列 $\{b_n\}$ 有最大项，最大项为 $b_1=3(1-1)=0$.

例 29 （2010 · 江西高考理科）证明以下命题：

(1) 对任意正整数 a，都存在正整数 $b,c(b<c)$，使得 a^2,b^2,c^2 成等差数列；

(2) 存在无穷多个互不相似的三角形 $\triangle_n$，其边长 a_n,b_n,c_n 为正整数且 a_n^2,b_n^2,c_n^2 成等差数列.

分析 (1) 先找到 $1^2,5^2,7^2$ 成等差数列，是解决本小题的关键.

(2) 先选取与 $n(n\in\mathbf{N}^*)$ 有关的多项式进行分解因式，再解方程组确定边长 a_n,b_n,c_n，最后证明三角形的存在性和无穷性，难点在于构造多项式.

解 (1) 易知 $1^2,5^2,7^2$ 成等差数列，则 $a^2,(5a)^2,(7a)^2$ 也成等差数列，所以对任意正整数 a，都存在正整数 $b=5a,c=7a(b<c)$，使得 a^2,b^2,c^2 成等差数列.

(2) 若 a_n^2,b_n^2,c_n^2 成等差数列，则有

$$b_n^2-a_n^2=c_n^2-b_n^2$$

即

$$(b_n-a_n)(b_n+a_n)=(c_n-b_n)(c_n+b_n) \qquad ①$$

选取关于 n 的一个多项式，例如 $4n(n^2-1)$，使得它可按两种方式分解因式，由于

$$4n(n^2-1)=(2n-2)(2n^2+2n)=(2n+2)(2n^2-2n)$$

因此令

$$\begin{cases}a_n+b_n=2n^2-2n\\ b_n-a_n=2n+2\end{cases},\begin{cases}c_n+b_n=2n^2+2n\\ c_n-b_n=2n-2\end{cases}$$

可得

$$\begin{cases}a_n=n^2-2n-1\\ b_n=n^2+1\\ c_n=n^2+2n-1\end{cases}\quad(n\geqslant 4)$$

易验证 a_n,b_n,c_n 满足 ①，因此 a_n^2,b_n^2,c_n^2 成等差数列，当 $n\geqslant 4$ 时，有 $a_n<b_n<c_n$ 且 $a_n+b_n-c_n=n^2-4n+1>0$.

因此以 a_n,b_n,c_n 为边长可以构成三角形，将此三角形记为 $\triangle_n(n\geqslant 4)$.

其次，任取正整数 $m,n(m,n\geqslant 4$，且 $m\neq n)$，假若三角形 $\triangle_m$ 与 $\triangle_n$ 相似，则有

$$\frac{m^2-2m-1}{n^2-2n-1}=\frac{m^2+1}{n^2+1}=\frac{m^2+2m-1}{n^2+2n-1}$$

据比例性质有

$$\frac{m^2+1}{n^2+1}=\frac{m^2+2m-1}{n^2+2n-1}=\frac{m^2+2m-1-(m^2+1)}{n^2+2n-1-(n^2+1)}=\frac{m-1}{n-1}$$

$$\frac{m^2+1}{n^2+1}=\frac{m^2-2m-1}{n^2-2n-1}=\frac{m^2-2m-1-(m^2+1)}{n^2-2-1-(n^2+1)}=\frac{m+1}{n+1}$$

所以$\dfrac{m+1}{n+1}=\dfrac{m-1}{n-1}$，由此可得 $m=n$，与假设 $m\neq n$ 矛盾，即任两个三角形 $\triangle_m$ 与 $\triangle_n(m,n\geqslant 4,m\neq n)$ 互不相似，所以存在无穷多个互不相似的三角形 $\triangle_n$，其边长 a_n,b_n,c_n 为正整数且 a_n^2,b_n^2,c_n^2 成等差数列.

点评　(1) 这类题目难度大，技巧性高，一般很难直接找到问题的突破口，只有平时打好基础，注意知识的总结和一些规律性的小结论的积累，才能把这类难度大的题通过已学的基础知识层层分解来解答，并且这些基础知识都能从课本中找到它们的影子.

(2) 本例第(1)问的突破口如下：设 $1,p,q$ 符合条件要求，则有 $2p^2=1+q^2$，由于 $p,q\in\mathbf{N}^*$，所以 q 为奇数，又 $q>p>1$，设 $q=2k+1,k\in\mathbf{N}^*$，则 $2p^2=1+(2k+1)^2$，化简得 $p^2=2k^2+2k+1$，可见，p 也为奇数，再设 $p=2m+1,m\in\mathbf{N}^*$，又得$(2m+1)^2=2k^2+2k+1$，化简得 $2m(m+1)=k(k+1)$，故$2m=k+1$，且 $m+1=k$，解得 $k=3,m=2$. 从而 $p=5,q=7$，这样问题就得到了解决.

三、方程组型的递推数列通项公式的求法与应用

方程组型的递推数列通项公式的求解方法通常是：利用关于 a_n 和 b_n 的前

几项所组成的方程组，通过消元分别转化为一阶线性递推数列或二阶线性递推数列，再求得它们的通项公式.

例 30 在数列 $\{a_n\}$ 和 $\{b_n\}$ 中，$a_1=1, b_1=2$，且 $\begin{cases} a_{n+1}=3a_n-2b_n & ① \\ b_{n+1}=2a_n-b_n & ② \end{cases}$ $(n\in \mathbf{N}^*)$，求 a_n 和 b_n.

分析 由 ①② 消去 b_n, b_{n+1}，得到关于数列 $\{a_n\}$ 的递推式，再识别类型加以解决.

解 由 ①② 可得

$$a_{n+2}=3a_{n+1}-2b_{n+1}=3a_{n+1}-2(2a_n-b_n)=3a_{n+1}-4a_n+2b_n=3a_{n+1}-4a_n+(3a_n-a_{n+1})$$

所以

$$a_{n+2}=2a_{n+1}-a_n \quad (n\in \mathbf{N}^*)$$

同理可得

$$b_{n+2}=2b_{n+1}-b_n \quad (n\in \mathbf{N}^*)$$

两数列 $\{a_n\}$ 和 $\{b_n\}$ 的特征方程均为 $x^2=2x-1$，解得 $x_1=x_2=1$，因而令

$$a_n=(A+Bn)x_1^{n-1}=A+Bn \quad (n\in \mathbf{N}^*)$$

$$b_n=(A'+B'n)x_1^{n-1}=A'+B'n \quad (n\in \mathbf{N}^*)$$

由 $a_1=1, b_1=2$，得 $a_2=3a_1-2b_1=1, b_2=2a_1-b_1=0$，所以

$$\begin{cases} A+B=1 \\ A+2B=-1 \end{cases}$$

解得 $A=3, B=-2$.

$$\begin{cases} A'+B'=2 \\ A'+2B'=0 \end{cases}$$

解得 $A'=4, B'=-2$.

故 $a_n=3-2n, b_n=4-2n (n\in \mathbf{N}^*)$.

点评 此例是用特征根法求数列通项的方法，同时由 $a_{n+2}=2a_{n+1}-a_n$ 可得

$$a_{n+2}-a_{n+1}=a_{n+1}-a_n$$

即数列 $\{a_{n+1}-a_n\}$ 为常数列，所以 $a_{n+1}-a_n=a_2-a_1=-2$，亦可求出 a_n.

例 31 设数列 $\{a_n\}$，$\{b_n\}$ 满足 $a_0=1, b_0=0$，且 $\begin{cases} a_{n+1}=7a_n+6b_n-3 \\ b_{n+1}=8a_n+7b_n-4 \end{cases}$ $(n\in \mathbf{N})$，求证：$a_n (n\in \mathbf{N})$ 是完全平方数.

分析 当题目的递推式涉及两个数时，最基本的想法是将 b_n 消去，然后求解.

证明 由已知有 $a_{n+2}=7a_{n+1}-3+6b_{n+1}$，即

$$a_{n+2}=7a_{n+1}-3+6\left[8a_n-4+7\left(\frac{a_{n+1}+3-7a_n}{6}\right)\right]$$

化简得
$$a_{n+2}-14a_{n+1}+a_n+6=0$$
整理得
$$\left(a_{n+2}-\frac{1}{2}\right)-14\left(a_{n+1}-\frac{1}{2}\right)+\left(a_n-\frac{1}{2}\right)=0$$
构造新数列$\{c_n\}$，记
$$c_n=a_n-\frac{1}{2},c_0=\frac{1}{2},c_1=a_1-\frac{1}{2}=(7a_0+6b_0-3)-\frac{1}{2}=\frac{7}{2}$$
所以
$$c_{n+2}-14c_{n+1}+c_n=0$$
由特征根法可知$\lambda^2-14\lambda+1=0$，根为$7\pm4\sqrt{3}$，即
$$c_n=m_1\lambda_1^n+m_2\lambda_2^n$$
取$n=0,1$时
$$\begin{cases}m_1+m_2=\dfrac{1}{2}\\ m_1(7+4\sqrt{3})+m_2(7-4\sqrt{3})=\dfrac{1}{2}\end{cases}$$
解得
$$m_1=m_2=\frac{1}{4}$$
则 $c_n=\frac{1}{4}(7+4\sqrt{3})^n+\frac{1}{4}(7-4\sqrt{3})^n=\frac{1}{4}(2+\sqrt{3})^{2n}+\frac{1}{4}(2-\sqrt{3})^{2n}$

所以
$$a_n=c_n+\frac{1}{2}=\frac{1}{4}[(2+\sqrt{3})^n+(2-\sqrt{3})^n]^2=$$
$$\frac{1}{4}\{[C_n^0\cdot2^n+C_n^12^{n-1}\cdot\sqrt{3}+\cdots+C_n^n(\sqrt{3})^n]+$$
$$[C_n^0\cdot2^n-C_n^12^{n-1}\sqrt{3}+\cdots+C_n^n(-\sqrt{3})^n]\}^2=$$
$$\frac{1}{4}[(k_1+\sqrt{3}k_2)+(k_1-\sqrt{3}k_2)]^2(k_1,k_2\in\mathbf{Z})=k_1^2$$
故a_n是完全平方数.

点评 含数列连续三项的线性表达式求数列的通解是数学竞赛的基本知识，特征根法是求解的主要方法，而递推数列是高中数学竞赛的“热点”之一，题目灵活多变，解答时需认清类型，合理化归.

例 32 设数列$\{a_n\}$，$\{b_n\}$满足：$a_0=b_0=1,a_{n+1}=5a_n+7b_n,b_{n+1}=7a_n+10b_n$.

证明：$\forall m,n\in\mathbf{N},a_{m+n}+b_{m+n}=a_ma_n+b_mb_n$.

证明 若$m+n=0$，则$m=n=0$，结论显然；

若$m+n\geqslant1$，固化$m+n$，改证以下命题：$\forall k\in\mathbf{N},0\leqslant k\leqslant m+n$，有
$$a_{m+n}+b_{m+n}=a_{m+n-k}a_k+b_{m+n-k}b_k \quad ①$$
对k归纳：$k=0$时结论显然；设对于$k=r$时式①成立，即
$$a_{m+n}+b_{m+n}=a_{m+n-r}a_r+b_{m+n-r}b_r \quad ②$$

当 $k=r+1(r<m+n)$ 时，由于

$$a_{m+n-r}a_r+b_{m+n-r}b_r=(5a_{m+n-r-1}+7b_{m+n-r-1})a_r+(7a_{m+n-r-1}+10b_{m+n-r-1})b_r=$$
$$a_{m+n-r-1}(5a_r+7b_r)+b_{m+n-r-1}(7a_r+10b_r)=$$
$$a_{m+n-r-1}a_{r+1}+b_{m+n-r-1}b_{r+1} \quad ③$$

由 ②③ 得

$$a_{m+n}+b_{m+n}=a_{m+n-r-1}a_{r+1}+b_{m+n-r-1}b_{r+1}$$

即当 $k=r+1(r<m+n)$ 时，式 ① 成立，因此 ① 得证，今在 ① 中取 $k=n$，得

$$a_{m+n}+b_{m+n}=a_m a_n+b_m b_n$$

四、非线性递推数列综合问题选讲

例 33 已知 $a_0=0, a_{n+1}=5a_n+\sqrt{24a_n^2+1}$，求证：$a_n$ 都是整数($n\in \mathbf{N}^*$).

分析 对递推式含有根式的形式，可考虑去根号，然后再处理递推关系.

证明 因为 $a_0=0, a_1=1$，当 $n\geqslant 1$ 时，$a_{n+1}>a_n$. 由 $a_{n+1}=5a_n+\sqrt{24a_n^2+1}$，移项，平方得

$$a_{n+1}^2-10a_na_{n+1}+a_n^2-1=0 \quad ①$$

从而

$$a_n^2-10a_{n-1}a_n+a_{n-1}^2-1=0$$

即

$$a_{n-1}^2-10a_na_{n-1}+a_n^2-1=0 \quad ②$$

①，② 说明 a_{n+1}, a_{n-1} 是方程 $x^2-10a_nx+a_n^2-1=0$ 的两个不等的根($a_{n-1}<a_n<a_{n+1}$)，所以

$$a_{n+1}+a_{n-1}=10a_n \quad (n\geqslant 2) \quad ③$$

再由 $a_0=0, a_1=1$，及 ③ 和数学归纳法得 a_n 都为整数($n\in \mathbf{N}^*$).

点评 此例中构造一元二次方程解题，化难为易，快捷方便，此例也可由 ① − ② 得 $a_{n+1}^2-a_{n-1}^2=10a_n(a_{n+1}-a_{n-1})$，进一步得 $a_{n+1}+a_{n-1}=10a_n$.

例 34 设数列 $\{a_n\}$ 满足：$a_1=1, a_{n+1}=\frac{1}{16}(1+4a_n+\sqrt{1+24a_n})(n\in \mathbf{N}^*)$.

(1) 求 a_2, a_3；

(2) 令 $b_n=\sqrt{1+24a_n}$，求数列 $\{b_n\}$ 的通项公式；

(3) 已知 $f(n)=6a_{n+1}-3a_n$，求证：$f(1)\cdot f(2)\cdot\cdots\cdot f(n)>\frac{1}{2}$.

解 (1)

$$a_2=\frac{1}{16}(1+4\times 1+\sqrt{1+24\times 1})=\frac{5}{8}$$

$$a_3=\frac{1}{16}(1+4\times\frac{5}{8}+\sqrt{1+24\times\frac{5}{8}})=\frac{15}{32}$$

(2) 由 $b_n=\sqrt{1+24a_n}$ 得 $a_n=\frac{b_n^2-1}{24}$，代入

$$a_{n+1}=\frac{1}{16}(1+4a_n+\sqrt{1+24a_n})\quad(n\in\mathbf{N}^*)$$

得
$$\frac{b_n^2-1}{24}=\frac{1}{16}(1+4\times\frac{b_n^2-1}{24}+b_n)$$

故
$$4b_{n+1}^2=(b_n+3)^2$$

所以
$$2b_{n+1}=b_n+3$$

所以
$$2(b_{n+1}-3)=b_n-3$$

故数列$\{b_n-3\}$是首项为 2，公比为$\frac{1}{2}$的等比数列，即

$$b_n-3=2\times\left(\frac{1}{2}\right)^{n-1}$$

即
$$b_n=3+2\times\left(\frac{1}{2}\right)^{n-2}$$

(3) 由(2)得

$$a_n=\frac{1}{24}\left[3+2\times\left(\frac{1}{2}\right)^{n-2}\right]^2-\frac{1}{24}=\frac{2}{3}\cdot\left(\frac{1}{4}\right)^n+\left(\frac{1}{2}\right)^n+\frac{1}{3}$$

所以

$$f(n)=\frac{1}{4^n}+\frac{1}{2^n}+2-\frac{2}{4^n}-\frac{3}{2^n}-1=1-\frac{1}{4^n}$$

因为

$$1-\frac{1}{4^n}=\frac{\left(1-\frac{1}{4^n}\right)\left(1+\frac{1}{4^{n-1}}\right)}{\left(1+\frac{1}{4^{n-1}}\right)}=\frac{1+\frac{1}{4^{n-1}}-\frac{1}{4^n}-\frac{1}{4^{2n-1}}}{1+\frac{1}{4^{n-1}}}=$$

$$\frac{1+\frac{1}{4^n}+\frac{2}{4^n}-\frac{1}{4^{2n-1}}}{1+\frac{1}{4^{n-1}}}>\frac{1+\frac{1}{4^n}}{1+\frac{1}{4^{n-1}}}$$

$$f(1)f(2)\cdots f(n)=\left(1-\frac{1}{4}\right)\left(1-\frac{1}{4^2}\right)\cdots\left(1-\frac{1}{4^n}\right)$$

$$\geqslant\frac{1+\frac{1}{4}}{1+1}\cdot\frac{1+\frac{1}{4^2}}{1+\frac{1}{4}}\cdot\cdots\cdot\frac{1+\frac{1}{4^n}}{1+\frac{1}{4^{n-1}}}=\frac{1+\frac{1}{4^n}}{1+1}>\frac{1}{2}$$

解法 2 同理由

$$f(n)=1-\frac{1}{4^n}=\left(1-\frac{1}{2^n}\right)\left(1+\frac{1}{2^n}\right)$$

因为
$$\left(1-\frac{1}{2^n}\right)\left(1+\frac{1}{2^n}\right)=1+\frac{1}{2^n}-\frac{1}{2^{2n-1}}>1$$

所以

$$f(1)\cdot f(2)\cdot\cdots\cdot f(n)=$$
$$\left(1-\frac{1}{2}\right)\left(1+\frac{1}{2}\right)\left(1-\frac{1}{4}\right)\left(1+\frac{1}{4}\right)\cdots\left(1+\frac{1}{2^{n-1}}\right)\left(1-\frac{1}{2^n}\right)\left(1+\frac{1}{2^n}\right)>$$
$$\left(1-\frac{1}{2}\right)1\cdot 1\cdot\cdots\cdot 1\cdot\left(1+\frac{1}{2^n}\right)>\frac{1}{2}$$

解法 3　可以先用数学归纳法证明加强不等式：

$$f(1)f(2)\cdots f(n)=\left(1-\frac{1}{4}\right)\left(1-\frac{1}{4^2}\right)\cdots\left(1-\frac{1}{4^n}\right)\geqslant 1-\left(\frac{1}{4}+\frac{1}{4^2}+\cdots+\frac{1}{4^n}\right)$$

例 35　已知数列 $\{a_n\}$ 满足 $a_1=\frac{\sqrt{3}}{2}$，$a_{n+1}=\frac{\sqrt[3]{6a_{n+1}-2a_n}}{2}$，数列 $\{b_n\}$ 满足 $b_1=\frac{1}{2}$，$b_{n+1}=\frac{\sqrt{6b_{n+1}+2b_n}}{2}$，且对于 $(n\in\mathbf{N}^*)$，有 $0<a_n<1$，$0<b_n<1$，试比较 a_n 与 b_n 的大小.

分析　该数列 $\{a_n\}$，$\{b_n\}$ 的递推式都是含有根式的形式，且开三次方根，与常见的形式差别较大，可考虑从观察结构入手突破.

解　对递推式 $a_{n+1}=\frac{\sqrt[3]{6a_{n+1}-2a_n}}{2}$，两边立方得

$$8a_{n+1}^3=6a_{n+1}-2a_n$$

即

$$a_n=3a_{n+1}-4a_{n+1}^3$$

令

$$a_n=\sin\alpha_n\quad\left(0<a_n<\frac{\pi}{2}\right)$$

则

$$a_{n+1}=\sin\alpha_{n+1}$$

于是

$$\sin\alpha_n=3\sin\alpha_{n+1}-4\sin^3\alpha_{n+1}$$

所以

$$\sin a_n=\sin 3a_{n+1}$$

于是

$$a_n=3a_{n+1}\Rightarrow a_{n+1}=\frac{1}{3}a_n$$

由 $a_1=\frac{\sqrt{3}}{2}$，可知 $\sin a_1=\frac{\sqrt{3}}{2}\Rightarrow a_1=\frac{\pi}{3}$. 所以数列 $\{a_n\}$ 是等比数列，公比为 $\frac{1}{3}$，即

$$a_n=a_1\cdot\left(\frac{1}{3}\right)^{n-1}=\frac{\pi}{3^n},a_n=\sin a_n=\sin\frac{\pi}{3^n}$$

对递推式 $b_{n+1}=\frac{\sqrt{6b_{n+1}+2b_n}}{2}$，$b_n=4b_{n+1}^3-3b_{n+1}$，令 $b_n=\cos\beta_n\left(0<\beta_n<\frac{\pi}{2}\right)$，则 $b_{n+1}=\cos\beta_{n+1}$，于是

$$\cos\beta_n=4\cos^3\beta_{n+1}-3\cos\beta_{n+1}$$

所以

$$\cos\beta_n=\cos 3\beta_{n+1}$$

即 $3\beta_{n+1}=\beta_n$. 又 $b_1=\frac{1}{2}$，即

$$\cos\beta_1=\frac{1}{2}\Rightarrow\beta_1=\frac{\pi}{3}$$

所以数列$\{\beta_n\}$是等比数列，公比为$\frac{1}{3}$，即

$$\beta_n=\beta_1\cdot\left(\frac{1}{3}\right)^{n-1}=\frac{\pi}{3^n}$$

从而
$$b_n=\cos\frac{\pi}{3^n}$$

综上可知

$$a_n=\sin\frac{\pi}{3^n},b_n=\cos\frac{\pi}{3^n}$$

所以当$n=1$时，$a_n>b_n$；当$n\geqslant 2$时，$a_n<b_n$.

点评 对含有根式的递推数列问题，用三角代换法使其脱去根号，非常有效，而进行三角代换时，常通过递推式的结构特征入手，选择恰当的三角函数代换.

巩固练习

1.(2012年湖北高考题)定义在$(-\infty,0)\cup(0,+\infty)$上的函数$f(x)$，如果对于任意给定的等比数列$\{a_n\}$，$\{f(a_n)\}$仍是等比数列，则称$f(x)$为"保等比数列函数". 现有定义在$(-\infty,0)\cup(0,+\infty)$上的如下函数：①$f(x)=x^2$；②$f(x)=2^x$；③$f(x)=\sqrt{|x|}$；④$f(x)=\ln|x|$. 则其中是"保等比数列函数"的$f(x)$的序号为

A. ①② B. ③④ C. ①③ D. ②④

解 C. 等比数列性质，$a_na_{n+2}=a_{n+1}^2$，

①$f(a_n)f(a_{n+2})=a_n^2a_{n+2}^2=(a_{n+1}^2)^2=f^2(a_{n+1})$；

②$f(a_n)f(a_{n+2})=2^{a_n}2^{a_{n+2}}=2^{a_n+a_{n+2}}\neq 2^{2a_{n+1}}=f^2(a_{n+1})$；

③$f(a_n)f(a_{n+2})=\sqrt{|a_na_{n+2}|}=\sqrt{|a_{n+1}|}^2=f^2(a_{n+1})$；

④$f(a_n)f(a_{n+2})=\ln|a_n|\ln|a_{n+2}|\neq(\ln|a_{n+1}|)^2=f^2(a_{n+1})$.

2.(2010·天津高考文科)设$\{a_n\}$是等比数列，公比$q=\sqrt{2}$，S_n为$\{a_n\}$的前n项和. 记$T_n=\frac{17S_n-S_{2n}}{a_{n+1}}$，$n\in\mathbf{N}^*$. 设$T_{n_0}$为数列$\{T_n\}$的最大项，则$n_0=$________.

解 4. 因为

$$S_n=\frac{a_1[1-(\sqrt{2})^n]}{1-\sqrt{2}},S_{2n}=\frac{a_1[1-(\sqrt{2})^{2n}]}{1-\sqrt{2}},a_{n+1}=a_1(\sqrt{2})^n$$

所以

$$T_n=\frac{17\times\frac{a_1[1-(\sqrt{2})^n]}{1-\sqrt{2}}-\frac{a_1[1-(\sqrt{2})^{2n}]}{1-\sqrt{2}}}{a_1(\sqrt{2})^n}=\frac{1}{1-\sqrt{2}}\times\left[\frac{16}{(\sqrt{2})^n}+(\sqrt{2})^n-17\right]$$

因为$\frac{16}{(\sqrt{2})^n}+(\sqrt{2})^n\geqslant 8$,当且仅当$(\sqrt{2})^{2n}=16$即$2^n=16$,所以当$n=4$,即$n_0=4$时,$T_4$最大.答案为4.

3.已知数列$\{a_n\}$满足$a_1=0,a_{n+1}=a_n+1+2\sqrt{1+a_n}(n=1,2,\cdots)$,则$a_n=$________.

解 $a_n=n^2-1$.由已知得$a_{n+1}+1=a_n+1+2\sqrt{1+a_n}+1=(\sqrt{a_n+1}+1)^2$,且$a_n+1>0$,所以$\sqrt{a_{n+1}+1}=\sqrt{a_n+1}+1$,即$\{\sqrt{a_n+1}\}$是首项、公差均为1的等差数列,所以$\sqrt{a_n+1}=n$,即有$a_n=n^2-1$.

4.已知数列$\{a_n\}$满足

$$a_{n+1}=\begin{cases}a_n+\frac{1}{2},a_n<1\\ \frac{a_n^2+3}{2a_n},a_n\geqslant 1\end{cases}$$

(1) 若$a_1+a_2+a_3=\frac{7}{2}$,求a_1的值.

(2) 所有满足条件的数列$\{a_n\}$中是否存在连续3项成等比数列,如存在,求出所有连续3项成等比数列的中间项,如不存在,说明理由.

解 (1) 由题知

$$\frac{a_n^2+3}{2a_n}=\frac{a_n}{2}+\frac{3}{2a_n}\geqslant\sqrt{3}$$

故$a_1+a_2+a_3=\frac{7}{2}$时,必有$a_1<1,a_3\geqslant\sqrt{3}$,所以$(a_2-\frac{1}{2})+a_2+\frac{a_2^2+3}{2a_2}=\frac{7}{2}$,解得$a_2=1$或$a_2=\frac{3}{5}$,又若$a_2=\frac{3}{5}$,则不能得到$a_3=\frac{a_2^2+3}{2a_2}$,$a_2=\frac{3}{5}$舍去,即$a_1=a_2-\frac{1}{2}=1-\frac{1}{2}=\frac{1}{2}$.

(2)$a_{n+1}-a_n=\frac{a_n^2+3}{2a_n}-a_n=\frac{3-a_n^2}{2a_n}\leqslant 0$,所以$a_n$在$a_n\geqslant 1$时是单调减数列或常数列.

所以要存在连续3项成等比数列,只可能a_{m-1},a_m,a_{m+1}满足:①$a_{m-1}\geqslant\sqrt{3}$,

$a_m \geqslant \sqrt{3}$，$a_{m+1} \geqslant \sqrt{3}$；② $a_{m-1} < 1$，$a_m \geqslant 1$，$a_{m+1} \geqslant \sqrt{3}$.

在 ① 的条件下依题意有

$$a_{m+1} = \frac{a_m^2 + 3}{2a_m} \Rightarrow 2a_m a_{m+1} = a_m^2 + 3$$

所以 $2a_{m-1}a_m = a_{m-1}^2 + 3$，两式相减得

$$2a_m(a_{m+1} - a_{m-1}) = a_m^2 - a_{m-1}^2$$

若 $a_m^2 = a_{m+1}a_{m-1}$ 成立，代入后得

$$2a_m(a_{m+1} - a_{m-1}) = a_{m+1}a_{m-1} - a_{m-1}^2 = a_{m-1}(a_{m+1} - a_{m-1})$$

所以
$$(a_{m+1} - a_{m-1}) = 0 \text{ 或 } 2a_m = a_{m-1}$$

即 $q = 1$ 或 $q = \frac{1}{2}$，$q = 1$ 时是常数列，解得 $a_{m-1} = a_m = a_{m+1} = \sqrt{3}$，$q = \frac{1}{2}$ 时经检验舍去.

在 ② 的条件下，由 $a_m - \frac{1}{2}$，a_m，$\frac{a_m^2 + 3}{2a_m}$ 成等比数列，解

$$a_m^2 = \left(a_m - \frac{1}{2}\right)\frac{a_m^2 + 3}{2a_m}$$

得

$$a_m = 1, a_m = \frac{\sqrt{33} - 3}{4}(\text{舍})$$

综上得 $a_m = \sqrt{3}$，或 $a_m = 1$.

5. 在 x 轴的正方向上，从左向右依次取点列 $\{A_i\}$，$i = 1, 2, \cdots$，以及在第一象限内的抛物线 $y^2 = \frac{3}{2}x$ 上从左向右依次取点列 $\{B_j\}$，$j = 1, 2, \cdots$，使 $\triangle A_{k-1}B_kA_k(k = 1, 2, \cdots)$ 都是等边三角形，其中 A_0 是坐标原点，求第 2 010 个等边三角形的边长.

解法 1 设第 n 个等边三角形的边长为 a_n，则第 n 个等边三角形的抛物线上的顶点 B_n 的坐标为

$$\left(a_1 + a_2 + \cdots + a_{n-1} + \frac{a_n}{2}, \sqrt{\frac{3}{2}\left(a_1 + a_2 + \cdots + a_{n-1} + \frac{a_n}{2}\right)}\right)$$

又因为第 n 个等边三角形的高为 $\frac{\sqrt{3}}{2}a_n$，所以

$$\frac{\sqrt{3}}{2}a_n = \sqrt{\frac{3}{2}\left(a_1 + a_2 + \cdots + a_{n-1} + \frac{a_n}{2}\right)}$$

即
$$\frac{1}{2}a_n^2 = a_1 + \cdots + a_{n-1} + \frac{a_n}{2}$$

$$\text{所以}\left.\begin{aligned}a_1+a_2+\cdots+a_n=\frac{a_n}{2}+\frac{a_n^2}{2}\\a_1+a_2+\cdots+a_{n+1}=\frac{a_{n+1}}{2}+\frac{a_{n+1}^2}{2}\end{aligned}\right\}\Rightarrow(a_{n+1}-a_n-1)(a_{n+1}+a_n)=0$$

因为 $a_{n+1}+a_n\neq 0$，所以 $a_{n+1}-a_n=1$，因为 $a_0=0$，所以 $a_n=n$.

所以 $a_{2\,010}=2\,010$，所以第 2 010 个等边三角形的边长为 2 010.

解法 2　设第 n 个等边三角形的边长为 a_n，B_n 的坐标为 $\left(b_n,\sqrt{\frac{3}{2}b_n}\right)$，则 $\frac{\sqrt{3}}{2}a_n=\sqrt{\frac{3}{2}b_n}$，所以 $b_n=\frac{a_n^2}{2}$，因为 $\triangle A_{n-1}B_nA_n$ 与 $\triangle A_nB_{n+1}A_{n+1}$ 有公共点 A_n，所以

$$b_n+\frac{a_n}{2}=b_{n+1}-\frac{a_{n+1}}{2}$$

即

$$\frac{a_n^2}{2}+\frac{a_n}{2}=\frac{a_{n+1}^2}{2}-\frac{a_{n+1}}{2}$$

所以 $(a_{n+1}-a_n-1)(a_{n+1}+a_n)=0$，以下同解法 1.

6. 数列 $\{a_n\}$ 中，已知 $a_n>0$，$a_{n+1}\leqslant a_n-a_n^2$，$n\in\mathbf{N}^*$.

求证：(1) 当 $n\geqslant 2$ 时，$0<a_n\leqslant\frac{1}{4}$；

(2) $a_3^2+a_4^2+\cdots+a_n^2<\frac{1}{4}$.

证明　(1) 因为

$$0<a_{n+1}\leqslant a_n-a_n^2=a_n(1-a_n),\ a_n>0$$

所以 $0<a_n<1$. 当 $n\geqslant 2$ 时，由基本不等式知

$$a_n\leqslant a_{n-1}-a_{n-1}^2=a_{n-1}(1-a_{n-1})\leqslant\left(\frac{a_{n-1}+1-a_{n-1}}{2}\right)^2=\frac{1}{4}$$

所以

$$0<a_n\leqslant\frac{1}{4}$$

(2) 因为 $a_{n+1}\leqslant a_n-a_n^2$，所以

$$\frac{1}{a_{n+1}}\geqslant\frac{1}{a_n-a_n^2}=\frac{1}{a_n(1-a_n)}=\frac{1}{a_n}+\frac{1}{1-a_n}$$

故

$$\frac{1}{a_{n+1}}-\frac{1}{a_n}\geqslant\frac{1}{1-a_n}>1$$

所以，当 $n\in\mathbf{N}^*$ 且 $n>2$ 时

$$\frac{1}{a_n}-\frac{1}{a_2}=\left(\frac{1}{a_n}-\frac{1}{a_{n-1}}\right)+\left(\frac{1}{a_{n-1}}-\frac{1}{a_{n-2}}\right)+\cdots+\left(\frac{1}{a_3}-\frac{1}{a_2}\right)\geqslant$$

$$\frac{1}{1-a_{n-1}}+\frac{1}{1-a_{n-2}}+\cdots+\frac{1}{1-a_2}>n-2$$

所以
$$\frac{1}{a_n}>\frac{1}{a_2}+n-2\geqslant 4+n-2=n+2$$

故
$$a_n<\frac{1}{n+2}$$

所以
$$a_n^2<\frac{1}{(n+2)^2}<\frac{1}{(n+1)(n+3)}=\frac{1}{2}\left(\frac{1}{n+1}-\frac{1}{n+3}\right)$$

因此
$$a_3^2+a_4^2+\cdots+a_n^2<\frac{1}{2}\left(\frac{1}{4}+\frac{1}{5}-\frac{1}{n+2}-\frac{1}{n+3}\right)<\frac{1}{2}\left(\frac{1}{4}+\frac{1}{5}\right)=\frac{9}{40}<\frac{1}{4}$$

7. 设数列$\{a_n\}$的各项均为正数，$a_1=\frac{1}{2}$，且对任意的$n\in\mathbf{N}^*$，有$a_{n+1}=a_n+ca_n^2(c>0)$.

(1) 求$\frac{c}{1+ca_1}+\frac{c}{1+ca_2}+\frac{1}{a_3}$的值；

(2) 若$c=\frac{1}{2\ 016}$，是否存在$n\in\mathbf{N}^*$，使得$a_n>1$？若存在，试求出n的最小值，若不存在，请说明理由.

证明　(1) 因为
$$\frac{1}{a_{n+1}}=\frac{1}{a_n+ca_n^2}$$

所以
$$\frac{1}{a_{n+1}}=\frac{1}{a_n}-\frac{c}{1+ca_n}$$

即
$$\frac{1}{a_n}-\frac{1}{a_{n+1}}=\frac{c}{1+ca_n}$$

所以
$$\frac{c}{1+ca_1}=\frac{1}{a_1}-\frac{1}{a_2}$$
$$\frac{c}{1+ca_2}=\frac{1}{a_2}-\frac{1}{a_3}$$

所以
$$\frac{c}{1+ca_1}+\frac{c}{1+ca_2}+\frac{1}{a_3}=\left(\frac{1}{a_1}-\frac{1}{a_2}\right)+\left(\frac{1}{a_2}-\frac{1}{a_3}\right)+\frac{1}{a_3}=\frac{1}{a_1}=2$$

(3) 当$c=\frac{1}{2\ 016}$时，因为$a_{n+1}=a_n+ca_n^2>a_n$，所以数列$\{a_n\}$单调递增，所以$\frac{1}{2}=a_1<a_2<\cdots<a_{2\ 016}$. 因为$a_{n+1}=a_n+\frac{a_n^2}{2\ 016}$，所以$\frac{1}{a_n}-\frac{1}{a_{n+1}}=\frac{1}{a_n+2\ 016}$，所以

$$\frac{1}{a_1+2\ 016}+\frac{1}{a_2+2\ 016}+\cdots+\frac{1}{a_n+2\ 016}=\frac{1}{a_1}-\frac{1}{a_{n+1}}=2-\frac{1}{a_{n+1}}$$

又因为 $a_i>0(i=1,2,\cdots,2\ 016)$，所以

$$\frac{1}{a_1+2\ 016}+\frac{1}{a_2+2\ 016}+\cdots+\frac{1}{a_{2\ 016}+2\ 016}<2\ 016\times\frac{1}{a_{2\ 016}}=1$$

所以 $2-\frac{1}{a_{2\ 017}}<1$，解得 $a_{2\ 017}<1$，所以 $a_1<a_2<\cdots<a_{2\ 017}<1$，从而

$$2-\frac{1}{a_{2\ 018}}=\frac{1}{a_1+2\ 016}+\frac{1}{a_2+2\ 016}+\cdots+\frac{1}{a_{2\ 017}+2\ 016}>2\ 017\times\frac{1}{1+2\ 016}=1$$

解得 $a_{2\ 018}>1$. 因此，数列 $\{a_n\}$ 满足 $a_1<a_2<\cdots<a_{2\ 017}<1<a_{2\ 018}<a_{2\ 019}<\cdots$.

综上所述，当 $c=\frac{1}{2\ 016}$ 时，存在 $n\in\mathbf{N}^*$，使得 $a_n>1$，且 n 的最小值为 2 018.

8.（2013 年清华自主招生）设数列 $\{a_n\}$ 的各项均为正数，且对任意 $n\in\mathbf{N}^*$，有 $a_{n+1}=a_n+ca_n^2(c>0)$.

(1) 求证：对任意正数 M，存在 $N\in\mathbf{N}^*$，当 $n>N$ 时有 $a_n>M$；

(2) 设 $b_n=\frac{1}{1+ca}$，S_n 是 $\{b_n\}$ 的前 n 项和，求证：对任意 $d>0$，存在 $N\in\mathbf{N}^*$，当 $n>N$ 时，有 $0<\left|S_n-\frac{1}{ca_1}\right|<d$.

证明 (1) 对任意的 $n\in\mathbf{N}^*$，由 $a_n>0$，$c>0$，知 $a_{n+1}=a_n+ca_n^2>a_n$，且 $a_{n+1}-a_n=a_n-a_{n-1}+c(a_n^2-a_{n-1}^2)>a_n-a_{n-1}>\cdots>a_2-a_1$，所以

$$a_n=(a_n-a_{n-1})+(a_{n-1}-a_{n-2})+\cdots+(a_2-a_1)+a_1>$$
$$(n-1)(a_2-a_1)+a_1>(n-1)(a_2-a_1)(n-1)ca_1^2$$

对任意的正整数 M，由 $(n-1)ca_1^2>M$ 得 $n>\frac{M}{ca_1^2}+1$，若取 $N=\left[\frac{M}{ca_1^2}\right]+2$，则当 $n>N$ 时有 $a_n>M$（注：其中 $\left[\frac{M}{ca_1^2}\right]$ 表示不超过 $\frac{M}{ca_1^2}$ 的最大整数）.

(2) 因为 $a_{n+1}=a_n+ca_n^2$，所以

$$\frac{1}{a_{n+1}}=\frac{1}{a_n+ca_n^2}$$

所以
$$\frac{1}{a_{n+1}}=\frac{1}{a_n}-\frac{c}{1+ca_n}$$

故
$$\frac{1}{1+ca_n}=\frac{1}{c}\left(\frac{1}{a_n}-\frac{1}{a_{n+1}}\right)$$

从而可得
$$S_n=\sum_{i=1}^{n}b_n=\frac{1}{c}\left(\frac{1}{a_1}-\frac{1}{a_{n+1}}\right)$$

所以
$$S_n-\frac{1}{ca_1}=-\frac{1}{ca_{n+1}}$$

故
$$\left|S_n-\frac{1}{ca_1}\right|=\frac{1}{ca_{n+1}}>0$$
要使得$\left|S_n-\frac{1}{ca_1}\right|<d$,只需$\frac{1}{ca_{n+1}}<d$. 又由(1)知 $a_{n+1}>nca_1^2$,所以$\frac{1}{ca_{n+1}}<\frac{1}{nc^2a_1^2}$,故只需$\frac{1}{nc^2a_1^2}<d$,即$n>\frac{1}{dc^2a_1^2}$. 故对任意$d>0$,若取$N=[\frac{1}{dc^2a_1^2}]+1$,则当$n>N$时有$0<\left|S_n-\frac{1}{ca_1}\right|<d$.

点评 一般地,递推关系式$a_{n+1}=a_n+ca_n^2$可变形为$\frac{1}{a_{n+1}}=\frac{1}{a_n}-\frac{c}{1+ca_n}$或$\frac{1}{a_n+\frac{1}{c}}=\frac{1}{a_n}-\frac{1}{a_{n+1}}$,从中可以发现,裂项分解是解决此类问题比较有效的方法.

9. 对实数A,定义数列$\{x_n\}$如下:$x_0=0$,$x_{n+1}=\frac{3x_n-\sqrt{5x_n^2+4A^2}}{2}$($n\geqslant 0$). 求所有的实数$A$,使得$x_n$都是整数.

解 因$x_1=-|A|$,故$A\in\mathbf{Z}$. 由递推式得
$$(3x_n^2-2x_{n+1})^2=5x_n^2+4A^2$$
即
$$x_{n+1}^2-3x_nx_{n+1}+x_n^2-A^2=0 \quad ①$$
以$n-1$代n得
$$x_{n-1}^2-3x_nx_{n-1}+x_n^2-A^2=0 \quad ②$$
(1) 若$A=0$,易知$x_n=0$,适合条件.

(2) 若$A\neq 0$,则$|A|>0$,易知$x_n\leqslant 0$,且$x_{n+1}<\frac{3}{2}x_n\leqslant x_n$,所以$x_{n+1}<x_n$.

由①②,x_{n+1},x_{n-1}是方程$t^2-3x_nt+x_n^2-A^2=0$的两个不同实根,所以
$$x_{n+1}+x_{n-1}=3x_n\Rightarrow x_{n+1}=3x_n-x_{n-1}$$
因此当$A\in\mathbf{Z}$,$A\neq 0$时,x_n都是整数.

综上所述,当且仅当$A\in\mathbf{Z}$时,x_n都是整数.

10. 设数列$\{a_n\}$满足:$a_1=1$,$a_{n+1}=\frac{1}{16}(1+4a_n+\sqrt{1+24a_n})$($n\in\mathbf{N}^*$).

(1) 求a_2,a_3;

(2) 令$b_n=\sqrt{1+24a_n}$,求数列$\{b_n\}$的通项公式;

(3) 已知$f(n)=6a_{n+1}-3a_n$,求证:$f(1)\cdot f(2)\cdot\cdots\cdot f(n)>\frac{1}{2}$.

解 (1)
$$a_2=\frac{1}{16}(1+4\times 1+\sqrt{1+24\times 1})=\frac{5}{8}$$

$$a_3=\frac{1}{16}\left(1+4\times\frac{5}{8}+\sqrt{1+24\times\frac{5}{8}}\right)=\frac{15}{32}$$

(2) 由 $b_n=\sqrt{1+24a_n}$ 得

$$a_n=\frac{b_n^2-1}{24}$$

代入 $$a_{n+1}=\frac{1}{16}(1+4a_n+\sqrt{1+24a_n})\quad(n\in\mathbf{N}^*)$$

得 $$\frac{b_n^2-1}{24}=\frac{1}{16}\left(1+4\times\frac{b_n^2-1}{24}+b_n\right)$$

故 $$4b_{n+1}^2=(b_n+3)^2$$

所以 $$2b_{n+1}=b_n+3$$

所以 $$2(b_{n+1}-3)=b_n-3$$

故数列$\{b_n-3\}$是首项为2，公比为$\frac{1}{2}$的等比数列，$b_n-3=2\times\left(\frac{1}{2}\right)^{n-1}$，即 $b_n=3+2\times\left(\frac{1}{2}\right)^{n-1}$.

(3) 解法1：由(2)得

$$a_n=\frac{1}{24}\left[3+2\times\left(\frac{1}{2}\right)^{n-2}\right]^2-\frac{1}{24}=\frac{2}{3}\cdot\left(\frac{1}{4}\right)^n+\left(\frac{1}{2}\right)^n+\frac{1}{3}$$

所以 $$f(n)=\frac{1}{4^n}+\frac{1}{2^n}+2-\frac{2}{4^n}-\frac{3}{2^n}-1=1-\frac{1}{4^n}$$

因为 $$1-\frac{1}{4^n}=\frac{\left(1-\frac{1}{4^n}\right)\left(1+\frac{1}{4^{n-1}}\right)}{\left(1+\frac{1}{4^{n-1}}\right)}=$$

$$\frac{1+\frac{1}{4^{n-1}}-\frac{1}{4^n}-\frac{1}{4^{2n-1}}}{1+\frac{1}{4^{n-1}}}=$$

$$\frac{1+\frac{1}{4^n}+\frac{2}{4^n}-\frac{1}{4^{2n-1}}}{1+\frac{1}{4^{n-1}}}>$$

$$\frac{1+\frac{1}{4^n}}{1+\frac{1}{4^{n-1}}}$$

$$f(1)f(2)\cdots f(n)=\left(1-\frac{1}{4}\right)\cdot\left(1-\frac{1}{4^2}\right)\cdot\cdots\cdot\left(1-\frac{1}{4^n}\right)\geqslant$$

$$\frac{1+\frac{1}{4}}{1+1}\cdot\frac{1+\frac{1}{4^2}}{1+\frac{1}{4}}\cdot\cdots\cdot\frac{1+\frac{1}{4^n}}{1+\frac{1}{4^{n-1}}}=$$

$$\frac{1+\frac{1}{4^n}}{1+1}>\frac{1}{2}$$

解法 2:同理由

$$f(n)=1-\frac{1}{4^n}=\left(1-\frac{1}{2^n}\right)\left(1+\frac{1}{2^n}\right)$$

因为

$$\left(1-\frac{1}{2^n}\right)\left(1+\frac{1}{2^n}\right)=1+\frac{1}{2^n}-\frac{1}{2^{2n-1}}>1$$

所以

$$f(1)f(2)\cdots f(n)=$$

$$\left(1-\frac{1}{2}\right)\left(1+\frac{1}{2}\right)\left(1-\frac{1}{4}\right)\left(1+\frac{1}{4}\right)\cdots\left(1+\frac{1}{2^{n-1}}\right)\left(1-\frac{1}{2^n}\right)\left(1+\frac{1}{2^n}\right)>$$

$$\left(1-\frac{1}{2}\right)\cdot 1\cdot 1\cdot\cdots\cdot 1\cdot\left(1+\frac{1}{2^n}\right)>\frac{1}{2}$$

解法 3:可以先用数学归纳法证明加强不等式:

$$f(1)f(2)\cdots f(n)=\left(1-\frac{1}{4}\right)\left(1-\frac{1}{4^2}\right)\cdots\left(1-\frac{1}{4^n}\right)\geqslant$$

$$1-\left(\frac{1}{4}+\frac{1}{4^2}+\cdots+\frac{1}{4^n}\right)$$

11.设数列$\{a_n\}$,$\{b_n\}$满足:$a_0=b_0=1$,$a_{n+1}=5a_n+7b_n$,$b_{n+1}=7a_n+10b_n$.证明:$\forall m,n\in\mathbf{N}$,$a_{m+n}+b_{m+n}=a_ma_n+b_mb_n$.

证明 若$m+n=0$,则$m=n=0$,结论显然;

若$m+n\geqslant 1$,固化$m+n$,改证以下命题:$\forall k\in\mathbf{N}$,$0\leqslant k\leqslant m+n$,有

$$a_{m+n}+b_{m+n}=a_{m+n-k}a_k+b_{m+n-k}b_k \quad ①$$

对k归纳:$k=0$时结论显然;设对于$k=r$时式①成立,即

$$a_{m+n}+b_{m+n}=a_{m+n-r}a_r+b_{m+n-r}b_r \quad ②$$

当$k=r+1(r<m+n)$时,由于

$$a_{m+n-r}a_r+b_{m+n-r}b_r=(5a_{m+n-r-1}+7b_{m+n-r-1})a_r+(7a_{m+n-r-1}+10b_{m+n-r-1})b_r=$$

$$a_{m+n-r-1}(5a_r+7b_r)+b_{m+n-r-1}(7a_r+10b_r)=$$

$$a_{m+n-r-1}a_{r+1}+b_{m+n-r-1}b_{r+1} \quad ③$$

由②③得

$$a_{m+n}+b_{m+n}=a_{m+n-r-1}a_{r+1}+b_{m+n-r-1}b_{r+1}$$

即当$k=r+1(r<m+n)$时式①成立,因此①得证,今在①中取$k=n$,得

$$a_{m+n}+b_{m+n}=a_ma_n+b_mb_n$$

12. 在数列$\{a_n\}$中，$a_1=1, 3a_na_{n-1}+a_n-a_{n-1}=0(n\geqslant 2)$.

(1) 求数列$\{a_n\}$的通项；

(2) 若$\lambda a_n+\frac{1}{a_{n+1}}\geqslant\lambda$对任意$n\geqslant 2$的整数恒成立，求实数$\lambda$的取值范围；

(3) 设数列$b_n=\sqrt{a_n}$，$\{b_n\}$的前n项和为T_n，求证：$T_n>\frac{2}{3}(\sqrt{3n+1}-1)$.

解 (1) 将$3a_na_{n-1}+a_n-a_{n-1}=0(n\geqslant 2)$整理得

$$\frac{1}{a_n}-\frac{1}{a_{n-1}}=3 \quad (n\geqslant 2)$$

所以

$$\frac{1}{a_n}=1+3(n-1)=3n-2$$

即
$$a_n=\frac{1}{3n-2}$$

当$n=1$时，上式也成立，所以，$a_n=\frac{1}{3n-2}$.

(2) 若$\lambda a_n+\frac{1}{a_{n+1}}\geqslant\lambda$恒成立，即$\frac{\lambda}{3n-2}+3n+1\geqslant\lambda$恒成立，整理得

$$\lambda\leqslant\frac{(3n+1)(3n-2)}{3(n-1)}$$

令
$$c_n=\frac{(3n+1)(3n-2)}{3(n-1)}$$

则

$$c_{n+1}-c_n=\frac{(3n+4)(3n+1)}{3n}-\frac{(3n+1)(3n-2)}{3(n-1)}=\frac{(3n+1)(3n-4)}{3n(n-1)}$$

因为$n\geqslant 2$，所以上式大于0，即$\{c_n\}$为单调递增数列，所以c_2最小，$c_2=\frac{28}{3}$，所以λ的取值范围为$\left(-\infty,\frac{28}{3}\right]$.

(3) 由$b_n=\sqrt{a_n}$，得

$$b_n=\sqrt{a_n}=\sqrt{\frac{1}{3n-2}}=\frac{2}{2\sqrt{3n-2}}>$$

$$\frac{2}{\sqrt{3n-2}+\sqrt{3n+1}}=$$

$$\frac{2}{3}(\sqrt{3n+1}-\sqrt{3n-2})$$

所以

$$T_n=b_1+b_2+\cdots+b_n>$$

$$\frac{2}{3}(\sqrt{3\times1+1}-\sqrt{3\times1-2}+\sqrt{3\times2+1}-\sqrt{3\times2-2}+\cdots+$$

$$\sqrt{3n+1}-\sqrt{3n-2})=$$

$$\frac{2}{3}(\sqrt{3n+1}-1)$$

13.已知数列$\{a_n\}$中,$a_1=a_2=a_3=1$,$a_{n+3}a_n=a_{n+1}a_{n+2}+1$.求$a_{2n+3}a_{2n-1}-2a_{2n+1}^2$.

分析 该递归数列是非齐次非线性的,思考将其转化为齐次线性递归数列.为消去常数,可递推一步作差消去常数使其齐次化,再通过换元使其线性化.

解

$$a_{n+3}a_n=a_{n+1}a_{n+2}+1 \quad ①$$

$$a_{n+4}a_{n+1}=a_{n+2}a_{n+3}+1 \quad ②$$

②-①得

$$a_{n+4}a_{n+1}-a_{n+3}a_n=a_{n+2}a_{n+3}-a_{n+1}a_{n+2}$$

即

$$a_{n+4}a_{n+1}+a_{n+1}a_{n+2}=a_{n+2}a_{n+3}+a_{n+3}a_n$$

故

$$a_{n+1}(a_{n+4}+a_{n+2})=a_{n+3}(a_{n+2}+a_n)$$

从而

$$\frac{a_{n+1}}{a_{n+2}+a_n}=\frac{a_{n+3}}{a_{n+4}+a_{n+2}}$$

令$b_n=\dfrac{a_{n+1}}{a_{n+2}+a_n}$,则

$$b_n=b_{n+2}$$

又

$$b_1=\frac{a_2}{a_3+a_1}=\frac{1}{2},a_4=2,b_2=\frac{a_3}{a_4+a_2}=\frac{1}{3}$$

所以

$$b_1=b_3=b_5=\cdots=\frac{1}{2},b_2=b_4=b_6=\cdots=\frac{1}{3}$$

因此,当n为奇数时

$$b_n=\frac{a_{n+1}}{a_{n+2}+a_n}=\frac{1}{2}$$

则

$$a_{n+2}=2a_{n+1}-a_n$$

当n为偶数时

$$b_n=\frac{a_{n+1}}{a_{n+2}+a_n}=\frac{1}{3}$$

则

$$a_{n+2}=3a_{n+1}-a_n$$

故

$$a_{2n+3}a_{2n-1}-2a_{2n+1}^2=(2a_{2n+2}-a_{2n+1})a_{2n-1}-a_{2n+1}(2a_{2n}-a_{2n-1})=$$

$$2a_{2n+2}a_{2n-1}-2a_{2n}a_{2n+1}=$$

$$2(a_{2n+2}a_{2n-1}-a_{2n}a_{2n+1})=2\times1=2$$

14. 已知数列$\{a_n\}$中,$a_1=1,a_2=5$,且满足

$$a_{n+1}=\frac{a_n a_{n-1}}{\sqrt{a_n^2+a_{n-1}^2+1}} \quad ①$$

求a_n.

分析 该递归数列是非线性的分式型且分母比分子复杂,可先平方取倒数,再因式分解、换元,然后取对数化归为齐次线性递归数列.

解 式①平方后取倒数得

$$\frac{1}{a_{n+1}^2}=\frac{1}{a_n^2 a_{n-1}^2}+\frac{1}{a_n^2}+\frac{1}{a_{n-1}^2}=\left(\frac{1}{a_n^2}+1\right)\left(\frac{1}{a_{n-1}^2}+1\right)-1$$

从而

$$\frac{1}{a_{n+1}^2}+1=\left(\frac{1}{a_n^2}+1\right)\left(\frac{1}{a_{n-1}^2}+1\right)$$

令$b_n=\frac{1}{a_n^2}+1$,则

$$b_{n+1}=b_n b_{n-1}, b_1=2, b_2=\frac{26}{25}$$

易知$b_n>0$.对$b_{n+1}=b_n b_{n-1}$两边取常用对数得$\lg b_{n+1}=\lg b_n+\lg b_{n-1}$.令$F_n=\lg b_n$,于是,$F_{n+1}=F_n+F_{n-1}$,$F_1=\lg 2$,$F_2=\lg\frac{26}{25}$,这就是斐波那契数列,其特征根方程为$x^2-x-1=0$,解得

$$x_1=\frac{1+\sqrt{5}}{2}, x_2=\frac{1-\sqrt{5}}{2}$$

设

$$F_n=A\left(\frac{1+\sqrt{5}}{2}\right)^n+B\left(\frac{1-\sqrt{5}}{2}\right)^n$$

由

$$F_1=\lg 2, F_2=\lg\frac{26}{25}$$

进一步求得F_n,从而,$b_n=10^{F_n}$,即

$$\frac{1}{a_n^2}+1=10^{F_n}$$

所以

$$a_n=\sqrt{\frac{1}{10^{F_n}-1}}$$

说明 取对数往往适用于乘积式递归数列,但必须为正项数列.

15. 数列$\{a_n\}$满足:$a_0=1$,$a_{n+1}=\frac{7a_n+\sqrt{45a_n^2-36}}{2}$,$n\in\mathbf{N}$.

证明:(1)对任意$n\in\mathbf{N}$,a_m为正整数;(2)对任意$n\in\mathbf{N}$,$a_n a_{n+1}-1$为完全平方数.

证明 (1)由题设得$a_1=5$,且$\{a_n\}$严格单调递增,将条件式变形得

$$2a_{m+1}-7a_n=\sqrt{45a_m^2-36}$$

两边平方整理得

$$a_{n+1}^2-7a_na_{n+1}+a_n^2+9=0 \quad ①$$

所以

$$a_n^2-7a_{n-1}a_n+a_{n-1}^2+9=0 \quad ②$$

①－②得 $$(a_{n+1}-a_{n-1})(a_{n+1}+a_{n-1}-7a_n)=0$$

因为 $a_{n+1}>a_n$,所以

$$a_{n+1}+a_{n-1}-7a_n=0\Rightarrow a_{n+1}=7a_n-a_{n-1} \quad ③$$

由式③及 $a_0=1,a_1=5$ 可知,对任意 $n\in\mathbf{N}$,a_n 为正整数.

(2) 将①两边配方,得

$$a_{n+1}a_n-\left(\frac{a_{n+1}+a_n}{3}\right)^2=1 \quad ④$$

记 $$f(n)=a_na_{n+1}-\left(\frac{a_{n+1}+a_n}{3}\right)^2$$

由 $$f(n)-f(n-1)=(a_na_{n+1}-a_{n-1}a_n)-\left[\left(\frac{a_{n+1}+a_n}{3}\right)^2-\left(\frac{a_{n+1}+a_n}{3}\right)^2\right]=$$

$$\frac{a_{n-1}-a_{n+1}}{9}(a_{n+1}+a_{n-1}-7a_n)=0$$

从而 $$f(n)=f(n-1)=\cdots=f(0)=a_0a_1-\left(\frac{a_0+a_1}{3}\right)^2=1$$

所以式④成立,所以 $a_ma_{m+1}-1$ 是完全平方数.

第 4 节　利用递推数列解决应用中的计数问题

递推方法是数学中的一种重要方法,也是高中数学竞赛的热点内容.

通过建立迭代、递推、递归关系解决问题的方法称为递推方法.

运用递推方法的几种形式:

(1) 直接利用已知的递推关系论证解决;

(2) 探索已知条件中隐含的递推关系,再利用递推关系解题;

(3) 构造递推关系,利用递推方法解决有关组合、方程和不等式等问题.

例 1　从社会效益和经济效益出发,某地投入资金进行生态环境建设,并以此发展旅游产业,根据规划,本年度投入 800 万元,以后每年投入将比上年减少$\frac{1}{5}$.本年度当地旅游业收入估计为 400 万元,由于该项建设对旅游业的作用,预计今后的旅游业收入每年会比上年增加$\frac{1}{4}$.

(1) 设 n 年内(本年度为第一年)总投入为 a_n 万元,旅游业总收入为 b_n 万元，写出 a_n，b_n 的表达式；

(2) 至少经过几年旅游业的总收入才能超过总投入？

分析 该题中每年的资金投入都比上一年减少$\frac{1}{5}$，每年的旅游业收入都比上一年增加$\frac{1}{4}$，故为等比数列模型.

解 (1) 第一年投入为800万元，第二年投入为$800\cdot\left(1-\frac{1}{5}\right)$万元，……，第 n 年的投入为$800\left(1-\frac{1}{5}\right)^{n-1}$万元，所以 n 年内的总投入为

$$a_n=800+800\left(1-\frac{1}{5}\right)+\cdots+800\left(1-\frac{1}{5}\right)^{n-1}=4\ 000-4\ 000\left(\frac{4}{5}\right)^n$$

第一年旅游业收入为 400 万元，第二年旅游业收入为 $400\cdot\left(1+\frac{1}{4}\right)$ 万元，……，第 n 年旅游业的收入为$400\left(1+\frac{1}{4}\right)^{n-1}$万元，所以 n 年内的旅游业总收入为

$$b_n=400+400\left(1+\frac{1}{4}\right)+\cdots+400\left(1+\frac{1}{4}\right)^{n-1}=1\ 600\left(\frac{5}{4}\right)^n-1\ 600$$

(2) 设经过 n 年旅游业的总收入才能超过总投入，由此 $b_n-a_n>0$，即

$$1\ 600\times\left[\left(\frac{5}{4}\right)^n-1\right]-4\ 000\times\left[1-\left(\frac{4}{5}\right)^n\right]>0$$

化简得
$$5\times\left(\frac{4}{5}\right)^n+2\times\left(\frac{5}{4}\right)^n-7>0$$

设 $x=\left(\frac{4}{5}\right)^n$，代入上式得 $5x^2-7x+2>0$. 解此不等式，得 $x<\frac{2}{5}$，$x>1$(舍去)，即

$$\left(\frac{4}{5}\right)^n<\frac{2}{5}$$

由此得 $n\geqslant 5$.

答：至少经过5年，旅游业的总收入才能超过总投入.

点评 本题主要考查建立函数关系式、数列求和、不等式等基础知识，考查综合运用数学知识解决实际问题的能力.

例2 (1999年高校招收保送生综合测试题) 现有流量为300 m^3/s 的两条河流 A,B 汇合于某处后，不断混合，它们的含沙量分别为 2 kg/m^3 和 0.2 kg/m^3. 假设从汇合处开始，沿岸设有若干个观测点，两股水流在流经相邻两个观测点的过程中，其混合效果相当于两股水流在 1 s 内交换 100 m^3 的水量，即从 A 股流入 B 股 100 m^3 水，经混合后，又从 B 股流入 A 股 100 m^3 水，并

混合在一起，问：从第 n 个观测点开始，两股河水的含沙量之差小于 0.01 kg/m³(不考虑泥沙沉淀)？(设含沙量为 a kg/m³ 和 b kg/m³ 的两股水流在单位时间内流过的水量分别为 p m³，q m³，则其混合后的含沙量为 $\dfrac{ap+bq}{p+q}$ kg/m³).

解 设第 n 个观测点处 A 股水流含沙量为 a_n kg/m³，B 股水流含沙量为 b_n kg/m³，$n\in\mathbf{N}^*$，则

$$a_1=2, b_1=0.2, b_n=\frac{1}{400}(300b_{n-1}+100a_{n-1})=\frac{1}{4}(3b_{n-1}+a_{n-1})$$

$$a_n=\frac{1}{300}(200a_{n-1}+100b_n)=\frac{1}{4}(3a_{n-1}+b_{n-1})$$

所以
$$a_n-b_n=\frac{1}{2}(a_{n-1}-b_{n-1})=\cdots=\frac{1}{2^{n-1}}(a_1-b_1)=\frac{1.8}{2^{n-1}}$$

由题设 $a_n-b_n<0.01$，所以

$$\frac{1.8}{2^{n-1}}<0.01, 2^{n-1}>180, n\geqslant 9$$

所以从第 9 个观测点开始，两股水流的含沙量之差小于 0.01 kg/m³.

例 3 13 世纪初意大利数学家斐波那契研究过著名的兔子繁殖数目问题：

年初有一对小兔，一雌一雄，小兔第一个月长大，第二个月就繁殖生出一雌一雄一对小兔，以后，凡成熟的一对大兔每月都生出一雌一雄一对小兔，而小兔对也依同样规律，第一个月长大成熟，第二个月开始每月生出一雌一雄一对小兔，问一年后共有多少对兔子？

我们从第一个月开始推算，不难发现规律：

当月兔对数目 = 上月兔对数目 + 上月中能生小兔的大兔对数目 =

上月兔对数目 + 前月兔对数目

若记第 n 个月兔对数目为 f_n，建立递归关系

$$f_{n+1}=f_n+f_{n-1}\quad (n\geqslant 2) \qquad ①$$

并有初始条件

$$f_1=f_2=1 \qquad ②$$

不难由 ①② 直接算得 $f_{13}=233$，即一年后(第十三个月时)共有兔子 233 对，一般地

$$f_n=\frac{1}{\sqrt{5}}\left[\left(\frac{1+\sqrt{5}}{2}\right)^n-\left(\frac{1-\sqrt{5}}{2}\right)^n\right]$$

解 设

$$f_{n+1}-\alpha f_n=\beta(f_n-\alpha f_{n-1})$$

则
$$f_{n+1}=(\alpha+\beta)f_n-\alpha\beta f_{n-1}$$

与原递推式比较可知

$$\alpha+\beta=1,\alpha\beta=-1$$

因此,α,β 是方程 $x^2-x-1=0$ 的两根,所以

$$\alpha,\beta=\frac{1}{2}(1\pm\sqrt{5})$$

由此可知 $\{f_{n+1}-\alpha f_n\}$ 与 $\{f_{n+1}-\beta f_n\}$ 是公比分别为 α,β 的等比数列,所以

$$f_{n+1}-\alpha f_n=\beta^{n-1}(1-\alpha\cdot 1)=\beta^n$$

同理 $f_{n+1}-\beta f_n=\alpha^n$,两式相减得

$$f_n=(\alpha^n-\beta^n)/(\alpha-\beta)$$

所以
$$f_n=\frac{1}{\sqrt{5}}\left[\left(\frac{1+\sqrt{5}}{2}\right)^n-\left(\frac{1-\sqrt{5}}{2}\right)^n\right]$$

点评 满足递归关系①及初始条件②的数列称为斐波那契数列,斐波那契数列及有关问题至今仍是数学竞赛的热点,它与优选法、算法分析等数学分支密切相关.

例 4 第一个月有一对大兔,每月生 α 个雄兔,β 个雌兔,小雌兔隔月长大后也同样生 α 个雄兔 β 个雌兔.问第 n 个月后共有兔多少只?

解 设 a_n 表示第 n 个月雄兔数,b_n 表示第 n 个月雌兔数,则依题意建立递推关系

$$\begin{cases}a_n=a_{n-1}+\alpha b_{n-2}\\ b_n=b_{n-1}+\beta b_{n-2}\end{cases}$$

初始值:$a_0=1,a_1=\alpha+1,b_0=1,b_1=\beta+1$ 可先求关于 b_n 的递归关系,无论特征根是单根或二重根,再分别求解 $a_n-a_{n-1}=aq_i^n$ 或 $a_n-a_{n-1}=anq_j^n$,累加即可(当单根时,$i=1,2$,j 不出现,当重根时,$i=1,j=1$).

例 5 平面上有 n 条直线,任两条不平行,任三条不交于同一个点.问:

(1) 这 n 条直线共有多少个交点?

(2) n 条直线分割平面将形成多少个不相交的区域?

解 (1) 设 $n-1$ 条直线有符合要求的交点 a_{n-1},添上第 n 条直线,新线与前 $n-1$ 条中每条交且只交一点,所以 n 条直线有符合要求的交点为 $a_n=a_{n-1}+(n-1)$,$a_2=1$,解之得 $a_n=\dfrac{n(n-1)}{2}$.

(2) 设 $n-1$ 条直线交得区域数为 a_{n-1},则 $a_1=2,a_2=4$.当添加上第 n 条线,相当于在第 n 条线上添加上 $n-1$ 个点,把此线分成 n 条线段(有 2 条是射线),每一段把原来的区域一分为二,从而增加 n 个区域.因此 n 条直线把平面分成的区域为

$$a_n=a_{n-1}+n$$

解之得
$$a_n=\frac{n(n+1)}{2}+1$$

点评 在上述两例的推导过程中，我们用到 $n-1$ 个点把直线划分为 n 段，这一结论与题目中的结论有联系，推广它们，可以提出更为一般的问题：任何两个都不平行，任何四个都不相交于一点的 n 个平面，将空间分成多少个部分？这个问题留给读者思考（答案是 $\frac{1}{6}(n^3+5n+6)$），如果再换一个角度考虑，考虑两束直线的情形则有如下例题.

例6 过平面上两点 A，B 分别有 m，n 条直线，问这 $m+n$ 条直线最多可将平面分成多少部分？（$mn\neq 0$）

分析与解 这是一个二元序列问题，设这 $m+n$ 条直线最多可将平面分成 $f(m,n)$ 部分，显然有 $f(1,1)=4$. 为了求得递归关系，可从简单情形入手，先考察 $m=1$ 的情形，这时，$1+n$ 条直线最多可将平面分成 $f(1,n)$ 部分，且有 $f(1,n)=f(1,n-1)+3$. 这是因为在点 B 增加一条直线时，它被点 B 及过点 A 的那条直线分成了三条线段或射线，使原有的平面部分数增加了相应的线段或射线的段数，对上式进行迭代可得
$$f(1,n)=f(1,n-1)+3=f(1,n-2)+3\times 2=\cdots=$$
$$f(1,1)+3(n-1)=3n+1$$

同理，若点 B 已有 n 条直线，则在点 A 增加一条直线时，它最多与这些直线有 n 个交点，而增加的这条直线被这 n 条直线及点 A 分成 $n+2$ 段，每一段又将所在区域一分为二，即比原来增加了 $n+2$ 个区域，因此有
$$f(m,n)=f(m-1,n)+n+2=f(m-2,n)+2(n+2)=\cdots=$$
$$f(1,n)+(m-1)(n+2)=$$
$$mn+2m+2n-1$$

例7 将一条宽为1的带子在宽为1，长为 $a_1,a_2,a_3,\cdots(a_1\neq 1)$ 的矩形板上互不重叠地紧紧地排列在一起，从第二个矩形板起，每个矩形板均与已排列在一起的这些矩形板所组成的矩形相似，但不全等，在放好前 n 个矩形板之后，已盖住带子的长度记为 S_n，是否存在一个不被 S_n 超过的实数？证明你的结论.

证明 如图1，根据题意得 $1:S_n=a_{n+1}:1$，所以 $a_{n+1}=\frac{1}{S_n}$，因 $S_{n+1}=S_n+a_{n+1}$，故对一切 $n(n\in\mathbf{N})$ 都有
$$S_{n+1}=S_n+\frac{1}{S_n}$$
所以
$$S_{n+1}^2=\left(S_n+\frac{1}{S_n}\right)^2>S_n^2+2$$

即 $S_{n+1}^2 - S_n^2 > 2, n=1,2,\cdots$，累加得

$$S_{n+1}^2 - S_1^2 > 2n$$

即 $S_{n+1}^2 > 2n + S_1^2 > 2n$，所以序列 $\{S_n^2\}$ 单调增加且无界，$\{S_n\}$ 也是如此，于是不存在一个不被 S_n 超过的实数.

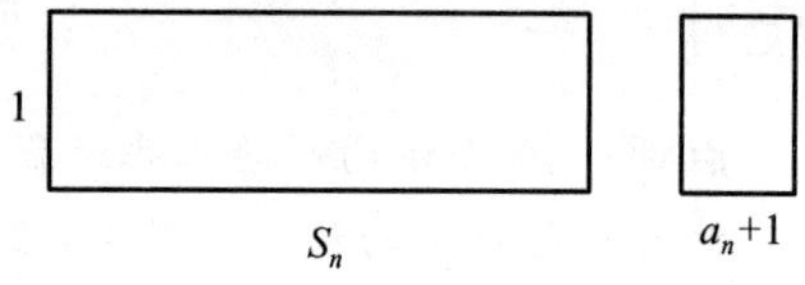

图 1

例 8 把圆分成几个不相等的扇形，并用红、蓝、黄三种颜色给扇形染色，但不允许相邻的扇形有相同的颜色，问：共有多少种染色法？

分析 直接讨论把圆分成任意 n 个不相等的扇形时的情况比较困难，此时不妨考虑把圆分成 k 个不等扇形的染色法与 $k+1$ 个不等扇形的染色法的递推关系.

解 设把圆分成 k 个不相等扇形时，其染色法为 a_k，则 $a_k + a_{k-1}$ 表示 k 与 1 两部分同色与异色的染色法.

如图 2，1 染色有 3 种方法，2，3，…，k 均有 2 种染色方法（k 与 1 可能同色，也可能异色），所以

$$a_k + a_{k-1} = 3 \cdot 2^{k-1} \quad (k \geqslant 3)$$

即

$$\sum_{k=3}^{n} [(-1)^{n-k} a_k + (-1)^{n-1} a_{k+1}] = \sum_{k=2}^{n} (-1)^{n-k} \times 3 \times 2^{k-1}$$

可得

$$a_n + (-1)^{n-3} a_2 = 3 \cdot \frac{2^{n-1}\left[1 - \left(-\frac{1}{2}\right)^{n-2}\right]}{1 - \left(-\frac{1}{2}\right)}$$

故

$$a_n = (-1)^{n-2} \cdot 6 + 2^n + (-1)^{n-1} \cdot 2^n = 2^n + 2 \cdot (-1)^{n-2} \quad (n \geqslant 2 \text{ 且 } a_1 = 3)$$

引申 2001 年全国高中数学联赛第 12 题，第一届北方数学奥林匹克邀请赛第四题（第二天第一题）都可以利用此题的结论加以解答.

同时，此题还可以利用递推关系这样考虑：

1 与 k 异色时，共有 a_{n-1} 种染色法；1 与 k 同色时，共有 $2a_{n-2}$ 种染色方法，所以 $a_n = a_{n-1} + 2a_{n-2}$（$n \geqslant 3$）. 其特征方程为 $\lambda^2 - \lambda - 2 = 0$，则 $\lambda_1 = 2$ 或 $\lambda_2 = -1$. 令

$$a_n = A \cdot 2^n + B \cdot (-1)^n$$

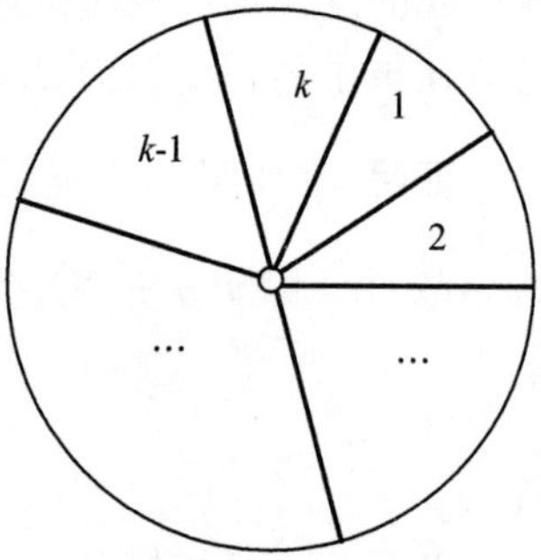

图 2

又 $a_1=3,a_2=6$,所以 $A=1,B=2$,故

$$a_n=2^n+2(-1)^{n-2}\quad(n\geqslant 2\text{ 且 }a_1=3)$$

例 9 已知有足够多个 1×1 的正方形和 2×1 的多米诺骨牌,设 n 是大于 3 的整数,问:拼成 $3\times n$ 的长方形有多少种不同的方法,其中多米诺骨牌较长的边与长方形边长为 3 的边平行,且任意两块多米诺骨牌均不相邻.

分析 假设长方形边长为3的边为竖直方向,每一列要么是上面为一块多米诺骨牌,下面为一块单位正方形;要么是上面为一块单位正方形,下面为一块多米诺骨牌;要么是三块单位正方形,分别设拼法为 a_n,b_n,c_n,由此探索递推关系.

解 对于 $3\times n$ 的长方形,设最后面一列上面为一块多米诺骨牌,下面为一块单位正方形时,有 a_n 种不同拼法;最后面的一列是上面为一块单位正方形,下面为一块多米诺骨牌时,有 b_n 种不同拼法;最后面的一列是三块单位正方形时,有 c_n 种不同拼法,于是 $a_1=b_1=c_1=1$. 因为在包含一块多米诺骨牌的列的左边且与其相邻的那一列只能是三块单位正方形;在包含三块单位正方形的列的左边且与其相邻的那一列有三种可能组合,所以 $a_{n+1}=c_n,b_{n+1}=c_n$, $c_{n+1}=a_n+b_n+c_n$.

因此只需求 $d_n=a_n+b_n+c_n$ 的值.

因为

$$d_{n+1}=a_{n+1}+b_{n+1}+c_{n+1}=c_n+c_n+a_n+b_n+c_n=d_n+2(a_{n-1}+b_{n-1}+c_{n-1})$$

所以 $d_{n+1}=d_n+2d_{n-1}$. 特征方程为 $x^2-x-2=0$,根为 $-1,2$. 令 $d_n=(-1)^n\cdot A+2^n\cdot B$. 又

$$d_1=a_1+b_1+c_1=3,d_2=a_2+b_2+c_2=5$$

易求 $A=-\frac{1}{3},B=\frac{4}{3}$,所以 $d_n=\frac{1}{3}[(-1)^{n+1}+2^{n+2}]$.

点评 此题对 $3\times n$ 的长方形从 3 类考虑,递推方法易于建立.

例 10 设有 2^n 个球分成了许多堆,我们可以任意选甲、乙两堆来按照以下规则挪动:若甲堆的球数 p 不少于乙堆的球数 q,则从甲堆拿 q 个球放到乙堆里去,这样算是挪动一次. 证明:可以经过有限次挪动把所有的球合并成一堆.

分析 由 $n=k$ 过渡到 $n=k+1$ 时,球的个数由 2^k 个变成 2^{k+1} 个,比 2^k 个多出一倍,要想利用归纳假设,就必须把球数减少一半,如何才能完成这种减少呢? 可视 2 个球为 1 个球.

证明 对 n 进行归纳证明.

(1) 当 $n=1$ 时,共有 2 个球,可能只有一堆,不必挪动;可能分成两堆,每堆 1 个,挪动一次就可以达到目的,因此命题成立.

(2) 假设当 $n=k(k\geqslant 1,k\in\mathbf{N})$ 时,命题成立,即 2^k 个球分成许多堆之后可

按照规则并成一堆.

当 $n=k+1$ 时,2^{k+1} 个球有若干堆,显然有奇数个球的堆数必为偶数,在这偶数堆中(每堆有奇数个球),每两堆挪动一次,可使这些堆的球数由奇数个变为偶数个.这样所有堆都有偶数个球,现把每堆中任 2 个球看成是结合在一起的"大球",则共有 2^{k+1} 个球可看作共有 2^k 个"大球",这 2^k 个"大球"由归纳假设可合并成一堆,此时即 2^{k+1} 个已合并成一堆了,因此 $n=k+1$ 时命题成立.

由(1)(2) 知对任意自然数 $n(n\geqslant 1)$ 命题成立.

例 11 若 n 项的正整数数列 $x_1,x_2,\cdots,x_n$ 满足条件:

(1)$x_1<x_2<\cdots<x_n$;

(2) 数列中的所有奇数项 $x_1,\cdots,x_3,x_5,\cdots$ 全是奇数,所有偶数项 $x_2,x_4,x_6,\cdots$ 全是偶数.求最大项不大于 n 的此类数列的个数.

解 设最大项不大于 n 的数列个数为 a_n,

(1) 当 $n+2$ 为奇数时,最大项不大于 $n+2$ 的数列由两类组成:① 最大项不大于 $n+1$ 的数列,这类数列共有 a_{n+1} 种,② 最大项为 $n+2$ 的数列,可在最大项不大于 n 的数列后面添加 $n+2$ 或 $n+1,n+2$ 得到,如数列(1) 变为$(1,n+1,n+2)$;数列(1,2) 变成$(1,2,n+2)$;另外$(n+2)$ 也符合要求,故有 $a_{n+2}=a_{n+1}+a_n+1$.

(2) 当 $n+2$ 为偶数时,用(1) 的方法同样可以得到 $a_{n+2}=a_{n+1}+a_n+1$,则 $|a_n+1|$ 的特征方程 $x^2=x+1$,所以

$$a_{n+1}=A\left(\frac{1+\sqrt{5}}{2}\right)^n+B\left(\frac{1-\sqrt{5}}{2}\right)^n$$

注意到 $a_1=1,a_2=2$,则

$$a_n=\frac{\sqrt{5}}{5}\left[\left(\frac{1+\sqrt{5}}{2}\right)^{n+2}-\left(\frac{1-\sqrt{5}}{2}\right)^{n+2}\right]-1\quad(n\in\mathbf{N}^*)$$

点评 在竞赛中出现的此类问题的特例:一个递增的整数数列,如果它的第一项为奇数,第二项为偶数,第三项为奇数,第四项为偶数,依此类推,则称它为交错数列,空集也当作一个交错数列,每项都取自集合$\{1,2,\cdots,n\}$的所有交错数列的个数记为$A(n)$,显然$A(1)=2,A(2)=3$,求$A(20)$并说明理由.(答案 17 711)

例 12 设 n 为正整数,$f(n)$ 表示满足以下条件的 n 位数(称为波形数)$a_1,a_2,\cdots,a_n$ 的个数.

(i) 每 $a_1,a_2,\cdots,a_n,\cdots$ 一位数码 $a_i\in\{1,2,3,4\}$,且 $a_i\neq a_{i+1}(i=1,2,\cdots)$;

(ii) 当 $n\geqslant 3$ 时,a_i-a_{i+1} 与 $a_{i+1}-a_{i+2}(i=1,2,\cdots)$ 的符号相反.

求:(1) 求 $f(10)$ 的值;(2) 确定 $f(2\ 008)$ 被 13 除得的余数.

解 当 $n\geqslant 2$ 时,记 $a_n>a_{n-1}$ 的波形数个数为 $g(n)$,则由对称性有

$g(n)=\frac{1}{2}f(n)$，故 $a_{n-1}=1, a_n=2,3,4$；$a_{n-1}=2, a_n=3,4$；$a_{n-1}=3, a_n=4$；用 $m(i)$ 表示末位为 i 的 $a_{n-2}>a_{n-1}$ 的 $n-1$ 位波形数个数，则

$$m(1)+m(2)+m(3)+m(4)=g(n-1)$$

$m(4)=0$，当 $a_{n-1}=1$ 时，$a_{n-2}=2,3,4$，则 $m(1)=g(n-2)$.

当 $a_{n-1}=3$ 时，$a_{n-2}=4, a_{n-3}=1,2,3$，则 $m(3)=g(n-3)$，故

$$g(n)=3m(1)+2m(2)+m(3)=2g(n-1)+g(n-2)-g(n-3)$$

易知 $g(2)=6, g(3)=14, g(4)=31, \cdots, g(10)=4\ 004$

故 $f(10)=2g(10)=8\ 008$，又注意到 $g(n)$ 被 13 除的余数列为：6，1，5，5，1，2，0，1，0，1，1，3，6，1，5，5，… 最小正周期为 12；

故 $g(2\ 008)\equiv g(4)\equiv 5(\bmod 13)$，因此，$f(2\ 008)\equiv 10(\bmod 13)$.

例 13 如图 3，设 A, E 为正八边形的相对顶点，一只青蛙从顶点 A 处开始跳跃，除顶点 E 外青蛙可以从八边形的任意顶点跳到两相邻顶点中的任一个，当它跳到顶点 E 时就停在那里，设青蛙从顶点 A 恰好跳 n 次后到 E 的方法数为 a_n. 求 a_n.

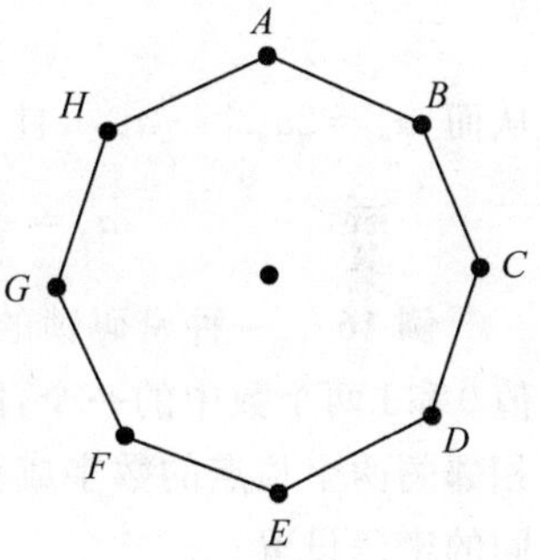

图 3

解 显然 $a_1=a_2=a_3=a_{2m-1}=0(m\in\mathbf{N}^*)$，$a_4=2$，设从顶点 C 处跳 n 步到 E 的跳法为 b_n，则 $b_2=1$.

对 a_n，从顶点 A 先跳两步可分为：

(1) 到点 C 或 G；

(2) 从点 A 到 B 或 H 后再回到 A，于是 $a_n=2b_{n-2}+2a_{n-2}$.

对 b_n，从顶点 C 先跳两步也可以分为：

(1) 到达点 A；

(2) 从点 C 到 B 或 D 后再回到 C，于是 $b_n=a_{n-2}+2b_{n-2}$，从而 $a_n=4a_{n-2}-2a_{n-4}$（n 是偶数），且 $a_4=2, a_6=8$，故

$$a_{2m}=\frac{1}{\sqrt{2}}(2+\sqrt{2})^{m-1}-\frac{1}{\sqrt{2}}(2-\sqrt{2})^{m-1}$$

例 14 设 $a_i=0,1(i=1,2,\cdots,n)$，试求满足 $a_1\leqslant a_2, a_2\geqslant a_3, a_3\leqslant a_4, a_4\geqslant a_5, \cdots$ 的序列 $(a_1, a_2, \cdots, a_n)$ 的个数.

解 设 f_n 是满足条件的序列的个数，则 $f_1=2, f_2=3, f_3=5$；设当 $a_n=0$ 时满足条件的序列个数有 b_n 个；当 $a_n=1$ 时满足条件的序列的个数有 c_n 个，则 $f_n=b_n+c_n$；易得，当 n 为奇数时，有 $c_n=c_{n-1}$，且 $b_n=f_{n-1}$，当 n 为偶数时，有 $b_n=b_{n-1}$，且 $c_n=f_{n-1}$.

于是，当 n 为奇数时，有 $f_n=b_n+c_n=f_{n-1}+c_{n-1}=f_{n-1}+f_{n-2}$；

同理，当 n 为偶数时，也有 $f_n=f_{n-1}+f_{n-2}$.

从而知 f_n 是斐波那契数列，且有 $f_n=F_{n+2}$，故

$$f_n=\frac{1}{\sqrt{5}}\left[\left(\frac{1+\sqrt{5}}{2}\right)^{n+2}-\left(\frac{1-\sqrt{5}}{2}\right)^{n+2}\right]$$

例 15 在 $2\times n$ 的方格表中，用红、白两色给 $2n$ 个方格染色，每个方格只染一种颜色，如果要求相邻两格不能都染红色，问：有几种不同的染色方法？

解 设满足条件的染色方法共有 a_n 种，设在 $2\times n$ 个方格表中第一列染上红下白的染法有 b_n 种.

在 a_n 中，可以是第一列两格均染白色或第一列染一红一白，于是，有 $a_n=a_{n-1}+2b_n$；

在 b_n 中，对第二列可以是两格均染白色或染上白下红，于是

$$b_n=a_{n-2}+b_{n-1}$$

从而，$a_n=2a_{n-1}+a_{n-2}$，且 $a_1=3$，$a_2=7$，故

$$a_n=\frac{1}{2}\left[(1+\sqrt{2})^{n+1}+(1-\sqrt{2})^{n+1}\right]$$

例 16 一种密码锁的密码设置是在正 n 边形 $A_1A_2\cdots A_n$ 的每个顶点处赋值 0 和 1 两个数中的一个，同时，在每个顶点处染红、蓝两种颜色之一，使得任意相邻的两个顶点的数字或颜色中至少有一个相同，问该种密码锁共有多少种不同的密码设置？

解 设满足条件的所有设置共有 a_n 种，设点 A_1 与 A_2 处的赋值与颜色完全相同时有 b_n 种；点 A_1 与 A_2 处的赋值与颜色仅有一个相同时有 c_n 种；点 A_1 与 A_2 处的赋值与颜色完全不同时有 d_n 种，则

$$a_n+d_n=4\cdot 3^{n-1},\quad a_n=b_n+c_n,\quad b_n=a_{n-1}$$

考虑 A_1 与 A_3 处的赋值与颜色.

(1) 当点 A_1 与 A_3 处的赋值与颜色完全相同时，A_2 有三种设置方法，则有 $3b_{n-1}$ 种；

(2) 当点 A_1 与 A_3 处的赋值与颜色仅有一个相同时，A_2 有两种设置方法，则有 $2c_{n-1}$ 种；

(3) 当点 A_1 与 A_3 处的赋值与颜色完全不同时，A_2 有两种设置方法，则有 $2d_{n-1}$ 种；故

$$a_n=3b_{n-1}+2c_{n-1}+2d_{n-1}=a_{n-2}+8\times 3^{n-2}$$

又易得

$$a_3=28,\quad a_4=84$$

所以

$$a_n=\begin{cases}3^n+1 & (n=2k+1)\\ 3^n+3 & (n=2k)\end{cases}$$

例 17 一幢长方形的建筑物由两排正方形的房间构成，且每排有 n 个房间

(像一个 $2\times n$ 的棋盘),每个房间有三扇门通往相邻的1,2或3间房子(朝向该建筑物外面的门不算),若从任何一个房间可以通过这些门走到另外的任意一间房间,问有多少种方式来设计这些房间的门,使得满足上述条件?

解 设对于 $2\times n$ 长方形的建筑物,满足题设条件的方法有 a_n 种.

设当第 n 列的中间墙没有门时不能完全畅通,但在中间墙有门后就能完全畅通的方法有 b_n 种.则对于 a_n 可分为:

(1) 当前面 $2(n-1)$ 个房间完全畅通时,第 n 列的三个门有四种设置方式,都能保证所有的房间完全畅通,则有 $4a_{n-1}$ 种.

(2) 当前面 $2(n-1)$ 个房间不完全畅通时,而在有第 n 列后能完全畅通,则说明:

① 第 n 列有三个门;

② 前面第 $n-1$ 列中不能到达的房间中有第 $n-1$ 列的房间;

此时,必有第 $n-1$ 列的中间墙没有门,而当第 $n-1$ 列的中间墙设置门后就能使前 $n-1$ 列完全畅通,则有 b_{n-1} 种;从而,$a_n=4a_{n-1}+b_{n-1}$.

对于 b_n 可分为:

(1) 当前面 $2(n-1)$ 个房间完全畅通时,第 n 列的中间墙没有门就不完全畅通,则第 n 列的两个边墙有且只有一个门,所以,有 $2a_{n-1}$ 种;

(2) 当前面 $2(n-1)$ 个房间不完全畅通时,同样有第 $n-1$ 列的中间墙没有门,所以,有 b_{n-1} 种;从而,$b_n=2a_{n-1}+b_{n-1}$,则 $a_n=5a_{n-1}-2a_{n-2}$;且 $a_1=1$,$a_2=5$;故

$$a_n=\frac{1}{\sqrt{17}}\left[\left(\frac{5+\sqrt{17}}{2}\right)^n-\left(\frac{5-\sqrt{17}}{2}\right)^n\right]$$

例 18 在美国广为流传的一道数学题目是:老板给你两种加工资的方案,第一种方案是每年年末(12月底)加薪一次,每次所加的工资数是在上次所加工资数的基础上再增加1 000元;第二种方案是每半年(6月底和12月底)各加薪一次,每次所加的工资数是在上次所加工资数的基础上再增加300元,请选择一种.

根据上述条件,试问:

(1) 如果你将在该公司工作十年,你将选择哪一种加工资的方案?(说明理由).

(2) 如果第二种方案中的每半年加300元改成每半年加 a 元,那么 a 在什么范围内取值时,选择第二种方案总是比选择第一种方案多加薪?

分析 依照数列的相关知识,分类计算,然后作差比较就可以了.

解 (1) 第10年末,依第一种方案,得 $1\,000+2\,000+\cdots+10\,000=55\,000$(元);

依第二种方案，得 $300+300\times2+300\times3+\cdots+300\times20=63\ 000$(元).因为 $63\ 000-55\ 000=8\ 000$(元)，所以在该公司工作十年，选择第二种方案比选择第一种方案多加薪 8 000 元.

(2) 第 n 年末，依第一方案，得 $1\ 000(1+2+3+\cdots+n)=500n(n+1)$(元).

依第二方案，得 $a(1+2+3+\cdots+2n)=an(2n+1)$(元). 由题意，不等式 $an(2n+1)>500n(n+1)$ 对所有正整数恒等成立，即

$$a>\frac{500(n+1)}{2n+1}=250+\frac{250}{2n+1}\geqslant$$

$$250+\frac{250}{3}=\frac{1\ 000}{3}$$

所以当 $a>\frac{1\ 000}{3}$ 时，总是第二方案加薪多.

点评 实际应用性的与不等式和数列相互联系的问题，是各类考试的热点之一，构建数学模型，实现实际问题数学化则是解题转化的基本要求.

例 19 某城市2008年末汽车保有量为30万辆，预计此后每年报废上一年末汽车保有量的6%，并且每年新增汽车数量相同，为保护城市环境，要求该城市汽车保有量不超过60万辆，那么每年新增汽车数量不应超过多少辆?

分析 化归为数列问题，构建重要模型 $x_{n+1}=cx_n+d$.

解 设2008年末汽车保有量为 b_1 万辆，以后各年末汽车保有量依次为 b_2 万辆，b_3 万辆，……，每年新增汽车 x 万辆，则 $b_1=30$，$b_2=b_1\times0.94+x$. 对于 $n>1$，于是有 $b_{n+1}=0.94b_n+x$，从而 $b_{n+1}-\frac{x}{0.06}=0.94\left(b_n-\frac{x}{0.06}\right)$，这说明数列 $\left\{b_n-\frac{x}{0.06}\right\}$ 是等比数列，则有

$$b_{n+1}-\frac{x}{0.06}=\left(b_1-\frac{x}{0.06}\right)\times0.94^n$$

即

$$b_{n+1}=\frac{x}{0.06}+\left(30-\frac{x}{0.06}\right)\times0.94^n$$

当 $30-\frac{x}{0.06}\geqslant0$，即 $x\leqslant1.8$ 时，$b_{n+1}\leqslant b_n\leqslant\cdots\leqslant b_1=30$. 当 $30-\frac{x}{0.06}<0$，即 $x>1.8$ 时

$$\lim_{x\to\infty}b_n=\lim_{x\to\infty}\left[\frac{x}{0.06}+\left(30-\frac{x}{0.06}\right)\times0.94^{n-1}\right]=\frac{x}{0.06}$$

并且数列 $\{b_n\}$ 逐项增加，可以任意靠近 $\frac{x}{0.06}$. 因此，如果要求汽车保有量不超过60万辆，即 $b_n\leqslant60(n=1,2,3,\cdots)$，则 $\frac{x}{0.06}\leqslant60$，即 $x\leqslant3.6$(万辆). 综上，每年新增汽车不应超过 3.6 万辆.

点评 本题是一道紧扣社会的热点，既考知识，又考能力的好试题，当中的不等式 $b_{n+1}=\frac{x}{0.06}+\left(30-\frac{x}{0.06}\right)\times 0.94^{n}\leqslant 60$，显然是一个恒成立的问题，由此，你还可以产生另外一种解法，请读者自行思考.

例 20 在直角坐标系中，已知点 $P_n(x_n,y_n)$ 与点 $P_{n+1}(x_{n+1},y_{n+1})$，它们的坐标之间满足下列关系

$$x_{n+1}=\frac{1}{4}x_n+\frac{3}{4}y_n \quad ①$$

$$y_{n+1}=\frac{3}{4}x_n+\frac{1}{4}y_n \quad ②$$

对所有正整数 n 都成立. 回答：当 n 无限增大时，点 P_n 向哪个点趋近？并用 (x_0,y_0) 表示此点.

分析 设想由关系式消去 y_n 和 y_{n+1}，得到关于 $\{x_n\}$ 的关系式，困难太大. 注意到系数 $\frac{1}{4}$ 和 $\frac{3}{4}$ 的配置，两式相加，得 $x_{n+1}+y_{n+1}=x_n+y_n$，两式相减，有

$$x_{n+1}-y_{n+1}=-\frac{1}{2}(x_n-y_n)$$

考虑数列 $\{x_n+y_n\}$ 和 $\{x_n-y_n\}$ 的特征.

解 由 ①＋② 得

$$x_{n+1}+y_{n+1}=x_n+y_n$$

①－② 得

$$x_{n+1}-y_{n+1}=-\frac{1}{2}(x_n-y_n)$$

数列 $\{x_n+y_n\}$ 中的各项都相等；$\{x_n-y_n\}$ 是首项为 x_1-y_1，公比为 $-\frac{1}{2}$ 的等比数列（当 $x_1\neq y_1$ 时），由于

$$x_n+y_n=x_{n-1}+y_{n-1}=\cdots=x_1+y_1 \quad ③$$

$$x_n-y_n=\left(-\frac{1}{2}\right)^{n-1}(x_1-y_1) \quad ④$$

由 ③＋④ 和 ③－④，得

$$x_n=\frac{1}{2}\left[(x_1+y_1)+\left(-\frac{1}{2}\right)^{n-1}(x_1-y_1)\right]$$

$$y_n=\frac{1}{2}\left[(x_1+y_1)-\left(-\frac{1}{2}\right)^{n-1}(x_1-y_1)\right]$$

当 n 无限增大时，$\left(-\frac{1}{2}\right)^{n-1}$ 趋近于零，因此 x_n 和 y_n 分别趋近于 $x_0=\frac{1}{2}(x_1+y_1)$，$y_0=\frac{1}{2}(x_1+y_1)$，即点 P_n 趋近于点 $\left(\frac{x_1+y_1}{2},\frac{x_1+y_1}{2}\right)$.

当 $x_1=y_1$ 时,点 $P_n(n=1,2,\cdots)$ 为不动点.

巩固练习

1.(山东省2012届高中数学夏令营数学竞赛)如果自然数 a 的各位数字之和等于5,那么称 a 为"吉祥数",将所有吉祥数从小到大排成一列 $a_1,a_2,\cdots,a_n$. 若 $a_n=2\,012$,则 $n=$________.

解　38. 设 $\overline{x_1x_2\cdots x_m}$ 为吉祥数,则 $x_1+x_2+\cdots+x_m=5$,由 $x_1\geqslant 1$ 和 $x_2,\cdots,x_m\geqslant 0$ 得 $(x_1-1)+x_2+\cdots+x_m=4$,所以,$\overline{x_1x_2\cdots x_m}$ 为第 C_{m+3}^4 个吉祥数. $\overline{1x_2\cdots x_m}$ 为第 C_{m+2}^4 个吉祥数.

由此得:一位吉祥数共1个,二位吉祥数共 $C_5^4=5$ 个,三位吉祥数共 $C_6^4=15$ 个,因以1为首位的四位吉祥数共 $C_6^4=15$ 个,以2为首位的前两个四位吉祥数为2 003和2 012,故 $n=1+5+15+15+2=38$.

2. 在一个由十进制数字组成的数码中,如果它含有偶数个数字8,则称它为"好数码"(如3887,2438086等),则长度不超过 n(n 为正整数)的所有"好数码"的个数是________.

解　$\frac{1}{2}\left(\frac{10^{n+1}}{9}+\frac{8^{n+1}}{7}-\frac{142}{63}\right)$. 设长度为 n 的"好数码"的个数为 a_n,则 $a_1=9$. 对于 a_n:在长度为 $n-1$ 的非"好数码"的末尾加8就成为长度为 n 的"好数码",且这样的数码有 $10^{n-1}-a_{n-1}$ 个;在长度为 $n-1$ 的"好数码"的末尾加非8的数字就成为长度为 n 的"好数码",且这样的数码有 $9a_{n-1}$ 个,于是

$$a_n=9a_{n-1}+10^{n-1}-a_{n-1}=8a_{n-1}+10^{n-1}$$

从而

$$a_n=\frac{1}{2}(10^n+8^n)$$

所求为 $\frac{1}{2}\left(\frac{10^{n+1}}{9}+\frac{8^{n+1}}{7}-\frac{142}{63}\right)$.

3. 将 m 位性别相同的客人,按如下方法入住 $A_1,A_2,\cdots,A_n$ 共 n 个房间. 首先,安排1位客人和余下的客人的 $\frac{1}{7}$ 入住房间 A_1;然后,从余下的客人中安排2位和再次余下的客人的 $\frac{1}{7}$ 入住房间 A_2;依此类推,第几号房间就安排几位客人和余下的客人的 $\frac{1}{7}$ 入住;这样,最后一间房间 A_n 正好安排最后余下的 n 位客人. 试求客人的数目和客房的数目,以及每间客房入住客人的数目.

解　设安排完第 k 号客房 A_k 后还剩下 a_k 位客人,则 $a_0=m,a_{n-1}=n$.

因为第 k 号客房 A_k 入住的客人数为 $k+\frac{a_{k-1}-k}{7}$，所以 $a_{k-1}-a_k=k+\frac{a_{k-1}-k}{7}$，即 $a_k=\frac{6}{7}(a_{k-1}-k)$ 变形得

$$a_k+6k-36=\frac{6}{7}[a_{k-1}+6(k-1)-36]$$

这表明数列 $b_k=a_k+6k-36$ 是等比数列，公比 $q=\frac{6}{7}$，其中 $b_0=a_0-36=m-36$，$b_{n-1}=a_{n-1}+6(n-1)-36=7n-42$.

代入通项公式得 $7n-42=(m-6)\left(\frac{6}{7}\right)^{n-1}$，即

$$m=36+\frac{7^n(n-6)}{6^{n-1}}$$

由于 m 为正整数，并且 7^n 与 6^{n-1} 互质，故 $6^{n-1}\mid(n-6)$，但

$$0\leqslant\left|\frac{n-6}{6^{n-1}}\right|<1\quad(n>1)$$

解得 $n=6$，从而 $m=36$. 由此可知，客房 A_1 入住 $1+\frac{36-1}{7}=6$ 位客人；客房 A_2 入住 $2+\frac{30-2}{7}=6$ 位客人；客房 A_3 入住 $3+\frac{24-3}{7}=6$ 位客人；客房 A_4 入住 $4+\frac{18-4}{7}=6$ 位客人；客房 A_5 入住 $5+\frac{12-5}{7}=6$ 位客人；最后一间客房入住了剩下的 6 位客人.

综上可知，共有客人 36 人，客房 6 间，每间客房均入住 6 位客人.

4. 某公司一下属企业从事某种高科技产品的生产. 该企业第一年年初有资金 2 000 万元，将其投入生产，到当年年底资金增长了 50%，预计以后每年资金年增长率与第一年的相同. 公司要求企业从第一年开始，每年年底上缴资金 d 万元，并将剩余资金全部投入下一年生产. 设第 n 年年底企业上缴资金后的剩余资金为 a_n 万元.

(1) 用 d 表示 a_1，a_2，并写出 a_{n+1} 与 a_n 的关系式；

(2) 若公司希望经过 $m(m\geqslant3)$ 年使企业的剩余资金为 4 000 万元，试确定企业每年上缴资金 d 的值(用 m 表示).

解 (1) 由题意得

$$a_1=2\,000\times(1+50\%)-d=3\,000-d$$

$$a_2=a_1(1+50\%)-d=\frac{3}{2}a_1-d=4\,500-\frac{5}{2}d$$

$$a_{n+1}=a_n(1+50\%)-d=\frac{3}{2}a_n-d$$

(2) 由(1) 得

$$a_n=\frac{3}{2}a_{n-1}-d=\frac{3}{2}\left(\frac{3}{2}a_{n-2}-d\right)-d=\left(\frac{3}{2}\right)^2a_{n-2}-\frac{3}{2}d-d=\cdots=$$

$$\left(\frac{3}{2}\right)^{n-1}a_1-d\left[1+\frac{3}{2}+\left(\frac{3}{2}\right)^2+\cdots+\left(\frac{3}{2}\right)^{n-2}\right]$$

整理得

$$a_n=\left(\frac{3}{2}\right)^{n-1}(3\ 000-d)-2d\left[\left(\frac{3}{2}\right)^{n-1}-1\right]=\left(\frac{3}{2}\right)^{n-1}(3\ 000-3d)+2d$$

由题意，$a_m=4\ 000$，即

$$\left(\frac{3}{2}\right)^{m-1}(3\ 000-3d)+2d=4\ 000$$

解得

$$d=\frac{\left[\left(\frac{3}{2}\right)^m-2\right]\times 1\ 000}{\left(\frac{3}{2}\right)^m-1}=\frac{1\ 000(3^m-2^{m+1})}{3^m-2^m}$$

故该企业每年上缴资金 d 的值为$\frac{1\ 000(3^m-2^{m+1})}{3^m-2^m}$时，经过 $m(m\geqslant 3)$ 年企业的剩余资金为 4 000 万元.

5.(2007 上海卷) 近年来，太阳能技术运用的步伐日益加快. 2002 年全球太阳电池的年生产量达到 670 兆瓦，年生产量的增长率为 34%. 以后四年中，年生产量的增长率逐年递增 2%(如 2003 年的年生产量的增长率为 36%).

(1) 求 2006 年全球太阳电池的年生产量(结果精确到 0.1 兆瓦)；

(2) 目前太阳电池产业存在的主要问题是市场安装量远小于生产量，2006 年的实际安装量为 1 420 兆瓦. 假设以后若干年内太阳电池的年生产量的增长率保持在 42%，到 2010 年，要使年安装量与年生产量基本持平(即年安装量不少于年生产量的 95%)，这四年中太阳电池的年安装量的平均增长率至少应达到多少(结果精确到 0.1%)？

解 (1) 由已知得 2003，2004，2005，2006 年太阳电池的年生产量的增长率依次为 36%，38%，40%，42%，则 2006 年全球太阳电池的年生产量为

$$670\times 1.36\times 1.38\times 1.40\times 1.42\approx 2\ 499.8(\text{兆瓦})$$

(2) 设太阳电池的年安装量的平均增长率为 x，则

$$\frac{1\ 420\ (1+x)^4}{2499.8\ (1+42\%)^4}\geqslant 95\%$$

解得 $x\geqslant 0.615$.

因此，这四年中太阳电池的年安装量的平均增长率至少应达到 61.5%.

6. 整数 $1,2,\cdots,n$ 的排列满足：每个数大于它之前的所有的数或者小于它

之前的所有的数.试问有多少个这样的排列?

解 通过建立递推关系来计算.设所求的个数为 a_n,则

$$a_1 = 1 \quad ①$$

对 $n>1$,如果 n 排在第 i 位,则它之后的 $n-i$ 个数完全确定,只能是 $n-i$, $n-i-1,\cdots,2,1$.而它之前的 $i-1$ 个数,$n-i+1,n-i+2,\cdots,n-1$,有 a_{i-1} 种排法,令 $i=1,2,\cdots,n$ 得递推关系.

$$a_n = 1 + a_1 + \cdots + a_{n-2} + a_{n-1} =$$
$$(1 + a_1 + \cdots + a_{n-2}) + a_{n-1} = a_{n-1} + a_{n-1} = 2a_{n-1} \quad ②$$

由 ①② 得

$$a_n = 2^{n-1}$$

7.如图 4,把正 $\triangle ABC$ 分成有限个全等的小正三角形,且在每个小三角形的顶点上都放置一个非零实数,使得任意两个相邻的小三角形组成的菱形的两组相对顶点上实数的乘积相等.设点 A 为第一行,……,BC 为第 n 行,记点 A 上的数为 $a_{11},\cdots$,第 i 行中第 j 个数为 $a_{ij}(1\leqslant j\leqslant i)$.若 $a_{11}=1,a_{21}=\frac{1}{2}$, $a_{22}=\frac{1}{4}$.

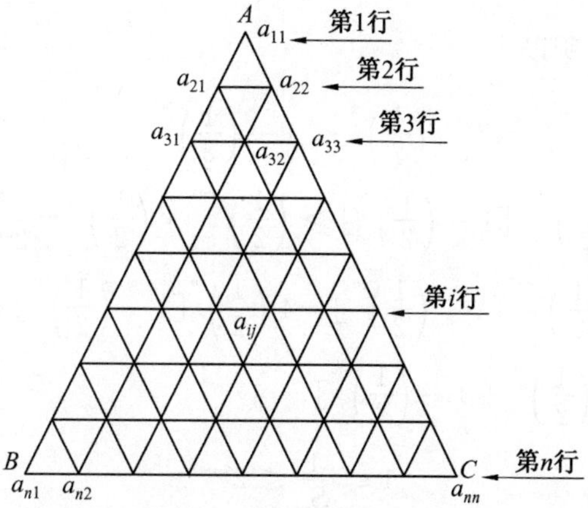

图 4

(1) 求 a_{31},a_{32},a_{33};

(2) 试归纳出第 n 行中第 m 个数 a_{nm} 的表达式(用含 n,m 的式子表示,不必证明);

(3) 记 $S_n=a_{n1}+a_{n2}+\cdots+a_{nn}$,证明

$$n\leqslant\frac{1}{S_1}+\frac{1}{S_2}+\cdots+\frac{1}{S_n}\leqslant\frac{4^n-1}{3}$$

解 (1) 因为 $a_{11}a_{32}=a_{21}a_{22}$，所以 $a_{32}=\frac{1}{8}$. 因为 $a_{22}a_{31}=a_{21}a_{32}$，所以 $a_{31}=\frac{1}{4}$.

因为 $a_{21}a_{33}=a_{22}a_{32}$，所以 $a_{33}=\frac{1}{16}$，所以 $a_{31}=\frac{1}{4}$，$a_{32}=\frac{1}{8}$，$a_{33}=\frac{1}{16}$.

(2) 由 $a_{11}=1$，$a_{21}=\frac{1}{2}$，$a_{31}=\frac{1}{4}$. 可归纳出 $a_{11},a_{21},a_{31},\cdots,a_{n1}$ 是公比为 $\frac{1}{2}$ 的等比数列，故 $a_{n1}=\frac{1}{2^{n-1}}$. 由 $a_{21}=\frac{1}{2}$，$a_{22}=\frac{1}{4}$；$a_{31}=\frac{1}{4}$，$a_{32}=\frac{1}{8}$，$a_{33}=\frac{1}{16}$.

可归纳出 $a_{n1},a_{n2},a_{n3},\cdots,a_{nn}$ 是公比为 $\frac{1}{2}$ 的等比数列，

$$a_{nm}=\frac{1}{2^{n-1}}\cdot\frac{1}{2^{m-1}}$$

$$a_{nm}=\frac{1}{2^{n+m-2}}$$

$$S_n=\frac{\left(\frac{1}{2}\right)^{n-1}\left[1-\left(\frac{1}{2}\right)^n\right]}{1-\frac{1}{2}}=\left(\frac{1}{2}\right)^{n-2}\left[1-\left(\frac{1}{2}\right)^n\right]$$

因为 $\left(\frac{1}{2}\right)^{n-1}\leqslant 1$，所以

$$\left(\frac{1}{2}\right)^n\leqslant 1-\left(\frac{1}{2}\right)^n$$

$$\left(\frac{1}{2}\right)^{n-2}\left[1-\left(\frac{1}{2}\right)^n\right]\geqslant\left(\frac{1}{2}\right)^{n-2}\cdot\left(\frac{1}{2}\right)^n=\frac{1}{2^{2n-2}}$$

$$\left(\frac{1}{2}\right)^{n-2}\left[1-\left(\frac{1}{2}\right)^n\right]=4\left(\frac{1}{2}\right)^n\left[1-\left(\frac{1}{2}\right)^n\right]\leqslant$$

$$\left[\left(\frac{1}{2}\right)^n+1-\left(\frac{1}{2}\right)^n\right]^2=1$$

所以
$$1\leqslant\frac{1}{S_n}\leqslant 2^{2n-2}$$

所以
$$n\leqslant\frac{1}{S_1}+\frac{1}{S_2}+\cdots+\frac{1}{S_n}\leqslant\frac{4^n-1}{3}$$

8. 设 n 是正整数，A_n 表示用 2×1 矩形覆盖 $2\times n$ 的方法数；B_n 表示由 1 和 2 组成的各项和为 n 的数列的个数；且

$$C_n=\begin{cases}C_m^0+C_{m+1}^2+C_{m+2}^4+\cdots+C_{2m}^{2m},n=2m\\C_{m+1}^1+C_{m+2}^3+C_{m+3}^5+\cdots+C_{2m+1}^{2m+1},n=2m+1\end{cases}$$

证明：$A_n=B_n=C_n$.

证明 由 A_n,B_n 的定义，容易得到 $A_{n+1}=A_n+A_{n-1}$，$A_1=1$，$A_2=2$，

$B_{n+1}=B_n+B_{n-1}, B_1=1, B_2=2$，又因为 $C_1=1, C_2=2$，且当 $n=2m$ 时

$$C_n+C_{n-1}=C_m^0+C_{m+1}^2+C_{m+2}^4+\cdots+C_{2m-1}^{2m-2}+C_{2m}^{2m}+C_m^1+C_{m+1}^3+C_{m+2}^5+\cdots+C_{2m-1}^{2m-1}=$$

$$C_{m+1}^1+C_{m+2}^3+C_{m+3}^5+\cdots+C_{2m}^{2m-1}+C_{2m+1}^{2m+1}=C_{n+1}$$

类似地可证在 $n=2m+1$ 时也有 $C_n+C_{n-1}=C_{n+1}$，从而 $\{A_n\}$，$\{B_n\}$ 和 $\{C_n\}$ 有相同的递推关系和相同的初始条件，所以 $A_n=B_n=C_n$.

9. 能否将下列数组中的数填入 3×3 的方格表，每个小方格中填一个数，使得每行、每列、两条对角线上的 3 个数的乘积都相等？若能，请给出一种填法；若不能，请给予证明.

(1)2,4,6,8,12,18,24,36,48；

(2)2,4,6,8,12,18,24,36,72.

解　(1) 不能. 因为若每行的积都相等，则 9 个数的积是立方数. 但是 $2\times4\times6\times8\times12\times18\times24\times36\times48=2^{1+2+1+3+2+1+3+2+4}\times3^{1+1+2+1+1+2+1}=2^{19}\cdot 3^8$ 不是立方数，故不能.

(2) 可以. 如下表：

36	2	24
8	12	18
6	72	4

表中每行、每列及对角线的积都是 $2^6\cdot2^3$.

10. 数列 $\{a_n\}$ 为：1,1,2,1,1,2,3,1,1,2,1,1,2,3,4,…，其构作方法是：首先给出 $a_1=1$，接着复制该项 1 后，再添加其后继数 2，于是得 $a_2=1, a_3=2$；接下来再复制前面所有的项 1,1,2，再添加 2 的后继数 3，于是得 $a_4=1, a_5=1, a_6=2, a_7=3$；

接下来再复制前面所有的项 1,1,2,1,1,2,3，再添加 3 的后继数 4，于是得前 15 项为 1,1,2,1,1,2,3,1,1,2,1,1,2,3,4，如此继续. 试求 $a_{2\,011}$ 以及数列前 2 011 项的和 $s_{2\,011}$.

解　据 $\{a_n\}$ 的构作方法，易知 $a_1=1, a_3=2, a_7=3, a_{15}=4,\cdots$，一般地，我们有 $a_{2^n-1}=n$，即数 n 首次出现于第 2^n-1 项，并且，若 $m=2^n-1+k$，$(1\leqslant k\leqslant 2^n-1)$，则有 $a_m=a_k$，由于

$$2\,011=2^{10}-1+988,\ 988=2^9-1+477,\ 477=2^8-1+222$$

$$222=2^7-1+95, 95=2^6-1+32, 32=2^5-1+1$$

所以 $a_{2\,011}=a_{988}=a_{477}=a_{222}=a_{95}=a_{32}=a_1=1$，为求 $s_{2\,011}$，先计算 s_{2^n-1}，由 $\{a_n\}$ 的构作方法知，数列的前 2^n-1 个项中，恰有 1 个 n，2 个 $n-1$，2^2 个 $n-2$，…，2^k 个 $n-k$，…，2^{n-1} 个 1，所以有

$$s_{2^n-1}=n+2(n-1)+2^2(n-2)+\cdots+2^{n-2}\cdot 2+2^{n-1}\cdot 1 \quad ①$$

从而

$$2s_{2^n-1}=2n+2^2(n-1)+2^3(n-2)+\cdots+2^{n-1}\cdot 2+2^n \quad ②$$

据 ①② 得

$$s_{2^n-1}=-n+(2+2^2+\cdots+2^{n-1}+2^n)=2^{n+1}-(n+2) \quad ③$$

其次，当 $m=2^n-1+k(1\leqslant k\leqslant 2^n-1)$，则

$$s_m=s_{2^n-1}+(a_{(2^n-1)+1}+a_{(2^n-1)+2}+\cdots+a_{(2^n-1)+k})=$$
$$s_{2^n-1}+(a_1+a_2+\cdots+a_k)=s_{2^n-1}+s_k$$

因此

$$s_{2\,011}=s_{2^{10}-1}+s_{988},s_{988}=s_{2^9-1}+s_{477},s_{477}=s_{2^8-1}+s_{222},s_{222}=s_{2^7-1}+s_{95}$$
$$s_{95}=s_{2^6-1}+s_{32},s_{32}=s_{2^5-1}+s_1,s_1=1$$

因此由 ③ 得

$s_{2\,011}=(2^{11}-12)+(2^{10}-11)+(2^9-10)+(2^8-9)+$
$(2^7-8)+(2^6-7)+1=$
$3\,996$

第 5 节　数列不等式的证明方法

数列不等式主要是指定义在正整数集上的一种代数不等式.由于数列是特殊的函数，因此，数列不等式大体可以分为三类：其一是纯数列方面的代数不等式，通常是以等差数列、等比数列，以及递推数列为载体的不等式；其二是以函数为依托的函数数列，通常是与函数的导数及单调性密切相关的代数不等式；其三是与平面直角坐标系中点的坐标相关联的点列不等式等等.于是对于数列不等式的证明除了用到通常的代数不等式的证明方法以外，还要特别关注构造法(构造函数等)、放缩法、数学归纳法、不等式法、比较法，以及加强命题法等方法的运用.以下通过实例来说明数列不等式的证明方法：

例 1　证明不等式：$n^{n+1}>(n+1)^n(n\in\mathbf{N}^*,n\geqslant 3)$.

证明　原不等式等价于

$$(n+1)\ln n>n\ln(n+1)\Leftrightarrow\frac{\ln n}{n}>\frac{\ln(n+1)}{n+1}$$

构造函数

$$f(x)=\frac{\ln x}{x}\quad(x\geqslant 3)$$

则

$$f'(x)=\frac{1-\ln x}{x^2}<0$$

所以 $f(x)$ 在 $[3,+\infty)$ 上为减函数，故有 $f(n)>f(n+1)$，即 $n^{n+1}>(n+1)^n$.

点评 本题是构造函数 $f(x)=\dfrac{\ln x}{x}(x\geqslant 3)$ 后再研究其单调性使不等式获证.

例 2 证明：$1+\dfrac{1}{2}+\dfrac{1}{3}+\cdots+\dfrac{1}{n}>\ln(n+1)+\dfrac{n}{2(n+1)}(n\in\mathbf{N}^*)$.

证明 构造数列 $\{a_n\}$，令 $a_n=\ln(n+1)+\dfrac{n}{2(n+1)}$，则 $a_1=\ln 2+\dfrac{1}{4}<1$. 又因为

$$a_n=a_1+(a_2-a_1)+(a_3-a_2)+\cdots+(a_n-a_{n-1})$$

故要证原不等式，只需证

$$a_n-a_{n-1}<\frac{1}{n}\quad(n\geqslant 2)$$

因为

$$a_n-a_{n-1}=\left[\ln(n+1)+\frac{n}{2(n+1)}\right]-\left(\ln n+\frac{n-1}{2n}\right)=\ln\frac{n+1}{n}+\frac{1}{2n(n+1)}$$

故只需证

$$\ln\frac{n+1}{n}+\frac{1}{2n(n+1)}<\frac{1}{n}$$

即证

$$\ln\frac{n+1}{n}<\frac{1}{2}\left(\frac{1}{n}+\frac{1}{n+1}\right)$$

令

$$f(x)=\ln\frac{x+1}{x}-\frac{1}{2}\left(\frac{1}{x}+\frac{1}{x+1}\right)\quad(x\geqslant 1)$$

则

$$f'(x)=\frac{1}{x+1}-\frac{1}{x}+\frac{1}{2}\left[\frac{1}{x^2}+\frac{1}{(x+1)^2}\right]=\frac{1}{2}\left(\frac{1}{x}-\frac{1}{x+1}\right)^2>0$$

$f(x)$ 在 $[1,+\infty)$ 上为增函数，$f(x)<\lim\limits_{x\to+\infty}f(x)$，又 $\lim\limits_{x\to+\infty}f(x)=0$，故

$$\ln\frac{x+1}{x}<\frac{1}{2}\left(\frac{1}{x}+\frac{1}{x+1}\right)$$

综上，知原不等式成立.

例 3 已知 $x_1>0$，$x_1\neq 1$，且 $x_{n+1}=\dfrac{x_n(x_n^2+3)}{3x_n^2+1}(n\in\mathbf{N}^*)$，试证：数列 $\{x_n\}$ 对任意 $n\in\mathbf{N}^*$ 都满足 $x_n<x_{n+1}$ 或满足 $x_n>x_{n+1}$.

证明 构造函数 $f(x)=\dfrac{x(x^2+3)}{3x^2+1}$，则 $f'(x)=\dfrac{3(x^2-1)^2}{(3x^2+1)^2}>0$，$f(x)$ 是增函数. 当 $x_1>1$ 时，易知 $x_1>x_2$，故 $f(x_1)>f(x_2)$，即 $x_2>x_3$，于是 $x_3>x_4,\cdots,x_n>x_{n+1}$. 当 $0<x_1<1$ 时，易知 $x_1<x_2$，故 $f(x_1)<f(x_2)$，即 $x_2<$

x_3，于是 $x_3 < x_4, \cdots, x_n < x_{n+1}$. 所以数列 $\{x_n\}$ 对任意 $n \in \mathbf{N}^*$ 都满足 $x_n < x_{n+1}$ 或满足 $x_n > x_{n+1}$.

点评 由上述各例可见，用函数的方法证明数列不等式，有助于加强数列与函数的联系，有助于拓宽数列不等式的证明途径，提高学生分析问题与解决问题的能力.

例 4 数列 $\{a_n\}$ 的各项均为正值，$a_1 = 1$，对任意 $n \in \mathbf{N}^*$，$a_{n+1}^2 - 1 = 4a_n(a_n + 1)$，$b_n = \log_2(a_n + 1)$ 都成立.

(1) 求数列 $\{a_n\}$ 与 $\{b_n\}$ 的通项公式；

(2) 当 $k > 7$ 且 $k \in \mathbf{N}^*$ 时，证明对于任意 $n \in \mathbf{N}^*$ 都有 $\frac{1}{b_n} + \frac{1}{b_{n+2}} + \cdots + \frac{1}{b_{nk-1}} > \frac{3}{2}$ 成立.

解 (1) 不难得到 $a_n = 2^n - 1$，$b_n = n$.

(2) 求证的问题即为：当 $k > 7$ 且 $k \in \mathbf{N}^*$ 时，证明对于任意 $n \in \mathbf{N}^*$ 都有

$$\frac{1}{b_n} + \frac{1}{b_{n+2}} + \cdots + \frac{1}{b_{nk-1}} > \frac{3}{2} \qquad (*)$$

下面证明式(*).

证法 1 令 $S = \frac{1}{n} + \frac{1}{n+1} + \frac{1}{n+2} + \cdots + \frac{1}{nk-2} + \frac{1}{nk-1}$，则

$$S = \frac{1}{nk-1} + \frac{1}{nk-2} + \frac{1}{nk-3} + \cdots + \frac{1}{n+1} + \frac{1}{n}$$

所以
$$2S = \left(\frac{1}{n} + \frac{1}{nk-1}\right) + \left(\frac{1}{n+1} + \frac{1}{nk-2}\right) + \left(\frac{1}{n+2} + \frac{1}{nk-3}\right) + \cdots + \left(\frac{1}{nk-1} + \frac{1}{n}\right)$$

当 $x > 0, y > 0$ 时，$(x+y)\left(\frac{1}{x} + \frac{1}{y}\right) = 2 + \frac{y}{x} + \frac{x}{y} \geqslant 4$，当且仅当 $x = y$ 时等号成立，故

$$\frac{1}{x} + \frac{1}{y} \geqslant \frac{4}{x+y}$$

当且仅当 $x = y$ 时等号成立.

在 $2S = \left(\frac{1}{n} + \frac{1}{nk-1}\right) + \left(\frac{1}{n+1} + \frac{1}{nk-2}\right) + \left(\frac{1}{n+2} + \frac{1}{nk-3}\right) + \cdots + \left(\frac{1}{nk-1} + \frac{1}{n}\right)$ 中，$k > 7$，$n > 0$，且 $n+1, n+2, \cdots, nk-1$ 全为正，所以

$$2S > \frac{4}{n+nk-1} + \frac{4}{n+1+nk-2} + \frac{4}{n+2+nk-3} + \cdots + \frac{4}{nk-1+n} = \frac{4n(k-1)}{n+nk-1}$$

所以

$$S>\frac{2(k-1)}{1+k-\frac{1}{n}}>\frac{2(k-1)}{1+k}=2\left(1-\frac{2}{k+1}\right)>2\left(1-\frac{2}{7+1}\right)=\frac{3}{2}$$

证毕.

点评 以上证明利用放缩法有两处巧妙的构造,一是倒序相加构造新不等式,二是作为放缩工具的构造,正是精妙之笔,却略显不自然,下面笔者提供另几种放缩方法证明式(*),旨在抛砖引玉.

证法 2(利用添舍项放缩) 因 $k>7$ 且 $k\in\mathbf{N}^*$,故对任意 $n\in\mathbf{N}^*$ 有

$$\frac{1}{n}+\frac{1}{n+1}+\frac{1}{n+2}+\cdots+\frac{1}{nk-1}\geqslant$$

$$\left(\frac{1}{n}+\frac{1}{n+1}+\frac{1}{n+2}+\cdots+\frac{1}{2n}\right)+\left(\frac{1}{2n+1}+\frac{1}{2n+2}+\frac{1}{2n+3}+\cdots+\frac{1}{3n}\right)+\cdots+$$

$$\left(\frac{1}{6n+1}+\frac{1}{6n+2}+\frac{1}{6n+3}+\cdots+\frac{1}{7n}\right)+$$

$$\left(\frac{1}{7n+1}+\frac{1}{7n+2}+\frac{1}{7n+3}+\cdots+\frac{1}{8n-1}\right)>$$

$$\left(\frac{1}{n+1}+\frac{1}{n+2}+\cdots+\frac{1}{2n}\right)+\left(\frac{1}{2n+1}+\frac{1}{2n+2}+\cdots+\frac{1}{3n}\right)+\cdots+$$

$$\left(\frac{1}{6n+1}+\frac{1}{6n+2}+\cdots+\frac{1}{7n}\right)>$$

$$\left(\frac{1}{2n}+\frac{1}{2n}+\cdots+\frac{1}{2n}\right)+\left(\frac{1}{3n}+\frac{1}{3n}+\cdots+\frac{1}{3n}\right)+\cdots+$$

$$\left(\frac{1}{7n}+\frac{1}{7n}+\cdots+\frac{1}{7n}\right)=n\cdot\frac{1}{2n}+n\cdot\frac{1}{3n}+\cdots+n\cdot\frac{1}{7n}=$$

$$\frac{1}{2}+\frac{1}{3}+\cdots+\frac{1}{7}=\frac{223}{140}>\frac{3}{2}$$

证毕.

证法 3(利用平均值不等式放缩) 平均值不等式的内容为:设 $x_1,x_2,\cdots,x_n$ 是 n 个正实数,则

$$\sqrt{\frac{x_1^2+x_2^2+\cdots+x_n^2}{2}}\geqslant\frac{x_1+x_2+\cdots+x_n}{n}\geqslant$$

$$\sqrt[n]{x_1x_2\cdot\cdots\cdot x_n}\geqslant\frac{n}{\frac{1}{x_1}+\frac{1}{x_2}+\cdots+\frac{1}{x_n}}$$

当且仅当 $x_1=x_2=\cdots=x_n$ 时等号成立.由平均值不等式可得

$$\frac{n+(n+1)+(n+2)+\cdots+(nk-1)}{nk-n}\geqslant\frac{nk-n}{\frac{1}{n}+\frac{1}{n+1}+\frac{1}{n+2}+\cdots+\frac{1}{nk-1}}$$

所以对于 $k>7, k\in\mathbf{N}^*$ 且 $n\in\mathbf{N}^*$，有

$$\frac{1}{n}+\frac{1}{n+1}+\frac{1}{n+2}+\cdots+\frac{1}{nk-1}\geqslant$$

$$\frac{(nk-n)^2}{n+(n+1)+(n+2)+\cdots+(nk-1)}=$$

$$\frac{(nk-n)^2}{\frac{(nk-n)(n+nk-1)}{2}}=\frac{2n(k-1)}{n+nk-1}=\frac{2(k-1)}{k+1-\frac{1}{n}}>$$

$$\frac{2(k-1)}{k+1}=2-\frac{4}{k+1}>2-\frac{4}{7+1}=\frac{3}{2}$$

证毕.

例 5 已知数列 $\{a_n\}$ 满足 $a_1=1$，且 $a_{n+1}=\frac{1+2a_n}{1+a_n}(n\in\mathbf{N}^*)$. 证明：$a_n<\frac{1+\sqrt{5}}{2}$.

证明 由于不等式右边为常数，因此，直接运用数学归纳法很难实现从 k 到 $k+1$ 的过渡，为此，可证明原不等式的加强不等式

$$0<a_n<\frac{1+\sqrt{5}}{2} \quad ①$$

下面用数学归纳法证明式 ① 成立.

(1) 当 $n=1$ 时，$a_1=1\in\left(0,\frac{1+\sqrt{5}}{2}\right)$，故式 ① 成立.

(2) 假设 $n=k$ 时，式 ① 成立，即 $0<a_k<\frac{1+\sqrt{5}}{2}$. 当 $n=k+1$ 时，一方面，有

$$a_{k+1}=\frac{1+2a_k}{1+a_k}>0$$

另一方面，有

$$a_{k+1}=\frac{1+2a_k}{1+a_k}=2-\frac{1}{a_k+1}<2-\frac{1}{\frac{\sqrt{5}+1}{2}+1}=\frac{\sqrt{5}+1}{2}$$

因此，当 $n=k+1$ 时，式 ① 也成立. 由(1)(2) 可知 $0<a_n<\frac{1+\sqrt{5}}{2}$. 对一切 $n(n\in\mathbf{N}^*)$ 均成立. 所以，$a_n<\frac{1+\sqrt{5}}{2}$.

点评 (1) 本题通过将原不等式进行加强，即加强不等式的方式分为左侧加强、右侧加强与两侧均加强等；(2) 本题也可以利用不动点求出数列 $\{a_n\}$ 的通项，再运用放缩法证明.

例 6 已知数列$\{a_n\}$满足$a_1=2, a_{n+1}=\frac{a_n}{2}+\frac{1}{a_n}$. 证明:$1<a_n<\frac{3}{2}+\frac{1}{n}$.

证明 注意到,数列$\{a_n\}$的递归函数为$f(x)=\frac{x}{2}+\frac{1}{x}$. 由$f(x)=x$求得其不动点为$\pm\sqrt{2}$. 因此,可先求出通项公式再进行放缩证明,当然,也可不求通项公式,直接证明其加强不等式$\sqrt{2}<a_n<\sqrt{2}+\frac{1}{n}$.

下面用数学归纳法证明:对一切正整数n有$\sqrt{2}<a_n<\sqrt{2}+\frac{1}{n}$.

(1) 当$n=1$时,$\sqrt{2}<a_1=2<\sqrt{2}+1$,显然成立.

(2) 假设$n=k$时,有$\sqrt{2}<a_k<\sqrt{2}+\frac{1}{k}$. 当$n=k+1$时,一方面,由均值不等式有

$$a_{k+1}=\frac{a_k}{2}+\frac{1}{a_k}\geqslant 2\sqrt{\frac{1}{2}}=\sqrt{2}$$

当且仅当$a_k=\sqrt{2}$时,上式等号成立,故$a_{k+1}>\sqrt{2}$. 另一方面

$$a_{k+1}=\frac{a_k}{2}+\frac{1}{a_k}<\frac{\sqrt{2}+\frac{1}{k}}{2}+\frac{1}{\sqrt{2}}=\sqrt{2}+\frac{1}{2k}\leqslant\sqrt{2}+\frac{1}{k+1}$$

于是,当$n=k+1$时

$$\sqrt{2}<a_n<\sqrt{2}+\frac{1}{n}$$

也成立. 因此

$$1<\sqrt{2}<a_n<\sqrt{2}+\frac{1}{n}<\frac{3}{2}+\frac{1}{n}$$

点评 证明一个数列不等式往往要运用多种方法,如恒等变形也是一种主要方法.

例 16 数列$\{a_n\}$满足$a_1=1, a_2=1-2\sin^2\theta\cos^2\theta, a_{n+2}-a_{n+1}+a_n\sin^2\theta\cdot\cos^2\theta=0, \theta\in\left(0,\frac{\pi}{2}\right)$. 证明:$\frac{1}{2^{n-1}}\leqslant a_n\leqslant 1-\sin^n 2\theta\left(1-\frac{1}{2^{n-1}}\right)$.

证明 由特征方程$x^2-x+\sin^2\theta\cos^2\theta=0$,解得两根为$x_1=\sin^2\theta, x_2=\cos^2\theta$. 设

$$a_n=A(\sin^2\theta)^n+B(\cos^2\theta)^n$$

由$a_1=1, a_2=1-2\sin^2\theta\cos^2\theta$,解得$a_n=\sin^{2n}\theta+\cos^{2n}\theta$. 考虑函数$y=x^n$. 当$x\in(0,1)$时,$y=x^n$,为下凸函数,于是

$$\frac{x_1^n+x_2^n}{2}\geqslant\left(\frac{x_1+x_2}{2}\right)^n\quad(x_1,x_2\in(0,1))$$

故
$$\frac{(\sin^2\theta)^n+(\cos^2\theta)^n}{2}\geqslant\left(\frac{\sin^2\theta+\cos^2\theta}{2}\right)^n$$

即 $a_n\geqslant\frac{1}{2^{n-1}}$. 又 $\sin^2\theta+\cos^2\theta=1$，则

$$\begin{aligned}1^n=&(\sin^2\theta+\cos^2\theta)^n=\\&\sin^{2n}\theta+\mathrm{C}_n^1\sin^2\theta(\cos^2\theta)^{n-1}+\cdots+\cos^{2n}\theta=\\&a_n+\frac{1}{2}[\mathrm{C}_n^1(\sin^2\theta\cos^{2n-2}\theta+\cos^2\theta\sin^{2n-2}\theta)+\\&\mathrm{C}_n^2(\sin^4\theta\cos^{2n-4}\theta+\cos^4\theta\sin^{2n-4}\theta)+\cdots+\\&\mathrm{C}_n^{n-1}(\sin^{2n-2}\theta\cos^2\theta+\cos^{2n-2}\theta\sin^2\theta)]\geqslant\\&a_n+\sin^n\theta\cos^n\theta(\mathrm{C}_n^1+\mathrm{C}_n^2+\cdots+\mathrm{C}_n^{n-1})=\\&a_n+\frac{\sin^n 2\theta}{2^{n-1}}\cdot\frac{2^n-2}{2}\end{aligned}$$

移项整理得

$$a_n\leqslant 1-\sin^n 2\theta\left(1-\frac{1}{2^{n-1}}\right)$$

故
$$\frac{1}{2^{n-1}}\leqslant a_n\leqslant 1-\sin^n 2\theta\left(1-\frac{1}{2^{n-1}}\right)$$

点评　本题系 2007 年浙江省数学夏令营命制的试题的加强题. 求数列的通项公式并不难，有多种方法，但能顺利证明不等式的同学并不多，事实上，可以揣摩 2^n 的由来，想到对恒等式 $\sin^2\theta+\cos^2\theta=1$ 两边进行 n 次方处理，并在此基础上进行分析与合项.

例 7　(2004 年全国高中数学联赛) 在平面直角坐标系 xOy 中，y 轴正半轴上的点列 $\{A_n\}$ 与曲线 $y=\sqrt{2x}\ (x\geqslant 0)$ 上的点列 $\{B_n\}$ 满足 $|OA_n|=|OB_n|=\frac{1}{n}$，直线 A_nB_n 在 x 轴上的截距为 a_n，点 B_n 的横坐标为 b_n，$n\in\mathbf{N}^*$，证明：

(1) $a_n>a_{n+1}>4$；

(2) 存在使得对任意的 $n>n_0$ 均有 $\frac{b_2}{b_1}+\frac{b_3}{b_2}+\cdots+\frac{b_{n+1}}{b_n}<n-2\,004$.

证明　(1) 由 $|OB_n|=\frac{1}{n}$，得 $b_n^2+2b_n=\frac{1}{n^2}$，解得 $b_n=\sqrt{1+\frac{1}{n^2}}-1$. 于是，对 $n\in\mathbf{N}^*$，有 $b_n>b_{n+1}>0$. 注意到，直线 A_nB_n 的方程为 $\left(\sqrt{2b_n}-\frac{1}{n}\right)x=b_n\left(y-\frac{1}{n}\right)$. 令 $y=0$，得

$$a_n=b_n\frac{\frac{1}{n}}{\frac{1}{n}-\sqrt{2b_n}}=b_n\frac{\sqrt{b_n^2+2b_n}}{\sqrt{b_n^2+2b_n}-\sqrt{2b_n}}=$$

$$b_n\frac{\sqrt{b_n+2}}{\sqrt{b_n+2}-\sqrt{2}}=\sqrt{b_n+2}(\sqrt{b_n+2}+\sqrt{2})$$

显然，$f(x)=\sqrt{x+2}(\sqrt{x+2}+\sqrt{2})$ 在 $[0,+\infty)$ 上单调递增. 于是，由 $b_n>b_{n+1}>0$ 得

$$a_n>a_{n+1}>4$$

(2) 设 $c_n=1-\frac{b_{n+1}}{b_n}(n\in\mathbf{N}^*)$，则

$$c_n=\frac{\sqrt{\left(\frac{1}{n}\right)^2+1}-\sqrt{\left(\frac{1}{n+1}\right)^2+1}}{\sqrt{\left(\frac{1}{n}\right)^2+1}-1}=$$

$$n^2\left[\frac{1}{n^2}-\frac{1}{(n+1)^2}\right]\frac{\sqrt{\left(\frac{1}{n}\right)^2+1}+1}{\sqrt{\left(\frac{1}{n}\right)^2+1}+\sqrt{\left(\frac{1}{n+1}\right)^2+1}}>$$

$$\frac{2n+1}{(n+1)^2}\left[\frac{1}{2}+\frac{1}{2\sqrt{\left(\frac{1}{n}\right)^2+1}}\right]>$$

$$\frac{2n+1}{2(n+1)^2}$$

又
$$(2n+1)(n+2)-2(n+1)^2=n>0$$

则
$$c_n>\frac{1}{n+2}\quad(n\in\mathbf{N}^*)$$

设 $S_n=\sum_{i=1}^{n}c_i$，当 $n>2^k-2>1$ 时

$$S_n>\frac{1}{3}+\frac{1}{4}+\cdots+\frac{1}{2^{k-1}}+\cdots+\frac{1}{2^k}=$$

$$\left(\frac{1}{3}+\frac{1}{4}\right)+\left(\frac{1}{5}+\frac{1}{6}+\frac{1}{7}+\frac{1}{8}\right)+\cdots+\left(\frac{1}{2^{k-1}+1}+\cdots+\frac{1}{2^k}\right)>$$

$$2\times\frac{1}{2^2}+2^2\times\frac{1}{2^3}+\cdots+2^{k-1}\times\frac{1}{2^k}=\frac{k-1}{2}$$

于是，取 $n_0=2^{4\,009}-2$，使对任意的 $n>n_0$ 均有

$$\left(1-\frac{b_2}{b_1}\right)+\left(1-\frac{b_3}{b_2}\right)+\cdots+\left(1-\frac{b_{n+1}}{b_n}\right)=S_n>S_{n_0}>\frac{4\,009-1}{2}=2\,004$$

因此，对任意的 $n>n_0$，均有 $\frac{b_2}{b_1}+\frac{b_3}{b_2}+\cdots+\frac{b_{n+1}}{b_n}<n-2\,004$.

例 18 已知数列 $\{a_n\}$ 的各项都是正数，k 为正整数，且满足关系 $a_{n+1}\leqslant a_n^k-a_n^{k+1}$，求证：对于所有不小于 2 的自然数 n，都有 $a_n\leqslant$

$\dfrac{k^k}{(k+1)^{k+1}+(n-2)k^k}$ 成立.

分析　变形条件,利用平均值不等式,以及叠加法.

证明　由 $0<a_{n+1}\leqslant a_n^k(1-a_n)$,知 $0<a_n<1$,而 k 为正整数,于是 $a_n^k\leqslant a_n$,$\dfrac{1}{1-a_n}>1$. 应用 $k+1$ 元均值不等式,得

$$a_2\leqslant a_1^k(1-a_1)=\frac{1}{k}\cdot a_1\cdot a_1\cdot\cdots\cdot a_1\cdot(k-ka_1)\leqslant$$

$$\frac{1}{k}\cdot\left[\frac{ka_1+(k-ka_1)}{k+1}\right]^{k+1}=\frac{k^k}{(k+1)^{k+1}}$$

即

$$\frac{1}{a_2}\geqslant\frac{(k+1)^{k+1}}{k^k}$$

因为 $a_{n+1}\leqslant a_n^k(1-a_n)\leqslant a_n(1-a_n)$,所以 $\dfrac{1}{a_{n+1}}\geqslant\dfrac{1}{a_n(1-a_n)}=\dfrac{1}{a_n}+\dfrac{1}{1-a_n}$,即

$$\frac{1}{a_n}-\frac{1}{a_2}=\sum_{i=2}^{n=1}\left(\frac{1}{a_{i+1}}-\frac{1}{a_i}\right)\geqslant\sum_{i=2}^{n=1}\frac{1}{1-a_i}\geqslant n-2$$

当 $n\geqslant 3$ 时,有

$$\frac{1}{a_n}\geqslant\frac{1}{a_2}+(n-2)\geqslant\frac{(k+1)^{k+1}}{k^k}+(n-2)$$

所以

$$a_n\leqslant\frac{k^k}{(k+1)^{k+1}+(n-2)k^k}$$

点评　问题的解答中,用到了取倒数法、同向不等式相加法,其本质是中间消去了若干项,从另一个角度看,也就是裂项相消法.

例 9　数列 $\{a_n\}$ 满足 $a_{n+1}=\dfrac{4a_n-2}{a_n+1}$,其中 $n\in\mathbf{N}$,首项为 a_0,

(1) 若数列 $\{a_n\}$ 是一个无穷的常数列,试求 a_0 的值.

(2) 若 $a_0=4$,求满足不等式 $a_n\leqslant 2\dfrac{16}{65}$ 的自然数 n 的集合.

(3) 若存在 a_0,使数列 $\{a_n\}$ 满足:对任意正整数 n,均有 $a_n<a_{n+1}$,求 a_0 的取值范围.

分析　用不动点的思想,即 $f(x)=x$ 来构造方程,逐渐展开问题的解答方案.

解　(1) 令 $\dfrac{4x-2}{x+1}=x$,即 $x^2-3x+2=0$,所以 $x=1$ 或 $x=2$. 即当 $a_0=1$ 或 2 时,$a_{n+1}=\dfrac{4a_n-2}{a_n+1}=a_n$. 故 a_0 的取值为 1 或 2.

(2) 由(1)知 $a_{n+1}-1=\dfrac{3(a_n-1)}{a_n+1}$,$a_{n+1}-2=\dfrac{2(a_n-2)}{a_n+1}$,因 $a_0=4$,得 $a_n\neq$

1,2 对任意 $n \in \mathbf{N}$ 成立. 由此得 $\frac{a_{n+1}-1}{a_{n+1}-2}=\frac{3}{2}\cdot\frac{a_n-1}{a_n-2}$, 进而 $\frac{a_n-1}{a_n-2}=\left(\frac{3}{2}\right)^{n+1}$, 所以 $a_n=\frac{2\left(\frac{3}{2}\right)^{n+1}-1}{\left(\frac{3}{2}\right)^{n+1}-1}$, 由 $a_n \leqslant 2\frac{16}{65}$, 得 $\frac{1}{\left(\frac{3}{2}\right)^{n+1}-1} \leqslant \frac{16}{65}$, 得 $n \geqslant 3$.

(3) 解不等式 $a_n < a_{n+1}$, 即 $a_n < \frac{4a_n-2}{a_n+1}$, 得 $a_n<-1$ 或 $1<a_n<2$, 要使 $a_1<a_2$, 则 $a_1<-1$ 或 $1<a_1<2$. 对于函数 $f(x)=\frac{4x-2}{x+1}=4-\frac{6}{x+1}$. 若 $a_1<-1$, 则 $a_2=f(a_1)>4$, $a_3=f(a_2)<a_2$. 当 $1<a_1<2$ 时, $a_2=f(a_1)>a_1$ 且 $1<a_2<2$. 依此类推可得数列 $\{x_n\}$ 的所有项均满足 $a_n<a_{n+1}(n\in\mathbf{N})$. 综上所述, $a_1\in(1,2)$, 由 $a_1=f(a_0)$ 得 $a_0\in(1,2)$.

点评 在各种类型的命题当中,数列试题的出现是比较常见的,应当说,一般是难度较大的"可怕题",如何对付这类数列试题,尽量得点分数,是需要讲究战略和战术的,其中问题(2)是用特征根来构造递推关系,这样,出现了一个等比数列.

例 10 设非负等差数列 $\{a_n\}$ 的公差 $d\neq 0$, 记 S_n 为数列 $\{a_n\}$ 的前 n 项和.

(1) 已知 $m,n,p\in\mathbf{N}^*$, 且 $m+n=2p$, 求证: $\frac{1}{S_m}+\frac{1}{S_n}\geqslant\frac{2}{S_p}$;

(2) 已知 $a_{503}\leqslant\frac{1}{1\,005}$, 求证: $\sum_{n=1}^{2\,007}\frac{1}{S_n}>2\,008$.

分析 用基本量 a_1,d 表示其他的量,进行消元转化.

证明 设非负等差数列 $\{a_n\}$ 的首项为 $a_1\geqslant 0$, 公差为 $d\geqslant 0$.

(1) 因为 $m+n=2p$, 所以 $m^2+n^2\geqslant 2p^2$, $p^2\geqslant mn$, $a_m+a_n=2a_p$. 从而有 $(a_p)^2\geqslant a_m\cdot a_n$. 因为 $S_n=\frac{n(a_1+a_n)}{2}=na_1+\frac{n(n-1)}{2}d$, 所以

$$S_n+S_m=(m+n)a_1+\frac{n(n-1)+m(m-1)}{2}d=2pa_1+\frac{n^2+m^2-2p}{2}d\geqslant 2pa_1+\frac{2p^2-2p}{2}d=2S_p$$

$$S_n\cdot S_m=\frac{n(a_1+a_n)}{2}\frac{m(a_1+a_m)}{2}=\frac{mn}{4}[a_1^2+a_1(a_m+a_n)+a_ma_n]\leqslant\frac{p^2}{4}(a_1^2+2a_1a_p+a_pa_p)=\left[\frac{p(a_1+a_p)}{2}\right]^2=(S_p)^2$$

于是 $$\frac{1}{S_m}+\frac{1}{S_n}=\frac{S_m+S_n}{S_mS_n}\geqslant\frac{2S_p}{S_pS_p}=\frac{2}{S_p}$$

(2) 利用(1) 的结论,可得

$$\sum_{n=1}^{2\,007}\frac{1}{S_n}=\left(\frac{1}{S_1}+\frac{1}{S_{2\,007}}\right)+\left(\frac{1}{S_2}+\frac{1}{S_{2\,006}}\right)+\cdots+\left(\frac{1}{S_{1\,003}}+\frac{1}{S_{1\,005}}\right)+\frac{1}{S_{1\,004}}\geqslant \frac{2\times 1\,003+1}{S_{1004}}=\frac{2\,007}{S_{1\,004}}$$

因为 $$S_{100\,4}=1\,004a_1+\frac{1\,004\cdot 1\,003}{2}d\leqslant 1\,004(a_1+502d)=1\,004a_{503}\leqslant \frac{1\,004}{1\,005}$$

所以

$$\sum_{n=1}^{2\,007}\frac{1}{S_n}\geqslant\frac{2\,007}{S_{1\,004}}\geqslant\frac{2\,007}{1\,004}\times 1\,005>2\,008$$

点评 数列问题的处理,一定要掌握"基本量"的思想方法,要善于消元、善于转化、善于变形,在模式识别、差异分析的过程中实施有效的联通解题思维的路线.

例 11 已知数列$\{a_n\}$满足$8a_{n+1}=m+a_n^2,n\in\mathbf{N}^*,a_1=1,m$为正数.

(1) 若$a_{n+1}>a_n$对$n\in\mathbf{N}^*$恒成立,求m的取值范围;

(2) 是否存在m,使得对任意正整数n都有$\frac{9}{4}<a_{n+1}<2\,007$?若存在,求出$m$的值;若不存在,请说明理由.

解 (1) 因为m为正数,

$$8a_{n+1}=m+a_n^2 \quad ①$$

$a_1=1$,所以$a_n>0(n\in\mathbf{N}^*)$,又

$$8a_n=m+a_{n-1}^2 \quad ②$$

① − ② 得

$$8(a_{n+1}-a_n)=(a_n+a_{n-1})(a_n-a_{n-1})$$

所以$a_{n+1}-a_n$与a_n-a_{n-1}同号,所以$a_{n+1}>a_n$对$n\in\mathbf{N}^*$恒成立的充要条件是$a_2-a_1>0$.由$a_2-a_1=\frac{m+1}{8}-1>0$,得$m>7$.

(2) 证法 1:假设存在m,使得对任意正整数n都有$\frac{9}{4}<a_{n+1}<2\,007$,则$a_2>\frac{9}{4}$,则$m>17$;

另一方面,

$$a_{n+1}-a_n=\frac{1}{8}(m+a_n^2)-a_n=\frac{1}{8}(a_n-4)^2+\frac{m-16}{8}\geqslant\frac{m-16}{8}$$

所以 $a_2-a_1\geqslant\frac{m-16}{8},a_3-a_2\geqslant\frac{m-16}{8},\cdots,a_n-a_{n-1}\geqslant\frac{m-16}{8}$

所以 $$a_n-a_1\geqslant\frac{m-16}{8}(n-1)$$

所以

$$a_n\geqslant a_1+\frac{m-16}{8}(n-1)=1+\frac{m-16}{8}(n-1) \quad ①$$

当 $m>16$ 时,由 ① 知,$a_n\to+\infty$,不可能使 $a_{n+1}<2\ 007$ 对任意正整数 n 恒成立,所以 $m\leqslant16$,这与 $m>17$ 矛盾,故不存在 m,使得对任意正整数 n 都有 $\frac{9}{4}<a_{n+1}<2\ 007$.

证法 2:假设存在 m,使得对任意正整数 n 都有 $\frac{9}{4}<a_{n+1}<2\ 007$,则 $a_2>\frac{9}{4}$,则 $m>17$.另一方面

$$\frac{a_{n+1}}{a_n}=\frac{1}{8}\left(\frac{m}{a_n}+a_n\right)\geqslant\frac{1}{8}\cdot2\sqrt{m}=\frac{\sqrt{m}}{4}>0$$

所以 $\frac{a_2}{a_1}\geqslant\frac{\sqrt{m}}{4}>0,\frac{a_3}{a_2}\geqslant\frac{\sqrt{m}}{4}>0,\cdots,\frac{a_n}{a_{n-1}}\geqslant\frac{\sqrt{m}}{4}>0$

所以 $$\frac{a_n}{a_1}\geqslant\left(\frac{\sqrt{m}}{4}\right)^{n-1},a_n\geqslant\left(\frac{\sqrt{m}}{4}\right)^{n-1} \quad ①$$

当 $m>16$ 时,由 ① 知,$a_n\to+\infty$,不可能使 $a_{n+1}<2\ 007$ 对任意正整数恒成立,所以 $m\leqslant16$,这与 $m>17$ 矛盾,故不存在 m,使得对任意正整数 n 都有 $\frac{9}{4}<a_{n+1}<2\ 007$.

巩固练习

1.数列 $\{a_n\}$ 定义如下:$a_1=1,a_2=2,a_{n+2}=\frac{2(n+1)}{n+2}a_{n+1}-\frac{n}{n+2}a_n,n=1,2,\cdots$.若 $a_m>2+\frac{2\ 011}{2\ 012}$,则正整数 m 的最小值为________.

解 4 025.由题设得

$$(n+2)a_{n+2}=2(n+1)a_{n+1}-na_n$$

则有

$$(n+2)a_{n+2}-(n+1)a_{n+1}=(n+1)a_{n+1}-na_n=na_n-(n-1)a_{n-1}=\cdots=$$
$$2a_2-a_1=3$$
所以 $na_n=(n-1)a_{n-1}+3$，令 $b_n=na_n$，则 $b_n-b_{n-1}=3$，所以
$$b_n=na_n=2a_2+3(n-2)=3n-2$$
$$a_n=\frac{3n-2}{n}=3-\frac{2}{n}$$
故 $a_m=3-\frac{2}{m}>2+\frac{2\ 011}{2\ 012}\Rightarrow m>4\ 024$，所以 m 最小值为 4 025.

2. 数列 $a_0,a_1,\cdots,a_n,\cdots$，满足 $a_0=0,a_1=1,a_2=0$，当 $n\geqslant 3$ 时有 $a_n=\frac{2}{n-1}(a_0+a_1+\cdots+a_{n-2})$. 证明：对所有整数 $n\geqslant 3$，有 $a_n>\frac{n}{10}$.

证法 1 由已知得 $(n-1)a_n=2(a_0+a_1+\cdots+a_{n-2})$，在上式中以 $n+1$ 代替 n 得到 $na_{n+1}=2(a_0+a_1+\cdots+a_{n-1})$，两式相减得 $na_{n+1}-(n-1)a_n=2a_{n-1}$，此式对所有整数 $n\geqslant 3$ 均成立. 设 $b_n=\frac{a_n}{n+2}$，则
$$n(n+3)b_{n+1}=(n-1)(n+2)b_n+2(n+1)b_{n-1}$$
由于 $n(n+3)=(n-1)(n+2)+2(n+1)$，故 b_{n+1} 应在 b_n 与 b_{n-1} 之间. 由于 $a_3=1,a_4=\frac{2}{3}$，故 $b_3=\frac{1}{5},b_4=\frac{1}{9}$. 因此当 $n\geqslant 3$ 时，均有 $b_n\in[\frac{1}{9},\frac{1}{5}]$，故 $a_n=(n+2)b_n\geqslant\frac{n+2}{9}>\frac{n}{10}$.

证法 2 用归纳法证明加强命题：$a_n\geqslant\frac{n+2}{10}(n\geqslant 3)$.

(1) 当 $n=3$，4 时
$$a_3=1\geqslant\frac{5}{10},\ a_4=\frac{2}{3}\geqslant\frac{6}{10}$$
结论成立.

(2) 假设当 $n-1$ 时结论成立，当 $n+1$ 时
$$\begin{aligned}a_{n+1}&=\frac{2}{n}(a_0+a_1+\cdots+a_{n-1})=\\&\frac{2}{n}(1+a_3+a_4+\cdots+a_{n-1})>\\&\frac{2}{n}\left(1+\frac{5}{10}+\frac{6}{10}+\cdots+\frac{n+1}{10}\right)=\\&\frac{2}{n}\left[1+\frac{(n+6)(n-3)}{20}\right]=\\&\frac{2}{n}\cdot\frac{n^2+3n+2}{20}>\frac{n+3}{10}\end{aligned}$$

所以结论对 $n+1$ 时亦成立.

由归纳法原理及(1),(2) 可知 $a_n \geqslant \frac{n+2}{10}$ $(n \geqslant 3)$成立,因此 $a_n \geqslant \frac{n+2}{10} > \frac{n}{10}$ $(n \geqslant 3)$成立. 从而本题得证.

3. 若 n 是大于 2 的正整数,求 $\frac{1}{n+1}+\frac{1}{n+2}+\cdots+\frac{1}{2n}$ 的最小值.

解 当 $n=3$ 时, $\frac{1}{4}+\frac{1}{5}+\frac{1}{6}=\frac{37}{60}$. 假设 $n=k(k \geqslant 3)$ 时

$$\frac{1}{k+1}+\frac{1}{k+2}+\cdots+\frac{1}{2k} \geqslant \frac{37}{60}$$

则当 $n=k+1$ 时

$$\begin{aligned}&\frac{1}{k+2}+\frac{1}{k+3}+\cdots+\frac{1}{2k}+\frac{1}{2k+1}+\frac{1}{2k+2}=\\&\frac{1}{k+1}+\frac{1}{k+2}+\cdots+\frac{1}{2k}+\frac{1}{2k+1}+\frac{1}{2k+2}-\frac{1}{k+1}=\\&\frac{1}{k+1}+\frac{1}{k+2}+\cdots+\frac{1}{2k}+\frac{1}{2k+1}-\frac{1}{2k+2}>\\&\frac{1}{k+1}+\frac{1}{k+2}+\cdots+\frac{1}{2k} \geqslant \frac{37}{60}\end{aligned}$$

因此,所求最小值为 $\frac{37}{60}$.

4. (芬兰) 设 $x_1=\frac{1}{3}, x_{n+1}=x_n^2+x_n, a_n=\sum_{k=1}^{n} \frac{1}{x_k+1}$,试求整数 m,使得 $m \leqslant a_{2\,008} \leqslant m+1$.

解 注意 $x_{n+1}=x_n^2+x_n=x_n(x_n+1)$,两边求倒数,得

$$\frac{1}{x_n+1}=\frac{1}{x_n}-\frac{1}{x_{n+1}}$$

所以 $$a_n=\sum_{k=1}^{n} \frac{1}{x_k+1}=\sum_{k=1}^{n}\left(\frac{1}{x_n}-\frac{1}{x_{n+1}}\right)=\frac{1}{x_1}-\frac{1}{x_{n+1}}=3-\frac{1}{x_{n+1}}$$

易得 $x_2=\frac{4}{9}, x_3=\frac{52}{81}, x_3=\frac{6\,916}{6\,561}>1$,由于数列 $\{x_n\}$ 递增,所以 $x_{2\,009}>1$.

所以 $2<3-\frac{1}{x_{2\,009}}<3$,即 $2<a_{2\,008}<3$. 故所求的 $m=2$.

5. 数列 $\{a_n\}$ 满足对任意 $n \in \mathbf{N}^*$, $\prod_{i=1}^{n} a_i=1+\sum_{i=1}^{n}(a_i-1)$,求 $\sum_{i=1}^{2\,003}|a_i-i|$ 的最小值.

解 由已知得

$$\prod_{i=1}^{n} a_i = 1 + \sum_{i=1}^{n} (a_i - 1)$$

从而还有
$$\prod_{i=1}^{n+1} a_i = 1 + \sum_{i=1}^{n+1} (a_i - 1)$$

以上两式相减,得 $(a_{n+1} - 1) \prod_{i=1}^{n} a_i = a_{n+1} - 1$,故 $a_{n+1} = 1$ 或

$$\prod_{i=1}^{n} a_i = 1 \qquad ①$$

(1) 若数列中所有项均为1,则

$$\sum_{i=1}^{2\,003} |a_i - i| = \sum_{i=1}^{2\,003} |1 - i| = \sum_{j=0}^{2\,002} j = 2\,005\,003$$

(2) 若数列中所有项不均为1,设 $a_1 = a_2 = \cdots a_{m-1} = 1$($m = 1$ 时该式省去),$a_m \neq 1$.

式 ① 中,取 $n = m$,有 $a_{m+1} = 1$ 或 $a_1 a_2 \cdots a_{m-1} a_m = 1$. 由前面所设,$a_1 a_2 \cdots a_{m-1} a_m = a_m \neq 1$,所以 $a_{m+1} = 1$.

设 $a_{m+k} = a_{m+k-1} = \cdots a_{m+1} = 1$,则式 ① 中,取 $n = m + k$,有 $a_{m+k+1} = 1$ 或 $a_1 a_2 \cdots a_{m+k} = 1$,同理,只可能是 $a_{m+k+1} = 1$.

另外,由下式可说明,当 $a_m \neq 1$,$n \geqslant m$ 时,可以保证条件成立

$$\prod_{i=1}^{m} a_i = a_m \prod_{\substack{1 \leqslant i \leqslant n \\ i \neq m}} a_i = a_m = (a_m - 1) + 1 + \prod_{\substack{1 \leqslant i \leqslant n \\ i \neq m}} (a_i - 1) = 1 + \prod_{i=1}^{n} (a_i - 1) \qquad ②$$

当 $m > 2\,003$ 时,归为(1) 的情形. 若 $1 \leqslant m \leqslant 2\,003$,则

$$\sum_{i=1}^{2\,003} |a_i - i| = \sum_{j=0}^{2\,002} j + |a_m - m| - |1 - m| \geqslant \sum_{j=0}^{2\,002} j + 0 - 2\,002 = 2\,003\,001$$

综上,当 $a_1 = a_2 = \cdots a_{2\,002} = 1$,$a_{2\,003} = 2\,003$ 时,取最小值,等于 2 003 001.

6. 已知数列 $\{a_n\}$ 中,$a_1 = 1$,$a_2 = \dfrac{1}{4}$,且 $a_{n+1} = \dfrac{(n-1)a_n}{n - a_n}$($n = 2, 3, 4, \cdots$).

(1) 求数列 $\{a_n\}$ 的通项公式;

(2) 求证:对一切 $n \in \mathbf{N}^*$,有 $\sum_{k=1}^{n} a_k^2 < \dfrac{7}{6}$.

解 (1) 由已知,对 $n \geqslant 2$ 有

$$\frac{1}{a_{n+1}} = \frac{n - a_n}{(n-1)a_n} = \frac{n}{(n-1)a_n} - \frac{1}{n-1}$$

两边同除以 n,得

$$\frac{1}{n a_{n+1}} = \frac{1}{(n-1)a_n} - \frac{1}{n(n-1)}$$

即
$$\frac{1}{n a_{n+1}} - \frac{1}{(n-1)a_n} = -\left(\frac{1}{n-1} - \frac{1}{n}\right)$$

于是 $\sum_{k=2}^{n-1}\left[\frac{1}{ka_{k+1}}-\frac{1}{(k-1)a_k}\right]=-\sum_{k=2}^{n-1}\left(\frac{1}{k-1}-\frac{1}{k}\right)=-\left(1-\frac{1}{n-1}\right)$

即 $$\frac{1}{(n-1)a_n}-\frac{1}{a_2}=-\left(1-\frac{1}{n-1}\right)\quad(n\geqslant 2)$$

所以 $\frac{1}{(n-1)a_n}=\frac{1}{a_2}-\left(1-\frac{1}{n-1}\right)=\frac{3n-2}{n-1}, a_n=\frac{1}{3n-2}\quad(n\geqslant 2)$

又 $n=1$ 时也成立，故 $a_n=\frac{1}{3n-2}(n\in \mathbf{N}^*)$.

(2) 当 $k\geqslant 2$，有

$$a_k^2=\frac{1}{(3k-2)^2}<\frac{1}{(3k-4)(3k-1)}=\frac{1}{3}\left(\frac{1}{3k-4}-\frac{1}{3k-1}\right)$$

所以 $n\geqslant 2$ 时，有

$$\sum_{k=1}^{n}a_k^2=1+\sum_{k=2}^{n}a_k^2<1+\frac{1}{3}\left[\left(\frac{1}{2}-\frac{1}{5}\right)+\left(\frac{1}{5}-\frac{1}{8}\right)+\cdots+\left(\frac{1}{3n-4}-\frac{1}{3n-1}\right)\right]=$$

$$1+\frac{1}{3}\left(\frac{1}{2}-\frac{1}{3n-1}\right)<$$

$$1+\frac{1}{6}=\frac{7}{6}$$

又 $n=1$ 时，$a_1^2=1<\frac{7}{6}$. 故对一切 $n\in \mathbf{N}^*$，有 $\sum_{k=1}^{n}a_k^2<\frac{7}{6}$.

7. 已知数列 $\{a_n\}$ 满足 $a_0=\frac{1}{2}, a_n=\frac{a_{n-1}^2+1}{a_{n-1}+1}, n\in \mathbf{N}_*$，求证：$\frac{2^n}{2^n+1}<a_n<1$.

证明 先证 $a_n<1$ 易知 $a_n>0$，

$$a_n-1=\frac{a_{n-1}^2-a_{n-1}}{a_{n-1}+1}=\frac{a_{n-1}(a_{n-1}-1)}{a_{n-1}+1}$$

所以 $a_{n-1}-1$ 与 a_n-1 同号. 由 $a_0=\frac{1}{2}$ 可得，$a_n<1$，所以 $0<a_n<1$.

再证 $a_n>\frac{2^n}{2^n+1}$，因为

$$a_n-\frac{2a_{n-1}}{a_{n-1}+1}>0\Rightarrow$$

$$\frac{1}{a_n}<\frac{1}{2a_{n-1}}+\frac{1}{2}\Rightarrow$$

$$0<\frac{1}{a_n}-1<\frac{1}{2}\left(\frac{1}{a_{n-1}}-1\right)<\frac{1}{2^2}\left(\frac{1}{a_{n-2}}-1\right)<\cdots<\frac{1}{2^n}\left(\frac{1}{a_0}-1\right)=\frac{1}{2^n}$$

所以 $\frac{1}{a_n}-1<\frac{1}{2^n}$，所以 $a_n>\frac{2^n}{2^n+1}$，故结论成立.

8. 已知数列 $\{a_n\}$ 的各项均是正数，其前 n 项和为 S_n，满足 $S_n=4-a_n$.

(1) 求数列 $\{a_n\}$ 的通项公式；

(2) 设 $b_n=\dfrac{1}{2-\log_2 a_n}(n\in \mathbf{N}^*)$ 数列 $\{b_nb_{n+2}\}$ 的前 n 项和为 T_n，求证：$T_n<\dfrac{3}{4}$.

解 (1) 由题设知 $S_1=4-a_1$，$a_1=2$，由 $\begin{cases}S_n=4-a_n\\S_{n+1}=4-a_{n+1}\end{cases}$ 两式相减，得

$$S_{n+1}-S_n=a_n-a_{n+1}$$

所以

$$a_{n+1}=a_n-a_{n+1},2a_{n+1}=a_n$$

即

$$\frac{a_{n+1}}{a_n}=\frac{1}{2}$$

可见，数列 $\{a_n\}$ 是首项为 2，公比为 $\dfrac{1}{2}$ 的等比数列，所以

$$a_n=2\times\left(\frac{1}{2}\right)^{n-1}=\left(\frac{1}{2}\right)^{n-2}$$

(2)

$$b_n=\frac{1}{2-\log_2 a_n}=\frac{1}{2-(2-n)}=\frac{1}{n}$$

$$b_nb_{n+2}=\frac{1}{n(n+2)}=\frac{1}{2}\left\{\frac{1}{n}-\frac{1}{n+2}\right\}$$

$$T_n=b_1b_3+b_2b_4+b_3b_5+\cdots+b_nb_{n+2}=$$

$$\frac{1}{2}\left[\left(1-\frac{1}{3}\right)+\left(\frac{1}{2}-\frac{1}{4}\right)+\left(\frac{1}{3}-\frac{1}{5}\right)+\cdots+\left(\frac{1}{n}-\frac{1}{n+2}\right)\right]=$$

$$\frac{1}{2}\left(1+\frac{1}{2}-\frac{1}{n+1}-\frac{1}{n+2}\right)<\frac{3}{4}$$

9. 设 $\dfrac{1}{2}<a_1<\dfrac{2}{3}$，$a_{n+1}=a_n(2-a_{n+1})$，求证：$n+\dfrac{1}{2}<\dfrac{1}{a_1}+\dfrac{1}{a_2}+\cdots+\dfrac{1}{a_n}<n+2$.

证明 $a_{n+1}=\dfrac{2a_n}{a_n+1}$，所以 $a_{n+1}-1=\dfrac{a_n-1}{a_n+1}$，两式相除得

$$\frac{a_{n+1}-1}{a_{n+1}}=\frac{1}{2}\cdot\frac{a_n-1}{a_n}$$

所以 $\left\{\dfrac{a_n-1}{a_n}\right\}$ 为等比数列，则

$$\frac{a_n-1}{a_n}=\frac{a_1-1}{a_1}\left(\frac{1}{2}\right)^{n-1}$$

所以

$$\frac{1}{a_n}=1+\left(\frac{1}{a_1}-1\right)\left(\frac{1}{2}\right)^{n-1}$$

注意到 $\dfrac{1}{2}<a_1<\dfrac{2}{3}$，则 $\dfrac{1}{2}<\dfrac{1}{a_1}-1<1$，所以

$$1+\frac{1}{2^n}<\frac{1}{a_n}<1+\frac{1}{2^{n-1}}$$

所以

$$\frac{1}{a_1}+\frac{1}{a_2}+\cdots+\frac{1}{a_n}<\left(1+\frac{1}{1}\right)+\left(1+\frac{1}{2}\right)+\cdots+\left(1+\frac{1}{2^{n-1}}\right)=$$

$$n+2-\frac{1}{2^{n-1}}<n+2$$

$$\frac{1}{a_1}+\frac{1}{a_2}+\cdots+\frac{1}{a_n}>\left(1+\frac{1}{2}\right)+\left(1+\frac{1}{2^2}\right)+\cdots+\left(1+\frac{1}{2^n}\right)=$$

$$n+1-\frac{1}{2^n}>n+1-\frac{1}{2}=n+\frac{1}{2}$$

10. 在数列 $\{a_n\}$ 中，$a_1=2, a_{n+1}=4a_n-3n+1, n\in\mathbf{N}^*$.

(1) 证明：数列 $\{a_n-n\}$ 是等比数列；

(2) 求数列 $\{a_n\}$ 的前 n 项和 S_n；

(3) 证明：不等式 $S_{n+1}\leqslant 4S_n$，对任意 $n\in\mathbf{N}^*$ 皆成立.

解　(1) 由题设 $a_{n+1}=4a_n-3n+1$，得 $a_{n+1}-(n+1)=4(a_n-n), n\in\mathbf{N}^*$. 又 $a_1-1=1$，所以数列 $\{a_n-n\}$ 是首项为 1，且公比为 4 的等比数列.

(2) 由(1) 可知 $a_n-n=4^{n-1}$，于是数列 $\{a_n\}$ 的通项公式为

$$a_n=4^{n-1}+n$$

所以数列 $\{a_n\}$ 的前 n 项和为

$$S_n=\frac{4^n-1}{3}+\frac{n(n+1)}{2}$$

(3) 对任意的 $n\in\mathbf{N}^*$，有

$$S_{n+1}-4S_n=\frac{4^{n+1}-1}{3}+\frac{(n+1)(n+2)}{2}-4\left[\frac{4^n-1}{3}+\frac{n(n+1)}{2}\right]=$$

$$-\frac{1}{2}(3n^2+n-4)\leqslant 0$$

所以不等式 $S_{n+1}\leqslant 4S_n$，对任意 $n\in\mathbf{N}^*$ 皆成立.

点评　本小题以数列的递推关系式为载体，主要考查等比数列的概念、等比数列的通项公式及前 n 项和公式、不等式的证明等基础知识，考查运算能力和推理论证能力.

11. (2014 · 新课标全国卷 Ⅱ) 已知数列 $\{a_n\}$ 满足 $a_1=1, a_{n+1}=3a_n+1$.

(1) 证明：$\left\{a_n+\frac{1}{2}\right\}$ 是等比数列，并求 $\{a_n\}$ 的通项公式；

(2) 证明：$\frac{1}{a_1}+\frac{1}{a_2}+\cdots+\frac{1}{a_n}<\frac{3}{2}$.

解　(1) 由 $a_{n+1}=3a_n+1$ 得

$$a_{n+1}+\frac{1}{2}=3\left(a_n+\frac{1}{2}\right)$$

又 $a_1+\frac{1}{2}=\frac{3}{2}$，所以 $\left\{a_n+\frac{1}{2}\right\}$ 是首项为 $\frac{3}{2}$，公比为 3 的等比数列，所以 $a_n+\frac{1}{2}=\frac{3^n}{2}$，因此数列 $\{a_n\}$ 的通项公式为 $a_n=\frac{3^n-1}{2}$.

(2) 由(1)知 $\frac{1}{a_n}=\frac{2}{3^n-1}$. 因为当 $n\geqslant 1$ 时，$3^n-1\geqslant 2\times 3^{n-1}$，所以 $\frac{1}{3n-1}\leqslant\frac{1}{2\times 3^{n-1}}$，即 $\frac{1}{a_n}=\frac{2}{3^n-1}\leqslant\frac{1}{3n-1}$，于是

$$\frac{1}{a_1}+\frac{1}{a_2}+\cdots+\frac{1}{a_n}\leqslant 1+\frac{1}{3}+\cdots+\frac{1}{3^{n-1}}=\frac{3}{2}\left(1-\frac{1}{3^n}\right)<\frac{3}{2}$$

所以

$$\frac{1}{a_1}+\frac{1}{a_2}+\cdots+\frac{1}{a_n}<\frac{3}{2}$$

12. (2007 年全国高中数学联合竞赛一试) 设 $a_n=\sum\limits_{k=1}^{n}\frac{1}{k(n+1-k)}$，求证：当正整数 $n\geqslant 2$ 时，$a_{n+1}<a_n$.

证明 由于 $\frac{1}{k(n+1-k)}=\frac{1}{n+1}\left(\frac{1}{k}+\frac{1}{n+1-k}\right)$，因此 $a_n=\frac{2}{n+1}\cdot\sum\limits_{k=1}^{n}\frac{1}{k}$，于是，对任意的正整数 $n\geqslant 2$，有

$$\frac{1}{2}(a_n-a_{n+1})=\frac{1}{n+1}\sum_{k=1}^{n}\frac{1}{k}-\frac{1}{n+2}\sum_{k=1}^{n+1}\frac{1}{k}=$$

$$\left(\frac{1}{n+1}-\frac{1}{n+2}\right)\sum_{k=1}^{n}\frac{1}{k}-\frac{1}{(n+1)(n+2)}=$$

$$\frac{1}{(n+1)(n+2)}\left(\sum_{k=1}^{n}\frac{1}{k}-1\right)>0$$

即

$$a_{n+1}<a_n$$

13. 设数列 $\{a_n\}$ 满足 $a_1=1$，$a_{n+1}\cdot a_n=n+1\ (n\in\mathbf{N}^*)$，求证：

$$\sum_{k=1}^{n}\frac{1}{a_k}\geqslant 2(\sqrt{n+1}-1)$$

证明 由题意知 $a_2=2$，$a_n>0$，$n\in\mathbf{N}^*$. 当 $n=1$ 时，$\frac{1}{a_1}=1>2(\sqrt{2}-1)$，命题成立；

当 $n\geqslant 2$ 时，由 $a_{n+1}\cdot a_n=n+1$，得 $a_n\cdot a_{n-1}=n$，所以

$$a_n(a_{n+1}-a_{n-1})=1,\ \frac{1}{a_n}=a_{n+1}-a_{n-1}$$

从而有

$$\sum_{k=1}^{n}\frac{1}{a_k}=\frac{1}{a_1}+\sum_{k=2}^{n}(a_{k+1}-a_{k-1})=a_{n+1}+a_n-2\geqslant 2\sqrt{a_{n+1}a_n}-2\geqslant 2(\sqrt{n+1}-1)$$

14. 设数列 $\{a_n\}$ 满足 $a_0=0,a_{n+1}=ca_n^3+1-c,c\in\mathbf{N}^*$，其中 c 为实数.

(1) 证明：$a_n\in[0,1]$ 对任意 $n\in\mathbf{N}^*$ 成立的充分必要条件是 $c\in[0,1]$；

(2) 设 $0<c<\frac{1}{3}$，证明：$a_n\geqslant 1-(3c)^{n-1},n\in\mathbf{N}^*$；

(3) 设 $0<c<\frac{1}{3}$，证明：$a_1^2+a_2^2+\cdots+a_n^2>n+1-\frac{2}{1-3c},n\in\mathbf{N}^*$.

解 (1) 必要性：因为 $a_1=0$，所以 $a_2=1-c$ ，又因为 $a_2\in[0,1]$，所以 $0\leqslant 1-c\leqslant 1$ ，即 $c\in[0,1]$.

充分性：设 $c\in[0,1]$，对 $n\in\mathbf{N}^*$ 用数学归纳法证明 $a_n\in[0,1]$，当 $n=1$ 时，$a_1=0\in[0,1]$. 假设 $a_k\in[0,1](k\geqslant 1)$，则

$$a_{k+1}=ca_k^3+1-c\leqslant c+1-c=1$$

且

$$a_{k+1}=ca_k^3+1-c\geqslant 1-c\geqslant 0$$

所以 $a_{k+1}\in[0,1]$，由数学归纳法知 $a_n\in[0,1]$ 对所有 $n\in\mathbf{N}^*$ 成立.

(2) 设 $0<c<\frac{1}{3}$，当 $n=1$ 时，$a_1=0$，结论成立，当 $n\geqslant 2$ 时，因为

$$a_n=ca_{n-1}^3+1-c$$

所以

$$1-a_n=c(1-a_{n-1})(1+a_{n-1}+a_{n-1}^2)$$

因为 $0<c<\frac{1}{3}$，由(1) 知 $a_{n-1}\in[0,1]$，所以 $1+a_{n-1}+a_{n-1}^2\leqslant 3$ 且 $1-a_{n-1}\geqslant 0$，所以

$$1-a_n\leqslant 3c(1-a_{n-1})$$

所以

$$1-a_n\leqslant 3c(1-a_{n-1})\leqslant(3c)^2(1-a_{n-2})\leqslant\cdots\leqslant(3c)^{n-1}(1-a_1)=(3c)^{n-1}$$

所以

$$a_n\geqslant 1-(3c)^{n-1}\quad(n\in\mathbf{N}^*)$$

(3) 设 $0<c<\frac{1}{3}$，当 $n=1$ 时，$a_1^2=0>2-\frac{2}{1-3c}$，结论成立.

当 $n\geqslant 2$ 时，由(2) 知

$$a_n\geqslant 1-(3c)^{n-1}>0$$

所以 $a_n^2\geqslant[1-(3c)^{n-1}]^2=1-2(3c)^{n-1}+(3c)^{2(n-1)}>1-2(3c)^{n-1}$

所以

$$a_1^2+a_2^2+\cdots+a_n^2=a_2^2+\cdots+a_n^2>n-1-2[3c+(3c)^2+\cdots+(3c)^{n-1}]=$$

$$n+1-\frac{2[1-(3c)^n]}{1-3c}>n+1-\frac{2}{1-3c}$$

15.(2013 安徽数学(理) 试题) 设函数 $f_n(x)=-1+x+\frac{x^2}{2^2}+\frac{x^2}{3^2}+\cdots+$

$\frac{x^n}{n^2}(x\in\mathbf{R},n\in\mathbf{N}^*)$，证明：

(1) 对每个 $n\in\mathbf{N}^*$，存在唯一的 $x_n\in[\frac{2}{3},1]$，满足 $f_n(x_n)=0$；

(2) 对任意 $p\in\mathbf{N}^*$，由(1)中 x_n 构成的数列 $\{x_n\}$ 满足 $0<x_n-x_{n+p}<\frac{1}{n}$.

解 (1) 因为当 $x>0$ 时，$y=\frac{x^n}{n^2}$ 是单调递增的，所以

$$f_n(x)=-1+x+\frac{x^2}{2^2}+\frac{x^3}{3^2}+\frac{x^4}{4^2}+\cdots+\frac{x^n}{n^2}$$

是 x 的单调递增函数，也是 n 的单调递增函数，且 $f_n(0)=-1<0$，$f_n(1)\geqslant-1+1=0\Rightarrow$ 存在唯一 $x_n\in(0,1]$，满足 $f_n(x_n)=0$，且 $1\geqslant x_1>x_2>x_3>\cdots>x_n>0$.

当 $x\in(0,1)$ 时，

$$f_n(x)\leqslant-1+x+\frac{x^2}{2^2}+\frac{x^3}{2^2}+\frac{x^4}{2^2}+\cdots+\frac{x^n}{2^2}=$$

$$-1+x+\frac{x^2}{4}\cdot\frac{1-x^{n-1}}{1-x}<-1+x+\frac{x^2}{4}\cdot\frac{1}{1-x}\Rightarrow$$

$$0=f_n(x_n)\leqslant-1+x_n+\frac{x_n^2}{4}\cdot\frac{1}{1-x_n}\Rightarrow$$

$$(x_n-2)(3x_n-2)\leqslant0\Rightarrow x_n\in[\frac{2}{3},1]$$

综上，对每个 $n\in\mathbf{N}^*$，存在唯一的 $x_n\in[\frac{2}{3},1]$，满足 $f_n(x_n)=0$(证毕).

(2) 由题知 $1\geqslant x_n>x_{n+p}>0$，

$$f_n(x_n)=-1+x_n+\frac{x_n^2}{2^2}+\frac{x_n^3}{3^2}+\frac{x_n^4}{4^2}+\cdots+\frac{x_n^n}{n^2}=0$$

$$f_{n+p}(x_{n+p})=-1+x_{n+p}+\frac{{x_{n+p}}^2}{2^2}+\frac{{x_{n+p}}^3}{3^2}+\frac{{x_{n+p}}^4}{4^2}+\cdots+$$

$$\frac{x_{n+p}^n}{n^2}+\frac{x_{n+p}^{n+1}}{(n+1)^2}+\cdots+\frac{x_{n+p}^{n+p}}{(n+p)^2}=0$$

上式相减

$$x_n+\frac{x_n^2}{2^2}+\frac{x_n^3}{3^2}+\frac{x_n^4}{4^2}+\cdots+\frac{x_n^n}{n^2}=$$

$$x_{n+p}+\frac{x_{n+p}^2}{2^2}+\frac{x_{n+p}^3}{3^2}+\frac{x_{n+p}^4}{4^2}+\cdots+\frac{x_{n+p}^n}{n^2}+\frac{x_{n+p}^{n+1}}{(n+1)^2}+\cdots+$$

$$\frac{x_{n+p}^{n+p}}{(n+p)^2}x_n-x_{n+p}=$$

$$\left(\frac{x_{n+p}{}^{2}-x_n^2}{2^2}+\frac{x_{n+p}{}^{3}-x_n{}^{3}}{3^2}+\frac{x_{n+p}{}^{4}-x_n{}^{4}}{4^2}+\cdots+\frac{x_{n+p}{}^{n}-x_n{}^{n}}{n^2}\right)+$$
$$\left[\frac{x_{n+p}{}^{n+1}}{(n+1)^2}+\cdots+\frac{x_{n+p}^{n+p}}{(n+p)^2}\right]=$$
$$\frac{1}{n}-\frac{1}{n+p}<\frac{1}{n}\Rightarrow x_n-x_{n+p}<\frac{1}{n}$$

16.(2014・重庆卷)设 $a_1=1, a_{n+1}=\sqrt{a_n^2-2a_n+2}+b(n\in\mathbf{N}^*)$.

(1) 若 $b=1$,求 a_2, a_3 及数列 $\{a_n\}$ 的通项公式.

(2) 若 $b=-1$,问:是否存在实数 c 使得 $a_{2n}<c<a_{2n+1}$ 对所有 $n\in\mathbf{N}^*$ 成立?证明你的结论.

解法 1 (1)$a_2=2, a_3=\sqrt{2}+1$. 再由题设条件知

$$(a_{n+1}-1)^2=(a_n-1)^2+1$$

从而$\{(a_n-1)^2\}$是首项为 0,公差为 1 的等差数列,故$(a_n-1)^2=n-1$,即

$$a_n=\sqrt{n-1}+1\quad(n\in\mathbf{N}^*)$$

(2) 设 $f(x)=\sqrt{(x-1)^2+1}-1$,则 $a_{n+1}=f(a_n)$. 令 $c=f(c)$,即 $c=\sqrt{(c-1)^2+1}-1$,解得 $c=\frac{1}{4}$. 下面用数学归纳法证明命题 $a_{2n}<c<a_{2n+1}<1$.

当 $n=1$ 时,$a_2=f(1)=0, a_3=f(0)=\sqrt{2}-1$,所以 $a_2<\frac{1}{4}<a_3<1$,结论成立.

假设 $n=k$ 时结论成立,即 $a_{2k}<c<a_{2k+1}<1$. 易知 $f(x)$ 在$(-\infty,1]$上为减函数,从而

$$c=f(c)>f(a_{2k+1})>f(1)=a_2$$

即

$$1>c>a_{2k+2}>a_2$$

再由 $f(x)$ 在$(-\infty,1]$上为减函数,得 $c=f(c)<f(a_{2k+2})<f(a_2)=a_3<1$,故 $c<a_{2k+3}<1$,因此 $a_{2(k+1)}<c<a_{2(k+1)+1}<1$,这就是说,当 $n=k+1$ 时结论成立.

综上,存在 $c=\frac{1}{4}$ 使 $a_{2n}<c<a_{2a+1}$ 对所有 $n\in\mathbf{N}^*$ 成立.

解法 2 (1)$a_2=2, a_3=\sqrt{2}+1$. 可写为 $a_1=\sqrt{1-1}+1, a_2=\sqrt{2-1}+1$, $a_3=\sqrt{3-1}+1$. 因此猜想 $a_n=\sqrt{n-1}+1$. 下面用数学归纳法证明上式.

当 $n=1$ 时,结论显然成立. 假设 $n=k$ 时结论成立,即 $a_k=\sqrt{k-1}+1$,则

$$a_{k+1}=\sqrt{(a_k-1)^2+1}+1=\sqrt{(k-1)+1}+1=\sqrt{(k+1)-1}+1$$

这就是说,当 $n=k+1$ 时结论成立. 所以 $a_n=\sqrt{n-1}+1(n\in\mathbf{N}^*)$.

(2) 设 $f(x)=\sqrt{(x-1)^2+1}-1$，则 $a_{n+1}=f(a_n)$. 先证：

$$0\leqslant a_n\leqslant 1\quad (n\in\mathbf{N}^*) \qquad ①$$

当 $n=1$ 时，结论明显成立. 假设 $n=k$ 时结论成立，即 $0\leqslant a_k\leqslant 1$.

易知 $f(x)$ 在 $(-\infty,1]$ 上为减函数，从而 $0=f(1)\leqslant f(a_k)\leqslant f(0)=\sqrt{2}-1<1$.

即 $0\leqslant a_{k+1}\leqslant 1$. 这就是说，当 $n=k+1$ 时结论成立. 故 ① 成立.

再证：

$$a_{2n}<a_{2n+1}\quad (n\in\mathbf{N}^*) \qquad ②$$

当 $n=1$ 时，$a_2=f(1)=0$，$a_3=f(a_2)=f(0)=\sqrt{2}-1$，所以 $a_2<a_3$，即 $n=1$ 时 ② 成立. 假设 $n=k$ 时，结论成立，即 $a_{2k}<a_{2k+1}$. 由 ① 及 $f(x)$ 在 $(-\infty,1]$ 上为减函数，得

$$a_{2k+1}=f(a_{2k})>f(a_{2k+1})=a_{2k+2},\quad a_{2(k+1)}=f(a_{2k+1})<f(a_{2k+2})=a_{2(k+1)+1}$$

这就是说，当 $n=k+1$ 时 ② 成立，所以 ② 对一切 $n\in\mathbf{N}^*$ 成立.

由 ② 得 $a_{2n}<\sqrt{a_{2n}^2-2a_{2n}+2}-1$，即

$$(a_{2n}+1)^2<a_{2n}^2-2a_{2n}+2$$

因此

$$a_{2n}<\frac{1}{4} \qquad ③$$

又由 ①② 及 $f(x)$ 在 $(-\infty,1]$ 上为减函数，得 $f(a_{2n})>f(a_{2n+1})$，即 $a_{2n+1}>a_{2n+2}$，所以 $a_{2n+1}>\sqrt{a_{2n+1}^2-2a_{2n+1}+2}-1$，解得

$$a_{2n+1}>\frac{1}{4} \qquad ④$$

综上，由 ②③④ 知存在 $c=\frac{1}{4}$ 使 $a_{2n}<c<a_{2n+1}$ 对一切 $n\in\mathbf{N}^*$ 成立.

17. 数列 $\{a_n\}$ 为等差数列，a_n 为正整数，其前 n 项和为 S_n，数列 $\{b_n\}$ 为等比数列，且 $a_1=3$，$b_1=1$，数列 $\{b_{a_n}\}$ 是公比为 64 的等比数列，$b_2S_2=64$.

(1) 求 a_n，b_n；

(2) 求证：$\frac{1}{S_1}+\frac{1}{S_2}+\cdots+\frac{1}{S_n}<\frac{3}{4}$.

解 (1) 设 $\{a_n\}$ 的公差为 d，$\{b_n\}$ 的公比为 q，则 d 为正整数，

$$a_n=3+(n-1)d,\quad b_n=q^{n-1}$$

依题意有

$$\begin{cases}\dfrac{b_{a_{n+1}}}{b_{a_n}}=\dfrac{q^{3+nd}}{q^{3+(n-1)d}}=q^d=64=2^6\\ S_2b_2=(6+d)q=64\end{cases} \qquad ①$$

由 $(6+d)q=64$ 知 q 为正有理数，故 d 为 6 的因子 1,2,3,6 之一，解 ① 得 $d=$

2,$q=8$,故 $a_n=3+2(n-1)=2n+1$,$b_n=8^{n-1}$.

(2) $$S_n=3+5+\cdots+(2n+1)=n(n+2)$$

所以

$$\frac{1}{S_1}+\frac{1}{S_2}+\cdots+\frac{1}{S_n}=\frac{1}{1\times3}+\frac{1}{2\times4}+\frac{1}{3\times5}+\cdots+\frac{1}{n(n+2)}=$$
$$\frac{1}{2}\left(1-\frac{1}{3}+\frac{1}{2}-\frac{1}{4}+\frac{1}{3}-\frac{1}{5}+\cdots+\frac{1}{n}-\frac{1}{n+2}\right)=$$
$$\frac{1}{2}\left(1+\frac{1}{2}-\frac{1}{n+1}-\frac{1}{n+2}\right)<\frac{3}{4}$$

18. 数列$\{a_n\}$满足$a_1=1$,$a_2=2$,$a_{n+2}=\left(1+\cos^2\frac{n\pi}{2}\right)a_n+\sin^2\frac{n\pi}{2}$,$n=1,2,3,\cdots$.

(1) 求 a_3,a_4,并求数列$\{a_n\}$的通项公式;

(2) 设 $b_n=\frac{a_{2n-1}}{a_{2n}}$,$S_n=b_1+b_2+\cdots+b_n$. 证明:当 $n\geqslant 6$ 时,$|S_n-2|<\frac{1}{n}$.

解 (1) 因为 $a_1=1$,$a_2=2$,所以

$$a_3=\left(1+\cos^2\frac{\pi}{2}\right)a_1+\sin^2\frac{\pi}{2}=a_1+1=2$$

$$a_4=(1+\cos^2\pi)a_2+\sin^2\pi=2a_2=4$$

一般地,当 $n=2k-1(k\in\mathbf{N}^*)$ 时

$$a_{2k+1}=\left[1+\cos^2\frac{(2k-1)\pi}{2}\right]a_{2k-1}+\sin^2\frac{2k-1}{2}\pi=a_{2k-1}+1$$

即 $$a_{2k+1}-a_{2k-1}=1$$

所以数列$\{a_{2k-1}\}$是首项为1、公差为1的等差数列,因此 $a_{2k-1}=k$.

当 $n=2k(k\in\mathbf{N}^*)$ 时

$$a_{2k+2}=\left(1+\cos^2\frac{2k\pi}{2}\right)a_{2k}+\sin^2\frac{2k\pi}{2}=2a_{2k}$$

所以数列$\{a_{2k}\}$是首项为2、公比为2的等比数列,因此 $a_{2k}=2^k$.

故数列$\{a_n\}$的通项公式为

$$a_n=\begin{cases}\dfrac{n+1}{2},n=2k-1\quad(k\in\mathbf{N}^*)\\ 2^{\frac{n}{2}},n=2k\quad(k\in\mathbf{N}^*)\end{cases}$$

(2) 由(1)知

$$b_n=\frac{a_{2n-1}}{a_{2n}}=\frac{n}{2^2},S_n=\frac{1}{2}+\frac{2}{2^2}+\frac{3}{2^3}+\cdots+\frac{n}{2^n}\qquad①$$

$$\frac{1}{2}S_n=\frac{1}{2^2}+\frac{2}{2^2}+\frac{3}{2^4}+\cdots+\frac{n}{2^{n+1}}\qquad②$$

① − ② 得

$$\frac{1}{2}S_n=\frac{1}{2}+\frac{1}{2^2}+\frac{1}{2^3}+\cdots+\frac{1}{2^n}-\frac{n}{2^{n+1}}=$$

$$\frac{\frac{1}{2}\left[1-\left(\frac{1}{2}\right)^2\right]}{1-\frac{1}{2}}-\frac{n}{2^{n+1}}=$$

$$1-\frac{1}{2^n}-\frac{n}{2^{n+1}}$$

所以
$$S_n=2-\frac{1}{2^{n-1}}-\frac{n}{2^n}=2-\frac{n+2}{2^n}$$

要证明当 $n\geqslant 6$ 时，$|S_n-2|<\frac{1}{n}$ 成立，只需证明当 $n\geqslant 6$ 时，$\frac{n(n+2)}{2^n}<1$ 成立.

证法 1：① 当 $n=6$ 时，$\frac{6\times(6+2)}{2^6}=\frac{48}{64}=\frac{3}{4}<1$ 成立.

② 假设当 $n=k(k\geqslant 6)$ 时不等式成立，即$\frac{k(k+2)}{2^k}<1$.

则当 $n=k+1$ 时

$$\frac{(k+1)(k+3)}{2^{k+1}}=\frac{k(k+2)}{2^k}\times\frac{(k+1)(k+3)}{2k(k+2)}<\frac{(k+1)(k+3)}{(k+2)\cdot 2k}<1$$

由(1)(2) 所述，当 $n\geqslant 6$ 时，$\frac{n(n+1)}{2^2}<1$. 即当 $n\geqslant 6$ 时，$|S_n-2|<\frac{1}{n}$.

证法 2：令 $c_n=\frac{n(n+2)}{2^n}(n\geqslant 6)$，则

$$c_{n+1}-c_n=\frac{(n+1)(n+3)}{2^{n+1}}-\frac{n(n+2)}{2^n}=\frac{3-n^2}{2^{n+1}}<0$$

所以当 $n\geqslant 6$ 时，$c_{n+1}<c_n$. 因此当 $n\geqslant 6$ 时，$c_n\leqslant c_6=\frac{6\times 8}{64}=\frac{3}{4}<1$. 于是当 $n\geqslant 6$ 时，$\frac{n(n+2)}{2^n}<1$. 综上所述，当 $n\geqslant 6$ 时，$|S_n-2|<\frac{1}{n}$.

19. 已知数列 $\{a_n\}$ 的首项 $a_1=\frac{3}{5}$，$a_{n+1}=\frac{3a_n}{2a_n+1}$，$n=1,2,\cdots$.

(1) 求 $\{a_n\}$ 的通项公式；

(2) 证明：对任意的 $x>0$，$a_n\geqslant\frac{1}{1+x}-\frac{1}{(1+x)^2}\left(\frac{2}{3^n}-x\right)$，$n=1,2,\cdots$；

解　(1) 因为 $a_{n+1}=\frac{3a_n}{2a_n+1}$，所以$\frac{1}{a_{n+1}}=\frac{2}{3}+\frac{1}{3a_n}$，所以

$$\frac{1}{a_{n+1}}-1=\frac{1}{3}\left(\frac{1}{a_n}-1\right)$$

又$\frac{1}{a_n}-1=\frac{2}{3}$,所以$\left(\frac{1}{a_n}-1\right)$是以$\frac{2}{3}$为首项,$\frac{1}{3}$为公比的等比数列,所以

$$\frac{1}{a_n}-1=\frac{2}{3}\cdot\frac{1}{3^{n-1}}=\frac{2}{3^n}$$

所以
$$a_n=\frac{3^n}{3^n+2}$$

(2) 由(1)知$a_n=\frac{3^n}{3^n+2}>0$,

$$\begin{aligned}\frac{1}{1+x}-\frac{1}{(1+x)^2}\left(\frac{2}{3^n}-x\right)=&\frac{1}{1+x}-\frac{1}{(1+x)^2}\left(\frac{2}{3^n}+1-1-x\right)=\\&\frac{1}{1+x}-\frac{1}{(1+x)^2}\left[\frac{1}{a_n}-(1+x)\right]=\\&-\frac{1}{a_n}\cdot\frac{1}{(1+x)^2}+\frac{2}{1+x}=\\&-\frac{1}{a_n}\left(\frac{1}{1+x}-a_n\right)^2+a_n\leqslant a_n\end{aligned}$$

所以原不等式成立.

第6节　数列综合问题选讲

例1　数列$\{a_n\}$中,$a_1=2$,$a_{n+1}=(\sqrt{2}-1)(a_n+2)(n\in\mathbf{N}^*)$.

(1) 求$\{a_n\}$的通项公式;

(2) 若数列$\{b_n\}$中,$b_1=2$,$b_{n+1}=\frac{3b_n+4}{2b_n+3}(n\in\mathbf{N}^*)$,求证:$\sqrt{2}<b_n\leqslant a_{4n-3}$.

分析　由递推式$a_{n+1}=(\sqrt{2}-1)(a_n+2)$可知数列$\{a_n\}$可以转化为等比数列求.

解　(1) 设$a_{n+1}+c=(\sqrt{2}-1)(a_n+c)$成立,即

$$a_{n+1}=(\sqrt{2}-1)a_n+(\sqrt{2}-2)c$$

所以
$$(\sqrt{2}-2)c=2(\sqrt{2}-1)\Rightarrow c=-\sqrt{2}$$

即
$$a_{n+1}-\sqrt{2}=(\sqrt{2}-1)(a_n-\sqrt{2})$$

所以数列$\{a_n-\sqrt{2}\}$是以$2-\sqrt{2}$为首项,$\sqrt{2}-1$为公比的等比数列,即

$$a_n-\sqrt{2}=(2-\sqrt{2})(\sqrt{2}-1)^{n-1}$$

所以
$$a_n=\sqrt{2}+(2-\sqrt{2})(\sqrt{2}-1)^{n-1}=\sqrt{2}+\sqrt{2}(\sqrt{2}-1)^n$$

(2) 当$n=1$时,$b_1=2$,$a_1=2$,故有$\sqrt{2}<b_1\leqslant a_1$.假设$n=k$时,$\sqrt{2}<b_k\leqslant$

a_{4k-3}.

当 $n=k+1$ 时

$$b_{k+1}-\sqrt{2}=\frac{3b_k+4}{2b_k+3}-\sqrt{2}=\frac{(3-2\sqrt{2})(b_k-\sqrt{2})}{2b_k+3}>0$$

又
$$\frac{1}{2b_k+3}<\frac{1}{2\sqrt{2}+3}=3-2\sqrt{2}$$

所以
$$b_{k+1}-\sqrt{2}<(3-2\sqrt{2})^2(b_k-\sqrt{2})\leqslant$$
$$(\sqrt{2}-1)^4(a_{4k-3}-\sqrt{2})=a_{4k+1}-\sqrt{2}\leqslant a_{4k+1}$$

也就是说,当 $n=k+1$ 时,结论成立.综上可知 $\sqrt{2}<b_n\leqslant a_{4n-3}$.

点评 本题主要考查递推数列的简单应用,以及基本数列的知识,对数学归纳运用和不等式的变形有一定要求,此类题也是高考题和竞赛题的基本题型.

例 2 在数列 $\{a_n\}$ 中 $a_1=2$, $a_{n+1}=\lambda a_n+\lambda^{n+1}+(2-\lambda)\cdot 2^n(n\in\mathbf{N}^*$,其中 $\lambda>0)$.

(1) 求数列 $\{a_n\}$ 的通项公式;

(2) 求数列 $\{a_n\}$ 的前 n 项和;

(3) 证明:存在 $k\in\mathbf{N}^*$,使得 $\frac{a_{n+1}}{a_n}\leqslant\frac{a_{k+1}}{a_k}$ 对任意 $k\in\mathbf{N}^*$,均成立.

分析 关键对递推式 $a_{n+1}=\lambda a_n+\lambda^{n+1}+(2-\lambda)\cdot 2^n$ 的转化与处理.

解 (1) 由 $a_{n+1}=\lambda a_n+\lambda^{n+1}+(2-\lambda)\cdot 2^n(n\in\mathbf{N}^*)$,可得

$$\frac{a_{n+1}}{\lambda^{n+1}}-\left(\frac{2}{\lambda}\right)^{n+1}=\frac{a_n}{\lambda^n}-\left(\frac{2}{\lambda}\right)^n+1$$

所以数列 $\left\{\frac{a_n}{\lambda^n}-\left(\frac{2}{\lambda}\right)^n\right\}$ 为等差数列,其公差为 1,即 $\frac{a_n}{\lambda^n}-\left(\frac{2}{\lambda}\right)^n=n-1$,故数列 $\{a_n\}$ 的通项为 $a_n=(n-1)\lambda^n+2^n$.

(2) 设

$$T_n=\lambda^2+\lambda^3+\lambda^4+\cdots+(n-1)\lambda^n \quad ①$$

$$\lambda T_n=\lambda^3+2\lambda^4+\cdots+(n-2)\lambda^n+(n-1)\lambda^{n+1} \quad ②$$

当 $\lambda\neq 1$ 时,由 ① − ② 得

$$(1-\lambda)T_n=\lambda^2+\lambda^3+\cdots+\lambda^n-(n-1)\lambda^{n+1}=\frac{\lambda^2-\lambda^{n+1}}{1-\lambda}-(n-1)\lambda^{n+1}$$

所以

$$T_n=\frac{(n-1)\lambda^{n+2}-n\lambda^{n+1}+\lambda^2}{(1-\lambda)^2}$$

此时数列 $\{a_n\}$ 的前 n 项和

$$S_n=\frac{(n-1)\lambda^{n+2}-n\lambda^{n+1}+\lambda^2}{(1-\lambda)^2}+2^{n+1}-2$$

当 $\lambda=1$ 时，$T_n=\frac{n(n-1)}{2}$，$S_n=\frac{n(n-1)}{2}+2^{n+1}-2$.

(3) 欲证

$$\frac{a_{n+1}}{a_n}<\frac{a_2}{a_1}=\frac{\lambda^2+4}{2}\quad(n\geqslant 2)\qquad ③$$

由 $\lambda>0$ 可知 $a_n>0$，要使 ③ 成立，只要 $2a_{n+1}<(\lambda^2+4)a_n(n\geqslant 2)$. 因为

$$(\lambda^2+4)a_n=(\lambda^2+4)(n-1)\lambda^n+(\lambda^2+4)2^n>4\lambda(n-1)\lambda^n+4\times 2^n=$$
$$4(n-1)\lambda^{n+1}+2^{n+2}\geqslant 2n\lambda^{n+1}+2^{n+2}=2a_{n+1}\quad(n\geqslant 2)$$

所以 ③ 成立. 因此，存在 $k=1$，使得 $\forall n\in\mathbf{N}^*$，$\frac{a_{n+1}}{a_n}\leqslant\frac{a_{k+1}}{a_k}=\frac{a_2}{a_1}$ 均成立.

点评　本题以递推数列为载体，综合了等差数列、等比数列、不等式的知识，对分析推理都有较高的要求.

例 3　将各项均为正数的数列 $\{a_n\}$ 排成如图 1 所示的三角形数阵（第 n 行有 n 个数，同一行中，下标小的数排在左边）. b_n 表示数阵中第 n 行、第 1 列的数. 已知数列 $\{b_n\}$ 为等比数列，且从第 3 行开始，各行均构成公差为 d 的等差数列（第 3 行的 3 个数构成公差为 d 的等差数列，第 4 行的 4 个数构成公差为 d 的等差数列，……），$a_1=1$，$a_{12}=17$，$a_{18}=34$.

(1) 求数阵中第 m 行、第 n 列的数 $A(m,n)$（用 m,n 表示）；

(2) 求 $a_{2\,013}$ 的值；

(3) 2 013 是否在该数阵中？并说明理由.

$$\begin{array}{ccccccc} & & & a_1 & & & \\ & & a_2 & & a_3 & & \\ & a_4 & & a_5 & & a_6 & \\ a_7 & & a_8 & & a_9 & & a_{10} \\ \cdots & \cdots & \cdots & & \cdots & \cdots & \cdots \end{array}$$

图 1

解　(1) 设 $\{b_n\}$ 的公比为 q.

依题意，a_{12} 为数阵中第 5 行第 2 列的数；a_{18} 为数阵中第 6 行第 3 列的数. 所以

$$b_1=1,b_n=q^{n-1},a_{12}=q^4+d=17,a_{18}=q^5+2d=34$$

故

$$q=2,d=1,b_n=2^{n-1}$$

所以

$$A(m,n)=b_m+(n-1)d=2^{m-1}+n-1\qquad ①$$

(2) 由 $1+2+3+\cdots+62=1\,953$，$1+2+3+\cdots+62+63=2\,016$，2 013

$-1\ 953=60$ 知，$a_{2\,013}$ 为数阵中第 63 行第 60 列的数，所以

$$a_{2\,013}=2^{62}+59 \quad ②$$

(3) 假设 2 013 为数阵中第 m 行第 n 列的数. 因为第 m 行中，最小的数为 2^{m-1}，最大的数为 $2^{m-1}+m-1$，所以

$$2^{m-1}\leqslant 2\,013\leqslant 2^{m-1}+m-1 \quad ③$$

由于 $m\leqslant 10$ 时，$2^{m-1}+m-1\leqslant 2^9+9=521<2\,013$，因此 $m\leqslant 10$ 不符合 ③；由于 $m\geqslant 11$ 时，$2^{m-1}+m-1\geqslant 2^{10}+10=1\,034<2\,013$，因此 $m\geqslant 11$ 不符合 ③；所以上述不等式 ① 无正整数解. 所以 2 013 不在该数阵中.

例 4 已知数列 $\{a_n\}$ 的前 n 项和为 S_n，对任意 $n\in \mathbf{N}^*$ 都有 $S_n=\dfrac{a}{1+a}(1+a_n)$（$a$ 为常数，$a\neq 0$，$a\neq\pm 1$).

(1) 求数列 $\{a_n\}$ 的通项公式；

(2) 令 $b_n=\dfrac{S_n}{a_n}+1$，若数列 $\{b_n\}$ 为等比数列，求 a 的值；

(3) 在满足(2) 的条件下，记 $c_n=\dfrac{1}{1-a_n}+\dfrac{1}{1+a_{n+1}}$，设数列 $\{c_n\}$ 的前n 项和为 T_n，求证：$T_n>2n-\dfrac{1}{4}$.

解 (1) 当 $n=1$ 时，$a_1=S_1=\dfrac{a}{1+a}(1+a_1)$，解得 $a_1=a$，当 $n\geqslant 2$ 时，$a_n=S_n-S_{n-1}=\dfrac{a}{1+a}(1+a_n)-\dfrac{a}{1+a}(1+a_{n-1})$，整理得 $a_n=-aa_{n-1}$.

所以数列 $\{a_n\}$ 是首项为 a，公比为 $-a$ 的等比数列，所以

$$a_n=a\cdot(-a)^{n-1}=-(-a)^n$$

(2) 由(1) 得 $S_n=\dfrac{a}{1+a}[1-(-a)^n]$，则

$$b_n=\frac{S_n}{a_n}+1=\frac{2a+1}{1+a}-\frac{a}{(1+a)(-a)^n}$$

所以 $$b_1=2,b_2=\frac{2a-1}{a},b_3=\frac{2a^3+a^2+1}{a^2(1+a)}$$

由 $b_2^2=b_1b_3$，得 $\left(\dfrac{2a-1}{a}\right)^2=2\times\dfrac{2a^3+a^2+1}{a^2(1+a)}$，解得 $a=-\dfrac{1}{2}$. 又 $a=-\dfrac{1}{2}$ 时，$b_n=2^n$，显然数列 $\{b_n\}$ 为等比数列，故 $a=-\dfrac{1}{2}$.

(3) 由(2) 知 $a=-\dfrac{1}{2}$，故 $a_n=-\left(\dfrac{1}{2}\right)^n$，所以

$$c_n=\frac{1}{1-a_n}+\frac{1}{1+a_{n+1}}=\frac{2^n}{2^n+1}+\frac{2^{n+1}}{2^{n+1}-1}=$$

$$1-\frac{1}{2^n+1}+1+\frac{1}{2^{n+1}-1}=2-\left(\frac{1}{2^n+1}-\frac{1}{2^{n+1}-1}\right)=$$
$$2-\frac{2^n-2}{(2^n+1)(2^{n+1}-1)}$$

当 $n\geqslant 2$ 时,

$$\frac{2^n-2}{(2^n+1)(2^{n+1}-1)}<\frac{2^n-2}{(2^n+1)(2^{n+1}-4)}=\frac{1}{2(2^n+1)}<\frac{1}{2^{n+1}}$$

所以
$$\sum_{i=2}^{n}\frac{2^i-2}{(2^i+1)(2^{i+1}-1)}<\sum_{i=2}^{n}\frac{1}{2^{i+1}}=\frac{\frac{1}{2^3}\left[1-\left(\frac{1}{2}\right)^{n-1}\right]}{1-\frac{1}{2}}<\frac{1}{4}$$

所以
$$T_n>2+2(n-1)-\frac{1}{4}=2n-\frac{1}{4}$$

例 5 已知数列 $\{a_n\}$ 满足:$a_1=\frac{1}{2}$,$a_n=2a_na_{n+1}+3a_{n+1}(n\in\mathbf{N}^*)$.

(1) 求数列 $\{a_n\}$ 的通项公式;

(2) 若数列 $\{b_n\}$ 满足:$b_n=1+\frac{1}{a_n}(n\in\mathbf{N}^*)$,且对任意正整数 $n(n\geqslant 2)$,不等式 $\sum_{k=1}^{n}\frac{1}{n+\log_3 b_k}>\frac{m}{24}$ 恒成立,求整数 m 的最大值.

解 (1) 若存在 $a_l=0(l\in\mathbf{N}^*)$,则由 $a_{n-1}=2a_{n-1}a_n+3a_n$ 知,$a_{l-1}=0$. 依此类推,$a_{l-2}=0$,$a_{l-3}=0$,$\cdots$,$a_1=0$,这与 $a_1=\frac{1}{2}$ 矛盾. 故 $a_n\neq 0(n\in\mathbf{N}^*)$,于是,由 $a_n=2a_na_{n+1}+3a_{n+1}$,得 $\frac{1}{a_{n+1}}-\frac{3}{a_n}=2$,即 $\frac{1}{a_{n+1}}+1=3(\frac{1}{a_n}+1)$. 所以 $\left\{\frac{1}{a_n}+1\right\}$ 是首项为 3、公比为 3 的等比数列,所以 $\frac{1}{a_n}+1=3^n$,即

$$a_n=\frac{1}{3^n-1}=1\quad(n\in\mathbf{N}^*)$$

(2) 由(1) 得 $b_n=1+\frac{1}{a_n}=3^n$,从而 $\log_3 b_k=k(k=1,2,\cdots)$. 于是,不等式

$$\sum_{k=1}^{n}\frac{1}{n+\log_3 b_k}>\frac{m}{24}$$

等价于
$$\frac{1}{n+1}+\frac{1}{n+2}+\cdots+\frac{1}{n+n}>\frac{m}{24}$$

令
$$f(n)=\frac{1}{n+1}+\frac{1}{n+2}+\cdots+\frac{1}{n+n}$$

则 $f(n+1)-f(n)=\frac{1}{2n+1}+\frac{1}{2n+2}-\frac{1}{n+1}=\frac{1}{2n-1}-\frac{1}{2n+2}>0$

所以 $f(n)$ 单调递增,所以

$$f(n)_{\min}=f(2)=\frac{1}{3}+\frac{1}{4}=\frac{7}{12}$$

于是，$\frac{7}{12}>\frac{m}{24}$，即 $m<14$. 故整数 m 的最大值为 13.

例 6 已知集合 $A=\{a_1,a_2,\cdots,a_n\}$，$1\leqslant a_1<a_2<\cdots<a_n(n\geqslant 5)$ 中，对任意的 $1\leqslant i\leqslant j\leqslant n$，总有 $\frac{a_i}{a_j}$ 与 a_ia_j 至少有一个属于集合 A. 证明：$a_1,a_2,\cdots,a_n$ 依次成等比数列.

证明 因为 $a_na_n\notin A$，所以 $\frac{a_n}{a_n}\in A$，故 $a_1=1$.

因为 $a_na_i\notin A$，所以 $\frac{a_n}{a_i}\in A$，所以

$$1=a_1<\frac{a_n}{a_{n-1}}<\frac{a_n}{a_{n-2}}<\cdots<\frac{a_n}{a_2}<a_n$$

故 a_1 与 a_n 之间共有互不相等的 $(n-2)$ 个数，它们都属于 A，所以只能是 $\frac{a_n}{a_{n-1}}=a_2$，…，即有

$$a_n=a_ia_{n-1+i}\quad(i=2,3,\cdots,n-1)\tag{①}$$

又因为 $a_{n-1}a_j\notin A$，所以 $\frac{a_{n-1}}{a_j}\in A$，所以

$$1=a_1<\frac{a_{n-1}}{a_{n-2}}<\frac{a_{n-1}}{a_{n-3}}<\cdots<\frac{a_{n-1}}{a_3}<a_{n-2}$$

故 a_1 与 a_{n-2} 之间共有互不相等的 $(n-4)$ 个数，它们都属于 A，所以只能是 $\frac{a_n}{a_{n-2}}=a_2$，…，即有

$$a_{n-1}=a_ja_{n-j}\quad(j=3,4,\cdots,n-2)\tag{②}$$

由 ①② 对 $j=3,4,\cdots,n-2$，取 $j=i$ 时，就有

$$\frac{a_n}{a_{n-1}}=\frac{a_{n+1-i}}{a_{n-i}}$$

即有
$$\frac{a_n}{a_{n-1}}=\frac{a_{n-2}}{a_{n-3}}=\cdots=\frac{a_3}{a_2}=c>1$$

可设

$$a_2=b>1,a_j=bc^{j-2}\quad(j=3,4,\cdots,n-2)$$
$$a_{n-1}=a_3a_{n-3}=b^2c^{n-4},a_n=b^2c^{n-3}\quad(n\geqslant 5)$$

利用 $a_n=a_2a_{n-1}$，有 $b^2c^{n-3}=b\cdot b^2c^{n-4}$，所以 $b=c$.

故 $a_i=c^{i-1}(i=2,3,\cdots,n)$，又 $a_1=1$，故 $a_1,a_2,\cdots,a_n$ 依次成等比数列.

例 7 已知在数列 $\{a_n\}$ 中，$a_1=1$，$a_{2n+1}=qa_{2n-1}+d(d\in\mathbf{R},q\in\mathbf{R}$ 且 $q\neq 0$，$n\in\mathbf{N}^*)$.

(1) 若数列$\{a_{2n-1}\}$是等比数列，求q与d满足的条件；

(2) 当$d=0$，$q=2$时，一个质点在平面直角坐标系内运动，从坐标原点出发，第1次向右运动，第2次向上运动，第3次向左运动，第4次向下运动，以后依次按向右、向上、向左、向下的方向交替地运动，设第n次运动的位移是a_n，第n次运动后，质点到达点$P_n(x_n,y_n)$，求数列$\{n\cdot x_{4n}\}$的前n项和S_n.

解 (1) 因为$a_1=1$，$a_{2n+1}=qa_{2n-1}+d$，$q\neq 0$.

① 当$d=0$时，$a_{2n+1}=qa_{2n-1}$，显然$\{a_{2n-1}\}$是等比数列；

② 当$d\neq 0$时，$a_3=qa_1+d=q+d$，$a_5=qa_3+d=q(q+d)+d$.

因为数列$\{a_{2n-1}\}$是等比数列，所以$a_3^2=a_1a_5$，即$(q+d)^2=q(q+d)+d$，化简得$q+d=1$.

此时有$a_{2n+1}=qa_{2n-1}+1-q$，得$a_{2n+1}-1=q(a_{2n-1}-1)$，由$a_1=1$，$q\neq 0$，得$a_{2n-1}=1(n\in\mathbf{N}^*)$，则数列$\{a_{2n-1}\}$是等比数列.

综上，q与d满足的条件为$d=0(q\neq 0)$或$q+d=1(q\neq 0,d\neq 0)$.

(2) 当$d=0$，$q=2$时，因为$a_{2n+1}=2a_{2n-1}$，所以

$$a_{2n-1}=a_1\cdot 2^{n-1}=2^{n-1}$$

依题意得：$x_4=a_1-a_3=1-2$，$x_8=1-2+2^2-2^3$，…，所以

$$x_{4n}=1-2+2^2-2^3+\cdots+2^{2n-2}-2^{2n-1}=\frac{1-(-2)^{2n}}{1-(-2)}=\frac{1-2^{2n}}{1+2}=\frac{1-2^{2n}}{3}$$

所以
$$1-3x_{4n}=2^{2n}$$

所以
$$x_{4n}=\frac{1-2^{2n}}{3}$$

所以
$$\begin{aligned}S_n=&x_4+2x_8+3x_{12}+\cdots+(n-1)\cdot x_{4(n-1)}+n\cdot x_{4n}=\\&\frac{1}{3}(1+2+3+\cdots+n)-\\&\frac{1}{3}(1\times 2^2+2\times 2^4+3\times 2^6+\cdots+n\cdot 2^{2n})=\\&\frac{n(n+1)}{6}-\frac{1}{3}(1\times 2^2+2\times 2^4+3\times 2^6+\cdots+n\cdot 2^{2n})\end{aligned}$$

令

$$T_n=1\times 2^2+2\times 2^4+3\times 2^6+\cdots+(n-1)\cdot 2^{2(n-1)}+n\cdot 2^{2n} \qquad ①$$

$$4T_n=1\times 2^4+2\times 2^6+3\times 2^8+\cdots+(n-1)\cdot 2^{2n}+n\cdot 2^{2n+2} \qquad ②$$

① − ② 得

$$\begin{aligned}-3T_n=&1\times 2^2+2^4+2^6+\cdots+2^{2n}-n\cdot 2^{2n+2}=\\&\frac{2^2(1-2^{2n})}{1-4}-n\cdot 2^{2n+2}=\\&\frac{4}{3}(2^{2n}-1)-n\cdot 2^{2n+2}\end{aligned}$$

所以 $$T_n=\frac{4}{9}(1-2^{2n})+\frac{n\cdot 2^{2n+2}}{3}=$$

$$\frac{4}{9}+\frac{(3n-1)\cdot 2^{2n+2}}{9}$$

所以 $$S_n=\frac{n(n+1)}{6}-\frac{4}{27}-\frac{(3n-1)\cdot 2^{2n+2}}{27}$$

例 8 (2009 陕西卷理)已知数列$\{x_n\}$满足,$x_1=\frac{1}{2}$,$x_{n+1}=\frac{1}{1+x_n}$,$n\in \mathbf{N}^*$.

(1) 猜想数列$\{x_n\}$的单调性,并证明你的结论;

(2) 证明:$|x_{n+1}-x_n|\leqslant\frac{1}{6}\left(\frac{2}{5}\right)^{n-1}$.

证明 (1) 由 $x_1=\frac{1}{2}$ 及 $x_{n+1}=\frac{1}{1+x_n}$ 得 $x_2=\frac{2}{3}$,$x_4=\frac{5}{8}$,$x_6=\frac{13}{21}$,由 $x_2>x_4>x_6$ 猜想:数列$\{x_{2n}\}$是递减数列.下面用数学归纳法证明:

① 当 $n=1$ 时,已证命题成立;

② 假设当 $n=k$ 时命题成立,即 $x_{2k}>x_{2k+2}$,易知 $x_{2k}>0$,那么

$$x_{2k+2}-x_{2k+4}=\frac{1}{1+x_{2k+1}}-\frac{1}{1+x_{2k+3}}=\frac{x_{2k+3}-x_{2k+1}}{(1+x_{2k+1})(1+x_{2k+3})}=$$

$$\frac{x_{2k}-x_{2k+2}}{(1+x_{2k})(1+x_{2k+1})(1+x_{2k+2})(1+x_{2k+3})}>0$$

即 $$x_{2(k+1)}>x_{2(k+1)+2}$$

也就是说,当 $n=k+1$ 时命题也成立,结合 ① 和 ② 知,命题成立.

(2) 当 $n=1$ 时,$|x_{n+1}-x_n|=|x_2-x_1|=\frac{1}{6}$,结论成立.

当 $n\geqslant 2$ 时,易知 $0<x_{n-1}<1$,所以

$$1+x_{n-1}<2,x_n=\frac{1}{1+x_{n-1}}>\frac{1}{2}$$

所以

$$(1+x_n)(1+x_{n-1})=\left(1+\frac{1}{1+x_{n-1}}\right)(1+x_{n-1})=2+x_{n-1}\geqslant\frac{5}{2}$$

所以 $$|x_{n+1}-x_n|=\left|\frac{1}{1+x_n}-\frac{1}{1+x_{n-1}}\right|=\frac{|x_n-x_{n-1}|}{(1+x_n)(1+x_{n-1})}\leqslant$$

$$\frac{2}{5}|x_n-x_{n-1}|\leqslant\left(\frac{2}{5}\right)^2|x_{n-1}-x_{n-2}|\leqslant\cdots\leqslant$$

$$\left(\frac{2}{5}\right)^{n-1}|x_2-x_1|=$$

$$\frac{1}{6}\left(\frac{2}{5}\right)^{n-1}$$

所以取 $$x=\frac{1}{n}\left(\frac{2}{3}+\frac{2}{3^2}+\cdots+\frac{2}{3^n}\right)=\frac{\frac{2}{3}\left(1-\frac{1}{3^n}\right)}{n\left(1-\frac{1}{3}\right)}=\frac{1}{n}\left(1-\frac{1}{3^n}\right)$$

则 $$a_1+a_2+\cdots+a_n\geqslant\frac{n}{1+\frac{1}{n}\left(1-\frac{1}{3^n}\right)}=\frac{n^2}{n+1-\frac{1}{3^n}}>\frac{n^2}{n+1}$$

所以原不等式成立.

例 9 设各项均为正数的数列$\{a_n\}$满足$a_1=2,a_n=a_{a+1}^{\frac{3}{2}}a_{a+2}(n\in\mathbf{N}^*)$.

(1) 若$a_2=\frac{1}{4}$,求a_3,a_4,并猜想a_n的值(不需证明);

(2) 记$b_n=a_3a_2\cdots a_n(n\in\mathbf{N}^*)$,若$b_n\geqslant2\sqrt{2}$对$n\geqslant2$恒成立,求$a_2$的值及数列$\{b_n\}$的通项公式.

解 (1) 因$a_1=2,a_2=2^{-2}$,故$a_3=a_1a_2{}^{-\frac{3}{2}}=2^4,a_4=a_2a_3{}^{-\frac{3}{2}}=2^{-8}$.由此有$a_1=2^{(-2)^0},a_2=2^{(-2)^1},a_3=2^{(-2)^2},a_4=2^{(-2)^3}$,故猜想$|a_n|$的通项为
$$a_n=2^{(-2)^{n-1}}\ (n\in\mathbf{N}^*).$$

(2) 令$x_n=\log_2a_n$,S_n表示x_n的前n项和,则$b_n=2^{S_n}$. 由题设知$x_1=1$且
$$x_n=\frac{3}{2}x_{n+1}+x_{n+2}\quad(n\in\mathbf{N}^*) \tag{①}$$
$$S_n=x_1+x_2+\cdots+x_n\geqslant\frac{3}{2}\quad(n\geqslant2) \tag{②}$$
因式②对$n=2$成立,有
$$\frac{3}{2}\leqslant x_1+x_2$$
又$x_1=1$得
$$x_2\geqslant\frac{1}{2} \tag{③}$$
下用反证法证明:$x_2\leqslant\frac{1}{2}$.假设$x_2>\frac{1}{2}$.由①得
$$x_{n+2}+2x_{n+1}=(x_{n+2}+\frac{3}{2}x_{n+1})+\frac{1}{2}(x_{n+1}+2x_n)$$

因此数列$|x_{n+1}+2x_n|$是首项为x_2+2,公比为$\frac{1}{2}$的等比数列,故
$$x_{n+1}-\frac{1}{2}x_n=(x_2-\frac{1}{2})\frac{1}{2^{n-1}}\quad(n\in\mathbf{N}^*) \tag{④}$$
又由①知
$$x_{n+2}-\frac{1}{2}x_{n+1}=(x_n-\frac{3}{2}x_{n+1})-\frac{1}{2}x_{n+1}=-2(x_{n+1}-\frac{1}{2}x_n)$$

因此是$\left|x_{n+1}-\frac{1}{2}x_n\right|$是首项为$x_2-\frac{1}{2}$,公比为$-2$的等比数列,所以

$$x_{n+1}-\frac{1}{2}x_n=(x_2-\frac{1}{2})(-2)^{n-1}\quad(n\in\mathbf{N}^*)\qquad ⑤$$

由 ④-⑤ 得

$$\frac{5}{2}S_n=(x_2+2)\frac{1}{2^{n-1}}-(x_2-\frac{1}{2})(-2)^{n-1}\quad(n\in\mathbf{N}^*)\qquad ⑥$$

对 n 求和得

$$\frac{5}{2}x_n=(x_2+2)(2-\frac{1}{2^{n-1}})-(x_2-\frac{1}{2})\frac{1-(-2)^2}{3}\quad(n\in\mathbf{N}^*)\qquad ⑦$$

由题设知$S_{2k+1}\geqslant\frac{3}{2}$,且由反证假设$x_2>\frac{1}{2}$有

$$(x_2+2)(2-\frac{1}{2^{2k}})-(x_2-\frac{1}{2})\frac{2^{2k+1}+1}{3}\geqslant\frac{15}{4}\quad(k\in\mathbf{N}^*)$$

从而

$$(x_2-\frac{1}{2})\cdot\frac{2^{2k+1}+1}{3}\leqslant(x_2+2)(2-\frac{1}{2^{2k}})-\frac{15}{4}<2x_2+\frac{1}{4}\quad(k\in\mathbf{N}^*)$$

即不等式$2^{2k+1}<\dfrac{6x_2+\frac{3}{4}}{x_2-\frac{1}{2}}-1$,对$k\in\mathbf{N}^*$恒成立.但这是不可能的,矛盾.

因此$x_2\leqslant\frac{1}{2}$,结合式③知$x_2=\frac{1}{2}$,因此$a_2=2^{1/2}=\sqrt{2}$.将$x_2=\frac{1}{2}$代入式⑦得

$$S_n=2-\frac{1}{2^{n-1}}\quad(n\in\mathbf{N}^*)$$

所以

$$b_n=2^{S_n}=2^{2-\frac{1}{2^{n-1}}}\quad(n\in\mathbf{N}^*)$$

例10 (2009江西卷理)各项均为正数的数列$\{a_n\}$,$a_1=a$,$a_2=b$,且对满足$m+n=p+q$的正整数m,n,p,q都有$\frac{a_m+a_n}{(1+a_m)(1+a_n)}=\frac{a_p+a_q}{(1+a_p)(1+a_q)}$.

(1) 当$a=\frac{1}{2}$,$b=\frac{4}{5}$时,求通项a_n;

(2) 证明:对任意a,存在与a有关的常数λ,使得对于每个正整数n,都有$\frac{1}{\lambda}\leqslant a_n\leqslant\lambda$.

解 (1) 由

$$\frac{a_m+a_n}{(1+a_m)(1+a_n)}=\frac{a_p+a_q}{(1+a_p)(1+a_q)}$$

得

$$\frac{a_1+a_n}{(1+a_1)(1+a_n)}=\frac{a_2+a_{n-1}}{(1+a_2)(1+a_{n-1})}$$

将 $a_1=\frac{1}{2}$，$a_2=\frac{4}{5}$ 代入化简得 $a_n=\frac{2a_{n-1}+1}{a_{n-1}+2}$，所以 $\frac{1-a_n}{1+a_n}=\frac{1}{3}\cdot\frac{1-a_{n-1}}{1+a_{n-1}}$，故数列 $\left\{\frac{1-a_n}{1+a_n}\right\}$ 为等比数列，从而 $\frac{1-a_n}{1+a_n}=\frac{1}{3^n}$，即 $a_n=\frac{3^n-1}{3^n+1}$. 可验证，$a_n=\frac{3^n-1}{3^n+1}$ 满足题设条件.

(2) 由题设 $\frac{a_m+a_n}{(1+a_m)(1+a_n)}$ 的值仅与 $m+n$ 有关，记为 b_{m+n}，则

$$b_{n+1}=\frac{a_1+a_n}{(1+a_1)(1+a_n)}=\frac{a+a_n}{(1+a)(1+a_n)}$$

考察函数 $f(x)=\frac{a+x}{(1+a)(1+x)}(x>0)$，则在定义域上有

$$f(x)\geqslant g(a)=\begin{cases}\frac{1}{1+a} & (a>1)\\ \frac{1}{2} & (a=1)\\ \frac{a}{1+a} & (0<a<1)\end{cases}$$

故对 $n\in\mathbf{N}^*$，$b_{n+1}\geqslant g(a)$ 恒成立.

又 $b_{2n}=\frac{2a_n}{(1+a_n)^2}\geqslant g(a)$，注意到 $0<g(a)\leqslant\frac{1}{2}$，解上式得

$$\frac{g(a)}{1-g(a)+\sqrt{1-2g(a)}}=\frac{1-g(a)-\sqrt{1-2g(a)}}{g(a)}\leqslant a_n\leqslant\frac{1-g(a)+\sqrt{1-2g(a)}}{g(a)}$$

取 $\lambda=\frac{1-g(a)+\sqrt{1-2g(a)}}{g(a)}$，即有 $\frac{1}{\lambda}\leqslant a_n\leqslant\lambda$.

巩固练习

1. 已知正整数 $a_1,a_2,\cdots,a_n$ 都是合数，并且两两互素，求证：$\frac{1}{a_1}+\frac{1}{a_2}+\cdots+\frac{1}{a_n}<\frac{1}{2}$.

证明 设 a_k 的最小素因子为 p_k，因为 a_k 不是素数，所以 $a_k\geqslant p_k^2$，于是

$$\sum_{k=1}^{n}\frac{1}{a_k}\leqslant\sum_{k=1}^{n}\frac{1}{p_k^2}\leqslant\frac{1}{4}+\sum_{k=2}^{n}\frac{1}{(2k-1)^2}\leqslant\frac{1}{4}+\sum_{k=2}^{n}\frac{1}{(2k-1)^2-1}=\frac{1}{2}-\frac{1}{4n}<\frac{1}{2}$$

2. 已知数列 $\{a_n\}$ 中，$a_1=1$，$a_2=\frac{1}{4}$，且 $a_{n+1}=\frac{(n-1)a_n}{n-a_n}(n=2,3,4,\cdots)$.

(1) 求数列$\{a_n\}$的通项公式；

(2) 求证：对一切 $n\in \mathbf{N}^*$，有 $\sum\limits_{k=1}^{n}a_k^2<\frac{7}{6}$.

解 (1) 由已知，对 $n\geqslant 2$ 有

$$\frac{1}{a_{n+1}}=\frac{n-a_n}{(n-1)a_n}=\frac{n}{(n-1)a_n}-\frac{1}{n-1}$$

两边同除以 n，得

$$\frac{1}{na_{n+1}}=\frac{1}{(n-1)a_n}-\frac{1}{n(n-1)}$$

即
$$\frac{1}{na_{n+1}}-\frac{1}{(n-1)a_n}=-(\frac{1}{n-1}-\frac{1}{n})$$

于是
$$\sum_{k=2}^{n-1}\left[\frac{1}{ka_{k+1}}-\frac{1}{(k-1)a_k}\right]=-\sum_{k=2}^{n-1}\left(\frac{1}{k-1}-\frac{1}{k}\right)=-(1-\frac{1}{n-1})$$

即
$$\frac{1}{(n-1)a_n}-\frac{1}{a_2}=-(1-\frac{1}{n-1})\quad (n\geqslant 2)$$

所以
$$\frac{1}{(n-1)a_n}=\frac{1}{a_2}-(1-\frac{1}{n-1})=\frac{3n-2}{n-1},a_n=\frac{1}{3n-2}\quad (n\geqslant 2)$$

又 $n=1$ 时也成立，故

$$a_n=\frac{1}{3n-2}\quad (n\in \mathbf{N}^*)$$

(2) 当 $k\geqslant 2$，有

$$a_k^2=\frac{1}{(3k-2)^2}<\frac{1}{(3k-4)(3k-1)}=\frac{1}{3}(\frac{1}{3k-4}-\frac{1}{3k-1})$$

所以 $n\geqslant 2$ 时，有

$$\sum_{k=1}^{n}a_k^2=1+\sum_{k=2}^{n}a_k^2<1+\frac{1}{3}\left[(\frac{1}{2}-\frac{1}{5})+(\frac{1}{5}-\frac{1}{8})+\cdots+(\frac{1}{3n-4}-\frac{1}{3n-1})\right]=$$
$$1+\frac{1}{3}\left(\frac{1}{2}-\frac{1}{3n-1}\right)<1+\frac{1}{6}=\frac{7}{6}$$

又 $n=1$ 时，$a_1^2=1<\frac{7}{6}$. 故对一切 $n\in \mathbf{N}^*$，有

$$\sum_{k=1}^{n}a_k^2<\frac{7}{6}$$

3. 已知函数 $F(x)=\frac{3x-2}{2x-1}\left(x\neq \frac{1}{2}\right)$.

(1) 求 $F\left(\frac{1}{2\ 009}\right)+F\left(\frac{2}{2\ 009}\right)+\cdots+F\left(\frac{2\ 008}{2\ 009}\right)$；

(2) 已知数列$\{a_n\}$满足 $a_1=2,a_{n+1}=F(a_n)$，求数列$\{a_n\}$的通项公式；

(3) 求证：$a_1a_2a_3\cdots a_n>\sqrt{2n+1}$.

解 (1) 因为

$$F(x)+F(1-x)=\frac{3x-2}{2x-1}+\frac{3(1-x)-2}{2(1-x)-1}=3$$

所以设

$$S=F\left(\frac{1}{2\ 009}\right)+F\left(\frac{2}{2\ 009}\right)+\cdots+F\left(\frac{2\ 008}{2\ 009}\right) \quad ①$$

$$S=F\left(\frac{2\ 008}{2\ 009}\right)+F\left(\frac{2\ 007}{2\ 009}\right)+\cdots+F\left(\frac{1}{2\ 009}\right) \quad ②$$

①＋② 得

$$2S=\left\{F\left(\frac{1}{2\ 009}\right)+F\left(\frac{2\ 008}{2\ 009}\right)\right\}+\left\{F\left(\frac{2}{2\ 009}\right)+F\left(\frac{2\ 007}{2\ 009}\right)\right\}+\cdots+\left\{F\left(\frac{2\ 008}{2\ 009}\right)+F\left(\frac{1}{2\ 009}\right)\right\}=3\times 2\ 008=6\ 024$$

所以 $S=3\ 012$.

(2) 由 $a_{n+1}=F(a_n)$，两边同减去 1，得

$$a_{n+1}-1=\frac{3a_n-2}{2a_n-1}-1=\frac{a_n-1}{2a_n-1}$$

所以
$$\frac{1}{a_{n+1}-1}=\frac{2a_n-1}{a_n-1}=\frac{2(a_n-1)+1}{a_n-1}=2+\frac{1}{a_n-1}$$

所以$\frac{1}{a_{n+1}-1}-\frac{1}{a_n-1}=2$，$\left\{\frac{1}{a_n-1}\right\}$是以 2 为公差，以$\frac{1}{a_1-1}=1$为首项的等差数列，所以

$$\frac{1}{a_n-1}=1+(n-1)\times 2=2n-1\Rightarrow a_n=1+\frac{1}{2n-1}=\frac{2n}{2n-1}$$

(3) 因为

$$(2n)^2>(2n)^2-1=(2n-1)(2n+1)$$

所以
$$\frac{2n}{2n-1}>\frac{2n+1}{2n}\Rightarrow\frac{2}{1}>\frac{3}{2},\frac{4}{3}>\frac{5}{4},\cdots,\frac{2n}{2n-1}>\frac{2n+1}{2n}$$

所以

$$a_1a_2a_3\cdots a_n=\sqrt{(a_1a_2a_3\cdots a_n)^2}=\sqrt{\frac{2}{1}\cdot\frac{2}{1}\cdot\frac{4}{3}\cdot\frac{4}{3}\cdot\cdots\cdot\frac{2n}{2n-1}\cdot\frac{2n}{2n-1}}>\sqrt{\frac{2}{1}\cdot\frac{3}{2}\cdot\frac{4}{3}\cdot\frac{5}{4}\cdot\cdots\cdot\frac{2n}{2n-1}\cdot\frac{2n+1}{2n}}=\sqrt{2n+1}$$

4. 设首项为 a_1 的正项数列 $\{a_n\}$ 的前 n 项和为 S_n，q 为非零常数，已知对任意正整数 n,m，当 $n>m$ 时，$S_n-S_m=q^mS_{n-m}$ 总成立.

(1) 求证：数列 $\{a_n\}$ 是等比数列；

(2) 若正整数 m,k,h 成等差数列,求证:$\frac{1}{S_m}+\frac{1}{S_h}\geqslant\frac{2}{S_k}$.

解 (1) 当 $n>m$ 时,$S_n-S_m=q^mS_{n-m}$ 总成立,故令 $m=n-1$,则 $S_n-S_{n-1}=q^{n-1}S_1$,即 $a_n=a_1q^{n-1}$,所以数列 $\{a_n\}$ 是等比数列;

(2) 正整数 m,k,h 成等差数列,则 $m+h=2k$.

当 $q=1$ 时,$a_n=a_1$,$S_n=na_1$,此时易得 $\frac{1}{S_m}+\frac{1}{S_h}\geqslant\frac{2}{S_k}$;

当 $q\neq1$ 时,因为 $S_n=\frac{a_1(1-q^n)}{1-q}$.

要证 $\frac{1}{S_m}+\frac{1}{S_h}\geqslant\frac{2}{S_k}$,等价于证明

$$\frac{1-q}{a_1}\cdot\frac{1}{1-q^m}+\frac{1-q}{a_1}\cdot\frac{1}{1-q^h}\geqslant\frac{1-q}{a_1}\cdot\frac{2}{1-q^k}$$

当 $q>1$ 时,上式等价为

$$\frac{1}{q^m-1}+\frac{1}{q^h-1}\geqslant\frac{2}{q^k-1}$$

因为 $$q^m+q^h\geqslant2\sqrt{q^{m+h}}=2\sqrt{q^{2k}}=2q^k$$

所以 $$\frac{1}{q^m-1}+\frac{1}{q^h-1}=\frac{q^m+q^h-2}{q^{m+h}-q^m-q^h+1}\geqslant\frac{2q^k-2}{q^{2k}-2q^k+1}=\frac{2}{q^k-1}$$

当 $q<1$ 时,证明同理.

5. 已知抛物线 $y=-2x^2+x-\frac{1}{8}$ 和点 $A(\frac{1}{4},\frac{11}{8})$. 过点 $F(\frac{1}{4},-\frac{1}{8})$ 任作直线,交抛物线于 B,C 两点.

(1) 求 $\triangle ABC$ 的重心轨迹方程,并表示成 $y=f(x)$ 的形式;

(2) 若数列 $\{x_k\}$,$0<x_1<\frac{1}{2}$,满足 $x_{k+1}=f(x_k)$. 试证:$\sum_{k=1}^{n}x_{k+1}^k<\frac{3}{5}$.

解 (1) 设过点 $F(\frac{1}{4},-\frac{1}{8})$ 的直线方程为 $y+\frac{1}{8}=k(x-\frac{1}{4})$. 又设 $B(x_1,y_1)$,$C(x_2,y_2)$,联立方程组

$$\begin{cases}y+\frac{1}{8}=k(x-\frac{1}{4})\\ y=-2x^2+x-\frac{1}{8}\end{cases}$$

消去 y,得 $2x^2+(k-1)x-\frac{k}{4}=0$,从而有

$$x_1+x_2=-\frac{k-1}{2},y_1+y_2=k(x_1+x_2-\frac{1}{2})-\frac{1}{4}=-\frac{k^2}{2}-\frac{1}{4}$$

设 $\triangle ABC$ 的重心坐标为 (x,y),则

$$\begin{cases} x=\dfrac{x_1+x_2+\dfrac{1}{4}}{3} \\ y=\dfrac{y_1+y_2+\dfrac{11}{8}}{3} \end{cases} \Rightarrow \begin{cases} x=\dfrac{3-2k}{12} \\ y=-\dfrac{k^2}{6}+\dfrac{3}{8} \end{cases}$$

消去 k，即得 $y=-6x^2+3x$.

(2) 因为

$$0<x_1<\frac{1}{2}, x_2=f(x_1)=-6x_1^2+3x_1=3x_1(1-2x_1)$$

所以

$$0<x_2=3x_1(1-2x_1)\leqslant\frac{3}{2}\left[\frac{2x_1+(1-2x_1)}{2}\right]^2=\frac{3}{8}$$

上式右边等号成立当且仅当 $x_1=\frac{1}{4}$. 假设 $0<x_k\leqslant\frac{3}{8}$，则

$$0<x_{k+1}=3x_k(1-2x_k)\leqslant\frac{3}{2}\left[\frac{2x_k+(1-2x_k)}{2}\right]^2=\frac{3}{8}$$

上式右边等号成立当且仅当 $x_k=\frac{1}{4}$. 由此得到 $0<x_k\leqslant\frac{3}{8}(k=2,3,\cdots)$，从而有

$$0<\sum_{k=1}^{n}x_{k+1}^{k}\leqslant\sum_{k=1}^{n}\left(\frac{3}{8}\right)^k=\frac{3}{5}\left[1-\left(\frac{3}{8}\right)^n\right]<\frac{3}{5}$$

6. 已知数列 $\{a_n\}$ 满足 $a_1=\frac{1}{3}, a_{n+1}=a_n+\frac{a_n^2}{n^2}(n\in\mathbf{N}^*)$. 证明：对一切 $n\in\mathbf{N}^*$，有：

(1) $a_n<a_{n+1}<1$；

(2) $a_n>\frac{1}{2}-\frac{1}{4n}$.

解 (1) 显然，$a_n>0$，所以 $a_{n+1}=a_n+\frac{a_n^2}{n^2}>a_n(n\in\mathbf{N}^*)$.

所以，对一切 $k\in\mathbf{N}^*$，$a_{k+1}=a_k+\frac{a_k^2}{k^2}<a_k+\frac{1}{k^2}a_ka_{k+1}$，所以

$$\frac{1}{a_k}-\frac{1}{a_{k+1}}<\frac{1}{k^2}$$

所以，当 $n\geqslant 2$ 时

$$\frac{1}{a_n}=\frac{1}{a_1}-\sum_{k=1}^{n-1}\left(\frac{1}{a_k}-\frac{1}{a_{k+1}}\right)>\frac{1}{a_1}-\sum_{k=1}^{n-1}\frac{1}{k^2}>3-\left[1+\sum_{k=2}^{n-1}\frac{1}{k(k-1)}\right]=$$

$$3-\left[1+\sum_{k=2}^{n-1}\left(\frac{1}{k-1}-\frac{1}{k}\right)\right]=$$

$$3-\left(1+1-\frac{1}{n-1}\right)=\frac{n}{n-1}>1$$

所以 $a_n<1$. 又 $a_1=\frac{1}{3}<1$,故对一切 $n\in\mathbf{N}^*$,有 $a_n<1$. 因此,对一切 $n\in\mathbf{N}^*$,有 $a_n<a_{n+1}<1$.

(2) 显然 $a_1=\frac{1}{3}>\frac{1}{4}=\frac{1}{2}-\frac{1}{4}$. 由 $a_n<1$,知

$$a_{k+1}=a_k+\frac{a_k^2}{k^2}<a_k+\frac{a_k}{k^2}$$

所以

$$a_k>\frac{k^2}{k^2+1}a_{k+1}$$

故

$$a_{k+1}=a_k+\frac{a_k^2}{k^2}>a_k+\frac{1}{k^2}a_k\cdot\frac{k^2}{k^2+1}a_{k+1}=a_k+\frac{1}{k^2+1}a_ka_{k+1}$$

所以

$$\frac{1}{a_k}-\frac{1}{a_{k+1}}>\frac{1}{k^2+1}$$

所以,当 $n\in\mathbf{N}^*$ 且 $n\geqslant 2$ 时

$$\frac{1}{a_n}=\frac{1}{a_1}-\sum_{k=1}^{n-1}\left(\frac{1}{a_k}-\frac{1}{a_{k+1}}\right)<\frac{1}{a_1}-\sum_{k=1}^{n-1}\frac{1}{k^2+1}<3-\sum_{k=1}^{n-1}\frac{1}{k(k+1)}=$$

$$3-\sum_{k=1}^{n-1}\left(\frac{1}{k}-\frac{1}{k+1}\right)=$$

$$3-\left(1-\frac{1}{n}\right)=\frac{2n+1}{n}$$

所以

$$a_n>\frac{n}{2n+1}=\frac{1}{2}-\frac{1}{2(2n+1)}>\frac{1}{2}-\frac{1}{4n}$$

7. 已知函数 $f(x)=\ln(1+x)-x$ 在区间 $[0,n]$ $(n\in\mathbf{N}^*)$ 上的最小值为 b_n,令 $a_n=\ln(1+n)-b_n$, $p_k=\frac{a_1a_3\cdots a_{2k-1}}{a_2a_4\cdots a_{2k}}$ $(k\in\mathbf{N}^*)$.

求证:$p_1+p_2+\cdots+p_n<\sqrt{2a_n+1}-1$.

解 (1) 因为 $f(x)=\ln(1+x)-x$,所以函数的定义域为 $(-1,+\infty)$,又 $f'(x)=\frac{1}{1+x}-1=-\frac{x}{1+x}$. 当 $x\in[0,n]$ 时, $f'(x)<0$,即 $f(x)$ 在 $[0,n]$ $(n\in\mathbf{N}^*)$ 上是减函数,故

$$b_n=f(n)=\ln(1+n)-n$$

$$a_n=\ln(1+n)-b_n=\ln(1+n)-\ln(1+n)+n=n$$

因为

$$\frac{(2k-1)(2k+1)}{(2k)^2}=\frac{4k^2-1}{4k^2}<1$$

所以

$$\left[\frac{1\cdot 3\cdot 5\cdot\cdots\cdot(2k-1)}{2\cdot 4\cdot\cdots\cdot(2k)}\right]^2=$$

$$\frac{1\cdot 3}{2^2}\cdot\frac{3\cdot 5}{4^2}\cdot\frac{5\cdot 7}{6^2}\cdot\cdots\cdot\frac{(2k-1)(2k+1)}{(2k)^2}\cdot\frac{1}{2k+1}<\frac{1}{2k+1}$$

又容易证明$\frac{1}{\sqrt{2k+1}}<\sqrt{2k+1}-\sqrt{2k-1}$,所以

$$p_k=\frac{a_1a_3\cdots a_{2k-1}}{a_2a_4\cdots a_{2k}}=\frac{1\cdot 3\cdot 5\cdot\cdots\cdot(2k-1)}{2\cdot 4\cdot\cdots\cdot(2k)}<\frac{1}{\sqrt{2k+1}}<\sqrt{2k+1}-\sqrt{2k-1}\quad(k\in\mathbf{N}^*)$$

$$p_1+p_2+\cdots+p_n<(\sqrt{3}-1)+(\sqrt{5}-\sqrt{3})+\cdots+(\sqrt{2n+1}-\sqrt{2n-1})=\sqrt{2n+1}-1=\sqrt{2a_n+1}-1$$

即
$$p_1+p_2+\cdots+p_n<\sqrt{2a_n+1}-1$$

8. 已知数列$\{a_n\}$满足递推关系式:$a_{n+1}=\frac{1}{2}a_n^2-a_n+2,n\geqslant 1,n\in\mathbf{N}$.

(1) 若$a_1=4$,证明:

① 当$n\geqslant 2$时,有$a_{n+1}\geqslant 2a_n$;

② 当$n\geqslant 1$时,有$a_{n+1}\geqslant(\frac{3}{2})^n a_n$.

(2) 若$a_1=1$,证明:当$n\geqslant 5$时,有$\sum_{k=1}^{n}\frac{1}{a_k}<n-1$.

证明 因为$a_{n+1}-a_n=\frac{1}{2}a_n^2-2a_n+2=\frac{1}{2}(a_n-2)^2\geqslant 0$,所以$a_{n+1}\geqslant a_n$,即数列$\{a_n\}$为递增数列.

(1)① 由$a_1=4$,及$a_{n+1}=\frac{1}{2}a_n^2-a_n+2$可以求得$a_2=6,a_3=14$,于是当$n\geqslant 2$时,$a_n\geqslant 6$,于是

$$a_{n+1}-2a_n=\frac{1}{2}a_n^2-3a_n+2=\frac{1}{2}(a_n-3)^2-\frac{5}{2}>0$$

所以当$n\geqslant 2$时,$a_{n+1}\geqslant 2a_n$.

② 由于当$n\geqslant 2$时,$a_{n+1}\geqslant 2a_n$. 所以当$n\geqslant 2$时

$$a_{n+1}>2^{n-2}a_2=6\cdot 2^{n-2}=3\cdot 2^{n-1}$$

由
$$a_{n+1}=\frac{1}{2}a_n^2-a_n+2$$

可得
$$\frac{a_{n+1}}{a_n}=\frac{1}{2}a_n+\frac{2}{a_n}-1$$

先用数学归纳法证明下面的不等式成立:

$$\frac{1}{2}a_n > \left(\frac{3}{2}\right)^n + 1 \quad (n \geqslant 3)$$

i. 当 $n=3$ 时，$\frac{1}{2}a_3 = 7 > \left(\frac{3}{2}\right)^n + 1$，结论成立.

ii. 假设结论对 $n=k(k\geqslant 3)$ 成立，即 $\frac{1}{2}a_k > \left(\frac{3}{2}\right)^k + 1$，则结合(i)的结论可得

$$\frac{1}{2}a_{k+1} > a_k \geqslant 2\left(\frac{3}{2}\right)^k + 2 > \left(\frac{3}{2}\right)^{k+1} + 1$$

即当 $n=k+1$ 时结论也成立.

综合(i)，(ii)可知，不等式 $\frac{1}{2}a_n > \left(\frac{3}{2}\right)^n + 1(n\geqslant 3)$ 成立.

因此，当 $n\geqslant 3$ 时

$$\frac{a_{n+1}}{a_n} = \frac{1}{2}a_n + \frac{2}{a_n} - 1 > \frac{1}{2}a_n - 1 > \left(\frac{3}{2}\right)^n$$

所以
$$a_{n+1} > \left(\frac{3}{2}\right)^n a_n$$

又
$$a_2 = 6 = \left(\frac{3}{2}\right)^1 \cdot a_1$$

$$a_3 = 14 > \left(\frac{3}{2}\right)^2 \cdot a_2 = 13.5$$

所以当 $n\geqslant 1$ 时，有 $a_{n+1} \geqslant \left(\frac{3}{2}\right)^n a_n$.

(2) 由于 $a_1=1$，而数列 $\{a_n\}$ 为递增数列，故当 $n\geqslant 1$ 时，有 $a_n > 1$. 由 $a_{n+1} = \frac{1}{2}a_n^2 - a_n + 2$ 可得

$$\frac{1}{a_n} = \frac{1}{a_n - 2} + \frac{1}{a_{n+1} - 2}$$

而 $a_1=1$，于是

$$\sum_{k=1}^{n}\frac{1}{a_k} = \sum_{k=1}^{n}\left(\frac{1}{a_k - 2} - \frac{1}{a_{k+1} - 2}\right) = \frac{1}{a_1 - 2} - \frac{1}{a_{n+1} - 2} = \frac{1}{2 - a_{n+1}} - 1$$

下面先证明：当 $n\geqslant 5$ 时，有 $a_n < 2 - \frac{1}{n-1}$.

① 根据 $a_1=1$ 及 $a_{n+1} = \frac{1}{2}a_n^2 - a_n + 2$，计算易得 $a_1 = \frac{3}{2}$，$a_3 = \frac{13}{8}$，$a_4 = \frac{217}{128}$，$a_5 = \frac{1}{2}\left(\frac{217}{128}\right)^2 - \frac{217}{128} + 2 = 2 - \frac{217}{128}\left(1 - \frac{1}{2}\cdot\frac{217}{128}\right) < 2 - \frac{1}{4}$，即当 $n\geqslant 5$ 时结论成立.

② 假设结论对 $n=k(k\geqslant 5)$ 成立，即 $a_k < 2 - \frac{1}{k-1}$.

因为 $a_{n+1}=\frac{1}{2}(a_n-1)^2+\frac{3}{2}$，而函数 $f(x)=\frac{1}{2}(x-1)^2+\frac{3}{2}$ 在 $x>1$ 时为增函数，所以

$$a_{k+1}<\frac{1}{2}\left(2-\frac{1}{k-1}-1\right)^2+\frac{3}{2}=2-\frac{1}{k-1}+\frac{1}{2(k-1)^2}<2-\frac{1}{k}$$

即当 $n=k+1$ 时结论也成立.

综合 ①② 可知，不等式 $a_n<2-\frac{1}{n-1}$ 对一切 $n\geqslant 5$ 都成立.

所以 $\sum\limits_{k=1}^{n}\frac{1}{a_k}=\frac{1}{2-a_{n+1}}<n-1$.

9. 设 S_n 是数列 $\{a_n\}$ 的前 n 项和，且 a_n 是 S_2 和 2 的等差中项.

(1) 求数列 $\{a_n\}$ 的通项公式；

(2) 当 $1\leqslant i\leqslant j\leqslant n$（$i,j,n$ 均为正整数）时，求 a_i 和 a_j 的所有可能的乘积 a_ia_j 之和 T_n；

(3) 设 $M=\frac{2}{T_1}+\frac{2^2}{T_2}+\cdots+\frac{2^n}{T_n}(n\in\mathbf{N}^*)$，求证：$\frac{1}{2}\leqslant M<\frac{3}{4}$.

解 (1) 因为 a_n 是 S_n 和 2 的等差中项，所以

$$S_n+2=2a_n \quad ①$$

当 $n=1$ 时，$S_1+2=2a_1$，解得 $a_1=2$. 当 $n\geqslant 2$ 时

$$S_{n-1}+2=2a_{n-1} \quad ②$$

① − ② 得

$$S_n-S_{n-1}=2a_n-2a_{n-1}\quad (n\in\mathbf{N}^*,n\geqslant 2)$$

所以
$$a_n=2a_n-2a_{n-1}$$

所以
$$\frac{a_n}{a_{n-1}}=2\quad (n\geqslant 2)$$

所以数列 $\{a_n\}$ 是首项为 2，公比为 2 的等比数列，所以 $a_n=2^n(n\geqslant 2)$. 当 $n=1$ 时，$a_1=2=2^1$，符合上式，所以数列 $\{a_n\}$ 的通项公式为 $a_n=2^n(n\in\mathbf{N}^*)$.

(2) 由 a_i 和 a_j 的所有可能乘积 $a_i\cdot a_j=2^{i+j}(1\leqslant i\leqslant j\leqslant n)$，即

$2^{1+1},2^{1+2},2^{1+3},\cdots,2^{1+(n-1)},2^{1+n}\quad 2^{2+2},2^{2+3},\cdots,2^{2+(n-1)},2^{2+n},2^{3+3},\cdots,2^{3+(n-1)},2^{3+n},\cdots,2^{n+n}$

构造如下 n 行 n 列的数表：

$$2^{1+1},2^{1+2},2^{1+3},\cdots,2^{1+(n-1)},2^{1+n}$$
$$2^{2+1},2^{2+2},2^{2+3},\cdots,2^{2+(n-1)},2^{2+n}$$
$$2^{3+1},2^{3+2},2^{3+3},\cdots,2^{3+(n-1)},2^{3+n}$$
$$\cdots\cdots$$
$$2^{n+1},2^{n+2},2^{n+3},\cdots,2^{n+(n-1)},2^{n+n}$$

设上表第一行的和为 T,则

$$T=\frac{4(1-2^n)}{1-2}=4(2^n-1)$$

于是 $$2T_n=T(1+2+2^2+\cdots+2^{n-1})+(2^2+2^4+\cdots+2^{2n})=$$

$$4(2^n-1)\cdot(2^n-1)+\frac{2^2(4^n-1)}{4-1}=$$

$$\frac{8}{3}(2^n-1)(2^{n+1}-1)$$

所以 $$T_n=\frac{4}{3}(2^n-1)(2^{n+1}-1)$$

(3) 因为

$$T_n=\frac{4}{3}(2^n-1)(2^{n+1}-1)$$

所以 $$\frac{2^n}{T_n}=\frac{3\cdot 2^n}{4(2^n-1)(2^{n+1}-1)}=\frac{3}{4}\left(\frac{1}{2^n-1}-\frac{1}{2^{n+1}-1}\right)$$

所以

$$M=\frac{2}{T_1}+\frac{2^2}{T_2}+\cdots+\frac{2^n}{T_n}=$$

$$\frac{3}{4}\left[\left(\frac{1}{2^1-1}-\frac{1}{2^2-1}\right)+\left(\frac{1}{2^2-1}-\frac{1}{2^3-1}\right)+\right.$$

$$\left.\left(\frac{1}{2^3-1}-\frac{1}{2^4-1}\right)+\cdots+\left(\frac{1}{2^n-1}-\frac{1}{2^{n+1}+1}\right)\right]=$$

$$\frac{3}{4}\left(1-\frac{1}{2^{n+1}-1}\right)$$

因为 $2^{n+1}-1\geqslant 3$,所以

$$\frac{1}{2}\leqslant\frac{3}{4}\left(1-\frac{1}{2^{n+1}-1}\right)<\frac{3}{4}$$

即 $$\frac{1}{2}\leqslant M<\frac{3}{4}$$

10. 对于任意的正整数 n,证明:$\frac{1}{3-2}+\frac{1}{3^2+(-2)^2}+\frac{1}{3^3+(-2)^3}+\cdots+\frac{1}{3^n+(-2)^n}<\frac{7}{6}$.

证明 记 $a_k=\frac{1}{3^k+(-2)^k}$,$S_n=\sum\limits_{k=1}^{n}a_k$.

对任意 $m\in\mathbf{N}^*$,有 $a_{2m}+a_{2m+1}<\frac{4}{3^{2m+1}}$.事实上

$$a_{2m}+a_{2m+1}=\frac{1}{3^{2m}+2^{2m}}+\frac{1}{3^{2m+1}-2^{2m+1}}=$$

$$\frac{3^{2m+1}-2^{2m+1}+3^{2m}+2^{2m}}{(3^{2m}+2^{2m})(3^{2m+1}-2^{2m+1})}=$$

$$\frac{4\cdot 3^{2m}-2^{2m}}{3^{4m+1}+6^{2m}-2^{4m+1}}<$$

$$\frac{4\cdot 3^{2m}}{3^{4m+1}+6^{2m}\left[1-2\left(\frac{2}{3}\right)^{2m}\right]}$$

因为 $1-2\left(\frac{2}{3}\right)^{2m}$ 单调递增,所以

$$1-2\left(\frac{2}{3}\right)^{2m}\geqslant 1-2\left(\frac{2}{3}\right)^{2}>0$$

故
$$a_{2m}+a_{2m+1}<\frac{4\cdot 3^{2m}}{3^{4m+1}}=\frac{4}{3^{2m+1}}$$

再证明:对任意 $n\in\mathbf{N}^*$,有 $S_n<\frac{7}{6}$.当 $n=1$ 时,$S_1=1<\frac{7}{6}$,不等式成立.

当 $n\geqslant 2$ 时,若 n 为奇数,令 $n=2m+1(m\in\mathbf{N}^*)$,则

$$S_n=S_{2m+1}=1+\sum_{k=1}^{m}(a_{2k}+a_{2k+1})<$$

$$1+\sum_{k=1}^{m}\frac{4}{3^{2k+1}}=1+4\,\frac{\left[1-\left(\frac{1}{9}\right)^{m}\right]}{1-\frac{1}{9}}=\frac{7}{6}-\frac{1}{6}\left(\frac{1}{9}\right)^{m}<\frac{7}{6}$$

若 n 为偶数,令 $n=2m(m\in\mathbf{N}^*)$,则 $S_n=S_{2m}<S_{2m+1}<\frac{7}{6}$.

综上所述,对任意 $n\in\mathbf{N}^*$,都有 $S_n<\frac{7}{6}$.

11.设数列 $\{a_n\}$,$\{b_n\}$ 都是等差数列,它们的前 n 项的和分别为 S_n,T_n,若对一切 $n\in\mathbf{N}^*$,都有 $S_{n+3}=T_n$ 若 $a_1\neq b_1$,则

(1) 试分别写出一个符号条件的数列 $\{a_n\}$ 和 $\{b_n\}$;

(2) 若 $a_1+b_1=1$,数列 $\{c_n\}$ 满足:$c_n=4^{a_n}+\lambda(-1)^{n-1}2^{b_n}$,且当 $n\in\mathbf{N}^*$ 时,$c_{n+1}\geqslant c_n$ 恒成立,求实数 λ 的最大值.

解 (1) 答案不唯一,例如 $a_n=2n-4(n\in\mathbf{N}^*)$,$b_n=2n+2(n\in\mathbf{N}^*)$.

(2) 设数列 $\{a_n\}$,$\{b_n\}$ 的公差分别是 d_1,d_2,则

$$S_{n+3}=(n+3)a_1+\frac{(n+3)(n+2)}{2}d_1,T_n=nb_1+\frac{n(n-1)}{2}d_2$$

因为对一切 $n\in\mathbf{N}^*$,有 $S_{n+3}=T_n$,所以

$$(n+3)a_1+\frac{(n+3)(n+2)}{2}d_1=nb_1+\frac{n(n-1)}{2}d_2$$

即
$$\frac{d_1}{2}n^2+\left(a_1+\frac{5}{2}d_1\right)n+3a_1+3d_1=\frac{d_2}{2}n^2+\left(b_1-\frac{1}{2}d_2\right)n$$

所以
$$\begin{cases}\dfrac{d_1}{2}=\dfrac{d_2}{2}\\ a_1+\dfrac{5}{2}d_1=b_1-\dfrac{1}{2}d_2\\ 3a_1+3d_1=0\end{cases}$$

即
$$\begin{cases}d_2=d_1\\ a_1=-d_1\\ b_1=2d_1\end{cases}$$

因为 $a_1+b_1=1$,所以 $d_1=d_2=1,a_1=-1,b_1=2$.

所以 $a_n=n-2,b_n=n+1$,所以 $c_n=4^{n-2}+\lambda(-1)^n2^{n+2}$,故

$$c_{n+1}-c_n=4^{n-1}+\lambda(-1)^n2^{n+2}-4^{n-2}-\lambda(-1)^{n-1}2^{n+1}=$$
$$3\cdot 4^{n-2}+\lambda(-1)^n(2^n+2^n)=$$
$$\frac{3}{16}\cdot 2^{2n}+6\lambda(-1)^n\cdot 2^n$$

因为当 $n\in\mathbf{N}^*$ 时,$c_{n+1}\geqslant c_n$ 恒成立,即因为当 $n\in\mathbf{N}^*$ 时,$\frac{3}{16}\cdot 2^{2n}+6\lambda(-1)^n\cdot 2^n\geqslant 0$ 恒成立.

所以当 n 为正奇数时,$\lambda\leqslant\frac{1}{32}\cdot 2^n$ 恒成立,而$\frac{1}{32}\cdot 2^n\geqslant\frac{1}{16}$,所以 $\lambda\leqslant\frac{1}{16}$;

当 n 为正偶数时,$\lambda\geqslant-\frac{1}{32}\cdot 2^n$ 恒成立,而$-\frac{1}{32}\cdot 2^n\leqslant-\frac{1}{8}$,所以 $\lambda\geqslant-\frac{1}{8}$,即

$$-\frac{1}{8}\leqslant\lambda\leqslant\frac{1}{16}$$

所以 λ 的最大值是$\frac{1}{16}$.

12. 设数列$\{a_n\}$满足 $a_1=1,a_{n+1}\cdot a_n=n+1(n\in\mathbf{N}^*)$,求证:$\sum\limits_{k=1}^{n}\frac{1}{a_k}\geqslant 2(\sqrt{n+1}-1)$.

证明 由题意知 $a_2=2,a_n>0,n\in\mathbf{N}^*$. 当 $n=1$ 时,$\frac{1}{a_1}=1>2(\sqrt{2}-1)$,命题成立;

当 $n\geqslant 2$ 时,由 $a_{n+1}\cdot a_n=n+1$,得

$$a_n\cdot a_{n-1}=n$$

所以
$$a_n(a_{n+1}-a_{n-1})=1,\frac{1}{a_n}=a_{n+1}-a_{n-1}$$

从而有
$$\sum_{k=1}^{n}\frac{1}{a_k}=\frac{1}{a_1}+\sum_{k=2}^{n}(a_{k+1}-a_{k-1})=$$

$$a_{n+1}+a_n-2\geqslant 2\sqrt{a_{n+1}a_n}-2\geqslant 2(\sqrt{n+1}-1)$$

13. 数列 $\{a_n\}$ 定义如下：$a_1=\sqrt{2}$，$a_{n+1}=\sqrt{2-\sqrt{4-a_n^2}}$，数列 $\{b_n\}$ 定义为：$b_n=2^{n+1}a_n$，$n\in\mathbf{N}^*$.

(1) 求 $\{a_n\}$ 的通项；

(2) 证明：$b_n<b_{n+1}$，$n\in\mathbf{N}^*$；

(3) 证明：$b_n<7$，$n\in\mathbf{N}^*$.

解 (1) 设 $a_1=2\sin\frac{\pi}{4}$，则

$$a_2=\sqrt{2-\sqrt{4-4\sin^2\frac{\pi}{4}}}=\sqrt{2-2\cos\frac{\pi}{4}}=\sqrt{2(1-\cos\frac{\pi}{4})}=\sqrt{4\sin^2\frac{\pi}{2^3}}=2\sin\frac{\pi}{2^3}$$

一般地，若 $a_k=2\sin\frac{\pi}{2^{k+1}}$，则由递推关系知

$$a_{k+1}=\sqrt{2-2\cos\frac{\pi}{2^{k+1}}}=2\sin\frac{\pi}{2^{k+1}}$$

所以，$\{a_n\}$ 的通项公式为

$$a_n=2\sin\frac{\pi}{2^{n+1}}\quad(n\in\mathbf{N})$$

(2) 由(1) 知

$$b_n=2^{n+2}\sin\frac{\pi}{2^{n+1}}$$

于是
$$\frac{b_n}{b_{n+1}}=\frac{2^{n+2}\sin\frac{\pi}{2^{n+1}}}{2^{n+3}\sin\frac{\pi}{2^{n+2}}}=\frac{2^{n+3}\sin\frac{\pi}{2^{n+2}}\cos\frac{\pi}{2^{n+2}}}{2^{n+3}\sin\frac{\pi}{2^{n+2}}}=\cos\frac{\pi}{2^{n+2}}<1$$

所以
$$b_n<b_{n+1},n=1,2,\cdots$$

(3) 因为当 $0<x<\frac{\pi}{2}$ 时，$\sin x<x$，所以

$$b_n=2^{n+2}\sin\frac{\pi}{2^{n+1}}<2^{n+2}\cdot\frac{\pi}{2^{n+1}}=2\pi<7$$

14. 已知数列 $\{a_n\}$ 中 $a_1=1$，关于 x 的方程 $x^2-a_{n+1}\sin(\cos x)+(2a_n+1)\sin 1=0$ 有唯一解.

(1) 求数列 $\{a_n\}$ 的通项公式；

(2) 设 $b_n=na_n$，求数列 $\{b_n\}$ 的前 n 项和 S_n；

(3) 设 $c_n=[1+\frac{1}{\log_2(a_n+1)}]^n$,求证:$c_n<3$.

解 (1) 设 $f(x)=x^2-a_{n+1}\sin(\cos x)+(2a_n+1)\sin 1$,显然 $f(x)$ 是偶函数.

因为关于 x 的方程 $x^2-a_{n+1}\sin(\cos x)+(2a_n+1)\sin 1=0$ 有唯一解,所以 $x=0$ 是方程 $x^2-a_{n+1}\sin(\cos x)+(2a_n+1)\sin 1=0$ 的唯一解,所以

$$0^2-a_{n+1}\sin(\cos 0)+(2a_n+1)\sin 1=0$$

即

$$a_{n+1}=2a_n+1$$

所以

$$a_{n+1}+1=2(a_n+1)$$

故

$$a_n+1=2^{n-1}(a_1+1)=2^n$$

所以

$$a_n=2^n-1 \quad (n\in \mathbf{N}^*)$$

(2)
$$s_n=1\times(2^1-1)+2\times(2^2-1)+\cdots+n\times(2^n-1)=$$
$$1\times 2^1+2\times 2^2+\cdots+n\times 2^n-(1+2+\cdots+n)=$$
$$(n-1)\times 2^{n+1}-\frac{n(n+1)}{2}+2$$

(3)
$$c_n=(1+\frac{1}{n})^n=$$
$$1+\mathrm{C}_n^1\frac{1}{n}+\cdots+\mathrm{C}_n^n(\frac{1}{n})^n\leqslant$$
$$2+\frac{1}{2!}+\cdots+\frac{1}{n!}<$$
$$2+\frac{1}{2^1}+\cdots+\frac{1}{2^{n-1}}<$$
$$2+1-(\frac{1}{2})^{n-1}<3$$

15.数列 $\{a_n\}$ 中,$a_1=a$,$a_{n+1}+a_n=4n-56(n\in \mathbf{N}^*)$.

(1) 求数列 $\{a_n\}$ 的通项公式.

(2) 是否存在 a,使得数列 $\{a_n\}$ 的前 n 项和为 S_n,与 $|a_{n+1}+a_n-a|$ 同时取到最小值,若存在,求 a 的取值范围;若不存在,说明理由.

(3) 若 $a=-27$,数列 $\{b_n\}$ 满足条件 $b_1=b_{15}$,且 $b_{n+1}=b_n+\frac{1}{b_n}(n\in \mathbf{N}^*)$,求 b_{100} 的整数部分.

解 (1) 由于

$$a_{n+1}+a_n=4n-56 \quad (n\in \mathbf{N}^*)$$

所以

$$a_{n+2}+a_{n+1}=4n-52$$

所以

$$a_{n+2}-a_n=4$$

所以 $\{a_n\}$ 的奇数项与偶数项分别是公差为 4 的等差数列.又 $a_1=a$,所以 $a_2=$

$-52-a$,所以

$$a_n=\begin{cases}2n-2+a & (n\text{ 为正奇数})\\ 2n-a-56 & (n\text{ 为正偶数})\end{cases}$$

(2)
$$S_n=\begin{cases}n^2-28n & (n\text{ 为正偶数})\\ n^2-28n+a+27 & (n\text{ 为正奇数})\end{cases}$$

当 $n=14$ 时,n^2-28n 取到最小值为 -196;当 $n=13$ 或 15 时,$n^2-28n+a+27$ 取到最小值为 $-168+a$,因为

$$|a_{n+1}+a_n-a|=|4n-56-a|=4\left|n-14-\frac{a}{4}\right|$$

当 $-2\leqslant a\leqslant 2$ 时,$n=14$ 取到最小值,所以 $-168+a\geqslant -196$,即 $a\geqslant -28$,所以 $-2\leqslant a\leqslant 2$.

当 $-6\leqslant a<-2$ 或 $2<a\leqslant 6$ 时,$n=13$ 或 15 取到最小值,所以 $-168+a\leqslant -196$,即 $a\leqslant -28$,所以 a 不存在.

综上,存在这样的实数 a,取值范围为 $-2\leqslant a\leqslant 2$.

(3) 由已知 $b_{n+1}^2=b_n^2+\frac{1}{b_n^2}+2$,即 $b_{n+1}^2-b_n^2=\frac{1}{b_n^2}+2$,由累差迭加得

$$b_{100}^2-b_1^2=\left(\frac{1}{b_1^2}+\frac{1}{b_2^2}+\cdots+\frac{1}{b_{99}^2}\right)+198>198$$

所以 $b_{100}>14$.

显然 $\{b_n\}$ 递增,$b_1=a_{15}=1$,$b_2=2$,当 $n>2$ 时,$b_n>2$,所以

$$b_{100}^2-b_1^2=\frac{1}{b_1^2}+\left(\frac{1}{b_2^2}+\cdots+\frac{1}{b_{99}^2}\right)+198<1+\frac{98}{4}+198<224$$

所以 $b_{100}<15$;

所以 b_{100} 的整数部分为 14.

16. 试确定,是否存在 2 011 个实数 $a_1,a_2,\cdots,a_{2\,011}$,满足:

(1) $|a_i|<1$,$i=1,2,\cdots,2\,011$;

(2) $|a_1|+|a_2|+\cdots+|a_{2\,011}|-|a_1+a_2+\cdots+a_{2\,011}|=2\,010$.

解 假若存在满足以上条件的 2 011 个实数 $a_1,a_2,\cdots,a_{2\,011}$,设 $|a_1+a_2+\cdots+a_{2\,011}|=t$,则 $t\geqslant 0$,去掉绝对值符号,并分开其正、负部,可记为

$$|a_1+a_2+\cdots+a_{2\,011}|=(x_1+x_2+\cdots+x_k)-(y_1+y_2+\cdots+y_{2\,011-k})$$

即有

$$(x_1+x_2+\cdots+x_k)-(y_1+y_2+\cdots+y_{2\,011-k})=t \quad ①$$

其中 $x_1,x_2,\cdots,x_k;y_1,y_2,\cdots,y_{2\,011-k}$ 是 $|a_1|,|a_2|,\cdots,|a_{2\,011}|$ 的某个排列.从而由条件(2)得

$$(x_1+x_2+\cdots+x_k)+(y_1+y_2+\cdots+y_{2\,011-k})=2\,010+t \quad ②$$

所以 $x_1+x_2+\cdots+x_k=1\,005+t, y_1+y_2+\cdots+y_{2\,011-k}=1\,005$

由于 $0\leqslant x_i<1, 0\leqslant y_j<1, i=1,2,\cdots,k; j=1,2,\cdots,2\,011-k$,则

$$k>x_1+x_2+\cdots+x_k=1\,005+t$$

$$2\,011-k>y_1+y_2+\cdots+y_{2\,011-k}=1\,005$$

由此,$k\geqslant 1\,006, 2\,011-k\geqslant 1\,006$,相加得,$2\,011\geqslant 2\,012$,矛盾.

因此这样的 2 011 个实数不存在.

17. 设函数 $f_n(x)=x^n(1-x)^2$ 在 $[\frac{1}{2},1]$ 上的最大值为 $a_n(n=1,2,3,\cdots)$.

(1) 求数列 $\{a_n\}$ 的通项公式;

(2) 求证:对任何正整数 $n(n\geqslant 2)$,都有 $a_n\leqslant\frac{1}{(n+2)^2}$ 成立;

(3) 设数列 $\{a_n\}$ 的前 n 项和为 S_n,求证:对任意正整数 n,都有 $S_n<\frac{7}{16}$ 成立.

解 (1) $f'_n(x)=nx^{n-1}(1-x)^2-2x^n(1-x)=$
$x^{n-1}(1-x)[n(1-x)-2x]$

当 $x\in[\frac{1}{2},1]$ 时,由 $f'_n(x)=0$ 知 $x=1$ 或者 $x=\frac{n}{n+2}$.

当 $n=1$ 时,$\frac{n}{n+2}=\frac{1}{3}\notin[\frac{1}{2},1]$,又 $f_1(\frac{1}{2})=\frac{1}{8}, f_n(1)=0$,故 $a_1=\frac{1}{8}$;

当 $n=2$ 时,$\frac{n}{n+2}=\frac{1}{2}\in[\frac{1}{2},1]$,又 $f_2(\frac{1}{2})=\frac{1}{16}, f_n(1)=0$,故 $a_2=\frac{1}{16}$;

当 $n\geqslant 3$ 时,$\frac{n}{n+2}\in[\frac{1}{2},1]$,因为 $x\in[\frac{1}{2},\frac{n}{n+2})$ 时,$f'_n(x)>0$;$x\in(\frac{n}{n+2},1)$ 时,$f'_n(x)<0$.

所以 $f_n(x)$ 在 $x=\frac{n}{n+2}$ 处取得最大值,即

$$a_n=(\frac{n}{n+2})^n(\frac{2}{n+2})^2=\frac{4n^n}{(n+2)^{n+2}}$$

综上所述
$$a_n=\begin{cases}\frac{1}{8} & (n=1)\\ \frac{4n^n}{(n+2)^{n+2}} & (n\geqslant 2)\end{cases}$$

(2) 当 $n\geqslant 2$ 时,欲证 $\frac{4n^n}{(n+2)^{n+2}}\leqslant\frac{1}{(n+2)^2}$,只需证明 $(1+\frac{2}{n})^n\geqslant 4$.

因为

$$(1+\frac{2}{n})^n=C_n^0+C_n^1\cdot(\frac{2}{n})^1+C_n^2\cdot(\frac{2}{n})^2+\cdots+C_n^n\cdot(\frac{2}{n})^n\geqslant$$

$$1+2+\frac{n(n-1)}{2}\cdot\frac{4}{n^2}\geqslant 1+2+1=4$$

所以，当 $n\geqslant 2$ 时，都有 $a_n\leqslant\frac{1}{(n+2)^2}$ 成立.

(3) 当 $n=1,2$ 时，结论显然成立；

当 $n\geqslant 3$ 时，由(2) 知

$$S_n=\frac{1}{8}+\frac{1}{16}+a_3+a_4+\cdots+a_n<$$

$$\frac{1}{8}+\frac{1}{16}+\frac{1}{5^2}+\frac{1}{6^2}+\cdots+\frac{1}{(n+2)^2}<$$

$$\frac{1}{8}+\frac{1}{16}+(\frac{1}{4}-\frac{1}{5})+(\frac{1}{5}-\frac{1}{6})+\cdots+(\frac{1}{n+1}-\frac{1}{n+2})<$$

$$\frac{1}{8}+\frac{1}{16}+\frac{1}{4}=\frac{7}{16}$$

所以，对任意正整数 n，都有 $S_n<\frac{7}{16}$ 成立.

不等式的证明方法与应用

第 4 讲

第 1 节 不等式的常用证明方法

高中阶段,不等式的证明对学生的要求与学生的实际水平状况差距较大,不管是高考还是竞赛的综合试题均与不等式相关,而学生处理不等式的能力(特别是不等式证明)相对较低,因此有必要加强对不等式(特别是不等式的证明)的教学与训练,常用的证明不等式的方法如下:

(1) 比较法(分为作差与作商比较法两种).

(2) 分析法与综合法(要注意熟悉常用的一些基本不等式与事实等).

(3) 数学归纳法:通常用来证明与正整数 n 有关的不等式.

(4) 放缩法:运用放缩法的关键是如何"放缩适度".

(5) 反证法、判别式法、换元法、构造法、函数方法、构造法等.以下通过一些典型例题介绍这些方法的应用.

例 1 (1) 设 $x>0, y>0$,求证:$\frac{x^2}{x+y} \geqslant \frac{3x-y}{4}$;

(2) 设 $x>0, y>0, z>0$,求证:$\frac{x^3}{x+y}+\frac{y^3}{y+z}+\frac{z^3}{z+x} \geqslant \frac{xy+yz+zx}{2}$.

证明 (1) 因为

$$\frac{x^2}{x+y}-\frac{3x-y}{4}=\frac{(x-y)^2}{4(x+y)} \geqslant 0$$

所以
$$\frac{x^2}{x+y} \geqslant \frac{3x-y}{4}$$

(2) 由(1) 得$\frac{x^3}{x+y} \geqslant \frac{3x^2-xy}{4}$. 类似的
$$\frac{y^3}{y+z} \geqslant \frac{3y^2-yz}{4}, \frac{z^3}{z+x} \geqslant \frac{3z^2-zx}{4}$$

所以
$$\begin{aligned}\frac{x^3}{x+y}+\frac{y^3}{y+z}+\frac{z^3}{z+x} \geqslant & \frac{3x^2-xy+3y^2-yz+3z^2-zx}{4}= \\ & \frac{3(x^2+y^2+z^2)-xy-yz-zx}{4} \geqslant \\ & \frac{3(xy+yz+zx)-xy-yz-zx}{4}= \\ & \frac{xy+yz+zx}{2}\end{aligned}$$

点评 本题第(1) 题使用作差法证得结论;第(2) 题是利用第(1) 题证得的结论进行证明的.

例 2 设 $x, y \in \mathbf{R}_+$,求证:$\frac{x^4}{y^4}+\frac{y^4}{x^4}-\frac{x^2}{y^2}-\frac{y^2}{x^2}+\frac{x}{y}+\frac{y}{x} \geqslant 2$.

证明 因为
$$\begin{aligned}&\frac{x^4}{y^4}+\frac{y^4}{x^4}-\frac{x^2}{y^2}-\frac{y^2}{x^2}+\frac{x}{y}+\frac{y}{x}-2= \\ &\left[\left(\frac{x^2}{y^2}\right)^2-2\frac{x^2}{y^2}+1\right]+\left[\left(\frac{y^2}{x^2}\right)^2-2\frac{y^2}{x^2}+1\right]+ \\ &\left[\left(\frac{x}{y}\right)^2-2\frac{x}{y}\cdot\frac{y}{x}+\left(\frac{y}{x}\right)^2\right]+\left[\left(\sqrt{\frac{x}{y}}\right)^2-2\sqrt{\frac{x}{y}}\cdot\sqrt{\frac{y}{x}}+\left(\sqrt{\frac{y}{x}}\right)^2\right]= \\ &\left(\frac{x^2}{y^2}-1\right)^2+\left(\frac{y^2}{x^2}-1\right)^2+\left(\frac{x}{y}-\frac{y}{x}\right)^2+\left(\sqrt{\frac{x}{y}}-\sqrt{\frac{y}{x}}\right)^2 \geqslant 0\end{aligned}$$

所以
$$\frac{x^4}{y^4}+\frac{y^4}{x^4}-\frac{x^2}{y^2}-\frac{y^2}{x^2}+\frac{x}{y}+\frac{y}{x} \geqslant 2$$

点评 本题使用了作差比较法与多次配方法.

例 3 设 $a, b, c \in \mathbf{R}_+$,求证:$a^a b^b c^c \geqslant a^{\frac{b+c}{2}} \cdot b^{\frac{a+c}{2}} \cdot c^{\frac{a+b}{2}}$.

证明 由于待证不等式关于 a, b, c 对称,不妨设 $a \geqslant b \geqslant c$,则 $a-b, b-c$, $a-c$ 均大于等于 0,且$\frac{a}{b}, \frac{b}{c}, \frac{a}{c}$ 都大于等于 1,从而由
$$\frac{a^a \cdot b^b \cdot c^c}{a^{\frac{b+c}{2}} \cdot b^{\frac{a+c}{2}} \cdot c^{\frac{a+b}{2}}}=\left(\frac{a}{b}\right)^{\frac{a-b}{2}} \cdot\left(\frac{b}{c}\right)^{\frac{b-c}{2}} \cdot\left(\frac{a}{c}\right)^{\frac{a-c}{2}} \geqslant 1$$

即得所证.

点评 (1) 把所证的不等式两边平方即为 $a^{2a}\cdot b^{2b}\cdot c^{2c}\geqslant a^{b+c}\cdot b^{a+c}\cdot c^{a+b}$. 两边同乘以 $a^ab^bc^c$,就变成了第三届美国数学奥林匹克试题;设 $a,b,c\in\mathbf{R}_+$,求证:$a^ab^bc^c\geqslant(abc)^{\frac{a+b+c}{2}}$.

(2) 由以上两例我们看到,运用比较法证明不等式的关键是做适当的变形,如配方、分解、拆项、通分等.

例 4 给定 n 个非负实数 $x_1,x_2,\cdots,x_n$,且 $x_1+x_2+\cdots+x_n=n$,求证:$\frac{x_1}{1+x_1^2}+\frac{x_2}{1+x_2^2}+\cdots+\frac{x_n}{1+x_n^2}\leqslant\frac{1}{1+x_1}+\frac{1}{1+x_2}+\cdots+\frac{1}{1+x_n}$.

证明 要证原不等式,只要证

$$\frac{x_1-1}{(1+x_1^2)(1+x_1)}+\frac{x_2-1}{(1+x_2^2)(1+x_2)}+\cdots+\frac{x_n-1}{(1+x_n^2)(1+x_n)}\leqslant 0$$

首先证明对于任何 k,都有 $\frac{x_k-1}{(1+x_k^2)(1+x_k)}\leqslant\frac{x_k-1}{4}$. 事实上,若 $x_k\geqslant 1$,则

$$(1+x_k^2)(1+x_k)\geqslant(1+1)(1+1)=4$$

上式显然成立;

若 $x_k<1$,则 $\frac{1}{(1+x_k^2)(1+x_k)}>\frac{1}{4}$,而 $x_k-1<0$,故有

$$\frac{x_k-1}{(1+x_k^2)(1+x_k)}<\frac{x_k-1}{4}$$

这样一来,便有

$$\frac{x_1-1}{(1+x_1^2)(1+x_1)}+\frac{x_2-1}{(1+x_2^2)(1+x_2)}+\cdots+\frac{x_n-1}{(1+x_n^2)(1+x_n)}\leqslant$$

$$\frac{x_1-1}{4}+\frac{x_2-1}{4}+\cdots+\frac{x_n-1}{4}=$$

$$\frac{(x_1+x_2+\cdots+x_n)-n}{4}=0$$

即得证.

点评 由以上两例可以看出,分析法的特点是:从“未知”看“需知”,执果索因,逐步靠拢“已知”,其逐步推理,实际上是要寻找它的充分条件.

例 5 证明:对任意大于 1 的数 a,b,c 有

$$2\left(\frac{\log_b a}{a+b}+\frac{\log_c b}{b+c}+\frac{\log_a c}{c+a}\right)\geqslant\frac{9}{a+b+c}$$

证明 注意 $\log_b a,\log_c b,\log_a c$ 都大于 0,且它们的乘积等于 1,于是由平均值不等式得

$$\frac{\log_b a}{a+b}+\frac{\log_c b}{b+c}+\frac{\log_a c}{c+a}\geqslant$$

$$3\sqrt[3]{\frac{\log_b a\cdot\log_c b\cdot\log_a c}{(a+b)(b+c)(c+a)}}=$$

$$\frac{3}{\sqrt[3]{(a+b)(b+c)(c+a)}} \geqslant$$

$$\frac{9}{(a+b)+(b+c)+(c+a)} =$$

$$\frac{1}{2} \cdot \frac{9}{a+b+c}$$

所以
$$2\left(\frac{\log_b a}{a+b}+\frac{\log_c b}{b+c}+\frac{\log_a c}{c+a}\right) \geqslant \frac{9}{a+b+c}$$

点评 在使用基本不等式证题时，恒等变形往往起着重要作用. 下例也是如此.

例 6 证明：对任意 $a \leqslant 1$ 与任意满足条件 $1 \geqslant x_1 \geqslant x_2 \geqslant \cdots \geqslant x_n > 0$ 的数 $x_1, x_2, \cdots, x_n$，有

$$(1+x_1+x_2+\cdots+x_n)^a \leqslant 1+1^{a-1}x_1^a+2^{a-1}x_2^a+\cdots+n^{a-1}x_n^a$$

证明 $n \in \mathbf{N}$，当 $n=0$ 时，由 $1^a=1$，不等式成立. 假设欲证不等式对 n 成立，下面证明它对 $n+1$ 也成立，我们有

$$(1+x_1+\cdots+x_n+x_{n+1})^a-(1+x_1\cdots+x_n)^a=$$

$$(1+x_1+\cdots+x_n)^a\left[\left(1+\frac{x_{n+1}}{1+x_1+\cdots+x_n}\right)^a-1\right] \leqslant$$

$$(1+x_1+\cdots+x_n)^a\left[\left(1+\frac{x_{n+1}}{1+x_1+\cdots+x_n}\right)-1\right]=$$

$$(1+x_1+\cdots+x_n)^{a-1}x_{n+1} \leqslant$$

$$[(n+1)\cdot x_{n+1}]^{a-1}x_{n+1}$$

的正确性可由 $1+x_1+\cdots+x_n \geqslant (n+1)x_{n+1}$ 与 $a-1 \leqslant 0$ 推出，由已证得的不等式及归纳假设得到

$$(1+x_1+\cdots+x_{n+1})^a \leqslant$$

$$(1+x_1+\cdots+x_n)^a+(n+1)^{a-1}x_{n+1}^a \leqslant$$

$$1+1^{a-1}x_1^a+2^{a-1}\cdot x_2^a+\cdots+n^{a-1}x_n^a+(n+1)^{a-1}x_{n+1}^a$$

此即所要证明的结论.

例 7 设 $a_1, a_2, a_3, b_1, b_2, b_3$ 为正数，求证：

$$(a_1b_2+a_2b_1+a_2b_3+a_3b_2+a_3b_1+a_1b_3)^2 \geqslant$$

$$4(a_1a_2+a_2a_3+a_3a_1)(b_1b_2+b_2b_3+b_3b_1)$$

分析 从欲证不等式的结构形式来看，它与一元二次方程的判别式相似，因此，考虑构造一个二次函数，使它的判别式合于欲证不等式的结构形式，从考察函数的性质入手进行论证.

证明 构造二次函数

$f(x)=$

$(a_1a_2+a_2a_3+a_3a_1)x^2-(a_1b_2+a_2b_1+a_2b_3+a_3b_2+a_3b_1+a_1b_3)x+$
$(b_1b_2+b_2b_3+b_3b_1)=$
$(a_1x-b_1)(a_2x-b_2)+(a_2x-b_2)(a_3x-b_3)+(a_3x-b_3)(a_1x-b_1)$

不妨设$\frac{b_1}{a_1}\geqslant\frac{b_2}{a_2}\geqslant\frac{b_3}{a_3}$,则$f\left(\frac{b_2}{a_2}\right)\leqslant 0$,又 $f(x)$ 的二次项系数为正,因而 $f(x)$ 与 x 轴有交点,即 $f(x)=0$ 有实根,则判别式的值非负,即结论成立.

点评 这里是通过构造二次函数,借助其判别式证明不等式,主要依据有两条:(1) 若二次方程 $ax^2+bx+c=0(a\neq 0)$ 有实根,则判别式 $\Delta=b^2-4ac\geqslant 0$;(2) 对于二次函数 $f(x)=ax^2+bx+c=0$,若 $a>0$,则 $f(x)\geqslant 0\Leftrightarrow\Delta=b^2-4ac\leqslant 0$.

例 8 设 a,b,c 均为正数,求证:$a^3+b^3+c^3+3abc\geqslant ab(a+b)+bc(b+c)+ca(c+a)$.

证明 不妨设 $c=\min(a,b,c)>0$,由于

左边 − 右边 =
$[a^3+b^3-ab(a+b)+2abc-c(a^2+b^2)]+[c^3+abc-c^2(a+b)]=$
$[(a+b)(a-b)^2-c(a-b)^2]+c(c^2+ab-ca-cb)=$
$(a+b-c)(a-b)^2+c(a-c)(b-c)\geqslant 0$

所以 $a^3+b^3+c^3+3abc\geqslant ab(a+b)+bc(b+c)+ca(c+a)$

点评 以上我们采用了作差比较法,但要对差进行完全的因式分解或配方都是不可能的,于是我们将差变形成易于判断符号的两项之和,为了判断差的符号,考虑到不等式的对称性,我们做了假设 $c=\min(a,b,c)>0$.

例 9 设 x,y,z 为正数,它们之中任何两个数的差的绝对值都不大于 2. 证明:$\sqrt{xy+1}+\sqrt{yz+1}+\sqrt{zx+1}>x+y+z$.

分析 由题意知 $|x-y|\leqslant 2$,两边平方得 $x^2-2xy+y^2\leqslant 4$,进而有 $2\sqrt{xy+1}\geqslant x+y$. 同理可得另外两个类似不等式,于是考虑用综合法来证明.

证明 因为 $|x-y|\leqslant 2$,所以 $x^2-2xy+y^2\leqslant 4$,即 $x^2+2xy+y^2\leqslant 4+4xy$,所以

$$2\sqrt{xy+1}\geqslant x+y$$

同理可得 $2\sqrt{yz+1}\geqslant y+z,2\sqrt{zx+1}\geqslant z+x$

以上三个不等式相加,得

$$\sqrt{xy+1}+\sqrt{yz+1}+\sqrt{zx+1}\geqslant x+y+z$$

最后一个不等式中等号不成立,事实上,不妨设 $x\geqslant y\geqslant z$,上面不等式中等号成立的充要条件是

$$x-y=2 \quad ①$$
$$y-z=2 \quad ②$$

$$x-z=2 \quad ③$$

①＋② 得 $x-z=4$，与 ③ 矛盾，所以

$$\sqrt{xy+1}+\sqrt{yz+1}+\sqrt{zx+1}\geqslant x+y+z$$

例 10 （2005 年中国女子数学奥林匹克试题）设正实数 x,y 满足 $x^3+y^3=x-y$，求证：$x^2+4y^2<1$.

分析 考虑作差比较法，为了合理利用已知等式，可先乘常数“1”，构造齐次式.

证明 因为 x,y 为正实数，所以 $x^3+y^3>0$，又 $x^3+y^3=x-y$，所以 $\frac{x-y}{x^3+y^3}=1$.

$$\begin{aligned}(x^2+4y^2)-1&=(x^2+4y^2)\cdot\frac{x-y}{x^3+y^3}-1=\\&\frac{x^3-x^2y+4xy^2-4y^3}{x^3+y^3}-1=\\&-\frac{y[(x-2y)^2+y^2]}{x^3+y^3}\end{aligned}$$

因为 x,y 为正实数，所以 $y>0$，$(x-2y)^2+y^2>0$，所以 $\frac{y[(x-2y)^2+y^2]}{x^3+y^3}>0$，所以 $(x^2+4y^2)-1<0$，因此 $x^2+4y^2<1$.

例 11 （1992 年全国数学联赛题）求证：$16<\sum\limits_{k=1}^{80}\frac{1}{\sqrt{k}}<17$.

分析 直接求和比较困难，而不等式两边都是定值，显然需要对 $\frac{1}{\sqrt{k}}$ 进行适当的放缩，以便于错项相消.

证明
$$\sqrt{k-1}<\sqrt{k}<\sqrt{k+1}$$

所以
$$\sqrt{k}+\sqrt{k-1}<2\sqrt{k}<\sqrt{k}+\sqrt{k+1}$$

所以
$$\frac{1}{\sqrt{k+1}+\sqrt{k}}<\frac{1}{2\sqrt{k}}<\frac{1}{\sqrt{k}+\sqrt{k-1}}$$

故
$$2(\sqrt{k+1}-\sqrt{k})<\frac{1}{\sqrt{k}}<2(\sqrt{k}-\sqrt{k-1})$$

所以
$$\sum_{k=1}^{80}2(\sqrt{k+1}-\sqrt{k})<\sum_{k=1}^{80}\frac{1}{\sqrt{k}}<\sum_{k=1}^{80}2(\sqrt{k}-\sqrt{k-1})$$

即
$$2(\sqrt{81}-1)\sum_{k=1}^{80}\frac{1}{\sqrt{k}}<2(\sqrt{80}-0)$$

所以
$$16<\sum_{k=1}^{80}\frac{1}{\sqrt{k}}<8\sqrt{5}$$

但 $8\sqrt{5}>17$，说明右边不等式的放缩还需进行调整，由 $\frac{1}{\sqrt{k}}<2(\sqrt{k}-\sqrt{k-1})$，得

$$\sum_{k=1}^{80}\frac{1}{\sqrt{k}}<\sum_{k=1}^{80}2(\sqrt{k}-\sqrt{k-1})=2(\sqrt{80}-\sqrt{1})=2\sqrt{80}-2$$

所以 $$\sum_{k=1}^{80}\frac{1}{\sqrt{k}}=1+\sum_{k=2}^{80}\frac{1}{\sqrt{k}}<1+2\sqrt{80}-2=2\sqrt{80}-1<17$$

综上所述，不等式 $16<\sum_{k=1}^{80}\frac{1}{\sqrt{k}}<17$ 成立.

点评 本题关键在于利用 $\sqrt{k-1}<\sqrt{k}<\sqrt{k+1}$，对 $\frac{1}{\sqrt{k}}$ 进行放缩，得到不等式

$$2(\sqrt{k+1}-\sqrt{k})<\frac{1}{\sqrt{k}}<2(\sqrt{k}-\sqrt{k-1})$$

例 12 设 $f(x)$，$g(x)$ 是 $[0,1]$ 上的实值函数，证明：存在 x_0，$y_0\in[0,1]$，使得

$$|x_0y_0-f(x_0)-g(y_0)|\geqslant\frac{1}{4} \quad ①$$

分析 我们并不清楚哪个 (x_0,y_0) 能使式 ① 成立，如同大海捞针，尤其是 $f(x)$，$g(x)$ 的函数值没有一个能够具体求出，无法直接去与 $\frac{1}{4}$ 作比较，正难则反，考虑用反证法.

证明 用反证法，假设满足式 ① 的 x_0，y_0 不存在，则对一切 x，$y\in[0,1]$，均有

$$|xy-f(x)-g(y)|<\frac{1}{4} \quad ②$$

特别地取数对 $(0,0)$，$(0,1)$，$(1,0)$，$(1,1)$，代入式 ② 得

$$|f(0)+g(0)|<\frac{1}{4},\ |f(0)+g(1)|<\frac{1}{4}$$

$$|f(1)+g(0)|<\frac{1}{4},\ |1-f(1)-g(1)|<\frac{1}{4}$$

从而

$$\begin{aligned}1=&|[1-f(1)-g(1)]+[f(1)+g(0)]+\\&[f(0)+g(1)]-[f(0)+g(0)]|\leqslant\\&|1-f(1)-g(1)|+|f(1)+g(0)|+|f(0)+g(1)|+|f(0)+g(0)|<\\&\frac{1}{4}+\frac{1}{4}+\frac{1}{4}+\frac{1}{4}=1\end{aligned} \quad ③$$

矛盾,所以假设不成立,即存在 $x_0, y_0 \in [0,1]$,使得式 ① 成立.

点评 直接证明很困难,正难则反,否定式①得出式②后,我们就获得较大的自由度,可以不受限制地从$[0,1]$中取数对(x,y)代入②,正是由于$f(x)$,$g(x)$的函数值无法求出,才促使我们考虑相应的运算将函数值整体消去,这就是恒等式③的由来.

例 13 $\triangle ABC$ 的三边长 a,b,c 满足条件 $a+b+c=1$,证明:$5(a^2+b^2+c^2)+18abc \geqslant \frac{7}{3}$.

证明 因为

$$a^2+b^2+c^2=(a+b+c)^2-2(ab+bc+ca)=1-2(ab+bc+ca)$$

所以,欲证的不等式等价于$\frac{5}{9}(ab+bc+ca)-abc \leqslant \frac{4}{27}$.构造一个辅助函数

$$f(x)=(x-a)(x-b)(x-c)$$

一方面 $$f(x)=x^3-(a+b+c)x^2+(ab+bc+ca)x-abc$$

所以 $$f\left(\frac{5}{9}\right)=\left(\frac{5}{9}\right)^3-\left(\frac{5}{9}\right)^2+\frac{5}{9}(ab+bc+ca)-abc$$

另一方面,因 a,b,c 是三角形三边长,所以 $0<a,b,c<\frac{1}{2}$,$\frac{5}{9}-a$,$\frac{5}{9}-b$,$\frac{5}{9}-c$ 均为正数,利用平均不等式,有

$$f\left(\frac{5}{9}\right)=\left(\frac{5}{9}-a\right)\left(\frac{5}{9}-b\right)\left(\frac{5}{9}-c\right)\leqslant$$
$$\frac{1}{27}\left[\left(\frac{5}{9}-a\right)+\left(\frac{5}{9}-b\right)+\left(\frac{5}{9}-c\right)\right]^3=\frac{8}{729}$$

所以 $$\left(\frac{5}{9}\right)^3-\left(\frac{5}{9}\right)^2+\frac{5}{9}(ab+bc+ca)-abc \leqslant \frac{8}{729}$$

即 $$\frac{5}{9}(ab+bc+ca)-abc \leqslant \frac{4}{27}$$

点评 本题我们巧妙地构造了一个辅助函数 $f(x)$,通过从两方面来考察 $f\left(\frac{5}{9}\right)$,使问题得到了证明.构造辅助函数是数学中经常使用的方法,主要是通过构造函数,把原问题转化,进而对所作函数的性质进行研究,从而达到解题的目的.

例 14 (2009 年辽宁)已知函数 $f(x)=2x+a\ln x$.

(1) 若 $a<0$,证明:对于任意两个正数 x_1, x,总有 $\frac{f(x_1)+f(x_2)}{2} \geqslant f\left(\frac{x_1+x_2}{2}\right)$成立;

(2) 若对任意 $x \in [1,\mathrm{e}]$，不等式 $f(x) \leqslant (a+3)x - \frac{1}{2}x^2$ 恒成立，求 a 的取值范围.

分析 第(1)问可通过作差比较法来进行证明；第(2)问是含参数的恒成立，可分离变量转化为求函数的最值，利用导数工具来分析函数的单调性即可.

解 (1) $\frac{f(x_1)+f(x_2)}{2} - f\left(\frac{x_1+x_2}{2}\right) =$

$$\frac{2x_1 + a\ln x_1 + 2x_2 + a\ln x_2}{2} - 2 \cdot \frac{x_1+x_2}{2} - a\ln\frac{x_1+x_2}{2} =$$

$$a\ln\sqrt{x_1x_2} - a\ln\frac{x_1+x_2}{2} =$$

$$a\ln\left(\sqrt{x_1x_2} \cdot \frac{2}{x_1+x_2}\right) =$$

$$a\ln\frac{2\sqrt{x_1x_2}}{x_1+x_2}$$

因为
$$x_1 + x_2 \geqslant 2\sqrt{x_1x_2}$$

所以
$$\frac{2\sqrt{x_1x_2}}{x_1+x_2} \leqslant 1$$

$$\ln\frac{2\sqrt{x_1x_2}}{x_1+x_2} \leqslant 0$$

又 $a<0$，故 $a\ln\frac{2\sqrt{x_1x_2}}{x_1+x_2} \geqslant 0$，所以

$$\frac{f(x_1)+f(x_2)}{2} \geqslant f\left(\frac{x_1+x_2}{2}\right)$$

(2) 因为 $f(x) \leqslant (a+3)x - \frac{1}{2}x^2$ 对 $x \in [1,\mathrm{e}]$ 恒成立，故

$$2x + a\ln x \leqslant (a+3)x - \frac{1}{2}x^2$$

$$a(x - \ln x) \geqslant \frac{1}{2}x^2 - x$$

因为 $x \in [1,\mathrm{e}]$，所以 $x - \ln x > 0$，因而

$$a \geqslant \frac{\frac{1}{2}x^2 - x}{x - \ln x}$$

设 $g(x) = \frac{\frac{1}{2}x^2 - x}{x - \ln x}$，$x \in [1,\mathrm{e}]$，因为

$$g'(x) = \frac{(x-1)(x-\ln x) - \left(1-\frac{1}{x}\right)\left(\frac{1}{2}x^2 - x\right)}{(x-\ln x)^2} =$$

$$\frac{(x-1)\left(\frac{1}{2}x+1-\ln x\right)}{(x-\ln x)^2}$$

当 $x\in[1,\mathrm{e}]$ 时,$x-1>0,\frac{1}{2}x+1-\ln x>0$,所以 $g'(x)>0$. 又因为 $g(x)$ 在 $x=1$ 和 $x=\mathrm{e}$ 处连续,所以 $g(x)$ 在 $x\in[1,\mathrm{e}]$ 时为增函数,所以

$$a\geqslant g(\mathrm{e})=\frac{\frac{1}{2}\mathrm{e}^2-\mathrm{e}}{\mathrm{e}-1}=\frac{\mathrm{e}^2-2\mathrm{e}}{2(\mathrm{e}-1)}$$

点评 本题将不等式与函数相结合,综合考查均值不等式、恒等变换、导数的应用,难度较大.

例 15 (2008 年土耳其集训队试题) 方程 $x^3-ax^2+bx-c=0$ 有三个正数根(可以相等),求 $\frac{1+a+b+c}{3+2a+b}-\frac{c}{b}$ 的最小值.

证明 设方程 $x^3-ax^2+bx-c=0$ 的三个正数根(可以相等)分别为 p,q,r,则由韦达定理得

$$a=p+q+r,b=pq+qr+rp,c=pqr$$

所以

$$\frac{1+a+b+c}{3+2a+b}=\frac{(1+p)(1+q)(1+r)}{(1+p)(1+q)+(1+q)(1+r)+(1+r)(1+p)}$$

$$\frac{c}{b}=\frac{pqr}{pq+qr+rp}$$

记 $f(x,y,z)=\frac{xyz}{xy+yz+zx}$,问题就是求 $f(p+1,q+1,r+1)-f(p,q,r)$ 的最小值.

不妨设 $p\geqslant q\geqslant r\geqslant 0$,由切比雪夫不等式得

$$3\left[\frac{1}{p(p+1)}+\frac{1}{q(q+1)}+\frac{1}{r(r+1)}\right]\geqslant\left(\frac{1}{p}+\frac{1}{q}+\frac{1}{r}\right)\left(\frac{1}{p+1}+\frac{1}{q+1}+\frac{1}{r+1}\right)$$

即

$$3\left[\left(\frac{1}{p}+\frac{1}{q}+\frac{1}{r}\right)-\left(\frac{1}{p+1}+\frac{1}{q+1}+\frac{1}{r+1}\right)\right]\geqslant$$
$$\left(\frac{1}{p}+\frac{1}{q}+\frac{1}{r}\right)\left(\frac{1}{p+1}+\frac{1}{q+1}+\frac{1}{r+1}\right)$$

即

$$3\left[\frac{1}{f(p,q,r)}-\frac{1}{f(p+1,q+1,r+1)}\right]\geqslant\frac{1}{f(p,q,r)}\cdot\frac{1}{f(p+1,q+1,r+1)}$$

所以 $f(p+1,q+1,r+1)-f(p,q,r)\geqslant\frac{1}{3}$,当且仅当 $p=q=r$ 时等号成立.

例 16 已知 a,b,c 是 $\triangle ABC$ 的三边长,且满足

$$\sum \frac{1}{a}\sqrt{\frac{1}{b}+\frac{1}{c}} \geqslant \frac{3}{2}\sqrt{\prod\left(\frac{1}{a}+\frac{1}{b}\right)}$$

其中,“$\sum,\prod$”分别表示循环和、循环积. 试判定三角形的形状.

证明　设 $d=a+b, e=b+c, f=c+a$,则以 d,e,f 为边长可构成一个 $\triangle DEF$. 于是

$$\sin\frac{D}{2}=\sqrt{\frac{1-\cos D}{2}}=\sqrt{\frac{1-\frac{e^2+f^2-d^2}{2ef}}{2}}=$$

$$\sqrt{\frac{(d-e+f)(d+e-f)}{4ef}}=\sqrt{\frac{ab}{(b+c)(c+a)}}$$

同理　$$\sin\frac{E}{2}=\sqrt{\frac{bc}{(c+a)(a+b)}},\sin\frac{F}{2}=\sqrt{\frac{ca}{(a+b)(b+c)}}$$

在 $\triangle DEF$ 中恒有

$$\sin\frac{D}{2}+\sin\frac{E}{2}+\sin\frac{F}{2}\leqslant\frac{3}{2} \quad ①$$

当且仅当 $\angle D=\angle E=\angle F=\frac{\pi}{3}$ 时,式 ① 等号成立.

故 $\sum\sqrt{\frac{ab}{(b+c)(a+c)}}\leqslant\frac{3}{2}$,此式两边同乘以 $\sum\frac{1}{a}\sqrt{a+b}$ 得

$$\sum\frac{1}{c}\sqrt{\frac{1}{a}+\frac{1}{b}}\leqslant\frac{3}{2}\sqrt{\prod\left(\frac{1}{a}+\frac{1}{b}\right)} \quad ②$$

由题 ② 及不等式得等号成立,所以,$\angle D=\angle E=\angle F=\frac{\pi}{3}\Rightarrow d=e=f\Rightarrow a+b=b+c=c+a\Rightarrow a=b=c\Rightarrow\triangle ABC$ 为等边三角形.

点评　本题根据已知条件,构造一个几何图形三角形,转化为在一个三角形中证明一个三角不等式.

巩固练习

1. 设 $a,b,c\in(1,+\infty)$,则 $2\left(\frac{\log_b a}{a+b}+\frac{\log_c b}{b+c}+\frac{\log_a c}{c+a}\right)$ 与 $\frac{9}{a+b+c}$ 的大小关系是________.

证明　$2\left(\frac{\log_b a}{a+b}+\frac{\log_c b}{b+c}+\frac{\log_a c}{c+a}\right)\geqslant\frac{9}{a+b+c}$,因为 $a,b,c\in(1,+\infty)$, $\log_b a,\log_c b,\log_a c$,都是正数,并且它们的乘积等于 1,所以

$$\frac{\log_b a}{a+b}+\frac{\log_c b}{b+c}+\frac{\log_a c}{c+a}\geqslant 3\sqrt[3]{\frac{\log_b a\cdot\log_c b\cdot\log_a c}{(a+b)(b+c)(c+a)}}=\frac{3}{\sqrt[3]{(a+b)(b+c)(c+a)}}$$

又因为

$$2(a+b+c)=(a+b)+(b+c)+(c+a)\geqslant 3\sqrt[3]{(a+b)(b+c)(c+a)}$$

所以

$$\frac{1}{\sqrt[3]{(a+b)(b+c)(c+a)}}\geqslant\frac{3}{(a+b)+(b+c)+(c+a)}=\frac{3}{2(a+b+c)}$$

所以

$$\frac{\log_b a}{a+b}+\frac{\log_c b}{b+c}+\frac{\log_a c}{c+a}\geqslant\frac{9}{2(a+b+c)}$$

即

$$2\left(\frac{\log_b a}{a+b}+\frac{\log_c b}{b+c}+\frac{\log_a c}{c+a}\right)\geqslant\frac{9}{a+b+c}$$

2.(2014·江西高考文科)$x,y\in\mathbf{R}$,若 $|x|+|y|+|x-1|+|y-1|\leqslant 2$,则 $x+y$ 的取值范围为________.

解 $[0,2]$.由 $|a|+|b|\geqslant|a-b|$ 知

$$|x|+|x-1|\geqslant|x-(x-1)|=1$$

同理 $|y|+|y-1|\geqslant 1$,故 $|x|+|y|+|x-1|+|y-1|=2$,所以 $0\leqslant x\leqslant 1$ 且 $0\leqslant y\leqslant 1$,即 $0\leqslant x+y\leqslant 2$.

3.设 $a,b\in\mathbf{R}$,且 $|x^3-3xy^2|+|3x^2y-y^3|=8$,则 $|x^2-y^2|+|2xy|$ 与 $4\sqrt{2}$ 的大小关系为________.

解 $|x^2-y^2|+|2xy|\leqslant 4\sqrt{2}$.设 $z=x+y\mathrm{i}$,易证

$$|z|\leqslant|\mathrm{Im}(z)|+|\mathrm{Re}(z)|\leqslant\sqrt{2}\,|z|$$

而

$$z_3=(x^3-3xy^2)+(3x^2y-y^3)\mathrm{i}$$

因 $|z|^3=|z^3|\leqslant|\mathrm{Im}(z^3)|+|\mathrm{Re}(z^3)|=|z_3^3-3xy^2|+|3x^2y-y^3|=8$

故

$$|z|\leqslant 2,\ |z|^2\leqslant 4$$

于是 $|x^2-y^2|+|2xy|=|\mathrm{Re}(z^2)|+|\mathrm{Im}(z^2)|\leqslant\sqrt{2}\,|z^2|\leqslant 4\sqrt{2}$

4.(2013·新课标全国 Ⅱ 高考理科)设 a,b,c 均为正数,且 $a+b+c=1$.证明:(1)$ab+bc+ca\leqslant\frac{1}{3}$;

(2)$\frac{a^2}{b}+\frac{b^2}{c}+\frac{c^2}{a}\geqslant 1$.

证明 (1)由 $a^2+b^2\geqslant 2ab,b^2+c^2\geqslant 2bc,c^2+a^2\geqslant 2ca$,得

$$a^2+b^2+c^2\geqslant ab+bc+ca$$

由题设得 $(a+b+c)^2=1$,即

$$a^2+b^2+c^2+2ab+2bc+2ca=1$$

所以 $3(ab+bc+ca)\leqslant 1$，即 $ab+bc+ca\leqslant \frac{1}{3}$. 当且仅当"$a=b=c$"时等号成立.

(2) 因为 $\frac{a^2}{b}+b\geqslant 2a,\frac{b^2}{c}+c\geqslant 2b,\frac{c^2}{a}+a\geqslant 2c$，当且仅当"$a^2=b^2=c^2$"时等号成立. 故

$$\frac{a^2}{b}+\frac{b^2}{c}+\frac{c^2}{a}+(a+b+c)\geqslant 2(a+b+c)$$

即
$$\frac{a^2}{b}+\frac{b^2}{c}+\frac{c^2}{a}\geqslant a+b+c$$

所以
$$\frac{a^2}{b}+\frac{b^2}{c}+\frac{c^2}{a}\geqslant 1$$

5. 已知 a,b 是正数，并且 $a^{2\,009}+b^{2\,009}=a^{2\,007}+b^{2\,007}$，求证：$a^2+b^2\leqslant 2$.

证法 1 若 a 与 b 中有一个等于 1，那么另一个也等于 1，此时，显然 $a^2+b^2\leqslant 2$.

若 $a\geqslant b$ 且 $b\neq 1$，可将

$$a^{1\,998}+b^{1\,998}=a^{1\,996}+b^{1\,996}$$

改写为
$$a^{1\,996}(a^2-1)=b^{1\,996}(1-b^2)$$

由此推得 $0<b<1$(若 $b>1$，则 $a^2-1<0$，得 $a<1$，这与 $a\geqslant b$ 矛盾)，由此得

$$\frac{a^2-1}{1-b^2}=\left(\frac{b}{a}\right)^{1\,996}$$

因为 $0<\frac{b}{a}\leqslant 1,0<\left(\frac{b}{a}\right)^{1\,996}\leqslant 1$，所以 $\frac{a^2-1}{1-b^2}\leqslant 1$，得 $a^2+b^2\leqslant 2$.

证法 2
$$2(a^{1\,998}+b^{1\,998})-(a^2+b^2)(a^{1\,996}+b^{1\,996})=$$
$$a^{1\,998}-a^2b^{1\,996}-a^{1\,996}b^2+b^{1\,998}=$$
$$(a^2-b^2)(a^{1\,996}-b^{1\,996})$$

因为 a^2-b^2 与 $a^{1\,996}-b^{1\,996}$ 同号，所以

$$(a^2-b^2)(a^{1\,996}-b^{1\,996})\geqslant 0$$

所以
$$2(a^{1\,998}+b^{1\,998})\geqslant (a^2+b^2)(a^{1\,996}+b^{1\,996})$$

因为
$$a^{1\,998}+b^{1\,998}=a^{1\,996}+b^{1\,996}>0$$

所以
$$a^2+b^2\leqslant 2$$

证法 3 由 $a^{1\,998}+b^{1\,998}=a^{1\,996}+b^{1\,996}$ 及 $a,b\in \mathbf{R}_+$，得

$$a^2+b^2=\frac{(a^{1\,996}+b^{1\,996})(a^2+b^2)}{a^{1\,998}+b^{1\,998}}=$$
$$\frac{a^{1\,998}+b^{1\,998}+a^{1\,996}b^2+a^2b^{1\,996}}{a^{1\,998}+b^{1\,998}}=$$

$$1+\frac{a^{1\,996}b^2+a^2b^{1\,996}}{a^{1\,998}+b^{1\,998}}$$

因为 $\quad a^{1\,996}b^2+a^2b^{1\,996}-a^{1\,998}-b^{1\,998}=-(a^2-b^2)(a^{1\,996}-b^{1\,996})$

又 a^2-b^2 与 $a^{1\,996}-b^{1\,996}$ 同号,所以

$$-(a^2-b^2)(a^{1\,996}-b^{1\,996})\leqslant 0$$

所以
$$\frac{a^{1\,996}b^2+a^2b^{1\,996}}{a^{1\,998}+b^{1\,998}}\leqslant 1$$

故
$$a^2+b^2\leqslant 2$$

6. 设 $a>0$,求证:$\sqrt{a^2+\frac{1}{a^2}}-\sqrt{2}\geqslant a+\frac{1}{a}-2$.

证 令 $t=a+\frac{1}{a}$,则 $t^2=a^2+\frac{1}{a^2}+2\ (t\geqslant 2)$,所以原不等式即

$$\sqrt{t^2-2}-\sqrt{2}\geqslant t-2$$

它等价于
$$\sqrt{t^2-2}\geqslant t+\sqrt{2}-2$$

因为
$$(\sqrt{t^2-2})^2-(t+\sqrt{2}-2)^2=$$
$$2(2-\sqrt{2})t-4(2-\sqrt{2})=2(2-\sqrt{2})(t-2)\geqslant 0$$

所以 $\quad(\sqrt{t^2-2})^2\geqslant(t+\sqrt{2}-2)^2\Rightarrow\sqrt{t^2-2}\geqslant t+\sqrt{2}-2$

成立.所以

$$\sqrt{a^2+\frac{1}{a^2}}-\sqrt{2}\geqslant a+\frac{1}{a}-2$$

7. 已知 a,b 都是正实数,且 $a+b=1$.

(1) 求证:$\frac{1}{a}+\frac{1}{b}\geqslant 4$;

(2) 求 $\left(a+\frac{1}{a}\right)^2+\left(b+\frac{1}{b}\right)^2$ 的最小值.

解 (1)
$$\frac{1}{a}+\frac{1}{b}=\frac{a+b}{a}+\frac{a+b}{b}=$$
$$2+\frac{b}{a}+\frac{a}{b}\geqslant 2+2\sqrt{\frac{b}{a}\cdot\frac{a}{b}}=4$$

(2)
$$\left(a+\frac{1}{a}\right)^2+\left(b+\frac{1}{b}\right)^2\geqslant 2\cdot\frac{\left(a+\frac{1}{a}+b+\frac{1}{b}\right)}{4}$$

即
$$\left(a+\frac{1}{a}\right)^2+\left(b+\frac{1}{b}\right)^2\geqslant\frac{\left(1+\frac{1}{ab}\right)^2}{2}$$

又因为
$$\frac{a+b}{2}\geqslant\sqrt{ab}$$

即
$$0 < ab \leqslant \frac{1}{4}$$
即
$$\frac{1}{ab} \geqslant 4$$
所以
$$1 + \frac{1}{ab} \geqslant 5$$
故
$$\left(a + \frac{1}{a}\right)^2 + \left(b + \frac{1}{b}\right)^2 \geqslant \frac{2}{25}$$
当且仅当 $a = b = \frac{1}{2}$,上式等号成立.

8.设 a,b 是正数,且 $a \neq 1$,$b \neq 1$,求证
$$\frac{a^5 - 1}{a^4 - 1} \cdot \frac{b^5 - 1}{b^4 - 1} > \frac{25}{64}(a + 1)(b + 1)$$

解 因为
$$\frac{a^5 - 1}{a^4 - 1} = \frac{a^4 + a^3 + a^2 + a + 1}{a^3 + a^2 + a + 1}$$
且
$$8(a^4 + a^3 + a^2 + a + 1) - 5(a^3 + a^2 + a + 1)(a + 1) =$$
$$3a^4 - 2a^3 - 2a^2 - 2a + 3 = (a^4 - 2a^2 + 1) + 2(a^4 - a^3 - a^2 + 1) =$$
$$(a^2 - 1)^2 + 2(a - 1)^2(a^2 + a + 1) > 0 \quad (a \neq 1)$$
所以
$$\frac{a^4 + a^3 + a^2 + a + 1}{a^3 + a^2 + a + 1} > \frac{5}{8}(a + 1)$$
即
$$\frac{a^5 - 1}{a^4 - 1} > \frac{5}{8}(a + 1)$$
同理可证
$$\frac{b^5 - 1}{b^4 - 1} > \frac{5}{8}(b + 1)$$
于是
$$\frac{a^5 - 1}{a^4 - 1} \cdot \frac{b^5 - 1}{b^4 - 1} > \frac{25}{64}(a + 1)(b + 1)$$

9.(2013年普通高等学校招生全国统一招生考试江苏卷(数学))已知 $a \geqslant b > 0$,求证:$2a^3 - b^3 \geqslant 2ab^2 - a^2b$.

证明 因为
$$2a^3 - b^3 - 2ab^2 + a^2b =$$
$$(2a^3 - 2ab^2) + (a^2b - b^3) =$$
$$2a(a^2 - b^2) + b(a^2 - b^2) =$$
$$(a^2 - b^2)(2a + b) = (a + b)(a - b)(2a + b)$$
又因为 $a \geqslant b > 0$,所以
$$a + b > 0, a - b \geqslant 0, 2a + b \geqslant 0$$
所以
$$(a + b)(a - b)(2a + b) \geqslant 0$$

所以 $$2a^3-b^3-2ab^2+a^2b\geqslant 0$$

故 $$2a^3-b^3\geqslant 2ab^2-a^2b$$

10.(2014 北约自主招生)若 n 个正数 $x_1,x_2,\cdots,x_n$ 满足 $x_1x_2\cdots x_n=1$，求证：$(\sqrt{2}+x_1)(\sqrt{2}+x_2)\cdots(\sqrt{2}+x_n)\geqslant(\sqrt{2}+1)^n$.

证明 利用柯西不等式的推广，得

$$(\sqrt{2}+1)^n=(\sqrt[n]{\sqrt{2}}\cdot\sqrt[n]{\sqrt{2}}\cdot\sqrt[n]{\sqrt{2}}\cdot\cdots\cdot\sqrt[n]{\sqrt{2}}+\sqrt[n]{x_1}\cdot\sqrt[n]{x_2}\cdot\cdots\cdot\sqrt[n]{x_n})^n\leqslant$$
$$(\sqrt{2}+x_1)(\sqrt{2}+x_2)\cdots(\sqrt{2}+x_n)$$

11.(2014·福建高考理科)已知定义在 $\mathbf{R}$ 上的函数 $f(x)=|x+1|+|x-2|$ 的最小值为 a.

(1) 求 a 的值；

(2) 若 p,q,r 是正实数，且满足 $p+q+r=a$，求证：$p^2+q^2+r^2\geqslant 3$.

解 (1) 因为 $|x+1|+|x-2|\geqslant|(x+1)-(x-2)|=3$，当且仅当 $-1\leqslant x\leqslant 2$ 时，等号成立，所以 $f(x)$ 的最小值为 3，即 $a=3$；

(2) 由(1) 知 $p+q+r=3$，又 p,q,r 是正实数，所以

$$(p^2+q^2+r^2)(1^2+1^2+1^2)\geqslant(p\times 1+q\times 1+r\times 1)^2=(p+q+r)^2=9$$

即 $$p^2+q^2+r^2\geqslant 3$$

12.已知二次函数 $f(x)=ax^2+bx+c$.

(1) 若 $x_1,x_2\in\mathbf{R},x_1<x_2$，且 $f(x_1)\neq f(x_2)$，求证：关于 x 的方程 $f(x)=\frac{1}{2}[f(x_1)+f(x_2)]$ 有两个不相等的实数根且必有一个根属于 (x_1,x_2)；

(2) 若关于 x 的方程 $f(x)=\frac{1}{2}[f(x_1)+f(x_2)]$ 在 (x_1,x_2) 的根为 m，且 $x_1,m-\frac{1}{2},x_2$ 成等差数列，设函数 $f(x)$ 的图像的对称轴为 $x=x_0$，求证：$x_0<m^2$.

解 (1) 因为

$$f(x)=\frac{1}{2}[f(x_1)+f(x_2)]$$

所以 $$ax^2+bx+c=\frac{1}{2}(ax_1^2+bx_1+c+ax_2^2+bx_2+c)$$

整理得 $$2ax^2+2bx-a(x_1^2+x_2^2)-b(x_1+x_2)=0$$

$$\Delta=4b^2+8a[a(x_1^2+x_2^2)+b(x_1+x_2)]=2[(2ax_1+b)^2+(2ax_2+b)^2]$$

因为 $x_1,x_2\in\mathbf{R},x_1<x_2$，所以 $2ax_1+b\neq 2ax_2+b$，所以 $\Delta>0$，故方程有两个不相等的实数根. 令

$$g(x)=f(x)-\frac{1}{2}[f(x_1)+f(x_2)]$$

则
$$g(x_1)g(x_2)=-\frac{1}{4}[f(x_1)-f(x_2)]^2$$

又 $f(x_1)\neq f(x_2)$,则

$$g(x_1)g(x_2)<0$$

故方程 $f(x)=\frac{1}{2}[f(x_1)+f(x_2)]$ 有一个根属于 (x_1,x_2).

(2) 因为方程 $f(x)=\frac{1}{2}[f(x_1)+f(x_2)]$ 在 (x_1,x_2) 的根为 m,所以

$$f(m)=\frac{1}{2}[f(x_1)+f(x_2)]$$

所以
$$a(2m^2-x_1^2-x_2^2)+b(2m-x_1-x_2)=0$$

因为 $x_1,m-\frac{1}{2},x_2$ 成等差数列,则 $x_1+x_2=2m-1$,所以

$$b=-a(2m^2-x_1^2-x_2^2)$$

故
$$x_0=-\frac{b}{2a}=\frac{2m^2-(x_1^2+x_2^2)}{2}=m^2-\frac{x_1^2+x_2^2}{2}<m^2$$

13. 设 $a,b,c\in\mathbf{R}_+,ab+bc+ca\geqslant 3$,证明:$a^5+b^5+c^5+a^3(b^2+c^2)+b^3(c^2+a^2)+c^3(a^2+b^2)\geqslant 9$.

解 原命题等价于

$$(a^3+b^3+c^3)(a^2+b^2+c^2)\geqslant 9$$

又
$$(a^3+b^3+c^3)^2\geqslant 9\left(\frac{a^2+b^2+c^2}{3}\right)^3$$

故只需要证明 $a^2+b^2+c^2\geqslant 3$ 成立利用已知条件,这是显然的.

14. 设 a,b,c,d 为正实数,且 $a+b+c+d=4$. 证明:$\frac{a^2}{b}+\frac{b^2}{c}+\frac{c^2}{d}+\frac{d^2}{a}\geqslant 4+(a-b)^2$.

分析 因为 $a+b+c+d=4$,要证原不等式成立,等价于证明

$$\frac{a^2}{b}+\frac{b^2}{c}+\frac{c^2}{d}+\frac{d^2}{a}\geqslant a+b+c+d+\frac{4(a-b)^2}{a+b+c+d} \quad ①$$

证明 $\frac{a^2}{b}+\frac{b^2}{c}+\frac{c^2}{d}+\frac{d^2}{a}-(a+b+c+d)=$

$$\left(\frac{a^2}{b}+b-2a\right)+\left(\frac{b^2}{c}+c-2b\right)+\left(\frac{c^2}{d}+d-2c\right)+\left(\frac{d^2}{a}+a-2d\right)=$$

$$\frac{1}{b}(a-b)^2+\frac{1}{c}(b-c)^2+\frac{1}{d}(c-d)^2+\frac{1}{a}(d-a)^2 \quad ②$$

由柯西不等式知

$$\left[\frac{(a-b)^2}{b}+\frac{(b-c)^2}{c}+\frac{(c-d)^2}{d}+\frac{(d-a)^2}{a}\right](a+b+c+d)\geqslant$$
$$(|a-b|+|b-c|+|c-d|+|d-a|)^2 \quad ③$$

又由 $|b-c|+|c-d|+|d-a|\geqslant|b-a|$ 知

$$(|a-b|+|b-c|+|c-d|+|d-a|)^2\geqslant 4(a-b)^2 \quad ④$$

由 ②③④，可知式 ① 成立，从而原不等式成立.

15. 对任意的正实数 a,b,c，求证：

$$(a^2+2)(b^2+2)(c^2+2)\geqslant 9(ab+bc+ca)$$

证明 因为

$$(a^2+2)(b^2+2)=(a^2+1+1)(1+b^2+1)\geqslant(a+b+1)^2$$

所以

$$(a^2+2)(b^2+2)(c^2+2)=\sqrt{(a^2+2)^2(b^2+2)^2(c^2+2)^2}\geqslant$$
$$(a+b+1)(b+c+1)(c+a+1)$$

又 $(a+b+1)(b+c+1)(c+a+1)=$

$$2abc+(a^2+b^2+c^2)+3(ab+bc+ca)+(a^2b+b)+(a^2c+c)+$$
$$(b^2c+c)+(b^2a+a)+(c^2a+a)+(c^2b+b)+2(a+b+c)+1\geqslant$$
$$2abc+(a^2+b^2+c^2)+1+7(ab+bc+ca)$$

对于正实数 a,b,c，由抽屉原理得：至少有两个或两个以上的数同时不大于 1 或不小于 1，不妨设 b,c 同时不小于 1，则

$$2abc+(a^2+b^2+c^2)+1-2(ab+bc+ca)=$$
$$2abc+(a^2+1)+(b^2+c^2-2bc)-2ab-2ca\geqslant$$
$$2abc+2a-2ab-2ca=2a(bc-b-c+1)=2a(b-1)(c-1)\geqslant 0$$

所以 $(a+b+1)(b+c+1)(c+a+1)\geqslant 9(ab+bc+ca)$

所以 $(a^2+2)(b^2+2)(c^2+2)\geqslant 9(ab+bc+ca)$

第 2 节 利用重要不等式证明不等式

一、重要不等式简介

1. 平均值不等式

(1) 设 $a_1,a_2,\cdots,a_n$ 均为正实数，记 $H_n=\dfrac{n}{\dfrac{1}{a_1}+\dfrac{1}{a_2}+\cdots+\dfrac{1}{a_n}}$，$G_n=\sqrt[n]{a_1a_2\cdots a_n}$，$A_n=\dfrac{a_1+a_2+\cdots+a_n}{n}$，$Q_n=\sqrt{\dfrac{a_1^2+a_2^2+\cdots+a_n^2}{n}}$，它们分别称为 n

个正数的调和平均数,几何平均数,算术平均数,平方平均数,则有如下关系:$H_n \leqslant G_n \leqslant A_n \leqslant Q_n$. 等号成立的充要条件是 $a_1 = a_2 = \cdots = a_n$.

(2) 常见结论与推论:

①$x, y, z \in (0, +\infty) \Rightarrow xyz \leqslant \left(\frac{x+y+z}{3}\right)^3$;

②$3(xy + yz + zx) \leqslant (x+y+z)^2 \leqslant 3(x^2 + y^2 + z^2)$;

③$x, y \in (0, +\infty) \Rightarrow x^{m+n} + y^{m+n} \geqslant x^m y^n + x^n y^m (m, n \in (0, +\infty))$.

2. 柯西(Cauchy) 不等式

设 $a_1, a_2, \cdots, a_n$ 和 $b_1, b_2, \cdots, b_n$ 是给定的两组实数,则 $(a_1 b_1 + a_2 b_2 + \cdots + a_n b_n)^2 \leqslant (a_1^2 + a_2^2 + \cdots + a_n^2)(b_1^2 + b_2^2 + \cdots + b_n^2)$ 等号成立当且仅当 $a_i = \lambda b_i (i = 1, 2, \cdots, n)$.

柯西不等式有以下常见的变形形式:

(1) 设 $a_i \in \mathbf{R}, b_i > 0 (i = 1, 2, \cdots, n)$,则 $\sum_{i=1}^{n} \frac{a_i^2}{b_i} \geqslant \frac{\left(\sum_{i=1}^{n} a_i^2\right)^2}{\sum_{i=1}^{n} b_i}$,等号成立当且仅当 $b_i = \lambda a_i (i = 1, 2, \cdots, n)$.

(2) 设 a_i, b_i 同号且不为零$(i = 1, 2, \cdots, n)$,则 $\sum_{i=1}^{n} \frac{a_i}{b_i} \geqslant \frac{\left(\sum_{i=1}^{n} a_i\right)^2}{\sum_{i=1}^{n} (a_i b_i)}$,等号成立当且仅当 $b_1 = b_2 = \cdots = b_n$.

3. 排序不等式

设 $0 < a_1 \leqslant a_2 \leqslant \cdots \leqslant a_n, 0 < b_1 \leqslant b_2 \leqslant \cdots \leqslant b_n$,则

$$a_1 \cdot b_1 + a_2 \cdot b_2 + \cdots + a_n \cdot b_n (\text{同序积的和}) \geqslant$$
$$a_1 \cdot b_{i1} + a_2 \cdot b_{i2} + \cdots + a_n \cdot b_{in} (\text{乱序积的和}) \geqslant$$
$$a_1 \cdot b_n + a_2 \cdot b_{n-1} + \cdots + a_n \cdot b_1 (\text{反序积的和})$$

证明 设 $i < j, s < t$,则对于 $a_i < a_j, b_s < b_t$,有

$$(a_i b_s + a_j b_t) - (a_i b_t + a_j b_s) = (a_i - a_j)(b_s - b_t) \geqslant 0$$

这表明,在同序积的和式中,逐步将题设中第二组数的足序号较大者(即数较大者)对换到前面去(每次对换两个数),相应的和式不会增大,而乱序积的和式是反序式施行上述对换若干次的结果. 于是

$$a_1 b_1 + a_2 b_2 + \cdots + a_n b_n \geqslant a_1 b_{i1} + a_2 b_{i2} + \cdots + a_n b_{in}$$
$$a_1 b_{i1} + a_2 b_{i2} + \cdots + a_n b_{in} \geqslant a_1 b_n + a_2 b_{n-1} + \cdots + a_n b_1$$

由此,便证得结论.

推论 1 设 a, b 为正实数,m, n 为正整数,则 $a^{m+n} + b^{m+n} \geqslant a^m b^n + a^n b^m$,其

中等号当且仅当 $a=b$ 时取得.

4. 切比雪夫不等式

设 $x_1,x_2,\cdots,x_n;y_1,y_2,\cdots,y_n$ 为任意两组实数,若 $x_1\leqslant x_2\leqslant\cdots\leqslant x_n$ 且 $y_1\leqslant y_2\leqslant\cdots\leqslant y_n$,或 $x_1\geqslant x_2\geqslant\cdots\geqslant x_n$ 且 $y_1\geqslant y_2\geqslant\cdots\geqslant y_n$,则

$$\frac{1}{n}\sum_{i=1}^{n}x_iy_i\geqslant\left(\frac{1}{n}\sum_{i=1}^{n}x_i\right)\cdot\left(\frac{1}{n}\sum_{i=1}^{n}y_i\right)$$

若 $x_1\leqslant x_2\leqslant\cdots\leqslant x_n$ 且 $y_1\geqslant y_2\geqslant\cdots\geqslant y_n$,或 $x_1\geqslant x_2\geqslant\cdots\geqslant x_n$ 且 $y_1\leqslant y_2\leqslant\cdots\leqslant y_n$,则 $\frac{1}{n}\sum x_iy_i\leqslant\left(\frac{1}{n}\sum_{i=1}^{n}x_i\right)\cdot\left(\frac{1}{n}\sum_{i=1}^{n}y_i\right)$. 上述两式中的等号当且仅当 $x_1=x_2=\cdots=x_n$ 或 $y_1=y_2=\cdots=y_n$ 时成立.

证明 当 $x_1,x_2,\cdots,x_n$ 与 $y_1,y_2,\cdots,y_n$ 是两个有相同大小次序的序列时,由排序不等式,有

$$x_1y_1+x_2y_2+\cdots+x_ny_n=x_1y_1+x_2y_2+\cdots+x_ny_n$$

$$x_1y_1+x_2y_2+\cdots+x_ny_n\geqslant x_1y_2+x_2y_3+\cdots+x_ny_1$$

$$x_1y_1+x_2y_2+\cdots+x_ny_n\geqslant x_1y_3+x_2y_4+\cdots+x_ny_2$$

……

$$x_1y_1+x_2y_2+\cdots+x_ny_n=x_1y_n+x_2y_1+\cdots+x_ny_{n-1}$$

将上述 n 个式子两端相加,得

$$n\sum_{i=1}^{n}x_iy_i\geqslant\left(\sum_{i=1}^{n}x_i\right)\cdot\left(\sum_{i=1}^{n}y_i\right)$$

故
$$\frac{1}{n}\sum x_iy_i\geqslant\left(\frac{1}{n}\sum_{i=1}^{n}x_i\right)\cdot\left(\frac{1}{n}\sum_{i=1}^{n}y_i\right)$$

当 $x_1,x_2,\cdots,x_n$ 与 $y_1,y_2,\cdots,y_n$ 是两个有相反大小次序的序列时,同理,由排序不等式,有

$$\frac{1}{n}\sum x_iy_i\leqslant\left(\frac{1}{n}\sum_{i=1}^{n}x_i\right)\cdot\left(\frac{1}{n}\sum_{i=1}^{n}y_i\right)$$

两个不等式中的等号均当且仅当 $x_1=x_2=\cdots=x_n$, $y_1=y_2=\cdots=y_n$ 时成立.

推论 2 设 $x_i\in\mathbf{R}_+$ $(i=1,2,\cdots,n)$,实数 p,q 均不为零,则

(1) 当 p,q 同号时,$\sum_{i=1}^{n}x_i^{p+q}\geqslant\frac{1}{n}x_i^{p}\cdot\sum_{i=1}^{n}x_i^{q}$;

(2) 当 p,q 异号时,$\sum_{i=1}^{n}x_i^{p+q}\leqslant\frac{1}{n}x_i^{p}\cdot\sum_{i=1}^{n}x_i^{q}$,该推论直接应用切比雪夫不等式即证.

推论 3 设 $x_i\in\mathbf{R}_+$ $(i=1,2,\cdots,n)$, $\prod_{i=1}^{n}x_i=1$, $r>s>0$,则 $\sum_{i=1}^{n}x_i^{r}\geqslant$

$\sum_{i=1}^{n} x_i^s$，事实上

$$\sum_{i=1}^{n} x_i^r \geqslant \frac{1}{n}\sum_{i=1}^{n} x_i^{r-s} \cdot \sum_{i=1}^{n} x_i^s \geqslant \frac{1}{n}\cdot n\left(\prod_{i=1}^{n} x_i^{r-s}\right)^{\frac{1}{n}}\sum_{i=1}^{n} x_i^s = \sum_{i=1}^{n} x_i^s$$

推论 4　设 $a_1, a_2, \cdots, a_n, b_1, b_2, \cdots, b_n \in \mathbf{R}$，且 $a_1 \geqslant a_2 \geqslant \cdots \geqslant a_n, b_1 \geqslant b_2 \geqslant \cdots \geqslant b_n$ 或 $a_1 \leqslant a_2 \leqslant \cdots \leqslant a_n, b_1 \leqslant b_2 \leqslant \cdots \leqslant b_n, m_i \in \mathbf{R}_+ (i=1,2,\cdots,n)$，则

$$\sum_{i=1}^{n} m_i \cdot \sum_{i=1}^{n} m_i a_i b_i \geqslant \sum_{i=1}^{n} m_i a_i \cdot \sum_{i=1}^{n} m_i b_i$$

事实上

$$\sum_{i=1}^{n} m_i \cdot \sum_{i=1}^{n} m_i a_i b_i - \sum_{i=1}^{n} m_i a_i \cdot \sum_{i=1}^{n} m_i b_i =$$

$$\frac{1}{2}\sum_{i=1}^{n} \cdot \sum_{j=1}^{n} m_i m_j (a_i - a_j)(b_i - b_j) \geqslant 0$$

推论 4 是切比雪夫不等式的加权形式，显然，当 $m_1 = m_2 = \cdots = m_n$ 时，即为切比雪夫不等式. 推论 4 等号成立的条件为 $a_1 = a_2 = \cdots = a_n, b_1 = b_2 = \cdots = b_n$ 中至少有一组成立.

二、重要不等式的应用

1. 均值不等式的应用

例 1　(2005 年中国台湾数学竞赛试题）已知 $a,b,c>0, abc=1$，求证：$1+\frac{3}{a+b+c} \geqslant \frac{6}{ab+bc+ca}$.

证明　因为

$$(ab+bc+ca)+\frac{3(ab+bc+ca)}{a+b+c} \geqslant$$

$$2\sqrt{\frac{3(ab+bc+ca)^2}{a+b+c}} \geqslant$$

$$2\sqrt{\frac{3\cdot 3(ab\cdot bc+bc\cdot ca+ca\cdot ab)}{a+b+c}} =$$

$$6\sqrt{\frac{b+c+a}{a+b+c}} = 6$$

故原不等式成立.

点评　本题运用均值不等式及其变形证得结论.

例 2　（西班牙 *La Gaceta* 杂志数学试题）已知 $a,b,c>0$，$\frac{1}{a}+\frac{1}{b}+\frac{1}{c}=3$，求证：$\sqrt{\frac{a+b}{c(a^2+b^2)}}+\sqrt{\frac{b+c}{a(b^2+c^2)}}+\sqrt{\frac{c+a}{b(c^2+a^2)}} \leqslant 3$.

证法 1

$$\sqrt{\frac{a+b}{c(a^2+b^2)}}+\sqrt{\frac{b+c}{a(b^2+c^2)}}+\sqrt{\frac{c+a}{b(c^2+a^2)}}\leqslant$$

$$\sqrt{3}\sqrt{\frac{a+b}{c(a^2+b^2)}+\frac{b+c}{a(b^2+c^2)}+\frac{c+a}{b(c^2+a^2)}}\leqslant$$

$$\sqrt{3}\sqrt{\frac{a+b}{2abc}+\frac{b+c}{2abc}+\frac{c+a}{2abc}}=$$

$$\sqrt{3}\sqrt{\frac{a+b+c}{abc}}$$

转证

$$\frac{a+b+c}{abc}\leqslant 3\Leftrightarrow\frac{1}{bc}+\frac{1}{ac}+\frac{1}{ab}\leqslant 3$$

而

$$9=\left(\frac{1}{a}+\frac{1}{b}+\frac{1}{c}\right)^2\geqslant 3\left(\frac{1}{ab}+\frac{1}{bc}+\frac{1}{ca}\right)\Rightarrow\frac{1}{ab}+\frac{1}{bc}+\frac{1}{ca}\leqslant 3$$

故原不等式成立.

证法 2 （换元法）

令 $x=\frac{1}{a},y=\frac{1}{b},z=\frac{1}{c}$，原不等式等价于已知 $x,y,z>0,x+y+z=3$，求证：

$$\sqrt{xyz}\left(\sqrt{\frac{x+y}{x^2+y^2}}+\sqrt{\frac{y+z}{y^2+z^2}}+\sqrt{\frac{z+x}{z^2+x^2}}\right)\leqslant 3$$

而

$$\sqrt{xyz}\left(\sqrt{\frac{x+y}{x^2+y^2}}+\sqrt{\frac{y+z}{y^2+z^2}}+\sqrt{\frac{z+x}{z^2+x^2}}\right)\leqslant$$

$$\sqrt{xyz}\left(\sqrt{\frac{x+y}{2xy}}+\sqrt{\frac{y+z}{2yz}}+\sqrt{\frac{z+x}{2zx}}\right)=$$

$$\sqrt{z\cdot\frac{x+y}{2}}+\sqrt{x\cdot\frac{y+z}{2}}+\sqrt{y\cdot\frac{z+x}{2}}\leqslant$$

$$\frac{1}{2}\left(z+\frac{x+y}{2}\right)+\frac{1}{2}\left(x+\frac{y+z}{2}\right)+\frac{1}{2}\left(y+\frac{z+x}{2}\right)=3$$

例 3 （2016 年高中数学联赛加试试题）设实数 $a_1,a_2,\cdots,a_{2\,016}$ 满足 $9a_i>11(a_{i+1})^2(i=1,2,\cdots,2\,015)$. 求 $(a_1-a_2^2)(a_2-a_3^2)\cdots(a_{2\,015}-a_{2\,016}^2)(a_{2\,016}-a_1^2)$ 的最大值.

解

$$a_i-(a_{i+1})^2>\frac{11}{9}(a_{i+1})^2-(a_{i+1})^2=\frac{2}{9}(a_{i+1})^2\geqslant 0\Rightarrow a_i-(a_{i+1})^2>0$$

要使 $(a_1-a_2^2)(a_2-a_3^2)\cdots(a_{2\,015}-a_{2\,016}^2)(a_{2\,016}-a_1^2)$ 的值最大，$(a_{2\,016}-a_1^2)$ 应大于 0.

否则 $(a_1-a_2^2)(a_2-a_3^2)\cdots(a_{2\,015}-a_{2\,016}^2)(a_{2\,016}-a_1^2)$ 的值为非正数.

令 $M=(a_1-a_2^2)(a_2-a_3^2)\cdots(a_{2\,015}-a_{2\,016}^2)(a_{2\,016}-a_1^2)$，则

$$M^{\frac{1}{2\,016}} \leqslant \frac{1}{n}\left(\sum_{i=1}^{2\,016} a_i - \sum_{i=1}^{2\,016} a_i^2\right) = \frac{1}{2\,016}\sum_{i=1}^{2\,016} a_i(1-a_i) \leqslant \frac{1}{2\,016}\sum_{i=1}^{2\,016}\left(\frac{a_i+1-a_i}{2}\right)^2 = \frac{1}{4}$$

故 $M \leqslant \left(\frac{1}{4}\right)^{2\,016}$，所求的最大值为 $\left(\frac{1}{4}\right)^{2\,016}$.

当 $a_i = \frac{1}{2}$，且 $9a_i > 11\,(a_{i+1})^2 (i=1,2,\cdots,2\,015)$ 时等号成立.

例 4 设 $a>0, b>0$，求证：$\frac{a^2+b^2}{2ab} + \frac{2\sqrt{ab}}{a+b} \geqslant 2$.

分析 灵活应用二元和四元均值不等式证之.

证明 由二元均值不等式，得

$$\frac{a^2+b^2}{2ab} + \frac{2\sqrt{ab}}{a+b} \geqslant 2\sqrt{\frac{a^2+b^2}{2ab}\cdot\frac{2\sqrt{ab}}{a+b}} = 2\sqrt{\frac{a^2+b^2}{\sqrt{a^3b}+\sqrt{ab^3}}}$$

所以，只要证明

$$\frac{a^2+b^2}{\sqrt{a^3b}+\sqrt{ab^3}} \geqslant 1$$

这又等价于

$$a^2+b^2 \geqslant \sqrt{a^3b}+\sqrt{ab^3}$$

由四元均值不等式，得

$$a^2+b^2 = \frac{a^2+a^2+a^2+b^2}{4} + \frac{a^2+b^2+b^2+b^2}{4} \geqslant \sqrt[4]{a^2\cdot a^2\cdot a^2\cdot b^2} + \sqrt[4]{a^2\cdot b^2\cdot b^2\cdot b^2} = \sqrt{a^3b}+\sqrt{ab^3}$$

得证.

点评 我们知道 $\frac{a^2+b^2}{2ab} \geqslant 1$，$\frac{2\sqrt{ab}}{a+b} \leqslant 1$，这是常见的不等式，由此却发展出了如上新题. 对于 3 个字母的情形是：设 $x>0, y>0, z>0$，求证 $\frac{x^3+y^3+z^3}{3xyz} + \frac{3\sqrt[3]{xyz}}{x+y+z} \geqslant 2$.

例 5 已知 $a,b,c \geqslant 0$，且 $a+b+c=1$，求证：

$$\sqrt{a+\frac{1}{4}(b-c)^2} + \sqrt{b} + \sqrt{c} \leqslant \sqrt{3} \qquad (*)$$

分析 一般刊物给出的都是换元法，其实，笔者通过探索与反思，得到了一种不必换元的直接证法,自以为是比较简单的.

证明 应用柯西不等式,得

$$\left[\sqrt{a+\frac{1}{4}(b-c)^2}+\sqrt{b}+\sqrt{c}\right]^2=$$

$$\left[\sqrt{a+\frac{1}{4}(b-c)^2}+\frac{\sqrt{b}+\sqrt{c}}{2}+\frac{\sqrt{b}+\sqrt{c}}{2}\right]^2\leqslant$$

$$3\left[a+\frac{1}{4}(b-c)^2+\left(\frac{\sqrt{b}+\sqrt{c}}{2}\right)^2+\left(\frac{\sqrt{b}+\sqrt{c}}{2}\right)^2\right]=$$

$$3\left[1-(b+c)+\frac{1}{4}(b-c)^2+\frac{1}{2}(b+c)+\sqrt{bc}\right]=$$

$$3\left[1-\frac{1}{2}(b+c)+\frac{1}{4}(b-c)^2+\sqrt{bc}\right]=$$

$$3\left[1-\frac{1}{2}(\sqrt{b}-\sqrt{c})^2+\frac{1}{4}(b-c)^2\right]$$

要证明不等式(*),只要证明

$$1-\frac{1}{2}(\sqrt{b}-\sqrt{c})^2+\frac{1}{4}(b-c)^2\leqslant 1$$

也就是证明

$$-\frac{1}{2}(\sqrt{b}-\sqrt{c})^2+\frac{1}{4}(b-c)^2\leqslant 0$$

这等价于

$$(b-c)^2-2(\sqrt{b}-\sqrt{c})^2\leqslant 0$$

也就是

$$(\sqrt{b}-\sqrt{c})^2+\left[(\sqrt{b}+\sqrt{c})^2-2\right]\leqslant 0 \qquad (**)$$

因为$(\sqrt{b}+\sqrt{c})^2=b+c+2\sqrt{bc}\leqslant 2(b+c)<2(a+b+c)=2$,所以,不等式(**)成立,也即不等式(*)得证.

点评 该题是2007年女子数学奥林匹克竞赛试题,一般的证法比较繁难,上面的证明是比较巧妙的,其关键是合理的分项.

例6 若$x>0,y>0$,求证:$\frac{2xy}{x+y}+\sqrt{\frac{x^2+y^2}{2}}\geqslant\sqrt{xy}+\frac{x+y}{2}$.

分析 利用换元技巧,并把无理不等式转化为有理不等式.

证明 令$t=\frac{x}{y}$,则不等式$\frac{2xy}{x+y}+\sqrt{\frac{x^2+y^2}{2}}\geqslant\sqrt{xy}+\frac{x+y}{2}$.等价于

$$\sqrt{\frac{t^2+1}{2}}-\sqrt{t}\geqslant\frac{t+1}{2}-\frac{2t}{t+1}$$

等价于

$$\frac{\frac{t^2+1}{2}-t}{\sqrt{\frac{t^2+1}{2}}+\sqrt{t}}\geqslant\frac{(t-1)^2}{2(t+1)}$$

等价于 $$t+1\geqslant\sqrt{\frac{t^2+1}{2}}+\sqrt{t}$$

注意到 $t>0$,于是,只要证明

$$(t+1)^2\geqslant\left(\sqrt{\frac{t^2+1}{2}}+\sqrt{t}\right)^2$$

这等价于$(t+1)^2\geqslant 2\sqrt{2(t^3+t)}$,等价于$(t-1)^4\geqslant 0$,得证.

点评 一个富有思考性的问题是,本题目有对应的三个字母的不等式吗?请读者探究之.

例 7 若 $a,b,c\in\left[\frac{1}{\sqrt{2}},\sqrt{2}\right]$,求证:$\frac{ab+bc}{a^2+2b^2+c^2}\geqslant\frac{2}{5}$.

分析 构造函数$y=x+\frac{1}{x}$,用函数的单调性和不等式的性质证明不等式,容易证得,函数 $y=x+\frac{1}{x}$ 在$\left[\frac{1}{2},1\right]$上是递减函数,在$[1,2]$上是递增函数,于是,当 $x=\frac{1}{2}$ 或 $x=2$ 时,函数 $y=x+\frac{1}{x}$ 在$\left[\frac{1}{2},2\right]$上的最大值为 $y_{\max}=\frac{5}{2}$,即有

$$x+\frac{1}{x}\leqslant\frac{5}{2} \tag{$*$}$$

由 $a,b\in\left[\frac{1}{\sqrt{2}},\sqrt{2}\right]$,知$\frac{b}{a}\in\left[\frac{1}{2},2\right]$,所以,对不等式($*$),得$\frac{b}{a}+\frac{a}{b}\leqslant\frac{5}{2}$,即 $ab\geqslant\frac{2}{5}(a^2+b^2)$,同理 $bc\geqslant\frac{2}{5}(b^2+c^2)$. 将上面 2 个不等式叠加,立得

$$\frac{ab+bc}{a^2+2b^2+c^2}\geqslant\frac{2}{5}$$

通过分析,可以得知,不等式取等号的条件是

$$a=\sqrt{2},b=\frac{1}{\sqrt{2}},c=\sqrt{2}$$

或者 $$a=\frac{1}{\sqrt{2}},b=\sqrt{2},c=\frac{1}{\sqrt{2}}$$

点评 本题是 2007 年陕西高中数学竞赛预赛题,事实上,用类似的方法,我们还可以证明 4 个字母的情景.

2. 柯西不等式的应用

例 8 (2009 年福建)已知正实数 a,b,c 满足 $a+b+c\leqslant 3$. 求证:

(1)$3>\frac{1}{a+1}+\frac{1}{b+1}+\frac{1}{c+1}\geqslant\frac{3}{2}$;

(2) $\frac{a+1}{a(a+2)}+\frac{b+1}{b(b+2)}+\frac{c+1}{c(c+2)}\geqslant 2$.

证明 (1) 由 a,b,c 为正实数知

$$\frac{1}{a+1}<1,\frac{1}{b+1}<1,\frac{1}{c+1}<1,\frac{1}{a+1}+\frac{1}{b+1}+\frac{1}{c+1}<3$$

由柯西不等式得

$$\left(\frac{1}{a+1}+\frac{1}{b+1}+\frac{1}{c+1}\right)[(a+1)+(b+1)+(c+1)]\geqslant 9$$

因为 $0<a+b+c\leqslant 3$,所以

$$\frac{1}{a+1}+\frac{1}{b+1}+\frac{1}{c+1}\geqslant\frac{9}{(a+1)+(b+1)+(c+1)}\geqslant\frac{9}{3+3}=\frac{3}{2}$$

(2) 由(1)及柯西不等式得

$$\frac{a+1}{a(a+2)}+\frac{b+1}{b(b+2)}+\frac{c+1}{c(c+2)}\geqslant$$

$$\frac{9}{\frac{a(a+2)}{a+1}+\frac{b(b+2)}{b+1}+\frac{c(c+2)}{c+1}}=$$

$$\frac{9}{(a+1)+(b+1)+(c+1)-\left(\frac{1}{a+1}+\frac{1}{b+1}+\frac{1}{c+1}\right)}\geqslant$$

$$\frac{9}{6-\left(\frac{1}{a+1}+\frac{1}{b+1}+\frac{1}{c+1}\right)}\geqslant$$

$$\frac{9}{6-\frac{3}{2}}=2$$

例 9 (2009 年全国) 求函数 $y=\sqrt{x+27}+\sqrt{13-x}+\sqrt{x}$ 的最大值和最小值.

分析 利用二元均值不等式和二次函数的性质易求得函数的最小值,根据表达式的结构(平方后可去掉根号合并同类项),可借助柯西不等式来求函数的最大值.

解 易求得函数的定义域为[0,13],因为

$$y=\sqrt{x+27}+\sqrt{13-x}+\sqrt{x}=$$

$$\sqrt{x+27}+\sqrt{13+2\sqrt{x(13-x)}}\geqslant$$

$$\sqrt{27}+\sqrt{13}=$$

$$3\sqrt{3}+\sqrt{13}$$

当 $x=0$ 时等号成立,故 y 的最小值为 $3\sqrt{3}+\sqrt{13}$. 又由柯西不等式得

$$y^2=(\sqrt{x+27}+\sqrt{13-x}+\sqrt{x})^2\leqslant$$

$$\left(1+\frac{1}{3}+\frac{1}{2}\right)[(x+27)+3(13-x)+2x]=121$$

所以 $y \leqslant 11$，由柯西不等式成立的条件，得 $x+27=9(13-x)=4x$，解得 $x=9$. 故当 $x=9$ 时等号成立，因此 y 的最大值为 11.

点评 使用柯西不等式时所配的系数 3 和 2 可由待定系数法得到，即先设

$$(\sqrt{x+27}+\sqrt{13-x}+\sqrt{x})^2 \leqslant \left(1+\frac{1}{m}+\frac{1}{n}\right)[(x+27)+m(13-x)+nx]$$

然后根据 x 的系数 $1-m+n=0$ 及柯西不等式等号成立的条件 $x+27=m^2(13-x)=n^2x$，求得 m,n 的值.

例 10 (2005 年浙江) 设 $x_1,x_2,\cdots,x_n \in \mathbf{R}_+$，定义 $S_n=\sum\limits_{i=1}^{n}\left(x_i+\frac{n-1}{n^2}\cdot\frac{1}{x_i}\right)^2$.

(1) 求 S_n 的最小值；

(2) 在 $x_1^2+x_2^2+\cdots+x_n^2=1$ 条件下，求 S_n 的最小值；

(3) 在 $x_1+x_2+\cdots+x_n=1$ 条件下，求 S_n 的最小值，并加以证明.

解 (1) $S_n=\sum\limits_{i=1}^{n}\left(2\sqrt{\frac{n-1}{n^2}}\right)^2=4\sum\limits_{i=1}^{n}\frac{n-1}{n^2}=\frac{4(n-1)}{n}$（当 $x_1=x_2=\cdots=x_n=\frac{\sqrt{n-1}}{n}$ 时，取到最小值），所以 S_n 的最小值为 $\frac{4(n-1)}{n}$.

(2) 根据柯西不等式可得

$$(x_1^2+x_2^2+\cdots+x_n^2)\left(\frac{1}{x_1^2}+\frac{1}{x_2^2}+\cdots+\frac{1}{x_n^2}\right) \geqslant$$

$$\left(x_1^2\cdot\frac{1}{x_1^2}+x_2^2\cdot\frac{1}{x_2^2}+\cdots+x_n^2\cdot\frac{1}{x_n^2}\right)^2=n^2$$

所以

$$\frac{1}{x_1^2}+\frac{1}{x_2^2}+\cdots+\frac{1}{x_n^2} \geqslant n^2$$

从而

$$S_n=\sum_{i=1}^{n}\left[x_i^2+\frac{2(n-1)}{n^2}+\frac{(n-1)^2}{n^4}\cdot\frac{1}{x_i^2}\right]=$$

$$1+\frac{2(n-1)}{n}+\frac{(n-1)^2}{n^4}\cdot\sum_{i=1}^{n}\frac{1}{x_i^2} \geqslant$$

$$1+\frac{2(n-1)}{n}+\frac{(n-1)^2}{n^2}=$$

$$\left(1+\frac{n-1}{n}\right)^2$$

因此，当 $x_1=x_2=\cdots=x_n=\frac{1}{\sqrt{n}}$ 时，S_n 取得最小值 $\left(1+\frac{n-1}{n}\right)^2$.

(3) 根据柯西不等式可得

$$(x_1+x_2+\cdots+x_n)\left(\frac{1}{x_1}+\frac{1}{x_2}+\cdots+\frac{1}{x_n}\right) \geqslant$$

$$\left(x_1\cdot\frac{1}{x_1}+x_2\cdot\frac{1}{x_2}+\cdots+x_n\cdot\frac{1}{x_n}\right)^2=n^2$$

所以
$$\frac{1}{x_1}+\frac{1}{x_2}+\cdots+\frac{1}{x_n}\geqslant n^2$$

又

$$\left[\sum_{i=1}^{n}1\cdot\left(x_i+\frac{n-1}{n^2}\cdot\frac{1}{x_i}\right)\right]^2\leqslant\left(\sum_{i=1}^{n}1^2\right)\cdot\sum_{i=1}^{n}\left(x_i+\frac{n-1}{n^2}\cdot\frac{1}{x_i}\right)^2$$

所以
$$S_n=\sum_{i=1}^{n}\left(x_i+\frac{n-1}{n^2}\cdot\frac{1}{x_i}\right)^2\geqslant$$
$$\frac{1}{n}\left[\sum_{i=1}^{n}\left(x_i+\frac{n-1}{n^2}\cdot\frac{1}{x_i}\right)\right]^2\geqslant$$
$$\frac{1}{n}\left(1+\frac{n-1}{n^2}\cdot n^2\right)^2=n$$

因此，当 $x_1=x_2=\cdots=x_n=\frac{1}{\sqrt{n}}$ 时，S_n 取得最小值 n.

点评 本题将不等式与数列相结合，在不同条件下，求前 n 项和的最值. 在不同条件下，对不等式进行放缩所用的重要不等式也要有区别.

例 11 设 $x_1,x_2\cdots,x_n$ 为正实数，证明：$\frac{x_1}{1+x_1^2}+\frac{x_2}{1+x_1^2+x_2^2}+\cdots+\frac{x_n}{1+x_1^2+\cdots+x_n^2}<\sqrt{n}$.

证明 由柯西不等式知

$$\left(\sum_{i=1}^{n}\frac{x_i}{1+x_1^2+\cdots+x_i^2}\right)^2\leqslant n\sum_{i=1}^{n}\frac{x_i^2}{(1+x_1^2+\cdots+x_i^2)^2}$$

而对 $k\in\mathbf{N}^*$，均有

$$\frac{x_k^2}{(1+x_1^2+\cdots+x_k^2)^2}\leqslant$$
$$\frac{x_k^2}{(1+x_1^2+\cdots+x_{k-1}^2)(1+x_1^2+\cdots+x_{k-1}^2+x_k^2)}=$$
$$\frac{1}{1+x_1^2+\cdots+x_{k-1}^2}-\frac{1}{1+x_1^2+\cdots+x_{k-1}^2+x_k^2}$$

于是
$$\left(\sum_{i=1}^{n}\frac{x_i}{1+x_1^2+\cdots+x_i^2}\right)^2\leqslant$$
$$n\sum_{i=1}^{n}\left(\frac{1}{1+x_1^2+\cdots+x_{i-1}^2}-\frac{1}{1+x_1^2+\cdots+x_i^2}\right)=$$
$$n\cdot\left(1-\frac{1}{1+x_1^2+\cdots+x_n^2}\right)<n$$

所以，由 ① 知
$$\sum_{i=1}^{n}\frac{x_i}{1+x_1^2+\cdots+x_i^2}<\sqrt{n}$$

例 12 已知 $n\in\mathbf{N}^*$ 且 $n\geqslant 2$,求证:$\frac{4}{7}<1-\frac{1}{2}+\frac{1}{3}-\frac{1}{4}+\cdots+\frac{1}{2n-1}-\frac{1}{2n}<\frac{\sqrt{2}}{2}$.

证明 由于

$$1-\frac{1}{2}+\frac{1}{3}-\frac{1}{4}+\cdots+\frac{1}{2n-1}-\frac{1}{2n}=$$

$$\left(1+\frac{1}{2}+\frac{1}{3}+\cdots+\frac{1}{2n}\right)-2\left(\frac{1}{2}+\frac{1}{4}+\cdots+\frac{1}{2n}\right)=$$

$$\left(1+\frac{1}{2}+\frac{1}{3}+\cdots+\frac{1}{2n}\right)-\left(1+\frac{1}{2}+\cdots+\frac{1}{n}\right)=$$

$$\frac{1}{n+1}+\frac{1}{n+2}+\cdots+\frac{1}{2n}$$

所以原不等式等价于

$$\frac{4}{7}<\frac{1}{n+1}+\frac{1}{n+2}+\cdots+\frac{1}{2n}<\frac{\sqrt{2}}{2}$$

由柯西不等式有

$$\left(\frac{1}{n+1}+\frac{1}{n+2}+\cdots+\frac{1}{2n}\right)[(n+1)+(n+2)+\cdots+2n]>n^2$$

所以

$$\frac{1}{n+1}+\frac{1}{n+2}+\cdots+\frac{1}{2n}>\frac{n^2}{(n+1)+(n+2)+\cdots+2n}=\frac{2}{3+\frac{1}{n}}\geqslant\frac{4}{7}$$

又由柯西不等式有

$$\left(\frac{1}{n+1}+\frac{1}{n+2}+\cdots+\frac{1}{2n}\right)^2<$$

$$(1^2+1^2+\cdots+1^2)\left[\frac{1}{(n+1)^2}+\frac{1}{(n+2)^2}+\cdots+\frac{1}{(2n)^2}\right]<$$

$$n\left[\frac{1}{n(n+1)}+\frac{1}{(n+1)(n+2)}+\cdots+\frac{1}{(2n-1)2n}\right]=$$

$$n\left(\frac{1}{n}-\frac{1}{2n}\right)=\frac{1}{2}$$

所以
$$\frac{1}{n+1}+\frac{1}{n+2}+\cdots+\frac{1}{2n}<\frac{\sqrt{2}}{2}$$

故原不等式成立.

3. 排序不等式的应用

例 13 (《数学通报》1983 年 7 期问题)已知 $a>0,b>0,c>0$. 求证:$\frac{1}{a}+$

$\frac{1}{b}+\frac{1}{c}\leqslant\frac{a^8+b^8+c^8}{a^3b^3c^3}$.

证明　两组正数 a^2,b^2,c^2 与$\frac{1}{c^3},\frac{1}{b^3},\frac{1}{a^3}$有相同的大小排序，两组正数$a,b,c$ 与$\frac{1}{bc},\frac{1}{ca},\frac{1}{ab}$有相同的大小排序，由排序不等式，有

$$\frac{1}{a}+\frac{1}{b}+\frac{1}{c}=\frac{a^2}{c^3}+\frac{b^2}{b^3}+\frac{c^2}{a^3}\leqslant \frac{a^2}{c^3}+\frac{b^2}{a^3}+\frac{c^2}{b^3}=\frac{a^5}{c^3a^3}+\frac{b^5}{a^3b^3}+\frac{c^5}{b^3c^3}\leqslant \frac{a^5}{b^3c^3}+\frac{b^5}{c^3a^3}+\frac{c^5}{a^3b^3}=\frac{a^8+b^8+c^8}{a^3b^3c^3}$$

例 14　(2006 年波兰数学奥林匹克题) 设 a,b,c 是正数，满足 $ab+bc+ca=abc$. 证明：$\frac{a^4+b^4}{ab(a^3+b^3)}+\frac{b^4+c^4}{bc(b^3+c^3)}+\frac{c^4+a^4}{ca(c^3+a^3)}\geqslant 1$.

证明　同排序不等式，有 $a^4+b^4\geqslant a^3b+ab^3$. 两边同时加上$a^4+b^4$，得

$$2(a^4+b^4)\geqslant a^4+b^4+a^3b+ab^3=(a^3+b^3)(a+b)$$

所以

$$\frac{a^4+b^4}{a^3+b^3}\geqslant\frac{a+b}{2}$$

两边同乘以 c 得

$$\frac{c(a^4+b^4)}{a^3+b^3}\geqslant\frac{ca+bc}{2}$$

同理

$$\frac{a(b^4+c^4)}{b^3+c^3}\geqslant\frac{ab+ca}{2}$$

$$\frac{b(c^4+a^4)}{c^3+a^3}\geqslant\frac{bc+ab}{2}$$

将以上三个不等式相加得

$$\frac{c(a^4+b^4)}{a^3+b^3}+\frac{a(b^4+c^4)}{b^3+c^3}+\frac{b(c^4+a^4)}{c^3+a^3}\geqslant ab+bc+ca=abc$$

两边同时除以 abc 得

$$\frac{a^4+b^4}{ab(a^3+b^3)}+\frac{b^4+c^4}{bc(b^3+c^3)}+\frac{c^4+a^4}{ca(c^3+a^3)}\geqslant 1$$

4. 切比雪夫不等式的应用

例 15　(2006 年女子数学奥林匹克题) 设 $x_i>0(i=1,2,\cdots,n)$，$k\geqslant 1$. 求证：$\sum\limits_{i=1}^{n}\frac{1}{1+x_i}\cdot\sum\limits_{i=1}^{n}x_i\leqslant\sum\limits_{i=1}^{n}\frac{1}{x_i^k}\cdot\sum\limits_{i=1}^{n}\frac{x_i^{k+1}}{1+x_i}$.

证明 由字母的对称性,不妨设 $x_1 \geqslant x_2 \geqslant \cdots \geqslant x_n$. 由条件易得

$$\frac{1}{x_1^k} \leqslant \frac{1}{x_2^k} \leqslant \cdots \leqslant \frac{1}{x_n^k}, \frac{x_1^k}{1+x_1} \geqslant \frac{x_2^k}{1+x_2} \geqslant \cdots \geqslant \frac{x_n^k}{1+x_n}$$

两次应用切比雪夫不等式得

$$\begin{aligned}\sum_{i=1}^{n} \frac{1}{1+x_i} \cdot \sum_{i=1}^{n} x_i = \sum_{i=1}^{n} x_i \cdot \sum_{i=1}^{n}\left(\frac{1}{x_i^k} \cdot \frac{x_i^k}{1+x_i}\right) \leqslant \\ \frac{1}{n} \sum_{i=1}^{n} x_i \cdot \sum_{i=1}^{n} \frac{1}{x_i^k} \cdot \sum_{i=1}^{n} \frac{x_i^k}{1+x_i} \leqslant \\ \frac{1}{n} \sum_{i=1}^{n} \frac{1}{x_i^k} \cdot \sum_{i=1}^{n} n x_i \cdot \frac{x_i^k}{1+x_i} = \\ \sum_{i=1}^{n} \frac{1}{x_i^k} \cdot \sum_{i=1}^{n} \frac{x_i^{k+1}}{1+x_i}\end{aligned}$$

例 16 (第四届中国东南地区数学奥林匹克题) 设 $a,b,c>0$, $abc=1$. 求证:对整数 $k(k \geqslant 2)$, $\frac{a^k}{b+c}+\frac{b^k}{c+a}+\frac{c^k}{a+b} \geqslant \frac{3}{2}$.

证明 由 a,b,c 的对称性,不妨设 $a \geqslant b \geqslant c$,则

$$b+c \leqslant c+a \leqslant a+b$$

$$\frac{a^k}{b+c} \geqslant \frac{b^k}{c+a} \geqslant \frac{c^k}{a+b}$$

由切比雪夫不等式得

$$\begin{aligned}\left(\frac{a^k}{b+c}+\frac{b^k}{c+a}+\frac{c^k}{a+b}\right)(b+c+c+a+a+b) \geqslant \\ 3(a^k+b^k+c^k)\end{aligned}$$

又由推论 3 知 $a^k+b^k+c^k \geqslant a+b+c$,则

$$\frac{a^k}{b+c}+\frac{b^k}{c+a}+\frac{c^k}{a+b} \geqslant \frac{3}{2} \cdot \frac{a^k+b^k+c^k}{a+b+c} \geqslant \frac{3}{2}$$

例 17 (第 36 届 IMO 预选题) 设 $n \geqslant 3(n \in \mathbf{N})$,并设 $x_1, x_2, \cdots, x_n$ 是一列实数,且满足 $x_i < x_{i+1}(1 \leqslant i \leqslant n-1)$. 证明

$$\frac{n(n-1)}{2} \sum_{i<j} x_i x_j > \left[\sum_{i=1}^{n-1}(n-i) x_i\right]\left[\sum_{j=2}^{n}(j-1) x_j\right]$$

证明 为了应用切比雪夫不等式,取两组数,每组 $\frac{n(n-1)}{2}$ 个,

$$x_2, x_3, x_3, x_4, x_4, x_4, \cdots, \underbrace{x_{n-1}, \cdots, x_{n-1}}_{n-2\text{个}} \underbrace{x_n, \cdots, x_n}_{n-1\text{个}},$$

$$x_1, \frac{x_1+x_2}{2}, \frac{x_1+x_2}{2},$$

$$\frac{x_1+x_2+x_3}{3}, \frac{x_1+x_2+x_3}{3}, \frac{x_1+x_2+x_3}{3}, \cdots,$$

$$\underbrace{\frac{x_1+x_2+\cdots+x_{n-2}}{n-2},\cdots,\frac{x_1+x_2+\cdots+x_{n-2}}{n-2}}_{n-2个},$$

$$\underbrace{\frac{x_1+x_2+\cdots+x_{n-1}}{n-1},\cdots,\frac{x_1+x_2+\cdots+x_{n-1}}{n-1}}_{n-1个}.$$

由切比雪夫不等式得

$$[x_2+2x_3+3x_4\cdots+(n-2)x_{n-1}+(n-1)x_n]\cdot$$
$$[(n-1)x_1+(n-2)x_2+\cdots+2x_{n-2}+x_{n-1}]=$$
$$(x_2+x_3+x_3+x_4+x_4+x_4+\cdots+\underbrace{x_{n-1}+\cdots+x_{n-1}}_{n-2个}+\underbrace{x_n+\cdots+x_n}_{n-1个})\cdot$$
$$(x_1+\frac{x_1+x_2}{2}+\frac{x_1+x_2}{2}+\frac{x_1+x_2+x_3}{3}+\frac{x_1+x_2+x_3}{3}+$$
$$\frac{x_1+x_2+x_3}{3}+\cdots+\underbrace{\frac{x_1+x_2+\cdots+x_{n-2}}{n-2}+\cdots+\frac{x_1+x_2+\cdots+x_{n-2}}{n-2}}_{n-2个}+$$
$$\underbrace{\frac{x_1+x_2+\cdots+x_{n-1}}{n-1}+\cdots+\frac{x_1+x_2+\cdots+x_{n-1}}{n-1}}_{n-1个})<$$
$$[x_1x_2+(x_1+x_2)x_3+(x_1+x_2+x_3)x_4+\cdots+(x_1+x_2+\cdots+x_{n-1})x_n]\cdot$$
$$\frac{n(n-1)}{2}=$$
$$\frac{n(n-1)}{2}\sum_{i<j}x_ix_j$$

即
$$\frac{n(n-1)}{2}\sum_{i<j}x_ix_j>\left[\sum_{i=1}^{n-1}(n-i)x_i\right]\left[\sum_{j=2}^{n}(j-1)x_j\right]$$

巩固练习

1.设 $a_1,a_2,\cdots,a_{2\,002}$ 均为正实数,且 $\frac{1}{2+a_1}+\frac{1}{2+a_2}+\cdots+\frac{1}{2+a_{2\,002}}=\frac{1}{2}$,则 $a_1\cdot a_2\cdot\cdots\cdot a_{2\,002}$ 的最小值为________.

解 $4\,002^{2\,002}$. 令 $\frac{2}{2+a_i}=x_i$,则 $a_i=2\cdot\frac{1-x_i}{x_i}$,且 $x_1+x_2+\cdots+x_i=1$,其中 $i=1,2,\cdots,2\,002$,所以

$$a_1\cdot a_2\cdot\cdots\cdot a_{2\,002}=$$
$$2^{2\,002}\cdot\frac{1}{x_1x_2\cdots x_{2\,002}}\cdot(x_2+x_3+\cdots+x_{2\,002})\cdot(x_1+x_3+\cdots+x_{2\,002})\cdot\cdots\cdot$$

$(x_1+x_2+\cdots+x_{2\,001})\geqslant$

$2^{2\,002}\cdot\dfrac{1}{x_1x_2\cdots x_{2\,002}}\cdot 2\,001\cdot\sqrt[2\,001]{x_2x_3\cdots x_{2\,002}}\cdot 2\,001\cdot\sqrt[2\,001]{x_1x_3\cdots x_{2\,002}}\cdot\cdots\cdot$

$2\,001\cdot\sqrt[2\,001]{x_1x_2\cdots x_{2\,001}}=$

$2^{2\,002}\times 2\,001^{2\,002}=4\,002^{2\,002}$

2. 对于 $\dfrac{1}{2}\leqslant x\leqslant 1$，当 $(1+x)^5(1-x)(1-2x)^2$ 取得最大值时，$x=$ ________.

解 $\dfrac{7}{8}$. 我们考虑 $[\alpha(1+x)]^5[\beta(1-x)][\gamma(2x-1)]^2$ 的最大值，这里 α，β，γ 是正整数，满足

$$5\alpha-\beta+4\gamma=0,\alpha(1+x)=\beta(1-x)=\gamma(2x-1)$$

后者即

$$\frac{\beta-\alpha}{\beta+\alpha}=\frac{\beta+\gamma}{2\gamma+\beta}$$

代入 $\beta=5\alpha+4\gamma$ 得

$$0=2(3\alpha\gamma+5\alpha^2-2\gamma^2)=2(5\alpha-2\gamma)(\alpha+\gamma)$$

取 $(\alpha,\beta,\gamma)=(2,30,5)$，由均值不等式得

$$[2(1+x)]^5[30(1-x)][5(2x-1)]^2\leqslant\left(\frac{15}{4}\right)^8$$

当且仅当 $x=\dfrac{7}{8}$ 时等号成立. 所以，$(1+x)^5(1-x)(1-2x)^2$ 的最大值是 $\dfrac{3^7\cdot 5^5}{2^{22}}$.

3. 实数 $x_1,x_2,\cdots,x_{10}$ 满足 $\sum\limits_{i=1}^{10}|x_i-1|\leqslant 4$，$\sum\limits_{i=1}^{10}|x_i-2|\leqslant 6$，则 $x_1,x_2,\cdots,x_{10}$ 的平均值 $\bar{x}=$ ________.

解 $\dfrac{7}{5}$.

$$10=\left|\sum_{i=1}^{10}[(x-1)-(x-2)]\right|\leqslant\sum_{i=1}^{10}|x-1|+\sum_{i=1}^{10}|x-2|\leqslant 10$$

所以有

$$\sum_{i=1}^{10}|x_i-1|=4,\sum_{i=1}^{10}|x_i-2|=6\Rightarrow 1\leqslant x_i\leqslant 2$$

故

$$\bar{x}=1+\frac{1}{10}\sum_{i=1}^{10}(x_i-1)=\frac{7}{5}$$

4. $a_1+2a_2+3a_3+4a_4=a_1^2+\dfrac{a_2^2}{2}+\dfrac{a_3^2}{3}+\dfrac{a_4^2}{4}=100$，则 $a_1+a_2+a_3+a_4=$ ________.

解 30. 由柯西不等式，得

$$\sum_{k=1}^{4}\frac{a_k^2}{k}\cdot\sum_{k=1}^{4}k^3\geqslant\left(\sum_{k=1}^{4}\sqrt{\frac{a_k^2}{k}}\sqrt{k^3}\right)^2=\left(\sum_{k=1}^{4}ka_k\right)^2 \qquad ①$$

等号成立当且仅当

$$\frac{\frac{a_k^2}{k}}{k^3}=P\quad(k=1,2,3,4) \qquad ②$$

由已知

$$\sum_{k=1}^{4}ka_k=\sum_{k=1}^{4}\frac{a_k^2}{k}=100=\sum_{k=1}^{4}k^3$$

所以代入式 ① 可知，式 ① 不等式应为等式，故式 ② 成立，即 $a_k^2=Pk^4$. 代入 $\sum\limits_{k=1}^{4}\frac{a_k^2}{k}=100$ 解得 $P=1$，所以

$$100=\sum_{k=1}^{4}ka_k\leqslant\sum_{k=1}^{4}k\,|a_k|=\sum_{k=1}^{4}k\sqrt{k^4}=100$$

等号取到当且仅当 $a_k=|a_k|=k^2$. 所以 $a_1+a_2+a_3+a_4=1^2+2^2+3^2+4^2=30$.

注 一般地，若 $\sum\limits_{k-1}^{n}ka_k=\sum\limits_{k=1}^{n}\frac{a_k^2}{k}=\frac{n^2(n+1)^2}{4}$，则 $a_1=1^2,a_2=2^2,\cdots,a_n=n^2$.

5.（2006 年高中数学联赛浙江赛区初赛试卷）设 $S=x^2+y^2-2(x+y)$，其中 x,y 满足 $\log_2 x+\log_2 y=1$，则 S 的最小值为________.

解 $4-4\sqrt{2}$. 由 $\log_2 x+\log_2 y=1$，得 $xy=2$，所以

$$\begin{aligned}S&=x^2+y^2-2(x+y)=\\&(x+y)^2-2(x+y)-2xy=(x+y)^2-2(x+y)-4=\\&[(x+y)-1]^2-5\geqslant\\&(2\sqrt{xy}-1)^2-5=\\&(2\sqrt{2}-1)^2-5=4-4\sqrt{2}\end{aligned}$$

6.（2009 年全国高中数学联合竞赛）求函数 $y=\sqrt{x+27}+\sqrt{13-x}+\sqrt{x}$ 的最大值和最小值.

解 函数的定义域为 $[0,13]$. 因为

$$\begin{aligned}y&=\sqrt{x}+\sqrt{x+27}+\sqrt{13-x}=\\&\sqrt{x+27}+\sqrt{13+2\sqrt{x(13-x)}}\geqslant\\&\sqrt{27}+\sqrt{13}=\\&3\sqrt{3}+\sqrt{13}\end{aligned}$$

当 $x=0$ 时等号成立. 故 y 的最小值为 $3\sqrt{3}+\sqrt{13}$，又由柯西不等式得

$$y^2=(\sqrt{x}+\sqrt{x+27}+\sqrt{13-x})^2\leqslant$$

$$\left(\frac{1}{2}+1+\frac{1}{3}\right)[2x+(x+27)+3(13-x)]=121$$

所以 $y\leqslant 11$.

由柯西不等式等号成立的条件,得 $4x=9(13-x)=x+27$,解得 $x=9$.故当 $x=9$ 时等号成立.因此 y 的最大值为 11.

7.设 $\frac{3}{2}\leqslant x\leqslant 5$,求证

$$2\sqrt{x+1}+\sqrt{2x-3}+\sqrt{15-3x}+2\sqrt{14x}<2\sqrt{19}+2\sqrt{70}$$

证明 由柯西不等式得

$$2\sqrt{x+1}+\sqrt{2x-3}+\sqrt{15-3x}=\sqrt{2}\cdot\sqrt{2x+2}+\sqrt{2x-3}+\sqrt{15-3x}\leqslant\sqrt{2+1+1}\cdot\sqrt{x+14}$$

等号成立的充要条件是 $\frac{\sqrt{2x+2}}{2}=\frac{\sqrt{2x-3}}{1}=\frac{\sqrt{15-3x}}{1}$,而上面的方程无实数解,所以

$$2\sqrt{x+1}+\sqrt{2x-3}+\sqrt{15-3x}=\sqrt{2}\cdot\sqrt{2x+2}+\sqrt{2x-3}+\sqrt{15-3x}<2\sqrt{x+14}$$

所以

$$2\sqrt{x+1}+\sqrt{2x-3}+\sqrt{15-3x}+2\sqrt{14x}<2\sqrt{x+14}+2\sqrt{14x}$$

因为 $\frac{3}{2}\leqslant x\leqslant 5$,所以

$$2\sqrt{x+14}+2\sqrt{14x}\leqslant 2\sqrt{19}+2\sqrt{70}$$

所以 $2\sqrt{x+1}+\sqrt{2x-3}+\sqrt{15-3x}+2\sqrt{14x}<2\sqrt{19}+2\sqrt{70}$

8.已知 $1<a_i<\sqrt{7}$,$i=1,2,\cdots,n$,其中正整数 $n\geqslant 2$.

(1) 求证:对于一切的正整数 i,都有 $\frac{1}{a_i^2-1}+\frac{1}{7-a_i^2}\geqslant\frac{2}{3}$;

(2) 求 $S=\sum\limits_{i=1}^{n}\frac{1}{\sqrt{(a_i^2-1)(7-a_{i+1}^2)}}$ 的最小值,其中约定 $a_{n+1}=a_1$.

证明 (1) 对于一切的正整数 i 有

$$\frac{1}{a_i^2-1}+\frac{1}{7-a_i^2}=\frac{6}{(a_i^2-1)(7-a_i^2)}\geqslant\frac{6}{\left(\frac{a_i^2-1+7-a_i^2}{2}\right)^2}=\frac{2}{3}$$

(2) 由柯西不等式知

$$S=\sum_{i=1}^{n}\frac{1}{\sqrt{(a_i^2-1)(7-a_{i+1}^2)}}\geqslant$$

$$\frac{n^2}{\sum_{i=1}^{n}\sqrt{(a_i^2-1)(7-a_{i+1}^2)}} \geqslant$$

$$\frac{n^2}{\sum_{i=1}^{n}\frac{(a_i^2-1)+(7-a_{i+1}^2)}{2}} =$$

$$\frac{n^2}{\sum_{i=1}^{n}\left(\frac{a_i^2-a_{i+1}^2}{2}+3\right)} = \frac{n}{3}$$

当 $a_1=a_2=\cdots=a_n=2$ 时,等于成立,所以 S 有最小值 $\frac{n}{3}$.

9.设实数 a,b,c 满足 $a^2+2b^2+3c^2=\frac{3}{2}$,求证:$3^{-a}+9^{-b}+27^{-c}\geqslant 1$.

解 由柯西不等式,得

$$(a+2b+3c)^2 \leqslant (\sqrt{1}^2+\sqrt{2}^2+\sqrt{3}^2)\left[(\sqrt{1}a)^2+(\sqrt{2}b)^2+(\sqrt{3}c)^2\right]=9$$

所以,$a+2b+3c\leqslant 3$,所以

$$3^{-a}+9^{-b}+27^{-c}\geqslant 3\sqrt[3]{3^{-(a+2b+3c)}}\geqslant 3\sqrt[3]{3^{-3}}=1$$

10.(2015 年全国高中数学联赛第 9 题)已知实数 a,b 满足 $2^a+4^b=2^c$,$4^a+2^b=4^c$,求 c 的最小值.

解 由已知得 $2^a+(2^b)^2=2^c$,$(2^a)^2+2^b=2^c$,设 $x=2^a$,$y=2^b$,$z=2^c$,则

$$\begin{cases}x+y^2=z\\x^2+y=z^2\end{cases}\Rightarrow (z-y^2)^2+y=z^2\Rightarrow$$

$$z=\frac{y^4+y}{2y^2}=\frac{1}{2}\left(y^2+\frac{1}{y}\right)=\frac{1}{2}\left(y^2+\frac{1}{2y}+\frac{1}{2y}\right)\geqslant$$

$$\frac{1}{2}\cdot 3\sqrt[3]{y^2\cdot\frac{1}{2y}\cdot\frac{1}{2y}}=\frac{3\sqrt{2}}{4}\Rightarrow$$

$$c_{\min}=\log_2 z_{\min}=\log_2 3-\frac{5}{3}$$

11.(2017 年 BMO 试题)已知 $x,y,z\in[0,+\infty)$,$x^2+y^2+z^2=1$,求证:$x^2yz+xy^2z+xyz^2\leqslant\frac{1}{3}$.

证明

$$\begin{aligned}x^2yz+xy^2z+xyz^2 &= xyz(x+y+z)\leqslant\\ &\frac{1}{27}(x+y+z)^4\leqslant\\ &\frac{1}{27}(\sqrt{3}\sqrt{x^2+y^2+z^2})^4=\\ &\frac{1}{3}\end{aligned}$$

12. 设 $a,b,c>0$ 且 $abc=8$，证明：

$$\frac{a^2}{\sqrt{(1+a^3)(1+b^3)}}+\frac{b^2}{\sqrt{(1+b^3)(1+c^3)}}+\frac{c^2}{\sqrt{(1+c^3)(1+a^3)}}\geqslant\frac{4}{3} \quad ①$$

证明　注意到

$$\sqrt{t^3+1}=\sqrt{(t^2-t+1)(t+1)}\leqslant \frac{t^2-t+1+t+1}{2}=\frac{t^2+2}{2}$$

如果能证明不等式

$$\frac{a^2}{(a^2+2)(b^2+2)}+\frac{b^2}{(b^2+2)(c^2+2)}+\frac{c^2}{(c^2+2)(a^2+2)}\geqslant\frac{1}{3} \quad ②$$

成立，就可得到待证的不等式. 令 $x=a^2,y=b^2,z=c^2$，并使 $xyz=64$，则不等式 ② 变为

$$\frac{x}{(x+2)(y+2)}+\frac{y}{(y+2)(z+2)}+\frac{z}{(z+2)(x+2)}\geqslant\frac{1}{3} \quad ③$$

去分母，展开并化简，得

$$2(x+y+z)+(xy+yz+zx)\geqslant 72 \quad ④$$

应用算术平均 - 几何平均不等式即可证式 ④.

第 3 节　利用数学归纳法证明不等式

数学归纳法是高中数学的重要的数学思想方法，在历年全国各地的高考、竞赛与自主招生中经常出现. 特别是 2012 年高考湖北卷（理）第 22 题再次考查了数学归纳法，又引起了人们对数学归纳法的高度重视. 众所周知，数学归纳法主要是证明与正整数有关的数学问题. 在这一节里，我们介绍如何利用数学归纳法证明不等式. 因此，在对数学归纳法做简要介绍后，重点介绍由“$n=k$”推出“$n=k+1$”时的证题技巧. 设 $p(n)$ 为一个与正整数有关的命题，n_0 为一个正整数，数学归纳法的基本形式为：

第一数学归纳法：若 $p(n)$ 在 $n=n_0$ 时成立. 假设当 $p(n)$ 在 $n=k$ 时成立，可以推出 $n=k+1$ 时也成立，则 $p(n)$ 对一切正整数 $n\geqslant n_0$ 成立.

第二数学归纳法：若 $p(n)=n_0$ 时成立，且假设 $p(n)$ 在 $n_0\leqslant n\leqslant k$ 时成立，可以推出 $n=k+1$ 时也成立，则 $p(n)$ 对一切正整数 $n\geqslant n_0$ 成立.

在具体运用过程中，除了一方面需要灵活选取起点 n_0 外，另一方面还要灵活使用归纳假设或加强命题，或先猜后证. 下面举例说明其运用方法.

例 1 已知函数 $f(x)=ax-\frac{3}{2}x^2$ 的最大值不大于 $\frac{1}{6}$，又当 $x\in\left[\frac{1}{4},\frac{1}{2}\right]$ 时，$f(x)\geqslant\frac{1}{8}$.

(1) 求 a 的值；

(2) 设 $0<a_1<\frac{1}{2}$，$a_{n+1}=f(a_n)$，$n\in\mathbf{N}^*$，证明：$a_n<\frac{1}{n+1}$.

分析 (1) 利用题中条件分别确定 a 的范围，进而求 a；(2) 利用数学归纳法证明.

解 (1) 由题意，知 $f(x)=ax-\frac{3}{2}x^2=-\frac{3}{2}\left(x-\frac{a}{3}\right)^2+\frac{a^2}{6}$.

又 $f(x)_{\max}\leqslant\frac{1}{6}$，所以 $f\left(\frac{a}{3}\right)=\frac{a^2}{6}\leqslant\frac{1}{6}$，故 $a^2\leqslant 1$. 又 $x\in\left[\frac{1}{4},\frac{1}{2}\right]$ 时，$f(x)\geqslant\frac{1}{8}$，所以

$$\begin{cases}f\left(\frac{1}{2}\right)\geqslant\frac{1}{8}\\ f\left(\frac{1}{4}\right)\geqslant\frac{1}{8}\end{cases}$$

即

$$\begin{cases}\frac{a}{2}-\frac{3}{8}\geqslant\frac{1}{8}\\ \frac{a}{4}-\frac{3}{32}\geqslant\frac{1}{8}\end{cases}$$

解得 $a\geqslant 1$. 又因为 $a^2\leqslant 1$，所以 $a=1$.

(2) 用数学归纳法证明：

① 当 $n=1$ 时，$0<a_1<\frac{1}{2}$，显然结论成立.

因为当 $x\in\left(0,\frac{1}{2}\right)$ 时，$0<f(x)\leqslant\frac{1}{6}$，所以 $0<a_2=f(a_1)\leqslant\frac{1}{6}<\frac{1}{3}$，故 $n=2$ 时，原不等式也成立.

② 假设当 $n=k(k\geqslant 2,k\in\mathbf{N}^*)$ 时，不等式 $0<a_k<\frac{1}{k+1}$ 成立.

因为 $f(x)=ax-\frac{3}{2}x^2$ 的对称轴为直线 $x=\frac{1}{3}$，所以当 $x\in(0,\frac{1}{3}]$ 时，$f(x)$ 为增函数.

所以由 $0<a_k<\frac{1}{k+1}\leqslant\frac{1}{3}$，得 $0<f(a_k)<f\left(\frac{1}{k+1}\right)$，于是

$$0<a_{k+1}=f(a_k)<\frac{1}{k+1}-\frac{3}{2}\cdot\frac{1}{(k+1)^2}+\frac{1}{k+2}-\frac{1}{k+2}=$$

$$\frac{1}{k+2}-\frac{k+4}{2(k+1)^2(k+2)}<\frac{1}{k+2}$$

所以当 $n=k+1$ 时,原不等式也成立.

根据 ①②,知对任何 $n\in\mathbf{N}^*$,不等式 $a_n<\dfrac{1}{n+1}$ 成立.

点评 用数学归纳法证明不等式的关键是由 $n=k$ 时命题成立证 $n=k+1$ 时命题也成立,在归纳假设使用后可运用比较法、综合法、分析法、放缩法等来加以证明,充分应用基本不等式、不等式的性质等放缩技巧,使问题得以简化.

例 2 (1999 年河南高中数学竞赛)整数列 $\{a_n\}$ $(n\in\mathbf{N})$ 满足:$a_1=2$,$a_2=7$,且有 $-\dfrac{1}{2}<a_{n+1}-\dfrac{a_n^2}{a_{n-1}}\leqslant\dfrac{1}{2}$. 求证:当 $n\geqslant 2$ 时,a_n 为奇数.

证明 当 $n=2$ 时,$-\dfrac{1}{2}<a_3-\dfrac{49}{2}\leqslant\dfrac{1}{2}$,有 $24<a_3\leqslant 25$,因为 a_n 为整数,

所以

$$a_3=25=2a_2+2a_1$$

故猜想 $a_{n+1}=3a_n+2a_{n-1}$,下面用数学归纳法证明:

(1) 当 $n=2$ 时,命题显然成立.

(2) 假设 $n=k$ 时,命题成立,即 $a_{k+1}=3a_k+2a_{k-1}$,则当 $n=k+1$ 时,由 $\mid a_{k+2}-\dfrac{a_{k+1}^2}{a_k}\leqslant\dfrac{1}{2}$,只需证 $\left|3a_{k+1}+2a_k-\dfrac{a_{k+1}^2}{a_k}\right|\leqslant\dfrac{1}{2}$. 而

$$\begin{aligned}\left|3a_{k+1}+2a_k-\frac{a_{k+1}^2}{a_k}\right|&=\left|3(3a_k+2a_{k-1})+2a_k-\frac{(3a_k+2a_{k-1})^2}{a_k}\right|=\\&\left|\frac{11a_k^2+6a_ka_{k-1}-9a_k^2-12a_ka_{k-1}-4a_{k-1}^2}{a_k}\right|=\\&\left|\frac{2(a_k^2-3a_ka_{k-1}-2a_{k+1}^2)}{a_k}\right|=\\&\left|\frac{2a_{k-1}}{a_k}\cdot\frac{a_k^2-3a_ka_{k-1}-2a_{k-1}^2}{a_{k-1}}\right|=\\&\left|\frac{2a_{k-1}}{a_k}\right|\cdot\left|\frac{a_k^2}{a_{k-1}}-(3a_k+2a_{k-1})\right|=\\&\left|\frac{2a_{k-1}}{a_k}\right|\cdot\left|\frac{a_k^2}{a_{k-1}}-a_{k+1}\right|\leqslant\\&\frac{1}{2}\end{aligned}$$

(因为 $2a_{k-1}<a_k=3a_{k-1}+2a_{k-2}$)命题也成立. 故当 $n\geqslant 2$ 时,有 $a_{n+1}=3a_n+2a_{n-1}$. 又 a_2 为奇数,$a_3=3a_2+2a_1$ 是奇加偶,仍为奇数,从而 $a_{n+1}=3a_n+$

$2a_{n-1}$ 是奇加偶为奇数，故 $n\geqslant 2$ 时，a_n 为奇数.

例 3 设 $a,b\in\mathbf{R}$，$\frac{1}{a}+\frac{1}{b}=1$，求证：对一切自然数 n，有 $(a+b)^n-a^n-b^n\geqslant 2^{2n}-2^{n+1}$.

证明 当 $n=1$ 时，容易验证命题成立.

假设 $n=k$ 时，有 $(a+b)^k-a^k-b^k\geqslant 2^{2k}-2^{k+1}$，则对 $n=k+1$，由 $\frac{1}{a}+\frac{1}{b}=1$，有 $a+b=ab$，于是 $ab=b+a\geqslant 2\sqrt{ab}$，即 $ab=a+b\geqslant 4$，从而

$$\begin{aligned}&(a+b)^{k+1}-a^{k+1}-b^{k+1}=\\&(a+b)[(a+b)^k-a^k-b^k]+a^kb+ab^k\geqslant\\&4(2^{2k}-2^{k+1})+2\sqrt{a^{k+1}b^{k+1}}\text{（由归纳假设）}\geqslant\\&2^{2k+2}-2^{k+3}+2\cdot 2^{k+1}=\\&2^{2k+2}-2\cdot 2^{k+2}+2^{k+2}=\\&2^{2(k+1)}-2^{(k+1)+1}\end{aligned}$$

即当 $n=k+1$ 时，命题成立.

例 4 已知数列 $\{a_n\}$，$a_n\geqslant 0$，$a_1=0$，$a_{n+1}^2+a_{n+1}-1=a_n^2$. 求证：当 $n\in\mathbf{N}^*$ 时，$a_n<a_{n+1}$.

证明 (1) 当 $n=1$ 时，因为 a_2 是方程 $a_2^2+a_2-1=0$ 的正根，所以 $a_1<a_2$.

(2) 假设当 $n=k(k\in\mathbf{N}^*,k\geqslant 1)$ 时，$0\leqslant a_k<a_{k+1}$，则由

$$\begin{aligned}a_{k+1}^2-a_k^2=(a_{k+2}^2+a_{k+2}-1)-(a_{k+1}^2+a_{k+1}-1)=\\(a_{k+2}-a_{k+1})(a_{k+2}+a_{k+1}+1)>0\end{aligned}$$

得 $a_{k+1}<a_{k+2}$，即当 $n=k+1$ 时，$a_n<a_{n+1}$ 也成立，根据①和②，可知 $a_n<a_{n+1}$ 对任何 $n\in\mathbf{N}^*$ 都成立.

点评 应用数学归纳法证明不等式的关键是第二步由 $n=k(k\geqslant n_0)$ 到 $n=k+1$，除了应用归纳假设外，还需要运用证明的常用方法(如：作差法与作商法、综合法与分析法、放缩法等)证明一个简单的不等式.

例 5 已知数列 $\{a_n\}$ 满足递推关系式：$a_{n+1}=\frac{1}{2}a_n^2-a_n+2$，$n\geqslant 1$，$n\in\mathbf{N}$.

(1) 若 $a_1=4$，证明：

① 当 $n\geqslant 2$ 时，有 $a_{n+1}\geqslant 2a_n$；

② 当 $n\geqslant 1$ 时，有 $a_{n+1}\geqslant\left(\frac{3}{2}\right)^n a_n$.

(2) 若 $a_1=1$，证明：当 $n\geqslant 5$ 时，有 $\sum\limits_{k=1}^{n}\frac{1}{a_k}<n-1$.

证明 因为

$$a_{n+1}-a_n=\frac{1}{2}a_n^2-2a_n+2=\frac{1}{2}(a_n-2)^2\geqslant 0$$

故 $a_{n+1}\geqslant a_n$，即数列 $\{a_n\}$ 为递增数列.

(1)① 由 $a_1=4$ 及 $a_{n+1}=\frac{1}{2}a_n^2-a_n+2$ 可求得 $a_2=6, a_3=14$，于是当 $n\geqslant 2$ 时，$a_n\geqslant 6$，于是

$$a_{n+1}-2a_n=\frac{1}{2}a_n^2-3a_n+2=\frac{1}{2}(a_n-3)^2-\frac{5}{2}>0$$

即当 $n\geqslant 2$ 时，$a_{n+1}>2a_n$.

② 由于 $n\geqslant 2$ 时，$a_{n+1}>2a_n$，所以 $n\geqslant 2$ 时

$$a_{n+1}>2^{n-2}a_2=6\cdot 2^{n-2}=3\cdot 2^{n-1}$$

由
$$a_{n+1}=\frac{1}{2}a_n^2-a_n+2$$

可得
$$\frac{a_{n+1}}{a_n}=\frac{1}{2}a_n+\frac{2}{a_n}-1$$

先用数学归纳法证明下面的不等式成立

$$\frac{1}{2}a_n>\left(\frac{3}{2}\right)^n+1\quad(n\geqslant 3)$$

i. 当 $n=3$ 时，$\frac{1}{2}a_3=7>\left(\frac{3}{2}\right)^3+1$，结论成立.

ii. 假设结论对 $n=k(k\geqslant 3)$ 成立，即 $\frac{1}{2}a_k\geqslant\left(\frac{3}{2}\right)^k+1$，则结合 i 的结论可得

$$\frac{1}{2}a_{k+1}>a_k\geqslant 2\left(\frac{3}{2}\right)^k+2>\left(\frac{3}{2}\right)^{k+1}+1$$

即当 $n=k+1$ 时结论也成立.

综合 i, ii 可知，不等式 $\frac{1}{2}a_n>\left(\frac{3}{2}\right)^n+1$ 对一切 $n\geqslant 3$ 都成立.

因此，当 $n\geqslant 3$ 时

$$\frac{a_{n+1}}{a_n}=\frac{1}{2}a_n+\frac{2}{a_n}-1>\frac{1}{2}a_n-1>\left(\frac{3}{2}\right)^n$$

即
$$a_{n+1}>\left(\frac{3}{2}\right)^n a_n$$

又
$$a_2=6=\left(\frac{3}{2}\right)^1\cdot a_1, a_3=14>\left(\frac{3}{2}\right)^2\cdot a_2=13.5$$

所以当 $n\geqslant 1$ 时，有 $a_{n+1}\geqslant\left(\frac{3}{2}\right)^n a_n$.

(2) 由于 $a_1=1$，而数列 $\{a_n\}$ 为递增数列，故当 $n\geqslant 1$ 时，有 $a_n>1$.

由 $a_{n+1}=\frac{1}{2}a_n^2-a_n+2$ 可得

$$\frac{1}{a_n}=\frac{1}{a_n-2}-\frac{1}{a_{n+1}-2}$$

而 $a_1=1$,于是

$$\sum_{k=1}^{n}\frac{1}{a_k}=\sum_{k=1}^{n}\left(\frac{1}{a_k-2}-\frac{1}{a_{k+1}-2}\right)=\frac{1}{a_1-2}-\frac{1}{a_{n+1}-2}=\frac{1}{2-a_{n+1}}-1$$

下面先证明:当 $n\geqslant 5$ 时,有

$$a_n<2-\frac{1}{n-1} \qquad (*)$$

i. 根据 $a_1=1$ 及 $a_{n+1}=\frac{1}{2}a_n^2-a_n+2$ 计算易得

$$a_2=\frac{3}{2},a_3=\frac{13}{8},a_4=\frac{217}{128}$$

$$a_5=\frac{1}{2}\left(\frac{217}{128}\right)^2-\frac{217}{128}+2=2-\frac{217}{128}\left(1-\frac{1}{2}\cdot\frac{217}{128}\right)$$

而

$$\frac{217}{128}\left(1-\frac{1}{2}\cdot\frac{217}{128}\right)=\frac{217}{128}\cdot\frac{39}{256}>\frac{1}{4}$$

故 $a_5<2-\frac{1}{4}$,即当 $n=5$ 时,结论成立.

ii. 假设结论对 $n=k(k\geqslant 5)$ 成立,即

$$a_k<2-\frac{1}{k-1}$$

因为 $a_{n+1}=\frac{1}{2}(a_n-1)^2+\frac{3}{2}$,而函数 $f(x)=\frac{1}{2}(x-1)^2+\frac{3}{2}$ 在 $x>1$ 时为增函数,所以

$$a_{k+1}<\frac{1}{2}\left(2-\frac{1}{k-1}-1\right)^2+\frac{3}{2}=2-\frac{1}{k-1}+\frac{1}{2(k-1)^2}<2-\frac{1}{k}$$

即当 $n=k+1$ 时结论也成立.

综合 i,ii 可知,不等式 $a_n<2-\frac{1}{n-1}$ 对一切 $n\geqslant 5$ 都成立.

于是当 $n\geqslant 5$ 时,$a_{n+1}<2-\frac{1}{n}$,故 $\frac{1}{2-a_{n+1}}<n$,所以

$$\sum_{k=1}^{n}\frac{1}{a_k}=\frac{1}{2-a_{n+1}}-1<n-1$$

点评 在本题的证明过程中,使用了两次数学归纳法不等式,实际上在一道题的证明过程中可以多次使用数学归纳法进行证明.

巩固练习

1. 若不等式$\frac{1}{n+1}+\frac{1}{n+2}+\cdots+\frac{1}{3n+1}>\frac{a}{24}$对一切正整数$n$都成立，求正整数$a$的最大值，并证明结论.

解 (1) 当$n=1$时，$\frac{1}{1+1}+\frac{1}{1+2}+\frac{1}{3+1}>\frac{a}{24}$，即$\frac{26}{24}>\frac{a}{24}$，所以$a<26$. 而$a$是正整数，所以取$a=25$，下面用数学归纳法证明

$$\frac{1}{n+1}+\frac{1}{n+2}+\cdots+\frac{1}{3n+1}>\frac{25}{24}$$

当$n=1$时，已证得不等式成立.

(2) 假设当$n=k(k\in\mathbf{N}^*)$时，不等式成立，即

$$\frac{1}{k+1}+\frac{1}{k+2}+\cdots+\frac{1}{3k+1}>\frac{25}{24}$$

则当$n=k+1$时，有

$$\frac{1}{(k+1)+1}+\frac{1}{(k+1)+2}+\cdots+\frac{1}{3(k+1)+1}=$$

$$\frac{1}{k+1}+\frac{1}{k+2}+\cdots+\frac{1}{3k+1}+\frac{1}{3k+2}+\frac{1}{3k+3}+\frac{1}{3k+4}-\frac{1}{k+1}>$$

$$\frac{25}{24}+\left[\frac{1}{3k+2}+\frac{1}{3k+4}-\frac{2}{3(k+1)}\right]$$

因为

$$\frac{1}{3k+2}+\frac{1}{3k+4}-\frac{2}{3(k+1)}=$$

$$\frac{6(k+1)}{(3k+2)(3k+4)}-\frac{2}{3(k+1)}=$$

$$\frac{18(k+1)^2-2(9k^2+18k+8)}{(3k+2)(3k+4)(3k+3)}=$$

$$\frac{2}{(3k+2)(3k+4)(3k+3)}>0$$

所以当$n=k+1$时不等式也成立.

由(1)(2)知，对一切正整数n，都有

$$\frac{1}{n+1}+\frac{1}{n+2}+\cdots+\frac{1}{3n+1}>\frac{25}{24}$$

所以a的最大值等于25.

2. 用数学归纳法证明：对一切大于1的自然数，不等式

$\left(1+\frac{1}{3}\right)\left(1+\frac{1}{5}\right)\cdot\cdots\cdot\left(1+\frac{1}{2n-1}\right)>\frac{\sqrt{2n+1}}{2}$ 均成立.

证明 (1) 当 $n=2$ 时,左边 $=1+\frac{1}{3}=\frac{4}{3}$;右边 $=\frac{\sqrt{5}}{2}$. 因为左边 > 右边,所以不等式成立.

(2) 假设 $n=k(k\geqslant 2$, 且 $k\in\mathbf{N}^*)$ 时不等式成立,即

$$\left(1+\frac{1}{3}\right)\left(1+\frac{1}{5}\right)\cdot\cdots\cdot\left(1+\frac{1}{2k-1}\right)>\frac{\sqrt{2k+1}}{2}$$

则当 $n=k+1$ 时

$$\left(1+\frac{1}{3}\right)\left(1+\frac{1}{5}\right)\cdot\cdots\cdot\left(1+\frac{1}{2k-1}\right)\left[1+\frac{1}{2(k+1)-1}\right]>$$

$$\frac{\sqrt{2k+1}}{2}\cdot\frac{2k+2}{2k+1}=\frac{2k+2}{2\sqrt{2k+1}}=$$

$$\frac{\sqrt{4k^2+8k+4}}{2\sqrt{2k+1}}>\frac{\sqrt{4k^2+8k+3}}{2\sqrt{2k+1}}=$$

$$\frac{\sqrt{2k+3}\sqrt{2k+1}}{2\sqrt{2k+1}}=\frac{\sqrt{2(k+1)+1}}{2}$$

所以当 $n=k+1$ 时,不等式也成立. 由(1)(2)知,对于一切大于1的自然数 n,不等式都成立.

3. 设 $x\in\mathbf{N}$ 满足 $\left(\frac{1+x}{x}\right)^{2\,013}<\frac{2\,014}{2\,013}$. 数列 $a_1,a_2,\cdots,a_{2\,013}$ 是公差为 $x^{2\,013}$,首项为 $a_1=(x+1)^2x^{2\,012}-1$ 的等差数列; 数列 $b_1,b_2,\cdots,b_{2\,013}$ 是公比为 $\frac{1+x}{x}$,首项为 $b_1=(x+1)x^{2\,013}$ 的等比数列,求证: $b_1<a_1<b_2<\cdots<a_{2\,012}<b_{2\,013}$.

证明 首先

$$a_i=(x+1)^2x^{2\,012}-1+(i-1)x^{2\,013}$$

$$b_i=(x+1)x^{2\,013}\left(\frac{1+x}{x}\right)^{i-1}=(x+1)^ix^{2\,014-i}$$

$$b_{i+1}-b_i=x^{2\,013}\left(\frac{1+x}{x}\right)^i$$

用归纳法证明 $a_i-b_i\geqslant x^{2\,013}\frac{2\,014-i}{2\,013}$, $1\leqslant i\leqslant 2\,013$.

由于 $a_1-b_1=x^{2\,013}+x^{2\,012}-1\geqslant x^{2\,013}$,即 $i=1$ 成立.

假设 $1\leqslant i\leqslant 2\,012$ 成立,则

$$a_{i+1}-b_{i+1}=(a_{i+1}-a_i)-(b_{i+1}-b_i)+(a_i-b_i)=$$

$$x^{2013}-x^{2013}\left(\frac{1+x}{x}\right)^{i}+(a_i-b_i)\geqslant$$

$$x^{2013}-x^{2013}\left(\frac{1+x}{x}\right)^{2013}+(a_i-b_i)\geqslant$$

$$-x^{2013}\frac{1}{2013}+(a_i-b_i)\geqslant$$

$$-x^{2013}\frac{1}{2013}+x^{2013}\frac{2013-i+1}{2013}=$$

$$x^{2013}\frac{2014-(i+1)}{2013}$$

所以，$a_i>b_i,i=1,2,\cdots,2013$. 归纳证明 $b_{i+1}>a_i,i=1,2,\cdots,2012$，首先 $b_2-a_1=1>0$，假设 $1\leqslant i\leqslant 2011$ 成立

$$b_{i+2}-a_{i+1}=(b_{i+2}-b_{i+1})-(a_{i+1}-a_i)+(b_{i+1}-a_i)=$$
$$x^{2013}\left(\frac{1+x}{x}\right)^{i+1}-x^{2013}+(b_{i+1}-a_i)>0$$

故命题成立.

4. 已知数列 $\{a_n\}$ 中 $a_1=2,a_{n+1}=(\sqrt{2}-1)(a_n+2),n=1,2,3,\cdots$.

(1) 求 $\{a_n\}$ 的通项公式；

(2) 若数列 $\{b_n\}$ 中 $b_1=2,b_{n+1}=\dfrac{3b_n+4}{2b_n+3},n=1,2,3,\cdots$.

证明 $\sqrt{2}<b_n\leqslant a_{4n-3},n=1,2,3,\cdots$.

解 (1) 由题设

$$a_{n+1}=(\sqrt{2}-1)(a_n+2)=(\sqrt{2}-1)(a_n-\sqrt{2})+(\sqrt{2}-1)(2+\sqrt{2})=$$
$$(\sqrt{2}-1)(a_n-\sqrt{2})+\sqrt{2}$$

$$a_{n+1}-\sqrt{2}=(\sqrt{2}-1)(a_n-\sqrt{2})$$

所以，数列 $\{a_n-\sqrt{2}\}$ 是首项为 $2-\sqrt{2}$，公比为 $\sqrt{2}-1$ 的等比数列，即

$$a_n-\sqrt{2}=\sqrt{2}(\sqrt{2}-1)^n$$

即 a_n 的通项公式为 $a_n=\sqrt{2}\left[(\sqrt{2}-1)^n+1\right],n=1,2,3,\cdots$.

(2) 用数学归纳法证明.

① 当 $n=1$ 时，因 $\sqrt{2}<2,b_1=a_1=2$，所以 $\sqrt{2}<b_1\leqslant a_1$，结论成立.

② 假设当 $n=k$ 时，结论成立，即 $\sqrt{2}<b_k\leqslant a_{4k-3}$，也即 $0<b_k-\sqrt{2}\leqslant a_{4k-3}-\sqrt{3}$.

当 $n=k+1$ 时

$$b_{k+1}-\sqrt{2}=\frac{3b_k+4}{2b_k+3}-\sqrt{2}=\frac{(3-2\sqrt{2})b_k+(4-3\sqrt{2})}{2b_k+3}=$$

$$\frac{(3-2\sqrt{2})(b_k-\sqrt{2})}{2b_k+3}>0$$

又

$$\frac{1}{2b_k+3}<\frac{1}{2\sqrt{2}+3}=3-2\sqrt{2}$$

所以

$$\begin{aligned}b_{k+1}-\sqrt{2}=&\frac{(3-2\sqrt{2})(b_k-\sqrt{2})}{2b_k+3}<\\&(3-2\sqrt{2})^2(b_k-\sqrt{2})\leqslant\\&(\sqrt{2}-1)^4(a_{4k-3}-\sqrt{2})=\\&a_{4k+1}-\sqrt{2}\end{aligned}$$

也就是说，当 $n=k+1$ 时，结论成立.

根据 ① 和 ② 知 $\sqrt{2}<b_n\leqslant a_{4n-3}$，$n=1,2,3,\cdots$.

5. 设 $a_1,a_2,\cdots,a_n$ 为正数，证明

$$\sqrt{a_1+a_2+\cdots+a_n}+\sqrt{a_2+a_3+\cdots+a_n}+\sqrt{a_3+\cdots+a_n}+\cdots+\sqrt{a_n}\geqslant\sqrt{a_1+4a_2+9a_3+\cdots+n^2a_n}$$

证明 对 n 归纳，$n=1$ 时显然成立等号；设 $n=k$ 时结论对于任意 k 个正数成立.

当 $n=k+1$ 时，对于任意 $k+1$ 个正数 $a_1,a_2,\cdots,a_k,a_{k+1}$，据假设有

$$\sqrt{a_2+a_3+\cdots+a_{k+1}}+\sqrt{a_3+\cdots+a_{k+1}}+\cdots+\sqrt{a_{k+1}}\geqslant\sqrt{a_2+4a_3+9a_4+\cdots+k^2a_{k+1}}$$

所以

$$\begin{aligned}&\sqrt{a_1+a_2+\cdots+a_{k+1}}+\sqrt{a_2+a_3+\cdots+a_{k+1}}+\cdots+\sqrt{a_{k+1}}\geqslant\\&\sqrt{a_1+a_2+\cdots+a_{k+1}}+\sqrt{a_2+4a_3+9a_4+\cdots+k^2a_{k+1}}\end{aligned}$$

只要证

$$\begin{aligned}&\sqrt{a_1+a_2+\cdots+a_{k+1}}+\sqrt{a_2+4a_3+\cdots+k^2a_{k+1}}\geqslant\\&\sqrt{a_1+4a_2+\cdots+(k+1)^2a_{k+1}}\end{aligned} \quad ①$$

平方整理，只要证

$$\sqrt{a_1+a_2+\cdots+a_{k+1}}\cdot\sqrt{a_2+4a_3+\cdots+k^2a_{k+1}}\geqslant a_2+2a_3+3a_4+\cdots+ka_{k+1} \quad ②$$

由柯西不等式

$$\begin{aligned}&[(\sqrt{a_2})^2+(\sqrt{a_3})^2+\cdots+(\sqrt{a_{k+1}})^2]\cdot\\&[(\sqrt{a_2})^2+(2\sqrt{a_3})^2+\cdots+(k\sqrt{a_{k+1}})^2]\geqslant\\&(\sqrt{a_2}\cdot\sqrt{a_2}+\sqrt{a_3}\cdot 2\sqrt{a_3}+\sqrt{a_4}\cdot 3\sqrt{a_4}+\cdots+\end{aligned}$$

$$\sqrt{a_{k+1}} \cdot k\sqrt{a_{k+1}})^2$$

即

$$(a_2+\cdots+a_{k+1})(a_2+4a_3+\cdots+k^2a_{k+1}) \geqslant (a_2+2a_3+3a_4+\cdots+ka_{k+1})^2$$

所以

$$(a_1+a_2+\cdots+a_{k+1})(a_2+4a_3+\cdots+k^2a_{k+1}) \geqslant$$
$$(a_2+2a_3+3a_4+\cdots+ka_{k+1})^2$$

即式 ② 成立，因此当 $n=k+1$ 时结论成立. 故由归纳法知，所证不等式成立.

6.(2006 年湖南) 已知函数 $f(x)=x-\sin x$，数列 $\{a_n\}$ 满足：$0<a_1<1$，$n=1,2,3,\cdots$.

证明：(1) $0<a_{n+1}<a_n<1$；

(2) $a_{n+1}<\dfrac{1}{6}a_n^3$.

证明 (1) 先用数学归纳法证明 $0<a_n<1$，$n=1,2,3,\cdots$.

① 当 $n=1$ 时，由已知显然结论成立.

② 假设当 $n=k$ 时结论成立，即 $0<a_k<1$. 因为 $0<x<1$ 时，$f'(x)=1-\cos x>0$，所以 $f(x)$ 在 $(0,1)$ 上是增函数. 又 $f(x)$ 在 $[0,1]$ 上连续，从而 $f(0)<f(a_k)<f(1)$，即 $0<a_{k+1}<1-\sin 1<1$. 故 $n=k+1$ 时，结论成立. 由 ①、② 可知，$0<a_n<1$ 对一切正整数都成立.

又因为 $0<a_n<1$ 时

$$a_{n+1}-a_n=a_n-\sin a_n-a_n=-\sin a_n<0$$

所以 $a_{n+1}<a_n$，综上所述 $0<a_{n+1}<a_n<1$.

(2) 设函数 $g(x)=\sin x-x+\dfrac{1}{6}x^3$，$0<x<1$. 由 (1) 知，当 $0<x<1$ 时，$\sin x<x$，从而

$$g'(x)=\cos x-1+\frac{x^2}{2}=-2\sin^2\frac{x}{2}+\frac{x^2}{2}>-2\left(\frac{x}{2}\right)^2+\frac{x^2}{2}=0$$

所以 $g(x)$ 在 $(0,1)$ 上是增函数. 又 $g(x)$ 在 $[0,1]$ 上连续，且 $g(0)=0$，所以当 $0<x<1$ 时，$g(x)>0$ 成立. 于是 $g(a_n)>0$，即 $\sin a_n-a_n+\dfrac{1}{6}a_n^3>0$，故 $a_{n+1}<\dfrac{1}{6}a_n^3$.

7.(2013 年华约自主招生) 设 $f(x)=(1-x)e^x-1$.

(1) 证明：当 $x>0$ 时，$f(x)<0$.

(2) 令 $x_ne^{x_{n+1}}=e^{x_n}-1$，$x_1=1$，证明：数列 $\{x_n\}$ 单调递减且 $x_n>\dfrac{1}{2^n}$.

证明 (1) 当 $x>0$ 时，$f'(x)=-xe^x<0$，所以 $f(x)$ 在 $(0,+\infty)$ 上单

调递减,所以 $f(x)<f(0)$ 而 $f(0)=(1-0)\mathrm{e}^0-1=0$,所以 $f(x)<0$.

(2) 由 $x_n\mathrm{e}^{x_{n+1}}=\mathrm{e}^{x_n}-1$,得 $\mathrm{e}^{x_{n+1}}=\dfrac{\mathrm{e}^{x_n}-1}{x_n}$,结合 $x_1=1$,$x>0$ 时 $\mathrm{e}^x>x+1$,利用数学归纳法得 $x_n>0$ 对任意 $n\in\mathbf{N}^*$ 成立. 由(1)知 $f(x_n)<0$,即 $x_n\mathrm{e}^{x_n}>\mathrm{e}^{x_n}-1$,所以 $x_n\mathrm{e}^{x_{n+1}}<x_n\mathrm{e}^{x_n}$. 因为 $x_n>0$,所以 $x_{n+1}<x_n$,所以数列 $\{x_n\}$ 单调递减,下面用数学归纳法证明 $x_n>\dfrac{1}{2^n}$.

① 当 $n=1$ 时,$x_1=1>\dfrac{1}{2}$,结论成立;

② 假设 $n=k$ 时结论成立,即 $x_k>\dfrac{1}{2^k}$,设 $g(x)=\dfrac{\mathrm{e}^x-1}{x}$,则 $g'(x)=\dfrac{x\mathrm{e}^x-\mathrm{e}^x+1}{x^2}=-\dfrac{f(x)}{x^2}$,由(1)知当 $x>0$ 时,$f(x)<0$,所以 $g'(x)>0$. 所以 $g(x)$ 在 $(0,+\infty)$ 上单调递增,由归纳假设知 $x_k>\dfrac{1}{2^k}$,所以 $g(x_k)>g\left(\dfrac{1}{2^k}\right)$.

要证明 $x_{k+1}>\dfrac{1}{2^{k+1}}$,只需证明 $\mathrm{e}^{x_{k+1}}>\mathrm{e}^{\frac{1}{2^{k+1}}}$,即 $g\left(\dfrac{1}{2^k}\right)>\mathrm{e}^{\frac{1}{2^{k+1}}}$,考虑函数 $h(x)=xg(x)-x\mathrm{e}^{\frac{x}{2}}$. 因为当 $x>0$ 时,$\mathrm{e}^{\frac{x}{2}}>1+\dfrac{x}{2}$,所以

$$h'(x)=\mathrm{e}^x-\left(1+\frac{x}{2}\right)\mathrm{e}^{\frac{x}{2}}=\left[\mathrm{e}^{\frac{x}{2}}-\left(1+\frac{x}{2}\right)\right]\mathrm{e}^{\frac{x}{2}}$$

因为 $\mathrm{e}^{\frac{x}{2}}>1+\dfrac{x}{2}$,所以 $h'(x)>0$.

所以 $h(x)$ 在 $(0,+\infty)$ 上单调递增,因为 $\dfrac{1}{2^k}>0$,所以 $h\left(\dfrac{1}{2^k}\right)>h(0)=0$,即

$$g\left(\frac{1}{2^k}\right)>\mathrm{e}^{\frac{1}{2^{k+1}}}$$

所以 $n=k+1$ 时结论也成立.

所以由数学归纳法证明 $x_n>\dfrac{1}{2^n}$.

8. 已知 m,n 为正整数.

(1) 用数学归纳法证明:当 $x>-1$ 时,$(1+x)^m\geqslant 1+mx$;

(2) 对于 $n\geqslant 6$,已知 $\left(1-\dfrac{1}{n+3}\right)^n<\dfrac{1}{2}$,求证:$\left(1-\dfrac{m}{n+3}\right)^n<\left(\dfrac{1}{2}\right)^m$,$m=1,2,\cdots,n$;

(3) 求出满足等式 $3^n+4^n+\cdots+(n+2)^n=(n+3)^n$ 的所有正整数 n.

解 (1) 当 $x=0$ 或 $m=1$ 时,原不等式中等号显然成立,下用数学归纳法

证明.

当 $x>-1$,且 $x\neq 0$ 时

$$m\geqslant 2,(1+x)m>1+mx \qquad ①$$

(i) 当 $m=2$ 时,左边 $=1+2x+x^2$,右边 $=1+2x$,因为 $x\neq 0$,所以 $x^2>0$,即左边 $>$ 右边,不等式 ① 成立;(ii) 假设当 $m=k(k\geqslant 2)$ 时,不等式 ① 成立,即 $(1+x)^k>1+kx$,则当 $m=k+1$ 时,因为 $x>-1$,所以 $1+x>0$. 又因为 $x\neq 0,k\geqslant 2$,所以 $kx^2>0$. 于是在不等式 $(1+x)^k>1+kx$ 的两边同时乘以 $1+x$ 得

$$(1+x)k\cdot(1+x)>(1+kx)(1+x)=1+(k+1)x+kx^2>1+(k+1)x$$

所以
$$(1+x)^{k+1}>1+(k+1)x$$

即当 $m=k+1$ 时,不等式 ① 也成立. 综上所述,所证不等式成立.

(2) 当 $n\geqslant 6,m\leqslant n$ 时,因为

$$\left(1-\frac{1}{n+3}\right)^m<\frac{1}{2}$$

所以
$$\left[\left(1-\frac{1}{n+3}\right)^m\right]^n<\left(\frac{1}{2}\right)^m$$

而由(1)

$$\left(1-\frac{1}{n+3}\right)^m\geqslant 1-\frac{m}{n+3}$$

所以
$$\left(1-\frac{m}{n+3}\right)^n\leqslant\left[\left(1-\frac{1}{n+3}\right)^m\right]^n<\left(\frac{1}{2}\right)^m$$

(3) 假设存在正整数 $n_0\geqslant 6$ 使等式 $3^{n_0}+4^{n_0}+\cdots+(n_0+2)^{n_0}=(n_0+3)^{n_0}$ 成立,即有

$$\left(\frac{3}{n_0+3}\right)^{n_0}+\left(\frac{4}{n_0+3}\right)^{n_0}+\cdots+\left(\frac{n_0+2}{n_0+3}\right)^{n_0}=1 \qquad ②$$

又由(2) 可得

$$\left(\frac{3}{n_0+3}\right)^{n_0}+\left(\frac{4}{n_0+3}\right)^{n_0}+\cdots+\left(\frac{n_0+2}{n_0+3}\right)^{n_0}=$$
$$\left(1-\frac{n_0}{n_0+3}\right)^{n_0}+\left(1-\frac{n_0-1}{n_0+3}\right)^{n_0}+\cdots+\left(1-\frac{1}{n_0+3}\right)^{n_0}<$$
$$\left(\frac{1}{2}\right)^{n_0}+\left(\frac{1}{2}\right)^{n_0-1}+\cdots+\frac{1}{2}=1-\frac{1}{2^{n_0}}<1$$

与式 ② 矛盾.

故当 $n\geqslant 6$ 时,不存在满足该等式的正整数 n. 故只需要讨论 $n=1,2,3,4,5$ 的情形;

当 $n=1$ 时,$3\neq 4$,等式不成立;当 $n=2$ 时,$3^2+4^2=5^2$,等式成立;

当 $n=3$ 时,$3^3+4^3+5^3=6^3$,等式成立;当 $n=4$ 时,$3^4+4^4+5^4+6^4$ 为偶

数，而 7^4 为奇数，故 $3^4+4^4+5^4+6^4\neq 7^4$，等式不成立；

当 $n=5$ 时，同 $n=4$ 的情形可分析出，等式不成立.

综上，所求的 n 只有 $n=2,3$.

9.（2013・江苏高考数学）设数列 $1,-2,-2,3,3,3,-4,-4,-4,-4,\cdots,\underbrace{(-1)^{k-1}k+(-1)^{k-1}k+\cdots+(-1)^{k-1}k}_{k}\cdots$，即当 $\frac{(k-1)k}{2}<n\leqslant\frac{(k+1)k}{2}(k\in\mathbf{N}^*)$ 时 $a_n=(-1)^k k$. 记 $S_n=a_1+a_2+\cdots+a_n(n\in\mathbf{N}^*)$. 对于 $l\in\mathbf{N}^*$，定义集合 $P_l=\{n\mid S_n$ 为 a_n 的整数倍，$k\in\mathbf{N}^*$，且 $1\leqslant n\leqslant l\}$.

(1) 求 P_{11} 中元素个数.

(2) 求集合 $P_{2\,000}$ 中元素个数.

解 由数列 $\{a_n\}$ 的定义得 $a_1=1,a_2=-2,a_3=-2,a_4=3,a_5=3,a_6=3,a_7=-4,a_8=-4,a_9=-4,a_{10}=-4,a_{11}=5$，所以，$S_1=1,S_2=-1,S_3=-3,S_4=0,S_5=3,S_6=6,S_7=2,S_8=-2,S_9=-6,S_{10}=-10,S_{11}=-5$，从而 $S_1=a_1,S_4=0\times a_4,S_5=a_5,S_6=2a_6,S_{11}=-a_{11}$，所以集合 P_{11} 中元素的个数为 5.

(2) 先证：$S_{i(2i+1)}=-i(2i+1)(i\in\mathbf{N}^*)$.

事实上，

① 当 $i=1$ 时，$S_{i(2i+1)}=S_3=-3,-i(2i+1)=-3$，故原等式成立；

② 假设 $i=m$ 时成立，即 $S_{m(2m+1)}=-m(2m+1)$，则 $i=m+1$ 时

$$\begin{aligned}S_{(m+1)(2m+3)}=&S_{m(2m+1)}+(2m+1)^2-(2m+2)^2=\\&-m(2m+1)-4m-3=-(2m^2+5m+3)=\\&-(m+1)(2m+3)\end{aligned}$$

综合 ①② 可得 $S_{i(2i+1)}=-i(2i+1)$. 于是

$$S_{(i+1)(2i+1)}=S_{i(2i+1)}+(2i+1)^2=-i(2i+1)+(2i+1)^2=(2i+1)(i+1)$$

由上述内容可知 $S_{i(2i+1)}$ 是 $2i+1$ 的倍数，而 $a_{i(2i+1)+j}=2i+1(j=1,2,\cdots,2i+1)$，所以 $S_{i(2i+1)+j}=S_{i(2i+1)}+j(2i+1)$ 是 $a_{i(2i+1)+j}(j=1,2,\cdots,2i+1)$ 的倍数. 又 $S_{(i+1)(2i+1)}=(i+1)(2i+1)$ 不是 $2i+2$ 的倍数，而 $a_{(i+1)(2i+1)+j}=-(2i+2)(j=1,2,\cdots,2i+2)$，所以 $S_{(i+1)(2i+1)+j}=S_{(i+1)(2i+1)}-j(2i+2)=(2i+1)(i+1)-j(2i+2)$ 不是 $a_{(i+1)(2i+1)+j}(j=1,2,\cdots,2i+2)$ 的倍数，故当 $l=i(2i+1)$ 时，集合 P_l 中元素的个数为 $1+3+\cdots+(2i-1)=i^2$，于是 $l=i(2i+1)+j(1\leqslant j\leqslant 2i+1)$ 时，集合 P_l 中元素的个数为 i^2+j. 又 $2\,000=31\times(2\times 31+1)+47$，故集合 $P_{2\,000}$ 中元素的个数为 $31^2+47=1\,008$.

第 4 节　利用函数的单调性或凹凸性证明不等式

由于数列是特殊的函数，因此，可以利用函数的单调性证明数列不等式，也可以先构造函数，研究函数的单调性，再求出函数的最大值或最小值，从而证明不等式；另外，也可以利用导数研究函数的凹凸性，利用琴生不等式证明不等式. 凹凸函数的定义与琴生不等式及其变式如下：

定义 1　设 $f(x)$ 是定义在区间 D 上的实函数，如果对任意 $x_1, x_2 \in D$，有

$$f\left(\frac{x_1+x_2}{2}\right) \leqslant \frac{f(x_1)+f(x_2)}{2} \quad ①$$

则称 $f(x)$ 为区间 D 上的上凹函数，简称下凸函数. 如果成立不等式

$$f\left(\frac{x_1+x_2}{2}\right) \geqslant \frac{f(x_1)+f(x_2)}{2} \quad ②$$

则称 $f(x)$ 为区间 D 上的下凹函数，简称上凸函数. 很显然对 $f(x)$ 的凹凸性有如下判定方法：

(1) 若 $g(x)$ 是线性函数，则函数 $f(x)+g(x)$ 与 $f(x)$ 凸性相同；函数 $f(x)$ 与函数 $-f(x)$ 的凸性相反.

(2) 基本初等函数的凹凸性可由定义或已知结论或图像得到.

(3) 若函数 $f(x)$ 在 $[a,b]$ 连续且在 (a,b) 内具有一阶和二阶导数，则若在 (a,b) 内 $f''(x)<0$，则 $f(x)$ 在 $[a,b]$ 是上凹的；若在 (a,b) 内 $f''(x)>0$，则 $f(x)$ 在 $[a,b]$ 是下凹的.

定理 1　设 $y=f(x)$ 是 (a,b) 内的严格下凸函数，则对于 (a,b) 内任意 n 个点 $x_1, x_2, \cdots, x_n$，有如下不等式成立

$$f\left(\frac{x_1+x_2+\cdots+x_n}{n}\right) \leqslant \frac{1}{n}[f(x_1)+f(x_2)+\cdots+f(x_n)]$$

当且仅当 $x_1=x_2=\cdots=x_n$ 时等号成立.

证明　(用数学归纳法)(1) 当 $n=1,2$ 时，显然结论成立.

(2) 假设 $n=k(k\in\mathbf{N}^*)$ 时，结论成立，即

$$f\left(\frac{x_1+x_2+\cdots+x_k}{k}\right) \leqslant \frac{1}{k}[f(x_1)+f(x_2)+\cdots+f(x_k)]$$

则当 $n=k+1$ 时，令

$$A=\frac{1}{k+1}(x_1+x_2+\cdots+x_{k+1})$$

则 $A=\dfrac{2kA}{2k}=\dfrac{(k+1)A+(k-1)A}{2k}=\dfrac{x_1+x_2+\cdots+x_k+x_{k+1}+(k-1)A}{2k}$

再令 $$B=\frac{x_1+x_2+\cdots+x_k}{k},C=\frac{x_{k+1}+(k-1)A}{k}$$

不难验证,A,B,C 都在 (a,b) 内,于是

$$\begin{aligned}f(A)=f\left[\frac{1}{2}(B+C)\right]\leqslant&\\ \frac{1}{2}[f(B)+f(C)]=&\\ \frac{1}{2}\left[f\left(\frac{x_1+x_2+\cdots+x_k}{k}\right)+f\left[\frac{x_{k+1}+(k-1)A}{k}\right]\right]\leqslant&\\ \frac{1}{2}\{[f(x_1)+f(x_2)+\cdots+f(x_k)]+\frac{1}{k}[f(x_{k+1})+&\\ f(A)+f(A)+\cdots+f(A)]((k-i)\text{ 个 }f(A))\}=&\\ \frac{1}{2k}[f(x_1)+f(x_2)+\cdots+f(x_k)+f(x_{k+1})+(k-1)f(A)]&\end{aligned}$$

所以 $$f(A)\leqslant\frac{1}{k+1}[f(x_1)+f(x_2)+\cdots+f(x_k)+f(x_{k+1})]$$

不难验证,当且仅当 $x_1=x_2=\cdots=x_k=x_{k+1}$ 时等号成立.于是琴生不等式对一切正整数 n 成立.完全类似地可以证明,若 $f(x)$ 是凹函数,则

$$f\left(\frac{x_1+x_2+\cdots+x_n}{n}\right)\geqslant\frac{f(x_1)+f(x_2)+\cdots+f(x_n)}{n}$$

等号当且仅当 $x_1=x_2=\cdots=x_n$ 时成立.

再来看加权的琴生不等式:

定理 2 凸函数 $f(x)$ 在区间 D 上连续的充分必要条件是:对任意 x_1,$x_2\in D$ 和 $\alpha\in[0,1]$,有

$$f[\alpha x_1+(1-\alpha)x_2]\leqslant\alpha f(x_1)+(1-\alpha)f(x_2) \quad ③$$

若式 ① 中等号当且仅当 $x_1=x_2$ 时成立,则式 ③ 中等号当且仅当 $x_1=x_2$ 时成立.

证明略.显然,对连续函数 $f(x)$ 来说,式 ③ 是式 ① 的加权推广,实际上加权的琴生不等式 ③ 还可推广为如下更一般的形式:

定理 3 若 $f(x)$ 是连续的凸函数,则对 $f(x)$ 有意义的 $x_1,x_2,\cdots,x_n$,以及任意的正数 $\lambda_1,\lambda_2,\cdots,\lambda_n,\lambda_1+\lambda_2+\cdots+\lambda_n=1$,必有

$$f(\lambda_1x_1+\lambda_2x_2+\cdots+\lambda_nx_n)\leqslant\lambda_1f(x_1)+\lambda_2f(x_2)+\cdots+\lambda_nf(x_n)$$

若式 ① 中等号当且仅当 $x_1=x_2$ 时成立,则上式等号当且仅当 $x_1=x_2=\cdots=x_n$ 时成立.

证明 用数学归纳法,略.

例 1 (2016·全国丙卷)设函数 $f(x)=\ln x-x+1$.

(1) 讨论 $f(x)$ 的单调性;

(2) 证明：当 $x \in (1, +\infty)$ 时，$1 < \dfrac{x-1}{\ln x} < x$；

(3) 设 $c > 1$，证明：当 $x \in (0,1)$ 时，$1 + (c-1)x > c^x$.

解 (1) 由题设，$f(x)$ 的定义域为 $(0, +\infty)$，$f'(x) = \dfrac{1}{x} - 1$，令 $f'(x) = 0$，解得 $x = 1$.

当 $0 < x < 1$ 时，$f'(x) > 0$，$f(x)$ 单调递增；当 $x > 1$ 时，$f'(x) < 0$，$f(x)$ 单调递减.

(2) 由(1) 知，$f(x)$ 在 $x = 1$ 处取得最大值，最大值为 $f(1) = 0$.

所以当 $x \neq 1$ 时，$\ln x < x - 1$. 故当 $x \in (1, +\infty)$ 时

$$\ln x < x - 1, \ln \frac{1}{x} < \frac{1}{x} - 1$$

即
$$1 < \frac{x-1}{\ln x} < x$$

(3) 由题设 $c > 1$，设 $g(x) = 1 + (c-1)x - c^x$，则 $g'(x) = c - 1 - c^x \ln c$，令 $g'(x) = 0$，解得

$$x_0 = \frac{\ln \dfrac{c-1}{\ln c}}{\ln c}$$

当 $x < x_0$ 时，$g'(x) > 0$，$g(x)$ 单调递增；当 $x > x_0$ 时，$g'(x) < 0$，$g(x)$ 单调递减.

由(2) 知 $1 < \dfrac{c-1}{\ln c} < c$，故 $0 < x_0 < 1$. 又 $g(0) = g(1) = 0$，故当 $0 < x < 1$ 时，$g(x) > 0$.

所以当 $x \in (0,1)$ 时，$1 + (c-1)x > c^x$.

点评 利用导数证明不等式的方法：证明 $f(x) < g(x)$，$x \in (a,b)$，可以构造函数 $F(x) = f(x) - g(x)$，如果 $F'(x) < 0$，则 $F(x)$ 在 (a,b) 上是减函数，同时若 $F(a) \leqslant 0$，由减函数的定义可知，$x \in (a,b)$ 时，有 $F(x) < 0$，即证明了 $f(x) < g(x)$.

例 2 (2004 年全国卷 Ⅱ) 已知函数 $f(x) = \ln(1+x) - x$，$g(x) = x\ln x$.

(1) 求函数 $f(x)$ 的最大值；

(2) 若 $0 < a < b$，证明：$0 < g(a) + g(b) - 2g\left(\dfrac{a}{2} + \dfrac{b}{2}\right) < (b-a)\ln 2$.

解 (1) 因为 $f(x)$ 的定义域为 $(-1, +\infty)$，$f'(x) = \dfrac{1}{x+1} - 1$，令 $f'(x) = 0$，有 $x = 0$. 当 $-1 < x < 0$ 时，$f'(x) > 0$，当 $x > 0$ 时，$f'(x) < 0$. 又 $f(0) = 0$.

故当且仅当 $x=0$ 时，$f(x)$ 取得最大值 0.

(2) $g(x)=x\ln x$，$g'(x)=1+\ln x$，设 $h(x)=g(a)+g(x)-2g\left(\frac{a}{2}+\frac{x}{2}\right)$，则

$$h'(x)=\ln x-\ln\left(\frac{a}{2}+\frac{x}{2}\right)$$

当 $0<x<a$ 时，$h'(x)<0$；当 $x>a$ 时，$h'(x)>0$. 又 $h(a)=0$.

所以，$h(x)$ 在 $x=a$ 时，取得最小值 0. 又 $b>a$，所以 $h(b)>0$，即

$$g(a)+g(b)-2g\left(\frac{a}{2}+\frac{b}{2}\right)>0$$

设 $r(x)=h(x)-(x-a)\ln 2$，则

$$r'(x)=\ln x-\ln\left(\frac{a}{2}+\frac{x}{2}\right)-\ln 2=\ln x-\ln(a+x)$$

当 $x>0$ 时，$r'(x)<0$，因此 $r(x)$ 在 $(0,+\infty)$ 上为减函数，又 $r(a)=0$，$b>a$，所以 $r(b)<0$，即

$$g(a)+g(b)-2g\left(\frac{a}{2}+\frac{b}{2}\right)<(b-a)\ln 2$$

综上，原不等式成立.

点评 本题的解题思路是：通过移项使一边为 0，将其中一个变量视为自变量构造函数，求出函数的单调性，再利用函数的单调性求得函数在某个区间上的最值，从而证出不等式.

例 3 （2012 年湖南省高中数学竞赛）已知函数 $f(x)=\mathrm{e}^x-x$（其中 e 为无理数，$\mathrm{e}=2.718\ 28\cdots$）.

(1) 若函数 $g(x)=f(x)-ax^2-1$ 的导函数 $g'(x)$ 在 $[0,+\infty)$ 上是增函数，试求实数 a 的最大值；

(2) 求证：$f\left(\frac{1}{2}\right)+f\left(\frac{1}{3}\right)+\cdots+f\left(\frac{1}{n+1}\right)>n\left[1+\frac{1}{4(n+2)}\right]$，其中 $n\in\mathbf{N}^*$.

解 (1) 因为 $g'(x)=f'(x)-2ax=(\mathrm{e}^x-1)-2ax$. 由于导函数 $g'(x)$ 在 $[0,+\infty)$ 上是增函数，故 $[g'(x)]'=\mathrm{e}^x-2a\geqslant 0$，从而 $a\leqslant\frac{1}{2}\mathrm{e}^x$，$x\in[0,+\infty)$，所以 $a\leqslant\frac{1}{2}$，即 a 的最大值为 $\frac{1}{2}$.

(2) 由(1) 可知 $g'(0)=0$，且当 $a=\frac{1}{2}$ 时，$g'(x)$ 在 $[0,+\infty)$ 上是增函数，故 $g'(x)\geqslant g'(0)=0$，所以 $g(x)$ 在 $[0,+\infty)$ 上是增函数，且 $g(0)=0$，即 $f(x)\geqslant\frac{1}{2}x^2+1$，其中 $x\in[0,+\infty)$. 依次令 $x=\frac{1}{2},\frac{1}{3},\frac{1}{4},\cdots,\frac{1}{n+1}$，可得

$$f\left(\frac{1}{2}\right) \geqslant \frac{1}{2} \cdot \left(\frac{1}{2}\right)^2 + 1$$

$$f\left(\frac{1}{3}\right) \geqslant \frac{1}{2} \cdot \left(\frac{1}{3}\right)^2 + 1, \cdots,$$

$$f\left(\frac{1}{n+1}\right) \geqslant \frac{1}{2} \cdot \left(\frac{1}{n+1}\right)^2 + 1$$

将以上不等式相加，得

$$f\left(\frac{1}{2}\right) + f\left(\frac{1}{3}\right) + \cdots + f\left(\frac{1}{n}\right) \geqslant$$

$$\frac{1}{2}\left[\left(\frac{1}{2}\right)^2 + \left(\frac{1}{3}\right)^2 + \cdots + \left(\frac{1}{n+1}\right)^2\right] + n >$$

$$\frac{1}{2}\left[\frac{1}{2 \times 3} + \frac{1}{3 \times 4} + \cdots + \frac{1}{(n+1)(n+2)}\right] + n =$$

$$\frac{1}{2}\left[\left(\frac{1}{2} - \frac{1}{3}\right) + \left(\frac{1}{3} - \frac{1}{4}\right) + \cdots + \left(\frac{1}{n+1} - \frac{1}{n+2}\right)\right] + n =$$

$$\frac{1}{2}\left(\frac{1}{2} - \frac{1}{n+2}\right) + n = n\left[1 + \frac{1}{4(n+2)}\right]$$

例 4 （2010 年湖北高考理科第 21 题改编）若 $n \in \mathbf{N}^*$，求证：

$$1 + \frac{1}{2} + \frac{1}{3} + \frac{1}{4} + \cdots + \frac{1}{n} > \ln(n+1) + \frac{n}{2(n+1)}$$

证明 设数列 $\{a_n\}$ 的通项

$$a_n = 1 + \frac{1}{2} + \frac{1}{3} + \frac{1}{4} + \cdots + \frac{1}{n} - \ln(n+1) - \frac{n}{2(n+1)}$$

于是

$$a_{n+1} = 1 + \frac{1}{2} + \frac{1}{3} + \frac{1}{4} + \cdots + \frac{1}{n} + \frac{1}{n+1} - \ln(n+2) - \frac{n+1}{2(n+2)}$$

从而

$$a_{n+1} - a_n = \frac{1}{n+1} - \ln(n+2) + \ln(n+1) + \frac{n}{2(n+1)} - \frac{n+1}{2(n+2)} =$$

$$\frac{1}{n+1} - \ln\frac{n+2}{n+1} - \frac{1}{2(n+1)(n+2)} =$$

$$\frac{2n+3}{2(n+1)(n+2)} - \ln\frac{n+2}{n+1}$$

为此先证明不等式 $\ln x < \frac{x}{2} - \frac{1}{2x}\ (x > 0)$．事实上：设

$$f(x) = \ln x - \frac{x}{2} + \frac{1}{2x}$$

则 $$f'(x) = \frac{1}{x} - \frac{1}{2} - \frac{1}{2x^2} = -\frac{(x-1)^2}{2x^2} < 0$$

从而当 $x>1$ 时，有 $f(x)<f(1)=0$，即

$$\ln x<\frac{x}{2}-\frac{1}{2x}\quad(x>1)$$

再令 $x=\frac{n+2}{n+1}$，有 $\ln\frac{n+2}{n+1}<\frac{n+2}{2(n+1)}-\frac{n+1}{2(n+2)}$，于是

$$a_{n+1}-a_n=\frac{2n+3}{2(n+1)(n+2)}-\ln\frac{n+2}{n+1}>$$

$$\frac{2n+3}{2(n+1)(n+2)}-\frac{n+2}{2(n+1)}+\frac{n+1}{2(n+2)}=0$$

所以 $a_n<a_{n-1}<a_{n-2}<\cdots<a_2<a_1=1-\ln 2-\frac{1}{4}=\frac{3}{4}-\ln 2$

因为 $e^3>2,7^3>16$，所以 $3>\ln 16=4\ln 2$，即 $\frac{3}{4}>\ln 2$，于是 $a_1>0$，所以

$$a_n=1+\frac{1}{2}+\frac{1}{3}+\frac{1}{4}+\cdots+\frac{1}{n}-\ln(n+1)-\frac{n}{2(n+1)}>0$$

即
$$1+\frac{1}{2}+\frac{1}{3}+\frac{1}{4}+\cdots+\frac{1}{n}>\ln(n+1)+\frac{n}{2(n+1)}$$

例5 若 $n\in\mathbf{N}^*$ 且 $n\geqslant 2$，求证：$\frac{e^{2^2}}{2^2}+\frac{e^{3^2}}{3^2}+\frac{e^{4^2}}{4^2}+\cdots+\frac{e^{n^2}}{n^2}>\frac{2n^2+n-3}{2(n+1)}$.

证明 设数列 $\{a_n\}$ 的通项

$$a_n=\frac{e^{2^2}}{2^2}+\frac{e^{3^2}}{3^2}+\frac{e^{4^2}}{4^2}+\cdots+\frac{e^{n^2}}{n^2}-\frac{2n^2+n-3}{2(n+1)}$$

于是

$$a_{n+1}=\frac{e^{2^2}}{2^2}+\frac{e^{3^2}}{3^2}+\frac{e^{4^2}}{4^2}+\cdots+\frac{e^{n^2}}{n^2}+\frac{e^{(n+1)^2}}{(n+1)^2}-\frac{2(n+1)^2+(n+1)-3}{2(n+2)}$$

从而
$$a_{n+1}-a_n=\frac{e^{(n+1)^2}}{(n+1)^2}-\frac{2n^2+5n}{2(n+2)}+\frac{2n^2+n-3}{2(n+1)}=$$

$$\frac{e^{(n+1)^2}}{(n+1)^2}-\frac{n^2+3n+3}{(n+1)(n+2)}=$$

$$\frac{e^{(n+1)^2}}{(n+1)^2}-1-\frac{1}{(n+1)(n+2)}$$

易知不等式 $e^x>x+1(x>0)$ 成立，于是令 $x=(n+1)^2$，有

$$e^{(n+1)^2}>(n+1)^2+1$$

所以
$$a_{n+1}-a_n=\frac{e^{(n+1)^2}}{(n+1)^2}-1-\frac{1}{(n+1)(n+2)}>$$

$$\frac{(n+1)^2+1}{(n+1)^2}-1-\frac{1}{(n+1)(n+2)}=$$

$$\frac{1}{(n+1)^2(n+2)}>0$$

所以 $$a_n > a_{n-1} > a_{n-2} > \cdots > a_3 > a_2$$

而 $$a_2 = \frac{e^{2^2}}{2^2} - \frac{2\times4-1}{2\times3} > \frac{2^2+1}{2^2} - \frac{7}{6} = \frac{5}{4} - \frac{7}{6} = \frac{1}{12} > 0$$

所以 $$a_n = \frac{e^{2^2}}{2^2} + \frac{e^{3^2}}{3^2} + \frac{e^{4^2}}{4^2} + \cdots + \frac{e^{n^2}}{n^2} - \frac{2n^2+n-3}{2(n+1)} > 0$$

即 $$\frac{e^{2^2}}{2^2} + \frac{e^{3^2}}{3^2} + \frac{e^{4^2}}{4^2} + \cdots + \frac{e^{n^2}}{n^2} > \frac{2n^2+n-3}{2(n+1)} \quad (n \geqslant 2, n \in \mathbf{N}^*)$$

点评 以上两题均是先构造一个数列，再利用函数的单调性得到一个不等式，对自变量取关于 n 的表达式后进行放缩证得结论.

例 6 （2013 年湖南省高中数学竞赛）已知函数 $f(x) = \ln(1+x)$，$g(x) = \frac{x(1+\lambda x)}{1+x}(\lambda > 0)$，且对任意 $x \geqslant 0$，$f(x) \leqslant g(x)$ 恒成立.

(1) 求 λ 的取值范围；

(2) 若 $a_n = 1 + \frac{1}{2} + \frac{1}{3} + \cdots + \frac{1}{n}$，试证明：$a_{2n} - a_n + \frac{1}{4n} > \ln 2$.

解 (1) 记 $H(x) = f(x) - g(x) = \ln(1+x) - \frac{x(1+\lambda x)}{1+x}(\lambda > 0)$，则 $H(0) = 0$，$H'(x) = \frac{(1-2\lambda)x - \lambda x^2}{(1+x)^2}$，$H'(0) = 0$. 当 $\lambda < \frac{1}{2}$，则当 $0 < x < \frac{1-2\lambda}{\lambda}$ 时，$H'(x) > 0$，所以 $H(x) > 0$，即 $f(x) > g(x)$，与题设矛盾. 当 $\lambda \geqslant \frac{1}{2}$，则当 $x > 0$ 时，$H'(x) < 0$，所以 $H(x) < 0$，即 $f(x) < g(x)$，符合题意. 综上可知，λ 的取值范围是 $\left[\frac{1}{2}, +\infty\right)$.

(2) 令 $\lambda = \frac{1}{2}$，由 (1) 可知，当 $x > 0$ 时，$H(x) < 0$，即 $\frac{x(2+x)}{2+2x} > \ln(1+x)$. 取 $x = \frac{1}{k}$，则

$$\frac{2k+1}{2k(k+1)} > \ln\frac{k+1}{k}$$

于是

$$\begin{aligned} a_{2n} - a_n + \frac{1}{4n} = \sum_{k=n}^{2n-1}\left[\frac{1}{2k} + \frac{1}{2(k+1)}\right] = \\ \sum_{k=n}^{2n-1}\frac{2k+1}{2k(k+1)} > \\ \sum_{k=n}^{2n-1}\ln\frac{k+1}{k} = \ln 2n - \ln n = \ln 2 \end{aligned}$$

所以 $$a_{2n}-a_n+\frac{1}{4n}>\ln 2$$

例 7 已知 $f(x)=2\ln(x+1)+\dfrac{1}{x(x+1)}-1$.

(1) 求 $f(x)$ 在区间 $[1,+\infty)$ 上的最小值;

(2) 利用函数 $f(x)$ 的性质,求证:$\ln 1+\ln 2+\ln 3+\cdots+\ln n>\dfrac{(n-1)^2}{2n}$ $(n\in\mathbf{N}^*$,且 $n\geqslant 2)$;

(3) 求证:$\ln^2 1+\ln^2 2+\ln^2 3+\cdots+\ln^2 n>\dfrac{(n-1)^4}{4n^3}$ $(n\in\mathbf{N}^*$,且 $n\geqslant 2)$.

解 (1) 因为

$$f'(x)=\frac{2}{x+1}-\frac{2x+1}{x^2(x+1)^2}=\frac{2x^3+2x^2-2x-1}{x^2(x+1)^2}=\frac{(2x^3-1)+2x(x-1)}{x^2(x+1)^2}$$

所以 $x\geqslant 1$ 时,$f'(x)>0$,即 $f(x)$ 在区间 $[1,+\infty)$ 上为增函数.

所以 $f(x)$ 在区间 $[1,+\infty)$ 上的最小值为 $f(1)=2\ln 2-\dfrac{1}{2}$.

(2) 由(1) 知,对任意的实数 $x\geqslant 1$,有

$$2\ln(x+1)+\frac{1}{x(x+1)}-1\geqslant 2\ln 2-\frac{1}{2}>0$$

恒成立. 所以对任意的正整数 k,有 $2\ln(k+1)+\dfrac{1}{k(k+1)}-1>0$,即 $2\ln(k+1)>1-\left(\dfrac{1}{k}-\dfrac{1}{k+1}\right)$ 恒成立,所以

$$2\ln 2>1-\left(\frac{1}{1}-\frac{1}{2}\right),2\ln 3>1-\left(\frac{1}{2}-\frac{1}{3}\right),\cdots,2\ln n>1-\left(\frac{1}{n-1}-\frac{1}{n}\right)$$

所以

$$2\ln 2+2\ln 3+\cdots+2\ln n>\left[1-\left(\frac{1}{1}-\frac{1}{2}\right)\right]+\left[1-\left(\frac{1}{2}-\frac{1}{3}\right)\right]+\cdots+\left[1-\left(\frac{1}{n-1}-\frac{1}{n}\right)\right]$$

所以 $$2\ln 2+2\ln 3+\cdots+2\ln n>n-1-\left(1-\frac{1}{n}\right)=\frac{(n-1)^2}{n}$$

所以 $n\in\mathbf{N}^*$,且 $n\geqslant 2$ 时,$\ln 1+\ln 2+\ln 3+\cdots+\ln n>\dfrac{(n-1)^2}{2n}$.

(3) 由柯西不等式知

$$(\ln^2 1+\ln^2 2+\ln^2 3+\cdots+\ln^2 n)(1^2+1^2+1^2+\cdots+1^2)\geqslant(\ln 1+\ln 2+\ln 3+\cdots+\ln n)^2$$

结合(2) 的结论可知,当 $n\in\mathbf{N}^*$,且 $n\geqslant 2$ 时

$$\ln^2 1+\ln^2 2+\ln^2 3+\cdots+\ln^2 n>\frac{1}{n}\times\frac{(n-1)^4}{4n^2}=\frac{(n-1)^4}{4n^3}$$

例 8 已知 $a_i>0(i=1,2,\cdots,n$，且 $n\geqslant 2)$，求证：$\frac{a_1+a_2+\cdots+a_n}{n}\geqslant\sqrt[n]{a_1a_2\cdots a_n}$.

证明 令 $f(x)=\ln x$，则 $f'(x)=\frac{1}{x}$，$f''(x)=-\frac{1}{x^2}<0$，知 $f(x)$ 在 $(0,+\infty)$ 上为凹函数，由琴生不等式，得

$$\frac{1}{n}(\ln a_1+\ln a_2+\cdots+\ln a_n)\leqslant\ln\frac{a_1+a_2+\cdots+a_n}{n}$$

化简得

$$\sqrt[n]{a_1a_2\cdots a_n}\leqslant\frac{1}{n}(a_1+a_2+\cdots+a_n)$$

点评 利用函数凸性证明不等式的关键，在于构造或引进辅助函数，使条件和结论、已知与未知建立联系，利用 $f(x)=\ln x$ 的凹凸性.

例 9 （2008年南京大学自主招生数学试题）若正数 a,b,c 满足 $a+b+c=1$，求证：

$$\left(a+\frac{1}{a}\right)\left(b+\frac{1}{b}\right)\left(c+\frac{1}{c}\right)\geqslant\frac{1\,000}{27}$$

证明 设

$$g=\left(a+\frac{1}{a}\right)\left(b+\frac{1}{b}\right)\left(c+\frac{1}{c}\right)$$

则
$$\ln g=\ln\left(a+\frac{1}{a}\right)+\ln\left(b+\frac{1}{b}\right)+\ln\left(c+\frac{1}{c}\right)$$

设 $f(x)=\ln\left(x+\frac{1}{x}\right)(0<x<1)$，则

$$f'(x)=\frac{x^2-1}{(x^2+1)x},f''(x)=\left[\frac{x^2-1}{(x^2+1)x}\right]=\frac{-(x^4-4x^2-1)}{[(x^2+1)x]^2}$$

令 $t=x^2$，$0<t<1$，则 $x^4-4x^2-1=t^2-4t-1$，结合二次函数图像可知 $x^4-4x^2-1=t^2-4t-1<0$，故 $f''(x)>0$，所以 $f(x)$ 在 $(0,1)$ 上为凸函数，根据琴生不等式有

$$\ln g=\ln\left(a+\frac{1}{a}\right)+\ln\left(b+\frac{1}{b}\right)+\ln\left(c+\frac{1}{c}\right)\geqslant 3\ln\frac{a+\frac{1}{a}+b+\frac{1}{b}+c+\frac{1}{c}}{3}$$

而

$$\frac{1}{a}+\frac{1}{b}+\frac{1}{c}=\left(\frac{1}{a}+\frac{1}{b}+\frac{1}{c}\right)(a+b+c)\geqslant 3\sqrt[3]{\frac{1}{abc}}\cdot 3\sqrt[3]{abc}=9$$

于是

$$a+\frac{1}{a}+b+\frac{1}{b}+c+\frac{1}{c}\geqslant 10\quad\left(a=b=c=\frac{1}{3}\text{ 时取等号}\right)$$

所以
$$\ln g\geqslant 3\ln\frac{10}{3}$$

即 $g\geqslant\left(\frac{10}{3}\right)^3=\frac{1\ 000}{27}$,不等式得证.

例 10 (2006 年四川省高考试题) 已知函数 $f(x)=x^2+\frac{2}{x}+a\ln x(x>0)$,$f(x)$ 的导函数是 $f'(x)$,对任意 2 个不相等的正数 x_1,x_2. 证明:当 $a\leqslant 0$ 时
$$\frac{f(x_1)+f(x_2)}{2}>f\left(\frac{x_1+x_2}{2}\right)$$

分析 本题的几何背景是证明函数 $f(x)$ 在区间 $(0,+\infty)$ 上是下凸函数,先写出 $\frac{f(x_1)+f(x_2)}{2}$,$f\left(\frac{x_1+x_2}{2}\right)$ 的表达式,再分析 2 个式子的结构特点,寻找联系.

证明 由 $f(x)=x^2+\frac{2}{x}+a\ln x$ 得
$$\frac{f(x_1)+f(x_2)}{2}=\frac{1}{2}(x_1^2+x_2^2)+\frac{x_1+x_2}{x_1x_2}+a\ln\sqrt{x_1x_2}$$
$$f\left(\frac{x_1+x_2}{2}\right)=\left(\frac{x_1+x_2}{2}\right)^2+\frac{4}{x_1+x_2}+a\ln\frac{x_1+x_2}{2}$$

而
$$\frac{1}{2}(x_1^2+x_2^2)>\frac{1}{4}[(x_1^2+x_2^2)+2x_1x_2]=\left(\frac{x_1+x_2}{2}\right)^2\qquad ①$$

又
$$(x_1+x_2)^2=(x_1^2+x_2^2)+2x_1x_2>4x_1x_2$$

所以
$$\frac{x_1+x_2}{x_1x_2}>\frac{4}{x_1+x_2}\qquad ②$$

因为 $\sqrt{x_1x_2}<\frac{x_1+x_2}{2}$,所以 $\ln\sqrt{x_1x_2}<\ln\frac{x_1+x_2}{2}$. 又由 $a\leqslant 0$,得
$$a\ln\sqrt{x_1x_2}\geqslant a\ln\frac{x_1+x_2}{2}\qquad ③$$

由式 ①,式 ②,式 ③,可得
$$\frac{f(x_1)+f(x_2)}{2}>f\left(\frac{x_1+x_2}{2}\right)$$

点评 证明的关键是抓住求证不等式的结构特征,逐项进行比较.

另证:$f'(x)=2x-\frac{2}{x^2}+\frac{a}{x}$,$f''(x)=2+\frac{2}{x^3}-\frac{a}{x^2}$,当 $a\leqslant 0$ 时,显然有 $f''(x)>0$,即 $f(x)$ 是凸函数,由于 $x_1,x_2>0$,但 $x_1\neq x_2$,故

$$\frac{f(x_1)+f(x_2)}{2}>f\left(\frac{x_1+x_2}{2}\right)$$

例 11 （2005 年中国数学奥林匹克协作体夏令营 A 水平测试题）已知 $a,b,c>0$，且 $ab+bc+ca=1$，求证：$\sqrt[3]{\frac{1}{a}+6b}+\sqrt[3]{\frac{1}{b}+6c}+\sqrt[3]{\frac{1}{c}+6a}\leqslant\frac{1}{abc}$.

证明 因为

$$\frac{1}{a}+6b=\frac{ab+bc+ca}{a}+6b=7b+c+\frac{bc}{a}$$

同理

$$\frac{1}{b}+6c=7c+a+\frac{ab}{c},\frac{1}{c}+6a=7a+b+\frac{ab}{c}$$

根据 $a^2b^2+b^2c^2\geqslant 2ab^2c$，$b^2c^2+c^2a^2\geqslant 2abc^2$，$c^2a^2+a^2b^2\geqslant 2a^2bc$，三式相加易得

$$a+b+c\leqslant\frac{bc}{a}+\frac{ab}{c}+\frac{ca}{b}$$

所以

$$\begin{aligned}&\frac{1}{a}+6b+\frac{1}{b}+6c+\frac{1}{c}+6a=\\&8(a+b+c)+\left(\frac{bc}{a}+\frac{ca}{b}+\frac{ab}{c}\right)\leqslant\\&6(a+b+c)+3\left(\frac{bc}{a}+\frac{ca}{b}+\frac{ab}{c}\right)=\\&3\cdot\frac{(ab+bc+ca)^2}{abc}=\frac{3}{abc}\end{aligned}$$

设 $f(t)=\sqrt[3]{t}$，易证它是凸函数，由琴生不等式知

$$\frac{f(x_1)+f(x_2)+f(x_3)}{3}\leqslant f\left(\frac{x_1+x_2+x_3}{3}\right)$$

所以

$$\begin{aligned}&\left[\frac{\sqrt[3]{\frac{1}{a}+6b}+\sqrt[3]{\frac{1}{b}+6c}+\sqrt[3]{\frac{1}{c}+6a}}{3}\right]^3\leqslant\\&\frac{\left(\frac{1}{a}+6b\right)+\left(\frac{1}{b}+6c\right)+\left(\frac{1}{c}+6a\right)}{3}\leqslant\\&\frac{1}{abc}\end{aligned}$$

所以左边 $\leqslant\frac{3}{\sqrt[3]{abc}}$，又 $1=ab+bc+ca\geqslant 3\sqrt[3]{(abc)^2}$，故左边 $\leqslant\frac{3}{\sqrt[3]{abc}}=$

$\frac{3\sqrt[3]{(abc)^2}}{abc} \leqslant \frac{1}{abc}$,即原不等式成立.

例 12 (2010年第一届陈省身杯全国高中数学奥林匹克试题)设正实数 a, b, c 满足 $a^3+b^3+c^3=3$,证明:$\frac{1}{a^2+a+1}+\frac{1}{b^2+b+1}+\frac{1}{c^2+c+1} \geqslant 1$.

证明 设 $f(x)=\frac{1}{x^2+x+1}(x>0)$,则

$$f'(x)=-\frac{2x+1}{(x^2+x+1)^2}, f''(x)=-\frac{6x(x+1)}{(x^2+x+1)^3}>0$$

因此,$f(x)$ 是凸函数. 由琴生不等式得

$$\frac{1}{a^2+a+1}+\frac{1}{b^2+b+1}+\frac{1}{c^2+c+1} \geqslant \frac{3}{\left(\frac{a+b+c}{3}\right)^2+\left(\frac{a+b+c}{3}\right)+1}$$

再由幂平均不等式得

$$\frac{a+b+c}{3} \leqslant \left(\frac{a^3+b^3+c^3}{3}\right)^{\frac{1}{3}}=1$$

则
$$\frac{3}{\left(\frac{a+b+c}{3}\right)^2+\left(\frac{a+b+c}{3}\right)+1} \geqslant \frac{3}{1+1+1}=1$$

故
$$\frac{1}{a^2+a+1}+\frac{1}{b^2+b+1}+\frac{1}{c^2+c+1} \geqslant 1$$

例 13 求证不等式:$-1<\left(\sum_{k=1}^{n} \frac{k}{k^2+1}\right)-\ln n \leqslant \frac{1}{2}, n=1,2,\cdots$

证明 首先证明一个不等式

$$\frac{x}{1+x}<\ln(1+x)<x, x>0 \quad ①$$

事实上,令 $h(x)=x-\ln(1+x)$,$g(x)=\ln(1+x)-\frac{x}{1+x}$. 则对 $x>0$,有

$$h'(x)=1-\frac{1}{1+x}>0, g'(x)=\frac{1}{1+x}-\frac{1}{(1+x)^2}=\frac{x}{(1+x)^2}>0$$

于是
$$h(x)>h(0)=0, g(x)>g(0)=0$$

在式 ① 中取 $x=\frac{1}{n}$ 得

$$\frac{1}{n+1}<\ln\left(1+\frac{1}{n}\right)<\frac{1}{n} \quad ②$$

令 $x_n=\sum_{k=1}^{n} \frac{k}{k^2+1}-\ln n$,则

$$x_1=\frac{1}{2}$$

$$x_n - x_{n-1} = \frac{n}{n^2+1} - \ln\left(1+\frac{1}{n-1}\right) < \frac{n}{n^2+1} - \frac{1}{n} = -\frac{1}{(n^2+1)n} < 0$$

因此 $x_n < x_{n-1} < \cdots < x_1 = \frac{1}{2}$. 又因为

$$\begin{aligned}\ln n = &[\ln n - \ln(n-1)] + [\ln(n-1) - \ln(n-2)] + \cdots + \\ &(\ln 2 - \ln 1) + \ln 1 = \\ &\sum_{k=1}^{n-1} \ln\left(1+\frac{1}{k}\right)\end{aligned}$$

从而

$$\begin{aligned}x_n = &\sum_{k=1}^{n} \frac{k}{k^2+1} - \sum_{k=1}^{n-1} \ln\left(1+\frac{1}{k}\right) = \\ &\sum_{k=1}^{n-1}\left[\frac{k}{k^2+1} - \ln\left(1+\frac{1}{k}\right)\right] + \frac{n}{n^2+1} > \\ &\sum_{k=1}^{n-1}\left(\frac{k}{k^2+1} - \frac{1}{k}\right) = \\ &-\sum_{k=1}^{n-1} \frac{1}{(k^2+1)k} \geqslant \\ &-\sum_{k=1}^{n-1} \frac{1}{(k+1)k} = \\ &-1 + \frac{1}{n} > -1\end{aligned}$$

点评 本题就是先利用函数的单调性证明一个不等式，再通过恒等变形证得结论. 请再看一例.

例 14 已知函数 $f(x) = \frac{1}{2}x^2 + \ln x$.

(1) 求函数 $f(x)$ 在区间 $[1, \mathrm{e}]$ 上的最大、最小值；

(2) 求证：在区间 $(1, +\infty)$ 上，函数 $f(x)$ 的图像在函数 $g(x) = \frac{2}{3}x^3$ 图像的下方；

(3) 设 $g(x) = f'(x)$，求证：$[g(x)]^n - g(x^n) \geqslant 2^n - 2$.

解 (1) 由已知 $f'(x) = x + \frac{1}{x}$，当 $x \in [1, \mathrm{e}]$ 时，$f'(x) > 0$，所以函数 $f(x)$ 在区间 $[1, \mathrm{e}]$ 上单调递增，所以函数 $f(x)$ 在区间 $[1, \mathrm{e}]$ 上的最大、最小值分别为 $f(1)$、$f(\mathrm{e})$，因为 $f(1) = \frac{1}{2}$，$f(\mathrm{e}) = \frac{\mathrm{e}^2}{2} + 1$，所以函数 $f(x)$ 在区间 $[1, \mathrm{e}]$ 上的最大值为 $\frac{\mathrm{e}^2}{2} + 1$，最小值为 $\frac{1}{2}$.

(2) 设 $F(x) = \frac{1}{2}x^2 + \ln x - \frac{2}{3}x^3$，则

$$F'(x)=x+\frac{1}{x}-2x^2=\frac{(1-x)(1+x+2x^2)}{x}$$

因为 $x>1,F'(x)<0$,所以函数 $F(x)$ 在区间$(1,+\infty)$ 上单调递减,又 $F(1)=-\frac{1}{6}<0$,所以,在区间$(1,+\infty)$ 上,$F(x)<0$,即

$$\frac{1}{2}x^2+\ln x<\frac{2}{3}x^3$$

所以函数 $f(x)$ 的图像在函数 $g(x)=\frac{2}{3}x^3$ 图像的下方.

(3) 当 $n=1$ 时,不等式成立,当 $n\geqslant 2$ 时

$[g(x)]^n-g(x^n)=$

$\left(x+\frac{1}{x}\right)^n-\left(x^n+\frac{1}{x^n}\right)=$

$C_n^1x^{n-1}\frac{1}{x}+C_n^2x^{n-2}\frac{1}{x^2}+\cdots+C_n^{n-1}x\frac{1}{x^{n-1}}=$

$C_n^1x^{n-2}+C_n^2x^{n-4}+\cdots+C_n^{n-1}\frac{1}{x^{n-2}}=$

$\frac{1}{2}\left[C_n^1\left(x^{n-2}+\frac{1}{x^{n-2}}\right)+C_n^2\left(x^{n-4}+\frac{1}{x^{n-4}}\right)+\cdots+C_n^{n-1}\left(\frac{1}{x^{n-2}}+x^{n-2}\right)\right]$

由已知 $x>0$,所以

$$[g(x)]^n-g(x^n)\geqslant C_n^1+C_n^2+\cdots+C_n^{n-1}=2^n-2$$

巩固练习

1. 数列$\{\sqrt[n]{n}\}$,$n=1,2,\cdots$,则数列中最大项的值为________.

解 $\sqrt{3}$. $f(x)=x^{\frac{1}{x}}=e^{\frac{1}{x}\ln x}\Rightarrow f'(x)=\frac{x^{\frac{1}{x}}}{x^2}(1-\ln x)\Rightarrow x=e$ 为极大值点,所以数列最大项为第三项,其值为$\sqrt[3]{3}$.

2. (2006 年复旦大学自主招生) 设 $x_1,x_2\in\left(0,\frac{\pi}{2}\right)$,且 $x_1\neq x_2$,下列不等式中成立的是(　　)

① $\frac{1}{2}(\tan x_1+\tan x_2)>\tan\frac{x_1+x_2}{2}$;

② $\frac{1}{2}(\tan x_1+\tan x_2)<\tan\frac{x_1+x_2}{2}$;

③ $\frac{1}{2}(\sin x_1+\sin x_2)>\sin\frac{x_1+x_2}{2}$;

④ $\frac{1}{2}(\sin x_1+\sin x_2)<\sin\frac{x_1+x_2}{2}$.

A. ①③　　　　B. ①④　　　　C. ②③　　　　D. ②④

解　B. 函数 $y=\tan x$ 在 $x\in\left(0,\frac{\pi}{2}\right)$ 为下凸函数，而 $y=\sin x, x\in\left(0,\frac{\pi}{2}\right)$ 为上凸函数，因此 $\frac{1}{2}(\tan x_1+\tan x_2)>\tan\frac{x_1+x_2}{2}$，$\frac{1}{2}(\sin x_1+\sin x_2)<\sin\frac{x_1+x_2}{2}$；①④ 正确.

3.（2014 年哈尔滨工程大学自主招生压轴题）已知正数 a,b,c 满足 $a+b+c=1$，证明：$\frac{a^2}{b+c}+\frac{b^2}{a+c}+\frac{c^2}{a+b}\geqslant\frac{1}{2}$.

证明　原不等式等价于 $\frac{a^2}{1-a}+\frac{b^2}{1-b}+\frac{c^2}{1-c}\geqslant\frac{1}{2}$，构造函数 $f(x)=\frac{x^2}{1-x}(0<x<1)$. 因为

$$f''(x)=\frac{2}{(1-x)^2}>0$$

所以 $f(x)=\frac{x^2}{1-x}(0<x<1)$ 在 $(0,1)$ 上是下凸函数，根据琴生不等式有

$$\frac{f(a)+f(b)+f(c)}{3}\geqslant f\left(\frac{a+b+c}{3}\right)$$

即

$$\frac{a^2}{b+c}+\frac{b^2}{a+c}+\frac{c^2}{a+b}\geqslant\frac{1}{2}$$

4. 求所有的实数 p，使不等式

$$\frac{1}{3^p}>\frac{1+3^p}{5^p+7^p}>\frac{1+3^p+5^p}{7^p+9^p+11^p}>\cdots>\frac{1+3^p+\cdots+(2n-1)^p}{(2n+1)^p+(2n+3)^p+\cdots+(4n-1)^p}$$

成立.

解　$0<p<1$. 考虑 $p=0,1$ 时

$$\frac{1}{3^p}=\frac{1+3^p}{5^p+7^p}=\frac{1+3^p+5^p}{7^p+9^p+11^p}=\cdots=\frac{1+3^p+\cdots+(2n-1)^p}{(2n+1)^p+(2n+3)^p+\cdots+(4n-1)^p}$$

再考察 $p=2,-1$ 时不等式不成立，所以猜测 $0<p<1$，以下证明.

当 $p\in(0,1)$ 时 x^p 为上凸函数，所以 $x\in(0,1)$ 时 $(1-x)^p+(1+x)^p$ 为减函数. 令 $x=\frac{1}{2k}$ 得

$$\left(1-\frac{1}{2k}\right)^p+\left(1+\frac{1}{2k}\right)^p>\left(1-\frac{1}{2k-2}\right)^p+\left(1+\frac{1}{2k-2}\right)^p$$

整理得

$$\frac{(2k-1)^p+(2k+1)^p}{k^p}>\frac{(2k-3)^p+(2k-1)^p}{(k-1)^p}>\cdots>\frac{1^p+3^p}{1^p}$$

利用$\frac{b}{a}>\frac{d}{c}$时有

$$\frac{b}{a}>\frac{b+d}{a+c}>\frac{d}{c}\quad(a,b,c,d>0)$$

得

$$\frac{1^p+3^p+\cdots+(4n-1)^p}{1+3^p+\cdots+(2n-1)^p}>\cdots>\frac{1^p+3^p+5^p+7^p}{1+3^p}>\frac{1^p+3^p}{1^p}$$

两边减 1 即得所求不等式.

5.（2014 年北约自主招生压轴题）已知 $x_1,x_2,\cdots,x_n\in\mathbf{R}_+$，且 $x_1x_2\cdots x_n=1$，求证：$(x_1+\sqrt{2})(x_2+\sqrt{2})\cdots(x_n+\sqrt{2})\geqslant(1+\sqrt{2})^n$.

证明 原不等式等价于

$$\ln(x_1+\sqrt{2})+\ln(x_2+\sqrt{2})+\cdots+\ln(x_n+\sqrt{2})\geqslant n\ln(1+\sqrt{2})$$

构造函数 $f(x)=\ln(e^x+\sqrt{2})(x\in\mathbf{R})$，因为 $f''(x)=\frac{\sqrt{2}e^x}{(e^x+\sqrt{2})^2}>0$，所以函数 $f(x)=\ln(e^x+\sqrt{2})(x\in\mathbf{R})$ 在$(-\infty,+\infty)$上为下凸函数. 根据琴生不等式. 如果令 $y_i=\ln x_i(i=1,2,\cdots,n)$，则

$$\frac{f(y_1)+f(y_2)+\cdots+f(y_n)}{n}\geqslant f\left(\frac{y_1+y_2+\cdots+y_n}{n}\right)$$

化简即得

$$\ln(x_1+\sqrt{2})+\ln(x_2+\sqrt{2})+\cdots+\ln(x_n+\sqrt{2})\geqslant n\ln(1+\sqrt{2})$$

所以问题得证.

第 5 节　利用切线方程证明不等式

我们知道联结曲线上任意两点所得的线段叫作该曲线的弦，此弦所在直线叫作该曲线的割线，当曲线上的两点中某点固定，而另一点无限趋近于固定点（此时这点就会重合）时，割线就是曲切的切线. 同理我们来定义两条曲线的公切线：若直线 l 同时是曲线 C_1 与 C_2 的切线，且切点分别为 P,Q，则称直线 l 是曲线 C_1 与 C_2 的公切线. 特别地当点 P 与 Q 重合时，也就是若两曲线在它们的公共点 P 处存在公切线，则称两曲线 C_1 与 C_2 在点 P 处相切.

在这里，要注意两曲线存在公切线与两曲线相切的区别与联系，当两曲线相切时，公共切点处的切线，就是两曲线的一条公切线，反过来，当两条曲线存在公切线时，更一般的情形是，公切线分别与曲线切于不同的两点，这里可以把

两曲线相切(两切点重合)当作其中的特殊情况.

函数图像的切线问题一直是高考重点考查的内容,而近几年慢慢演化到了两个函数图像的公切线问题;另外,还可以利用函数的切线证明不等式.因此,函数切线(或公切线)在中学数学中应用非常广泛.下面就先对函数的切线与公切线的求法及其应用做以介绍.

一、函数切线(或公切线)的求法

在平面解析几何中已对圆、椭圆、双曲线、抛物线等的切法及其应用做了专门介绍,这里不做研究,只研究函数的切线及其应用.为此先介绍函数切线的求法.

1. 函数切线求法的主要步骤

函数切线求法的主要步骤是:设出切点,利用切点处的导数即为切线的斜率,利用切点在切线上与曲线上联立方程组求解.但要注意曲线 $y=f(x)$ 在点 $(x_0,f(x_0))$ 处的切线与曲线过某点 (x_0,y_0) 的切线是不同的.曲线 $f(x)$ 在点 $(x_0,f(x_0))$ 处的切线,点 $(x_0,f(x_0))$ 一定是切点,只要求出 $k=f'(x_0)$,利用点斜式写出切线即可;而曲线 $f(x)$ 过某点 (x_0,y_0) 的切线,给出的点 (x_0,y_0) 不一定在曲线上,既使在曲线上也不一定是切点.

例1 已知曲线 $y=x^2$,

(1) 求曲线在点 $P(1,1)$ 处的切线方程;

(2) 求曲线过点 $P(3,5)$ 的切线方程.

解 (1) 设切点为 (x_0,y_0),因为 $y'|_{x=x_0}$,所以 $y'|_{x=1}=2$.所以曲线在点 $P(1,1)$ 处的切线方程为 $y-1=2(x-1)$,即 $2x-y-1=0$.

(2) 点 $P(3,5)$ 不在曲线 $y=x^2$ 上,设切点为 (x_0,y_0),由(1)知,$y'|_{x=x_0}=2x_0$,所以切线方程为 $y-y_0=2x_0(x-x_0)$,由 $P(3,5)$ 在所求直线上得

$$5-y_0=2x_0(3-x_0) \qquad ①$$

再由 $A(x_0,y_0)$ 在曲线 $y=x^2$ 上得

$$y_0=x_0^2 \qquad ②$$

联立式①,式②得

$$x_0=1 \text{ 或 } x_0=5$$

从而切点 A 的坐标为 $(1,1)$ 或 $(5,25)$.当切点为 $(1,1)$ 时,切线的斜率为 $k_1=2x_0=2$,此时切线方程为 $y-1=2(x-1)$,即 $2x-y-1=0$,当切点为 $(5,25)$ 时,切线的斜率为 $k_2=2x_0=10$,此时切线方程为 $y-25=10(x-5)$,即 $10x-y-25=0$.

综上所述,过点 $P(3,5)$ 且与曲线 $y=x^2$ 相切的直线方程为 $2x-y-1=0$

或 $10x-y-25=0$.

点评 (1) 函数 $f(x)$ 在 x_0 处的导数是曲线 $f(x)$ 在点 $P(x_0,f(x_0))$ 处的切线的斜率,曲线 $f(x)$ 在点 P 处的切线的斜率 $k=f'(x_0)$,相应的切线方程为 $y-f(x_0)=f'(x_0)(x-x_0)$.

(2) 求曲线过某点的切线方程,要先求出切点坐标,再按(1) 完成解答.因此,要注意"过点 P 的切线"与"在点 P 处的切线"的不同.

例 2 (1)(2016・全国丙卷)已知 $f(x)$ 为偶函数,当 $x<0$ 时,$f(x)=\ln(-x)+3x$,则曲线 $y=f(x)$ 在点 $(1,-3)$ 处的切线方程是______________.

(2) 已知函数 $f(x)=x\ln x$,若直线 l 过点 $(0,-1)$,并且与曲线 $y=f(x)$ 相切,则直线 l 的方程为( )

A. $x+y-1=0$　　B. $x-y-1=0$

C. $x+y+1=0$　　D. $x-y+1=0$

解 (1) $2x+y+1=0$. 设 $x>0$,则 $-x<0$,$f(-x)=\ln x-3x$,又 $f(x)$ 为偶函数,$f(x)=\ln x-3x$,$f'(x)=\dfrac{1}{x}-3$,$f'(1)=-2$,切线方程为 $y=-2x-1$,即 $2x+y+1=0$.

(2) B. 因为点 $(0,-1)$ 不在曲线 $f(x)=x\ln x$ 上,所以设切点为 (x_0,y_0). 又因为 $f'(x)=1+\ln x$,所以 $\begin{cases}y_0=x_0\ln x_0\\ y_0+1=(1+\ln x_0)x_0\end{cases}$,解得 $x_0=1$,$y_0=0$. 所以切点为 $(1,0)$,所以 $f'(1)=1+\ln 1=1$. 所以直线 l 的方程为 $y=x-1$,即 $x-y-1=0$.

点评 导数的几何意义是切点处切线的斜率,应用时主要体现在以下几个方面:

(1) 已知切点 $A(x_0,f(x_0))$ 求斜率 k,即求该点处的导数值 $k=f'(x_0)$;

(2) 已知斜率 k,求切点 $A(x_1,f(x_1))$,即解方程 $f'(x_1)=k$;

(3) 若求过点 $P(x_0,y_0)$ 的切线方程,可设切点为 (x_1,y_1),由 $\begin{cases}y_1=f(x_1)\\ y_0-y_1=f'(x_1)(x_0-x_1)\end{cases}$,求解即可;

(4) 函数图像在每一点处的切线斜率的变化情况反映函数图像在相应点处的变化情况,由切线的倾斜程度可以判断出函数图像升降的快慢.

2. 函数图像公切线的求法

函数图像公切线的求法是:设曲线 $C_1:y=f(x)$ 在点 $A(x_1,f(x_1))$ 处的切线为 $l_1:y-f(x_1)=f'(x_1)(x-x_1)$,整理得

$$y=f'(x_1)\cdot x-f'(x_1)\cdot x_1+f(x_1)$$

设曲线 $C_2: y=g(x)$ 在点 $B(x_2, g(x_2))$ 处的切线为

l_2：
$$y-g(x_2)=g'(x_2)(x-x_2)$$
整理得
$$y=g'(x_2)\cdot x-g'(x_2)\cdot x_2+g(x_2)$$

由于 l_1 与 l_2 是相同的直线，所以有
$$\begin{cases} f'(x_1)=g'(x_2) \\ f(x_1)-f'(x_1)\cdot x_1=g(x_2)-g'(x_2)\cdot x_2 \end{cases}$$
从而可以求出公切线方程. 从上述分析还可以看成，曲线 $C_1: y=f(x)$ 与曲线 $C_2: y=g(x)$ 公切线的条数等价于方程组解的个数.

例 3 求曲线 $C_1: y=x^2$ 与 $C_2: y=x^3$ 的公切线的斜率.

解 在曲线 C_1, C_2 上分别取一点 $A(x_1, y_1), B(x_2, y_2)$. 分别求曲线在这两点的导数有 $y'_1=2x_1, y'_2=3x_2^2, y'_1=y'_2=k_{AB}$.

(1) 当 $x_1=x_2$ 时，$2x_1=3x_2^2$，解得 $x_1=x_2=0$，此时切线的斜率为 0；

(2) 当 $x_1\neq x_2$ 时，$2x_1=3x_2^2=\dfrac{x_1^2-x_2^3}{x_1-x_2}$，由 $2x_1=3x_2^2$，得 $x_1=\dfrac{3}{2}x_2^2$，代入
$$3x_2^2=\frac{x_1^2-x_2^3}{x_1-x_2}, 3x_2^2=\frac{\frac{9}{4}x_2^4-x_2^3}{\frac{3}{2}x_2^2-x_2}$$
解得
$$x_2=\frac{8}{9}, x_1=\frac{32}{27}$$
此时公切线的斜率为 $2x_1=\dfrac{64}{27}$. 综上所述：曲线 C_1, C_2 有两条公切线，其斜率分别为 $0, \dfrac{64}{27}$.

点评 无论是简单还是复杂的曲线切线问题，处理问题的着眼点都是挖掘切点处的三个重要关系：切点在曲线上，切点在直线上，切点处的导数值等于切线的斜率值，通过把几何关系转化成数量关系，列出相关变量的方程组，通过解方程组达到处理问题的目的.

例 4 若存在过点 $O(0,0)$ 的直线 l 与曲线 $y=x^3-3x^2+2x$ 和 $y=x^2+a$ 都相切，求 a 的值.

解 易知点 $O(0,0)$ 在曲线 $y=x^3-3x^2+2x$ 上.

(1) 当 $O(0,0)$ 是切点时，由 $y'=3x^2-6x+2$，得 $y'|_{x=0}=2$，即直线 l 的斜率为 2，故直线 l 的方程为 $y=2x$. 由 $\begin{cases} y=2x \\ y=x^2+a \end{cases}$，得 $x^2-2x+a=0$，依题意 $\Delta=4-4a=0$，得 $a=1$.

(2) 当 $O(0,0)$ 不是切点时，设直线 l 与曲线 $y=x^3-3x^2+2x$ 相切于点 $P(x_0, y_0)$，则

$$y_0 = x_0^3 - 3x_0^2 + 2x_0$$
$$k = y'|_{x=x_0} = 3x_0^2 - 6x_0 + 2 \quad ①$$

又

$$k = \frac{y_0}{x_0} = x_0^2 - 3x_0 + 2 \quad ②$$

联立式①②，得 $x_0 = \frac{3}{2}$（$x_0 = 0$ 舍去），所以 $k = -\frac{1}{4}$，故直线 l 的方程为 $y = -\frac{1}{4}x$.

由 $\begin{cases} y = -\frac{1}{4}x \\ y = x^2 + a \end{cases}$，得 $x^2 + \frac{1}{4}x + a = 0$，依题意，$\Delta = \frac{1}{16} - 4a = 0$，得 $a = \frac{1}{64}$. 综上，$a = 1$ 或 $a = \frac{1}{64}$.

点评　求曲线过一点的切线方程，要考虑已知点是切点和已知点不是切点两种情况.

下面重点介绍如何利用函数的切线证明不等式.

3. 直接利用函数的切线证明不等式

(1) 通过构造函数曲线的切线来证明满足 $\sum_{i=1}^{n} x_i = s$ 的条件下，形如 $\sum_{i=1}^{n} f(x_i) \leqslant M$（或 $\geqslant M$）的一类不等式. 具体思路与方法是：首先构造函数曲线在 $x = \frac{s}{n}$ 处的切线 $g(x)$，然后证明 $f(x) \leqslant g(x)$（或 $f(x) \geqslant g(x)$），再分别取 $x = x_i (i = 1, 2, \cdots, n)$，并将所得 n 个式子相加，利用 $\sum_{i=1}^{n} x_i = s$ 使不等式获证. 这里关键是证明 $f(x) \geqslant g(x)$（或 $f(x) \leqslant g(x)$），根据切线的定义易知方程组 $\begin{cases} y = f(x) \\ y = g(x) \end{cases}$ 在给定的区间内有唯一解，即方程 $f(x) - g(x) = 0$ 有两个相等的实数解 $x = \frac{s}{n}$，因此，$f(x) - g(x)$ 中含有因式 $(nx - s)^2$，从而使不等式获证.

例 5　已知 $a, b, c, d > 0$，且 $a + b + c + d = 1$，求证 $\frac{1}{(1+a^2)^2} + \frac{1}{(1+b^2)^2} + \frac{1}{(1+c^2)^2} + \frac{1}{(1+d^2)^2} \leqslant \frac{1\,024}{289}$.

证明　设 $f(x) = \frac{1}{(1+x^2)^2}$ $(0 < x < 1)$，因为原不等式当且仅当 $a = b = c = d = \frac{1}{4}$ 时，不等号成立，所以我们构造函数 $f(x) = \frac{1}{(1+x^2)^2}$ $(0 < x < 1)$ 在

$x=\frac{1}{4}$ 处的切线 $g(x)=-\frac{16^3}{17^3}\left(x-\frac{1}{4}\right)+\frac{16^2}{17^2}$. 下面证明

$$\frac{1}{(1+x^2)^2}\leqslant-\frac{16^3}{17^3}\left(x-\frac{1}{4}\right)+\frac{16^2}{17^2}$$

此不等式等价于

$$\frac{1}{(1+x^2)^2}+\frac{16^2}{17^2}\leqslant\frac{16^3}{17^3}\left(x-\frac{1}{4}\right)$$

即
$$\left(\frac{1}{1+x^2}-\frac{16}{17}\right)\left(\frac{1}{1+x^2}+\frac{16}{17}\right)\leqslant-\frac{16^3}{17^3}\left(x-\frac{1}{4}\right)$$

等价于

$$(4x-1)^2(256x^3-208x^2+392x-463)\leqslant 0$$

令
$$h(x)=256x^3-208x^2+392x-463$$

易知
$$h'(x)=8(96x^2-52x+49)>0$$

所以 $h(x)$ 在 $(0,1)$ 上单调递增，由于 $h(1)<0$，所以当 $0<x<1$ 时，有 $h(x)<0$，又 $(4x-1)^2\geqslant 0$，从而

$$(4x-1)^2(256x^3-208x^2+392x-463)\leqslant 0$$

所以
$$\left(\frac{1}{1+x^2}-\frac{16}{17}\right)\left(\frac{1}{1+x^2}+\frac{16}{17}\right)\leqslant-\frac{16^3}{17^3}\left(x-\frac{1}{4}\right)$$

当且仅当 $x=\frac{1}{4}$ 时等号成立. 因此

$$\frac{1}{(1+a^2)^2}+\frac{1}{(1+b^2)^2}+\frac{1}{(1+c^2)^2}+\frac{1}{(1+d^2)^2}\leqslant$$
$$-\frac{16^3}{17^3}(a+b+c+d-1)+\frac{1\,024}{289}=\frac{1\,024}{289}$$

例 6 已知 $a,b,c,d>0$，且 $a+b+c+d=1$，求证：$\sum\frac{1}{1+a^3}\leqslant\frac{256}{65}$（记“$\sum$”表示循环求和，下同）.

证明 设 $f(x)=\frac{1}{1+x^3}(0<x<1)$，则

$$f\left(\frac{1}{4}\right)=\frac{64}{65},f'(x)=-\frac{-3x^2}{(1+x^3)^2},f'\left(\frac{1}{4}\right)=-\frac{768}{4\,225}$$

于是，$f(x)$ 在 $x=\frac{1}{4}$ 处的切线方程为

$$g(x)=f'\left(\frac{1}{4}\right)\left(x-\frac{1}{4}\right)+\frac{64}{65}$$

即
$$g(x)=-\frac{768}{4\,225}\left(x-\frac{1}{4}\right)+\frac{64}{65}=-\frac{768}{4\,225}x+\frac{4\,352}{4\,225}$$

先证

$$\frac{1}{1+x^3} \leqslant -\frac{768}{4\ 225}x + \frac{4\ 352}{4\ 225} \quad (0 < x < 1) \qquad ①$$

上式等价于
$$4\ 225 \leqslant (-768x + 4352)(1 + x^3) \Leftrightarrow$$
$$768x^4 - 4\ 352x^3 + 768x - 127$$

由因式分解得

$$\begin{aligned}768x^4 - 4\ 352x^3 + 768x - 127 = &(4x-1)^2(48x^2 - 248x - 127) = \\ &(4x-1)^2[8x(6x-31) - 127] \leqslant \\ &(4x-1)^2(0-127) \leqslant 0\end{aligned}$$

从而，式 ① 成立. 故

$$\sum \frac{1}{1+a^3} \leqslant -\frac{768}{4\ 225}\sum a + \frac{4\ 352}{4\ 225}\sum 1 = -\frac{768}{4\ 225} \times 1 + \frac{4\ 352}{4\ 225} \times 4 = \frac{256}{65}$$

因此，原不等式成立.

点评 例 5 与例 6 都是直接利用函数的切线方程证明不等式，虽然数字有些大，因由简单的运算而来，并不显得复杂.

(2) 通过构造函数的切线来证明在满足 $\prod_{i=1}^{n} x_i = s$ 的条件下，形如 $f(x_i) \leqslant M$(或 $\geqslant M$) 的一类对称不等式. 具体思路与方法是：首先构造函数在 $x = \sqrt[n]{s}$ 处的切线 $g(x)$，然后证明 $f(x) \geqslant g(x)$(或($f(x) \leqslant g(x)$)，再分别取 $x = x_i(i=1, 2, \cdots, n)$，并将所得的 n 个式子相加，利用 $\prod_{i=1}^{n} x_i = s$ 使不等式获证. 这里证明的关键是证明 $f(x) \geqslant g(x)$ 或($f(x) \leqslant g(x)$)，根据切线的定义，易知方程

$$\begin{cases} y = f(x) \\ y = g(x) \end{cases}$$

在给定的区间内有唯一解，即方程 $f(x) - g(x) = 0$ 有两个相等的实数解 $x = \sqrt[n]{s}$，因此 $f(x) - g(x)$ 中含有因式 $(x - \sqrt[n]{s})^2$，从而使不等式得证. 对于“和”式条件我们构造它的算术平均值 $x = \frac{x_1 + x_2 + \cdots + x_n}{n} = \frac{s}{n}$ 处的切线，“积”式条件我们构造它的算术平均值 $x = \sqrt[n]{x_1 x_2 \cdots x_n} = \sqrt[n]{s}$ 处的切线证明不等式.

例 7 设正实数 x_1, x_2, x_3 满足 $x_1 x_2 x_3 = 1$，求证：$\frac{x_1^3}{(1+x_1)^2} + \frac{x_2^3}{(1+x_2)^2} + \frac{{x_3}^3}{(1+x_3)^2} \geqslant \frac{3}{4}$.

证明 设 $f(x) = \frac{x^3}{(1+x)^2}(0 < x < 1)$，则 $f'(x) = \frac{3x^2 + x^3}{(1+x)^3}$. 因为原不等式当且仅当 $x_1 = x_2 = x_3 = 1$ 时取等号，所以我们构造 $x = 1$ 处的切线 $g(x) = \frac{1}{2}x - \frac{1}{4}$，因为

$$f(x)-g(x)=\frac{x^3}{(1+x)^2}-\frac{2x-1}{4}=\frac{2x^3-3x^2+1}{4(x+1)^2}=\frac{(x-1)^2(2x+1)}{4(1+x)^3}\geqslant 0$$

则
$$\frac{x^3}{(1+x)^2}\geqslant\frac{2x-1}{4}$$

所以
$$\begin{aligned}&\frac{x_1^3}{(1+x_1)^2}+\frac{x_2^3}{(1+x_2)^2}+\frac{x_3{}^3}{(1+x_3)^2}\geqslant\\&f(x_1)+f(x_2)+f(x_3)\geqslant\\&g(x_1)+g(x_2)+g(x_3)\geqslant\\&\frac{1}{2}(x_1+x_2+x_3)-\frac{3}{4}\geqslant\\&\frac{3\sqrt[3]{x_1x_2x_3}}{2}-\frac{3}{4}=\frac{3}{4}\end{aligned}$$

等号当且仅当 $x_1=x_2=x_3=1$ 时取等号.

点评 (1) 本题中证明 $f(x)\geqslant g(x)$，还可以利用函数的凸凹性来证明. 因为 $f''(x)=\frac{64}{(1+x)^4}>0$，则 $f(x)$ 在 $(0,+\infty)$ 上为下凸函数，则有 $f(x)\geqslant f'(1)(x-1)+f(1)=\frac{1}{2}x-\frac{1}{4}$ 对任意 $x>0$ 成立，当且仅当 $x=1$ 时取等号. 但是 $f(x)$ 在 (a,b) 为下凸函数，是 $f(x)\geqslant f'(x_0)(x-x_0)+f(x_0)$ 的充分不必要条件. 如例 1 中，$f(x)=\frac{1}{(1+x^2)^2}$ 在 $(0,1)$ 内不是上凸函数，但是一样有 $f(x)\leqslant f'(x_0)(x-x_0)+f(x_0)$ 成立.

(2) 利用函数切线证明不等式的可贵之处在于，有的不等式经过变换或放缩后同样可以用该方法求证.

4. 变换后利用函数切线证明不等式

利用函数切线方程证明不等式，要求不等式的条件必须满足 $\sum\limits_{i=1}^{n}x_i=A(\geqslant A,\leqslant A)$，如果不符合，则要作适当的变量代换，有时候要对条件进行放缩，再作代换.

例 8 (2004 年中国西部数学奥林匹克) 已知 $x_i>0(i=1,2,3,4,5)$，且 $\sum\limits_{i=1}^{5}\frac{1}{1+x_i}=1$，求证：$\sum\limits_{i=1}^{5}\frac{x_i}{4+x_i^2}\leqslant 1$.

分析 条件不符合要求. 令 $\frac{1}{1+x_i}=a_i(i=1,2,3,4,5)$，则条件变为 $a_i>0,\sum\limits_{i=1}^{5}a_i=1$，则此时符合条件.

证明 令 $\frac{1}{1+x_i}=a_i(i=1,2,3,4,5)$，则条件变为 $a_i>0,\sum\limits_{i=1}^{5}a_i=1$，且

$$\frac{x_i}{4+x_i^2}=\frac{\frac{1}{a_i}-1}{4+\left(\frac{1}{a_i}-1\right)^2}=\frac{a_i-a_i^2}{5a_i^2-2a_i+1}$$，于是原本等式等价于

$$\sum_{i=1}^{5}\frac{a_i-a_i^2}{5a_i^2-2a_i+1}\leqslant 1$$

设 $f(x)=\frac{x-x^2}{5x^2-2x+1}(0<x<1)$，则

$$f\left(\frac{1}{5}\right)=\frac{1}{5},f'(x)=\frac{-3x^2-2x+1}{(5x^2-2x+1)^2},f'\left(\frac{1}{5}\right)=\frac{3}{4}$$

于是，$f(x)$ 在 $x=\frac{1}{5}$ 处的切线方程为

$$g(x)=\frac{3}{4}\left(x-\frac{1}{5}\right)+\frac{1}{5}=\frac{3}{4}x+\frac{1}{20}\quad(0<x<1) \qquad ①$$

注意到

$$式①\Leftrightarrow 20(x-x^2)(5x^2-2x+1)\Leftrightarrow 75x^3-5x^2-7x+1\geqslant 0\Leftrightarrow$$
$$(5x-1)^2(3x+1)\geqslant 0$$

而最后一式显然成立，所以式 ① 成立. 故

$$\sum_{i=1}^{5}\frac{a_i-a_i^2}{5a_i^2-2a_i+1}\leqslant\frac{3}{4}\sum_{i=1}^{n}a_i+\frac{1}{20}\sum_{i=1}^{5}1=\frac{3}{4}\times 1+\frac{1}{20}\times 5=1$$

因此，原不等式得证.

例 9 （第 32 届美国数学奥林匹克试题）设 a,b,c,d 为正实数，证明：$\frac{(2a+b+c)^2}{2a^2+(b+c)^2}+\frac{(2b+a+c)^2}{2b^2+(a+c)^2}+\frac{(2c+a+b)^2}{2c^2+(a+b)^2}\leqslant 8$.

证明 注意到将 a,b,c 换成 $\frac{a}{a+b+c},\frac{b}{a+b+c},\frac{c}{a+b+c}$ 后，原不等式不变，故可设 $0<a,b,c<1,a+b+c=1$，所以

$$\frac{(2a+b+c)^2}{2a^2+(b+c)^2}=\frac{(a+1)^2}{2a^2+(1-a)^2}=\frac{(a+1)^2}{3a^2-2a+1}$$

类似地还有另外两个等式. 设 $f(x)=\frac{(x+1)^2}{3x^2-2x+1}(0<x<1)$，则

$$f'(x)=\frac{4(x+1)(-2x+1)}{(3x^2-2x+1)^2}$$

因为不等式当且仅当 $a=b=c=\frac{1}{3}$ 时取等号，所以我们构造 $x=\frac{1}{3}$ 处的切线 $g(x)=\frac{12x+4}{3}$. 因为

$$f(x)-g(x)=\frac{(x+1)^2}{3x^2-2x+1}-\frac{12x+4}{3}=$$

$$\frac{-36x^3+15x^2+2x-1}{3(3x^2-2x+1)}=$$

$$\frac{-(3x-1)^2(4x+1)}{3(3x^2-2x+1)}\leqslant 0$$

所以
$$\frac{(x+1)^2}{3x^2-2x+1}\leqslant\frac{12x+4}{3}$$

则证明

$$\frac{(2a+b+c)^2}{2a^2+(b+c)^2}+\frac{(2b+a+c)^2}{2b^2+(a+c)^2}+\frac{(2c+a+b)^2}{2c^2+(a+b)^2}\leqslant\frac{12(a+b+c)+12}{3}=8$$

当且仅当 $a=b=c=\frac{1}{3}$ 时等号成立.

例 10 (2000 年江苏省高中数学竞赛试题)设 $x,y,z>0,x^4+y^4+z^4=1$,求 $\sum\frac{x^3}{1-x^8}$ 的最小值.

分析 令 $x^4=a,y^4=b,z^4=c$,和式 $\sum\frac{x^3}{1-x^8}=\sum\frac{(x^4)^{\frac{3}{4}}}{1-(x^4)^2}$ 必须化为关于 a,b,c 的式子.

解 令 $x^4=a,y^4=b,z^4=c$,则

$$a,b,c>0,a+b+c=1,\sum\frac{x^3}{1-x^8}=\sum\frac{a^{\frac{3}{4}}}{1-a^2}$$

设 $f(x)=\frac{x^{\frac{3}{4}}}{1-x^2}$,易知 $f(x)$ 在 $x=\frac{1}{3}$ 处的切线方程为

$$g(x)=\frac{9\sqrt[4]{3}}{8}\left(x-\frac{1}{3}\right)+\frac{3\sqrt[3]{3}}{8}=\frac{9\sqrt[3]{3}}{8}x$$

先证

$$\frac{x^{\frac{3}{4}}}{1-x^2}\geqslant\frac{9\sqrt[3]{3}}{8}x \qquad ①$$

式 ①$\Leftrightarrow 8\geqslant 9\sqrt[3]{3}x^{\frac{1}{4}}(1-x^2)\Leftrightarrow(\sqrt[4]{3}x^{\frac{1}{4}})^9+\underbrace{1+1+\cdots+1}_{9}\geqslant 9\sqrt[9]{(\sqrt[4]{3}x^{\frac{1}{4}})^9}$,这由均值不等式显然成立,所以式 ① 成立.

故 $\sum\frac{a^{\frac{3}{4}}}{1-a^2}\geqslant\frac{9\sqrt[4]{3}}{8}\sum a=\frac{9\sqrt[4]{3}}{8}$,因此 $\sum\frac{x^3}{1-x^8}$ 的最小值是$\frac{9\sqrt[4]{3}}{8}$.

点评 利用函数的切线证明不等式的关键是:函数和它的切线所对应的函数值的大小证明.通常有比较法、平均值不等式法以及函数的凹凸性等方法.

5.放缩后利用函数切线证明不等式

利用函数切线方程证明不等式,要求不等式的左边为和式,且右边每一项只能含一个变量.如果不等式的左边不符合要求,可先尝试对不等式的左边进

行放缩，再利用函数的切线方程给出证明.

例 11 已知 $a,b,c,d>0$，求证：$\sum\frac{a^3}{(a+b)(a+c)(a+d)}\geqslant\frac{1}{2}$.

分析 由分母中的积式 $(a+b)(a+c)(a+d)$，联想到均值不等式 $\frac{x+y+z}{3}\geqslant\sqrt[3]{xyz}$ 进行放缩.

证明 因为不等式是齐次不等式，所以可设 $a+b+c+d=1$，注意到

$$(a+b)(a+c)(a+d)\leqslant\left[\frac{(a+b)+(a+c)+(a+d)}{3}\right]^3=\left(a+\frac{b+c+d}{3}\right)^3=\frac{1}{27}(2a+1)^3$$

故
$$\sum\frac{a^3}{(a+b)(a+c)(a+d)}\geqslant\sum\frac{27a^3}{(2a+1)^3}$$

于是，要证原不等式，只需证 $\sum\frac{27a^3}{(2a+1)^3}\geqslant\frac{1}{2}$.

设 $f(x)=\frac{27x^3}{(2x+1)^3}(0<x<1)$，易知 $f(x)$ 在 $x=\frac{1}{4}$ 处的切线方程为

$$g(x)=1\times\left(x-\frac{1}{4}\right)+\frac{1}{8}=x-\frac{1}{8}$$

先证

$$\frac{27x^3}{(2x+1)^3}\geqslant x-\frac{1}{8}\quad(0<x<1)\qquad ①$$

式 ①$\Leftrightarrow 216x^3\geqslant(8x-1)(2x+1)^3\Leftrightarrow 64x^4-128x^3+36x^2+2x-1\leqslant 0\Leftrightarrow$
$(4x-1)^2(4x^2-6x-1)\Leftrightarrow$
$(4x-1)^2[2x(2x-3)-1]\leqslant 0$

因为 $2x-3<0$，所以上式显然成立，从而式 ① 成立. 故

$$\sum\frac{a^3}{(a+b)(a+c)(a+d)}\geqslant\sum a-\frac{1}{8}\sum 1=1-\frac{1}{8}\times 4=\frac{1}{2}$$

因此，原不等式成立.

例 12 已知 $a,b,c>0$，求证：$\sum\frac{a}{2\sqrt{b^2-bc+c^2}+3a}\leqslant\frac{3}{5}$.

分析 当 $b=c$ 时，$\sqrt{b^2-bc+c^2}=\sqrt{b^2}=b=\frac{b+c}{2}$，由此猜想 $2\sqrt{b^2-bc+c^2}\geqslant b+c$.

证明 注意到

$$2\sqrt{b^2-bc+c^2}=\sqrt{4(b^2+c^2)-4bc}\geqslant$$

$$\sqrt{(b^2+c^2)+3\times 2bc-4bc}=$$
$$\sqrt{(b+c)^2}=b+c$$

则
$$\sum\frac{a}{2\sqrt{b^2-bc+c^2}+3a}\leqslant\sum\frac{a}{b+c+3a}$$

于是,要证原不等式,只需证$\sum\frac{a}{b+c+3a}\leqslant\frac{3}{5}$.

这是一个齐次不等式,可设 $a+b+c=1$,则该不等式等价于$\sum\frac{a}{1+2a}\leqslant\frac{3}{5}$.

设 $f(x)=\frac{x}{1+2x}(0<x<1)$,易知 $f(x)$ 在 $x=\frac{1}{3}$ 处的切线方程为
$$g(x)=\frac{9}{25}\left(x-\frac{1}{3}\right)+\frac{1}{5}=\frac{9}{25}x+\frac{2}{25}$$

先证
$$\frac{x}{1+2x}\leqslant\frac{9}{25}x+\frac{2}{25}\quad(0<x<1)\qquad ①$$

注意到

式 ①$\Leftrightarrow 25x\leqslant(9x+2)(1+2x)\Leftrightarrow 9x^2-6x+1\geqslant 0\Leftrightarrow(3x-1)^2$

而最后一式显然成立,所以式 ① 成立. 故
$$\sum\frac{a}{1+2a}\leqslant\frac{9}{25}\sum a+\frac{2}{25}\sum 1=\frac{9}{25}\times 1+\frac{2}{25}\times 3=\frac{3}{5}$$

因此,原不等式成立.

6. 局部函数切线法证明不等式

对于一个不便于直接利用函数切线法甚至变换后或放缩后证明的不等式,考虑对不等式的每项的部分使用函数切线法证明不等式的方法,称之为局部切线法证明不等式.

例 13 设 $a,b,c>0,a+b+c=1$,求证:$\frac{a+b}{1+a^2}+\frac{b+c}{1+b^2}+\frac{c+a}{1+c^2}\leqslant\frac{9}{5}$.

分析 不等式左边是关于 a,b,c 轮换对称的,当且仅当 $a=b=c=\frac{1}{3}$ 时等号成立. 每一项都是一元二次函数,于是要证不等式不是独立和型对称不等式,直接利用函数切线证明不太可行,但可以将$\frac{a+b}{1+a^2}$看成是$(a+b)\cdot\frac{1}{1+a^2}$,然后仅对$\frac{1}{1+a^2}$使用函数切线法.

证明 构造函数 $f(x)=\frac{1}{1+x^2}$ 在$\left(\frac{1}{3},f\left(\frac{1}{3}\right)\right)$处的切线方程为 $y=$

$-\frac{27}{50}(x-2)$. 下面证明

$$\frac{1}{1+x^2}\leqslant-\frac{27}{50}(x-2)\quad(0<x<1)$$

事实上 $\frac{1}{1+x^2}\leqslant-\frac{27}{50}(x-2)\Leftrightarrow(3x-1)^2(4-3x)\geqslant 0$

于是,要证明原不等式,只需要证明

$$-\frac{27}{50}[(a-2)(a+b)+(b-2)(b+c)+(c-2)(c+a)]\leqslant\frac{9}{5}\Leftrightarrow$$

$$3(a^2+b^2+c^2)+3(ab+bc+ca)\geqslant 2$$

由于 $a^2+b^2+c^2\geqslant ab+bc+ca$,故

$$3(a^2+b^2+c^2)+3(ab+bc+ca)\geqslant 2(a^2+b^2+c^2)+4(ab+bc+ca)=2(a+b+c)^2=2$$

因此,原不等式成立.

点评 对于满足条件 $\sum\limits_{i=1}^{n}x_i=A$(或 $\geqslant A$, $\leqslant A$),证明不是"独立和型"对称不等式 $\sum\frac{g(x,y,z)}{f(x)}\geqslant M$(或 $\leqslant M$)时,可以避开 $g(x,y,z)$ 寻找一个一次函数 $y=h(x)$,使得 $\frac{1}{f(x)}\geqslant h(x)$,即先去掉不是"独立"的部分,对剩下部分运用函数切线法进行证明.

例 14 已知 $a,b,c>0$ 且 $a+b+c=1$,证明

$$\frac{a^2+bc}{a^2+1}+\frac{b^2+ca}{b^2+1}+\frac{c^2+ab}{c^2+1}\leqslant\frac{13}{20}$$

分析 不等式左边是关于 a,b,c 轮换对称的,但取等号条件当且仅当 $a=b=\frac{1}{2}$, $c=0$ 或其轮换. 每一项都是三元函数,所证不等式不是独立和型对称不等式,此时若将 $\frac{a^2+bc}{a^2+1}$ 看成 $a\cdot\frac{a}{a^2+1}+bc\cdot\frac{1}{a^2+1}$,然后对 $\frac{a}{a^2+1}$ 运用函数切线法,对 $\frac{1}{a^2+1}$ 进行放缩,最终使问题得到解决.

证明 易知该不等式取等号的条件是:当 $a=b=\frac{1}{2}$, $c=0$ 或其轮换,构造函数 $f(x)=\frac{x}{1+x^2}(0<x<1)$,于是

$$f'(x)=\frac{1-x^2}{(x^2+1)^2},f'\left(\frac{1}{2}\right)=\frac{12}{25},f\left(\frac{1}{2}\right)=\frac{2}{5}$$

$f(x)$ 在点 $\left(\frac{1}{2},f\left(\frac{1}{2}\right)\right)$ 处的切线方程为 $y=f'\left(\frac{1}{2}\right)\left(x-\frac{1}{2}\right)+f\left(\frac{1}{2}\right)$,即

$$y=\frac{12}{25}x+\frac{4}{25}$$

下面证明

$$\frac{x}{x^2+1}\leqslant\frac{12}{25}x+\frac{4}{25} \quad ①$$

$$式 ①\Leftrightarrow(2x-1)^2(3x+4)\geqslant 0$$

显然不等式成立.接下来构造局部不等式

$$\frac{1}{x^2+1}\leqslant mx^2+n \quad (其中 m,n 是待定系数) \quad ②$$

首先取等号条件是:当 $a=b=\frac{1}{2},c=0$ 代入式 ② 时要满足 $\frac{1}{c^2+1}=mc^2+1$ 即 $n=1$;为了保证这个放缩成立,所以化减后要配成平方

$$\frac{1}{x^2+1}\leqslant mx^2+1\Leftrightarrow x^2(mx^2+m+1)\geqslant 0 \quad ③$$

当 $m\geqslant 0$ 时,式 ③ 成立;当 $m<0$ 时,由式 ③ 对 $x^x\leqslant-\frac{m+1}{m}$,为了使这个不等式恒成立,我们只需证明 $-\frac{m+1}{m}\geqslant 1$,即 $m\geqslant-\frac{1}{2}$,又因为 m 越小对后面的放缩越好,所以取 $m=-\frac{1}{2}$,从而有

$$\frac{1}{x^2+1}\leqslant 1-\frac{1}{2}x^2 \quad ④$$

因此

$$\frac{a^2}{a^2+1}+\frac{b^2}{b^2+1}+\frac{c^2}{c^2+1}\leqslant a\left(\frac{12}{25}a+\frac{4}{25}\right)+b\left(\frac{12}{25}b+\frac{4}{25}\right)+c\left(\frac{12}{25}c+\frac{4}{25}\right)$$

$$\frac{bc}{a^2+1}+\frac{ca}{b^2+1}+\frac{ab}{c^2+1}\leqslant bc(1-\frac{1}{2}a^2)+ca(1-\frac{1}{2}b^2)+ab(1-\frac{1}{2}c^2)$$

要证明原不等式,只需要证明

$$\frac{12}{25}(a^2+b^2+c^2)+\frac{4}{25}(ab+bc+ca)-\frac{1}{2}abc\leqslant\frac{13}{20}$$

即

$$4(ab+bc+ca)-50abc\leqslant 1$$

设 $p=a+b+c,q=ab+bc+ca,r=abc$,则上式等价于$(1-4q+9r)+41r\geqslant 0$.由三次舒尔不等式 $p^3-4pq+9r\geqslant 0$ 和 $p=1$ 知上式成立,故原不等式成立.

7.利用两个函数的公切线证明不等式

利用两个函数图像的公切线证明不等式的方法称为公切线法.这种解题方法的思路是:利用两个函数图像的公切线,再用待定系数法确定另一个函数,即求出待定参数的值,并且使一个函数的图像在切线的上方,另一个函数的图像在切线的下方.这又需要使用作差比较法或基本不等法等方法进行证明.

例 15 已知 $f(x)=e^{x-2}-\dfrac{\ln x}{x}$，证明：$f(x)>0$.

分析 $f'(x)=e^{x-2}-\dfrac{1-\ln x}{x^2}$，$f'(x)=0$ 的解不易解出. 如果作出函数 $y=e^{x-2}$ 与 $y=\dfrac{\ln x}{x}$ 的图像，则容易看出这两个函数的图像都与直线 $y=x-1$ 相切，从而可以转化为证明不等式 $e^{x-2}\geqslant x-1$ 与 $x-1\geqslant\dfrac{\ln x}{x}$.

证明 定义域为 $(0,+\infty)$，设 $g(x)=e^{x-2}-x+1$，则 $g'(x)=e^{x-2}-1$，所以在 $(2,+\infty)$ 上，$g'(x)>0$，$g(x)$ 单调递增，在 $(0,2)$ 上，$g'(x)<0$，$g(x)$ 单调递减，所以 $g(x)\geqslant g(2)=0$，即 $e^{x-2}\geqslant x-1$（当且仅当 $x=2$ 取等号）. 同理可证 $x-1\geqslant\dfrac{\ln x}{x}$（当且仅当 $x=1$ 取等号）. 因此 $e^{x-2}\geqslant x-1\geqslant\dfrac{\ln x}{x}$（等号不能同时成立），所以 $e^{x-2}>\dfrac{\ln x}{x}$，即 $f(x)>0$，得证.

例 16 已知 $a,b,c>0$，且 $a^2+b^2+c^2=3$，求证

$$\frac{1}{a^3+2}+\frac{1}{b^3+2}+\frac{1}{c^3+2}\geqslant 1$$

分析 不等式左边是关于 a,b,c 轮换对称结构，当且仅当 $a=b=c=1$ 取等号，希望找到一个函数 $g(x)$，使它的图像始终在函数 $f(x)=\dfrac{1}{x^3+2}$ 的图像的下方，且在 $x=1$ 处相切，不等式右边是常数 1，推断 $g(x)$ 中含有 $\dfrac{1}{3}$，且由条件 $a^2+b^2+c^2=3$ 预测函数 $g(x)$ 中含有 $\lambda(x^2-1)$，即 $g(x)=\lambda(x^2-1)+\dfrac{1}{3}$，其中 λ 为待定系数，由此建立如下辅助不等式 $\dfrac{1}{x^3+2}\geqslant\lambda(x^2-1)+\dfrac{1}{3}$，记 $h(x)=\dfrac{1}{x^3+2}-\lambda(x^2-1)-\dfrac{1}{3}$，希望 $h(x)$ 在 $x=1$ 取得最大值 0. $h'(x)=-\dfrac{3x^2}{(x^3+2)^2}-2\lambda x$，由 $h'(1)=0$，解得 $\lambda=-\dfrac{1}{6}$.

证明 首先证明辅助不等式 $\dfrac{1}{x^3+2}\geqslant\dfrac{-x^2+3}{6}(x>0)$.

当 $x>0$ 时，$\dfrac{1}{x^3+2}+\dfrac{x^2-3}{6}=\dfrac{x^2(x+2)(x-1)^2}{6(x^3+2)}\geqslant 0$ 恒成立，当且仅当 $x=1$ 时取等号. 由此得

$$\frac{1}{a^3+2}\geqslant\frac{-a^2+3}{6},\frac{1}{b^3+2}\geqslant\frac{-b^2+3}{6},\frac{1}{c^3+2}\geqslant\frac{-c^2+3}{6}$$

三式相加得

$$\frac{1}{a^3+2}+\frac{1}{b^3+2}+\frac{1}{c^3+2}\geqslant\frac{-(a^2+b^2+c^2)+9}{6}=1$$

所以原不等式得证.

点评　容易证明,函数 $f(x)=\frac{1}{x^3+2}$ 与 $g(x)=-\frac{x^2-1}{6}+\frac{1}{3}$ 在点 $\left(1,\frac{1}{3}\right)$ 处有公切线 $y=1-\frac{2}{3}x$. 由两函数图像特点知,像这种解题方法就是公切线法.

例 17　已知 $a,b,c>0$,且 $a^2+b^2+c^2=3$,求证

$$\frac{a^3}{a^4+2}+\frac{b^3}{b^4+2}+\frac{c^3}{c^4+2}\leqslant 1$$

分析　由于 $a^2+b^2+c^2=3$,则 $0\leqslant a,b,c\leqslant\sqrt{3}$,于是引进辅助不等式 $\frac{x^3}{x^4+2}\leqslant\lambda(x^2-1)+\frac{1}{3}$,其中 λ 为待定系数.

设 $h(x)=\frac{x^3}{x^4+2}-\lambda(x^2-1)-\frac{1}{3}(0<x\leqslant\sqrt{3})$,希望 $h(x)$ 在 $x=1$ 处取得最大值 0,$h'(x)=\frac{6x^2-x^6}{(x^4+2)^2}-2\lambda x$,由 $h'(1)=0$ 解得 $\lambda=\frac{5}{18}$.

证明　先证明辅助不等式 $\frac{x^3}{x^4+2}\leqslant\frac{5x^2+1}{18}(0<x\leqslant\sqrt{3})$. 当 $0<x\leqslant\sqrt{3}$ 时

$$f(x)=\frac{x^3}{x^4+2}-\frac{5x^2+1}{18}=-\frac{(x-1)^2(5x^4+10x^3+16x^2+4x+2)}{18(x^4+2)}\leqslant 0$$

当且仅当 $x=1$ 时取到等号. 从而

$$\frac{a^3}{a^4+2}\leqslant\frac{5a^2+1}{18},\frac{b^3}{b^4+2}\leqslant\frac{5b^2+1}{18},\frac{c^3}{c^4+2}\leqslant\frac{5c^2+1}{18}$$

以上三式相加得

$$\frac{a^3}{a^4+2}+\frac{b^3}{b^4+2}+\frac{c^3}{c^4+2}\leqslant\frac{5(a^2+b^2+c^2)+3}{18}=1$$

从而原不等式得证.

点评　在引进辅助不等式时,要注意自变量 x 的取值范围.

例 18　已知 $a,b,c>0$,且 $abc=1$,求证:$\sqrt{a^2+1}+\sqrt{b^2+1}+\sqrt{c^2+1}\leqslant\sqrt{2}(a+b+c)$.

证明　条件为 $abc=1$,构造支撑函数 $g(x)$ 中含有 $\lambda\ln x$,根据不等式结构令 $g(x)=\lambda\ln x+\sqrt{2}x$,希望建立辅助不等式 $\sqrt{x^2+1}\leqslant\lambda\ln x+\sqrt{2}x$,希望 $h(x)$ 在 $x=1$ 时取得最大值 0,$h'(x)=\frac{x}{\sqrt{x^2+1}}-\frac{\lambda}{x}-\sqrt{2}$,由 $h'(1)=0$ 解得

$\lambda=-\frac{\sqrt{2}}{2}$,所以有

$$\sqrt{a^2+1}\leqslant\sqrt{2}b-\frac{\sqrt{2}}{2}\ln a,\sqrt{b^2+1}\leqslant\sqrt{2}c-\frac{\sqrt{2}}{2}\ln b,\sqrt{c^2+1}\leqslant\sqrt{2}a-\frac{\sqrt{2}}{2}\ln c$$

以上三式相加得

$$\sqrt{a^2+1}+\sqrt{b^2+1}+\sqrt{c^2+1}\leqslant\sqrt{2}(a+b+c)-\frac{\sqrt{2}}{2}(\ln a+\ln b+\ln c)=$$
$$\sqrt{2}(a+b+c)$$

故原不等式成立.

点评 (1) 若条件是 $\prod_{i=1}^{n}x_i=1$,则构造支撑函数 $g(x)$ 中含有 $\lambda\ln x$(λ 是常数),由于 $\prod_{i=1}^{n}x_i=1$,则有 $\lambda\sum_{i=1}^{n}\ln x_i=0$;

(2) 曲线在某点处的支撑函数并不唯一,在证明此题时还可以引进辅助不等式 $\sqrt{x^2+1}\leqslant\sqrt{2}x+\sqrt{2}(1-\sqrt{x})$. 事实上可以证明:$y=\sqrt{x^2+1}$,$y=\sqrt{2}x+\sqrt{2}(1-\sqrt{x})$,$y=\sqrt{2}x-\frac{\ln x}{\sqrt{2}}$ 三个函数的图像在点 $P(1,\sqrt{2})$ 有公切线 $y=\frac{\sqrt{2}}{2}x+\frac{\sqrt{2}}{2}$,且 $x>0$ 时,$\sqrt{2}x-\frac{\ln x}{\sqrt{2}}\geqslant\sqrt{2}x+\sqrt{2}(1-\sqrt{x})\ \sqrt{x^2+1}$;

(3) 应用两个函数的公切线证明不等式的关键是:先看准取等号的条件,然后寻找适当的过取等号的点且与已知条件等式构造相关的支撑函数 $g(x)$ 再证明,如下面证明:

$$h(x)=\sqrt{x^2+1}+\frac{\ln x}{\sqrt{2}}-\sqrt{2}x\quad(x>0)$$

由于

$$h'(x)=\frac{x}{\sqrt{x^2+1}}+\frac{\ln x}{\sqrt{2}}-\sqrt{2}=$$
$$\frac{\sqrt{2}x^2-2x\sqrt{x^2+1}+\sqrt{x^2+1}}{x\cdot\sqrt{2x^2+2}}=$$
$$\frac{(x-1)[(x-1)\sqrt{2x^2+2}-(2x^2-x+1)]}{2x\sqrt{2x^2+2}(\sqrt{x^2+1}+\sqrt{2})}$$

当 $0<x\leqslant1$ 时

$$(x-1)\sqrt{2x^2+2}-(2x^2-x+1)=(x-1)\sqrt{2x^2+2}+(x-1)-2x^2\leqslant0$$

显然成立,当 $x>1$ 时

$$2(x-1)^2(x^2+1)-(2x^2-x+1)^2=-(2x^4+x^2+2x)+1<0$$

即 $(x-1)\sqrt{2x^2+2}-(2x^2-x+1)<0$ 仍成立. 由此可得，所以有

$$\sqrt{a^2+1}\leqslant\sqrt{2}b-\frac{\sqrt{2}}{2}\ln a$$

$$\sqrt{b^2+1}\leqslant\sqrt{2}c-\frac{\sqrt{2}}{2}\ln b$$

$$\sqrt{c^2+1}\leqslant\sqrt{2}a-\frac{\sqrt{2}}{2}\ln c$$

以上三式相加得

$$\sqrt{a^2+1}+\sqrt{b^2+1}+\sqrt{c^2+1}\leqslant\sqrt{2}(a+b+c)-\frac{\sqrt{2}}{2}(\ln a+\ln b+\ln c)=\sqrt{2}(a+b+c)$$

故原不等式成立.

巩固练习

1.（2018 届湖北省荆州中学模考试题）已知函数 $f(x)=\frac{1}{4}x^2+\frac{1}{2}x+a$ $(x<0)$，$g(x)=\ln x(x>0)$，其中 $a\in\mathbf{R}$. 若 $f(x)$ 的图像在点 $A(x_1,f(x_1))$ 处的切线与 $g(x)$ 的图像在点 $B(x_2,g(x_2))$ 处的切线重合，则 a 的取值范围为（　　）

A. $(-1+\ln 2,+\infty)$　　　　B. $(-1-\ln 2,+\infty)$

C. $(-\frac{3}{4},+\infty)$　　　　D. $(\ln 2-\ln 3,+\infty)$

解　A. $f(x)$ 的图像在点 $A(x_1,f(x_1))$ 处的切线方程为

$$y-\left(\frac{1}{4}x_1^2+\frac{1}{2}x_1+a\right)=\left(\frac{1}{2}x_1+\frac{1}{2}\right)(x-x_1)$$

即
$$y=\left(\frac{1}{2}x_1+\frac{1}{2}\right)x-\frac{1}{4}x_1^2+a$$

$g(x)$ 的图像在点 $B(x_2,g(x_2))$ 处的切线方程为

$$y-\ln x_2=\frac{1}{x_2}(x-x_2)$$

即
$$y=\frac{1}{x_2}\cdot x+\ln x_2-1$$

两切线重合的充要条件是

$$\begin{cases}\dfrac{1}{x_2}=\dfrac{1}{2}x_1+\dfrac{1}{2} & ①\\ \ln x_2-1=-\dfrac{1}{4}x_1^2+a & ②\end{cases}$$

由式①及 $x_1<0<x_2$ 知，$-1<x_1<0$.

由式①,式②得

$$a=\frac{1}{4}x_1^2+\ln x_2-1=\frac{1}{4}x_1^2+\ln\frac{2}{x_1+1}-1=\frac{1}{4}x_1^2+\ln 2-\ln(x_1+1)-1$$

设 $$h(t)=\frac{1}{4}t^2+\ln 2-\ln(t+1)-1\quad(-1<t<0)$$

则 $$h'(t)=\frac{1}{2}t-\frac{1}{t+1}=\frac{t(t+1)-2}{2(t+1)}<0$$

所以 $h(t)$ $(-1<t<0)$ 为减函数,则 $h(t)>h(0)=-1+\ln 2$,所以 $a>-1+\ln 2$,而当 $t\in(-1,0)$ 且 t 趋向于 -1 时,$h(t)$ 无限增大,所以 a 的取值范围是 $(-1+\ln 2,+\infty)$.

2. 若曲线 $C_1:y=x^2$ 与曲线 $C_2:y=ae^x(a>0)$ 存在公切线,则 a 的取值范围________.

解 $\left(0,\frac{4}{e^2}\right]$. 设公切线与曲线 C_1 相切于点 (x_1,x_1^2),与曲线 C_2 相切于点 (x_2,ae^{x_2}),又由曲线 C_1 得 $y'=2x$,由曲线 C_2 得 $y'=ae^x$,则 $2x_1=ae^{x_2}=\frac{ae^{x_2}-x_1^2}{x_2-x_1}$,将 $ae^{x_2}=2x_1$ 代入 $\frac{ae^{x_2}-x_1^2}{x_2-x_1}$ 得 $2x_1=\frac{2x_1-x_1^2}{x_2-x_1}$,化简可得 $2x_2=x_1+2$,所以 $a=\frac{4(x_2-1)}{e^{x_2}}$,因为 $a>0$,所以 $x_2>1$,记 $f(x)=\frac{4(x-1)}{e^x}(x>1)$,得 $f'(x)=\frac{4(2-x)}{e^x}$,所以 $f(x)$ 在 $(1,2)$ 上单调递增,在 $(2,+\infty)$ 上单调递减,故 $f(2)$ 是 $f(x)$ 的最大值. 因此 a 的取值范围是 $(0,\frac{4}{e^2}]$.

3. 已知函数 $f(x)=\frac{x+a}{e^x}$.

(1) 若 $f(x)$ 在区间 $(-\infty,2)$ 上为单调递增函数,求实数 a 的取值范围;

(2) 若 $a=0,x_0<1$,设直线 $y=g(x)$ 为函数 $f(x)$ 的图像在 $x=x_0$ 处的切线,求证:$f(x)\leqslant g(x)$.

解 (1) 易得 $f'(x)=-\frac{x-(1-a)}{e^x}$,由已知 $f'(x)\geqslant 0$ 对 $x\in(-\infty,2)$ 恒成立.

故 $x\leqslant 1-a$ 对 $x\in(-\infty,2)$ 恒成立,所以 $1-a\geqslant 2$,所以 $a\leqslant -1$.

(2) 若 $a=0$,则 $f(x)=\dfrac{x}{e^x}$. 函数 $f(x)$ 的图像在 $x=x_0$ 处的切线方程为 $y=g(x)=f'(x_0)(x-x_0)+f(x_0)$. 令

$$h(x)=f(x)-g(x)=f(x)-f'(x_0)(x-x_0)-f(x_0)\quad (x\in\mathbf{R})$$

则 $$h'(x)=f'(x)-f'(x_0)=\frac{1-x}{e^x}-\frac{1-x_0}{e^{x_0}}=\frac{(1-x)e^{x_0}-(1-x_0)e^x}{e^{x+x_0}}$$

设 $\varphi(x)=(1-x)e^{x_0}-(1-x_0)e^x, x\in\mathbf{R}$,则 $\varphi'(x)=-e^{x_0}-(1-x_0)e^x$,因为 $x_0<1$,所以 $\varphi'(x)<0$,所以 $\varphi(x)$ 在 $\mathbf{R}$ 上单调递减,又 $\varphi(x_0)=0$,所以当 $x<x_0$ 时,$\varphi(x)>0$,当 $x>x_0$ 时,$\varphi(x)<0$.

所以当 $x<x_0$ 时,$h'(x)>0$,当 $x>x_0$ 时,$h'(x)<0$,所以 $h(x)$ 在区间 $(-\infty,x_0)$ 上为增函数,在区间 $(x_0,+\infty)$ 上为减函数,所以当 $x\in\mathbf{R}$ 时,$h(x)\leqslant h(x_0)=0$,所以 $f(x)\leqslant g(x)$.

4. 已知 $x,y,z>-\dfrac{1}{3}$,且 $x+y+z=3$,求证:$\sum\dfrac{1}{\sqrt{3x+1}+\sqrt{3y+1}}\geqslant\dfrac{3}{4}$.

分析 x,y 分别在两个根式 $\sqrt{3x+1}$,$\sqrt{3y+1}$ 中,联系不等式 $\sqrt{a}+\sqrt{b}\leqslant\sqrt{2(a+b)}$,可使 x,y 在同一个根式中,这样就可用上条件 $x+y=3-z$,使不等式左边每一项只含有一个变量.

证明 由柯西不等式有

$$\begin{aligned}\sqrt{3x+1}+\sqrt{3y+1}&\leqslant\sqrt{(1^2+1^2)(3x+1+3y+1)}=\\&\sqrt{2}\cdot\sqrt{3(x+y)+2}=\\&\sqrt{2}\cdot\sqrt{3(3-z)+2}=\\&\sqrt{2}\cdot\sqrt{11-3z}\end{aligned}$$

则 $$\sum\frac{1}{\sqrt{3x+1}+\sqrt{3y+1}}\geqslant\sum\frac{1}{\sqrt{2}\cdot\sqrt{11-3x}}$$

于是,要证原不等式,只需证:$\sum\dfrac{1}{\sqrt{11-3z}}\geqslant\dfrac{3\sqrt{2}}{4}$. 易知 $f(x)$ 在 $x=1$ 处的切线方程为

$$g(x)=\frac{3\sqrt{2}}{64}(x-1)+\frac{\sqrt{2}}{4}=\frac{3\sqrt{2}}{64}x+\frac{13\sqrt{2}}{64}$$

先证

$$\frac{1}{\sqrt{11-3x}}\geqslant\frac{3\sqrt{2}}{64}x+\frac{13\sqrt{2}}{64}\quad\left(-\frac{1}{3}<x<\frac{11}{3}\right)\qquad ①$$

注意到 式 ①$\Leftrightarrow 2\ 048\geqslant(3x+13)^2(11-3x)\Leftrightarrow$

$$x^3+5x^2-13x+7\geqslant 0\Leftrightarrow (x-1)^2(x+7)\geqslant 0$$

而最后一式显然成立.所以,式 ① 成立.故

$$\sum\frac{1}{\sqrt{11-3x}}\geqslant\frac{3\sqrt{2}}{64}\sum z+\frac{13\sqrt{2}}{64}\sum 1=\frac{3\sqrt{2}}{64}\cdot 3+\frac{13\sqrt{2}}{64}\cdot 3=\frac{3\sqrt{2}}{4}$$

因此,原不等式成立.

5.已知 $a,b,c>0$,且 $a^3+b^3+c^3=3$,求证:$\frac{1}{4-a}+\frac{1}{4-b}+\frac{1}{4-c}\leqslant 1$.

分析 类比以上例函数 $g(x)$ 的构造,条件是 $a^3+b^3+c^3=3$,构造函数 $g(x)$ 中含有 $\lambda(x^3-1)+\frac{1}{3}$,引进函数 $g(x)=\lambda(x^3-1)+\frac{1}{3}$,希望建立辅助不等式 $\frac{1}{4-x}\leqslant\lambda(x^3-1)+\frac{1}{3}$.

由于 $a^3+b^3+c^3=3(0<x\leqslant\sqrt[3]{3})$,记 $h(x)=\frac{1}{4-x}-\lambda(x^3-1)-\frac{1}{3}$ $(0\leqslant x\leqslant\sqrt[3]{3})$.希望 $h(x)$ 在 $x=1$ 处取得最大值 0,$h(x)'=\frac{1}{(4-x)^2}-3\lambda x^2$,由 $h'(1)=0$ 解得 $\lambda=\frac{1}{27}$.

证明 首先证明不等式 $\frac{1}{4-x}\leqslant\frac{x^3+8}{27}(0\leqslant x\leqslant\sqrt[3]{3})$.

当 $0\leqslant x\leqslant\sqrt[3]{3}$ 时

$$h(x)=\frac{1}{4-x}-\frac{x^3+8}{27}=\frac{(x-1)^2(x^2-2x-5)}{27(4-x)}\leqslant 0$$

恒成立,并且当且仅当 $x=1$ 时取等号,从而

$$\frac{1}{4-a}\leqslant\frac{a^3+8}{27},\frac{1}{4-b}\leqslant\frac{b^3+8}{27},\frac{1}{4-c}\leqslant\frac{c^3+8}{27}$$

以上三式相加得 $\frac{1}{4-a}+\frac{1}{4-b}+\frac{1}{4-c}\leqslant\frac{a^3+b^3+c^3+24}{27}=1$.从而原不等式成立.

点评 若条件是 $\sum\limits_{i=1}^{n}x_i^n=A$,则构造函数 $f(x)$ 中含有 $\lambda\left(x^n-\frac{A}{n}\right)$(其中 λ 是常数).

6.(2005 年摩尔多瓦数学奥林匹克试题)已知 $a,b,c\geqslant 0,a^4+b^4+c^4=3$,求证:$\frac{1}{4-ab}+\frac{1}{4-bc}+\frac{1}{4-ca}\leqslant 1$.

分析 不等式左边每一项都是一个二元函数,不便构造函数 $g(x)$.但是发现通过柯西不等式和均值不等式有

$$\frac{1}{4-a^2}+\frac{1}{4-b^2}\geqslant\frac{4}{8-(a^2+b^2)}\geqslant\frac{2}{4-ab}$$

即将二元函数 $y=\frac{2}{4-ab}$ 分离，其不大于两个一元函数之和. 同理

$$\frac{2}{4-bc}\leqslant\frac{1}{4-b^2}+\frac{1}{4-c^2},\frac{2}{4-ca}\leqslant\frac{1}{4-c^2}+\frac{1}{4-a^2}$$

以上三式相加得

$$\frac{1}{4-ab}+\frac{1}{4-bc}+\frac{1}{4-ca}\leqslant\frac{1}{4-a^2}+\frac{1}{4-b^2}+\frac{1}{4-c^2}$$

要是得原不等式成立，即只要证明一个加强的不等式

$$\frac{1}{4-a^2}+\frac{1}{4-b^2}+\frac{1}{4-c^2}\leqslant 1 \qquad ①$$

此时式 ① 左边每一项都是一元函数，由以上分析，希望引进函数 $g(x)=\lambda(x^4-1)+\frac{1}{3}$，使得 $\frac{1}{4-x^2}\leqslant\lambda(x^4-1)+\frac{1}{3}$. 由于 $a^4+b^4+c^4=3$，则 $0\leqslant a,b,c\leqslant\sqrt[4]{3}$，记

$$h(x)=\frac{1}{4-x^2}-\lambda(x^4-1)-\frac{1}{3}\quad(0\leqslant x\leqslant\sqrt[4]{3})$$

且 $h(x)$ 在 $x=1$ 时取到最大值 0，$h'(x)=\frac{2x}{(4-x^2)^2}-4\lambda x^2$，由 $h'(1)=0$ 解得 $\lambda=\frac{1}{18}$.

下面证明辅助不等式

$$\frac{1}{4-x^2}\leqslant\frac{x^4+5}{18}\quad(0\leqslant x\leqslant\sqrt[4]{3})$$

当 $0\leqslant x\leqslant\sqrt[4]{3}$ 时

$$h(x)=\frac{1}{4-x^2}-\frac{x^4+5}{18}=\frac{(x^2-2)(x-1)^2(x+1)^2}{18(4-x^2)}\leqslant 0$$

恒成立，当且仅当 $x=1$ 时取等号. 从而

$$\frac{1}{4-a^2}\leqslant\frac{a^4+5}{18},\frac{1}{4-b^2}\leqslant\frac{b^4+5}{18},\frac{1}{4-c^2}\leqslant\frac{c^4+5}{18}$$

以上三式相加得

$$\frac{1}{4-a^2}+\frac{1}{4-b^2}+\frac{1}{4-c^2}\leqslant\frac{a^4+b^4+c^4+15}{18}=1$$

故原不等式成立.

点评 对多元函数不便于构造函数 $g(x)$（不妨称函数 $g(x)$ 为支撑函数），可尝试将变量分离，将其放缩为若干个一元函数后尝试构造支撑函数 $g(x)$ 证明.

第6节　不等式证明综合选讲

例1　(第四届北方数学奥林匹克邀请赛)设 a,b,c 为直角三角形的三边长,其中,c 为斜边长,求使得 $\frac{a^3+b^3+c^3}{abc}\geqslant k$ 成立的最大 k 值.

解　由 $a^2+b^2=c^2$,令 $a=c\cos\theta, b=c\sin\theta\left(\theta\in\left(0,\frac{\pi}{2}\right)\right)$,则

$$f=\frac{a^3+b^3+c^3}{abc}=\frac{(\sin\theta+\cos\theta)^3-3\sin\theta\cdot\cos\theta\cdot(\sin\theta+\cos\theta)+1}{\sin\theta\cdot\cos\theta}$$

令 $\sin\theta+\cos\theta=t\in(1,\sqrt{2}]$,则

$$f=\frac{-t^2+t+2}{t-1}=-(t-1)+\frac{2}{t-1}-1\quad(t\in(1,\sqrt{2}])$$

易得

$$f_{\min}=f(\sqrt{2})=2+\sqrt{2}$$

此时,$a=b$,故 $k_{\max}=2+\sqrt{2}$.

例2　(第二届世界数学团体锦标赛青年组团体赛第20题)已知正数 x,y,z 满足 $x+y+z=1$ 且 $xy+yz+zx+\lambda\sqrt{xyz}\leqslant 1$,求 λ 的最大值.

解　由命题组给出解答知

$$\lambda\leqslant\frac{x^2+y^2+z^2+xy+yz+zx}{\sqrt{xyz}}\qquad ①$$

欲求 λ 最大值,显然 $\lambda_{\max}>0$,不妨设 $\lambda>0$,式①两边平方,得

$$\lambda^2\leqslant\frac{(x^2+y^2+z^2+xy+yz+zx)^2}{xyz}$$

而

$$\frac{(x^2+y^2+z^2+xy+yz+zx)^2}{xyz}\geqslant\left[\frac{(x^2+y^2+z^2+xy+yz+zx)^2}{xyz}\right]_{\min}$$

因为

$$x^2+y^2+z^2\geqslant xy+yz+zx$$

则

$$x^2+y^2+z^2+xy+yz+zx\geqslant 2(xy+yz+zx)$$

所以

$$\frac{(x^2+y^2+z^2+xy+yz+zx)^2}{xyz}\geqslant\frac{4(xy+yz+zx)^2}{xyz}\qquad ②$$

注意到

$$\begin{aligned}(xy+yz+zx)^2=&x^2y^2+y^2z^2+z^2x^2+2(xy^2z+x^2yz+xyz^2)=\\&x^2y^2+y^2z^2+z^2x^2+2xyz(x+y+z)=\\&x^2y^2+y^2z^2+z^2x^2+2xyz\geqslant\end{aligned}$$

$$xy\cdot yz+xy\cdot zx+yz\cdot zx+2xyz=$$
$$xyz(x+y+z)+2xyz=3xyz$$

所以式 ② 的右端 $\geqslant\dfrac{12xyz}{xyz}=12$，即

$$\left[\frac{(x^2+y^2+z^2+xy+yz+zx)^2}{xyz}\right]_{\min}=12$$

所以 $\lambda^2\leqslant 12,\lambda\leqslant 2\sqrt{3}$，故 λ 的最大值为 $2\sqrt{3}$（此时 $x=y=z=\dfrac{1}{3}$）.

例 3　正实数 x,y,z，满足 $xyz\geqslant 1$. 证明

$$\frac{x^5-x^2}{x^5+y^2+z^2}+\frac{y^5-y^2}{y^5+z^2+x^2}+\frac{z^5-z^2}{z^5+x^2+y^2}\geqslant 0$$

证明　原不等式可变形为

$$\frac{x^2-x^5}{x^5+y^2+z^2}+\frac{y^2-y^5}{y^5+z^2+x^2}+\frac{z^2-z^5}{z^5+x^2+y^2}\leqslant 0$$

即
$$\frac{x^2+y^2+z^2}{x^5+y^2+z^2}+\frac{x^2+y^2+z^2}{y^5+z^2+x^2}+\frac{x^2+y^2+z^2}{z^5+x^2+y^2}\leqslant 3$$

由柯西不等式以及 $xyz\geqslant 1$ 可得

$$(x^5+y^2+z^2)(yz+y^2+z^2)\geqslant(x^2\sqrt{xyz}+y^2+z^2)^2\geqslant(x^2+y^2+z^2)^2$$

即
$$\frac{x^2+y^2+z^2}{x^5+y^2+z^2}\leqslant\frac{yz+y^2+z^2}{x^2+y^2+z^2}$$

同理
$$\frac{x^2+y^2+z^2}{y^5+z^2+x^2}\leqslant\frac{zx+z^2+x^2}{x^2+y^2+z^2}$$
$$\frac{x^2+y^2+z^2}{z^5+x^2+y^2}\leqslant\frac{xy+x^2+y^2}{x^2+y^2+z^2}$$

上面三式相加并利用 $x^2+y^2+z^2\geqslant xy+yz+zx$ 得

$$\frac{x^2+y^2+z^2}{x^5+y^2+z^2}+\frac{x^2+y^2+z^2}{y^5+z^2+x^2}+\frac{x^2+y^2+z^2}{z^5+x^2+y^2}\leqslant 2+\frac{xy+yz+zx}{x^2+y^2+z^2}\leqslant 3$$

例 4　a,b,c 是正实数. 求证：$\dfrac{(2a+b+c)^2}{2a^2+(b+c)^2}+\dfrac{(2b+c+a)^2}{2b^2+(c+a)^2}+\dfrac{(2c+a+b)^2}{2c^2+(a+b)^2}\leqslant 8$.

证明　因为 $a,b,c\in\mathbf{R}_+$，由柯西不等式知

$$\sqrt{\frac{2a^2+\frac{(b+c)^2}{2}+\frac{(b+c)^2}{2}}{3}}\geqslant\frac{\sqrt{2}a+\frac{\sqrt{2}}{2}(b+c)+\frac{\sqrt{2}}{2}(b+c)}{3}=\frac{\sqrt{2}(a+b+c)}{3}$$

故
$$2a^2+(b+c)^2\geqslant\frac{2(a+b+c)^2}{3}$$

同理 $2b^2+(c+a)^2\geqslant\dfrac{2(a+b+c)^2}{3},2c^2+(a+b)^2\geqslant\dfrac{2(a+b+c)^2}{3}$

若

$$4a \geqslant b+c, 4b \geqslant c+a, 4c \geqslant a+b \qquad ①$$

则

$$\frac{(2a+b+c)^2}{2a^2+(b+c)^2}=2+\frac{(4a-b-c)(b+c)}{2a^2+(b+c)^2} \leqslant 2+\frac{3(4ab+4ac-b^2-2bc-c^2)}{2(a+b+c)^2}$$

同理
$$\frac{(2b+c+a)^2}{2b^2+(c+a)^2} \leqslant 2+\frac{3(4bc+4ba-a^2-2ac-c^2)}{2(a+b+c)^2}$$

$$\frac{(2c+a+b)^2}{2c^2+(a+b)^2} \leqslant 2+\frac{3(4ca+4cb-a^2-2ab-b^2)}{2(a+b+c)^2}$$

三式相加得

$$\frac{(2a+b+c)^2}{2a^2+(b+c)^2}+\frac{(2b+c+a)^2}{2b^2+(c+a)^2}+\frac{(2c+a+b)^2}{2c^2+(a+b)^2} \leqslant$$

$$6+\frac{3(6ab+6bc+6ca-2a^2-2b^2-2c^2)}{2(a+b+c)^2}=$$

$$6+\frac{3[3(a+b+c)^2-5a^2-5b^2-5c^2]}{2(a+b+c)^2}=$$

$$\frac{21}{2}-\frac{15}{2} \cdot \frac{a^2+b^2+c^2}{(a+b+c)^2}=$$

$$\frac{21}{2}-\frac{15}{2} \times \frac{1}{3}=8$$

若 ① 不成立，不妨设 $4a<b+c$，则$\frac{(2a+b+c)^2}{2a^2+(b+c)^2}<2$. 由柯西不等式得

$$[b+b+(c+a)^2] \leqslant [b^2+b^2+(c+a)^2](1+1+1)$$

故
$$\frac{(2b+c+a)^2}{2b^2+(c+a)^2} \leqslant 3$$

同理
$$\frac{(2c+a+b)^2}{2c^2+(a+b)^2} \leqslant 3$$

所以
$$\frac{(2a+b+c)^2}{2a^2+(b+c)^2}+\frac{(2b+c+a)^2}{2b^2+(c+a)^2}+\frac{(2c+a+b)^2}{2c^2+(a+b)^2} \leqslant 8$$

综上可知，原不等式成立，当且仅当 $a=b=c$ 时等号成立.

例 5 若 $a_i>0, b_i>0, a_ib_i=c_i^2+d_i^2 (i=1,2,\cdots,n)$，则

$$\left(\sum_{i=1}^n a_i\right)\left(\sum_{i=1}^n b_i\right) \geqslant \left(\sum_{i=1}^n c_i\right)^2+\left(\sum_{i=1}^n d_i\right)^2$$

当且仅当$\frac{a_i}{a_j}=\frac{b_i}{b_j}=\frac{c_i}{c_j}=\frac{d_i}{d_j}(1 \leqslant i<j \leqslant n)$ 时等号成立.

证明 因为

$$\left(\sum_{i=1}^n a_i\right)\left(\sum_{i=1}^n b_i\right)=\sum_{i=1}^n \sum_{j=1}^n a_ib_j=\frac{1}{2} \sum_{i=1}^n \sum_{j=1}^n (a_ib_j+a_jb_i)$$

所以 $$\left(\sum_{i=1}^{n}a_i\right)^2=\sum_{i=1}^{n}a_i^2+2\sum_{1\leqslant i<j\leqslant n}a_ia_j$$

又由 $a_i>0,b_i>0,a_ib_i=c_i^2+d_i^2$ 得

$$\left(\sum_{i=1}^{n}a_i\right)\left(\sum_{i=1}^{n}b_i\right)-\left(\sum_{i=1}^{n}c_i\right)^2-\left(\sum_{i=1}^{n}d_i\right)^2=$$
$$\sum_{i=1}^{n}\sum_{j=1}^{n}a_ib_j-\sum_{i=1}^{n}\sum_{j=1}^{n}c_ic_j-\sum_{i=1}^{n}\sum_{j=1}^{n}d_id_j=$$
$$\frac{1}{2}\sum_{i=1}^{n}\sum_{j=1}^{n}(a_ib_j+a_jb_i-2c_ic_j-2d_id_j)=$$
$$\frac{1}{2}\sum_{i=1}^{n}\sum_{j=1}^{n}\left[\frac{a_i}{a_j}(c_j^2+d_j^2)+\frac{a_j}{a_i}(c_i^2+d_i^2)-2c_ic_j-2d_id_j\right]=$$
$$\frac{1}{2}\sum_{i=1}^{n}\sum_{j=1}^{n}\left[\left(\sqrt{\frac{a_i}{a_j}}c_j-\sqrt{\frac{a_j}{a_i}}c_i\right)^2+\left(\sqrt{\frac{a_i}{a_j}}d_j-\sqrt{\frac{a_j}{a_i}}d_i\right)^2\right]\geqslant 0$$

若
$$\begin{cases}\sqrt{\dfrac{a_i}{a_j}}c_j-\sqrt{\dfrac{a_j}{a_i}}c_i=0\\ \sqrt{\dfrac{a_i}{a_j}}d_j-\sqrt{\dfrac{a_j}{a_i}}d_i=0\end{cases}\quad(1\leqslant i<j\leqslant n)$$

即 $\begin{cases}a_ic_j=a_jc_i\\ a_id_j=a_jd_i\end{cases}$，两式平方相加得

$$a_i^2(c_j^2+d_j^2)=a_j^2(c_i^2+d_i^2)$$

所以
$$a_ib_j=a_jb_i$$

由以上三式可知，当且仅当 $\frac{a_i}{a_j}=\frac{b_i}{b_j}=\frac{c_i}{c_j}=\frac{d_i}{d_j}(1\leqslant i<j\leqslant n)$ 时原不等式等号成立.

例 6 已知正数 a,b,c 满足 $abc=8$，求证

$$\sqrt{\frac{a^3}{(1+b^3)(1+c^3)}}+\sqrt{\frac{b^3}{(1+c^3)(1+a^3)}}+\sqrt{\frac{c^3}{(1+a^3)(1+b^3)}}\geqslant\frac{2\sqrt{2}}{3}$$

证明

$$左边=\sqrt{\frac{a^6}{a^3(1+b^3)(1+c^3)}}+\sqrt{\frac{b^6}{b^3(1+c^3)(1+a^3)}}+\sqrt{\frac{c^6}{c^3(1+a^3)(1+b^3)}}=$$
$$\frac{a^3}{\sqrt{a^3+a^3b^3+a^3c^3+8^3}}+\frac{b^3}{\sqrt{b^3+b^3c^3+b^3a^3+8^3}}+\frac{c^3}{\sqrt{c^3+c^3a^3+c^3b^3+8^3}}=$$
$$\frac{(a^2)^{\frac{3}{2}}}{\sqrt{a^3+a^3b^3+a^3c^3+8^3}}+\frac{(b^2)^{\frac{3}{2}}}{\sqrt{b^3+b^3c^3+b^3a^3+8^3}}+\frac{(c^2)^{\frac{3}{2}}}{\sqrt{c^3+c^3a^3+c^3b^3+8^3}}$$

由赫尔德不等式

$$左边\geqslant\frac{(a^2+b^2+c^2)^{\frac{3}{2}}}{\sqrt{a^3+b^3+c^3+2(a^3b^3+a^3c^3+b^3c^3)+3\cdot 8^3}}$$

我们只要证

$$\frac{(a^2+b^2+c^2)^{\frac{3}{2}}}{\sqrt{a^3+b^3+c^3+2(a^3b^3+a^3c^3+b^3c^3)+3\cdot 8^3}}\geqslant\frac{2\sqrt{2}}{3}$$

即

$$9(a^2+b^2+c^2)^3\geqslant 8(a^3+b^3+c^3)+16(a^3b^3+b^3c^3+c^3a^3)+3\cdot 8^4 \quad ①$$

式 ① 左边 =

$$9(a^6+b^6+c^6)+27(a^4b^2+b^4a^2+a^4c^2+c^4a^2+b^4c^2+c^4b^2)+54a^2b^2c^2$$

并且 $$\frac{1}{2}(a^6+2^6)\geqslant 8a^3$$

同理可证 $$\frac{1}{2}(b^6+2^6)\geqslant 8b^3,\frac{1}{2}(c^6+2^6)\geqslant 8c^3$$

又

$$8(a^4b^2+a^2b^4)\geqslant 16a^3b^3,8(a^4c^2+a^2c^4)\geqslant 16a^3c^3,8(c^4b^2+c^2b^4)\geqslant 16b^3c^3$$

所以,只要证明

$$\frac{17}{2}(a^6+b^6+c^6)+19(a^4b^2+b^4a^2+a^4c^2+c^4a^2+b^4c^2+c^4b^2)+$$
$$54a^2b^2c^2-3\cdot 2^5\geqslant 3\cdot 8^4$$

由平均值不等式及 $abc=8$,易知该结论成立.所以,原不等式成立.

例 7 若 $a,b,c\in\mathbf{R}_+$,求证:$\frac{1}{a}+\frac{1}{b}+\frac{1}{c}\leqslant\frac{a^8+b^8+c^8}{a^3b^3c^3}$.

证法 1 由不等式的单调性可知 $\frac{1}{c}\geqslant\frac{1}{b}\geqslant\frac{1}{a}$,因而 $\frac{1}{b^3a^3}\geqslant\frac{1}{c^3a^3}\geqslant\frac{1}{a^3b^3}$

根据不等式的单调性知 $a^5\geqslant b^5\geqslant c^5$,由排序不等式得

$$\frac{a^5}{b^3c^3}+\frac{b^5}{c^3a^3}+\frac{c^5}{a^3b^3}\geqslant\frac{a^5}{c^3a^3}+\frac{b^5}{a^3b^3}+\frac{c^5}{b^3c^3}=\frac{a^2}{c^3}+\frac{b^2}{a^3}+\frac{c^2}{b^3}$$

又由不等式的单调性知

$$a^2\geqslant b^2\geqslant c^2,\frac{1}{c^3}\geqslant\frac{1}{b^3}\geqslant\frac{1}{a^3}$$

根据排序原理

$$\frac{a^2}{c^3}+\frac{b^2}{a^3}+\frac{c^2}{b^3}\geqslant\frac{a^2}{a^3}+\frac{b^2}{b^3}+\frac{c^2}{c^3}=\frac{1}{a}+\frac{1}{b}+\frac{1}{c}$$

根据不等式的传递性可知

$$\frac{1}{a}+\frac{1}{b}+\frac{1}{c}\leqslant\frac{a^5}{b^3c^3}+\frac{b^5}{c^3a^3}+\frac{c^5}{a^3b^3}=\frac{a^8+b^8+c^8}{a^3b^3c^3}$$

证法 2 因为

$$a^8+a^8+b^8+b^8+b^8+c^8+c^8+c^8\geqslant 8\sqrt[8]{a^8a^8b^8b^8b^8c^8c^8c^8}=8a^2b^3c^3$$

同理 $$b^8+b^8+a^8+a^8+a^8+c^8+c^8+c^8\geqslant 8a^3b^2c^3$$

$$c^8+c^8+a^8+a^8+a^8+b^8+b^8+b^8 \geqslant 8a^3b^3c^2$$

三个式子相加

$$8(a^8+b^8+c^8) \geqslant 8a^3b^3c^3\left(\frac{1}{a}+\frac{1}{b}+\frac{1}{c}\right)$$

所以
$$\frac{1}{a}+\frac{1}{b}+\frac{1}{c} \leqslant \frac{a^8+b^8+c^8}{a^3b^3c^3}$$

例 8 已知正实数 a,b,c 满足 $ab+bc+ca=1$，证明

$$\frac{1}{\sqrt{a^2+1}}+\frac{2}{\sqrt{b^2+1}}+\frac{3}{\sqrt{c^2+1}}<\frac{3\sqrt{14}}{2}$$

证明 设 $a=\tan\frac{A}{2},b=\tan\frac{B}{2},c=\tan\frac{C}{2}(0<A,B,C<\pi)$.

由条件式 $ab+bc+ca=1$，有

$$\tan\frac{A}{2}\tan\frac{B}{2}+\tan\frac{B}{2}\tan\frac{C}{2}+\tan\frac{C}{2}\tan\frac{A}{2}=1$$

$A+B+C=\pi$，于是 $\cos A+\cos B+\cos C \leqslant \frac{3}{2}$.

利用柯西不等式有

$$\begin{aligned}&\frac{1}{\sqrt{a^2+1}}+\frac{2}{\sqrt{b^2+1}}+\frac{3}{\sqrt{c^2+1}}=\\&\cos\frac{A}{2}+2\cos\frac{B}{2}+3\cos\frac{C}{2}\leqslant\\&\sqrt{(1^2+2^2+3^2)(\cos^2\frac{A}{2}+\cos^2\frac{B}{2}+\cos^2\frac{C}{2})}=\\&\sqrt{14(\frac{3+\cos A+\cos B+\cos C}{2})}\leqslant\\&\sqrt{14\left(\frac{3+\frac{3}{2}}{2}\right)}=\frac{3\sqrt{14}}{2}\end{aligned}$$

因为第一个不等式等号成立的条件是 $\frac{\cos\frac{A}{2}}{1}=\frac{\cos\frac{B}{2}}{2}=\frac{\cos\frac{C}{2}}{3}$，第二个不等式等号成立的条件是 $A=B=C=\frac{\pi}{3}$，所以两个等号不可能同时成立，故

$$\frac{1}{\sqrt{a^2+1}}+\frac{2}{\sqrt{b^2+1}}+\frac{3}{\sqrt{c^2+1}}<\frac{3\sqrt{14}}{2}$$

例 9 若不等式 $\sqrt{x}+\sqrt{y} \leqslant k\sqrt{2x+y}$ 对于任意正实数 x,y 成立，求 k 的取值范围.

解法 1 显然 $k>0,(\sqrt{x}+\sqrt{y})^2 \leqslant k^2(2x+y) \Rightarrow (2k^2-1)x-2\sqrt{xy}+$

$(k^2-1)y\geqslant 0$ 对于 $x,y>0$ 恒成立.

令 $t=\sqrt{\dfrac{x}{y}}>0$,则得 $f(t)=(2k^2-1)t^2-2t+(k^2-1)\geqslant 0$ 对一切 $t>0$ 恒成立. 当 $2k^2-1\leqslant 0$ 时,不等式不能恒成立,故 $2k^2-1>0$.

此时当 $t=\dfrac{1}{2k^2-1}$ 时,$f(t)$ 取得最小值

$$\frac{1}{2k^2-1}-\frac{2}{2k^2-1}+k^2-1=\frac{2k^4-3k^2}{2k^2-1}=\frac{k^2(2k^2-3)}{2k^2-1}$$

当 $2k^2-1>0$ 且 $2k^2-3\geqslant 0$,即 $k\geqslant\dfrac{\sqrt{6}}{2}$ 时,不等式恒成立,且当 $x=4y>0$ 时等号成立.

所以 $k\in\left[\dfrac{\sqrt{6}}{2},+\infty\right)$.

解法 2 显然 $k>0$,故 $k^2\geqslant\dfrac{(\sqrt{x}+\sqrt{y})^2}{2x+y}=\dfrac{x+2\sqrt{xy}+y}{2x+y}$. 令 $t=\sqrt{\dfrac{x}{y}}>0$,则 $k^2\geqslant\dfrac{t^2+2t+1}{2t^2+1}=\dfrac{1}{2}\left(1+\dfrac{4t+1}{2t^2+1}\right)$. 令 $u=4t+1>1$,则 $t=\dfrac{u-1}{4}$. 只要求 $s(u)=\dfrac{8u}{u^2-2u+9}$ 的最大值

$$s(u)=\frac{8}{u+\dfrac{9}{u}-2}\leqslant\frac{8}{2\sqrt{u\cdot\dfrac{9}{u}}-2}=2$$

于是

$$\frac{1}{2}\left(1+\frac{4t+1}{2t^2+1}\right)\leqslant\frac{1}{2}(1+2)=\frac{3}{2}$$

所以 $k^2\geqslant\dfrac{3}{2}$,即 $k\geqslant\dfrac{\sqrt{6}}{2}$ 时,不等式恒成立(当 $x=4y>0$ 时等号成立). 又令 $s(t)=\dfrac{4t+1}{2t^2+1}$,则

$$s'(t)=\frac{8t^2+4-4t(4t+1)}{(2t^2+1)^2}=\frac{-8t^2-4t+4}{(2t^2+1)^2}$$

$t>0$ 时有驻点 $t=\dfrac{1}{2}$. 且在 $0<t<\dfrac{1}{2}$ 时,$s'(t)>0$,在 $t>\dfrac{1}{2}$ 时,$s'(t)<0$,即 $s(t)$ 在 $t=\dfrac{1}{2}$ 时取得最大值 2,此时有 $k^2\geqslant\dfrac{1}{2}\left[1+s\left(\dfrac{1}{2}\right)\right]=\dfrac{3}{2}$.

解法 3 由柯西不等式得

$$(\sqrt{x}+\sqrt{y})^2\leqslant\left(\frac{1}{2}+1\right)(2x+y)$$

即

$$(\sqrt{x}+\sqrt{y})\leqslant\frac{\sqrt{6}}{2}\sqrt{2x+y}$$

对一切正实数 x,y 成立. 当 $k<\frac{\sqrt{6}}{2}$ 时,取 $x=\frac{1}{4},y=1$,有 $\sqrt{x}+\sqrt{y}=\frac{3}{2}$,而 $k\sqrt{2x+y}=k\frac{\sqrt{6}}{2}<\frac{\sqrt{6}}{2}\times\frac{\sqrt{6}}{2}=\frac{3}{2}$,即不等式不能恒成立. 而当 $k\geqslant\frac{\sqrt{6}}{2}$ 时,由于对一切正实数 x,y,都有 $\sqrt{x}+\sqrt{y}\leqslant\frac{\sqrt{6}}{2}\sqrt{2x+y}\leqslant k\sqrt{2x+y}$,故不等式恒成立,所以 $k\in\left[\frac{\sqrt{6}}{2},+\infty\right)$.

例 10 已知正实数 a,b,c,d 满足 $a+b+c+d=1$,证明

$$6(a^3+b^3+c^3+d^3)\geqslant(a^2+b^2+c^2+d^2)+\frac{1}{8}$$

证法 1 结论不等式等价于

$$48(a^3+b^3+c^3+d^3)\geqslant 8(a^2+b^2+c^2+d^2)(a+b+c+d)+(a+b+c+d)^3$$

整理,得

$$\begin{aligned}39(a^3+b^3+c^3+d^3)\geqslant\ & 6(abc+bcd+cda+dab)+\\ & 11[(a^2b+b^2c+c^2d+d^2a)+\\ & (ab^2+bc^2+cd^2+da^2)]+\\ & (a^2c+b^2d+c^2a+d^2b)\end{aligned}$$

由均值不等式,得

$$\frac{a^3+b^3+c^3}{3}\geqslant abc,\quad \frac{b^3+c^3+d^3}{3}\geqslant bcd$$

$$\frac{a^3+c^3+d^3}{3}\geqslant acd,\quad \frac{a^3+b^3+d^3}{3}\geqslant abd$$

以上四式相加,得

$$6(a^3+b^3+c^3+d^3)\geqslant 6(abc+bcd+cda+dab)$$

于是,只需证明

$$33(a^3+b^3+c^3+d^3)\geqslant 11\begin{bmatrix}(a^2b+b^2c+c^2d+d^2a)+\\(ab^2+bc^2+cd^2+da^2)\end{bmatrix}+(a^2c+b^2d+c^2a+d^2b)$$

不妨设 $a\geqslant b\geqslant c\geqslant d$,则由排序不等式即可证出,其中等号成立,当且仅当 $a=b=c=d=\frac{1}{4}$.

证法 2 根据幂平均不等式得

$$\left(\frac{a^3+b^3+c^3+d^3}{4}\right)\geqslant\left(\frac{a+b+c+d}{4}\right)^3=\frac{1}{64}$$

则
$$2(a^3+b^3+c^3+d^3)\geqslant\frac{1}{8} \qquad ①$$

由均值不等式得

$$a^2+b^2+c^2+d^2\geqslant\frac{1}{4}(a+b+c+d)^2=\frac{1}{4} \qquad ②$$

由柯西不等式，得

$$a^3+b^3+c^3+d^3=(a^3+b^3+c^3+d^3)(a+b+c+d)\geqslant (a^2+b^2+c^2+d^2)^2$$

结合式②
$$a^3+b^3+c^3+d^3\geqslant\frac{1}{4}(a^2+b^2+c^2+d^2) \qquad ③$$

由式①+式③×4，即得所证不等式.

证法3 显然 $a,b,c,d\in(0,1)$，下面证明 $f(x)=6x^3-x^2\geqslant\frac{5x-1}{8}$ $(0<x<1)$. 经整理，知上式等价于

$$48x^3-8x^2-5x+1\geqslant 0 \quad (0<x<1)$$

而
$$48x^3-8x^2-5x+1=(4x-1)^2(3x+1)\geqslant 0$$

所以上式成立. 于是

$$f(a)+f(b)+f(c)+f(d)\geqslant\frac{5(a+b+c+d)}{8}-\frac{4}{8}=\frac{1}{8}$$

结论得证.

例11 （2008年德国奥林匹克数学试题）求最小值的常数 c，使得对所有的实数 x,y 有 $1+(x+y)^2\leqslant c(1+x^2)(1+y^2)$.

解法1 取 $x=y=\frac{\sqrt{2}}{2}$，代入原不等式得 $3\leqslant\frac{9}{4}c$，解得 $c\geqslant\frac{4}{3}$. 下面证明 $c=\frac{4}{3}$ 满足条件，这只需证 $1+(x+y)^2\leqslant\frac{4}{3}(1+x^2)(1+y^2)$，化简整理得 $(2x-y)^2+(x-y)^2\geqslant 0$，这是显然成立的，故 $c_{\min}=\frac{4}{3}$.

点评 *本题解法取 $x=y=\frac{\sqrt{2}}{2}$，实在值得思考.*

解法2 (1) 当 $c\geqslant 2$ 时，满足题意，事实上，只需验证

$$1+(x+y)^2\leqslant 2(1+x^2)(1+y^2)$$

化简得
$$(x-y)^2+2x^2y^2+1\geqslant 0$$

这是显然成立的. 而

$$2(1+x^2)(1+y^2)\leqslant c(1+x^2)(1+y^2)$$

因此
$$1+(x+y)^2\leqslant c(1+x^2)(1+y^2)$$

(2) 当 $c<2$ 时，在原不等式中令 $x=y=0$，得 $c\geqslant 1$，于是 $1\leqslant c<2$，从而

$$1+(x+y)^2 \leqslant c(1+x^2)(1+y^2)$$

等价于
$$cx^2y^2+(c-1)(x^2+y^2)-2xy+c-1 \geqslant 0 \quad ①$$

令
$$g(x,y)=cx^2y^2+(c-1)(x^2+y^2)-2xy+c-1$$

则不等式 ① 恒成立的充要条件是 $g(x,y)_{\min} \geqslant 0$.

下面求 $g(x,y)_{\min}$，由基本不等式 $x^2+y^2 \geqslant 2xy$，得

$$g(x,y) \geqslant cx^2y^2+2(c-2)xy+c-1 \quad ②$$

当且仅当 $x=y$ 时等号成立. 记

$$f(xy)=cx^2y^2+2(c-2)xy+c-1$$

令 $xy=t$，则

$$f(xy)=f(t)=ct^2+2(c-2)t+c-1 \quad (t \in \mathbf{R})$$

因此

$$f(t) \geqslant \frac{4c(c-1)-4(c-2)^2}{4c} \quad ③$$

当且仅当 $t=-\frac{2(c-2)}{2c}$，即 $xy=\frac{2-c}{c}$ 时，等号成立. 由式 ②、式 ③ 得，当且仅当 $x=y=\pm\sqrt{\frac{2-c}{c}}$ 时

$$g(x,y)_{\min}=\frac{4c(c-1)-4(c-2)^2}{4c}$$

解 $g(x,y)_{\min} \geqslant 0$ 得

$$\frac{4}{3} \leqslant c < 2$$

综合(1)(2) 得 $c \geqslant \frac{4}{3}$，故 $c_{\min}=\frac{4}{3}$.

解法 3 不等式 $1+(x+y)^2 \leqslant c(1+x^2)(1+y^2)$ 可化为

$$(cy^2+c-1)x^2-2yx+(c-1)(y^2-1) \geqslant 0 \quad ④$$

令 $x=y=0$，得 $c \geqslant 1$. 对任意 $x,y \in \mathbf{R}$，式 ④ 恒成立等价于

$$\Delta=4y^2-4(cy^2+c-1)(c-1)(y^2-1) \leqslant 0$$

对任意 $y \in \mathbf{R}$ 恒成立，整理得

$$c(c-1)y^4+c(2c-3)y^2+(c-1)^2 \geqslant 0$$

令 $y^2=t$，则等价于

$$c(c-1)t^2+c(2c-3)t+(c-1)^2 \geqslant 0$$

对任意 $t \in [0,+\infty)$ 恒成立.

当 $c=1$ 时，显然不符合题意；当 $c>1$ 时，令 $f(t)=c(c-1)t^2+c(2c-3)t+(c-1)^2$，其对称轴为 $t=-\frac{2c-3}{2(c-1)}$. 由 $f(t) \geqslant 0$ 在 $[0,+\infty)$ 上恒成立，得

$$-\frac{2c-3}{2(c-1)}\leqslant 0$$

或
$$\begin{cases}-\dfrac{2c-3}{2(c-1)}>0\\ f\left(-\dfrac{2c-3}{2(c-1)}\right)\geqslant 0\end{cases}$$

结合 $c>1$,解得 $c\geqslant\frac{4}{3}$,故 $c_{\min}=\frac{4}{3}$.

解法 4 $x,y\in\mathbf{R}$,$1+(x+y)^2\leqslant c(1+x^2)(1+y^2)$ 等价于对任意 $x,y\in\mathbf{R}$,有

$$c\geqslant\frac{1+(x+y)^2}{(1+x^2)(1+y^2)} \qquad ⑤$$

即
$$c\geqslant\left[\frac{1+(x+y)^2}{(1+x^2)(1+y^2)}\right]_{\max}\quad(x,y\in\mathbf{R}) \qquad ⑥$$

令 $M=\frac{1+(x+y)^2}{(1+x^2)(1+y^2)}$,下面求 M 的最大值. 注意到 $M=\frac{1+(x+y)^2}{(1+x^2)(1+y^2)}$,是一个分式函数,而且分子、分母展开后都出现 $1+x^2+y^2$,想到用分离常数法,于是

$$\begin{aligned}M=&\frac{1+(x+y)^2}{(1+x^2)(1+y^2)}=\\&\frac{1+x^2+y^2+2xy}{1+x^2+y^2+x^2y^2}=\\&\frac{1+x^2+y^2+x^2y^2+2xy-x^2y^2}{1+x^2+y^2+x^2y^2}=\\&1+\frac{2xy-x^2y^2}{1+x^2+y^2+x^2y^2}\end{aligned} \qquad ⑦$$

注意到式 ⑦ 的分子、分母中 3 处出现了 xy,结合分母中的 x^2+y^2,自然想到用基本不等式 $x^2+y^2\geqslant 2xy$ 来放缩,但必须考虑 $2xy-x^2y^2>0$ 何时取得,于是不妨设 $2xy-x^2y^2>0$(即 $0<xy<2$),则

$$\begin{aligned}M=&1+\frac{2xy-x^2y^2}{1+x^2+y^2+x^2y^2}\leqslant\\&1+\frac{2xy-x^2y^2}{1+2xy+x^2y^2}=\\&\frac{4xy+1}{(xy+1)^2}\end{aligned}$$

当且仅当 $x=y$ 时,等号成立.

下面求 $\frac{4xy+1}{(xy+1)^2}$ 的最大值,令 $4xy+1=u$,则 $\frac{4xy+1}{(xy+1)^2}=\frac{16}{u+\frac{9}{u}+6}\leqslant$

$\dfrac{4}{3}$，当且仅当 $u=3$，即 $xy=\dfrac{1}{2}$ 时，等号成立，即 $\left[\dfrac{4xy}{(xy+1)^2}\right]_{\max}=\dfrac{4}{3}$. 综上所述，当 $x=y$ 且 $xy=\dfrac{1}{2}$，也即 $x=y=\pm\dfrac{\sqrt{2}}{2}$ 时，$M_{\max}=\dfrac{4}{3}$. 结合式⑥得 $c\geqslant\dfrac{4}{3}$，故 $c_{\min}=\dfrac{4}{3}$.

解法 5(配方法)　由于式⑤对任意的实数 x,y 都成立，当然在特殊情形 $x=y$ 下也成立，于是得到了式⑤的一个必要条件，即对任意 $x\in\mathbf{R}$，都有 $c\geqslant\dfrac{1+4x^2}{(1+x^2)^2}$，$c\geqslant\left[\dfrac{1+4x^2}{(1+x^2)^2}\right]_{\max}$，同解法 4 可求得 $f(x)=\dfrac{1+4x^2}{(1+x^2)^2}$ 的最大值为 $\dfrac{4}{3}$，所以 $c\geqslant\dfrac{4}{3}$，接下来验证充分条件，同解法 1. 综上可得，$c_{\min}=\dfrac{4}{3}$.

点评　求 $\dfrac{4xy+1}{(xy+1)^2}$ 的最大值还可以用导数法.

令 $xy=t$，设 $h(t)=\dfrac{4t+1}{(t+1)^2}$，$t\in(0,2)$，得

$$h'(t)=-\frac{2(2t-1)}{(t+1)^3}$$

当 $0<t<\dfrac{1}{2}$ 时，$h'(t)>0$；当 $\dfrac{1}{2}<t<2$ 时，$h'(t)<0$，所以 $h(t)$ 在 $\left(0,\dfrac{1}{2}\right)$ 上递增，在 $\left(\dfrac{1}{2},2\right)$ 上递减，故当 $t=\dfrac{1}{2}$ 时

$$h(t)_{\max}=h\left(\frac{1}{2}\right)=\frac{4}{3}$$

即

$$\left[\frac{4xy}{(xy+1)^2}\right]_{\max}=\frac{4}{3}$$

例 12　已知 $a>1,b>1,c>1$，求证：$\dfrac{a^4}{b^2-1}+\dfrac{b^4}{c^2-1}+\dfrac{c^4}{a^2-1}\geqslant\dfrac{3}{2}\sqrt{3}(a+b+c)$.

证法 1　由已知得 $a^2>1,b^2>1,c^2>1,a^2+b^2+c^2-3>0$，由柯西不等式及均值不等式得

$$\begin{aligned}&\frac{a^4}{b^2-1}+\frac{b^4}{c^2-1}+\frac{c^4}{a^2-1}\geqslant\\&\frac{(a^2+b^2+c^2)^2}{a^2+b^2+c^2-3}=\\&a^2+b^2+c^2+3+\frac{9}{a^2+b^2+c^2-3}=\\&\frac{3}{4}(a^2+b^2+c^2)+\frac{1}{4}(a^2+b^2+c^2-3)+\frac{9}{a^2+b^2+c^2-3}+\frac{15}{4}\geqslant\end{aligned}$$

$$\frac{3}{4}(a^2+b^2+c^2)+2\sqrt{\frac{9}{4}}+\frac{15}{4}=$$

$$\frac{3}{4}(a^2+b^2+c^2)+\frac{27}{4}=$$

$$\frac{3}{4}[(a^2+3)+(b^2+3)+(c^2+3)]\geqslant$$

$$\frac{3}{4}(2\sqrt{3}a+2\sqrt{3}b+2\sqrt{3}c)=$$

$$\frac{3}{2}\sqrt{3}(a+b+c)$$

证法 2 根据不等式的结构特征分析计算可知,不等式取等号的条件为 $a=b=c=\sqrt{3}$.因为

$$\frac{a^4}{b^2-1}+\frac{9}{4}(b^2-1)\geqslant 3a^2$$

所以
$$\frac{a^4}{b^2-1}\geqslant 3a^2-\frac{9}{4}(b^2-1)$$

同理可得

$$\frac{b^4}{c^2-1}\geqslant 3b^2-\frac{9}{4}(c^2-1)$$

$$\frac{c^4}{a^2-1}\geqslant 3c^2-\frac{9}{4}(a^2-1)$$

所以
$$\frac{a^4}{b^2-1}+\frac{b^4}{c^2-1}+\frac{c^4}{a^2-1}\geqslant$$

$$3(a^2+b^2+c^2)-\frac{9}{4}(a^2+b^2+c^2-3)=\frac{3}{4}(a^2+b^2+c^2)+\frac{27}{4}=$$

$$\frac{3}{4}[(a^2+3)+(b^2+3)+(c^2+3)]\geqslant$$

$$\frac{3}{4}(2\sqrt{3}a+2\sqrt{3}b+2\sqrt{3}c)=$$

$$\frac{3}{2}\sqrt{3}(a+b+c)$$

证法 3 记 $x=a^2+b^2+c^2$,则 $x>3$.根据柯西不等式得

$$\frac{a^4}{b^2-1}+\frac{b^4}{c^2-1}+\frac{c^4}{a^2-1}\geqslant\frac{(a^2+b^2+c^2)^2}{a^2+b^2+c^2-3}=\frac{x^2}{x-3}$$

又
$$\frac{3}{2}\sqrt{3}(a+b+c)=\frac{3}{2}(\sqrt{3}a+\sqrt{3}b+\sqrt{3}c)\leqslant$$

$$\frac{3}{4}[(a^2+3)+(b^2+3)+(c^2+3)]=$$

$$\frac{3}{4}(9+x)$$

所以要证原不等式,只要证

$$\frac{x^2}{x-3} \geqslant \frac{3}{4}(9+x) \Leftrightarrow x^2+81 \geqslant 18x \Leftrightarrow (x-9)^2 \geqslant 0$$

显然成立.

例 13 设 $x_1, x_2, \cdots, x_n$ 为正实数,且 $\sum_{i=1}^{n} x_i = 1$,求证

$$\left(\sum_{i=1}^{n} \sqrt{x_i}\right)\left(\sum_{i=1}^{n} \frac{1}{\sqrt{1+x_i}}\right) \leqslant \frac{n^2}{\sqrt{n+1}}$$

证法 1 由柯西不等式得

$$\frac{1}{\sqrt{n}} \cdot \sqrt{x_1} + \frac{1}{\sqrt{n}} \cdot \sqrt{x_2} + \cdots + \sqrt{x_n} \cdot \frac{1}{\sqrt{n}} \leqslant$$

$$\sqrt{\frac{1}{n} + x_2 + x_3 + \cdots + x_n} \cdot \sqrt{x_1 + \frac{n-1}{n}}$$

从而

$$\frac{\sqrt{x_1}+\sqrt{x_2}+\cdots+\sqrt{x_n}}{\sqrt{1+x_1}} \leqslant$$

$$\sqrt{\frac{(n+1-nx_1)(nx_1+n-1)}{n(1+x_1)}} =$$

$$\sqrt{n+2-nx_1-\frac{2n+1}{n(1+x_1)}}$$

同理

$$\frac{\sqrt{x_1}+\sqrt{x_2}+\cdots+\sqrt{x_n}}{\sqrt{1+x_2}} \leqslant \sqrt{n+2-nx_2-\frac{2n+1}{n(1+x_2)}} \cdots\cdots$$

$$\frac{\sqrt{x_1}+\sqrt{x_2}+\cdots+\sqrt{x_n}}{\sqrt{1+x_n}} \leqslant \sqrt{n+2-nx_n-\frac{2n+1}{n(1+x_n)}}$$

将上面 n 个不等式相加得

$$\left(\sum_{i=1}^{n} \sqrt{x_i}\right)\left(\sum_{i=1}^{n} \frac{1}{\sqrt{1+x_i}}\right) \leqslant \sum_{i=1}^{n} \sqrt{n+2-nx_i-\frac{2n+1}{n(1+x_i)}} \qquad ①$$

又由柯西不等式得

$$\sum_{i=1}^{n} \sqrt{n+2-nx_i-\frac{2n+1}{n(1+x_i)}} \leqslant$$

$$\sqrt{n} \cdot \sqrt{n^2+2n-n\sum_{i=1}^{n} x_i - \frac{2n+1}{n}\sum_{i=1}^{n} \frac{1}{1+x_i}} =$$

$$\sqrt{n} \cdot \sqrt{n^2+n-\frac{2n+1}{n}\sum_{i=1}^{n} \frac{1}{1+x_i}} \qquad ②$$

由柯西不等式得

$$\sum_{i=1}^{n}\frac{1}{1+x_i}\sum_{i=1}^{n}(1+x_i)\geqslant n^2 \quad ③$$

又 $\sum_{i=1}^{n}x_i=1$,所以

$$\sum_{i=1}^{n}\frac{1}{1+x_i}\geqslant\frac{n^2}{n+1} \quad ④$$

由不等式 ④ 得

$$\sqrt{n^2+n-\frac{2n+1}{n}\sum_{i=1}^{n}\frac{1}{1+x_i}}\leqslant\sqrt{n^2+n-\frac{2n+1}{n}\cdot\frac{n^2}{n+1}}=\sqrt{\frac{n^2}{n+1}} \quad ⑤$$

将不等式 ⑤ 代入不等式 ② 得

$$\sum_{i=1}^{n}\sqrt{n+2-nx_i-\frac{2n+1}{n(1+x_i)}}\leqslant\frac{n^2}{\sqrt{n+1}} \quad ⑥$$

所以

$$\left(\sum_{i=1}^{n}\sqrt{x_i}\right)\left(\sum_{i=1}^{n}\frac{1}{\sqrt{1+x_i}}\right)\leqslant\frac{n^2}{\sqrt{n+1}}$$

证法 2

$$\left(\sum_{i=1}^{n}\sqrt{x_i}\right)\left(\sum_{i=1}^{n}\frac{1}{\sqrt{1+x_i}}\right)=$$

$$\sum_{i=1}^{n}\sqrt{x_i}\left(\sum_{i=1}^{n}\sqrt{1+x_i}-\sum_{i=1}^{n}\frac{x_i}{\sqrt{1+x_i}}\right)\leqslant$$

$$\sum_{i=1}^{n}\sqrt{x_i}\left[\sum_{i=1}^{n}\sqrt{1+x_i}-\frac{\left(\sum_{i=1}^{n}\sqrt{x_i}\right)^2}{\sum_{i=1}^{n}\sqrt{1+x_i}}\right]\leqslant$$

$$\sum_{i=1}^{n}\sqrt{x_i}\left[\sqrt{n\sum_{i=1}^{n}(1+x_i)}-\frac{\left(\sum_{i=1}^{n}\sqrt{x_i}\right)^2}{\sqrt{n\sum_{i=1}^{n}(1+x_i)}}\right]=$$

$$\sum_{i=1}^{n}\sqrt{x_i}\left[\sqrt{n(n+1)}-\frac{\left(\sum_{i=1}^{n}\sqrt{x_i}\right)^2}{\sqrt{n(n+1)}}\right]$$

令 $y=\sum_{i=1}^{n}\sqrt{x_i}$,则 $y\leqslant\sqrt{n\sum_{i=1}^{n}x_i}=\sqrt{n}$.

于是只要证明

$$y\left[\sqrt{n(n+1)}-\frac{y^2}{\sqrt{n(n+1)}}\right]\leqslant\frac{n^2}{\sqrt{n+1}}\Leftrightarrow$$

$$y^3-n(n+1)y+n^2\sqrt{n}\geqslant 0\Leftrightarrow$$
$$(y-\sqrt{n})(y^2+\sqrt{n}y-n^2)\geqslant 0 \qquad ⑦$$

因为 $\quad y-\sqrt{n}\leqslant 0, y^2+\sqrt{n}y-n^2\leqslant n+n-n^2=2n-n^2\leqslant 0$

所以不等式 ⑦ 成立，从而得证.

证法 3 由柯西不等式得

$$(\sum_{i=1}^{n}\sqrt{x_i})^2\leqslant\sum_{i=1}^{n}(1+x_i)\sum_{i=1}^{n}\frac{x_i}{1+x_i}=$$
$$(n+1)\sum_{i=1}^{n}\frac{x_i}{1+x_i}=(n+1)\left[\sum_{i=1}^{n}\left(1-\frac{1}{1+x_i}\right)\right]=$$
$$(n+1)(n-\sum_{i=1}^{n}\frac{1}{1+x_i})$$

又由柯西不等式得

$$\sum_{i=1}^{n}\frac{1}{\sqrt{1+x_i}}\leqslant\sqrt{n\sum_{i=1}^{n}\frac{1}{1+x_i}}$$

所以

$$(\sum_{i=1}^{n}\sqrt{x_i})\left(\sum_{i=1}^{n}\frac{1}{\sqrt{1+x_i}}\right)\leqslant$$
$$\sqrt{(n+1)\left(n-\sum_{i=1}^{n}\frac{1}{1+x_i}\right)}\cdot\sqrt{n\sum_{i=1}^{n}\frac{1}{1+x_i}}=$$
$$\sqrt{(n+1)n\sum_{i=1}^{n}\frac{1}{1+x_i}\left(n-\sum_{i=1}^{n}\frac{1}{1+x_i}\right)}$$

下面求 $\sum_{i=1}^{n}\frac{1}{1+x_i}\left(n-\sum_{i=1}^{n}\frac{1}{1+x_i}\right)$ 的最值，$A=\sum_{i=1}^{n}\frac{1}{1+x_i}$，由柯西不等式得

$$\sum_{i=1}^{n}\frac{1}{1+x_i}\sum_{i=1}^{n}(1+x_i)\geqslant n^2$$

所以

$$\sum_{i=1}^{n}\frac{1}{1+x_i}\geqslant\frac{n^2}{n+1}\geqslant\frac{n}{2}$$

所以 $\quad f(A)=A(n-A)=-(A-\frac{n}{2})^2+\frac{n^2}{4}$

在区间 $\left[\frac{n^2}{n+1},+\infty\right)$ 内单调递减，所以

$$f(A)\leqslant f\left(\frac{n^2}{n+1}\right)=\frac{n^2}{n+1}\left(n-\frac{n^2}{n+1}\right)=\frac{n^2}{(n+1)^2}$$

即 $\quad \sum_{i=1}^{n}\frac{1}{1+x_i}\left(n-\sum_{i=1}^{n}\frac{1}{1+x_i}\right)\leqslant\frac{n^2}{(n+1)^2}$

所以

$$\left(\sum_{i=1}^{n}\sqrt{x_i}\right)\left(\sum_{i=1}^{n}\frac{1}{\sqrt{1+x_i}}\right)\leqslant$$

$$\sqrt{(n+1)n\sum_{i=1}^{n}\frac{1}{1+x_i}\left(n-\sum_{i=1}^{n}\frac{1}{1+x_i}\right)}\leqslant\frac{n^2}{\sqrt{n+1}}$$

巩固练习

1. 函数 $f(x)=\sqrt{x-5}+\sqrt{24-3x}$ 的最大值为(　　)

A. $\sqrt{3}$　　B. 3　　C. $2\sqrt{3}$　　D. $3\sqrt{3}$

解法 1　C. $f(x)$ 的定义域为 $5\leqslant x\leqslant 8$,由

$$f'(x)=\frac{1}{2\sqrt{x-5}}+\frac{-3}{2\sqrt{24-3x}}=\frac{\sqrt{24-3x}-3\sqrt{x-5}}{2\sqrt{x-5}\cdot\sqrt{24-3x}}=0$$

解得

$$x=\frac{23}{4}$$

因为

$$f(5)=3,f\left(\frac{23}{4}\right)=2\sqrt{3},f(8)=\sqrt{3}$$

于是

$$f(x)_{\max}=f\left(\frac{23}{4}\right)=2\sqrt{3}$$

解法 2　C. $f(x)$ 的定义域为 $5\leqslant x\leqslant 8$

$$f^2(x)=(1\cdot\sqrt{x-5}+\sqrt{3}\cdot\sqrt{8-x})^2\leqslant(1+3)(x-5+8-x)=12$$

当且仅当 $\frac{\sqrt{x-5}}{1}=\frac{\sqrt{8-x}}{\sqrt{3}}$,即 $x=\frac{23}{4}$ 时,$f(x)$ 取到最大值 $2\sqrt{3}$.

2. 函数 $f(x)=\sqrt{\frac{1}{2}-x}+\sqrt{x-\frac{1}{3}}$ 的最大值为 a,最小值为 b,则 $a+b$ 的值是(　　)

A. $\frac{\sqrt{3}}{6}(3+\sqrt{3})$　　B. $\frac{\sqrt{3}}{6}(2+\sqrt{2})$　　C. $\frac{\sqrt{3}}{6}(3+\sqrt{2})$　　D. $\frac{\sqrt{3}}{6}(2+\sqrt{3})$

解法 1　B. 令 $u=\sqrt{\frac{1}{2}-x}$,$v=\sqrt{x-\frac{1}{3}}$,则 $u^2+v^2=\frac{1}{6}$,而 $u^2+v^2\leqslant(u+v)^2\leqslant 2(u^2+v^2)$,所以 $a=\sqrt{\frac{1}{3}}$,$b=\sqrt{\frac{1}{6}}$,$a+b=\frac{\sqrt{3}}{6}(2+\sqrt{2})$.

解法 2　B. 设 $\boldsymbol{c}=(1,1)$,$\boldsymbol{d}=\left(\sqrt{\frac{1}{2}-x},\sqrt{x-\frac{1}{3}}\right)=(s,t)$,则

$|\boldsymbol{c}|=\sqrt{2}, |\boldsymbol{d}|=\dfrac{\sqrt{6}}{6}, s^2+t^2=\dfrac{1}{6}$

$$f(x)=\boldsymbol{c}\cdot\boldsymbol{d}=|\boldsymbol{c}|\cdot|\boldsymbol{d}|\cdot\cos\langle\boldsymbol{c},\boldsymbol{d}\rangle=$$

$$\sqrt{2}\cdot\frac{\sqrt{6}}{6}\cdot\cos\langle\boldsymbol{c},\boldsymbol{d}\rangle=$$

$$\frac{\sqrt{3}}{3}\cos\langle\boldsymbol{c},\boldsymbol{d}\rangle$$

在直角坐标系中画出向量 $\boldsymbol{c}$ 与 $\boldsymbol{d}$ 的夹角图形，可知：$0\leqslant\langle\boldsymbol{c},\boldsymbol{d}\rangle\leqslant\dfrac{\pi}{4}$，所以

$$\frac{\sqrt{2}}{2}\leqslant\cos\langle\boldsymbol{c},\boldsymbol{d}\rangle\leqslant 1$$

所以
$$a=\frac{\sqrt{3}}{3}, b=\frac{\sqrt{6}}{6}$$

所以
$$a+b=\frac{\sqrt{3}}{3}+\frac{\sqrt{6}}{6}=\frac{\sqrt{3}}{6}(2+\sqrt{2})$$

3. 设 $a>b>0$，那么 $a^2+\dfrac{1}{b(a-b)}$ 的最小值是（　　）

A. 2　　B. 3　　C. 4　　D. 5

解　C. 由 $a>b>0$，可知

$$0<b(a-b)=\frac{a^2}{4}-\left(b-\frac{a}{2}\right)^2\leqslant\frac{1}{4}a^2$$

所以
$$a^2+\frac{1}{b(a-b)}\geqslant a^2+\frac{4}{a^2}\geqslant 4$$

4.（2013·湖北高考理科）设 $x,y,z\in\mathbf{R}$，且满足：$x^2+y^2+z^2=1, x+2y+3z=\sqrt{14}$，则 $x+y+z=$________.

解　$\dfrac{3\sqrt{14}}{7}$. 由柯西不等式可知

$$(x+2y+3z)^2\leqslant(x^2+y^2+z^2)(1^2+2^2+3^2)$$

当且仅当 $\dfrac{x}{1}=\dfrac{y}{2}=\dfrac{z}{3}$ 时取等号，此时

$$y=2x, z=3x, x+2y+3z=14x=\sqrt{14}$$

所以
$$x=\frac{\sqrt{14}}{14}, y=\frac{2\sqrt{14}}{14}, z=\frac{3\sqrt{14}}{14}, x+y+z=\frac{6\sqrt{14}}{14}=\frac{3\sqrt{14}}{7}$$

5.（2013·湖南高考理科）已知 $a,b,c\in\mathbf{R}$，$a+2b+3c=6$，则 $a^2+4b^2+9c^2$ 的最小值为________.

解　12. 因为

$$(1^2+1^2+1^2)(a^2+4b^2+9c^2)\geqslant(a+2b+3c)^2=36$$

所以 $$a^2+4b^2+9c^2\geqslant 12$$

6.在等式$\frac{1}{(\ )}+\frac{4}{(\ )}+\frac{9}{(\ )}=1$的分母上的三个括号中各填入一个正整数,使得该等式成立,则所填三个正整数的和的最小值是________.

解 36.设依次填入的三个数分别为x,y,z,则

$$x+y+z=(x+y+z)\left(\frac{1}{x}+\frac{1}{y}+\frac{1}{z}\right)=$$
$$1+4+9+\frac{y}{x}+\frac{4x}{y}+\frac{9x}{z}+\frac{z}{x}+\frac{4z}{y}+\frac{9y}{z}\geqslant$$
$$14+2\sqrt{\frac{y}{x}\cdot\frac{4x}{y}}+2\sqrt{\frac{9x}{z}\cdot\frac{z}{x}}+2\sqrt{\frac{4z}{y}\cdot\frac{9y}{z}}=36$$

当$x=6,y=12,z=18$时,所求最小值为36.

7.函数$f(x)=\sqrt{1+2x}+\sqrt{3-2x}$的最大值是________.

解 $2\sqrt{2}$.$f(x)=\sqrt{1+2x}+\sqrt{3-2x}\leqslant 2\sqrt{2}$,其等号仅当$\sqrt{1+2x}=\sqrt{3-2x}$即$x=\frac{1}{2}$时成立,所以$f(x)_{\max}=2\sqrt{2}$.

8.函数$y=5\sqrt{x-1}+\sqrt{10-2x}$的最大值为________.

解 $\sqrt{108}$.函数$y=5\sqrt{x-1}+\sqrt{10-2x}$的定义域为$[1,5]$,由柯西不等式

$$5\sqrt{x-1}+\sqrt{10-2x}=$$
$$5\sqrt{x-1}+\sqrt{2}\cdot\sqrt{5-x}\leqslant$$
$$\sqrt{[5^2+(\sqrt{2})^2]\times[(\sqrt{x-1})^2+(\sqrt{5-x})^2]}=$$
$$\sqrt{27\times 4}=\sqrt{108}$$

当且仅当$\frac{5}{\sqrt{2}}=\frac{\sqrt{x-1}}{\sqrt{5-x}}$时取等号,即$x=\frac{127}{27}$时,函数$y=5\sqrt{x-1}+\sqrt{10-2x}$的最大值为$\sqrt{108}$.

9.对于$\frac{1}{2}\leqslant x\leqslant 1$,当$(1+x)^5(1-x)(1-2x)^2$取得最大值时,$x=$________.

解 $\frac{7}{8}$.我们考虑$[\alpha(1+x)]^5[\beta(1-x)][\gamma(2x-1)]^2$的最大值,这里$\alpha$,$\beta,\gamma$是正整数,满足$5\alpha-\beta+4\gamma=0$,$\alpha(1+x)=\beta(1-x)=\gamma(2x-1)$,后者即$\frac{\beta-\alpha}{\beta+\alpha}=\frac{\beta+\gamma}{2\gamma+\beta}$,代入$\beta=5\alpha+4\gamma$得

$$0=2(3\alpha\gamma+5\alpha^2-2\gamma^2)=2(5\alpha-2\gamma)(\alpha+\gamma)$$

取$(\alpha,\beta,\gamma)=(2,30,5)$，由均值不等式得

$$[2(1+x)]^5[30(1-x)][5(2x-1)]^2\leqslant\left(\frac{15}{4}\right)^8$$

当且仅当 $x=\frac{7}{8}$ 时等号成立.

所以，$(1+x)^5(1-x)(1-2x)^2$ 的最大值是$\frac{3^7\cdot 5^5}{2^{22}}$.

10.(2017 年圣彼得堡竞赛试题) 已知 $a,b,c>0,\sqrt{abc}=ab+bc+ca$，求证：$a+b+c\leqslant\frac{1}{3}$.

证法 1

$$abc=(ab+bc+ca)^2\geqslant 3(ab^2c+bc^2a+ca^2b)=3abc(b+c+a)$$

故

$$a+b+c\leqslant\frac{1}{3}$$

证法 2 令 $x=\sqrt{\frac{ab}{c}},y=\sqrt{\frac{bc}{a}},z=\sqrt{\frac{ac}{b}}$，转证 $x+y+z=1$ 时，$xz+xy+yz\leqslant\frac{1}{3}$ 成立.

由 $3(xy+yz+zx)\leqslant(x+y+z)^2$ 知，上式成立.

11.已知 $x>y\geqslant 0$，证明：$x+\frac{4}{(x-y)(y+1)^2}\geqslant 3$.

证法 1 由四元均值不等式得

$$x+\frac{4}{(x-y)(y+1)^2}=(x-y)+\frac{y+1}{2}+\frac{y+1}{2}+\frac{4}{(x-y)(y+1)^2}-1\geqslant 4\left[4(x-y)\left(\frac{y+1}{2}\right)^2\frac{4}{(x-y)(y+1)^2}\right]^{\frac{1}{4}}-1=3$$

证法 2 由四元均值不等式得

$$x+\frac{4}{(x-y)(y+1)^2}=x+\frac{8}{(2x-2y)(y+1)^2}\geqslant x+\frac{8}{\left(\frac{2x-2y+y+1+y+1}{3}\right)^3}=\frac{x+1}{3}+\frac{x+1}{3}+\frac{x+1}{3}+\frac{27}{(x+1)^3}-1\geqslant 4\sqrt[4]{\left(\frac{x+1}{3}\right)^3\cdot\frac{27}{(x+1)^3}}-1=3$$

12.设 $x,y,z\in\mathbf{R}_+$，$xy+yz+xz=1$，证明不等式

$$\frac{(xy)^2}{z}+\frac{(xz)^2}{y}+\frac{(yz)^2}{x}+6xyz\geqslant x+y+z$$

证明 $$x+y+z=(x+y+z)(xy+yz+zx)=$$
$$xy(x+y)+yz(y+z)+xz(x+z)+3xyz$$

即要证
$$\frac{(xy)^2}{z}+\frac{(xz)^2}{y}+\frac{(yz)^2}{x}+3xyz\geqslant xy(x+y)+yz(y+z)+xz(x+z) \quad ①$$

据对称,可设 $x\geqslant y\geqslant z$,由于
$$\frac{(xy)^2}{z}+xyz-xy(x+y)=\frac{xy}{z}(x-z)(y-z) \quad ②$$

同理有
$$\frac{(yz)^2}{x}+xyz-yz(y+z)=\frac{yz}{x}(y-x)(z-x) \quad ③$$
$$\frac{(xz)^2}{y}+xyz-xz(x+z)=\frac{xz}{y}(x-y)(z-y) \quad ④$$

注意 $\frac{xy}{z}(x-z)(y-z)\geqslant 0$, $\frac{yz}{x}(y-x)(z-x)\geqslant 0$, 而 $\frac{xz}{y}(x-y)(z-y)\leqslant 0$,又由 $x\geqslant y\geqslant z$ 知
$$\frac{xy}{z}(x-z)(y-z)\geqslant\frac{xz}{y}(x-y)(y-z)=-\frac{xz}{y}(x-y)(z-y)$$

即有
$$\frac{xy}{z}(x-z)(y-z)+\frac{xz}{y}(x-y)(z-y)\geqslant 0$$

从而由式 ② + ③ + ④ 得
$$\frac{(xy)^2}{z}+\frac{(xz)^2}{y}+\frac{(yz)^2}{x}+3xyz-xy(x+y)-yz(y+z)-zx(z+x)\geqslant 0$$

即式 ① 成立,当且仅当 $x=y=z$ 时取等号,从而所证结论成立.

13.已知 $a,b,c>0$,求证:$a^5+b^5+c^5\geqslant a^3bc+ab^3c+abc^3$.

证明 $$a^5+b^5+c^5=\left(\frac{a^5}{5}+\frac{a^5}{5}+\frac{a^5}{5}+\frac{b^5}{5}+\frac{c^5}{5}\right)+$$
$$\left(\frac{b^5}{5}+\frac{b^5}{5}+\frac{b^5}{5}+\frac{a^5}{5}+\frac{c^5}{5}\right)+$$
$$\left(\frac{c^5}{5}+\frac{c^5}{5}+\frac{c^5}{5}+\frac{a^5}{5}+\frac{b^5}{5}\right)\geqslant$$
$$a^3bc+ab^3c+abc^3$$

14.(2003年波罗的海奥林匹克数学竞赛试题)已知 $x,y,z>0$,$xyz=1$,求证:$(1+x)(1+y)(1+z)\geqslant 2\left(1+\sqrt[3]{\frac{x}{y}}+\sqrt[3]{\frac{y}{z}}+\sqrt[3]{\frac{z}{x}}\right)$.

证明 由 $xyz=1$,原不等式等价于

$$x+y+z+xy+yz+zx \geqslant 2(\sqrt[3]{x^2z}+\sqrt[3]{y^2x}+\sqrt[3]{z^2y})$$

由三元均值不等式可知

$(x+xz+1)+(y+yx+1)+(z+zy+1)-3 \geqslant$

$3(\sqrt[3]{x^2z}+\sqrt[3]{y^2x}+\sqrt[3]{z^2y})-3=$

$2(\sqrt[3]{x^2z}+\sqrt[3]{y^2x}+\sqrt[3]{z^2y})+(\sqrt[3]{x^2z}+\sqrt[3]{y^2x}+\sqrt[3]{z^2y})-3 \geqslant$

$2(\sqrt[3]{x^2z}+\sqrt[3]{y^2x}+\sqrt[3]{z^2y})+3(\sqrt[3]{\sqrt[3]{x^2z}\cdot\sqrt[3]{y^2x}\cdot\sqrt[3]{z^2y}})-3=$

$2(\sqrt[3]{x^2z}+\sqrt[3]{y^2x}+\sqrt[3]{z^2y})$

故原不等式成立.

15.(2013 年巴尔干地区数学竞赛试题）已知 $a,b>0,ab\geqslant 1$，求证：$(a^2+2b+\frac{2}{a^2+1})(b^2+2a+\frac{2}{b^2+1})\geqslant 16$.

证明 由均值不等式知

$$左边=\left(\frac{a^2+1}{2}+\frac{2}{a^2+1}+\frac{a^2+1}{2}+2b-1\right)\left(\frac{b^2+1}{2}+\frac{2}{b^2+1}+\frac{b^2+1}{2}+2a-1\right)\geqslant$$

$$\left(2\sqrt{\frac{a^2+1}{2}\cdot\frac{2}{a^2+1}}+\frac{a^2+1}{2}+2b-1\right)\cdot$$

$$\left(2\sqrt{\frac{b^2+1}{2}\cdot\frac{2}{b^2+1}}+\frac{b^2+1}{2}+2a-1\right)=$$

$$(\frac{a^2}{2}+2b+\frac{3}{2})(\frac{b^2}{2}+2a+\frac{3}{2})=$$

$$\frac{9}{4}+\frac{a^2b^2}{4}+4ab+3(a+b)+(a^3+b^3)+\frac{3}{4}(a^2+b^2)\geqslant$$

$$\frac{9}{4}+\frac{a^2b^2}{4}+4ab+6\sqrt{ab}+2\sqrt{a^3b^3}+\frac{3}{2}ab\geqslant 16$$

16.(2017 年罗马尼亚数学竞赛试题）已知 $a,b,c>0,ab+bc+ca+abc=4$，求证：$a^3+b^3+c^3+abc\geqslant 4$.

证明 （轮换式和 1 的妙用）因为

$$ab+bc+ca+\sqrt{\left(\frac{ab+bc+ca}{3}\right)^3}\geqslant ab+bc+ca+abc=4$$

所以
$$ab+bc+ca\geqslant 3$$

或因为
$$\left(\frac{ab+bc+ca+1}{4}\right)^4\geqslant ab\cdot bc\cdot ca\cdot 1=(abc)^2$$

所以
$$ab+bc+ca+\left(\frac{ab+bc+ca+1}{4}\right)^2\geqslant ab+bc+ca+abc=4$$

所以
$$ab+bc+ca\geqslant 3$$

或
$$ab+bc+ca+abc=4\geqslant 4\sqrt[4]{(abc)^3}\Rightarrow abc\leqslant 1\Rightarrow ab+bc+ca\geqslant 3$$

所以$a^3+b^3+c^3+abc=$

$$\frac{1}{2}(a^3+b^3+1)+\frac{1}{2}(b^3+c^3+1)+\frac{1}{2}(c^3+a^3+1)+abc-\frac{3}{2}\geqslant$$

$$\frac{3}{2}(ab+bc+ca)+abc-\frac{3}{2}=$$

$$\frac{1}{2}(ab+bc+ca)+4-\frac{3}{2}\geqslant 4$$

17. 已知 $x_i>0,n\in\mathbf{N}^*$，$\sum_{i=1}^{n}x_i\leqslant\frac{1}{2}$，求证：$x_i>0,n\in\mathbf{N}^*$，$\prod_{i=1}^{n}(1+x_i)<2$.

证明　因为

$$\mathrm{C}_n^i=\frac{n(n-1)\cdot\cdots\cdot(n-i+1)}{i(i-1)\cdot\cdots\cdot 2\cdot 1}\leqslant n(n-1)\cdot\cdots\cdot(n-i+1)\leqslant n^i$$

所以
$$\frac{\mathrm{C}_n^i}{n^i}\leqslant 1$$

所以
$$\prod_{i=1}^{n}(1+x_i)\leqslant\left(\frac{n+\sum_{i=1}^{n}x_i}{n}\right)^n\leqslant\left(1+\frac{1}{2n}\right)^n=$$

$$\sum_{i=0}^{n}\mathrm{C}_n^i\left(\frac{1}{2n}\right)^i\leqslant\sum_{i=0}^{n}\left(\frac{1}{2}\right)^i=$$

$$\frac{1-\left(\frac{1}{2}\right)^{n+1}}{1-\frac{1}{2}}<2$$

18.（2008 第 5 届中国东南数学奥林匹克试题）求出最大的正实数 λ，使得对于满足 $x^2+y^2+z^2=1$ 的任何实数 x,y,z 成立不等式：$|\lambda xy+yz|\leqslant\frac{\sqrt{5}}{2}$.

解　$$1=x^2+y^2+z^2=x^2+\frac{\lambda^2}{1+\lambda^2}y^2+\frac{1}{1+\lambda^2}y^2+z^2\geqslant$$

$$\frac{2}{\sqrt{1+\lambda^2}}(\lambda\mid xy\mid+\mid yz\mid)\geqslant$$

$$\frac{2}{\sqrt{1+\lambda^2}}(\mid\lambda xy+yz\mid)$$

且当 $y=\frac{\sqrt{2}}{2},x=\frac{\sqrt{2}\lambda}{2\sqrt{\lambda^2+1}},z=\frac{\sqrt{2}}{2\sqrt{\lambda^2+1}}$ 时，上述两个等号可同时取到，则 $\frac{\sqrt{1+\lambda^2}}{2}$ 是 $\mid\lambda xy+yz\mid$ 的最大值. 令$\frac{\sqrt{1+\lambda^2}}{2}=\frac{\sqrt{5}}{2}$，则 $\lambda=2$.

复数及其应用

第5讲

第1节　复数的概念与运算以及应用

一、复数的概念

复数有四种表示形式：

(1) 代数形式：$z=a+b\mathrm{i}, a, b\in\mathbf{R}$；

(2) 几何形式：复平面内的点 $Z(a,b)$ 与由原点发出的向量$\overrightarrow{OZ}$ 一一对应；

(3) 三角形式：$z=r(\cos\theta+\mathrm{i}\sin\theta)$，$r\geqslant 0,\theta\in\mathbf{R}$；

(4) 指数形式：$z=r\mathrm{e}^{\mathrm{i}\theta}$，$r\geqslant 0,\theta\in\mathbf{R}$. 其中，$\mathrm{e}^{\mathrm{i}\theta}=\cos\theta+\mathrm{i}\sin\theta$，角 θ 为复数 z 的辐角，这就是著名的欧拉(Euler) 公式.

二、复数的运算法则

(1) 加、减法：$(a+b\mathrm{i})\pm(c+d\mathrm{i})=(a\pm c)+(b\pm d)\mathrm{i}$；

(2) 乘法：$(a+b\mathrm{i})(c+d\mathrm{i})=(ac-bd)+(bc+ad)\mathrm{i}$；

$r_1(\cos\theta_1+\mathrm{i}\sin\theta_1)\cdot r_2(\cos\theta_2+\mathrm{i}\sin\theta_2)=$

$r_1r_2[\cos(\theta_1+\theta_2)+\mathrm{i}\sin(\theta_1+\theta_2)]$；

(3) 除法：$\dfrac{a+b\mathrm{i}}{c+d\mathrm{i}}=\dfrac{ac+bd}{c^2+d^2}+\dfrac{bc-ad}{c^2+d^2}\mathrm{i}\,(c+d\mathrm{i}\neq 0)$，

$$\frac{r_1(\cos\theta_1+\mathrm{i}\sin\theta_1)}{r_2(\cos\theta_2+\mathrm{i}\sin\theta_2)}=\frac{r_1}{r_2}[\cos(\theta_1-\theta_2)+\mathrm{i}\sin(\theta_1-\theta_2)]；$$

(4) 乘方：$[r(\cos\theta+\mathrm{i}\sin\theta)]^n=r^n(\cos n\theta+\mathrm{i}\sin n\theta)$，$n\in\mathbf{N}^*$；

(5) 开方：复数 $r(\cos\theta+\mathrm{i}\sin\theta)$ 的 n 次方根是

$$\sqrt[n]{r}\left(\cos\frac{\theta+2k\pi}{n}+\mathrm{i}\sin\frac{\theta+2k\pi}{n}\right)\quad(k=0,1,\cdots,n-1)$$

三、共轭复数的性质

(1) $\overline{z_1\pm z_2}=\overline{z_1}\pm\overline{z_2}$；

(2) $\overline{z_1z_2}=\overline{z_1}\cdot\overline{z_2}$，$\overline{\left(\frac{z_1}{z_2}\right)}=\frac{\overline{z_1}}{\overline{z_2}}(z_2\neq 0)$；

(3) $\mathrm{Re}(z)=\frac{1}{2}(z+\overline{z})$，$\mathrm{Im}(z)=\frac{1}{2\mathrm{i}}(z-\overline{z})$；

(4) z 是实数的充要条件是 $\overline{z}=z$，z 是纯虚数的充要条件是 $\overline{z}=-z$ 且 $z\neq 0$；

(5) $\overline{\overline{z}}=z$；

(6) $\overline{z}\cdot z=|z|^2=|\overline{z}|^2$.

四、复数的模的性质

(1) $\max\{|\mathrm{Re}(z)|,|\mathrm{Im}(z)|\}\leqslant|z|\leqslant|\mathrm{Re}(z)|+|\mathrm{Im}(z)|$；

(2) $|z_1\cdot z_2\cdot\cdots\cdot z_n|=|z_1|\cdot|z_2|\cdot\cdots\cdot|z_n|$；

(3) $\left|\frac{z_1}{z_2}\right|=\frac{|z_1|}{|z_2|}(z_2\neq 0)$；

(4) $||z_1|-|z_2||\leqslant|z_1+z_2|\leqslant|z_1|+|z_2|$，当 z_1 或 z_2 中有一个为零时，上述不等式等号成立；当 $z_1z_2\neq 0$ 时，当且仅当 $|\arg z_1-\arg z_2|=\pi$ 或者与复数 z_1,z_2 对应的向量 $\overrightarrow{OZ_1}$，$\overrightarrow{OZ_2}$ 反向时，左边取等号；当且仅当 $\arg z_1=\arg z_2$ 或者与复数 z_1,z_2 对应的向量 $\overrightarrow{OZ_1}$，$\overrightarrow{OZ_2}$ 同向时，右边取等号；

类似地，还有 $||z_1|-|z_2||\leqslant|z_1-z_2|\leqslant|z_1|+|z_2|$. 这两个不等式称为三角不等式；

(5) $|z_1+z_2+\cdots+z_n|\leqslant|z_1|+|z_2|+\cdots+|z_n|$，与复数 $z_1,z_2,\cdots,z_n$ 对应的向量 $\overrightarrow{OZ_1},\overrightarrow{OZ_2},\cdots,\overrightarrow{OZ_n}$ 同向时取等号；

(6) 若 z 是虚数，$r>0$，则 $|z|=r$ 的充要条件是 $\frac{z-r}{z+r}$ 为纯虚数. 特别地，若 z 是虚数，则 $|z|=1$ 的充要条件是 $\frac{z-1}{z+1}$ 为纯虚数.

五、两个复数相等

两个复数相等的充要条件是它们的实部、虚部对应相等，或者它们的模与辐角主值对应相等（非零复数）.

利用复数相等的充要条件，可以把复数问题转化为实数问题．复数的模也是将复数问题实数化的有效方法之一．

六、复数运算的几何意义

复数的几何形式，使得复数本身及其运算有了几何意义．

(1) 复数的加法可以按照向量加法的平行四边形法则来进行；两个复数的差 $z_1 - z_2$ 与联结两个向量终点并指向被减数的向量对应．

(2) 两个复数相乘的几何意义：设 $z_1 = r_1(\cos\theta_1 + \mathrm{i}\sin\theta_1)$，$z_2 = r_2(\cos\theta_2 + \mathrm{i}\sin\theta_2)$，则两个复数的乘积 $z_1 z_2 = r_1 r_2[\cos(\theta_1+\theta_2) + \mathrm{i}\sin(\theta_1+\theta_2)]$ 对应的向量就是把向量 $\overrightarrow{OZ_1}$ 按逆时针方向旋转一个角 θ_2（若 $\theta_2 < 0$，则把 $\overrightarrow{OZ_1}$ 按顺时针方向旋转一个角 $|\theta_2|$），再把它的模变为原来的 r_2 倍．

(3) 两个复数相除的几何意义：设 $z_1 = r_1(\cos\theta_1 + \mathrm{i}\sin\theta_1)$，$z_2 = r_2(\cos\theta_2 + \mathrm{i}\sin\theta_2)$，则两个复数相除 $=\dfrac{r_1}{r_2}[\cos(\theta_1-\theta_2)+\mathrm{i}\sin(\theta_1-\theta_2)]$ 对应的向量就是把向量 $\overrightarrow{OZ_1}$ 按顺时针方向旋转一个角 θ_2（若 $\theta_2 < 0$，则把 $\overrightarrow{OZ_1}$ 按逆时针方向旋转一个角 $|\theta_2|$），再把它的模变为原来的 $\dfrac{1}{r_2}$ 倍．

(4) 复数中的几何关系式．

设复数 z_1, z_2, z_3 在复平面内的对应点分别为 Z_1, Z_2, Z_3，由复数及其运算的几何意义，我们容易得到以下结论：

① $|z_1 - z_2|$ 表示两点 Z_1, Z_2 间的距离．

② 满足 $|z - z_1| = |z - z_2|$ 的复数 z 对应的点的轨迹是线段 Z_1Z_2 的垂直平分线．

③ 满足 $|z - z_1| = r(r > 0)$ 的复数 z 对应的点的轨迹是以 Z_1 为圆心，r 为半径的圆．

④ 满足 $|z - z_1| + |z - z_2| = 2a(0 < |Z_1Z_2| < 2a)$ 的复数 z 对应的点的轨迹是以点 Z_1, Z_2 为焦点，实轴长为 $2a$ 的椭圆．

⑤ 满足 $|z - z_1| - |z - z_2| = 2a(|Z_1Z_2| > 2a > 0)$ 的复数 z 对应的点的轨迹是以点 Z_1, Z_2 为焦点，实轴长为 $2a$ 的双曲线．

⑥ 满足 $\arg z = \theta(\theta \in [0, 2\pi))$ 的复数 z 对应的点的轨迹是以原点为端点的一条射线（以 x 轴正半轴为始边，此射线为终边的最小非负角为 θ）．

⑦ 复数方程的解是方程组中每一方程中的 z 对应的点的轨迹的交点所对应的复数，等等．

利用复数的几何意义，将某些数量关系以几何解释，适当将数量关系问题转化成图形性质问题，通过图形求解．

例 1 求当实数 m 为何值时，$z=\frac{m^2-m-6}{m+3}+(m^2+5m+6)\mathrm{i}$ 分别是：(1) 实数；(2) 虚数；(3) 纯虚数.

解 由已知得复数 z 的实部为$\frac{m^2-m-6}{m+3}$，虚部为 m^2+5m+6.

(1) 复数 z 是实数的充要条件是

$$\begin{cases}m^2+5m+6=0\\ m+3\neq 0\end{cases}\Leftrightarrow\begin{cases}m=-2\text{ 或 }m=-3\\ m\neq -3\end{cases}\Leftrightarrow m=-2$$

所以当 $m=-2$ 时复数 z 是实数.

(2) 复数 z 是虚数的充要条件是

$$\begin{cases}m^2+5m+6\neq 0\\ m+3\neq 0\end{cases}\Leftrightarrow m\neq -3\text{ 且 }m\neq -2$$

所以当 $m\neq -3$ 且 $m\neq -2$ 时复数 z 是虚数.

(3) 复数 z 是纯虚数的充要条件是

$$\begin{cases}\frac{m^2-m-6}{m+3}=0\\ m^2+5m+6\neq 0\end{cases}\Leftrightarrow\begin{cases}m=-2\text{ 或 }m=3\\ m\neq -3\text{ 且 }m\neq -2\end{cases}\Leftrightarrow m=3$$

所以当 $m=3$ 时，复数 z 是纯虚数.

点评 利用复数的概念对复数分类时，主要依据实部、虚部满足的条件，可列方程或不等式求参数.

例 2 已知 $M=\{1,(m^2-2m)+(m^2+m-2)\mathrm{i}\}$，$P=\{-1,1,4\mathrm{i}\}$，若 $M\cup P=P$，求实数 m 的值.

解 因为 $M\cup P=P$，所以 $M\subseteq P$，所以 $(m^2-2m)+(m^2+m-2)\mathrm{i}=-1$ 或 $(m^2-2m)+(m^2+m-2)\mathrm{i}=4\mathrm{i}$.

由 $(m^2-2m)+(m^2+m-2)\mathrm{i}=-1$ 得

$$\begin{cases}m^2-2m=-1\\ m^2+m-2=0\end{cases}$$

解得 $m=1$；

由 $(m^2-2m)+(m^2+m-2)\mathrm{i}=4\mathrm{i}$ 得 $\begin{cases}m^2-2m=0\\ m^2+m-2=4\end{cases}$，解得 $m=2$.

综上可知 $m=1$ 或 $m=2$.

例 3 在复平面内，若复数 $z=(m^2-m-2)+(m^2-3m+2)\mathrm{i}$ 对应的点 (1) 在虚轴上；(2) 在第二象限；(3) 在直线 $y=x$ 上，分别求实数 m 的取值范围.

解 复数 $z=(m^2-m-2)+(m^2-3m+2)\mathrm{i}$ 的实部为 m^2-m-2，虚部为 m^2-3m+2.

(1) 由题意得 $m^2-m-2=0$，解得 $m=2$ 或 $m=-1$.

(2) 由题意得$\begin{cases}m^2-m-2<0\\m^2-3m+2>0\end{cases}$，所以$\begin{cases}-1<m<2\\m>2\text{ 或 }m<1\end{cases}$，所以 $-1<m<1$.

(3) 由已知得 $m^2-m-2=m^2-3m+2$，故 $m=2$.

点评 按照复数和复平面内所有点所成的集合之间的一一对应关系，每一个复数都对应着一个有序实数对，只要在复平面内找出这个有序实数对所表示的点，就可根据点的位置判断复数实部、虚部的取值.

例 4 已知 $|z_1|=|z_2|=|z_1-z_2|=1$，求 $|z_1+z_2|$.

解法 1 设 $z_1=a+b\mathrm{i}$，$z_2=c+d\mathrm{i}$（$a,b,c,d\in\mathbf{R}$），因为 $|z_1|=|z_2|=|z_1-z_2|=1$，所以

$$a^2+b^2=c^2+d^2=1 \quad ①$$

$$(a-c)^2+(b-d)^2=1 \quad ②$$

由式①②得

$$2ac+2bd=1$$

所以

$$|z_1+z_2|=\sqrt{(a+c)^2+(b+d)^2}=\sqrt{a^2+c^2+b^2+d^2+2ac+2bd}=\sqrt{3}$$

解法 2 设 O 为坐标原点，z_1，z_2，z_1+z_2 对应的点分别为 A，B，C. 因为 $|z_1|=|z_2|=|z_1-z_2|=1$，所以 $\triangle OAB$ 是边长为 1 的正三角形，所以四边形 $OACB$ 是一个内角为 $60°$，边长为 1 的菱形，且 $|z_1+z_2|$ 是菱形的较长的对角线 OC 的长，所以

$$|z_1+z_2|=|\overrightarrow{OC}|=\sqrt{|\overrightarrow{OA}|^2+|\overrightarrow{AC}|^2-2|\overrightarrow{OA}||\overrightarrow{AC}|\cos 120°}=\sqrt{3}$$

点评 (1) 设出复数 $z=x+y\mathrm{i}$（$x,y\in\mathbf{R}$），利用复数相等或模的概念，可把条件转化为 x，y 满足的关系式，利用方程思想求解，这是本章“复数问题实数化”思想的应用.

(2) 在复平面内，z_1，z_2 对应的点为 A，B，z_1+z_2 对应的点为 C，O 为坐标原点，则四边形 $OACB$① 为平行四边形；② 若 $|z_1+z_2|=|z_1-z_2|$，则四边形 $OACB$ 为矩形；③ 若 $|z_1|=|z_2|$，则四边形 $OACB$ 为菱形；④ 若 $|z_1|=|z_2|$ 且 $|z_1+z_2|=|z_1-z_2|$，则四边形 $OACB$ 为正方形.

例 5 设复数 z 和它的共轭复数 $\bar{z}$ 满足 $4z+2\bar{z}=3\sqrt{3}+\mathrm{i}$，求复数 z.

解 设 $z=a+b\mathrm{i}$（$a,b\in\mathbf{R}$）. 因为 $4z+2\bar{z}=3\sqrt{3}+\mathrm{i}$，所以

$$2z+(2z+2\bar{z})=3\sqrt{3}+\mathrm{i}$$

$$2z+2\bar{z}=2(a+b\mathrm{i})+2(a-b\mathrm{i})=4a$$

整体代入上式，得 $2z+4a=3\sqrt{3}+\mathrm{i}$.

所以 $z=\dfrac{3\sqrt{3}-4a}{2}+\dfrac{\mathrm{i}}{2}$. 根据复数相等的充要条件，得

$$\begin{cases} a=\dfrac{3\sqrt{3}-4a}{2} \\ b=\dfrac{1}{2} \end{cases}$$

解得
$$\begin{cases} a=\dfrac{\sqrt{3}}{2} \\ b=\dfrac{1}{2} \end{cases}$$

所以
$$z=\frac{\sqrt{3}}{2}+\frac{\mathrm{i}}{2}$$

点评 两个复数相等是解决复数问题的重要工具."复数相等"可以得到两个实数等式,为应用方程思想提供了条件,常用于确定系数、解复数方程等问题.

例 6 设复数 α,β 满足 $|\alpha|=|\beta|=1,\alpha+\beta+1=0$. 求证:$\alpha,\beta$ 都是 1 的立方根.

分析 复数表示形式的多样化为我们求解复数问题提供了多角度的思考方式.

证法 1 运用代数形式. 设 $\alpha=a+b\mathrm{i},\beta=c+d\mathrm{i}(a,b,c,d\in\mathbf{R})$,则由 $|\alpha|=|\beta|=1$,得
$$a^2+b^2=1,c^2+d^2=1 \quad ①$$
再由 $\alpha+\beta+1=0$,得
$$a+c=-1,b+d=0 \quad ②$$
将上述 ① 与 ② 中 4 式联立,解得
$$a=c=-\frac{1}{2},b=\pm\frac{\sqrt{3}}{2},d=\mp\frac{\sqrt{3}}{2}$$
所以
$$\alpha=-\frac{1}{2}\pm\frac{\sqrt{3}}{2}\mathrm{i},\beta=-\frac{1}{2}\mp\frac{\sqrt{3}}{2}\mathrm{i}$$
故 $\alpha^3=\beta^3=1$.

证法 2 运用三角形式. 由 $|\alpha|=|\beta|=1$,可设 $\alpha=\cos\theta+\mathrm{i}\sin\theta,\beta=\cos\varphi+\mathrm{i}\sin\varphi(\theta,\varphi\in\mathbf{R})$,再由 $\alpha+\beta+1=0$,得 $\begin{cases}\cos\theta+\cos\varphi=-1\\ \sin\theta+\sin\varphi=0\end{cases}$,由此求得
$$\cos\theta=-\frac{1}{2},\sin\theta=\pm\frac{\sqrt{3}}{2},\cos\varphi=-\frac{1}{2},\sin\varphi=\mp\frac{\sqrt{3}}{2}$$
所以
$$\alpha=-\frac{1}{2}\pm\frac{\sqrt{3}}{2}\mathrm{i},\beta=-\frac{1}{2}\mp\frac{\sqrt{3}}{2}\mathrm{i}$$
故 $\alpha^3=\beta^3=1$.

证法 3 考虑几何意义.如图 1,由已知

$$|\alpha|=|\beta|=1,\alpha+\beta+1=0$$

得可设$\overrightarrow{OA}=\alpha$,$\overrightarrow{OB}=\beta$,$\overrightarrow{OC}=-1$,根据复数加法的几何意义,可知四边形 $OACB$ 是平行四边形,且各边相等,从而 $\angle xOA=120^\circ$,$\angle xOB=120^\circ$.因此 $\alpha=-\frac{1}{2}\pm\frac{\sqrt{3}}{2}\mathrm{i}$,$\beta=-\frac{1}{2}\mp\frac{\sqrt{3}}{2}\mathrm{i}$,故 $\alpha^3=\beta^3=1$.

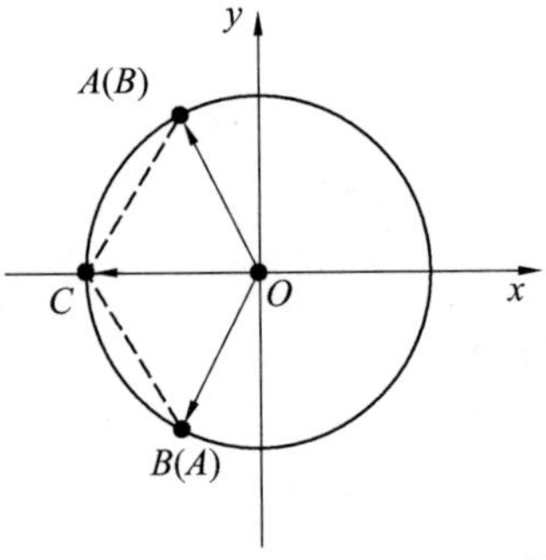

图 1

证法 4 运用共轭复数性质.由 $\alpha+\beta=-1$,知 $|\alpha+\beta|^2=1$,即 $(\alpha+\beta)(\overline{\alpha}+\overline{\beta})=1$.展开上式,并利用 $\alpha\overline{\alpha}=|\alpha|^2=1$,$\beta\overline{\beta}=|\beta|^2=1$ 进行化简,得 $\alpha\overline{\beta}+\beta\overline{\alpha}=1$,将 $\beta=-\alpha-1$,$\overline{\beta}=-\overline{\alpha}-1$ 代入上式化简,得 $\alpha+\overline{\alpha}+1=0$,将上式两边同乘以 α,得 $\alpha^2+\alpha+1=0$.

所以 $\alpha^3=1$,同理 $\beta^3=1$.

点评 本题根据复数的不同表现形式与共轭复数的性质,给出了四种不同的解法,这四种不同解法紧扣基础知识,值得掌握.

例 7 设 z 是虚数,$\omega=z+\frac{1}{z}$ 是实数,且 $-1<\omega<2$.

(1) 求 $|z|$ 的值和 z 的实部的取值范围;

(2) 设 $u=\frac{1-z}{1+z}$,求证:u 是纯虚数.

解 (1) 由 z 是虚数,ω 是实数,从而 $z+\frac{1}{z}=\overline{z}+\frac{1}{\overline{z}}$,则 $(z-\overline{z})\left(1-\frac{1}{\overline{z}}\right)=0$,故 $|z|=1$.

又 $-1<\omega<2$,则 $-1<\omega=z+\overline{z}=2\mathrm{Re}(z)<2$,即 $-\frac{1}{2}<\mathrm{Re}(z)<1$.

(2) 由(1)知:$|z|=1\Leftrightarrow\frac{z-1}{z+1}$ 是纯虚数 $\Leftrightarrow-\frac{z-1}{z+1}=\frac{1-z}{1+z}$ 是纯虚数.这容易证明此结论是成立的.

点评 本题运用了复数模与共轭复数的基本性质进行解答.

例 8 (1999 年全国高中数学联赛试题)给定实数 a,b,c,已知复数 z_1,z_2,z_3 满足 $\begin{cases}|z_1|=|z_2|=|z_3|=1\\ \frac{z_1}{z_2}+\frac{z_2}{z_3}+\frac{z_3}{z_1}=1\end{cases}$,求 $|az_1+bz_2+cz_3|$ 的值.

解法 1 记 $\mathrm{e}^{\mathrm{i}\theta}=\cos\theta+\mathrm{i}\sin\theta$.设$\frac{z_1}{z_2}=\mathrm{e}^{\mathrm{i}\theta}$,$\frac{z_2}{z_3}=\mathrm{e}^{\mathrm{i}\varphi}$,则$\frac{z_3}{z_1}=\mathrm{e}^{-\mathrm{i}(\theta+\varphi)}$,

由题设可得:$\mathrm{e}^{\mathrm{i}\theta}+\mathrm{e}^{\mathrm{i}\varphi}+\mathrm{e}^{-\mathrm{i}(\theta+\varphi)}=1$,两边取虚部,得

$$\sin\theta+\sin\varphi-\sin(\theta+\varphi)=0$$

即
$$2\sin\frac{\theta+\varphi}{2}\cos\frac{\theta-\varphi}{2}-2\sin\frac{\theta+\varphi}{2}\cos\frac{\theta+\varphi}{2}=0$$

即
$$\sin\frac{\theta+\varphi}{2}\sin\frac{\theta}{2}\sin\frac{\varphi}{2}=0$$

因此
$$\theta=2k\pi \text{ 或 } \varphi=2k\pi \text{ 或 } \theta+\varphi=2k\pi \quad (k\in\mathbf{Z})$$

故有 $z_1=z_2$ 或 $z_2=z_3$ 或 $z_3=z_1$.

如果 $z_1=z_2$,代入已知等式,得 $1+\frac{z_1}{z_3}+\frac{z_3}{z_1}=1,\left(\frac{z_1}{z_3}\right)^2=-1,\frac{z_1}{z_3}=\pm\mathrm{i}$.

于是,我们有 $|az_1+bz_2+cz_3|=|z_1|\cdot|a+b\pm c\mathrm{i}|=\sqrt{(a+b)^2+c^2}$;

类似地,如果 $z_2=z_3$,则 $|az_1+bz_2+cz_3|=\sqrt{a^2+(b+c)^2}$;

如果 $z_3=z_1$,则 $|az_1+bz_2+cz_3|=\sqrt{(a+c)^2+b^2}$.

故所求的值为$\sqrt{(a+b)^2+c^2}$ 或$\sqrt{a^2+(b+c)^2}$ 或$\sqrt{(a+c)^2+b^2}$.

解法 2 由已知$\frac{z_1}{z_2}+\frac{z_2}{z_3}+\frac{z_3}{z_1}=1$,得

$$z_1^2z_3+z_2^2z_1+z_3^2z_2=z_1z_2z_3 \quad ①$$

及
$$\frac{\overline{z_1}}{\overline{z_2}}+\frac{\overline{z_2}}{\overline{z_3}}+\frac{\overline{z_3}}{\overline{z_1}}=1 \quad ②$$

由于 $|z_1|=|z_2|=|z_3|=1$,所以

$$\overline{z_1}=\frac{1}{z_1},\overline{z_2}=\frac{1}{z_2},\overline{z_3}=\frac{1}{z_3}$$

于是式 ② 可化为
$$\frac{z_2}{z_1}+\frac{z_3}{z_2}+\frac{z_1}{z_3}=1$$

即
$$z_2^2z_3+z_3^2z_1+z_1^2z_2=z_1z_2z_3 \quad ③$$

由式 ① 与式 ②,得

$$z_1^2z_3+z_2^2z_1+z_3^2z_2=z_2^2z_3+z_3^2z_1+z_1^2z_2$$

即
$$(z_1-z_2)(z_2-z_3)(z_3-z_1)=0$$

所以 $z_1=z_2$ 或 $z_2=z_3$ 或 $z_3=z_1$.

以下同解法 1.

点评 本题解法 1 是通过复数的指数形式的三角运算得到关键式子 $z_1=z_2$ 或 $z_2=z_3$ 或 $z_3=z_1$;解法 2 是通过共轭复数的性质进行恒等转化得到上述关键式子而求得所求的值.

巩固练习

1.称$\begin{vmatrix} a & b \\ c & d \end{vmatrix}$为二阶行列式,并规定$\begin{vmatrix} a & b \\ c & d \end{vmatrix}=ad-bc$.已知复数$z$满足$\begin{vmatrix} 1 & -1 \\ z & zi \end{vmatrix}=4+2i$(i为虚数单位),则$|z-3i|=$________.

解 5.由题设,$zi+z=4+2i$,即

$$z(1+i)=4+2i$$

所以 $$z=\frac{4+2i}{1+i}=\frac{(4+2i)(1-i)}{2}=3-i$$

故 $$|z-3i|=|3-4i|=\sqrt{3^2+4^2}=5$$

2.已知$z\in\mathbf{C}$,若关于x的方程$x^2-2zx+\frac{3}{4}+i=0$(i为虚数单位)有实数根,则复数z的模$|z|$的最小值为________.

解 1.设$z=a+bi(a,b\in\mathbf{R})$,$x=x_0$是方程$x^2-2zx+\frac{3}{4}+i=0$的一个实数根.则$x_0^2-2(a+bi)x_0+\frac{3}{4}+i=0$.所以

$$\begin{cases} x_0^2-2ax_0+\frac{3}{4}=0 & ① \\ -2bx_0+1=0 & ② \end{cases}$$

由式②得,$x_0=\frac{1}{2b}$,代入式①,得

$$\frac{1}{4b^2}-2a\cdot\frac{1}{2b}+\frac{3}{4}=0,3b^2-4ab+1=0,a=\frac{3b^2+1}{4b}$$

所以

$$|z|^2=a^2+b^2=\left(\frac{3b^2+1}{4b}\right)^2+b^2=\frac{25}{16}b^2+\frac{1}{16b^2}+\frac{3}{8}\geqslant\frac{5}{8}+\frac{3}{8}=1$$

当且仅当$b=\pm\frac{\sqrt{5}}{5}$时等号成立.所以$|z|$的最小值为1.

$$\left(a=\frac{2\sqrt{5}}{5},b=\frac{\sqrt{5}}{5}\text{或}a=-\frac{2\sqrt{5}}{5},b=-\frac{\sqrt{5}}{5},\text{即}z=\pm\left(\frac{2\sqrt{5}}{5}+\frac{\sqrt{5}}{5}i\right)\right)$$

3.实数m为何值时,复数$z=\frac{m(m+2)}{m-1}+(m^2+2m-3)i$是:(1)实数;(2)虚数;(3)纯虚数.

解 (1) 要使 z 是实数，m 需满足 $m^2+2m-3=0$，且 $\frac{m(m+2)}{m-1}$ 有意义即 $m-1\neq 0$，解得 $m=-3$.

(2) 要使 z 是虚数，m 需满足 $m^2+2m-3\neq 0$，且 $\frac{m(m+2)}{m-1}$ 有意义，即 $m-1\neq 0$，解得 $m\neq 1$ 且 $m\neq -3$.

(3) 要使 z 是纯虚数，m 需满足 $\frac{m(m+2)}{m-1}=0$，$m-1\neq 0$，且 $m^2+2m-3\neq 0$，解得 $m=0$ 或 $m=-2$.

4. 实数 m 取什么值时，复数 $z=(m^2+5m+6)+(m^2-2m-15)\mathrm{i}$.

(1) 对应的点在 x 轴上方；(2) 对应的点在直线 $x+y+4=0$ 上.

解 (1) 由 $m^2-2m-15>0$，得 $m<-3$ 或 $m>5$，所以当 $m<-3$ 或 $m>5$ 时，复数 z 对应的点在 x 轴上方.

(2) 由 $(m^2+5m+6)+(m^2-2m-15)+4=0$，得 $m=1$ 或 $m=-\frac{5}{2}$，所以当 $m=1$ 或 $m=-\frac{5}{2}$ 时，复数 z 对应的点在直线 $x+y+4=0$ 上.

5. 设 $z=x+y\mathrm{i}(x,y\in\mathbf{R})$，若 $1\leqslant|z|\leqslant\sqrt{2}$，判断复数 $w=x+y+(x-y)\mathrm{i}$ 的对应点的集合表示什么图形，并求其面积.

解 $|w|=\sqrt{(x+y)^2+(x-y)^2}=\sqrt{2(x^2+y^2)}=\sqrt{2}\,|z|$，而 $1\leqslant|z|\leqslant\sqrt{2}$，故 $\sqrt{2}\leqslant|w|\leqslant 2$. 所以 w 对应点的集合是以原点为圆心，半径为 $\sqrt{2}$ 和 2 的圆所夹圆环内点的集合（含内外圆周），其面积 $S=\pi[2^2-(\sqrt{2})^2]=2\pi$.

6. 已知 $ABCD$ 是复平面内的平行四边形，且 A,B,C 三点对应的复数分别是 $1+3\mathrm{i}$，$-\mathrm{i}$，$2+\mathrm{i}$，求点 D 对应的复数.

解法 1 设点 D 对应的复数为 $x+y\mathrm{i}(x,y\in\mathbf{R})$，则 $D(x,y)$，又由已知 $A(1,3)$，$B(0,-1)$，$C(2,1)$. 所以 AC 中点为 $\left(\frac{3}{2},2\right)$，$BD$ 中点为 $\left(\frac{x}{2},\frac{y-1}{2}\right)$.

因为平行四边形对角线互相平分，所以

$$\begin{cases}\frac{3}{2}=\frac{x}{2}\\ 2=\frac{y-1}{2}\end{cases}$$

所以 $\begin{cases}x=3\\ y=5\end{cases}$，即点 D 对应的复数为 $3+5\mathrm{i}$.

解法 2 设点 D 对应的复数为 $x+y\mathrm{i}(x,y\in\mathbf{R})$. 则 $\overrightarrow{AD}$ 对应的复数为 $(x+y\mathrm{i})-(1+3\mathrm{i})=(x-1)+(y-3)\mathrm{i}$，又 $\overrightarrow{BC}$ 对应的复数为 $(2+\mathrm{i})-$

$(-\mathrm{i})=2+2\mathrm{i}$，由于$\overrightarrow{AD}=\overrightarrow{BC}$，所以$(x-1)+(y-3)\mathrm{i}=2+2\mathrm{i}$，所以$\begin{cases}x-1=2\\y-3=2\end{cases}$，

所以$\begin{cases}x=3\\y=5\end{cases}$，即点 D 对应的复数为 $3+5\mathrm{i}$.

7. 集合 $M=\{z \mid |z-1| \leqslant 1, z\in\mathbf{C}\}$，$N=\{z \mid |z-1-\mathrm{i}|=|z-2|, z\in\mathbf{C}\}$，集合 $P=M\cap N$.

(1) 指出集合 P 在复平面上所表示的图形；

(2) 求集合 P 中复数模的最大值和最小值.

解　(1) 由 $|z-1|\leqslant 1$ 可知，集合 M 在复平面内所对应的点集是以点 $E(1,0)$ 为圆心，以 1 为半径的圆的内部及边界；由 $|z-1-\mathrm{i}|=|z-2|$ 可知，集合 N 在复平面内所对应点集是以点$(1,1)$和$(2,0)$为端点的线段的垂直平分线 l，因此集合 P 是圆面截直线 l 所得的一条线段 AB，如图 2 所示.

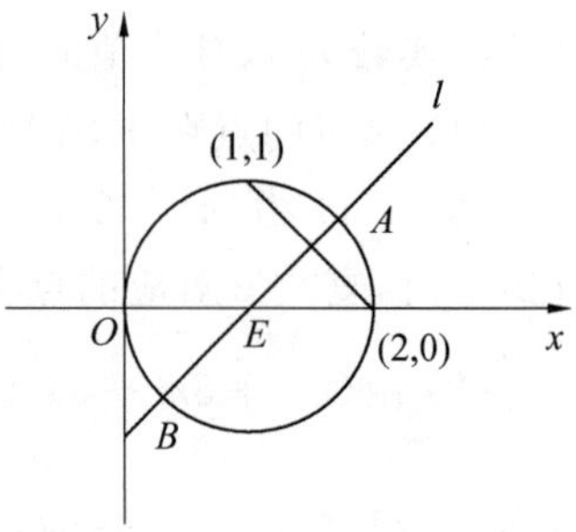

图 2

(2) 圆的方程为 $x^2+y^2-2x=0$，直线 l 的方程为 $y=x-1$. 解$\begin{cases}x^2+y^2-2x=0\\y=x-1\end{cases}$，得

$$A\left(\frac{2+\sqrt{2}}{2},\frac{\sqrt{2}}{2}\right),B\left(\frac{2-\sqrt{2}}{2},-\frac{\sqrt{2}}{2}\right)$$

所以
$$OA=\sqrt{2+\sqrt{2}},OB=\sqrt{2-\sqrt{2}}$$

因为点 O 到直线 l 的距离为$\frac{\sqrt{2}}{2}$，且过 O 向 l 作垂线，垂足在线段 BE 上，所以

$\frac{\sqrt{2}}{2}<\sqrt{2-\sqrt{2}}$.

所以集合 P 中复数模的最大值为$\sqrt{2+\sqrt{2}}$，最小值为$\frac{\sqrt{2}}{2}$.

8. 若 m 为实数，$z_1=(m^2+1)+(m^3+3m^2+2m)\mathrm{i}$，$z_2=(4m+2)+(m^3-5m^2+4m)\mathrm{i}$，那么使 $z_1>z_2$ 的 m 值的集合是什么？使 $z_1<z_2$ 的 m 值的集合又是什么？

解　当 $z_1\in\mathbf{R}$ 时，$m^3+3m^2+2m=0$，解得 $m=0$ 或 $m=-1$ 或 $m=-2$，所以 $z_1=1$ 或 $z_1=2$ 或 $z_1=5$. 当 $z_2\in\mathbf{R}$ 时，$m^3-5m^2+4m=0$，解得 $m=0$ 或 $m=1$ 或 $m=4$，所以 $z_2=2$ 或 $z_2=6$ 或 $z_2=18$.

上面 m 的公共值为 $m=0$，此时，z_1 与 z_2 同时为实数，且 $z_1=1$，$z_2=2$.

所以当 $z_1>z_2$ 时，m 值的集合为空集；当 $z_1<z_2$ 时，m 值的集合为$\{0\}$.

9. 如果 $\log\frac{1}{2}(m+n)-(m^2-3m)\mathrm{i}>-1$，求自然数 m,n 的值.

解 因为 $\log\frac{1}{2}(m+n)-(m^2-3m)\mathrm{i}>-1$，所以 $\log\frac{1}{2}(m+n)-(m^2-3m)\mathrm{i}$ 是实数，从而有

$$\begin{cases} m^2-3m=0 & ① \\ \log\frac{1}{2}(m+n)>-1 & ② \end{cases}$$

由式 ① 得 $m=0$ 或 $m=3$，当 $m=0$ 时，代入式 ② 得 $n<2$，又 $m+n>0$，所以 $n=1$；当 $m=3$ 时，代入式 ② 得 $n<-1$，与 n 是自然数矛盾，综上可得 $m=0$，$n=1$.

10. 设 z_1 和 z_2 是非零复数且 $|z_1+z_2|=|z_1-z_2|$，求证：$\left(\frac{z_1}{z_2}\right)^2$ 必为实数.

证明 因为 $z_1\neq 0, z_2=0$，且 $|z_1+z_2|=|z_1-z_2|$，则 $\left|\frac{z_2}{z_1}-1\right|=\left|\frac{z_2}{z_1}+1\right|$，设 $A=\dfrac{\frac{z_2}{z_1}-1}{\frac{z_2}{z_1}+1}$，则 $|A|=1$ 且 $A\neq\pm 1\Leftrightarrow \frac{A-1}{A+1}=\cdots=-\frac{z_1}{z_2}$ 为纯虚数 $\Leftrightarrow \frac{z_1}{z_2}$ 为纯虚数. 故 $\left(\frac{z_1}{z_2}\right)^2$ 必为实数.

第 2 节　复数的应用

在第一节里，我们已经介绍了复数的基本知识，因此，我们接着介绍复数的应用. 复数的应用主要表现在如下几个方面：复数在三角中的应用、复数在方程中的应用、复数在几何中的应用. 下面分别予以介绍：

一、复数在三角中的应用

(1) 复数的三角形式是：$z=a+b\mathrm{i}(a,b\in\mathbf{R})=r(\cos\theta+\mathrm{i}\sin\theta)$（其中 $r=a^2+b^2$，θ 为复数 z 的辐角）；

(2) 复数的三角形式乘法法则是：若 $z_1=r_1(\cos\alpha+\mathrm{i}\sin\alpha)$，$z_2=r_2(\cos\beta+\mathrm{i}\sin\beta)$，则 $z_1z_2=r_1r_2[\cos(\alpha+\beta)+\mathrm{i}\sin(\alpha+\beta)]$；

(3) 复数的三角形式乘方法则是（棣莫佛定理）：若 $z=r(\cos\theta+\mathrm{i}\sin\theta)$，则 $z^n=[r(\cos\theta+\mathrm{i}\sin\theta)]^n-r^n(\cos n\theta+\mathrm{i}\sin n\theta)$（其中 $n\in\mathbf{Z}$）；

(4) 复数的三角形式开方法则是：若 $z=r(\cos\theta+\mathrm{i}\sin\theta)$，则它的 n 个根是

$\sqrt[n]{r}\left(\cos\frac{2k\pi+\theta}{n}+\mathrm{i}\sin\frac{2k\pi+\theta}{n}\right)$(这里 $k=0,1,2,\cdots,n-1$).

很显然,复数的三角运算公式表明复数与三角知识密切相关,而且复数在三角方面的应用非常广泛.

例 1 已知复数 $z=\cos\alpha+\mathrm{i}\sin\alpha$,$u=\cos\beta+\mathrm{i}\sin\beta$,且 $z+u=\frac{4}{5}+\frac{3}{5}\mathrm{i}$,求 $\tan(\alpha+\beta)$ 的值.

解 由已知,得

$$\begin{aligned}z+u&=(\cos\alpha+\mathrm{i}\sin\alpha)+(\cos\beta+\mathrm{i}\sin\beta)=\\&(\cos\alpha+\cos\beta)+\mathrm{i}(\sin\alpha+\sin\beta)=\\&\frac{4}{5}+\frac{3}{5}\mathrm{i}\end{aligned}$$

根据复数相等的充要条件,得

$$\begin{cases}\cos\alpha+\cos\beta=\frac{4}{5} & ①\\ \sin\alpha+\sin\beta=\frac{3}{5} & ②\end{cases}$$

将式 ①② 的左边分别进行和差化积,得

$$\begin{cases}2\cos\frac{\alpha+\beta}{2}\cos\frac{\alpha-\beta}{2}=\frac{4}{5} & ③\\ 2\sin\frac{\alpha+\beta}{2}\cos\frac{\alpha-\beta}{2}=\frac{3}{5} & ④\end{cases}$$

式 ④ ÷ ③,得 $\tan\frac{\alpha+\beta}{2}=\frac{3}{4}$,所以

$$\tan(\alpha+\beta)=\frac{2\tan\frac{\alpha+\beta}{2}}{1-\tan^2\frac{\alpha+\beta}{2}}=\frac{2\times\frac{3}{4}}{1-\left(\frac{3}{4}\right)^2}=\frac{24}{7}$$

点评 本题运用复数相等的充要条件与三角变换公式使问题获解.

例 2 已知复数 z_1,z_2,z_3 的辐角分别为 α,β,γ,又 $|z_1|=1$,$|z_2|=k$,$|z_3|=2-k$,且 $z_1+z_2+z_3=0$,试问 k 取何值时,$\cos(\alpha-\beta)$ 分别取得最大值和最小值,并求出最大值和最小值.

解 依题意,知

$z_1=\cos\alpha+\mathrm{i}\sin\alpha$,$z_2=k(\cos\beta+\mathrm{i}\sin\beta)$,$z_3=(2-k)(\cos\gamma+\mathrm{i}\sin\gamma)$

由 $z_1+z_2+z_3=0$,得

$$\begin{cases}\cos\alpha+k\cos\beta+(2-k)\cos\gamma=0\\ \sin\alpha+k\sin\beta+(2-k)\sin\gamma=0\end{cases}$$

即
$$\begin{cases}k\cos\beta+(2-k)\cos\gamma=-\cos\alpha\\k\sin\beta+(2-k)\sin\gamma=-\sin\beta\end{cases}$$

平方消除 α 有
$$k^2+(2-k)^2+2k\cos(\beta-\gamma)=1$$

于是

$$\cos(\beta-\gamma)=\frac{(k-2)^2+k^2-1}{2k(k-2)}=1+\frac{3}{2(k-1)^2-2}$$

又 $|\cos(\alpha-\beta)|\leqslant 1$，所以 $-2\leqslant\frac{3}{2(k-1)^2-2}\leqslant 0$，所以 $\frac{1}{2}\leqslant k\leqslant\frac{3}{2}$，由 $\cos(\alpha-\beta)=1+\frac{3}{2(k-1)^2-2}$ 知.

当 $k=1$ 时，$\cos(\alpha-\beta)$ 有最大值 $-\frac{1}{2}$；当 $k=\frac{1}{2}$ 或 $k=\frac{1}{2}$ 时，$\cos(\alpha-\beta)$ 有最小值 -1.

点评 由于题目中只问到了 $\cos(\alpha-\beta)$，所以解决本题的关键是消去 α，将 k 与 $\cos(\alpha+\beta)$ 联系起来，然后根据 $\cos(\alpha-\beta)$ 与 k 的关系确定 k 的范围，求出 $\cos(\alpha-\beta)$ 的最值.

例 3 求值：$\arcsin\frac{2\sqrt{5}}{5}-\arccos\frac{2\sqrt{5}}{5}$.

解 设 $z_1=\sqrt{5}+2\sqrt{5}\,\mathrm{i}$，$z_2=2\sqrt{5}+\sqrt{5}\,\mathrm{i}$，则 $\arg z_1=\arcsin\frac{2\sqrt{5}}{5}$，$\arg z_2=\arccos\frac{2\sqrt{5}}{5}$，则 $\frac{z_1}{z_2}=\frac{\sqrt{5}+2\sqrt{5}\,\mathrm{i}}{2\sqrt{5}+\sqrt{5}\,\mathrm{i}}=\frac{4+3\mathrm{i}}{5}$，从而

$$\arg z_1-\arg z_2=\arg\frac{z_1}{z_2}=\arctan\frac{3}{4}$$

点评 本题利用了结论：$\arg z_1-\arg z_2=\arg\frac{z_1}{z_2}$. 在用复数解决三角函数问题中很有用.

例 4 求证：(1) $\mathrm{C}_n^0+\mathrm{C}_n^3+\cdots+\mathrm{C}_n^{3\left[\frac{n}{3}\right]}=\frac{1}{3}\left(2^n+2\cos\frac{n\pi}{3}\right)$；

(2) $\mathrm{C}_n^1+\mathrm{C}_n^4+\cdots+\mathrm{C}_n^{3\left[\frac{n}{3}\right]+1}=\frac{1}{3}\left[2^n+2\cos\frac{(n-2)\pi}{3}\right]$；

(3) $\mathrm{C}_n^2+\mathrm{C}_n^5+\cdots+\mathrm{C}_n^{3\left[\frac{n}{3}\right]+2}=\frac{1}{3}\left[2^n+2\cos\frac{(n-4)\pi}{3}\right]$.

证明 由二项式定理，考虑 $(1+x)^n$ 的展开式，有

$$(1+x)^n=\mathrm{C}_n^0+\mathrm{C}_n^1x+\cdots+\mathrm{C}_n^nx^n \quad ①$$

在式 ① 中分别令 $x=1$，$x=\omega$，$x=\omega^2$（其中 $\omega=-\frac{1}{2}+\frac{\sqrt{3}}{2}\mathrm{i}$）代入，得

$$(1+1)^n=C_n^0+C_n^1+\cdots+C_n^n \quad ②$$

$$(1+\omega)^n=C_n^0+C_n^1\omega+\cdots+C_n^n\omega^n \quad ③$$

$$(1+\omega^2)^n=C_n^0+C_n^1\omega^2+\cdots+C_n^n\omega^{2\omega} \quad ④$$

因此，②＋③＋④，得

$$C_n^0+C_n^3+\cdots+C_n^{3\left[\frac{n}{3}\right]}=\frac{1}{3}\left(2^n+2\cos\frac{n\pi}{3}\right)$$

②＋③＋④ · ω，得

$$C_n^1+C_n^4+\cdots+C_n^{3\left[\frac{n}{3}\right]+1}=\frac{1}{3}\left[2^n+2\cos\frac{(n-2)\pi}{3}\right]$$

④②＋③ · ω＋③ · ω^2，得

$$C_n^2+C_n^5+\cdots+C_n^{3\left[\frac{n}{3}\right]+2}=\frac{1}{3}\left[2^n+2\cos\frac{(n-4)\pi}{3}\right]$$

点评　这是应用复数证明组合恒等式，若用数学归纳法证明上面三个组合恒等式将会很麻烦，而用复数很简单.

二、复数在方程中的应用

1. 代数基本定理

复系数一元 n 次方程

$$a_nx^n+a_{n-1}x^{n-1}+\cdots+a_1x+a_0=0 \quad (a_n\neq 0) \quad ①$$

有且仅有 n 个根(k 重根按 k 个根计算).

2. 韦达定理

设 $x_1,x_2,\cdots,x_n$ 是方程 ① 的 n 个复根，则它们与方程的系数之间有如下关系：

$$x_1+x_2+\cdots+x_n=-\frac{a_{n-1}}{a_n},$$

$$x_1x_2+x_1x_3+\cdots+x_2x_3+x_2x_4+\cdots+x_2x_n+\cdots+x_{n-1}x_n=\frac{a_{n-2}}{a_n},\cdots,$$

$$\sum_{1\leqslant i_1<i_2<\cdots<i_j\leqslant n}x_{i_1}x_{i_2}\cdots x_{i_j}=(-1)^j\frac{a_{n-j}}{a_n},\cdots,$$

$$x_1x_2\cdots x_n=(-1)^n\frac{a_0}{a_n}.$$

3. 实系数方程虚根成对定理

若 $a_0,a_1,\cdots,a_n$ 都是实数，则对方程 ① 的任意复根 x，其共轭复数 $\bar{x}$ 也是方程 ① 的根.

特别地：(1) 对于复系数的一元二次方程 $ax^2+bx+c=0(a\neq 0)$，我们可将原来的实数范围内的求根公式 $x=\dfrac{-b\pm\sqrt{b^2-4ac}}{2a}(b^2-4ac\geqslant 0)$ 中的

$\sqrt{b^2-4ac}$ 改为$\sqrt{b^2-4ac}$ 的平方根，则求根公式依然成立；

(2) 对于二项方程 $x^n-a=0$，则可令 $a=r(\cos\theta+\mathrm{i}\sin\theta)(r\geqslant 0,\theta\in\mathbf{R})$，则利用复数开方公式，即得该方程的 n 个根为 $\sqrt[n]{r}\left(\cos\dfrac{2k\pi+\theta}{n}+\mathrm{i}\sin\dfrac{2k\pi+\theta}{n}\right)$（这里 $k=0,1,2,\cdots,n-1$）；

(3) 一般地，对于低次方程，可以利用复数相等的充要条件，转化为实数问题求解；有时也可以采取以模为突破口，先求模 $|z|$，再求复数 z.

例 5 已知实系数方程 $x^3+2(k-1)x^2+9x+5(k-1)=0$ 有一个模为 $\sqrt{5}$ 的虚根，求 k 的值，并解此方程.

解 由实系数方程虚根成对定理，知原方程有一个实根和两个模为$\sqrt{5}$ 的虚根，它们互为共轭虚根，设这三个根为 $a+b\mathrm{i},a-b\mathrm{i},c(a,b,c\in\mathbf{R},b\neq 0)$，则

$$a^2+b^2=5 \quad ①$$

再由韦达定理，得

$$\begin{cases}(a+b\mathrm{i})+(a-b\mathrm{i})+c=-2(k-1)\\(a+b\mathrm{i})(a-b\mathrm{i})+c(a+b\mathrm{i})+c(a-b\mathrm{i})=9\\(a+b\mathrm{i})(a-b\mathrm{i})c=-5(k-1)\end{cases}$$

结合式 ① 整理，得

$$\begin{cases}2a+c=-2(k-1) & ②\\ac=2 & ③\\c=-k+1 & ④\end{cases}$$

由式 ②，式 ④，得 $c=1-k,a=\frac{1}{2}(1-k)$，并将其代入式 ③，可得 $k=-1$ 或 $k=3$.

再求原方程的解，当 $k=-1$ 时，原方程的解为 $1+2\mathrm{i},1-2\mathrm{i},2$；

当 $k=3$ 时，原方程的解为 $-1+2\mathrm{i},-1-2\mathrm{i},-2$.

点评 *本题是利用一元三次方程的韦达定理求解.*

例 6 (1992 年上海市高三竞赛试题) 设 n 是给定的自然数，求所有的正数对 (a,b)，使得 x^2+ax+b 是 $ax^{2n}+(ax+b)^{2n}$ 的因式.

解 设 x_0 是方程 $x^2+ax+b=0$ 的根，由 $b>0$，知 $x_0\neq 0$，且 x_0 是方程 $ax^{2n}+(ax+b)^{2n}=0$ 的根. 从而，$ax_0^{2n}+(-x_0^2)^{2n}=0$，得 $x_0=-a$. 解得

$$x_0=\sqrt[2n]{a}\left[\cos\frac{(2k+1)\pi}{2n}+\mathrm{i}\sin\frac{(2k+1)\pi}{2n}\right]\quad(k=0,1,2,\cdots,2n-1)$$

且 x_0 为虚根，否则 $-a=x_0^{2n}\geqslant 0$，矛盾.

一方面，$x_0=\dfrac{-a\pm\sqrt{4b-a^2}\,\mathrm{i}}{2}$，故$\sqrt[2n]{a}\cdot\cos\dfrac{(2k+1)\pi}{2n}=-\dfrac{a}{2}<0$.

从而得$\frac{\pi}{2}<\frac{(2k+1)\pi}{2n}<\frac{3\pi}{2}$,故$n<2k+1<3n$.由此可见,当$n=1$时,无解;

当$n\geqslant 2$时,$a=\left[2\cos\frac{(2k+1)\pi}{2n}\right]^{\frac{2n}{2n-1}}$,$b=x_0\cdot\overline{x_0}=|x_0|^2=a^{\frac{1}{n}}=\left[2\cos\frac{(2k+1)\pi}{2n}\right]^{\frac{2}{2n-1}}$,其中$n<2k+1<3n$,$k\in\mathbf{N}$.

点评 本题从两个不同角度计算x_0的值,经过比较得出问题的结论,充分体现了"算两次"这一重要的数学思想.

例7 (1997年全国高中数学联赛试题)试问:当且仅当实数$x_0,x_1,\cdots,x_n(n\geqslant 2)$满足什么条件时,存在实数$y_0,y_1,\cdots,y_n$,使得

$$z_0^2=z_1^2+z_2^2+\cdots+z_n^2 \tag{①}$$

成立,其中$z_k=x_k+y_k\mathrm{i}$,i为虚数单位,$k=0,1,2,\cdots,n$.证明你的结论.

证明 易知式①等价于

$$\begin{cases}\sum_{k=1}^{n}x_k^2-x_0^2=\sum_{k=1}^{n}y_k^2-y_0{}^2\\ \sum_{k=1}^{n}x_ky_k=x_0y_0\end{cases} \tag{②}$$

若存在实数$y_0,y_1,\cdots,y_n$使式②成立,则$x_0^2y_0^2=(\sum_{k=1}^{n}x_ky_k)^2$.

由柯西不等式可得

$$x_0^2y_0^2\leqslant(\sum_{k=1}^{n}x_k^2)(\sum_{k=1}^{n}y_k^2) \tag{③}$$

如果$x_0^2>\sum_{k=1}^{n}x_k^2$,则由式②可得$y_0^2>\sum_{k=1}^{n}y_k^2$,从而

$$x_0^2y_0^2>(\sum_{k=1}^{n}x_k^2)(\sum_{k=1}^{n}y_k^2)$$

此与式③矛盾.于是,得

$$x_0^2\leqslant\sum_{k=1}^{n}x_k^2 \tag{④}$$

当$x_0^2=\sum_{k=1}^{n}x_k^2$时,我们可取$y_k=x_k$,$k=0,1,2,\cdots,n$,显然能使式②成立;

当$x_0^2<\sum_{k=1}^{n}x_k^2$时,我们记$a=\sum_{k=1}^{n}x_k^2-x_0>0$,显然$x_1,x_2,\cdots,x_n$不全为零,不妨设$x_n\neq 0$.我们取

$$\begin{cases} y_k=0, k=0,1,2,\cdots,n-2 \\ y_{n-1}=\dfrac{ax_n}{\sqrt{x_{n-1}^2+x_n^2}} \\ y_n=\dfrac{-ax_n}{\sqrt{x_{n-1}^2+x_n^2}} \end{cases}$$

显然,也能使式 ② 成立.

综上所述,所求的条件为 $x_0^2 \leqslant \sum_{k=1}^{n} x_k^2$.

点评 本题先根据已知条件将复数问题转化为实数问题,再利用柯西不等式进行求解,使问题得到解决.

三、复数在几何中的应用

复数的几何意义沟通了代数与几何之间的相互联系.由于每个复数与端点在原点的向量之间存在一一对应关系,因此,向量加法与减法的几何意义:平行四边形法则与三角形法则也有广泛的应用;复数乘法(特别是乘方)与除法以及开方的几何意义在解决复数问题中也非常有用.另外还要注意:利用复数研究几何问题的关键在于怎样选取恰当的坐标系,进而建立几何元素的复数表示,并借助复数的运算来探究平面几何问题的解决方法.

复平面上两点的距离公式、复数乘法的几何意义、复数除法的几何意义、复数开方的几何意义、复数中的常用不等式(具体内容参见本讲第一节)都是解决平面几何问题的重要依据,它们的应用是非常广泛的.

例 8 已知凸四边形 $ABCD$,求证:$AB \cdot CD + BC \cdot AD \geqslant AC \cdot BD$.

证明 设 A,B,C,D 四点对应的复数分别为 X,Y,Z,W,则可知

$$\begin{aligned} &|(X-Y)(Z-W)|+|(Y-Z)(X-W)| \geqslant \\ &|(X-Y)(Z-W)+(Y-Z)(X-W)|= \\ &|X-Z| \cdot |Y-W| \end{aligned}$$

从而有

$$|(X-Y)|\cdot|(Z-W)|+|(Y-Z)|\cdot|(X-W)| \geqslant |X-Z|\cdot|Y-W|$$

即

$$AB \cdot CD + BC \cdot AD \geqslant AC \cdot BD$$

点评 本题是托勒密定理的推广,用复数方法证明简单明了.注意复数 z_1, z_2 两点的距离即为 $|z_1 - z_2|$,解答时还用到了结论:两个复数的模的和大于等于它们和的模.

例 9 设 α,β 是方程 $x^2+2px+1=0$ 的两个虚根,若复平面上 $\alpha,\beta,1$ 对应的点构成正三角形,求实数 p 的值.

解 由已知,得该方程有两个虚根,所以 $\Delta = 4p^2 - 1 < 0$,解得:$-1<$

$p<1$，且 $\alpha=\bar{\beta}$，由韦达定理，得 $\alpha\beta=1$，从而 $|\alpha|=|\beta|=1$，这样 $\alpha,\beta,1$ 对应的点在单位圆上，所以

$$\begin{cases}\alpha=\cos\dfrac{2\pi}{3}+\mathrm{i}\sin\dfrac{2\pi}{3}\\ \beta=\cos\dfrac{2\pi}{3}-\mathrm{i}\sin\dfrac{2\pi}{3}\end{cases}$$

所以
$$p=-\frac{\alpha+\beta}{2}=-\cos\frac{2\pi}{3}=\frac{1}{2}$$

点评 方程的解扩大到了复数集上，韦达定理也成立，在解决复数方程有关的问题时，用韦达定理求出根与系数的关系，往往可以把复数的问题转化成实数的问题.

例 10 已知椭圆 $\dfrac{x^2}{9}+\dfrac{y^2}{5}=1$ 的右焦点为 F，B 为椭圆上一动点，$\triangle FAB$ 为正三角形，并且 F,A,B 依逆时针顺序，求点 A 的轨迹.

解 由椭圆方程可求得 $2a=6$，右焦点为 $F(2,0)$，所以 Z_B 满足 $|Z_B+2|+|Z_B-2|=6$，设 A 点对应的复数为

$$Z_B-2=(z-2)\left(\cos\frac{\pi}{3}+\mathrm{i}\sin\frac{\pi}{3}\right)=(z-2)\left(\frac{1}{2}+\frac{\sqrt{3}}{2}\mathrm{i}\right)$$

$$Z_B+2=\frac{1+\sqrt{3}\mathrm{i}}{2}(z-2\sqrt{3}\mathrm{i})$$

对上面两个等式取模，又

$$|Z_B-2|=\left|(z-2)\left(\cos\frac{\pi}{3}+\mathrm{i}\sin\frac{\pi}{3}\right)\right|=|z-2|$$

$$|Z_B+2|=\left|\frac{1+\sqrt{3}\mathrm{i}}{2}(z-2\sqrt{3}\mathrm{i})\right|=|z-2\sqrt{3}\mathrm{i}|$$

所以
$$|Z_B+2|+|Z_B-2|=6$$

所以点 A 的轨迹是以点 $(2,0)$，$(0,2\sqrt{3})$ 为焦点，长轴长为 6 的椭圆.

点评 这是复数在平面解析几何中的应用.

例 11 对 $n\in\mathbf{N}$，令 S_n 为 $\sum\limits_{k=1}^{n}\sqrt{(2k-1)^2+a_k^2}$ 的最小值，其中 $a_1,a_2,\cdots,a_n$ 为正实数，其和为 17，若存在唯一的 n，使 S_n 为整数，求 n 的值.

解 我们知道 $\sum\limits_{k=1}^{n}\sqrt{(2k-1)^2+a_k^2}=\sum\limits_{k=1}^{n}|(2k-1)+a_k\mathrm{i}|$，$k=1,2,\cdots,n$，所以

$$\sum_{k=1}^{n}|(2k-1)+a_k\mathrm{i}|\geqslant$$
$$||1+a_1\mathrm{i}|+|3+a_2\mathrm{i}|+\cdots+|(2n-1)+a_n\mathrm{i}|\geqslant$$

$$|[1+3+\cdots+(2n-1)]+(a_1+a_2+\cdots+a_n)\mathrm{i}|=$$
$$|n^2+17\mathrm{i}|=\sqrt{n^4+17^2}$$

由 S_n 为正整数,设 $S_n=m$,$n^4+17^2=m^2$,所以$(m-n^2)(m+n^2)=289$,从而 $m-n^2=1$,$m+n^2=289$,解得 $n=12$.

点评 解答本题的关键是:求 $\sum\limits_{k=1}^{n}\sqrt{(2k-1)^2+a_k^2}$ 的最小值,用复数方法把其中的每一项当成一个复数到原点的距离,这样和为在这些复数共线的时候取得最小值.

例 12 设 $A_1A_2\cdots A_n$ 是单位圆内接正 n 边形,P 是圆上一点,求 $|PA_1|^2+|PA_2|^2+\cdots+|PA_n|^2$ 的值.

解 不失一般性,设 P 在 A_n,A_1 间的劣弧上,设 $\angle A_1OP=\alpha$,则有

$$|PA_1^2|=2-2\cos\alpha$$

$$|PA_2^2|=2-2\cos\left(\alpha+\frac{2\pi}{n}\right),\cdots,|PA_n^2|=2-2\cos\left[\alpha+\frac{2(n-1)\pi}{n}\right]$$

令 $z=\cos\alpha+\mathrm{i}\sin\alpha$,$m=\cos\frac{2\pi}{n}+\mathrm{i}\sin\frac{2\pi}{n}$,则显然有 $m^n=1$.

设 $S=\cos\alpha+\cos\left(\alpha+\frac{2\pi}{n}\right)+\cdots+\cos\left[\alpha+\frac{2(n-1)\pi}{n}\right]$,则 S 是复数 $z+z\cdot m+z\cdot m^2+\cdots+z\cdot m^{n-1}$ 的虚部.

计算 $z+z\cdot m+z\cdot m^2+\cdots+z\cdot m^{n-1}=z\cdot\frac{1-m^n}{1-m}=0$,从而 $S=0$.

故 $|PA_1|^2+|PA_2|^2+\cdots+|PA_n|^2=2n-2S=2n$.

点评 解答本题的关键在于求 $\cos\alpha+\cos\left(\alpha+\frac{2\pi}{n}\right)+\cdots+\cos\left[\alpha+\frac{2(n-1)\pi}{n}\right]$ 的值,在解答过程中我们给出了一种构造性的求 S 的值的方法.

例 13 设△ABC 为任意给定的三角形,在边 AB 上以它为底,向外作一个顶角为120°的等腰三角形,定点为 P,在边 BC 和边 CA 上做同样处理,得到 Q,R,求证:△PQR 是一个正三角形.

证明 不妨设 A,B,C 在复平面上依逆时针方向排列,可见 QR 绕点 R 沿逆时针方向旋转120°即为 RA,从而有

$$(b-r)\cdot\omega^2=a-r\quad(\text{其中 }\omega=\frac{-1+\sqrt{3}\mathrm{i}}{2})$$

类似地有

$$(c-p)\cdot\omega^2=b-p$$
$$(a-q)\cdot\omega^2=c-q$$

由上面三个等式,可得

$$(1-\omega^2)p=b-\omega^2 c$$
$$(1-\omega^2)q=c-\omega^2 a$$
$$(1-\omega^2)r=a-\omega^2 b$$

用 ω^2, $-\omega$, 1 依次乘上面三式后相加,得到 $(1-\omega^2)(\omega^2 p-\omega q+r)=(1+\omega^3)a+(\omega^2-\omega^2)b+(-\omega-\omega^4)c=0$. 而 $1-\omega^2\neq 0$,从而 $\omega^2 p-\omega q+r=0$,所以 $\triangle PQR$ 是一个正三角形.

点评 本题首先用到了复数旋转的计算方法,另外用到了 $\triangle PQR$ 是正三角形的判断方法,$\triangle PQR$ 是正三角形当且仅当 $\omega^2 p-\omega q+r=0$.

例 14 (2008 年全国高中数学联赛试题) 如图 1,给定凸四边形 $ABCD$,$\angle B+\angle D<180°$,P 是平面上的动点,令 $f(P)=PA\cdot BC+PD\cdot CA+PC\cdot AB$.

求证:当 $f(P)$ 达到最小值时,P,A,B,C 四点共圆.

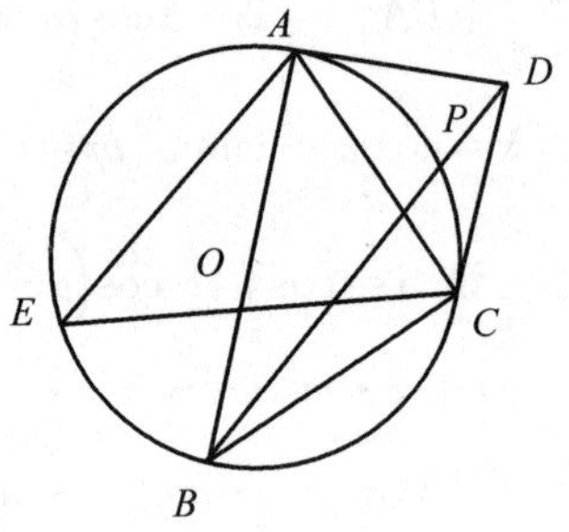

图 1

解 引进复平面,如图 1 所示,仍用 A,B,C 等代表 A,B,C 等所对应的复数.

由三角形不等式,对于复数 z_1,z_2,有

$$|z_1|+|z_2|\geqslant|z_1+z_2|$$

当且仅当 z_1 与 z_2(复向量)同向时取等号. 有

$$|\overrightarrow{PA}\cdot\overrightarrow{BC}|+|\overrightarrow{PC}\cdot\overrightarrow{AB}|\geqslant|\overrightarrow{PA}\cdot\overrightarrow{BC}+\overrightarrow{PC}\cdot\overrightarrow{AB}|$$

所以

$$\begin{aligned}&|(A-P)(C-B)|+|(C-P)(B-A)|\geqslant\\&|(A-P)(C-B)+(C-P)(B-A)|=\\&|-P\cdot C-A\cdot B+C\cdot B+P\cdot A|=\\&|(B-P)(C-A)|=|\overrightarrow{PB}|\cdot|\overrightarrow{AC}|\end{aligned}\qquad ①$$

从而

$$\begin{aligned}&|\overrightarrow{PA}|\cdot|\overrightarrow{BC}|+|\overrightarrow{PC}|\cdot|\overrightarrow{AB}|+|\overrightarrow{PD}|\cdot|\overrightarrow{CA}|\geqslant\\&|\overrightarrow{PB}|\cdot|\overrightarrow{AC}|+|\overrightarrow{PD}|\cdot|\overrightarrow{AC}|=\\&(|\overrightarrow{PB}|+|\overrightarrow{PD}|)\cdot|\overrightarrow{AC}|\geqslant\\&|\overrightarrow{BD}|\cdot|\overrightarrow{AC}|\end{aligned}\qquad ②$$

式 ① 取等号的条件是复数 $(A-P)(C-B)$ 与 $(C-P)(B-A)$ 同向,故存在实数 $\lambda>0$,使得

$$(A-P)(C-B)=\lambda(C-P)(B-A),\ \frac{A-P}{C-P}=\lambda\frac{B-A}{C-B}$$

所以

$$\arg\left(\frac{A-P}{C-P}\right)=\arg\left(\frac{B-A}{C-B}\right)$$

向量$\overrightarrow{PC}$旋转到$\overrightarrow{PA}$所成的角等于$\overrightarrow{BC}$旋转到$\overrightarrow{AB}$所成的角,从而P,A,B,C四点共圆.式②取等号的条件显然为B,P,D共线且P在BD上.

故当$f(P)$达最小值时点P在$\triangle ABC$之外接圆上,P,A,B,C四点共圆.

巩固练习

1.已知关于x的实系数方程$x^2-2x+2=0$和$x^2+2mx+1=0$的四个不同的根在复平面上对应的点共圆,则m的取值范围是________.

解 $\{m\mid -1<m<1$或$m=-3/2\}$.易知方程$x^2-2x+2=0$的两根为$x_1=1+\mathrm{i},x_2=1-\mathrm{i}$.

当$\Delta=4m^2-4<0$,即$-1<m<1$时,方程$x^2+2mx+1=0$有两个共轭的虚根x_3,x_4,且x_3,x_4的实部为$-m\neq 1$,这时x_1,x_2,x_3,x_4在复平面内对应的点构成等腰梯形或矩形,它们共圆.当$\Delta=4m^2-4>0$,即$m<-1$或$m>0$时,方程$x^2+2mx+1=0$有两个不等的实根,则x_1,x_2对应的点在以x_3,x_4对应的点为直径端点的圆上,该圆的方程为$(x-x_3)(x-x_4)+y^2=0$,即$x^2+y^2-(x_3+x_4)x+x_3x_4=0$,将$x_3+x_4=-2m,x_3x_4=1$及$x_1,x_2$对应点的坐标$(1,\pm 1)$代入方程,即得$m=-\dfrac{3}{2}$,故$m$的取值范围是$\{m\mid -1<m<1$或$m=-3/2\}$.

2.求值:$\sin^4\dfrac{\pi}{16}+\sin^4\dfrac{3\pi}{16}+\sin^4\dfrac{5\pi}{16}+\sin^4\dfrac{7\pi}{16}$.

解 令$z=\cos\theta+\mathrm{i}\sin\theta$,则$z^8=\mathrm{i},z^{16}=-1$,由于

$$\sin\theta=\frac{(\cos\theta+\mathrm{i}\sin\theta)^2-1}{2\mathrm{i}(\cos\theta+\mathrm{i}\sin\theta)}$$

所以

$$\begin{aligned}\text{原式}&=\left(\frac{z^2-1}{2\mathrm{i}z}\right)^4+\left(\frac{z^6-1}{2\mathrm{i}z^3}\right)^4+\left(\frac{z^{10}-1}{2\mathrm{i}z^5}\right)^4+\left(\frac{z^{14}-1}{2\mathrm{i}z^7}\right)^4=\\&\left(\frac{z^2-1}{16z^4}\right)^4+\left(\frac{z^6-1}{16z^{12}}\right)^4+\left(\frac{z^{10}-1}{16z^{20}}\right)^4+\left(\frac{z^{14}-1}{16z^{28}}\right)^4=\\&\frac{(z^2-1)^4-(z^{10}-1)^4}{16z^4}+\frac{(z^6-1)^4-(z^{14}-1)^4}{16z^{12}}=\frac{3}{2}\end{aligned}$$

3.已知a,b,c,d取某些实数时,方程$x^4+ax^3+bx^2+cx+d=0$有4个非实数根,其中2个根的积为$13+\mathrm{i}$,另外2个根的和为$3+4\mathrm{i}$,这里i为虚数单位,求b的值.

解 设x_1,x_2,x_3,x_4是方程的4个根由题意可以约定$x_3=\overline{x_1},x_4=\overline{x_2}$,则有$x_1x_2=13+\mathrm{i},x_3+x_4=3+4\mathrm{i}$.故

$$b=x_1x_2+x_1x_3+x_1x_4+x_2x_3+x_2x_4+x_3x_4=$$

$$(x_1+x_2)(x_3+x_4)+x_1x_2+x_3x_4=$$
$$(3-4\mathrm{i})(3+4\mathrm{i})+(13+\mathrm{i})+(13-\mathrm{i})=51$$

4. 设 P 为三角形所在平面内的任一点，记 $BC=a,CA=b,AB=c,PA=u$，$PB=v,PC=w$，求证：$\frac{u}{a}+\frac{v}{b}+\frac{w}{c}\geqslant\sqrt{3}$.

证明 设 P,A,B,C 对应的复数分别为 p,q,r,s，可知

$$\frac{(p-q)(p-r)}{(s-r)(s-q)}+\frac{(p-s)(p-r)}{(q-r)(q-s)}+\frac{(p-s)(p-q)}{(r-s)(r-q)}=1$$

所以 $\frac{uv}{ab}+\frac{vw}{bc}+\frac{wu}{ca}\geqslant 1$，这样就有

$$\left(\frac{u}{a}+\frac{v}{b}+\frac{w}{c}\right)^2\geqslant 3\left(\frac{uv}{ab}+\frac{vw}{bc}+\frac{wu}{ca}\right)\geqslant 3$$

故
$$\frac{u}{a}+\frac{v}{b}+\frac{w}{c}\geqslant\sqrt{3}$$

5. 设复数 z 在 $|z|=1$ 的条件下变动. 试求 $|z^3-3z-2|$ 的最大值和最小值.

解 $|z^3-3z-2|=|(z+1)^2(z-2)|=|z+1|^2\cdot|z-2|$ ①

因为 $|z|=1$，所以

$$|z+1|^2=(z+1)\overline{(z+1)}=z\cdot\bar{z}+z+\bar{z}+1=2+2\mathrm{Re}(z)$$
$$|z-2|^2=(z-2)\overline{(z-2)}=5-4\mathrm{Re}(z)$$

令 $z=x+y\mathrm{i},x,y\in\mathbf{R}$，则 $x\in[-1,1]$，有

$$|z^3-3z-2|=(2+2x)\cdot\sqrt{5-4x}\leqslant$$
$$\left[\frac{(2+2x)+(2+2x)+(5-4x)}{3}\right]^{\frac{3}{2}}=$$
$$3\sqrt{3}$$

当且仅当 $2x+2=5-4x$，即 $x=\frac{1}{2}$ 时等式成立，此时 $y=\pm\frac{\sqrt{3}}{2}$. 也就是说，$z=\frac{1\pm\sqrt{3}\mathrm{i}}{2}$ 时达到最大值，最大值是 $3\sqrt{3}$. 又由式 ① 易见 $z=-1$ 或 2 时，达到最小值 0.

第 3 节　n 次单位根及其应用

n 次单位根是复数中的重要内容，它在三角函数、方程、几何以及多项式中都有广泛的应用. 下面将先介绍 1 的 n 次单位根的性质，然后再介绍它的应用.

1 的 n 次方根称为 n 次单位根. 令 $x=\cos\frac{2\pi}{n}+\mathrm{i}\sin\frac{2\pi}{n}$,则 n 次单位根可以表示为 $1,x,x^2,\cdots,x^{n-1}$,n 次单位根有以下几条性质:

(1) 设 ω 是任一不等于 1 的 n 次单位根,则 $1+\omega+\omega^2+\cdots+\omega^{n-1}=0$.

事实上:易知 $1+\omega+\omega^2+\cdots+\omega^{n-1}=\frac{1-\omega^n}{1-\omega}=0$. 此式也易得:全体 n 次单位根的和为零.

(2) 若 $k=nq+r$(q 是整数 $0,1,2,\cdots,n-1$),则 $\omega_k=\omega_{nq+r}=\omega_r$.

事实上:由于 $x=\cos\frac{2\pi}{n}+\mathrm{i}\sin\frac{2\pi}{n}$,则

$$\omega_k=x^k=\left(\cos\frac{2\pi}{n}+\mathrm{i}\sin\frac{2\pi}{n}\right)^k=$$
$$\cos\frac{2k\pi}{n}+\mathrm{i}\sin\frac{2k\pi}{n}=$$
$$\cos\frac{2(nq+r)\pi}{n}+\mathrm{i}\sin\frac{2(nq+r)\pi}{n}=$$
$$\omega_k(k=0,1,2,\cdots,n-1)$$

(3) 全部 n 次单位根都可以表示为 $1(\omega_0=1),\omega_1,\omega_1^2,\cdots,\omega_1^{n-1}$,当 n 为奇数时,除 1 以外,其余的 n 次单位根都不是实数;当 n 为偶数时,-1 也是一个 n 次单位根,其余的 n 次单位根也都不是实数. 由于

$$x^n-1=(x-1)(x^{n-1}+x^{n-2}+\cdots+x+1)$$

所以 $$x^{n-1}+x^{n-2}+\cdots+x+1=(x-\omega_1)(x-\omega_1^2)\cdots(x-\omega_1^{n-1})=$$
$$(x-\omega_1)(x-\omega_2)\cdots(x-\omega_{n-1})$$

特别地:当 $n=3$ 时,把三次单位根记作 $1,\omega,\omega^2$,这里

$$\omega=-\frac{1}{2}+\frac{\sqrt{3}}{2}\mathrm{i},\omega^2=-\frac{1}{2}-\frac{\sqrt{3}}{2}\mathrm{i}$$

(4) $\omega^{n-k}=\overline{\omega^k}$.

事实上

$$\omega^{n-k}=\left(\cos\frac{2\pi}{n}+\mathrm{i}\sin\frac{2\pi}{n}\right)^{n-k}=$$
$$\cos\frac{2(n-k)\pi}{n}+\mathrm{i}\sin\frac{2(n-k)\pi}{n}=$$
$$(\cos 2\pi+\mathrm{i}\sin 2\pi)\left[\cos\frac{2(-k)\pi}{n}+\mathrm{i}\sin\frac{2(-k)\pi}{n}\right]=$$
$$\left[\cos\left(-\frac{2\pi}{n}\right)+\mathrm{i}\sin\left(-\frac{2\pi}{n}\right)\right]^k=\overline{\omega^k}$$

⑤ 对于 n 次单位根的整数 k 次幂之和,有

$$1+\omega^k+(\omega^2)^k+\cdots+(\omega^{n-1})^k=$$

$$1+\omega^k+(\omega^k)^2+\cdots+(\omega^k)^{n-1}=$$
$$1+\omega^k+\omega^{2k}+\cdots+\omega^{(n-1)k}=$$
$$\begin{cases}n,当 n\mid k 时\\0,当 n\nmid k 时\end{cases}$$

事实上：当 k 是 n 的整数倍时，显然有 $\omega^k=\omega^{2k}=\cdots=\omega^{(n-1)k}=1$，所以 $1+\omega^k+\omega^{2k}+\cdots+\omega^{(n-1)k}=n$；当 k 不是 n 的整数倍时，$1+\omega^k+\omega^{2k}+\cdots+\omega^{(n-1)k}=\dfrac{1-\omega^{nk}}{1-\omega}=0$.

以下举例说明 n 次单位根的应用：

例 1　设 ω 是方程 $x^2+x+1=0$ 的根，求证：$a^3+b^3+c^3-3abc=(a+b+c)(a+\omega^2b+\omega c)(a+\omega b+\omega^2c)$.

证明　由题设有

$$\omega^2+\omega+1=0,\omega^2+\omega=-1,\omega^3=-\omega^2-\omega=1$$

于是　$a^3+b^3+c^3-3abc=$

$(a+b)^3-3ab(a+b)-3abc=$

$(a+b+c)[(a+b)^2-(a+b)c+c^2]-3ab(a+b+c)=$

$(a+b+c)[(a-b)^2+(a-b)(b-c)+(b-c)^2]=$

$(a+b+c)[(a-b)-\omega(b-c)][(a-b)-\omega^2(b-c)]=$

$(a+b+c)(a+\omega^2b+\omega c)(a+\omega b+\omega^2c)$

点评　本题充分运用 1 的单位根的性质证得了结论.

例 2　设有 $n(n\geqslant 2)$ 个互不相同的非零实数组成的集合 $S=\{a_0,a_1,\cdots,a_{n-1}\}$，且满足下列条件：

(1) 对每一个 $i(i=0,1,2,\cdots,n-1)$，$a_i^2\in S$；

(2) 对任意的 $i,j(i,j=0,1,2,\cdots,n-1,i\neq j)$，$a_ia_j\in S$.

求证：$n=2$，而且 $S=\{-1,1\}$.

证明　由条件(1)知：$a_0^2\in S$；由条件(2)知：$a_0a_1,a_0a_2,\cdots,a_0a_n\in S$. 由于 $a_0,a_1,a_2,\cdots,a_n$ 都不为零且各不相等，所以 $a_0^2,a_0a_1,a_0a_2,\cdots,a_0a_n$ 也各不相同，于是 $S=\{a_0^2,a_0a_1,\cdots,a_0a_{n-1}\}$，所以 $a_0^2(a_0a_1)(a_0a_2)\cdots(a_0a_n)=a_0a_1\cdots a_{n-1}$，所以 $a_0^n=1$.

若 n 是奇数，因为 a_0 为实数，所以 $a_0=1$，同理 $a_1=a_2=\cdots=a_n=1$，这与题设矛盾；

若 n 是偶数，则 $a_0=1$ 或 -1. 同理 $a_1=1$ 或 -1，$\cdots$，$a_{n-1}=1$ 或 -1，所以 n 只能是 2，且 $S=\{-1,1\}$.

点评　本题证明的实际上是 n 次单位根的一个性质.

例 3　已知 $z\in\mathbf{C}$，$z^7=1(z\neq 1)$，z 的辐角为 α，求 $\cos\alpha+\cos 2\alpha+\cos 4\alpha$

的值.

解 由 $z\cdot\overline{z}=1$,易得 $z^6=\overline{z}, z^5=\overline{z^2}$,且 $1+z+z^2+\cdots+z^5=0$,所以

$$1+z+z^2+z^4+\overline{z^4+z^2+z}=0, z+z^2+z^4+\overline{z+z^2+z^4}=-1$$

即

$$\cos\alpha+\cos 2\alpha+\cos 4\alpha=-\frac{1}{2}$$

点评 本题是利用 1 的 7 次方单位根的性质与辐角的知识求得结果.

例 4 已知复数 $w=\sin 2\ 010^\circ+\mathrm{i}\cos 2\ 010^\circ$.

(1) 求证:$w^2=\overline{w}$;

(2) 求:$1+2w+3w^2+\cdots+2\ 010w^{2\ 009}$.

解法 1 (1) 证明:因为 $2\ 010^\circ=1\ 800^\circ+210^\circ$,所以

$$\omega=\sin 210^\circ+\mathrm{i}\cos 210^\circ=-\sin 30^\circ-\mathrm{i}\cos 30^\circ=-\frac{1}{2}-\frac{\sqrt{3}}{2}\mathrm{i}$$

所以

$$\omega^2=\left(-\frac{1}{2}-\frac{\sqrt{3}}{2}\mathrm{i}\right)^2=$$

$$\frac{1}{4}-2\times\left(-\frac{1}{2}\right)\times\left(\frac{\sqrt{3}}{2}\mathrm{i}\right)+\frac{3}{4}\mathrm{i}^2=$$

$$\frac{1}{4}+\frac{\sqrt{3}}{2}\mathrm{i}-\frac{3}{4}=$$

$$-\frac{1}{2}+\frac{\sqrt{3}}{2}\mathrm{i}=\overline{\omega}$$

(2) 由(1)知 $w^3=w\cdot\overline{w}=|w|^2=1$,所以 $w^{2\ 010}=1$.

令 $S=1+2w+3w^2+\cdots+2\ 010w^{2\ 009}$,所以

$$wS=w+2w^2+3w^3+\cdots+2\ 010w^{2\ 010}$$

所以

$$(1-w)S=1+w+w^2+\cdots+w^{2\ 009}-2\ 010w^{2\ 010}=$$

$$\frac{1-w^{2\ 010}}{1-w}-2\ 010=0-2\ 010=-2\ 010$$

所以

$$S=\frac{-2\ 010}{1-w}=\frac{-2\ 010}{\frac{3}{2}+\frac{\sqrt{3}}{2}\mathrm{i}}=-1\ 005+335\sqrt{3}\mathrm{i}$$

解法 2

$$-2x+x^2+\cdots+x^{2\ 010}=\frac{x-x^{2\ 011}}{1-x}\quad(x\neq 1)$$

所以

$$1+2x+\cdots+2\ 010x^{2\ 009}=\frac{1-2\ 011x^{2\ 010}+2\ 010x^{2\ 011}}{(1-x)^2}$$

所以

$$1+2w+\cdots+2\ 010w^{2\ 009}=\frac{1-2\ 011w^{2\ 010}+2\ 010w^{2\ 011}}{(1-w)^2}=$$

$$\frac{1-2\ 011+2\ 010w}{(1-w)^2}=$$

$$\frac{-2\,010(1-w)}{(1-w)^2}=$$

$$\frac{-2\,011}{1-w}=-1\,005+335\sqrt{3}\mathrm{i}$$

点评 本题是以复数作为载体考查关于复数数列的求和知识.

例5 设 m,n 都是整数,$f(x)=x^{3m+1}+x^{3m+2}+1$,求证:$(x^2+x+1)\mid f(x)$.

证明 由 $x^2+x+1=(x-\omega)(x-\omega^2)$,$\omega\neq\omega^2$,又

$$f(\omega)=\omega^{3n+1}+\omega^{3n+2}+1=\omega+\omega^2+1=0$$

$$f(\omega^2)=(\omega^2)^{3n+1}+(\omega^2)^{3n+2}+1=\omega^2+\omega+1=0$$

于是$(x-\omega)(x-\omega^2)\mid f(x)$,即$(x^2+x+1)\mid f(x)$.

点评 本题利用1的三次单位根的性质与多项式的因式定理,使问题很快得到解决.其实,利用 n 次单位根,还可以解决多项式中很多问题.如:

例6 求 $f(x)=x^{1\,001}-1$ 除以 $p(x)=x^4+x^3+2x^2+x+1$ 的余式.

解 先对 $p(x)$ 作因式分解,有 $p(x)=(x^2+1)(x^2+x+1)$,于是

$$f(x)=(x^2+1)(x^2+x+1)q(x)+r(x) \quad ①$$

这里 $r(x)=ax^3+bx^2+cx+d$.

在式 ① 中分别取 $x=\mathrm{i}$ 及 $\omega(\omega=-\frac{1}{2}+\frac{\sqrt{3}}{2}\mathrm{i})$,因为 $p(\mathrm{i})=p(\omega)=0$,故有

$$f(\mathrm{i})=r(\mathrm{i}),f(\omega)=r(\omega) \quad ②$$

而

$$f(\mathrm{i})=\mathrm{i}^{1\,001}-1=\mathrm{i}-1,r(\mathrm{i})=-a\mathrm{i}-b+c\mathrm{i}+d$$

$$f(\omega)=\omega^{1\,001}-1=\omega^2-1=-\frac{3}{2}-\frac{\sqrt{3}}{2}\mathrm{i}$$

$$r(\omega)=a+b\omega^2+c\omega+d=a+d-\frac{b}{2}-\frac{c}{2}+\frac{\sqrt{3}}{2}(c-b)\mathrm{i}$$

把它们代入式 ②,再比较所得等式两边的实部与虚部,得

$$\begin{cases}a-b=-1\\c-a=1\\a+d-\frac{b}{2}-\frac{c}{2}=-\frac{3}{2}\\\frac{\sqrt{3}}{2}(c-b)=-\frac{\sqrt{3}}{2}\end{cases}$$

解之,得 $a=-1,b=1,c=d=0$,故所求余式为 $r(x)=-x^3+x^2$.

点评 本题利用带余除法与1的单位根的性质很快求出了余式.

例7 试确定所有的正整数对(m,n),使得 $f(x)=x^{mn}+x^{(m-1)n}+\cdots+x^{2n}+x^n+1$ 能被 $g(x)=x^m+x^{(m-1)}+\cdots+x^2+x+1$ 整除.

解 因为 $x^{m+1}-1=(x-1)g(x)$，所以 $g(x)=(x-\omega_1)(x-\omega_2)\cdots(x-\omega_m)$，这里 ω_k 是 $m+1$ 次虚单位根，即

$$\omega_k=\cos\frac{2k\pi}{m+1}+\mathrm{i}\sin\frac{2k\pi}{m+1}$$

$$g(x)\mid f(x)\Leftrightarrow f(\omega_k)=0(k=0,1,2,\cdots,m),f(x)=\frac{x^{n(m+1)}-1}{x^n-1}$$

所以 $f(\omega_k)=0\Leftrightarrow\omega^{n(m+1)}-1=0$，且 $\omega_k^n\neq 1$.

因为 $\omega^{n(m+1)}-1=0$ 对任何整数都成立，所以

$$f(\omega_k)=0\Leftrightarrow\omega_k^n=\cos\frac{2kn\pi}{m+1}+\mathrm{i}\sin\frac{2kn\pi}{m+1}\neq 1$$

因此，必须且只需 n 与 $m+1$ 互质.

例 8 设 $P(x),Q(x),R(x),S(x)$ 都是多项式，且 $P(x^5)+xQ(x^5)+x^2R(x^5)=(x^4+x^3+x^2+x+1)S(x)$，求证：$x-1$ 是 $P(x),Q(x),R(x)$ 及 $S(x)$ 的公因式.

证明 设 $\omega_1,\omega_2,\omega_3,\omega_4$ 是四个 5 次单位虚根，则 $(x^4+x^3+x^2+x+1)=(x-\omega_1)(x-\omega_2)(x-\omega_3)(x-\omega_4)$，把 $\omega_1,\omega_2,\omega_3,\omega_4$ 代入题设等式，得

$$\begin{cases}P(1)+\omega_1Q(1)+\omega_1^2R(1)=0\\P(1)+\omega_2Q(1)+\omega_2^2R(1)=0\\P(1)+\omega_3Q(1)+\omega_3^2R(1)=0\end{cases}$$

此式表明：二次方程 $x^2R(1)+xQ(x)+P(1)=0$ 有三个不同实根 $\omega_1,\omega_2,\omega_3$，所以 $P(1)=Q(1)=R(1)=0$. 再把 $x=1$ 代入题设等式，又得到 $S(1)=0$. 于是，再由因式定理，知：$x-1$ 是 $P(x),Q(x),R(x)$ 及 $S(x)$ 的公因式.

点评 利用 1 的 n 次单位根与多项式的因式定理对于解决多项式中的整除、因式分解等问题是非常方便的.

由于全部 n 次单位根正好把复平面的单位圆 n 等分，它的外接圆 O 的半径为 1，即 $\omega_0=1,\omega_1,\omega_2,\cdots,\omega_{n-1}$ 是以原点为圆心，1 为半径的圆的内接正 n 边形的顶点. 因此，利用这个简单的结论可以解决许多有关正多边形的问题.

例 9 设 $A_0A_1\cdots A_{n-1}$ 是 n 边形，它的外接圆 O 的半径为 1. 求证：自圆 O 上任一点 P 到各顶点的距离的平方和为定值.

证明 取 O 为原点建立坐标系，并使 A_0 的坐标为 $(1,0)$，设 P 对应的复数为 z（或简记为 $P=z$），则 $|z|=1$. 于是，由复数知识，得

$$\sum_{k=0}^{n-1}PA_k^2=\sum_{k=0}^{n-1}\mid z-\omega_k\mid=\sum_{k=0}^{n-1}(z-\omega_k)(\overline{z}-\overline{\omega_k})=$$

$$\sum_{k=0}^{n-1}(1-z\overline{\omega_k}-\overline{z}\omega_k+1)=$$

$$2n-z\sum_{k=0}^{n-1}\overline{\omega_k}-\overline{z}\sum_{k=0}^{n-1}\omega_k=2n$$

点评 这里利用了性质：$\sum_{k=0}^{n-1}\omega_k = k = \sum_{k=0}^{n-1}\overline{\omega_k}$.

为了进一步介绍 n 次单位根的性质的应用，先介绍：

定理 设由三点 $A=a, B=b, C=c$（a,b,c 都是复数），若 $\triangle ABC$ 的周界按字母 A,B,C 的顺序为逆时针方向，则

$$a+b\omega+c\omega^2=0 \quad ①$$

反之，若式 ① 成立，则 $\triangle ABC$ 是正三角形，并且周界按 A,B,C 的顺序为逆时针方向.

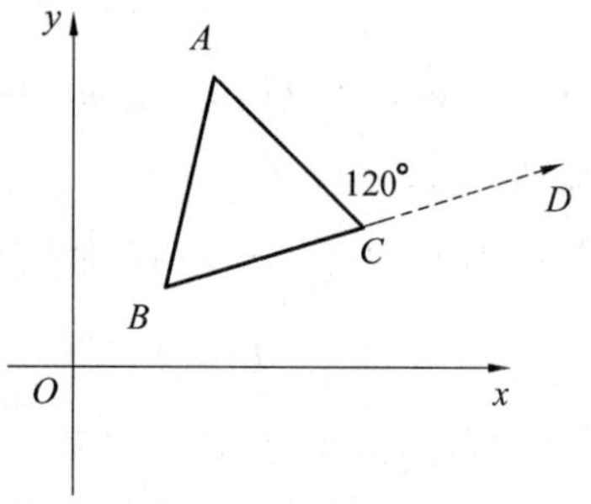

图 1

证明 如图 1，设 $\triangle ABC$ 为逆时针方向的正三角形，$D=d$ 是 BC 延长线上一点，且 $BC=DC$，所以 $CA=BC$，$\angle DCB=\frac{2}{3}\pi$，$d-c=c-b$，于是由复数的乘法，有

$$a-c=(d-c)\left(\cos\frac{2\pi}{3}+\mathrm{i}\sin\frac{2\pi}{3}\right)=(c-b)\omega$$

即
$$a+\omega b-c(1+\omega)=0$$

因为 $1+\omega+\omega^2=0$，所以 $a+b\omega+c\omega^2=0$.

由于上述推导的每一步都是可逆的，因而相反的结论也成立.

点评 这个结论在解决有关正三角形的问题，很有帮助作用.

例 10 在任意 $\triangle ABC$ 的三边上分别作等边三角形，求证：这三个等边三角形的中心形成一个等边三角形.

证明 如图 2，$\triangle ABC$，$\triangle A_1BC$，$\triangle AB_1C$ 与 $\triangle ABC_1$，后三个三角形都是正三角形，它们的中心分别为 X,Y,Z.

令 $A=a, B=b, C=c, A_1=a_1, B_1=b_1, C_1=c_1, X=x, Y=y, Z=z$. 则由复数知识，有

$$x=\frac{a_1+b+c}{3}, x=\frac{a+b_1+c}{3}, x=\frac{a+b+c_1}{3}$$

所以

$$3(x+y\omega+z\omega^2)=$$
$$(a_1+b+c)+\omega(a+b_1+c)+\omega^2(a+b+c_1)=$$
$$(a_1+c\omega+b\omega^2)+(b+a\omega+c_1\omega^2)+(c+b_1\omega+a\omega^2)$$

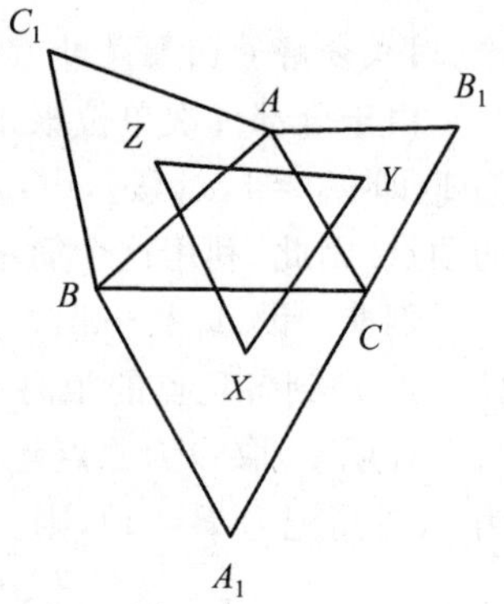

图 2

因为 $\triangle A_1BC$，$\triangle AB_1C$ 与 $\triangle ABC_1$ 都是逆时针方向的正三角形，故 $a_1+c\omega+b\omega^2=0$，$b+a\omega+c_1\omega^2=0$，$c+b_1\omega+a\omega^2=0$，所以 $x+y\omega+z\omega^2=0$. 故 $\triangle XYZ$

是正三角形.

点评 本题就是利用定理与三角形的重心的复数计算公式.请再看一例:

例 11 设 $ABCDEF$ 是半径为 r 的圆的任意内接六边形. 且 $AB=CD=EF=r$. 又设 G,H,K 分别是 BC,DE,FA 的中点,求证:$\triangle GHK$ 是正三角形.

证明 如图 3,以圆心 O 为原点,并使点 A 在 Ox 轴上. 为方便起见,不妨设 $r=1$(一般情形,只要把以下讨论中的复数,都加一个因子 r 即可),于是 $A=1$,由题设 $AB=CD=DE=1$,所以 $\angle AOB=\angle COD=\angle EOF=\frac{\pi}{3}$(我们假定顶点 A,B,C,D,E,F 在圆周上是按逆时针方向排列的). 又设点 C 和点 E 对应的复数分别为

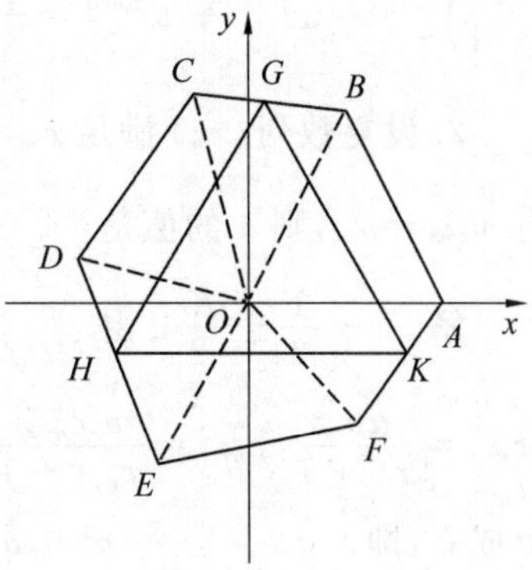

图 3

$$c=\cos\alpha+\mathrm{i}\sin\alpha, e=\cos\beta+\mathrm{i}\sin\beta$$

则 B,D,F 对应的复数是

$$b=\cos\frac{\pi}{3}+\mathrm{i}\sin\frac{\pi}{3}=$$

$$-\left(\cos\frac{2\pi}{3}+\mathrm{i}\sin\frac{2\pi}{3}\right)=-\omega^2$$

$$d=c\left(\cos\frac{\pi}{3}+\mathrm{i}\sin\frac{\pi}{3}\right)=-c\omega^2$$

$$f=-e\omega^2$$

因而中点 G,H,K 所对应的复数是

$$g=\frac{b+c}{2}=\frac{1}{2}(-\omega^2+c), h=\frac{d+e}{2}=\frac{1}{2}(-c\omega^2+e), k=\frac{f+1}{2}=\frac{1}{2}(1-e\omega^2)$$

由此可得 $k\omega=\frac{1}{2}(\omega-e), g\omega^2=\frac{1}{2}(-\omega^2+c)=\frac{1}{2}(\omega+c\omega^2)$

所以 $h+k\omega+g\omega^2=\frac{1}{2}[(-c\omega^2+e)+(\omega-e)+(-\omega+c\omega)]=0$

故 $\triangle GHK$ 是正三角形.

巩固练习

1. 已知两个非零复数 x,y 的立方和为零. 则 $\left(\frac{x}{x-y}\right)^{2\,000}+\left(\frac{y}{x-y}\right)^{2\,000}$ 的值为________.

解 $2^{-1\,999}$ 或 -1. 设 $x=wy$,则 $w^3+1=0$. 解得 $w=-1, w^2-w+1=0$.

当 $w=-1$ 时，原式 $=\left(\frac{w}{w-1}\right)^{2\,000}+\left(\frac{1}{w-1}\right)^{2\,000}=2^{-2\,000}+2^{-2\,000}=2^{-1\,999}$.

当 $w^2-w+1=0$ 时，原式 $=\left(\frac{w^2}{w^2-w}\right)^{2\,000}+\left(\frac{w}{w^2-w}\right)^{2\,000}=\left(\frac{w^2}{-1}\right)^{2\,000}+\left(\frac{w}{-1}\right)^{2\,000}=w^{4\,000}+w^{2\,000}=-w+w^2=-1$.

2. 设复数列 $\{x_n\}$ 满足 $x_n\neq a-1,0$，且 $x_{n+1}=\frac{ax_n}{x_n+1}$. 若对任意 $n\in\mathbf{N}^*$ 都有 $x_{n+3}=x_n$，则 a 的值是________.

解 $-\frac{1}{2}\pm\frac{\sqrt{3}}{2}\mathrm{i}$. 由

$$x_{n+1}=\frac{ax_n}{x_n+1},x_{n+3}=\frac{ax_{n+2}}{x_{n+2}+1}=\frac{a^2\ x_{n+1}}{(a+1)\,x_{n+1}+1}=\frac{a^3\ x_n}{(a^2+a+1)\,x_n+1}=x_n$$

恒成立，即
$$(a^2+a+1)\,x_n(x_n+1-a)=0$$
因为 $x_n\neq a-1$ 或 0，故 $a^2+a+1=0$，所以
$$a=-\frac{1}{2}\pm\frac{\sqrt{3}}{2}\mathrm{i}$$

3. 设 $\sin A+\sin B+\sin C=\cos A+\cos B+\cos C=0$，求证
$$\cos 3A+\cos 3B+\cos 3C=3\cos(A+B+C)$$
$$\sin 3A+\sin 3B+\sin 3C=3\sin(A+B+C)$$

证明 由假设
$$(\cos A+\cos B+\cos C)+\mathrm{i}(\sin A+\sin B+\sin C)=0$$
即
$$(\cos A+\mathrm{i}\sin A)+(\cos B+\mathrm{i}\sin B)=-(\cos C+\mathrm{i}\sin C)$$
两边立方，移项有
$$(\cos 3A+\mathrm{i}\sin 3A)+(\cos 3B+\mathrm{i}\sin 3B)+$$
$$(\cos 3C+\mathrm{i}\sin 3C)+3(\cos A+\mathrm{i}\sin A)\cdot$$
$$(\cos B+\mathrm{i}\sin B)(\cos A+\mathrm{i}\sin A+\cos B+\mathrm{i}\sin B)=0$$
于是
$$\cos 3A+\cos 3B+\cos 3C=3\cos(A+B+C)$$
$$\sin 3A+\sin 3B+\sin 3C=3\sin(A+B+C)$$

4. 若 $x^3=1$ 与 $ax^{3n+2}+bx^{3m+1}+c=0$ 有一个公共根，求证：$a^3+b^3+c^3-3abc=0$（其中 m,n 为非负整数）.

证明 因为 $x^3=1$ 的根即是三次单位根 $1,\omega,\omega^2$，因为其中有一个满足 $ax^{3n+2}+bx^{3m+1}+c=0$，所以
$$(a+b+c)(a\omega^{3n+2}+b\omega^{3m+1}+c)[a(\omega^2)^{3n+2}+b(\omega^2)^{3m+1}+c]=0$$
即
$$(a+b+c)(a\omega^2+b\omega+c)(a\omega+b\omega^2+c)=0$$
展开化简，得
$$a^3+b^3+c^3-3abc=0$$

5. 在实数范围内分解因式：$x^{2m+1}-1$.

解 设 $1,\omega_1,\omega_2,\cdots,\omega_{2m}$ 是全部 $2m+1$ 次单位根. 因为 $\omega_k\omega_{2m-k+1}=1(k=1,2,\cdots)$，有

$$\omega_k+\omega_{2m-k+1}=\cos\frac{2k\pi}{2m+1}+\mathrm{i}\sin\frac{2k\pi}{2m+1}+\cos\frac{2(2m-k+1)}{2m+1}+\mathrm{i}\sin\frac{2(2m-k+1)}{2m+1}.$$

所以
$$\begin{aligned}x^{2m+1}-1&=(x-1)(x-\omega_1)(x-\omega_2)\cdots(x-\omega_{2m-1})(x-\omega_{2m})=\\&(x-1)[(x-\omega_1)(x-\omega_{2m})][(x-\omega_2)(x-\omega_{2m-1})]\cdot\cdots\cdot\\&[(x-\omega_m)(x-\omega_{m+1})]=\\&(x-1)\left(x^2-2\cos\frac{2\pi}{2m+1}x+1\right)\cdots\left(x^2-\cos\frac{2m\pi}{2m+1}x+1\right)\end{aligned}$$

6.（1992 年全国高中数学联赛试题）设 $ABCD$ 为圆 O 的内接四边形，H_1，H_2，H_3，H_4 依次为 $\triangle BCD$，$\triangle CDA$，$\triangle DAB$，$\triangle ABC$ 的垂心，求证：H_1，H_2，H_3，H_4 四点在同一个圆上，并定出该圆的圆心.

证明 设圆心的坐标为$(0,0)$，点 A,B,C,D 分别表示复数 a,b,c,d，并且 $|a|=|b|=|c|=|d|=1$.

过 O 作 CD 的垂线交于点 M，则点表示的复数为$\frac{C+D}{2}$，由于 $BH_1\ /\!/\ OM$ 知向量$\overrightarrow{BH_1}$表示的复数为$c+d$，从而知：H_1 表示的复数为$b+c+d$，联结AH_1，易知 AH_1 中点表示的复数为$\frac{1}{2}(a+b+c+d)$，点 O 关于点 P 的对称点O' 表示复数$a+b+c+d$. 又

$$|O'H|=|(b+c+d)-(a+b+c+d)|=|a|=1$$

同理
$$|O'H_2|=|O'H_3|=|O'H_4|=1$$

这说明 H_1，H_2，H_3，H_4 四点在同一个圆上，并且该圆的圆心为 O'.

多项式及其应用

第6讲

多项式是中学数学的重要内容，它与函数、方程、复数及整数论有密切联系，许多多项式的问题在国内外数学竞赛中屡见不鲜. 本讲主要从数学竞赛的角度介绍多项式的基本知识及解题方法.

第1节　一元多项式的概念与运算

我们先介绍一元多项式的有关基本概念与运算，然后再举例说明其应用.

定义1　设 n 是非负整数，$a_0, a_1, a_2, \cdots, a_n$ 是数，x 是非定元，则表达式

$$f(x)=a_nx^n+a_{n-1}x^{n-1}+\cdots+a_1x+a_0=\sum_{i=1}^{n}a_ix^i$$

称为关于 x 的多项式(或称为一元多项式)，$a_ix_i(i=0,1,2,\cdots,n)$ 称为 $f(x)$ 的 i 次项，a_i 称为 i 次项的系数. 如果系数 $a_n, a_{n-1}, \cdots, a_1, a_0$ 全为零，则称 $f(x)$ 为零多项式，记作 0，如果 $a_n\neq 0$，则称 $f(x)$ 为 n 次多项式，n 为 $f(x)$ 的次数，记作 $\deg f(x)=n$. 零多项式不定义次数. a_n 称为 $f(x)$ 的首项系数. 首项系数为 1 的多项式简称为首 1 多项式. 约定：在本讲中，用大写字母 **N**, **Z**, **Q**, **R**, **C** 分别表示自然数集、整数集、有理数集、实数集、复数集. 用 $\mathbf{Z}[x]$, $\mathbf{Q}[x]$, $\mathbf{R}[x]$, $\mathbf{C}[x]$ 分别表示整系数、有理系数、实系数、复系数的一元多项式的集合.

定义 2 若多项式 $f(x)=\sum_{i=0}^{n}a_ix^i$ 与 $g(x)=\sum_{i=0}^{m}a_ix^i$ 的次数相同，而且同次项的系数相等，即 $m=n$，且 $a_i=b_i$，$i=0,1,2,\cdots,n$，则称 $f(x)$ 与 $g(x)$ 相等，简记为 $f(x)=g(x)$.

多项式相等是证明多项式的许多定理的依据，也是处理多项式问题的一个基本方法.

定义 3 两个多项式的和、差、积定义为：设 $f(x)=\sum_{i=0}^{n}a_ix^i$，$g(x)=\sum_{j=0}^{m}a^jx_j$，$m\leqslant n$，则 $f(x)\pm g(x)=\sum_{k=0}^{n}(a_k\pm b_k)x^k$，当 $m<n$ 时，取 $b_{m+1}=b_{m+2}=\cdots=0$，则 $f(x)\cdot g(x)=\sum_{k=0}^{n+m}(\sum_{i+j=k}a_ib_j)x^k$.

多项式的加法和乘法满足以下运算律：

(1) 加法交换律：$f(x)+g(x)=g(x)+f(x)$；

(2) 加法结合律：$(f(x)+g(x))+h(x)=f(x)+(g(x)+h(x))$；

(3) 乘法交换律：$f(x)g(x)=g(x)f(x)$；

(4) 乘法结合律：$(f(x)g(x))h(x)=f(x)(g(x)h(x))$；

(5) 乘法对加法的分配律：$f(x)(g(x)+h(x))=f(x)g(x)+f(x)h(x)$.

以上 $f(x)$，$g(x)$，$h(x)$ 表示实数集的任意多项式.

多项式的次数在多项式的应用中非常重要，具有如下性质：

定理 1 如果 $f(x)\neq 0$，$g(x)\neq 0$，那么

$$\deg(f(x)+g(x))\leqslant \max(\deg f(x),\deg g(x))$$

其中

$$f(x)+g(x)\neq 0$$

$$\deg(f(x)\cdot g(x))=\deg f(x)+\deg g(x)$$

这个定理的成立是显然的.易知下列事实成立：

(1) $f(x)g(x)=0$ 的充分必要条件是：$f(x)$ 与 $g(x)$ 至少有一个是零多项式.

(2) 若 $f(x)g(x)=f(x)h(x)$，且 $f(x)\neq 0$，则 $g(x)=h(x)$.

例 1 若 $f(x)=(2x^5+2x^4-53x^3-57x+54)^{2\,006}$，则 $f\left(\frac{\sqrt{111}-1}{2}\right)=$ ________.

解法 1

$$f(x)=(2x^5+2x^4-53x^3-57x+54)^{2\,006}=$$
$$[(2x^2+22x-55)(x^2+x-1)-1]^{2\,006}$$

因为 $x_1=\frac{\sqrt{111}-1}{2}$ 与 $x_2=\frac{-\sqrt{111}-1}{2}$ 是方程的两个根，所以 $f\left(\frac{\sqrt{111}-1}{2}\right)=(-1)^{2\,006}=1$.

解法 2 设 $x=\frac{\sqrt{111}-1}{2}$，则 $2x+1=\sqrt{111}$，即 $2x^2+22x-55=0$，于是原式 $=1$.

点评 解法 1 是通过恒等变形使得因式的一个根是所求函数值对应的自变量；解法 2 是将所求函数值对应的自变量进行等变形使得一元二次三项式是 $f(x)$ 中的一部分，于是得解.

例 2 已知 $f(x)$ 是一个三次多项式，且 $f(3)=2f(1)$，$x=2$ 是 $f(x)=0$ 的两个相等实根，则 $f(x)=0$ 的另一个根是________.

解 -1. 设 $f(x)=a(x-m)(x-2)^2(a\neq 0)$，则由已知得：$a(3-m)(3-2)^2=2a(1-m)$，$3-m=2(1-m)$，解得 $m=-1$.

点评 本题根据题意设出 $f(x)$ 的表达式，再列出方程求出多项式的另一根.

例 3 设多项式函数 $f(x)=x^4+ax^3+bx^2+cx+d$，其中 a,b,c,d 为常数，$f(1)=2\ 006$，$f(2)=4\ 012$，$f(3)=6\ 018$，则 $\frac{1}{4}(f(11)+f(-7))=$________.

解 5 246. 设 $g(x)=f(x)-2\ 006x$，其中 $g(x)$ 是四次多项式且首项系数为 1，则 $g(1)=0$，$g(2)=0$，$g(3)=0$，所以

$$g(x)=(x-1)(x-2)(x-3)(x-a)$$

所以

$$\begin{aligned}\frac{1}{4}(f(11)+f(-7))&=\frac{1}{4}(f(11)+2\ 006\cdot 11+f(-7)-2\ 006\cdot 7)=\\&\frac{1}{4}[10\cdot 9\cdot 8\cdot(11-a)+(-10)\cdot\\&(-9)\cdot(-8)(-7-a)]+2\ 006=\\&\frac{1}{4}[10\cdot 9\cdot 8\cdot 11+(-10)\cdot\\&(-9)\cdot(-8)\cdot(-7)]+2\ 006=5\ 246\end{aligned}$$

点评 解答本题的关键是依题意构造多项式函数 $f(x)$.

例 4 设实数 a,b,c 满足 $(a-b)(b-c)(c-a)=1$，则多项式 $(b-a)\cdot(2\ 007-c)(2\ 008-c)+(c-b)(2\ 007-a)(2\ 008-a)+(a-c)(2\ 007-b)\cdot(2\ 008-b)$ 的值为________.

解 1. 原式 $=2\ 007\cdot 2\ 008[(b-a)+(a-c)+(c-b)]-$

$$\begin{aligned}&4\ 015[c(b-a)+b(a-c)+a(c-b)]+\\&[c^2(b-a)+b^2(a-c)+a^2(c-b)]=\\&c^2(b-a)+b^2(a-c)+a^2(c-b)=\end{aligned}$$

$$c^2(b-c+c-a)+b^2(a-c)+a^2(c-b)=$$
$$(b-c)(c^2-a^2)+(c-a)(c^2-b^2)=$$
$$(b-c)(c-a)(c+a-c-b)=(a-b)(b-c)(c-a)=1$$

点评 本题可先观察所给多项式关于a,b,c轮换对称，再观察出三个因式$a-b,b-c,c-a$，因而可直接将多项式分解为：$(a-b)(b-c)(c-a)$.

例 5 设$f(x)$为n次多项式，且对$k=0,1,2,\cdots,n$，有$f(k)=\dfrac{k}{k+1}$，求$f(n+1)$的值.

解 由已知得：$(1+k)f(k)=k$，则$k=0,1,2,\cdots,n$为多项式$(1+x)f(x)-x=0$的$n+1$个不同根. 因为$\deg[(1+x)f(x)-x]=n+1$，所以$(x+1)f(x)-x=ax(x-1)\cdots(x-n)$，其中$a$为待定常数. 为求$a$，令$x=-1$，则

$$1=a(-1)^{n+1}(n+1)!,a=\frac{(-1)^{n+1}}{(n+1)!}$$

于是
$$f(x)=\frac{\frac{(-1)^{n+1}}{(n+1)!}\cdot x(x-1)\cdots(x-n)}{1+x}$$

所以
$$f(n+1)=\frac{(-1)^{n+1}(n+1)}{n+2}$$

点评 根据已知条件与多项式的次数构造方程求解.

例 6 设$f(x),g(x),h(x)$为实数系数多项式，且适合

$$f^2(x)=xg^2(x)+xh^2(x) \qquad ①$$

求证：$f(x)=g(x)=h(x)=0$.

证明 设$g(x)$与$h(x)$中至少有一个非零多项式，由于所给多项式都是实系数多项式，从而$xg^2(x)+xh^2(x)\neq 0$，且是奇次的，而$f^2(x)$或为偶次多项式或为零多项式，这表明式①两边的次数不相等，与多项式相等的条件矛盾. 故$g(x)=h(x)=0$，从而由式①可得：$f(x)=0$.

点评 直接从次数入手解决问题，有关多项式的问题，应引起高度重视.

例 7 设2 007个实数$x_1,x_2,\cdots,x_{2\,007}$满足方程组

$$\sum_{k=1}^{2\,007}\frac{x_k}{n+k}=\frac{1}{2n+1}\quad(n=1,2,\cdots,2\,007)$$

求$\sum\limits_{k=1}^{2\,007}\dfrac{x_k}{2k+1}$的值.

解 构造2 007次多项式

$$f(x)=(x+1)(x+2)\cdots(x+2\,007)\cdot$$
$$\left[(2x+1)\left(\frac{x_1}{x+1}+\frac{x_2}{x+2}+\cdots+\frac{x_{2\,007}}{x+2\,007}\right)-1\right] \qquad ①$$

根据条件，当 $x=1,2,\cdots,2\ 007$ 时，有 $f(x)=0$，因此存在常数 c，使得

$$f(x)=c(x-1)(x-2)\cdots(x-2\ 007) \qquad ②$$

在式 ① 与式 ② 中，分别取 $x=-\dfrac{1}{2}$，得到 $c=\dfrac{1}{4\ 015}$，因此

$$f(x)=\frac{1}{4\ 015}(x-1)(x-2)\cdots(x-2\ 007)$$

所以

$$f(x)=(x+1)(x+2)\cdots(x+2\ 007)\cdot \left[(2x+1)\left(\frac{x_1}{x+1}+\frac{x_2}{x+2}+\cdots+\frac{x_{2\ 007}}{x+2\ 007}\right)-1\right]= \frac{1}{4\ 015}(x-1)(x-2)\cdots(x-2\ 007) \qquad ③$$

在式 ③ 中令 $x=\dfrac{1}{2}$，即得

$$\sum_{k=1}^{2\ 007}\frac{x_k}{2k+1}=\frac{1}{4}\left(1-\frac{1}{4\ 015^2}\right)$$

点评　根据已知条件构造多项式函数是解题的关键.

例 8　求所有满足条件 $f(x^2)=f^2(x)$ 的所有多项式 $f(x)$.

解　(1) 当 $f(x)$ 为常数 a 时，则 $a=f(x^2)=f^2(x)=a^2$，即 $a=a^2$，所以 $a=0$ 或 $a=1$；

(2) 当 $f(x)$ 不为常数时，设 $\deg f(x)=n\geqslant 1$

$$f(x^2)=a_nx^{2n}+a_{n-1}x^{2(n-1)}+\cdots+a_1x+a_0\quad (a_n\neq 0)$$

$$f^2(x)=a_nx^{2n}+\cdots+a_0^2$$

比较这两个多项式的首项系数，得 $a_n=a_n^2$.

因为 $a_n\neq 0$，所以 $a_n=1$.

假设 $g(x)=a_{n-1}x^{n-1}+\cdots+a_1x+a_0\neq 0$，则 $f(x)=x^n+g(x)$.

设

$$\deg g(x)=k$$

$$g(x)=a_kx^k+a_{k-1}x^{k-1}+\cdots+a_1x+a_0\quad (a_k\neq 0)$$

比较　$f(x^2)=a_nx^{2n}+a_{n-1}x^{2(n-1)}+\cdots+a_1x+a_0\quad (a_n\neq 0)$

与

$$f^2(x)=x^{2n}+2x^n(a_kx^k+a_{k-1}x^{k-1}+\cdots+a_1x+a_0)+(a_kx^k+\cdots+a_1x+a_0)= x^{2n}+2a_kx^{n+k}+\cdots+a_0^2$$

的系数，得 $2a_k=0$，所以 $a_k=0$，矛盾. 所以 $g(x)=0$，故 $f(x)=x^n$.

点评　解答本题的关键：通过比较相等的两个多项式的对应系数求出所求的多项式.

第 2 节　多项式的整除与同余

多项式的整除性在多项式的理论中占有重要地位，带余除法定理是多项式整除性理论的基础. 多项式的整除性理论与整数的整除理论非常类似.

定理 1(带余除法定理)　设 $f(x)$ 与 $g(x)$ 是多项式，且 $f(x) \neq 0$，那么存在唯一的一对多项式 $q(x)$ 与 $r(x)$，使

$$f(x) = g(x)q(x) + r(x) \qquad ①$$

这里 $r(x)=0$ 或者 $\deg r(x) < \deg g(x)$，$q(x)$ 叫作 $f(x)$ 除以 $g(x)$ 所得的商，$r(x)$ 叫作余式.

定义 1　在式① 中，当 $r(x)=0$ 时，则称 $g(x)$ 整除 $f(x)$，记作 $g(x) \mid f(x)$，也称 $g(x)$ 是 $f(x)$ 的因式，或者 $f(x)$ 是 $g(x)$ 的倍式. 当 $r(x) \neq 0$ 时，则称 $g(x)$ 不整除 $f(x)$，记作 $g(x) \nmid f(x)$.

由定理 1 易证明如下定理：

定理 2(余数定理)　多项式 $f(x)$ 除以 $x-a$ 所得的余数为 $f(a)$.

推论 1　$(x-a) \mid (f(x)-f(a))$.

推论 2　若 $f(x) \in \mathbf{Z}(x)$，a 与 b 是两个不同的整数，则 $(a-b) \mid (f(a)-f(b))$.

由余数定理还可以得到如下定理：

定理 3(因式定理)　多项式 $f(x)$ 有因式 $x-a$ 的充分条件是 $f(a)=0$.

多项式整除的基本性质如下：

(1) 若 $f(x) \mid g(x)$，$g(x) \mid h(x)$，则 $f(x) \mid h(x)$；

(2) 若 $h(x) \mid f(x)$，$h(x) \mid g(x)$，则 $h(x) \mid (f(x) \pm g(x))$；

(3) 若 $h(x) \mid f(x)$，则 $h(x) \mid f(x)g(x)$，其中 $g(x)$ 为任意多项式；

(4) 若 $f(x) \mid g(x)$，$g(x) \mid f(x)$，则 $f(x)=cg(x)$，这里 c 是不等于零的数.

在解决整除问题时，同余起着重要的作用，对整系数多项式我们引进同余的概念.

定理 4　设 m 是给定的整数，$f(x)$，$g(x) \in \mathbf{Z}[x]$，如果 m 整除 $f(x)-g(x)$ 的所有系数，则称 $f(x)$ 与 $g(x)$ 对模 m 同余，记作 $f(x) \equiv g(x) \pmod{x}$. 否则称为 $f(x)$ 与 $g(x)$ 对模 m 不同余，记作 $f(x) \not\equiv g(x) \pmod{m}$.

如：$f(x) \equiv 0 \pmod{m}$ 表示 $f(x)$ 的所有系数都是 m 的倍数；

又如：若 $f(x) \in \mathbf{Z}[x]$，用 $f_1(x)$ 表示由 $f(x)$ 中的所有系数为奇数的单项所组成的多项式，则 $f(x) \neq f_1(x)$.

类似于整数的同余，多项式的同余有如下性质：

(1) 若 $f_1(x)\equiv g_1(x)(\bmod m)$，$f_2(x)\equiv g_1(x)(\bmod m)$，则 $f_1(x)\pm f_2(x)\equiv g_1(x)\pm g_2(x)(\bmod m)$；$f_1(x)f_2(x)\equiv g_1(x)g_2(x)(\bmod m)$；

(2) 对任意质数 p 和自然数 m，有 $(x+y)^{p^m}\equiv x^{p^m}+y^{p^m}$.

例 1 设 n 是自然数，求证：$(x-1)^2\mid[x^{n+1}-n(x-1)-x]$.

证明 设 $f(x)x^{n+1}-n(x-1)-x=x(x^n-1)-n(x-1)=(x-1)q(x)$. 其中，$q(x)=x(x^{n-1}+x^{n-2}+\cdots+x+1)-n$，因为 $q(1)=n-n=0$，所以，由因式定理知：$q(x)=(x-1)p(x)$，所以 $f(x)=(x-1)^2p(x)$，即 $(x-1)^2\mid[x^{n+1}-n(x-1)-x]$.

点评 本题先通过因式分解等恒等变形，再利用因式定理证得结论.

例 2 求 $x^{1\,986}-1$ 除以 $(x^2+1)(x^2+x+1)$ 所得的余数.

解 因为 $x^3-1=(x-1)(x^2+x+1)$，所以 $(x^2+x+1)\mid(x^3-1)$，又因为 $x^{1\,986}-1=(x^3)^{662}-1=(x^3-1)p(x)$，所以 $(x^3-1)\mid(x^{1\,986}-1)$，故 $(x^2+x+1)\mid(x^{1\,986}-1)$.

由此可知：$x^{1\,986}-1$ 除以 $(x^2+1)(x^2+x+1)$ 所得余式 $r(x)$ 必能被 x^2+x+1 整除. 因为 $r(x)$ 的次数最高是 3，故可设 $r(x)=(x^2+x+1)(ax+b)$，这里 $a,b\in\mathbf{R}$，于是

$$x^{1\,986}-1=(x^2+1)(x^2+x+1)g(x)+(x^2+x+1)(ax+b)$$

令 $x=\mathrm{i}$，得 $-2=0+\mathrm{i}(a\mathrm{i}+b)=-a+b\mathrm{i}$，比较等式两边的实部和虚部，得 $a=2$，$b=0$.

故所求余数为 $r(x)=2x(x^2+x+1)$.

点评 充分利用乘法公式和带余除法定理解答本题.

例 3 设多项式 $P(x),Q(x),R(x),S(x)$ 满足 $P(x^5)+xQ(x^5)+x^2R(x^5)=(x^4+x^3+x^2+x+1)S(x)$. 求证：$(x-1)\mid P(x)$.

证明 因为 $(x-1)\mid P(x)$ 等价于 $P(1)=0$，所以我们只要证明 $x=1$ 是 $P(x)$ 的零点即可.

令 $m=\cos\dfrac{2\pi}{5}+\mathrm{i}\sin\dfrac{2\pi}{5}$，则 $m^5=1$，且 m,m^2,m^3,m^4 是方程的四个根，于是 m,m^2,m^3 为 $P(1)+xQ(1)+x^2R(1)=0$ 的根，从而 $R(1)=Q(1)=P(1)=0$，故 $x=1$ 是 $P(x)$ 的根.

点评 本题实际上利用了 1 的五次单位根的性质进行解答.

例 4 已知 $f(x)\in\mathbf{R}[x]$，被 x^2+1，x^2+2 除时余式分别为 $4x+4$ 和 $4x+8$，求 $f(x)$ 被 $(x+1)(x+2)$ 除时的余数.

解 因为 $\deg[(x+1)(x+2)]=4$，所以，我们可以设余式 $r(x)=ax^3+bx^2+cx+d$，即 $f(x)=(x^2+1)(x^2+2)q(x)+ax^3+bx^2+cx+d$. 于是，$f(x)$

被 x^2+1 除的余式即是 ax^3+bx^2+cx+d，$r(x)$ 被 x^2+1 除的余式就为 $(c-a)x+(d-b)$. 由假设，我们有 $(c-a)x+d-b=4x+4$，即 $c-a=4$，$d-b=4$.

同理，$f(x)$ 除以 x^2+2 的余式为 $(c-2a)x+(d-2b)=4x+8$，解之得 $a=0$，$b=-4$，$c=4$，$d=0$，即 $r(x)=-4x^2+4x$.

点评 带余除法定理与余数定理在解决多项式的整除性问题显得非常重要.

例 5 设 $f(x)\in \mathbf{Z}[x]$，定义：$f^{(n)}(x)=f(f^{(n-1)}(x))$，求证：$a\in\mathbf{Z}$ 满足 $f^{2\,000}(a)=a$ 的充分必要条件是：$f(a)=a$.

证明：充分性是显然的. 下面证明必要性：

证明 设 $f(a)=a_1$，$f(a_1)=a_2$，…，$f(a_{1\,998})=a_{1\,999}$，则 $a_i\in\mathbf{Z}(i=1,2,\cdots,1\,999)$，且 $f(a_{1\,999})=a$.

因为 $f(a)-f(a_1)=a_1-a_2$，$f(a_1)-f(a_2)=a_2-a_3$，…，$f(a_{1\,998})-f(a_{1\,999})=a_{1\,999}-a$.

另外，容易看出，$a,a_1,a_2,\cdots,a_{1\,999}$ 中有两个相等，则它们必全相等，即 $a=a_1=a_2=\cdots=a_{1\,999}$. 若它们两两不相等，由于对任意 $x,y\in\mathbf{Z}$，$f(x)\in\mathbf{Z}[x]$，有 $(x-y)\mid(f(x)-f(y))$，即有

$$(a-a_1)\mid(a_1-a_2),(a_1-a_2)\mid(a_2-a_3),\cdots,(a_{1\,998}-a_{1\,999})\mid(a_{1\,999}-a)$$

从而 $$|a-a_1|\leqslant|a_1-a_2|\leqslant\cdots\leqslant|a_{1\,998}-a_{1\,999}|\leqslant|a_{1\,999}-a|$$

于是 $$|a-a_1|=|a_1-a_2|=\cdots=|a_{1\,998}-a_{1\,999}|=|a_{1\,999}-a|$$

故有 $$a=a_1=a_2=\cdots=a_{1\,999},f(a)=a$$

点评 本题将函数的迭代与多项式的整除有机结合，有一定的难度.

例 6 求一个多项式 $p(x)$，使 $(x^2+1)\mid p(x)$，$(x^3+x^2+1)\mid p(x)+1$.

分析 由题设知：$p(x)=(x^2+1)g(x)$，$p(x)+1=(x^3+x^2+1)h(x)$，于是有

$$(x^3+x^2+1)h(x)-(x^2+1)g(x)=1$$

利用辗转相除法求出 $g(x)$，$h(x)$ 即可.

解 由题设知：对于所求的 $p(x)$，存在多项式 $g(x)$，$h(x)$，使 $p(x)=(x^2+1)g(x)$，$p(x)+1=(x^3+x^2+1)h(x)$，于是有

$$(x^3+x^2+1)h(x)-(x^2+1)g(x)=1$$

下面利用辗转相除法求出 $g(x)$，$h(x)$.

首先有 $x^3+x^2+1=(x+1)(x^2+1)+(-x)$，$x^2+1=(-x)(-x)+1$. 由此向前反推，得

$$1=(x^2+1)+x(-x)=(x^2+1)+x[(x^3+x^2+1)-(x+1)(x^2+1)]=$$
$$(x^2+1)[1-x(x+1)]+x(x^3+x^2+1)=$$

$$(x^3+x^2+1)x-(x^2+1)(x^2+x-1)$$

于是可取

$$h(x)=x, g(x)=x^2+x-1$$

即得所求的一个多项式:$p(x)=(x^2+1)(x^2+x-1)$(答案不唯一).

点评 本题利用已知条件中整除的信息和辗转相除法求出所求的多项式.

例 7 求证:$x(x+1)(2x+1)$ 能整除$(x+1)^{2m}-x^{2m}-2x-1$(m 是正整数).

分析 由于$x, x+1, 2x+1$是两两互质的多项式,所以只要证明$x, x+1$, $2x+1$ 都能整除$(x+1)^{2m}-x^{2m}-2x-1$ 即可.

证明 记 $f(x)=(x+1)^{2m}-x^{2m}-2x-1$,由于 $f(0)=0, f(-1)=0$, $f\left(-\frac{1}{2}\right)=0$,于是由多项式因式定理知:$x, x+1, 2x+1$ 都能整除 $f(x)$,又 x, $x+1, 2x+1$ 是两两互质的多项式,故 $x(x+1)(2x+1)$ 能整除$(x+1)^{2m}-x^{2m}-2x-1$(m 是正整数).

点评 本题是利用多项式因式定理证明多项式的整除性问题.

例 8 试问:是否存在一个整数 a,使得 x^2+x+a 整除 $x^{10}+x^2+50$?

分析 这是一个探索性问题,"存在性"需要探索与论证.这里采用分类讨论、分而求之的解题策略.

解 令

$$f(x)=x^2+x+a, g(x)=x^{10}+x^2+50$$

若 $f(x)\mid g(x)$,则由于 $f(x)$ 的首项系数为1,所以商式$\frac{g(x)}{f(x)}$是整系数多项式,从而对一切整数 k,当 $f(k)\neq 0$,有 $f(k)\mid g(k)$;当 $f(k)=0$ 时,有 $g(k)=0$,因而知 $a\neq 0$(否则 $f(0)\nmid g(0)$),从而 $f(0)=0, f(-1)\neq 0$. 所以 $f(0)\mid g(0)$, $f(-1)\mid g(-1)$,即 $a\mid 50, a\mid 52$,所以 $a\mid 2$,于是 a 的取值只有四种可能,即 $a=1, a=-1, a=2. a=-2$.

(1) 当 $a=1$ 时,则 $f(x)=x^2+x+1$,但 $f(1)\mid g(1)$,即 $3\mid 52$,矛盾;

(2) 当 $a=-1$ 时,则 $f(x)=x^2+x-1$,但 $f(2)\mid g(2)$,即 $3\mid 1\,078$,矛盾;

(3) 当 $a=2$ 时,则 $f(x)=x^2+x+2$,但 $f(10)\mid g(10)$,即 $112\mid(10^{10}+100+50)$,从而 $4\mid(10^{10}+100+50)$,矛盾;

(4) 当 $a=-2$ 时,则 $f(x)=x^2+x-2$,这时 $f(1)=0$,但 $g(1)=52\neq 0$,矛盾;所以 $f(x)\nmid g(x)$.

综上可知:不存在一个整数 a,使得 x^2+x+a 整除 $x^{10}+x^2+50$.

第 3 节　多项式的最大公因式与分解

多项式的公因式与分解是多项式的基本而又重要的问题.下面先介绍多项式的最大公因式与多项式的分解的有关知识,然后介绍这些知识的应用.

定义 1　如果两个多项式 $f(x)$ 与 $g(x)$ 同时被 $d(x)$ 整除,那么 $d(x)$ 叫作 $f(x)$ 与 $g(x)$ 的公因式.如果 $d(x)$ 是 $f(x)$ 与 $g(x)$ 的公因式,并且 $f(x)$ 与 $g(x)$ 的所有公因式都整除 $d(x)$,则称 $d(x)$ 叫作 $f(x)$ 与 $g(x)$ 的最大公因式.两个不全为零的多项式的最大公因式不是唯一的,它们之间只有常数因子的差别.这时,我们约定,最大公因式是指首项系数为 1 的那一个,这样,两个多项式的最大公因式就是唯一的,记为 $(f(x),g(x))$.

两个多项式的最大公因式,有以下重要定理:

定理 1　设多项式 $f(x)$ 与 $g(x)$ 的最大公因式为 $d(x)$,那么存在多项式 $f(x)$ 与 $g(x)$,使以下等式成立

$$f(x)u(x)+g(x)v(x)=d(x) \qquad ①$$

定义 2　如果两个多项式除了零多项式外无其他的公因式,那么就称这两个多项式互素.显然,两个多项式 $f(x)$ 与 $g(x)$ 互素 $\Leftrightarrow (f(x),g(x))=1$.

由定理 1 与定义 2 容易证明:

定理 2　两个多项式 $f(x)$ 与 $g(x)$ 互素的重要条件是:存在两个多项式 $f(x)$ 与 $g(x)$ 使以下等式成立

$$f(x)u(x)+g(x)v(x)=1 \qquad ②$$

互素的多项式有如下的基本性质:

(1) 若 $(f(x),g(x))=1$,$(g(x),h(x))=1$,则 $(f(x)g(x),h(x))=1$;

(2) 若 $h(x)\mid f(x)g(x)$,$(h(x),f(x))=1$,则 $h(x)\mid g(x)$;

(3) 若 $h(x)\mid f(x)$,$g(x)\mid f(x)$,$(h(x),g(x))=1$,则 $g(x)h(x)\mid f(x)$.

下面介绍多项式的分解:

定义 3　一个次数大于零的多项式 $f(x)$,如果在数域 F 内除形如 λ,$\mu f(x)$(λ,μ 为非零数)的因式(称为 $f(x)$ 的平凡因式)外,无其他因式,则称 $f(x)$ 在 F 内不可约.

不可约多项式有如下重要性质:

(1) 如果多项式 $p(x)$ 不可约,而 $f(x)$ 是任意多项式,那么 $(p(x),f(x))=1$,或者 $p(x)\mid f(x)$;

(2) 如果多项式 $f(x)$ 与 $g(x)$ 的乘积能被不可约多项式 $p(x)$ 整除,那么 $f(x)$ 与 $g(x)$ 中至少有一个被 $p(x)$ 整除.

定理 3 数域 F 上的次数大于零的多项式 $f(x)$，如果不计零次因式的差异，那么 $f(x)$ 可以唯一地分解为如下形式：

$$f(x)=ap_1^{k_1}(x)p_2^{k_2}(x)\cdots p_t^{k_t}(x) \quad ③$$

其中 a 是 $f(x)$ 的最高项的系数，$p_1(x),p_2(x),\cdots,p_t(x)$ 是首项系数为 1 的互不相等的不可约多项式，并且 $p_i(x)(i=1,2,\cdots,t)$ 是 $f(x)$ 的 k_i 重因式.

式 ③ 叫作 $f(x)$ 的标准分解式(或者典型分解式).

证系数多项式在有理数域上的可约性有以下两个重要定理：

定理 4(高斯定理) 如果一个整系数 $n(n>0)$ 次多项式 $f(x)$ 在有理数域上可约，那么 $f(x)$ 总可以分解成次数小于 n 的两个整系数多项式的乘积.

由定理 4 可知：$f(x)\in \mathbf{Z}[x]$ 在有理数范围内的可约性与它在整数范围内的可约性是等价的.

定理 5(艾森斯坦判别法) 设多项式 $f(x)=a_nx^n+a_{n-1}x^{n-1}+\cdots+a_1x+a_0\in \mathbf{Z}[x]$，如果能找到一个素数 p，使 $p\nmid a_n$，$p\mid a_i(i=0,1,2,\cdots,n-1)$，但 $p^2\nmid a_0$，那么 $f(x)$ 在有理数域不可约.

由此定理可以证明：

在有理数域上存在任意的不可约多项式.

事实上，对于任意给定的正整数 n，多项式 $f(x)=x^2+2$，可以找到素数 2，满足定理 5 的条件，故 $f(x)$ 在 $\mathbf{Q}$ 上不可约.

例 1 求证：$f(x)=x^5-3x^4+6x^3-3x^2+9x-6$ 在整数范围内不可约.

证明 存在素数 $p=3$，3 不整除首项系数 1，3 整除 $f(x)$ 的其余各项的系数，但 3^2 不整除常数项 -6，由艾森斯坦定理知：$f(x)$ 在有理数范围内不可约，从而 $f(x)$ 在整数范围内不可约.

点评 利用艾森斯坦定理判断多项式不可约的关键是：找到一个满足条件的素数.

例 2 设 p 为素数，$f(x)=a_nx^n+a_{n-1}x^{n-1}+\cdots+a_1x+p\in \mathbf{Z}[x]$，$n>1$. 且 $\sum\limits_{i=1}^{n}|a_i|<p$. 求证：$f(x)$ 在 $\mathbf{Z}$ 上不可约.

证明 首先证明 $f(x)=0$ 的根的模大于 1. 设 $f(x_0)=0$，若 $|x_0|\leqslant 1$，则 $p=|a_nx^n+a_{n-1}x^{n-1}+\cdots+a_1x|\leqslant|a_n|+|a_{n-1}|+\cdots+|a_1|$，与假设矛盾. 若 $f(x)=g(x)h(x)$，$g(x),h(x)\in \mathbf{Z}[x]$，则 $p=|f(0)|\,|g(0)|$，$g(0),h(0)$ 为整数，不妨设 a 为 $g(x)$ 的首项系数，则 $\dfrac{g(0)}{a}$ 为所有根之积，于是 $g(0)>1$，同理，$h(0)>1$.

故 $p=|g(0)|\,|h(0)|$ 与 p 为素数矛盾.

点评 反证法是证明多项式不可约的常用而又基本的方法，应引起高度的重视.

例 3 给定素数 p,将它表示成十进制为 $p=a_0\cdot 10^n+a_1\cdot 10^{n-1}+\cdots+a_{n-1}\cdot 10+a_n$,令 $f(x)=a_0\cdot 10^n+a_1\cdot 10^{n-1}+\cdots+a_{n-1}\cdot 10+a_n$,试证:$f(x)$ 不能分解成两个整系数多项式 $f_1(x),f_2(x)$ 的乘积($f_i(x)\neq\pm 1,i=1,2$).

证明 设 $f(x)=f_1(x)f_2(x)$,则 $f(10)=f_1(10)f_2(10)=p$,于是可设 $f_1(10)=\pm 1,f_2(10)=\pm p$. $f_1(x)=b_0x^m+b_1x^{m-1}+\cdots+b_{m-1}x+b_m(b_0\neq 0)$. 若 $m=n$,则 $f_2(x)$ 为常数,$|f_2(x)|=p$,由多项式恒等可知 $a_i=|pb_i|$,又 $a_i\in\{0,1,2,\cdots,9\}$,故 p 也在$\{0,1,2,\cdots,9\}$中取值,这时 $n=0$,$f(x)$ 为常数,不能分解.

于是可设 $f_1(x)=b_0\prod\limits_{j=1}^{m}(x-a_j)$,则 $1=|f_1(10)|=b_0\prod\limits_{j=1}^{n}|10-a_j|$.

下面证明:若 a 为 $f(x)$ 的根,则 $\mathrm{Re}(a)<4$.

若不然,$\mathrm{Re}(a)\geqslant 4$,则 $|a|\geqslant 4$,于是

$$0=\left|\frac{f(a)}{a^n}\right|=|a_0+a_1x+\cdots+a_nx^{-n}|\geqslant$$
$$|a_0+a_1\alpha^{-1}|-9|\alpha|^{-2}-\cdots-9|\alpha|^{-n}=$$
$$|a_0+a_1\alpha^{-1}|-9|\alpha|^{-1}\frac{1-|\alpha|^{-n+1}}{1-|\alpha|^{-1}}>$$
$$|a_0+a_1\alpha^{-1}|-\frac{9}{|\alpha|^2-|\alpha|}\geqslant$$
$$1-\frac{9}{|\alpha|^2-|\alpha|}>0$$

得出矛盾.

从而 $|10-a_j|\geqslant|10-\mathrm{Re}(a_j)|>1$,即 $1=b_0\prod\limits_{j=1}^{m}|10-a_j|>1$,矛盾.

例 4 求具有下列性质的最小 $k\in\mathbf{Z}_+$,对于任意一个次数 $n>k$ 的整系数多项式 $f(x)$(首项系数为 1),若至少有 $\left[\frac{n}{2}\right]+1$ 个不同整数 x,使 $|f(x)|=1$,则 $f(x)$ 不能分解成非常数的整系数多项式的乘积.

证明 首先,若 $f(x)=g(x)h(x),h(x)\in\mathbf{Z}[x]$,则 $n\leqslant 7$.

不妨设 $\deg(g(x))\leqslant\deg(h(x))$,则 $\deg(g(x))\leqslant\left[\frac{n}{2}\right]$. 设 $|f(x_i)|=1$, $1\leqslant i\leqslant m,m\geqslant\left[\frac{n}{2}\right]+1$,因 $f(x_i)=\pm 1$,所以 $g(x_i)=\pm 1$,不妨设 $x_1,x_2,\cdots,x_m$ 中使 $g(x_i)=1$ 的 x_i 的个数不少于使 $g(x_i)=-1$ 的 x_i 个数. 设 $x_1<x_2<\cdots<x_l,l\geqslant\frac{m}{2}$,则

$$g(x)-1=(x-x_1)(x-x_2)\cdots(x-x_l)\cdot p(x),p(x)\in\mathbf{Z}[x]$$

因为 $\deg(g(x)) \leqslant \left[\frac{n}{2}\right] < \left[\frac{n}{2}\right] + 1 \leqslant m, l \leqslant \deg(g(x))$，所以 $1 < m$，又 $g(x_{l+1}) = -1$，所以

$$(x_{l+1} - x_1)(x_{l+1} - x_2)\cdots(x_{l+1} - x_l) \cdot p(x) = -2$$

得出 $l \leqslant 3$.

当 $l = 3$ 时，最多有一个整数 a 使 $(a - x_1)(a - x_2)(a - x_3) = -2$，得到 $m \leqslant 4$.

当 $l \leqslant 2$ 时，由 $l \geqslant \frac{m}{2}$，亦有 $m \leqslant 4$. 由于 $m \geqslant [\frac{n}{2}] + 1$，有 $n \leqslant 7$，故 $k \leqslant 7$. 当 $n = 7$ 时，取 $f(x) = [1 + x(x-3)(x-1)][1 + x(x-3)(x-2)(x-1)]$，则对 $x = 0, 1, 2, 3$ 时，有 $|f(x)| = 1$，故 $k = 7$.

例 5 （第 34 届国际中学数学奥林匹克试题）已知 $n > 1, n \in \mathbf{N}^*$. 求证：多项式 $f(x) = x^n + 5x^{n-1} + 3 \in \mathbf{Z}[x]$ 中不可约，即 $f(x)$ 不能表示为两个多项式的乘积，其中每一个多项式都有整数系数而且它们的次数都不低于一次.

分析 本题采用艾森斯坦因式判别法不易处理（找不到合适的素数 p）可采用反证法，并结合待定系数法，这也是一种判定多项式是否可约的重要方法.

证明 采用反证法. 若存在 $g(x), h(x) \in \mathbf{Z}[x]$，使 $f(x) = g(x)k(x)$，这里 $g(x) = x^m + a_{m-1}x^{m-1} + \cdots + a_1 x + a_0, h(x) = x^r + b_{r-1}x^{r-1} + \cdots + b_1 x + b_0$，其中 $m, r \in \mathbf{N}^*$.

由整系数多项式有理根判别定理，知 $f(x)$ 没有有理根（因为 $f(\pm 1) \neq 0$，$f(\pm 3) \neq 0$），于是 $m, r \geqslant 2$.

比较 $f(x) = g(x)k(x)$ 两边的常数项，可知 $a_0 b_0 = 3$，于是不妨设 $|a_0| = 3$，$|b_0| = 1$，这时，由于 $g(x)$ 的最高次项系数不是 3 的倍数，可设 $a_0, a_1, \cdots, a_{m-1}$，$a_m$（等于 1）中不能被 3 整除的下标最小的项 a_k，比较两边 x^k 的系数（注意到 $0 < k \leqslant m \leqslant n-2$），可知 $0 = a_k b_0 + a_{k-1} b_1 + \cdots + a_0 b_k$.

上式中仅有右边的项 $a_k b_0$ 不是 3 的倍数，矛盾. 故原命题成立.

例 6 试证：$f(x) = x^p + px + 2p - 1$（p 为素数）不能分解为两个次数大于零的有理系数多项式的乘积.

分析 对素数 p 分类讨论.

证明 对素数 p 分两种情况讨论.

(1) 当 $p = 3$ 时，$f(x) = x^3 + 3x + 5$. 如果命题不成立，由于它是 3 次多项式，故有有理根，且有理根只可能是 $\pm 1, \pm 5$，但 $f(\pm 1) \neq 0, f(\pm 5) \neq 0$，从而命题成立；

(2) 当 $p \neq 3$ 时，为了利用艾森斯坦因式判别法，需要将 $f(x)$ 变形，令 $x = y + 1$，代入 $f(x)$，得

$$g(y) = f(y+1) = (y+1)^p + p(y+1) + 2p - 1 =$$

$$y^p+C_p^1y^{p-1}+\cdots+C_p^{p-2}y^2+(C_p^{p-1}+p)y+3p$$

因为 $p\nmid 1,p\mid C_p^i(i=1,2,\cdots,p-1)$，又 $p\neq 3$，则 $p^2\nmid 3p$，故由艾森斯坦因式判别法知：$g(y)$ 在整数范围内不可约，进而在有理数范围内不可约，于是 $f(x)$ 在有理数范围内不可约.

点评 判断一个多项式在某数域内是否可约，应用艾森斯坦因式判别法是首选方法，其关键是找到适合条件的素数 p.

第4节 多项式的根以及根与系数的关系

多项式的根以及多项式的根与系数的关系是多项式理论的重要内容，在高考与竞赛中经常出现.

定义1 设多项式 $f(x)=a_nx^n+a_{n-1}x^{n-1}+\cdots+a_1x+a_0(a_n\neq 0)$，若数 c 使

$$f(c)=a_nc^n+a_{n-1}c^{n-1}+\cdots+a_1+a_0=0$$

那么称 c 是 $f(x)$ 的根或者零点.

由此知因式定理可表示为：

数 c 是 $f(x)$ 的根的重要条件是：$x-c$ 是 $f(x)$ 的因式.

定理1(多项式恒等定理) 设 $f(x),g(x)$ 是两个次数不大于 n 的多项式. 如果有 $n+1$ 个不同的数 $x_0,x_1,x_2,\cdots,x_n$，使 $f(x_i)=g(x_i)(i=0,1,2,\cdots,n)$，则 $f(x)\equiv g(x)$.

推论1 两个多项式 $f(x)$ 与 $g(x)$ 恒等的充要条件是：$f(x)=g(x)$ 对无数多个 x 的值成立.

推论2 若一个多项式有无数不同的根，则 $f(x)$ 是零多项式.

关于多项式根的个数有如下重要定理：

定理2(代数基本定理) 任意 $n(n>0)$ 次多项式在复数内至少有一个根. 这是数学家高斯在1799年证明了这一重要定理.

定理3(根的个数定理) 任意 $n(n>0)$ 次多项式在复数集内有 n 个根(重根按重数计算).

由定理2可得：

定理4(复数范围内的唯一分解定理) 设 $n(n>0)$ 次多项式 $f(x)\in\mathbf{C}[x]$，如果不考虑因式的次序，那么 $f(x)$ 在 $\mathbf{C}$ 上可唯一地分解为

$$f(x)=a(x-\alpha_1)^{m_1}(x-\alpha_2)^{m_2}\cdots(x-\alpha_t)^{m_t} \quad ①$$

这里 $\alpha_i(i=1,2,\cdots,t)$ 是两两互素的复数，且是 $f(x)$ 的 m_i 重根，$\sum_{i=1}^{n}m_i=n$，a 是

$f(x)$ 的最高次项的系数.

式 ① 称为 $f(x)$ 在复数集内的标准分解式.

复数集上的不可约多项式有且仅有一次多项式.

关于实系数多项式的根有如下重要定理：

定理 5(实系数多项式虚根成对定理)　若实系数多项式 $f(x)$ 有一个非实的复根 α，则 α 的共轭复数$\bar{\alpha}$ 也是 $f(x)$ 的根，并且 α 与$\bar{\alpha}y$ 有同一重数. 就是说，实系数多项式 $f(x)$ 的虚根成对出现.

推论 3(实数范围内的唯一分解定理)　设 $n(n>0)$ 次多项式 $f(x)\in\mathbf{R}[x]$，如果不考虑因式的次序，那么 $f(x)$ 在实数范围内可唯一地分解为

$$f(x)=a\prod_{i=1}^{t}(x-\lambda_i)^{m_i}\cdot\prod_{j=1}^{s}[(x-\alpha_j)^2+\beta_j{}^2]^{n_j} \qquad ②$$

这里 $a,\lambda_i,\alpha_j,\beta_j\in\mathbf{R}$，$\lambda_i(i=1,2,\cdots,t)$ 是 $f(x)$ 的 m_i 重根，$\alpha_j\pm\mathrm{i}\beta_j$ 是 $f(x)$ 的 n_j 重共轭复根，$\sum\limits_{i=1}^{t}m_i+2\sum\limits_{j=1}^{s}n_j=\deg f(x)=n$，$a$ 是 $f(x)$ 的最高次项的系数(注意：$\alpha_j\pm\mathrm{i}\beta_i$ 中的 i 为虚数单位).

由定理 5 与推论 3 立即可得如下多项式的性质：

实数域上的不可约多项式有且仅有一次多项式和具有非零实共轭复根的二次多项式.

式 ② 称为 $f(x)$ 在实数范围内的标准分解式.

推论 4　任意奇次实系数多项式至少有一个实根.

定理 6　设 $f(x)=a_nx^n+a_{n-1}x^{n-1}+\cdots+a_1x+a_0(a_n\neq 0)$ 是整系数多项式，若有理数$\dfrac{n}{m}$(既约分数) 是 $f(x)$ 的一个根，那么

(1)$m\mid a_n,n\mid a_0$；

(2)$f(x)(x-\dfrac{n}{m})q(x),q(x)\in\mathbf{Z}[x]$.

推论 5　如果整系数多项式的首项系数为 1，那么 $f(x)$ 的有理根只能是整数.

推论 6　整系数多项式的整数根一定是常数项的约数.

定理 7　如果整数 k 是整系数多项式 $f(x)$ 的常数项的一个约数，那么当 $(k-m)\nmid f(m)$ 时，k 不是 $f(x)$ 的根.

证明　假设 k 是 $f(x)$ 的根，那么由因式定理，得 $f(x)=(x-k)g(x)$，$g(x)\in\mathbf{Z}[x]$. 于是 $f(m)=(m-k)g(m)$，所以 $(m-k)\mid f(m)$，矛盾，故 k 不是 $f(x)$ 的根.

下面介绍多项式的根与系数的关系：

定理 8(韦达定理)　如果一元 $n(n>0)$ 次多项式 $f(x)=a_nx^n+$

$a_{n-1}x^{n-1}+\cdots+a_1x+a_0(a_n\neq 0)$ 的根是 $x_1,x_2,\cdots,x_n$，那么

$$\begin{cases}x_1+x_2+\cdots+x_n=-\dfrac{a_{n-1}}{a_n}\\ x_1x_2+x_1x_3+\cdots+x_1x_n+x_2x_3+x_2x_4+\cdots+x_2x_n+\cdots+x_{n-1}x_n=\dfrac{a_{n-2}}{a_n}\\ \cdots\cdots\\ x_1x_2\cdots x_n=(-1)^n\dfrac{a_0}{a_n}\end{cases}$$

此定理由因式定理和多项式恒等定理立即可得.

此定理确定了根与系数的关系，是多项式理论中的一个基本定理，应用广泛. 它是法国数学家韦达发现的，故称为韦达定理. 这里还要注意：

(1) 韦达定理的逆命题也成立.

(2) 特别地，当 $n=3$ 时，有

$$\begin{cases}x_1+x_2+x_3=-\dfrac{a_2}{a_3}\\ x_1x_2+x_2x_3+x_3x_1=\dfrac{a_1}{a_3}\\ x_1x_2x_3=-\dfrac{a_0}{a_3}\end{cases}$$

这些公式在高考与竞赛中都经常出现，应引起高度重视.

例 1 设 a,b,c 为方程 $x^3+qx+r=0$ 的根，试写出以 $\dfrac{b+c}{a^2},\dfrac{c+a}{b^2},\dfrac{a+b}{c^2}$ 为根的三次方程.

解 由韦达定理得：$a+b+c=0$，所以 $\dfrac{b+c}{a^2}=-\dfrac{1}{a},\dfrac{c+a}{b^2}=-\dfrac{1}{b},\dfrac{a+b}{c^2}=-\dfrac{1}{c}$，因此，所求作的三次方程的三个根之和为

$$-\frac{1}{a}-\frac{1}{b}-\frac{1}{c}=-\frac{ab+bc+ca}{abc}=\frac{q}{r}$$

三个根的两两积的和为 $\dfrac{a+b+c}{abc}=0$，三个之积为 $-\dfrac{1}{abc}=\dfrac{1}{r}$，故所作方程为 $x^3-\dfrac{q}{r}x^2-\dfrac{1}{r}=0$，即

$$rx^3-qx^2-1=0$$

点评 本题应用一元三次方程的韦达定理的逆命题求作一元三次方程，类似于一元二次方程的相关知识.

例 2 已知方程 $x^3+ax^2+bx+c=0$ 的三根分别为 a,b,c，且 a,b,c 是不全为零的有理数，求 a,b,c 的值.

解 设

$$x^3+ax^2+bx+c=(x-a)(x-b)(x-c)=$$
$$x^3-(a+b+c)x^2+(ab+bc+ca)x-abc$$

所以,有
$$\begin{cases}a=-(a+b+c)\\b=ab+bc+ca\\c=-abc\end{cases}$$

由 $c=-abc$ 得 $c=0$ 或 $ab+1=0$,则有 $\begin{cases}a=-a-b\\b=ab\end{cases}$,当 $b=0$ 时,$a=0$(舍);当 $b\neq 0$ 时,$a=1,b=-2$.

若 $ab+1=0$,则有 $\begin{cases}2a+b+c=0\\b+1=bc+ac\end{cases}$,消去 c 得 $2a^2+b^2+b-2=0$. 又 $ab=-1$,所以 $a=-\dfrac{1}{b}$,所以 $b^4+b^3-2b^2+2=0$,即 $(b+1)(b^3-2b+2)=0$. 因为 b 为有理数,而 $b^3-2b+2=0$ 无有理数根,所以 $b=-1$,从而 $a=1,c=-1$. 综上知:$a=1,b=-1,c=-1$ 或 $a=1,b=-2,c=0$.

点评 本题是2005年上海交通大学的自主招生题,除了运用一元三次方程的韦达定理之外,还涉及一点简单的数论知识.

例 3 (2015年华中科技大学理科实验班)已知三次方程 $x^3+ax^2+bx+c=0$ 有三个实根.

(1) 若三个实根为 x_1,x_2,x_3 且 $x_1\leqslant x_2\leqslant x_3$,$a,b$ 为常数,求 c 变化时 x_3-x_1 的取值范围.

(2) 若三个实根为 a,b,c,求 a,b,c 的值.

解 (1) 记 $f(x)=x^3+ax^2+bx+c$,则 $f'(x)=3x^2+2ax+b$,因为三次方程 $x^3+ax^2+bx+c=0$ 有三个实根,所以 $\Delta=4a^2-12b>0$,所以 $a^2-3b>0$. 由韦达定理,得

$$x_1+x_2+x_3=-a$$
$$x_1x_2+x_2x_3+x_3x_1=b$$

所以
$$\frac{4}{3}(a^2-3b)=\frac{4}{3}[(x_1^2+x_2^2+x_3^2)-(x_1x_2+x_2x_3+x_3x_1)]=$$
$$\frac{2}{3}[(x_1-x_2)^2+(x_2-x_3)^2+(x_3-x_1)^2]\geqslant$$
$$\frac{2}{3}\left[\frac{(x_1-x_2+x_2-x_3)^2}{2}+(x_3-x_1)^2\right]=$$
$$(x_3-x_1)^2$$

所以
$$x_3-x_1\leqslant\frac{2\sqrt{3}}{3}\sqrt{a^2-3b}$$

又因为

$$(x_1^2+x_2^2+x_3^2)-(x_1x_2+x_2x_3+x_3x_1)=(x_3-x_1)^2+(x_2-x_3)(x_2-x_1)\leqslant (x_3-x_1)^2$$

所以 $$x_3-x_1\geqslant\sqrt{a^2-3b}$$

所以,x_3-x_1 的取值范围为$\left[\sqrt{a^2-3b},\frac{2\sqrt{3}}{3}\sqrt{a^2-3b}\right]$.

(2) 由三次方程的韦达定理知

$$a+b+c=-a \quad ①$$

$$ab+bc+ca=b \quad ②$$

$$abc=-c \quad ③$$

由式 ③ 得 $c=0$ 或 $ab=-1$.

若 $c=0$,代入式 ①,式 ②,解得$(a,b,c)=(0,0,0)$或$(1,-2,0)$;

若 $ab=-1$,代入式 ② 得

$$b=bc+ca-1 \quad ④$$

又由式 ① 得 $c=-(2a+b)$,结合式 ④ 得

$$b=(a+b)(-2a-b)-1=-2a^2-3ab-b^2-1$$

将 $a=-\frac{1}{b}$ 代入,得$(b^3-2b+2)(b+1)=0$,所以 $b=-1$ 或 $b^3-2b+2=0$.

由 $b=-1$,得$(a,b,c)=(1,-1,-1)$;对 $b^3-2b+2=0$,令 $b=t+\frac{2}{3t}$,则方程化为 $t^3+\frac{8}{27t^3}+2=0$,解得 $t=\sqrt[3]{-1\pm\sqrt{\frac{19}{27}}}$,于是$(a,b,c)=\left(-\frac{1}{b},b,\frac{2}{b}-b\right)$,其中 $b=t+\frac{2}{3t}$,$t=\sqrt[3]{-1\pm\sqrt{\frac{19}{27}}}$. 所以$(a,b,c)$的取值为$(0,0,0)$或$(1,-2,0)$或$(1,-1,-1)$或$\left(-\frac{1}{b},b,\frac{2}{b}-b\right)$,其中 $b=t+\frac{2}{3t}$,$t=\sqrt[3]{-1\pm\sqrt{\frac{19}{27}}}$.

例 4 (2014 年北京大学夏令营试题) 设 a,b,c 是实数,方程 $x^3+ax^2+bx+c=0$ 有三个正根,证明:$2a^3+9c\leqslant 7ab$,并且等号成立当且仅当这三个正根相等.

证明 设 $x^3+ax^2+bx+c=0$ 的 3 个正根分别为 x_1,x_2,x_3,则由韦达定理得 $a=-(x_1+x_2+x_3)$,$b=x_1x_2+x_2x_3+x_3x_1$,$c=-x_1x_2x_3$,于是

$$7ab-2a^3-9c=$$
$$-7(x_1+x_2+x_3)(x_1x_2+x_2x_3+x_3x_1)+$$
$$2(x_1+x_2+x_3)^3+9x_1x_2x_3=$$

$(x_1+x_2+x_3)[-7(x_1x_2+x_2x_3+x_3x_1)+$
$2(x_1+x_2+x_3)^2]+9x_1x_2x_3=$
$(x_1+x_2+x_3)[2(x_1^2+x_2^2+x_3^2)-$
$3(x_1x_2+x_2x_3+x_3x_1)]+9x_1x_2x_3=$
$2(x_1+x_2+x_3)(x_1^2+x_2^2+x_3^2)-$
$3(x_1^2x_2+x_1^2x_3+x_2^2x_1+x_2^2x_3+x_3^2x_1+x_3^2x_2)=$
$2(x_1^3+x_2^3+x_3^3)-$
$(x_1^2x_2+x_1^2x_3+x_2^2x_1+x_2^2x_3+x_3^2x_1+x_3^2x_2)=$
$(x_1^3+x_2^3-x_1^2x_2-x_2^2x_1)+(x_2^3+x_3^3-x_2^2x_3-x_3^2x_2)+$
$(x_1^3+x_3^3-x_1^2x_3-x_3^2x_1)=$
$(x_1+x_2)(x_1-x_2)^2+(x_2+x_3)(x_2-x_3)^2+$
$(x_1+x_3)(x_1-x_3)^2\geqslant 0$

等号成立当且仅当 $x_1=x_2=x_3$. 所以，$2a^3+9c\leqslant 7ab$ 等号成立当且仅当这三个正根相等.

例 5 （2008年南开大学自主招生试题）方程 $x^3+px^2+qx+1=0$ 有三个实根，且 $p>0,q>0$. 求证：$pq\geqslant 9$.

证明 由 $p>0,q>0$ 知原方程不可能有正根，0也不是它的根，所以三个实根均小于0，可设为 α,β,γ. 由三次方程韦达定理得

$$(-\alpha)+(-\beta)+(-\gamma)=p$$
$$(-\alpha)(-\beta)+(-\beta)(-\gamma)+(-\alpha)(-\gamma)=q$$
$$(-\alpha)(-\beta)(-\gamma)=1$$

由基本不等式，有

$$p=(-\alpha)+(-\beta)+(-\gamma)\geqslant 3\sqrt[3]{(-\alpha)(-\beta)(-\gamma)}=3$$
$$q=(-\alpha)(-\beta)+(-\beta)(-\gamma)+(-\alpha)(-\gamma)\geqslant 3\sqrt[3]{\alpha^2\beta^2\gamma^2}=3$$

所以 $pq\geqslant 9$.

点评 本题从题面上看，应用三次方程的韦达定理的提示比较明显，但如何证明不等式才是难点所在. 结合条件，通过分析得出三个实根的符号，再运用基本不等式，使得问题得到解决.

例 6 设 $f(x)=x^n+a_1x^{n-1}+\cdots+a_{n-1}x+a_n$，$a_i\geqslant 0(i=1,2,\cdots,n-1)$，有 n 个不同实根，求证：$f(2)\geqslant 3^n$.

证明 设 $\alpha_i(i=1,2,\cdots,n)$ 为 $f(x)$ 的 n 个实根，因为 $a_i\geqslant 0(i=1,2,\cdots,n-1)$，所以 $a_i<0$. 令 $\beta_i=-\alpha_i>0$，则 $\beta_1\beta_2\cdots\beta_n=1$，以及 $f(x)=(x+\beta_1)\cdot(x+\beta_2)\cdots(x+\beta_n)$.

又 $2+\beta_i=1+1+\beta_i\geqslant 3\sqrt[3]{\beta_i}$，所以

$$f(2)=(2+\beta_1)(2+\beta_2)\cdots(2+\beta_n)\geqslant 3^n\sqrt[3]{\beta_1\beta_2\cdots\beta_n}=3^n$$

点评 本题将多项式的根与基本式有机地结合起来，其中为了应用基本不等式，换元是解题的关键.

例 7 设 $P(x)$，$Q(x)$ 为二次三项式，已知方程 $P(Q(x))=0$ 的三个根为 $-22,7,13$，求它的第四个根.

解 由于方程 $P(Q(x))=0$ 有实根，不妨设 r_1，r_2 为方程 $P(x)=0$ 的两个实根，则

$$P(Q(x))=a(Q(x)-r_1)(Q(x)-r_2)\text{，其中 } a\in\mathbf{R}_+$$

由假设知 $Q(x)-r_i(i=1,2)$ 必有两个实根. 由韦达定理，得 $Q(x)-r_1$ 与 $Q(x)-r_2$ 的两根之和相等. 再由假设，知这两个方程的三个根为 $-22,7,13$，设第四个根为 q 下面分三种情况讨论：

(1) 设 $-22,7$ 为一个方程的两个根，则 $-22+7=13+q$，得 $q=-28$；

(2) 设 $-22,13$ 为一个方程的两个根，则 $-22+13=7+q$，得 $q=-16$；

(3) 设 $7,13$ 为一个方程的两个根，则 $7+13=-22+q$，得 $q=42$.

故方程 $P(Q(x))=0$ 的第四个根是 -28，-16 和 42.

点评 解答本题的关键是对四元一次方程的根要分类讨论.

例 8 设四次方程 $x^4-18x^3+kx^2+200x-1\,984=0$ 的四个根中有两个的乘积为 -32，求 k 的值.

解 设方程的四个根是 x_1,x_2,x_3,x_4，由韦达定理，有

$$\begin{cases}x_1+x_2+x_3+x_4=18 & ①\\ x_1x_2+x_2x_3+x_3x_4+x_4x_1=k & ②\\ x_1x_2x_3+x_2x_3x_4+x_3x_4x_1+x_4x_1x_2=-200 & ③\\ x_1x_2x_3x_4=-1\,984 & ④\end{cases}$$

由题意，不妨设 $x_1x_2=-32$，由式 ④ 得

$$x_3x_4=\frac{-1\,984}{-32}=62$$

由式 ③ 得

$$x_1x_2(x_3+x_4)+x_3x_4(x_1+x_2)=-32(x_3+x_4)+62(x_1+x_2)=-200$$

即

$$31(x_1+x_2)-16(x_3+x_4)=-100 \qquad ⑤$$

由式 ① 和式 ⑤ 得 $\qquad x_1+x_2=4,x_3+x_4=14$

由式 ② 得

$$k=x_1x_2+x_3x_4+(x_1+x_2)(x_3+x_4)=-32+62+4\times 14=86$$

点评 解答本题的关键是对四次方程的韦达定理进行灵活的恒等变形.

例 9 设 $P(x)$ 为次数大于 4 的整系数多项式，它的根都是不同的整数且

包括 0，试用 $P(x)$ 的根表示 $P(P(x))$ 的整数根.

解 记 $\deg P(x)=n+1, n\geqslant 4$，设 $P(x)=0$ 的 $n+1$ 个整根为 $0,\alpha_1,\alpha_2,\cdots,\alpha_n$，且两两互不相同，则 $P(x)=x(x-\alpha_1)(x-\alpha_2)\cdots(x-\alpha_n)$，这里不妨假设 $P(x)$ 的首项系数为 1，于是

$$P(P(x))=P(x)(P(x)-\alpha_1)(P(x)-\alpha_2)\cdots(P(x)-\alpha_n)$$

$P(P(x))=0$，等价于 $P(x)=0$ 或 $P(x)-\alpha_i=0(i=1,2,\cdots,n)$，从而 $0,\alpha_i(i=1,2,\cdots,n)$ 也是 $P(P(x))=0$ 的根.

下面证明：对任意 $i\in\{1,2,\cdots,n\}$，$P(x)=\alpha_i$ 无整数根，若不然，不妨设 $iP(x)=a_n$ 有整数根 β，则

$$\beta(\beta-\alpha_1)(\beta-\alpha_2)\cdots(\beta-\alpha_n)=a_n$$

于是有
$$a_n=\frac{\beta^2(\beta-\alpha_1)\cdots(\beta-\alpha_{n-1})}{1+\beta(\beta-\alpha_1)\cdots(\beta-\alpha_{n-1})}$$

因为
$$(\beta^2(\beta-\alpha_1)\cdots(\beta-\alpha_{n-1}),1+\beta(\beta-\alpha_1)\cdots(\beta-\alpha_{n-1}))=1$$

所以

$$1+\beta(\beta-\alpha_1)\cdots(\beta-\alpha_{n-1})=\pm 1$$

由于 $\beta\neq 0,\beta\neq\alpha_i(i=1,2,\cdots,n-1)$，则

$$1+\beta(\beta-\alpha_1)\cdots(\beta-\alpha_{n-1})=-1$$

即
$$-2=\beta(\beta-\alpha_1)(\beta-\alpha_2)\cdots(\beta-\alpha_{n-1})$$

由于 $n\geqslant 4$，这是不可能的.

点评 *反证法在多项式的证明中是经常用到的，要引起注意.*

例 10 设多项式 $ax^n-ax^{n-1}+c_2x^{n-2}+\cdots+c_{n-2}x^2-n^2bx+b$ 恰有 n 个正实根，求证：它的所有实根相等.

证明 设 $x_1,x_2,\cdots,x_n$ 为多项式的所有正根，由韦达定理有

$$\begin{cases}x_1+x_2+\cdots+x_n=1 & ①\\ \displaystyle\sum_{1\leqslant i_1<\cdots<i_{n-1}\leqslant n}x_{i_1}x_{i_2}\cdots x_{i_{n-1}}=(-1)^n\frac{n^2b}{a} & ②\\ x_1x_2\cdots x_n=\dfrac{(-1)^nb}{a} & ③\end{cases}$$

式 ② 变形为

$$x_1x_2\cdots x_n\left(\frac{1}{x_1}+\frac{1}{x_2}+\cdots+\frac{1}{x_n}\right)=(-1)^n\frac{n^2b}{a}$$

式 ③ 代入得

$$\frac{1}{x_1}+\frac{1}{x_2}+\cdots+\frac{1}{x_n}=n^2$$

结合式 ① 得

$$\left(\frac{1}{x_1}+\frac{1}{x_2}+\cdots+\frac{1}{x_n}\right)(x_1+x_2+\cdots+x_n)=n^2$$

因为 $x_j \in \mathbf{R}_+$，由柯西不等式

$$\left(\frac{1}{x_1}+\frac{1}{x_2}+\cdots+\frac{1}{x_n}\right)(x_1+x_2+\cdots x_n)\geqslant$$
$$\left(\sqrt{x_1\frac{1}{x_1}}+\sqrt{x_2\frac{1}{x_2}}+\cdots+\sqrt{x_n\frac{1}{x_n}}\right)^2=n^2$$

当且仅当 $x_1=x_2=\cdots=x_n$ 时等号成立. 故命题得证.

第5节　拉格朗日插值多项式与公式

拉格朗日插值多项式与公式在解答多项式问题中具有广泛的应用. 为此先介绍：

定理1　设 $f(x)$ 是单值函数，$x_0<x_1<x_2<\cdots<x_n$，已知 $f(x_i)=y_i$ $(i=0,1,2,\cdots,n)$，则存在唯一的多项式 $P(x)$，$\deg P(x)\leqslant n$，且 $P(x_i)=y_i$.

证明　先证存在性. 令 $R_i(x)=\sum\limits_{j=0}^{n}\frac{x-x_j}{x_i-x_j}$，则 $R_i(x_i)=1$，$R_i(x_j)=0(j\neq i)$，$\deg R_i(x)=n$. 构造多项式 $P(x)=\sum\limits_{k=0}^{n}y_kR_k(x)$，则

$$P(x_i)=\sum_{k=0}^{n}y_kR_k(x_i)=y_iR_i(x_i)=y_i\quad(i=0,1,2,\cdots,n)$$

又 $\deg P(x)\leqslant n$，于是 $P(x)$ 是符合要求的.

再证唯一性. 若另有多项式 $Q(x)$ 也符合要求，则由题设知：$P(x_i)=Q(x_i)$ $(i=0,1,2,\cdots,n)$，又 $\deg P(x)\leqslant n$，$\deg Q(x)\leqslant n$，从而由多项式恒等式定理知：$P(x)=Q(x)$.

说明　上述定理的证明中所构造的多项式 $P(x)$ 称为拉格朗日插值多项式. 如果把函数 $f(x)$ 移除，此定理说：存在唯一的多项式 $P(x)$，$\deg P(x)\leqslant n$，使在 $n+1$ 个不同的点 $x_i(i=0,1,2,\cdots,n)$ 处，$P(x)$ 取定值 y_i，即 $P(x_i)=y_i(i=0,1,2,\cdots,n)$.

利用拉格朗日插值多项式，可以求多项式相除所得的余数. 设 $f(x)=(x-x_1)(x-x_2)\cdots(x-x_n)$，$\deg f(x)\geqslant n$，由定理1知

$$P(x)=\sum_{i=1}^{n}f(x_i)R_i(x)$$

$$R_i(x)=\sum_{\substack{j=1\\ j\neq i}}^{n}\frac{x-x_j}{x_i-x_j}$$

且 $P(x_i)=f(x_i)$，即 $f(x_i)-P(x_i)=0(i=0,1,2,\cdots,n)$，故由因式定理知：$(x-x_i)\mid(f(x)-P(x))(i=0,1,2,\cdots,n)$. 因为 $(x-x_1),(x-x_2),\cdots,(x-x_n)$ 两两互素，所以 $g(x)\mid(f(x)-P(x))$. 又因为 $\deg g(x)=n$，$\deg P(x)\leqslant n-1<n$，所以

$P(x)$ 就是 $f(x)$ 除以 $g(x)$ 所得的余式.

例 1 设 $f(x)=a_nx^n+a_{n-1}x^{n-1}+\cdots+a_1x+a(a_n\neq 0)$, $x_0,x_1,x_2,\cdots,x_n$ 两两不同,则 $n+1$ 个数 $|f(x_0)|,|f(x_1)|,\cdots,|f(x_n)|$ 中至少有一个不小于 $\dfrac{|a_n|}{\sum\limits_{i=0}^{n}|a_i|}$,其中 $a_i=\prod\limits_{\substack{0\leqslant j\leqslant n\\ j\neq i}}(x_j-x_i)^{-1}(i=0,1,2,\cdots,n)$.

证明 由拉格朗日插值恒等式,得

$$f(x)=\sum_{\substack{i=0\\ j=0\\ j\neq i}}^{n}\left(\frac{x-x_j}{x_i-x_j}\right)\cdot f(x)=a_nx^n+a_{n-1}x^{n-1}+\cdots+a_1x+a$$

比较两边 x^n 的系数,得

$$a_n=\sum_{i=0}^{n}a_if(x_i)$$

所以
$$|a_n|\leqslant\sum_{i=0}^{n}a_if(x_i)\leqslant(\sum_{i=0}^{n}|a_i|)\max_{0\leqslant i\leqslant n}\{|f(x_i)|\}$$

所以
$$\max_{0\leqslant i\leqslant n}\{|f(x_i)|\}\geqslant\frac{|a_n|}{\sum\limits_{i=0}^{n}|a_i|}$$

点评 通过拉格朗日插值恒等式构造恒等式,通过对恒等式进行放缩得到不等式,从而达到证明的目的.

例 2 设 P 为 $\triangle ABC$ 平面上任意一点. 试证:$\dfrac{PA}{BC}+\dfrac{PB}{CA}+\dfrac{PC}{AB}\geqslant\sqrt{3}$.

证明 设 P,A,B,C 在复平面上对应的复数分别为 x,x_1,x_2,x_3,将零次多项式 $f(x)=1$ 在 $x=x_1,x_2,x_3$ 处用拉格朗日插值恒等式,得

$$\frac{(x-x_1)(x-x_2)}{(x_3-x_1)(x_3-x_2)}+\frac{(x-x_2)(x-x_3)}{(x_1-x_2)(x_1-x_3)}+\frac{(x-x_1)(x-x_3)}{(x_2-x_1)(x_2-x_3)}=1\leqslant$$
$$\left|\frac{(x-x_1)(x-x_2)}{(x_3-x_1)(x_3-x_2)}\right|+\left|\frac{(x-x_2)(x-x_3)}{(x_1-x_2)(x_1-x_3)}\right|+\left|\frac{(x-x_1)(x-x_3)}{(x_2-x_1)(x_2-x_3)}\right|$$

所以
$$\frac{PA}{BC}\cdot\frac{PB}{CA}+\frac{PB}{CA}\cdot\frac{PC}{AB}+\frac{PC}{AB}\cdot\frac{PA}{BC}\geqslant 1$$

由均值不等式得

$$\left(\frac{PA}{BC}+\frac{PB}{CA}+\frac{PC}{AB}\right)^2\geqslant\left(\frac{PA}{BC}\cdot\frac{PB}{CA}+\frac{PB}{CA}\cdot\frac{PC}{AB}+\frac{PC}{AB}\cdot\frac{PA}{BC}\right)^2\geqslant 3$$

所以
$$\frac{PA}{BC}+\frac{PB}{CA}+\frac{PC}{AB}\geqslant\sqrt{3}$$

点评 利用拉格朗日插值恒等式解决平面几何问题,先用复数表示平面上的点,再利用拉格朗日插值恒等式构造恒等式,通过对恒等式进行放缩得到不等式,从而达到证明的目的.

例 3 设多项式 $f(x)=x^n+a_1x^{n-1}+\cdots+a_{n-1}x+a_n$，任意给定 $n+1$ 个整数：$x_0,x_1,x_2,\cdots,x_n$，且 $x_0<x_1<x_2<\cdots<x_n$，证明：存在 x_i，使得 $|f(x_i)|\geqslant\frac{n!}{2^n}$.

分析 由题意可知：一个 n 次多项式完全可以给定 $n+1$ 个数确定.

证明 根据拉格朗日插值公式 $f(x)=\sum_{i=0}^{n}f(x_i)\prod_{\substack{j\neq i\\0\leqslant j\leqslant n}}(\frac{x-x_j}{x_i-x_j})$，假设题目中结论不成立，即对每个 x_i，有 $|f(x_i)|<\frac{n!}{2^n}(i=0,1,2,\cdots,n)$.

由 $f(x)=x^n+a_1x^{n-1}+\cdots+a_{n-1}x+a_n$ 的首项系数为 1，得

$$
\begin{aligned}
1=&\left|\sum_{i=0}^{n}f(x_i)\prod_{\substack{j\neq i\\0\leqslant j\leqslant n}}\left(\frac{1}{x_i-x_j}\right)\right|\leqslant\\
&\sum_{i=0}^{n}|f(x_i)|\prod_{\substack{j\neq i\\0\leqslant j\leqslant n}}\frac{1}{|x_i-x_j|}<\\
&\frac{n!}{2^n}\prod_{\substack{j\neq i\\0\leqslant j\leqslant n}}\frac{1}{|x_i-x_j|}<\\
&\frac{n!}{2^n}\prod_{\substack{j\neq i\\0\leqslant j\leqslant n}}\frac{1}{|i-j|}=\\
&\frac{n!}{2^n}\sum_{i=0}^{n}\left(\prod_{j<i}\frac{1}{i-j}\right)\left(\prod_{j>i}\frac{1}{j-i}\right)<\\
&\frac{1}{2^n}\sum_{i=0}^{n}\frac{n!}{i!\ \cdot(n-i)!}=\\
&\frac{1}{2^n}\sum_{i=0}^{n}C_n^i=\frac{2^n}{2^n}=1
\end{aligned}
$$

矛盾.故必存在一个 x_i，使得 $|f(x_i)|\geqslant\frac{n!}{2^n}$.

点评 本题用“算两次”的数学思想将拉格朗日插值公式确定的多项式与原多项式比较系数，从而得到需要的结论.

例 4 已知函数 $f(x)=ax^4+bx^3+cx^2+dx$，满足：

(1)a,b,c,d 均大于 0；

(2) 对于任意的 $x\in\{-2,-1,0,1,2\}$，$f(x)$ 均为整数；

(3)$f(1)=1,f(5)=70$.

试判断对于每个整数 x，$f(x)$ 是否为整数？

分析 解决此问题的基本思路是：利用待定系数法把系数一个个地求出，从而解决问题，但条件(2) 的五个整数已经足够确定四次多项式了.

解 根据拉格朗日插值公式，得

$$f(x)=\sum_{i=-2}^{2}f(i)(\prod_{\substack{j\neq i\\-2\leqslant j\leqslant 2}}\frac{x-j}{i-j})=$$

$$\frac{f(-2)}{4!}\sum_{j=-1}^{2}(x-j)-\frac{f(-1)(x+2)}{3!}\prod_{j=0}^{2}(x-j)+$$

$$\frac{(x+2)(x+1)(x-1)(x-2)}{2!\ \cdot 2!}f(0)-$$

$$\frac{f(1)(x-2)}{3!}\prod_{j=-2}^{0}(x-j)+\frac{f(2)}{4}\prod_{j=-2}^{2}(x-j)$$

由条件(2)知 $f(i)\in\mathbf{Z}(i=-2,-1,0,1,2)$，且任意 n 个连续的整数之积均可被 $n!$ 整除，故对于每个整数 x，$f(x)$ 必为整数.

点评 由五个连续整数就能够确定这个多项式，还能够确定系数也是整数，这样，只要 x 是整数，$f(x)$ 就是整数. 至于条件(1)(3)不用也无妨.

例5 设 $n\geqslant 2$，对于 n 元复数集 $A=\{a_1,a_2,\cdots,a_n\}$，$B=\{b_1,b_2,\cdots,b_n\}$. 证明

$$\sum_{k=1}^{n}\frac{\prod_{j=1}^{n}(a_k+b_k)}{\prod_{\substack{j\neq k\\1\leqslant j\leqslant n}}(b_k-b_j)}=\sum_{k=1}^{n}\frac{\prod_{j=1}^{n}(b_k+a_j)}{\prod_{\substack{j\neq k\\1\leqslant j\leqslant n}}(b_k-b_j)}$$

分析 初看恒等式两边均不好化简，但只要联想到拉格朗日插值公式，则不难证明.

证明 构造 $n-1$ 次多项式

$$f(x)=\prod_{j=1}^{n}(x+b_j)-\prod_{j=1}^{n}(-a_j)$$

由集合中元素互异性，知 $a_1,a_2,\cdots,a_n$ 互不相同，由拉格朗日插值公式，得

$$f(x)=\sum_{k=1}^{n}f(a_k)(\prod_{\substack{j\neq k\\1\leqslant j\leqslant n}}\frac{x-a_j}{a_k-a_j})$$

其中，x_{n-1} 项的系数为

$$\sum_{k=1}^{n}f(a_k)(\prod_{\substack{j\neq k\\1\leqslant j\leqslant n}}\frac{1}{a_k-a_j})=\sum_{k=1}^{n}\frac{\prod_{j=1}^{n}(a_k+b_k)}{\prod_{\substack{j\neq k\\1\leqslant j\leqslant n}}(b_k-b_j)}=\sum_{j=1}^{n}(a_j+b_j)$$

同理，构造 $n-1$ 次多项式 $g(x)=\prod_{j=1}^{n}(x+b_j)-\prod_{j=1}^{n}(-a_j)$，$x_{n-1}$ 项的系数为

$$\sum_{k=1}^{n}g(b_k)\left(\prod_{\substack{j\neq k\\1\leqslant j\leqslant n}}\frac{1}{b_k-b_j}\right)=\sum_{k=1}^{n}\frac{\prod_{j=1}^{n}(b_k+a_j)}{\prod_{\substack{j\neq k\\1\leqslant j\leqslant n}}(b_k-b_j)}=\sum_{j=1}^{n}(a_j+b_j)$$

从而,命题得证.

例 6 设实数 x,y,z,w 满足

$$\begin{cases}\dfrac{x^2}{2^2-1^2}+\dfrac{y^2}{2^2-3^2}+\dfrac{z^2}{2^2-5^2}+\dfrac{w^2}{2^2-7^2}=1\\ \dfrac{x^2}{4^2-1^2}+\dfrac{y^2}{4^2-3^2}+\dfrac{z^2}{4^2-5^2}+\dfrac{w^2}{4^2-7^2}=1\\ \dfrac{x^2}{6^2-1^2}+\dfrac{y^2}{6^2-3^2}+\dfrac{z^2}{6^2-5^2}+\dfrac{w^2}{6^2-7^2}=1\\ \dfrac{x^2}{8^2-1^2}+\dfrac{y^2}{8^2-3^2}+\dfrac{z^2}{8^2-5^2}+\dfrac{w^2}{8^2-7^2}=1\end{cases}$$

求 $x^2+y^2+z^2+w^2$ 的值.

分析 方程组中的每个方程的结构都相似,可以构造一个多项式函数,利用拉格朗日插值公式解决问题.

解 构造函数

$$f(x)=\prod_{i=1}^{4}[x-(2i-1)^2]-\prod_{i=1}^{4}[x-(2i)^2] \quad ①$$

$$f(k^2)=\prod_{i=1}^{4}[k^2-(2i-1)^2]-\prod_{i=1}^{4}[k^2-(2i)^2] \quad (k=2,4,6,8) \quad ②$$

则

$$f(x)=[\sum_{i=1}^{4}f((2i-1)^2)]\prod_{\substack{j\neq i\\1\leqslant j\leqslant 4}}\frac{x-(2j-1)^2}{(2i-1)^2-(2j-1)^2} \quad ③$$

比较式 ①②③ 中 x^3 的系数,得

$$\sum_{i=1}^{4}[(2i)^2-(2i-1)^2]=[\sum_{i=1}^{4}f((2i-1)^2)]\{\prod_{\substack{j\neq i\\1\leqslant j\leqslant n}}[(2i-1)^2-(2j-1)^2]^{-1}\}$$

在式 ③ 中,令 $x=k^2(k=2,4,6,8)$,得

$$f(k^2)=[\sum_{i=1}^{4}f((2i-1)^2)]\left[\prod_{\substack{j\neq i\\1\leqslant j\leqslant n}}\frac{k^2-(2j-1)^2}{(2i-1)^2-(2j-1)^2}\right]=$$

$$\left[\sum_{i=1}^{4}\frac{f((2i-1)^2)}{k^2-(2i-1)^2}\right]\{\prod_{\substack{j\neq i\\1\leqslant j\leqslant 4}}[(2i-1)^2-(2j-1)^2]^{-1}\}\{\prod_{i=1}^{4}[k^2-(2j-1)^2]\} \quad ④$$

由式 ②④ 得

$$\left[\sum_{i=1}^{4}\frac{f((2i-1)^2)}{k^2-(2i-1)^2}\right]\{\prod_{\substack{j\neq i\\1\leqslant j\leqslant 4}}[(2i-1)^2-(2j-1)^2]^{-1}\}=1 \quad (k=2,4,6,8)$$

由方程组解的唯一性知

$$x^2+y^2+z^2+w^2\left[\sum_{k=1}^{4}\frac{f((2i-1)^2)}{k^2-(2i-1)^2}\right]\{\prod_{\substack{j\neq i\\1\leqslant j\leqslant 4}}[(2i-1)^2-(2j-1)^2]^{-1}\}=$$

$$\sum_{i=1}^{4}[(2i)^2-(2i-1)^2]=$$

36

点评 本题可以另法构造函数：设

$$f(m)=\left(\frac{x^2}{m-1^2}+\frac{y^2}{m-3^2}+\frac{z^2}{m-5^2}+\frac{w^2}{m-7^2}\right)\prod_{i=1}^{4}[m-(2i-1)^2]$$

由拉格朗日插值公式，得

$$f(m)=\sum_{i=1}^{4}f((2i)^2)\prod_{\substack{j\neq i\\1\leqslant j\leqslant 4}}\frac{m-(2j)^2}{(2i)^2-(2j)^2}$$

比较 m^3 的系数即可求得

$$x^2+y^2+z^2+w^2=36$$

第 6 节 多项式综合问题选讲

前面，我们已经介绍了多项式的概念与基本知识，本节将讲解一些多项式综合问题的解题方法与策略.

例 1 （2002 年全国高中数学联赛题）实数 a,b,c 和正数 λ，使得 $f(x)=x^3+ax^2+bx+c$ 有三个实根 x_1,x_2,x_3，且满足：(1) $x_2-x_1=\lambda$；(2) $x_3>\frac{1}{2}(x_1+x_2)$. 求 $\frac{2a^3+27c-9ab}{\lambda^3}$ 的最大值.

解 由于 $f(x)-f(x_3)=(x-x_3)[x^2+(a+x_3)x+x_3^2+ax_3+b]$，所以 x_1,x_2 是方程 $x^2+(a+x_3)x+x_3^2+ax_3+b=0$ 的两个根. 由条件(1) 可得

$$(a+x_3)^2-4(x_3^2+ax_3+b)=\lambda^2$$

即

$$3x_3^2+2ax_3+\lambda^2+4b-a^2=0$$

由条件(2) 可得

$$x_3=\frac{1}{3}(-a+\sqrt{4a^2-12b-3\lambda^2}) \qquad ①$$

且

$$4a^2-12b-3\lambda^2\geqslant 0 \qquad ②$$

易知

$$f(x)=x^3+ax^2+bx+c=$$

$$\left(x+\frac{a}{3}\right)^3-\left(\frac{a^2}{3}-b\right)\left(x+\frac{a}{3}\right)+\frac{2}{27}a^3+c-\frac{1}{3}ab$$

由 $f(x_3)=0$ 可得

$$\frac{1}{3}ab-\frac{2}{27}a^3-c=\left(x_3+\frac{a}{3}\right)^3-\left(\frac{a^2}{3}-b\right)\left(x_3+\frac{a}{3}\right) \qquad ③$$

由式 ① 得

$$x_3+\frac{a}{3}=\frac{1}{3}\sqrt{4a^2-12b-3\lambda^2}=\frac{2\sqrt{3}}{3}\sqrt{\frac{a^2}{3}-b-\frac{\lambda^2}{4}}$$

记 $p=\frac{a^2}{3}-b$. 由式 ② 和式 ③ 可知 $p\geqslant\frac{\lambda^2}{4}$ 且

$$\frac{1}{3}ab-\frac{2}{27}a^3-c=\frac{2\sqrt{3}}{9}\sqrt{p-\frac{\lambda^2}{4}}(p-\lambda^2)$$

令 $y=\sqrt{p-\frac{\lambda^2}{4}}$,则 $y\geqslant 0$ 且

$$\frac{1}{3}ab-\frac{2}{27}a^3-c=\frac{2\sqrt{3}}{9}y\left(y^2-\frac{3}{4}\lambda^2\right)$$

因

$$y^3-\frac{3\lambda^2}{4}y+\frac{\lambda^3}{4}=y^3-\frac{3\lambda^2}{4}y-\left(\frac{\lambda}{2}\right)^3+\frac{3\lambda^2}{4}\cdot\frac{\lambda}{2}=\left(y-\frac{\lambda}{2}\right)^2(y+\lambda)\geqslant 0$$

则

$$\frac{1}{3}ab-\frac{2}{27}a^3-c\geqslant-\frac{\sqrt{3}}{18}\lambda^3$$

于是

$$2a^3+27c-9ab\leqslant\frac{3\sqrt{3}}{2}\lambda^3$$

由此可得

$$\frac{2a^3+27c-9ab}{\lambda^3}\leqslant\frac{3\sqrt{3}}{2}$$

取 $a=2\sqrt{3},b=2,c=0,\lambda=2$,则 $f(x)=x^3+2\sqrt{3}x^2+2x$ 有根 $-\sqrt{3}-1$,$-\sqrt{3}+1$,0. 显然假设条件成立,且 $\frac{2a^3+27c-9ab}{\lambda^3}=\frac{1}{8}(48\sqrt{3}-36\sqrt{3})=\frac{3\sqrt{3}}{2}$.

综上可知,$\frac{2a^3+27c-9ab}{\lambda^3}$ 的最大值为 $\frac{3\sqrt{3}}{2}$.

例 2 (第 3 届北方数学奥林匹克邀请赛)设 $\triangle ABC$ 的三边长分别为 a,b,c,且 $a+b+c=3$,求 $f(a,b,c)=a^2+b^2+c^2+\frac{4}{3}abc$ 的最小值.

解 令

$$f\left(\frac{3}{2}\right)=\left(\frac{3}{2}-a\right)\left(\frac{3}{2}-b\right)\left(\frac{3}{2}-c\right)=$$

$$\frac{27}{8}-\frac{9}{4}(a+b+c)+\frac{3}{2}(ab+bc+ca)-abc=$$

$$\frac{27}{8}-\frac{9}{4}\times 3+\frac{3}{2}(ab+bc+ca)-abc=$$

$$-\frac{27}{8}+\frac{3}{2}(ab+bc+ca)-abc$$

又 $f\left(\frac{3}{2}\right)=\left(\frac{3}{2}-a\right)\left(\frac{3}{2}-b\right)\left(\frac{3}{2}-c\right)\leqslant\left[\frac{\frac{3}{2}-a+\frac{3}{2}-b+\frac{3}{2}-c}{3}\right]^3=\frac{1}{8}$

所以

$$-\frac{27}{8}+\frac{3}{2}(ab+bc+ca)-abc\leqslant\frac{1}{8}$$

得

$$ab+bc+ca-\frac{2}{3}abc\leqslant\frac{7}{3}$$

即

$$\frac{1}{2}[(a+b+c)^2-(a^2+b^2+c^2)]-\frac{2}{3}abc=$$

$$\frac{1}{2}[3^2-(a^2+b^2+c^2)]-\frac{2}{3}abc\leqslant\frac{7}{3}$$

所以

$$a^2+b^2+c^2+\frac{4}{3}abc\geqslant\frac{13}{3}$$

因此所求函数最小值为$\frac{13}{3}$.

例 3 （第 23 届全苏数学奥林匹克）设 a,b,c 是一三角形的三边长，且 $a+b+c=1$，求证：$a^2+b^2+c^2+4abc<\frac{1}{2}$.

证明 令

$$f\left(\frac{1}{2}\right)=\left(\frac{1}{2}-a\right)\left(\frac{1}{2}-b\right)\left(\frac{1}{2}-c\right)$$

由三角形两边之和大于第三边及 $a+b+c=1$，可知 $0<a,b,c<\frac{1}{2}$，故 $f\left(\frac{1}{2}\right)>0$，即

$$\frac{1}{8}-\frac{1}{4}(a+b+c)+\frac{1}{2}(ab+bc+ca)-abc=$$

$$\frac{1}{8}-\frac{1}{4}\times 1+\frac{1}{2}(ab+bc+ca)-abc>0$$

得

$$ab+bc+ca-2abc>\frac{1}{4}$$

即

$$\frac{1}{2}[(a+b+c)^2-(a^2+b^2+c^2)]-2abc=\frac{1}{2}[1^2-(a^2+b^2+c^2)]-2abc>\frac{1}{4}$$

所以
$$a^2+b^2+c^2+4abc<\frac{1}{2}$$

点评 以上几道例题,均可通过构造函数 $f(t)=(t-a)(t-b)(t-c)$ 进行解决.在数学解题中,要不断挖掘,找出问题的本质,才能从根本上解决问题.

例 4 设实数 a,b 使得方程 $ax^3-x^2+bx-1=0$ 有三个正实根. 对于所有满足条件的实数 a,b,求 $P=\frac{5a^2-3ab+2}{a^2(b-a)}$ 的最小值.

解 一方面,当 $a=\frac{\sqrt{3}}{9},b=\sqrt{3}$ 时,方程 $\frac{\sqrt{3}}{9}x^3-x^2+\sqrt{3}x-1=0\Leftrightarrow(x-\sqrt{3})^3=0$,此方程有三个相等的正实根 $\sqrt{3}$,此时,$P=12\sqrt{3}$.

下面证明 $12\sqrt{3}$ 即为所求的最小值.

设方程 $ax^3-x^2+bx-1=0$ 的三个正实根分别为 α,β,γ,则由根与系数的关系可得

$$\alpha+\beta+\gamma=\frac{1}{a},\alpha\beta+\beta\gamma+\gamma\alpha=\frac{b}{a},\alpha\beta\gamma=\frac{1}{a}$$

故 $a>0,b>0$.

由 $(\alpha+\beta+\gamma)^2\geqslant3(\alpha\beta+\beta\gamma+\gamma\alpha)$ 知

$$\frac{1}{a^2}\geqslant\frac{3b}{a}\Rightarrow b\leqslant\frac{1}{3a} \quad ①$$

又由 $\alpha\beta+\beta\lambda+\gamma\alpha\geqslant3(\sqrt[3]{\alpha^2\beta^2\gamma^2})$ 知

$$\frac{b}{a}\geqslant3\sqrt[3]{\frac{1}{a^2}}$$

可得 $b\geqslant3\sqrt[3]{a}$. 从而有

$$3\sqrt[3]{a}\leqslant b\leqslant\frac{1}{3a}$$

故
$$3\sqrt[3]{a}\leqslant\frac{1}{3a}\Rightarrow a\leqslant\frac{\sqrt{3}}{9}$$

所以
$$a=\sqrt[3]{a^2}\cdot\sqrt[3]{a}<3\sqrt[3]{a}\leqslant b$$

所以
$$b-a>0$$

所以

$$0<a^2(b-a)\leqslant a^2(\frac{1}{3a}-a) \quad ②$$

由式 ② 得

$$P=\frac{5a^2-3ab+2}{a^2(b-a)}\geqslant\frac{5a^2+1}{a^2(\frac{1}{3a}-a)}=\frac{15a^2+3}{a-3a^3} \quad ③$$

以下只要证明$\frac{15a^2+3}{a-3a^3}\geqslant 12\sqrt{3}$.

只要去证

$$(15a^2+3)-12\sqrt{3}(a-3a^3)=3(3\sqrt{3}a-1)(4a^2+\sqrt{3}a-1)\geqslant 0$$

而由 $a\leqslant\frac{\sqrt{3}}{9}$,有

$$3\sqrt{3}a-1\leqslant 3\sqrt{3}\cdot\frac{\sqrt{3}}{9}-1=0$$

$$4a^2+\sqrt{3}a-1\leqslant 4\left(\frac{\sqrt{3}}{9}\right)^2+\sqrt{3}\cdot\frac{\sqrt{3}}{9}-1<0$$

所以就有

$$(15a^2+3)-12\sqrt{3}(a-3a^3)=3(3\sqrt{3}a-1)(4a^2+\sqrt{3}a-1)\geqslant 0$$

所以 $$15a^2+3\geqslant 12\sqrt{3}(a-3a^3)$$

例 5 (第 16 届国际中学生奥林匹克试题) 设 $P(x)$ 是非常数的整系数多项式,$n(P(x))$ 为能够使$[P(K)]^2=1$ 成立的整数 K 的个数,证明:$n(P)-\deg(P)\leqslant 2$,其中 $\deg(P)$ 是多项式的次数.

证明 若$[P(K)]^2=1$,则$[P(x)]=\pm 1$. 设 $P(x)-1$ 有 m 个整数根 K_1,$K_2,\cdots,K_m$,则

$$P(x)-1=(x-K_1)(x-K_2)\cdots(x-K_m)Q(x)$$

其中 $Q(x)$ 为整系数多项式

$$P(x)+1=(x-K_1)(x-K_2)\cdots(x-K_m)Q(x)+2$$

若 $m\geqslant 4$, 则因 4 个互不相同的非零整数根之积的绝对值大于 2, 故 $P(K)+1$ 对任意整数 K 不为 0;

若 $m=3$,则可得至多 1 个 K,使 $P(K)+1=0$.

对 $P(K)+1$ 的整数根个数 m' 有完全类似的结论:

若 $m'\geqslant 4$,则 $m=0$,若 $m'=3$,则 $m=1$.

总而言之,m 与 m' 至少有一个不大于 2.

故 $n(P)-\deg(P)\leqslant 2$.

点评 本题利用多项式的次数定理与因式定理给出了证明.

例 6 设 $a_1,a_2,\cdots,a_{100};b_1,b_2,\cdots,b_{100}$ 为互不相等的实数,将它们按如下规则填入 100×100 的方格表:在第 i 行和第 j 列相交处的方格内填入数字 a_i+b_j. 已知每一列的所有数之乘积等于 1,证明:每一行的所有数之乘积等于 -1.

证明 构造多项式 $f(x)=(x+a_1)(x+a_2)\cdots(x+a_{100})-1$,则

$$\deg f(x)=100$$

且 $f(x)$ 的首项系数为 1.

依题意知：$f(b_i)=0(i=1,2,\cdots,100)$，这表明 $x-b_i(i=1,2,\cdots,100)$ 都是 $f(x)$ 的因式.

由于 $b_1,b_2,\cdots,b_{100}$ 互不相等，所以

$$f(x)=(x-b_1)(x-b_2)\cdots(x-b_{100})$$

即 $$(x+a_1)(x+a_2)\cdots(x+a_{100})-1=(x-b_1)(x-b_2)\cdots(x-b_{100})$$

在上式中，令 $x=-a_i(i=1,2,\cdots,100)$，有

$$-1=(-1)^{100}(a_1+b_1)(a_1+b_2)\cdots(a_1+b_{100})$$

故第 i 行中所有数的乘积等于 -1.

点评　构造多项式，再给变量 x 赋值是解决本题的关键.

例 7　(第 17 届国际中学生奥林匹克试题) 求出满足下列条件的所有含两个变量的多项式：

(1) P 是 n 次齐次的，即对所有实数 t,x,y 有 $P(tx,ty)=t^n\cdot P(x,y)$；

(2) 对所有实数 a,b,c，有 $P(a+b,c)+P(b+c,a)+P(c+a,b)=0$；

(3) $P(1,0)=1$.

解　设 P 是满足条件(1)，(2)，(3) 的 n 次多项式，由于常数多项式不可能同时满足条件(2) 与(3)，故 $n\geqslant 1$.

在(2) 中令 $a=b,c=-2a$，则由 P 的齐次性，得

$$0=P(2a,-2a)+P(-a,a)+P(-a,a)=[(-2)^n+2]P(-a,a)$$

若 $n>1$，则有 $P(-a,a)=0$，因而 $P(x,y)$ 能被 $x+y$ 整除. 设 $P(x,y)=(x+y)P_1(x,y)$，由(2) 得

$$P_1(a+b,c)(a+b+c)+P_1(b+c,a)(a+b+c)+$$
$$P_1(c+a,b)(a+b+c)=0$$

故 $$P_1(a+b,c)+P_1(b+c,a)+P_1(c+a,b)=0$$

P_1 也是齐次的，且 $P_1(1,0)=P_1(1,0)(1+0)=1$，即 P_1 也满足条件(1)，(2)，(3)，并且它的次数为 $n-1$.

若它的次数 $n-1>1$，则同样再构造一个 $n-2$ 次齐次多项式 P_2，它满足条件(1)，(2)，(3)，并且 $P_1(x,y)=(x+y)P_2(x,y)$.

如此继续下去，最后总会得到一个一次多项式 $P_{n-1}(x,y)=mx+ky$，由条件(2) 令 $a=1,b=c=0$，得 $2m+k=0$，再由(3) 得 $m=1$，故 $k=-2$，因而有

$$P(x,y)=(x+y)^{n-1}P_{n-1}(x,y)=(x+y)^{n-1}(x-2y)$$

不难验证这种形式的多项式确实满足条件(1)，(2)，(3)，这样我们求出了条件(1)，(2)，(3) 的齐次多项式.

点评　构造和赋值是解决多项式存在性问题的重要方法与策略.

例 8 已知多项式 $ax^n - ax^{n-1} + c_2x^{n-2} + \cdots + c_{n-2}x^2 - n^2bx + b$ 恰有 n 个正根，求证：它所有的根都相等.

证明 设原多项式的 n 个正根分别为 $x_1, x_2, \cdots, x_n$，显然它的次数不小于 n，故 $a \neq 0$.

于是，由韦达定理得

$$\begin{cases} x_1 + x_2 + \cdots + x_n = 1 \\ \displaystyle\sum_{1 \leqslant i_1 < \cdots < i_{n-1} \leqslant n} x_{i_1} x_{i_2} \cdots x_{i_{n-1}} = (-1)^n \frac{n^2 b}{a} \\ \cdots\cdots \\ x_1 x_2 \cdots x_n = (-1)^n \cdot \dfrac{b}{a} \end{cases}$$

由此可得 $b \neq 0$.

由均值定理，可得

$$n^2 = 1 \cdot \frac{(-1) \cdot n^2 \dfrac{b}{a}}{(-1)^n \cdot \dfrac{b}{a}} =$$

$$(x_1 + x_2 + \cdots + x_n)\left(\frac{1}{x_1} + \frac{1}{x_2} + \cdots + \frac{1}{x_n}\right) \geqslant$$

$$(n\sqrt[n]{x_1 x_2 \cdots x_n}) \cdot \left(n\sqrt[n]{\frac{1}{x_1 x_2 \cdots x_n}}\right) = n^2$$

上式等号成立当且仅当 $x_1 = x_2 = \cdots = x_n = \dfrac{1}{n}$.

故原命题成立.

点评 本题将一元 n 次多项式的韦达定理与 n 元均值不等式巧妙地结合，通过不等式解决了相等的问题.

例 9 设 n 次多项式 $p(x)$ 满足：$p(k) = \dfrac{1}{\mathrm{C}_{n+1}^k}(k = 0, 1, 2, \cdots, n)$，求 $p(n+1)$ 的值.

解 由拉格朗日插值公式，得

$$p(x) = \sum_{k=0}^{n} \frac{1}{\mathrm{C}_{n+1}^k} \prod_{k \neq i} \frac{x - i}{k - i} = \sum_{k=0}^{n} \frac{\prod\limits_{i \neq k}(x - i)}{\mathrm{C}_{n+1}^k (-1)^{n-k}(n-k)!\ k!} =$$

$$\sum_{k=0}^{n} (-1)^{n-k} \frac{(n+1-k)}{(n+1)!} \prod_{i \neq k}(x - i)$$

所以 $$p(n+1) = \sum_{k=0}^{n} (-1)^{n-k} \frac{(n+1-k)}{(n+1)!} \prod_{i \neq k}(n+1-i) =$$

$$\sum_{k=0}^{n} \frac{(-1)^{n-k}}{(n+1)!} \prod_{i=0}^{n}(n+1-i) =$$

$$\sum_{k=0}^{n}(-1)^{n-k}$$

所以，当 n 为奇数时，$p(n+1)=0$；当 n 为偶数时，$p(n+1)=1$.

点评 利用拉格朗日插值公式，将多项式 $p(x)$ 表示出来，并进行分类讨论求出所求的值.

例 10 设 $p(x)$ 为 $2n$ 次多项式，满足 $p(0)=p(2)=\cdots=p(2n)=0$，$p(1)=p(3)=\cdots=p(2n-1)=2$ 及 $p(2n+1)=-30$. 求 n 及 $p(x)$.

解 令 $Q(x)=p(x)-1$，于是 $Q(k)=(-1)^{k+1}(k=0,1,2,\cdots,2n)$，由拉格朗日插值公式，得

$$Q(x)=\sum_{k=0}^{2n}Q(x_k)\frac{(x-x_0)\cdots(x-x_{k-1})(x-x_{k+1})\cdots(x-x_{2n})}{(x_k-x_0)\cdots(x_k-x_{k-1})(x_k-x_{k+1})\cdots(x_k-x_{2n})}$$

其中 $x_k=k(k=0,1,2,\cdots,2n)$. 将 $x=2n+1$ 代入上式，便得

$$Q(2n+1)=$$

$$\sum_{k=0}^{2n}(-1)^{k+1}\frac{(2n+1)\cdots(2n+1-k+1)(2n+1-k-1)\cdots(2n+1-2n)}{k(k-1)\cdots1\cdot(-1)(-2)\cdots[-(2n-k)]}=$$

$$\sum_{k=0}^{2n}(-1)^{k+1}(-1)^{2n-k}\frac{(2n+1)\cdots(2n+1-k+1)\cdots(2n-k)\cdots1}{k!\ (2n-k)\cdots1}=$$

$$\sum_{k=0}^{2n}(-1)^{2n+1}\frac{(2n+1)\cdots(2n+1-k+1)}{k!}=-\sum_{k=0}^{2n}\mathrm{C}_{2n+1}^{k}=$$

$$-\sum_{k=0}^{2n+1}\mathrm{C}_{2n+1}^{k}+1=-2^{2n+1}+1$$

所以
$$p(2n+1)=Q(2n+1)+1=2-2\cdot4^n$$

由已知 $p(2n+1)=-30$，所以 $2-2\cdot4^n=-30$，解得 $n=2$，所以，$\deg p(x)=4$，此时，由题设 $p(0)=p(2)=p(4)=0$，可设 $p(x)=Ax(x-2)(x-4)(x-x_0)$，再由 $p(1)=p(3)=2$，得

$$\begin{cases}3A(1-x_0)=2\\-3A(3-x_0)=2\end{cases}$$

解得 $A=-\dfrac{2}{3}$，$x_0=2$.

故所求 $p(x)=-\dfrac{2}{3}x(-2)^2(x-4)$.

点评 本题就是利用拉格朗日插值公式的推证过程的思路与方法求所求的多项式.

例 11 设 $p(x)=x^4+x^3+x^2+x+1$，求证：存在正次数的整系数多项式 $Q(y)$ 和 $R(y)$，使得 $Q(y)\cdot R(y)=P(5y^2)$.

解 由题意得

$$p(5y^2)=5^4y^8+5^3y^6+5^2y^4+5y^2+1$$

由于它是每项是偶数次的多项式，故可令

$$P(5y^2)=(25y^4+ay^3+by^2+cy+1)(25y^4-ay^3+by^2-cy+1) \quad ①$$

比较两边同次项的次数，得

$$\begin{cases}2b-c^2=5\\50b-a^2=125\\b^2-2ac+25=0\end{cases}$$

解得：$a=25, b=15, c=5$，这是一组正整数解.

由此可知存在正次数的整系数多项式

$$\begin{cases}Q(y)=25y^4+25y^3+15y^2+5y+1\\R(y)=25y^4-25y^3+15y^2-5y+1\end{cases}$$

满足 $Q(y)\cdot R(y)=P(5y^2)$.

点评 偶次多项式 $P(5y^2)$，可以分解为形如式 ① 的两个多项式之积，是解题的关键. 这是从因式分解公式得到启示，既是一种经验，也是一种数学思维. 以下用待定系数法，则是容易想到的.

例 12 设 $P(x)$, $Q(x)$, $R(x)$ 都是实系数多项式，它们之中既有二次多项式，也有三次多项式，并且满足关系式 $P^2(x)+Q^2(x)=R^2(x)$. 求证：其中必有一个三次多项式的根全为实根.

证明 由题意可知：$R(x)$ 和 $P(x)$, $Q(x)$ 之一为三次多项式. 假设 $R(x)$ 和 $Q(x)$ 为三次多项式，$P(x)$ 为二次多项式，如有必要，可以通过改变符号，使 $R(x)$ 和 $Q(x)$ 的 x^3 的系数为正，于是 $R(x)+Q(x)$ 为三次多项式. 由于 $P^2(x)=R^2(x)-Q^2(x)=(R(x)+Q(x))(R(x)-Q(x))$ 知 $R(x)-Q(x)$ 为一次多项式，即 $R(x)-Q(x)=t(x-x_1)$ $(t>0)$（因为 $P^2(x)$ 的 x^4 项的系数为正）. 于是 $P^2(x)$ 可被 $(x-x_1)^2$ 整除.

因而 $R(x)+Q(x)$ 可被 $x-x_1$ 整除，又由于 $R(x)-Q(x)$ 可被 $x-x_1$ 整除，所以 $R(x)$ 与 $Q(x)$ 都被 $x-x_1$ 整除，即有 $R(x)=(x-x_1)R_1(x)$, $Q(x)=(x-x_1)Q_1(x)$，其中 $R_1(x)$ 和 $P_1(x)$ 都是首项系数为正的二次多项式.

设 $P(x)=a(x-x_1)(x-x_2)$，则由等式 $a^2(x-x_1)^2=(R_1(x)+Q_1(x))(R_1(x)-Q_1(x))$ 推知 $R_1(x)-Q_1(x)=t>0$，其中 t 为常数.

于是 $R_1(x)=Q_1(x)+t$，故 $a^2(x-x_1)^2=2(Q_1(x)+t)t$，即 $Q_1(x)=\frac{a^2}{2t}(x-x_2)^2-\frac{t}{2}$ 是具有实根的二次多项式. 所以，$Q(x)$ 是具有三个实根的三次多项式.

点评 由于 $P^2(x)+Q^2(x)=R^2(x)$ 知：在 $P(x)$, $Q(x)$, $R(x)$ 中不可能

有 2 个二次多项式与 1 个三次多项式. 只能有 2 个三次多项式与 1 个二次多项式，而且 $P(x)$ 与 $Q(x)$ 中必有 1 个二次多项式，于是有上述解法.

例 13 设 $f(x), g(x) \in \mathbf{Z}[x]$，$f(x)g(x)$ 是偶系数多项式，但不是所有系数都是 4 的倍数. 求证：$f(x)$ 和 $g(x)$ 有一个的系数全是偶数，另一个至少有一个系数是奇数.

证明 假设 $f(x)$ 和 $g(x)$ 的系数中都是奇数，用 $f_1(x)$ 和 $g_1(x)$ 分别表示 $f(x)$ 和 $g(x)$ 中所有系数为奇数的单项组成的多项式，则 $f(x) \equiv f_1(x) \pmod 2$，$g(x) \equiv g_1(x) \pmod 2$.

由已知，有 $f(x)g(x) \equiv 0 \pmod 2$，所以

$$f(x)g(x) = f_1(x)g_1(x) \equiv 0 \pmod 2$$

由此可知：$f_1(x)g_1(x)$ 的所有系数均为偶数，但由假设可得：$f_1(x)g_1(x)$ 的最高项的系数必为奇数，矛盾. 故 $f(x)$ 和 $g(x)$ 中有一个的系数全是偶数.

假设 $f(x)$ 和 $g(x)$ 都是偶系数，由多项式乘法可知：$f(x)g(x) \equiv 0 \pmod 4$，即 $f(x)g(x)$ 的所有系数都是 4 的倍数，与已知条件矛盾. 这就证明了 $f(x)g(x)$ 中某一个至少有一个系数是奇数.

点评 本题是利用了反证法和同余知识证得了结论.

巩固练习

1. 已知 a,b,c 为实数，且 $a+b+c>0$，$ab+bc+ca>0$，$abc>0$. 求证：$a>0$，$b>0$，$c>0$.

证明 构造函数 $f(x)=(x-a)(x-b)(x-c)=x^3-(a+b+c)x^2+(ab+bc+ca)x-abc$，若 $x \leqslant 0$，则 $f(x)<0$，这说明 $f(x)=0$ 不可能有小于或等于零的根，故 a,b,c 均大于零.

点评 本题虽然没有给出一元三次方程，但是运用一元三次方程韦达定理的提示非常明显，如果读者能够注意到 $a+b+c>0$，$ab+bc+ca>0$，$abc>0$. 这三个条件与一元三次方程韦达定理的关系，再能够构造出适当的一元三次函数，这个问题将迎刃而解.

2. (2012 年复旦大学自主招生试题) 设三次方程 $x^3+px+q=0$ 的三个根互异，且可成等比数列，则它们的公比是(　　)

A. $-\dfrac{1}{2} \pm \dfrac{\sqrt{3}}{2}\mathrm{i}$　　B. $\dfrac{1}{2} \pm \dfrac{\sqrt{3}}{2}\mathrm{i}$

C. $\dfrac{\sqrt{3}}{2} \pm \dfrac{1}{2}\mathrm{i}$　　D. $-\dfrac{\sqrt{3}}{2} \pm \dfrac{1}{2}\mathrm{i}$

解　A.依题意可设这三个根为 x_1,mx_1,m^2x_1，其中 $x_1\neq 0$，m 为等比数列的公比.由三次方程韦达定理可得 $x_1+mx_1+m^2x_1=0$，故 $1+m+m^2=0$，可解得 $m=-\dfrac{1}{2}\pm\dfrac{\sqrt{3}}{2}\mathrm{i}$.

点评　此题把高次方程的韦达定理、数列、复数知识交汇在一起，符合新课标以来在命题交汇处设计试题的原则，解题的关键是利用等比数列设出三个根.

3.若 $(20x+11y)^3=ax^3+bx^2y+cxy^2+dy^3$，则 $a-2b+4c-8d=$ ________.

解　-8.令 $x=1,y=-2$，条件式立即化为：$(-2)^3=a-2b+4c-8d$.

4.已知 $f(x)$ 是 2 011 次多项式，当 $n=0,1,\cdots,2\,011$ 时，$f(n)=\dfrac{n}{n+1}$，则 $f(2\,012)=$ ________.

解　1.当 $n=0,1,\cdots,2\,011$ 时，$(n+1)f(n)=n$，即多项式 $(x+1)f(x)-x$ 有 2 012 个根，设

$$(x+1)f(x)-x=ax(x-1)(x-2)\cdots(x-2\,011)$$

取 $x=-1$，则 $1=2\,012!a$，故

$$a=\frac{1}{2\,012!}$$

$$f(x)=\frac{x(x-1)(x-2)\cdots(x-2\,011)}{2\,012!(x+1)}+\frac{x}{x+1}$$

$$f(2\,012)=\frac{2\,012!}{2\,012!2\,013}+\frac{2\,012}{2\,013}=\frac{2\,013}{2\,013}=1$$

5.(2014 年吉林省高中数学联赛预赛)方程组

$$\begin{cases}a+b+c+d=-2\\ab+ac+ad+bc+bd+cd=-3\\bcd+acd+abd+abc=4\\abcd=3\end{cases}$$

实数解为 $\begin{cases}a=\_\_\_\_\_\_\_\_;\\b=\_\_\_\_\_\_\_\_;\\c=\_\_\_\_\_\_\_\_;\\d=\_\_\_\_\_\_\_\_.\end{cases}$

解　$\dfrac{-1+\sqrt{5}}{2},\dfrac{-1-\sqrt{5}}{2},\dfrac{-1+\sqrt{13}}{2},\dfrac{-1-\sqrt{13}}{2}$.依题意可知 a,b,c,d 恰为方程 $x^4+2x^3-3x^2-4x+3=0$ 的四个实根，方程 $x^4+2x^3-3x^2-4x+3=0$ 可变形为 $(x^2+x+1)^2-6(x^2+x+1)+8=0$.于是，$x^2+x+1=2$ 或

$x^2+x+1=4$. 所以方程组的四个实数解为$\frac{-1+\sqrt{5}}{2}$，$\frac{-1-\sqrt{5}}{2}$，$\frac{-1+\sqrt{13}}{2}$，$\frac{-1-\sqrt{13}}{2}$，答案可为这四个实根的任意排列.

点评 根据方程组的特点，方程组的四个未知数明显符合四次方程的韦达定理的特点，因此可以把这四个未知数看作是某个四次方程的四个根，通过这样的处理后，方程的变形是解题的一大难点，还需要注意的是，方程的四个根的任意排列都是方程组的解.

6. $\alpha\beta\neq 0$，x_1,x_2,x_3为多项式$\alpha x^3-\alpha x^2+\beta x+\beta=0$的根，则$(x_1+x_2+x_3)(\frac{1}{x_1}+\frac{1}{x_2}+\frac{1}{x_3})=$________.

解 -1. 设$x_1,x_2,\cdots,x_n$为多项式的所有正根，由韦达定理有

$$\begin{cases}x_1+x_2+x_3=1 & ①\\ x_1x_2+x_1x_3+x_2x_3=\frac{\beta}{\alpha} & ②\\ x_1x_2x_3=-\frac{\beta}{\alpha} & ③\end{cases}$$

式②变形为

$$x_1x_2x_3(\frac{1}{x_1}+\frac{1}{x_2}+\frac{1}{x_3})=\frac{\beta}{\alpha}$$

式③代入得

$$\frac{1}{x_1}+\frac{1}{x_2}+\frac{1}{x_3}=-1$$

结合式①得

$$(\frac{1}{x_1}+\frac{1}{x_2}+\cdots+\frac{1}{x_n})(x_1+x_2+\cdots+x_n)=-1$$

7. (2010年全国高中数学联赛题) 已知函数$f(x)=ax^3+bx^2+cx+d(a\neq 0)$，当$0\leqslant x\leqslant 1$时，$|f'(x)|\leqslant 1$. 试求$a$的最大值.

解 由$f'(x)=3ax^2+2bx+c$，又由

$$\begin{cases}f'(0)=c\\ f'\left(\frac{1}{2}\right)=\frac{3}{4}a+b+c\\ f'(1)=3a+2b+c\end{cases}$$

得

$$3a=2f'(0)+2f'(1)-4f'\left(\frac{1}{2}\right)$$

则

$$3|a|=\left|2f'(0)+2f'(1)-4f'\left(\frac{1}{2}\right)\right|\leqslant$$

$$2|f'(0)|+2|f'(1)|+4\left|f'\left(\frac{1}{2}\right)\right|\leqslant 8$$

故 $a \leqslant \frac{8}{3}$.

又因为 $f(x)=\frac{8}{3}x^3-4x^2+x+m$（$m$ 为常数）满足题设条件，所以 a 的最大值为 $\frac{8}{3}$.

8. 设 a,b,c 是互异的实数，$P(x)$ 为实数多项式，如果 $P(x)$ 除以 $(x-a)$ 余式为 a，$P(x)$ 除以 $(x-b)$ 余式为 b，$P(x)$ 除以 $(x-c)$ 余式为 c，求 $P(x)$ 除以 $(x-a)(x-b)(x-c)$ 的余式.

解　依题意，由余式定理，有 $P(a)=a,P(b)=b,P(c)=c$.

设 $P(x)$ 除以 $(x-a)(x-b)(x-c)$ 的余式为 $R(x)$，则 $\deg R(x)\leqslant 2$，且 $P(x)=(x-a)(x-b)(x-c)Q(x)+R(x)$，其中 $Q(x)$ 为多项式. 由于 $P(a)=R(a)=a,P(b)=R(b)=b,P(c)=R(c)=c$，所以不高于二次的多项式 $R(x)-x$ 有三个零点，故为零次多项式，所以 $R(x)=x$.

9. 设 $a,b\in\mathbf{R}$，$f(x)=x^3-x^2-ax-b$ 有三个正根，求证：$g(x)=x^3-x^2+bx+a$ 必有一个正根和一对共轭复根.

证明　设 $x_i,y_i(i=1,2,3)$ 分别为 $f(x),g(x)$ 三个根，则

$$\begin{cases}\sum_{i=1}^{3}x_i=1\\ \sum_{1\leqslant i\leqslant j\leqslant 3}x_ix_j=-a\\ \prod_{i=1}^{3}x_i^3=b\end{cases},\begin{cases}\sum_{i=1}^{3}y_i=1\\ \sum_{1\leqslant i\leqslant j\leqslant 3}y_iy_j=b\\ \prod_{i=1}^{3}y_i^3=-a\end{cases}$$

由此不难得到：$a<0,b>0$. 于是 $g(x)=x^3-x^2+bx-|a|$，故 $g(x)$ 必有一个正根，下面证明 $g(x)$ 有复根.

反证法：若不然，则 $y_i(i=1,2,3)$ 为正根，且 $1=\sum_{i=1}^{3}y_i\geqslant 3\sqrt[3]{y_1y_2y_3}=3\sqrt[3]{-a}$，即 $0<-a\leqslant\frac{1}{27}$.

因为

$$b=\sum_{1\leqslant i\leqslant j\leqslant 3}y_iy_j\geqslant 3\sqrt[3]{\left(\prod_{i=1}^{3}y_i\right)^2}=3\sqrt[3]{a^2}$$

又因为

$$-a=\sum_{1\leqslant i\leqslant j\leqslant 3}x_ix_j\geqslant 3\sqrt[3]{\left(\prod_{i=1}^{3}x_i\right)^2}=3\sqrt[3]{b^2}$$

得到　　$$(-a)^3\geqslant 3^3b^2\geqslant 3^5\sqrt[3]{a^4}$$

即
$$(-a)^9 \geqslant 3^{15}a^4$$
于是有 $-a \geqslant 27$,矛盾.由于复根成对出现,故命题成立.

10.设 $p(x)$ 为给定的首项系数是1的四次多项式,$p(x)$ 的四个不同实根均在$[-1,1]$上,证明:$p(x) > -4$.

证明 设 $x_1, x_2, x_3, x_4 (-1 \leqslant x_1 < x_2 < x_3 < x_4 \leqslant 1)$ 为 $p(x)$ 的四个实根,由于 $p(x)$ 的首项系数为1,则 $p(x) = (x-x_1)(x-x_2)(x-x_3)(x-x_4)$,若 $x \in (-\infty, x_1] \cup [x_2, x_3] \cup [x_4, +\infty)$,则 $p(x) \geqslant 0$,故只需要考虑 $x \in (x_1, x_2)$ 及 $x \in (x_3, x_4)$.

若 $x \in (x_1, x_2)$,则由均值不等式,有
$$0 \leqslant (x-x_1)(x_2-x) \leqslant \frac{(x_1-x_2)^2}{4} < 1$$
又因为 $0 \leqslant (x-x_3)(x-x_4) < 2 \times 2 = 4$,所以 $-p(x) < 4$,则 $p(x) > -4$.

同理,$x \in (x_3, x_4)$ 时成立.

综上所述命题成立.

11.设 $p(x) = ax^2 + bx + c (a, b, c \in \mathbf{R}$,且 $a \neq 0)$,求方程 $p(x^2+4x-7)$ 的全部解,已知 $x=1$ 为它的一个根,且至少有一个根为二重根.

解 设 $Q(x) = x^2 + 4x - 7$,由于 x_1 为 $p(Q(x))$ 的根,$0 = p(Q(1)) = p(-2)$,由
$$p(x) = a(x+2)(x-p)$$
$$p(Q(x)) = a(x-1)(x+5)(x^2+4x-7)$$
显然 $p(Q(x))$ 有两根为 -5 和 1,又由于至少有一个根为二重根.

(1)当1或-5为方程 $x^2+4x-7=0$ 的根时,$x_1+x_2=-4$,所以1和-5均为二重根;

(2)当 $x^2+4x-7-p=0$ 有二重根时,$-4-7-p=0$,所以 $p=-11$.

所以 $p(Q(x))$ 的全部根为 $1, -5, -2$ 且 -2 为二重根.

12.已知实多项式 $p(x) = x^2 + ax + b$ 满足 $a < 2$,假设 $p(p(x)) = 0$ 有4个不同的实根,其中两个的和小于或等于 -1,证明:对于所有的非负实数 x, y 有 $p(x+y) \geqslant p(x) + p(y)$.

证明 设α,β是方程的两个根,x_1, x_2 是方程 $p(x)=\alpha$ 的两个根,x_3, x_4 是方程 $p(x)=\beta$ 的两个根.当 $x_1+x_2 \leqslant -1$ 时,$4(b-\alpha) < a^2$,$4(b-\beta) < a^2$,所以 $4b < a^2 + 2(\alpha+\beta) = a^2 - 2a = a(a-2) < 0$,所以 $b < 0$.

当 $x_1 + x_3 \leqslant -1$ 时,$p(x_1) = \alpha$,$p(x_3) = \beta$,$x_1^2 + x_3^2 + a(x_1+x_2) + 2b = \alpha + \beta = -a$.

当 $a > 0$ 时,$\left(x_1 + \frac{a}{2}\right)^2 + \left(x_3 + \frac{a}{2}\right)^2 + 2b = -a + \frac{a^2}{2} = \frac{a(a-2)}{2} < 0$,所

以$2b \leqslant \frac{a(a-2)}{2} < 0$.

所以当$a \leqslant 0$时，$x_1^2 + x_3^2 + 2b = -a(x_1 + x_3 + 1) \leqslant 0$，所以$b \leqslant 0$，故

$$p(x+y) = p(x) + p(y) + 2xy + b \geqslant p(x) + p(y)$$

13. 设复平面上的正方形，它的四个顶点所对应的复数恰好是某个整系数一元四次方程$x^4 + px^3 + qx^2 + rx + s = 0$的四个根，求这个四边形面积的最小值.

解 设正方形的中心对应复数为a，则它的四个顶点所对应的是方程$(x-a)^4 = b$的四个根，这里b是某个非零复数，所以

$$x^4 + px^3 + qx^2 + rx + s = (x-a)^4 - b = x^4 - 4ax^3 + 6a^2x^2 - 4a^3x + a^4 - b$$

所以$a = -\frac{p}{4}$为有理数，$-4a^3 = r$为整数，所以a为整数.

所以，$a^4 - b = s$，得知$b = a^4 - s$为非零整数.

故该正方形的外接圆半径为$\sqrt[4]{|b|}$，不小于1，所以该正方形的面积不小于$(\sqrt{2})^2 = 2$，因而当$p = q = r = 0$，$s = -1$时，该正方形的面积等于2，故所求这个四边形面积的最小值为2.

14. 设a, b, c, d, e, f是实数，且多项式$p(x) = x^8 - 4x^7 + 7x^6 + ax^5 + bx^4 + cx^3 + dx^2 + ex + f$能分解为8个线性因式$x - x_i$，其中$x_i > 0 (i = 1, 2, \cdots, 8)$，求$\prod_{i=1}^{8} x_i$的所有可能值.

解 由韦达定理，得$\sum_{i=1}^{8} x_i = 4$，$\sum_{1 \leqslant i < j \leqslant 8} x_i x_j = 7$，所以

$$\sum_{i=1}^{8} x_i^2 = \left(\sum_{i=1}^{8} x_i\right)^2 - 2\sum_{1 \leqslant i < j \leqslant 8} x_i x_j = 2$$

又因为$\sqrt{\frac{\sum_{i=1}^{8} x_i^2}{8}} \geqslant \frac{\sum_{i=1}^{8} x_i}{8}$，即$\sqrt{\frac{2}{8}} \geqslant \frac{4}{8}$，恰好等号成立，所以$x_1 = x_2 = \cdots = x_8 = \frac{1}{2}$.

因此，所求$\prod_{i=1}^{8} x_i = \frac{1}{2^8} = \frac{1}{256}$.

15. 设$a_0, a_1, \cdots, a_n$均为实数，λ是关于x的实系数方程$\sum_{i=0}^{n} a_i x^i = 0$的复数根，且$|\lambda| \geqslant a_n \geqslant \cdots \geqslant a_1 \geqslant a_0 \geqslant 1$. 求证：$\lambda^{n+1} = 1$.

证明 因为λ是方程$\sum_{i=0}^{n} a_i x^i = 0$的根，所以

$$\sum_{i=0}^{n} a_i\lambda^i = 0 \Rightarrow (\lambda-1)\sum_{i=0}^{n} a_i\lambda^i = 0 \Rightarrow a_n\lambda^{n+1} = \sum_{i=1}^{n}(a_i - a_{i-1})\lambda^i + a_0 \quad ①$$

其中，$a_i - a_{i-1}(i=1,2,\cdots,n)$ 为非负数. 又

$$|\lambda| \geqslant 1 \Rightarrow |\lambda|^n \geqslant |\lambda|^i \geqslant 1(i=1,2,\cdots,n) \Rightarrow$$

$$|a_n\lambda^{n+1}| \leqslant \sum_{i=1}^{n}(a_i - a_{i-1})\ |\lambda|^i + a_0 \leqslant$$

$$\sum_{i=1}^{n}(a_i - a_{i-1})\ |\lambda|^n + a_0 \leqslant a_n\ |\lambda|^n \Rightarrow$$

又

$$|\lambda| \leqslant 1 \Rightarrow |\lambda| = 1 \Rightarrow a_n = a_{n-1} = \cdots = a_1 = a_0 = 1 \Rightarrow$$

所以

$$\lambda^{n+1} = 1$$

16. 设多项式 $f(x)=a_0x^n+a_1x^{n-1}+\cdots+a_{n-1}x+a_n$ 的系数都是整数，并且有一个奇数 α 及一个偶数 β 使得 $f(\alpha)$ 及 $f(\beta)$ 都是奇数，求证：方程 $f(x)=0$ 没有整数根.

证明 由已知有

$$f(\alpha) \equiv 1 (\mathrm{mod}\ 2) \Leftrightarrow a_0 + a_1 + a_2 + \cdots + a_n \equiv 1 (\mathrm{mod}\ 2) \quad ①$$

$$f(\beta) \equiv 1 (\mathrm{mod}\ 2) \Leftrightarrow a_n \equiv 1 (\mathrm{mod}\ 2) \quad ②$$

若方程 $f(x)=0$ 存在整数根 x_0，即 $f(x_0)=0$.

当 x_0 为奇数时，有

$$f(x_0) \equiv 0 (\mathrm{mod}\ 2) \Leftrightarrow a_0 + a_1 + a_2 + \cdots + a_n \equiv 0 (\mathrm{mod}\ 2)$$

与式①矛盾. 有 x_0 为偶数时，有 $f(x_0) \equiv 0(\mathrm{mod}\ 2) \Leftrightarrow a_n \equiv 0(\mathrm{mod}\ 2)$，与式②矛盾.

所以方程 $f(x)=0$ 没有整数根.

⊙ 编辑手记

高中阶段是人的一生中智力成长的重要阶段.许多著名的数学家都对中学时代所解过的题目留有终身记忆.如在《文章道德仰高风——庆贺苏步青教授百岁华诞文集》(谷超豪,胡和生,李大潜主编,复旦大学出版社,2001)中我国老一辈数学家白正国回忆:

> 当时大学的入学考试对数学的要求特别严格,考题也特别难.数学要考两个单元:数学甲和数学乙.一个上午各考两小时,计分也作为两门成绩.这一次的数学考题我至今还记得几个.一个是通过平面上四个点决定抛物线,另一个是用解析几何方法证有关于圆的西摩松定理,即在圆上一点作圆内接三角形三边的垂线,证明三个垂足共线.这个题目用平面几何证不难,可是用解析几何计算很复杂,两小时内难以完成.对这个题目我印象特别深刻,以后好几年还经常考虑它,终于得到了一个巧妙而有几何意义的证法.

数学竞赛作为高中生的一项重要的智力活动,出版有关于此的优秀著作还是有意义的.随着人工智能的发展.作家也开始担心有朝一日会被人工智能抢走"饭碗".对此日本科幻小说家、散文家藤崎慎吾给出的对策是:他认为畅销书最可能会被人工智能完全模仿,因为这类书可以被总结出精准的条件.比如,中国在2013年共出版44万种新书,如果销售到10万本以上的小说有1万种,那么一年就有10万本人工智能创作的畅销书.美国《纽约时报》曾专门整理出500种畅销书,研究人员先把畅销书全部数据化，然后利用研究数据和畅销书特征让人工智能深度学习，最后深度学习的人工智能创作出新的畅销书．因此，通过人工智能创作畅销书就变得很容易．

他认为作家防止被人工智能抢走"饭碗"的做法是：首先，不要写畅销书，作家应该创作一些人工智能很难模仿的科幻小说．其次是与人工智能成为"朋友"，比如，2017年日本职业棋手藤井聪太连胜29场，他不败的原因是一直在和人工智能进行练习．在陷入困境的时候，他经常使用那些人工智能认为是险招的做法，一招制敌，反败为胜．最后，作家和人工智能携手完成更好的小说．人工智能先创作出畅销书，然后作家把人工智能认为的畅销书中有趣与无趣的部分作为参考，再结合两个部分形成自己的写作风格，这样就可以和人工智能一起完成具有特色的小说．

数学书虽然成为畅销书难度很大，但几乎没有被人工智能抢走"饭碗"的可能．

贺老师的作品本工作室虽然已出版了几部，但笔者与贺老师只见过一面，他与笔者是同龄人，所以一定都会深深地怀念20世纪80年代那个黄金岁月．那个时候搞数学竞赛完全是一种贵族运动，而今却演变成了一个逐利场．正如历史学家所描述的英国贵族的退场，演绎出"陋室空堂，当年笏满床；衰草枯杨，曾为歌舞场"的悲剧．

如果非要指出点本书的不足，笔者认为有两点：一是大路货太多．这可能是贺老师为迎合那部分参加全国高中联赛一试的普通选手的需要，但对骨灰级的爱好者来说，本书中数学小众化的品位与格调似乎差了点意思．笔者最近看了一个朋友圈中的文章，是著名奥赛教练申强写的．他开板就说：

> 双曲三角函数也是一个无论高考还是高联好像都不会考，但我会讲的内容．
>
> 例如下面的经典例子：
>
> 已知$(x+\sqrt{x^2+1})(y+\sqrt{y^2+1})=1$，证明：$x+y=0$．
>
> 如果要用三角换元的方法做的话，那么使用 tan 和 sec 进行代换的效果并不好．但是令 $x=\sinh(a)$，$y=\sinh(b)$ 就方便了
>
> $$(\sinh(a)+\cosh(a))(\sinh(b)+\cosh(b))=1$$
>
> 展开后利用两角和公式(但注意双曲三角函数和三角函数的正负要有区别)
>
> $$\sinh(a+b)+\cosh(a+b)=1$$
>
> $$\mathrm{e}^{(a+b)}=1$$
>
> $$a+b=0$$

从而 $$x+y=0$$

当然就这个题来说这个方法看起来麻烦了，不过再来看看该题的一个变形：

已知$(x+\sqrt{y^2+1})(y+\sqrt{x^2+1})=1$，证明：$x+y=0$.

$$(\sinh(a)+\cosh(b))(\sinh(b)+\cosh(a))=1$$

$$\sinh(a)\sinh(b)+\sinh(a)\cosh(a)+$$
$$\sinh(b)\cosh(b)+\cosh(a)\cosh(b)=1$$

$$\cosh(a+b)+\frac{\sinh(2a)+\sinh(2b)}{2}=1$$

此处使用和差化积

$$\cosh(a+b)+\sinh(a+b)\cosh(a-b)=1$$

若$a+b\neq 0$，则

$$\cosh(a-b)=\frac{1-\cosh(a+b)}{\sinh(a+b)}=-\tanh\left(\frac{a+b}{2}\right)$$

但$\cosh(a-b)\geqslant 1,-\tanh\left(\frac{a+b}{2}\right)<1$，矛盾.

因此$a+b=0,x+y=0$.

明知不考还要讲，这才是贵族精神. 越没用越追求！

第二个不足是：本书中题很多，但有些问题虽然表面上不同，本质上却是相同的. 这点苏州的蔡玉书老师处理得相当好. 几天前，他发了一篇公众号文章，标题就叫作：

两道本质一致的不等式赛题

1. 设a,b,c是正数，求证

$$\left(1+\frac{a}{b}\right)\left(1+\frac{b}{c}\right)\left(1+\frac{c}{a}\right)\geqslant 2\left(1+\frac{a+b+c}{\sqrt[3]{abc}}\right)$$

（1998年亚太地区数学奥林匹克试题）

证法一 $\left(1+\frac{a}{b}\right)\left(1+\frac{b}{c}\right)\left(1+\frac{c}{a}\right)$

$$=2+\left(\frac{a}{b}+\frac{b}{c}+\frac{c}{a}\right)+\left(\frac{a}{c}+\frac{c}{b}+\frac{b}{a}\right)$$

$$=2+\left(\frac{a}{a}+\frac{a}{b}+\frac{a}{c}\right)+\left(\frac{b}{a}+\frac{b}{b}+\frac{b}{c}\right)+\left(\frac{c}{a}+\frac{c}{b}+\frac{c}{c}\right)-3$$

$$=-1+(a+b+c)\left(\frac{1}{a}+\frac{1}{b}+\frac{1}{c}\right)$$

$$\geqslant -1+3(a+b+c)\frac{1}{\sqrt[3]{abc}}$$

$$=-1+2(a+b+c)\frac{1}{\sqrt[3]{abc}}+(a+b+c)\frac{1}{\sqrt[3]{abc}}$$

$$\geqslant -1+2(a+b+c)\frac{1}{\sqrt[3]{abc}}+\frac{3\sqrt[3]{abc}}{\sqrt[3]{abc}}$$

$$=2\left(1+\frac{a+b+c}{\sqrt[3]{abc}}\right)$$

证法二 $\left(1+\frac{a}{b}\right)\left(1+\frac{b}{c}\right)\left(1+\frac{c}{a}\right)$

$$=2+\left(\frac{a}{b}+\frac{b}{c}+\frac{c}{a}\right)+\left(\frac{a}{c}+\frac{c}{b}+\frac{b}{a}\right)$$

$$=2+\frac{2}{3}\left[\left(\frac{a}{b}+\frac{a}{c}\right)+\left(\frac{b}{a}+\frac{b}{c}\right)+\left(\frac{c}{a}+\frac{c}{b}\right)\right]+$$

$$2\times\frac{1}{6}\left(\frac{a}{b}+\frac{b}{c}+\frac{c}{a}+\frac{a}{c}+\frac{c}{b}+\frac{b}{a}\right)$$

$$\geqslant 2+\frac{2}{3}\left[\left(\frac{a}{b}+\frac{a}{c}\right)+\left(\frac{b}{a}+\frac{b}{c}\right)+\left(\frac{c}{a}+\frac{c}{b}\right)\right]+$$

$$2\sqrt[6]{\frac{a}{b}\cdot\frac{b}{c}\cdot\frac{c}{a}\cdot\frac{a}{c}\cdot\frac{c}{b}\cdot\frac{b}{a}}$$

$$\geqslant 2+\frac{2}{3}\left[\left(\frac{a}{b}+\frac{a}{c}\right)+\left(\frac{b}{a}+\frac{c}{c}\right)+\left(\frac{c}{a}+\frac{c}{b}\right)\right]+2$$

$$=2+\frac{2}{3}\left[\left(\frac{a}{b}+\frac{a}{c}+\frac{a}{a}\right)+\left(\frac{b}{a}+\frac{b}{b}+\frac{b}{c}\right)+\left(\frac{c}{a}+\frac{c}{b}+\frac{c}{c}\right)\right]$$

$$=2\left[1+(a+b+c)\left(\frac{1}{a}+\frac{1}{b}+\frac{1}{c}\right)\right]$$

$$\geqslant 2\left(1+\frac{a+b+c}{\sqrt[3]{abc}}\right)$$

证法三 $\left(1+\frac{a}{b}\right)\left(1+\frac{b}{c}\right)\left(1+\frac{c}{a}\right)\geqslant 2\left(1+\frac{a+b+c}{\sqrt[3]{abc}}\right)$

等价于

$$a^2b+ab^2+b^2c+bc^2+c^2a+ca^2\geqslant 2(a+b+c)(abc)^{\frac{2}{3}} \quad ①$$

因为 $ab+bc+ca\geqslant 3(abc)^{\frac{2}{3}}$，所以 ① 加强为

$$a^2b+ab^2+b^2c+bc^2+c^2a+ca^2\geqslant \frac{2}{3}(a+b+c)(ab+bc+ca) \quad ②$$

$$②\Leftrightarrow a^2b+ab^2+b^2c+bc^2+c^2a+ca^2\geqslant 6abc \quad ③$$

由均值不等式得 $ab^2+c^2a\geqslant 2abc$，$a^2b+bc^2\geqslant 2abc$，$ca^2+b^2c\geqslant 2abc$，相加即得.

证法四

$$\left(1+\frac{a}{b}\right)\left(1+\frac{b}{c}\right)\left(1+\frac{c}{a}\right)$$
$$=2+\left(\frac{a}{b}+\frac{b}{c}+\frac{c}{a}\right)+\left(\frac{a}{c}+\frac{c}{b}+\frac{b}{a}\right)$$

下面证明 $\frac{a}{b}+\frac{b}{c}+\frac{c}{a}\geqslant\frac{a+b+c}{\sqrt[3]{abc}}$ 和 $\frac{a}{c}+\frac{c}{b}+\frac{b}{a}\geqslant\frac{a+b+c}{\sqrt[3]{abc}}$.

$$3\left(\frac{a}{b}+\frac{b}{c}+\frac{c}{a}\right)=\left(\frac{2a}{b}+\frac{b}{c}\right)+\left(\frac{2b}{c}+\frac{c}{a}\right)+\left(\frac{2c}{a}+\frac{a}{b}\right)$$
$$\geqslant 3\left(\sqrt[3]{\frac{a^2b}{b^2c}}+\sqrt[3]{\frac{b^2c}{c^2a}}+\sqrt[3]{\frac{b^2a}{a^2c}}\right)$$
$$=\frac{3(a+b+c)}{\sqrt[3]{abc}}$$

$$3\left(\frac{a}{c}+\frac{c}{b}+\frac{b}{a}\right)\geqslant\left(\frac{2a}{c}+\frac{c}{b}\right)+\left(\frac{2c}{b}+\frac{b}{a}\right)+\left(\frac{2b}{a}+\frac{a}{c}\right)$$
$$\geqslant 3\left(\sqrt[3]{\frac{a^2c}{c^2b}}+\sqrt[3]{\frac{c^2b}{b^2a}}+\sqrt[3]{\frac{b^2a}{a^2c}}\right)$$
$$=\frac{3(a+b+c)}{\sqrt[3]{abc}}$$

相加即得

$$\left(1+\frac{a}{b}\right)\left(1+\frac{b}{c}\right)\left(1+\frac{c}{a}\right)\geqslant 2\left(1+\frac{a+b+c}{\sqrt[3]{abc}}\right)$$

2. 已知 x,y,z 是正数，且 $xyz=1$，证明：$(1+x)(1+y)(1+z)\geqslant 2\left(1+\sqrt[3]{\frac{y}{x}}+\sqrt[3]{\frac{z}{y}}+\sqrt[3]{\frac{x}{z}}\right)$.（2003 年波罗的海数学奥林匹克试题）

证法一 $(1+x)(1+y)(1+z)\geqslant 2\left(1+\sqrt[3]{\frac{y}{x}}+\sqrt[3]{\frac{z}{y}}+\sqrt[3]{\frac{x}{z}}\right)$

$$\Leftrightarrow x+y+z+xy+yz+zx$$
$$\geqslant 2\left(\sqrt[3]{\frac{y}{x}}+\sqrt[3]{\frac{z}{y}}+\sqrt[3]{\frac{x}{z}}\right)$$

由均值不等式得

$$x+xy\geqslant 2\sqrt{x^2y}=2\sqrt{\frac{x}{z}}$$

同理

$$y+yz\geqslant 2\sqrt{y^2z}=2\sqrt{\frac{y}{x}},z+zx\geqslant 2\sqrt{\frac{z}{y}}$$

由均值不等式得

$$2\sqrt{\frac{y}{x}}+1=\sqrt{\frac{y}{x}}+\sqrt{\frac{y}{x}}+1\geqslant 3\sqrt[3]{\frac{y}{x}}$$

同理

$$2\sqrt{\frac{x}{z}}+1\geqslant 3\sqrt[3]{\frac{x}{z}}$$

$$2\sqrt{\frac{z}{y}}+1\geqslant 3\sqrt[3]{\frac{z}{y}}$$

$$\sqrt[3]{\frac{y}{x}}+\sqrt[3]{\frac{z}{y}}+\sqrt[3]{\frac{x}{z}}\geqslant 3$$

所以

$$\begin{aligned}&x+y+z+xy+yz+zx\\ \geqslant&\left(2\sqrt{\frac{x}{z}}+1\right)+\left(2\sqrt{\frac{y}{x}}+1\right)+\left(2\sqrt{\frac{z}{y}}+1\right)-3\\ \geqslant&3\left(\sqrt[3]{\frac{y}{x}}+\sqrt[3]{\frac{z}{y}}+\sqrt[3]{\frac{x}{z}}\right)-3\\ =&2\left(\sqrt[3]{\frac{y}{x}}+\sqrt[3]{\frac{z}{y}}+\sqrt[3]{\frac{x}{z}}\right)+\sqrt[3]{\frac{y}{x}}+\sqrt[3]{\frac{z}{y}}+\sqrt[3]{\frac{x}{z}}-3\\ \geqslant&2\left(\sqrt[3]{\frac{y}{x}}+\sqrt[3]{\frac{z}{y}}+\sqrt[3]{\frac{x}{z}}\right)\end{aligned}$$

证法二 令 $a=bx,b=cy,c=az$，则

$$\begin{aligned}&(1+x)(1+y)(1+z)\geqslant 2\left(1+\sqrt[3]{\frac{y}{x}}+\sqrt[3]{\frac{z}{y}}+\sqrt[3]{\frac{x}{z}}\right)\\ \Leftrightarrow&\left(1+\frac{a}{b}\right)\left(1+\frac{b}{c}\right)\left(1+\frac{c}{a}\right)\geqslant 2\left(1+\sqrt[3]{\frac{b^2}{ca}}+\sqrt[3]{\frac{c^2}{ab}}+\sqrt[3]{\frac{a^2}{bc}}\right)\\ =&2\left(1+\frac{a+b+c}{\sqrt[3]{abc}}\right)\end{aligned}$$

这样这道试题就转化成了 2008 年亚太地区数学奥林匹克竞赛的不等式试题，所以这两道试题本质相同. 当然这两道试题还有很多证明方法.

笔者也教奥数多年，现在回想起来，早期也认为教给学生的例题越多越好，后来才逐渐认识到数学的本质是最大限度地抽取本质上相同的东西，所以少即是多. 能将众彩纷呈的题目视为本质上统一的几个题目本身就是能力的一种体现.

当然本书的优点很多，否则笔者不会决定出版它. 毕竟出版资源有限，特别

是今年,所有出版机构的书号都被大幅削减,所以绝不能再出平庸之作.之所以指出几点不足是因为俗语说得好:褒贬是买主.真正看好的东西才会“鸡蛋里面挑骨头”.也希望借此向各位投稿者传递一下本工作室的出版品位,提高作品的命中率.

本书最令笔者满意的一点是对高等背景的重视.

在本书的190～193页以相当详细的笔法介绍了高等代数中哈密尔顿—凯利定理的叙述与应用.正如李尚志教授所说:所有优质的奥赛试题都是披着“初等数学外衣的高等数学之狼”(原话一时找不到出处了,记忆中大概是这个意思).笔者深以为然.所以要想成为一名优秀的奥赛教练,仅仅在初等数学这个小圈子中打转是不行的,一定要有深厚的高等数学修养才行.最近在阿里巴巴数学竞赛中获奖的杭州一中奥数教练赵斌就是一个突出的范例.

数学竞赛的目的之一是选拔科学天才,那么科学天才的出现究竟靠什么?在2018年有一个专门的讨论会:牛顿与科学天才概念的产生(Newton and the Creation of the Scientific Genius,清华大学科学史系,9月21日,主持:吴国盛教授).

> 在西方传统上,天才最初只与艺术家或作家有关——伟大的艺术家和作家受到某位缪斯女神或基督教的上帝的启发而创作了不朽的篇章.尽管人们也会说某位自然哲学家(科学家)拥有研究某门数学或科学的天分,但是不会将他们与天才联系在一起,因为人们认为上帝乃是自然的真正作者,哲学家不过是发现了早已存在的知识而已.只有到了18世纪,欧洲思想界才产生了“科学天才”的概念.这一概念的出现,与世俗化倾向、对科学创造性的新颖描述、资产阶级知识产权观念密不可分.随着科学团体中越来越看重方法,随着“受启蒙”的民主化形式的出现,科学天才既被当成一个世俗的圣徒,又被视为智力的翘楚;既被当成一个想象力超群的人,又被视为科学方法的创始者和奉行者.牛顿无疑是最符合这些新条件的一个“天才”.在将牛顿塑造为第一个科学天才的过程中,牛顿的外甥女婿康杜伊特起到了关键性的作用.他通过收集、整理牛顿的逸闻趣事,将牛顿描绘成一个平凡而又非凡的世俗圣徒.吊诡的是,一个科学天才被认为是一个拥有非凡想象力和创造力的人,但是牛顿本人生前是非常警惕甚至反对想象的.牛顿认为想象是偶像崇拜、情欲和虚构的源头,科学进步依靠的不是个人的创造力和想象力,而是理性、刻苦的工作以及对自然的实验性研究.

数学天才的产生除了极为重要的天赋之外，超乎常人的训练与努力也是十分必要的. 以同样需要天赋的篮球为例，乔丹成为 NBA 的“神”，而科比则注定会成为最努力的那个“人”. 他最经典的宣言是一句反问：“你知道洛杉矶早上 4 点钟是什么样子吗？”2006—2007 赛季，他放弃之前穿的 8 号球衣，开始改穿 24 号，人们期待他说出“我要比迈克尔·乔丹更出色”，他的回答却是：“一天有 24 小时，一次进攻有 24 秒，希望自己每天 24 小时每场比赛每一次进攻都能全身心地投入！”这才是我们平凡的人所能学习和效仿的！

刘培杰

2019.4.8

于哈工大

刘培杰数学工作室
已出版(即将出版)图书目录——初等数学

书　名	出版时间	定　价	编号
新编中学数学解题方法全书(高中版)上卷(第2版)	2018-08	58.00	951
新编中学数学解题方法全书(高中版)中卷(第2版)	2018-08	68.00	952
新编中学数学解题方法全书(高中版)下卷(一)(第2版)	2018-08	58.00	953
新编中学数学解题方法全书(高中版)下卷(二)(第2版)	2018-08	58.00	954
新编中学数学解题方法全书(高中版)下卷(三)(第2版)	2018-08	68.00	955
新编中学数学解题方法全书(初中版)上卷	2008-01	28.00	29
新编中学数学解题方法全书(初中版)中卷	2010-07	38.00	75
新编中学数学解题方法全书(高考复习卷)	2010-01	48.00	67
新编中学数学解题方法全书(高考真题卷)	2010-01	38.00	62
新编中学数学解题方法全书(高考精华卷)	2011-03	68.00	118
新编平面解析几何解题方法全书(专题讲座卷)	2010-01	18.00	61
新编中学数学解题方法全书(自主招生卷)	2013-08	88.00	261
数学奥林匹克与数学文化(第一辑)	2006-05	48.00	4
数学奥林匹克与数学文化(第二辑)(竞赛卷)	2008-01	48.00	19
数学奥林匹克与数学文化(第二辑)(文化卷)	2008-07	58.00	36′
数学奥林匹克与数学文化(第三辑)(竞赛卷)	2010-01	48.00	59
数学奥林匹克与数学文化(第四辑)(竞赛卷)	2011-08	58.00	87
数学奥林匹克与数学文化(第五辑)	2015-06	98.00	370
世界著名平面几何经典著作钩沉——几何作图专题卷(上)	2009-06	48.00	49
世界著名平面几何经典著作钩沉——几何作图专题卷(下)	2011-01	88.00	80
世界著名平面几何经典著作钩沉(民国平面几何老课本)	2011-03	38.00	113
世界著名平面几何经典著作钩沉(建国初期平面三角老课本)	2015-08	38.00	507
世界著名解析几何经典著作钩沉——平面解析几何卷	2014-01	38.00	264
世界著名数论经典著作钩沉(算术卷)	2012-01	28.00	125
世界著名数学经典著作钩沉——立体几何卷	2011-02	28.00	88
世界著名三角学经典著作钩沉(平面三角卷Ⅰ)	2010-06	28.00	69
世界著名三角学经典著作钩沉(平面三角卷Ⅱ)	2011-01	38.00	78
世界著名初等数论经典著作钩沉(理论和实用算术卷)	2011-07	38.00	126
发展你的空间想象力	2017-06	38.00	785
走向国际数学奥林匹克的平面几何试题诠释(上、下)(第1版)	2007-01	68.00	11,12
走向国际数学奥林匹克的平面几何试题诠释(上、下)(第2版)	2010-02	98.00	63,64
平面几何证明方法全书	2007-08	35.00	1
平面几何证明方法全书习题解答(第1版)	2005-10	18.00	2
平面几何证明方法全书习题解答(第2版)	2006-12	18.00	10
平面几何天天练上卷·基础篇(直线型)	2013-01	58.00	208
平面几何天天练中卷·基础篇(涉及圆)	2013-01	28.00	234
平面几何天天练下卷·提高篇	2013-01	58.00	237
平面几何专题研究	2013-07	98.00	258

刘培杰数学工作室
已出版(即将出版)图书目录——初等数学

书　名	出版时间	定　价	编号
最新世界各国数学奥林匹克中的平面几何试题	2007－09	38.00	14
数学竞赛平面几何典型题及新颖解	2010－07	48.00	74
初等数学复习及研究(平面几何)	2008－09	58.00	38
初等数学复习及研究(立体几何)	2010－06	38.00	71
初等数学复习及研究(平面几何)习题解答	2009－01	48.00	42
几何学教程(平面几何卷)	2011－03	68.00	90
几何学教程(立体几何卷)	2011－07	68.00	130
几何变换与几何证题	2010－06	88.00	70
计算方法与几何证题	2011－06	28.00	129
立体几何技巧与方法	2014－04	88.00	293
几何瑰宝——平面几何 500 名题暨 1000 条定理(上、下)	2010－07	138.00	76,77
三角形的解法与应用	2012－07	18.00	183
近代的三角形几何学	2012－07	48.00	184
一般折线几何学	2015－08	48.00	503
三角形的五心	2009－06	28.00	51
三角形的六心及其应用	2015－10	68.00	542
三角形趣谈	2012－08	28.00	212
解三角形	2014－01	28.00	265
三角学专门教程	2014－09	28.00	387
图天下几何新题试卷.初中(第 2 版)	2017－11	58.00	855
圆锥曲线习题集(上册)	2013－06	68.00	255
圆锥曲线习题集(中册)	2015－01	78.00	434
圆锥曲线习题集(下册・第 1 卷)	2016－10	78.00	683
圆锥曲线习题集(下册・第 2 卷)	2018－01	98.00	853
论九点圆	2015－05	88.00	645
近代欧氏几何学	2012－03	48.00	162
罗巴切夫斯基几何学及几何基础概要	2012－07	28.00	188
罗巴切夫斯基几何学初步	2015－06	28.00	474
用三角、解析几何、复数、向量计算解数学竞赛几何题	2015－03	48.00	455
美国中学几何教程	2015－04	88.00	458
三线坐标与三角形特征点	2015－04	98.00	460
平面解析几何方法与研究(第 1 卷)	2015－05	18.00	471
平面解析几何方法与研究(第 2 卷)	2015－06	18.00	472
平面解析几何方法与研究(第 3 卷)	2015－07	18.00	473
解析几何研究	2015－01	38.00	425
解析几何学教程.上	2016－01	38.00	574
解析几何学教程.下	2016－01	38.00	575
几何学基础	2016－01	58.00	581
初等几何研究	2015－02	58.00	444
十九和二十世纪欧氏几何学中的片段	2017－01	58.00	696
平面几何中考.高考.奥数一本通	2017－07	28.00	820
几何学简史	2017－08	28.00	833
四面体	2018－01	48.00	880
平面几何证明方法思路	2018－12	68.00	913
平面几何图形特性新析.上篇	2019－01	68.00	911
平面几何图形特性新析.下篇	2018－06	88.00	912
平面几何范例多解探究.上篇	2018－04	48.00	910
平面几何范例多解探究.下篇	2018－12	68.00	914
从分析解题过程学解题:竞赛中的几何问题研究	2018－07	68.00	946
二维、三维欧氏几何的对偶原理	2018－12	38.00	990
星形大观及闭折线论	2019－03	68.00	1020

刘培杰数学工作室
已出版(即将出版)图书目录——初等数学

书　　名	出版时间	定　价	编号
俄罗斯平面几何问题集	2009－08	88.00	55
俄罗斯立体几何问题集	2014－03	58.00	283
俄罗斯几何大师——沙雷金论数学及其他	2014－01	48.00	271
来自俄罗斯的 5000 道几何习题及解答	2011－03	58.00	89
俄罗斯初等数学问题集	2012－05	38.00	177
俄罗斯函数问题集	2011－03	38.00	103
俄罗斯组合分析问题集	2011－01	48.00	79
俄罗斯初等数学万题选——三角卷	2012－11	38.00	222
俄罗斯初等数学万题选——代数卷	2013－08	68.00	225
俄罗斯初等数学万题选——几何卷	2014－01	68.00	226
俄罗斯《量子》杂志数学征解问题 100 题选	2018－08	48.00	969
俄罗斯《量子》杂志数学征解问题又 100 题选	2018－08	48.00	970
463 个俄罗斯几何老问题	2012－01	28.00	152
《量子》数学短文精粹	2018－09	38.00	972

谈谈素数	2011－03	18.00	91
平方和	2011－03	18.00	92
整数论	2011－05	38.00	120
从整数谈起	2015－10	28.00	538
数与多项式	2016－01	38.00	558
谈谈不定方程	2011－05	28.00	119

解析不等式新论	2009－06	68.00	48
建立不等式的方法	2011－03	98.00	104
数学奥林匹克不等式研究	2009－08	68.00	56
不等式研究(第二辑)	2012－02	68.00	153
不等式的秘密(第一卷)	2012－02	28.00	154
不等式的秘密(第一卷)(第 2 版)	2014－02	38.00	286
不等式的秘密(第二卷)	2014－01	38.00	268
初等不等式的证明方法	2010－06	38.00	123
初等不等式的证明方法(第二版)	2014－11	38.00	407
不等式・理论・方法(基础卷)	2015－07	38.00	496
不等式・理论・方法(经典不等式卷)	2015－07	38.00	497
不等式・理论・方法(特殊类型不等式卷)	2015－07	48.00	498
不等式探究	2016－03	38.00	582
不等式探秘	2017－01	88.00	689
四面体不等式	2017－01	68.00	715
数学奥林匹克中常见重要不等式	2017－09	38.00	845
三正弦不等式	2018－09	98.00	974

同余理论	2012－05	38.00	163
[x]与{x}	2015－04	48.00	476
极值与最值. 上卷	2015－06	28.00	486
极值与最值. 中卷	2015－06	38.00	487
极值与最值. 下卷	2015－06	28.00	488
整数的性质	2012－11	38.00	192
完全平方数及其应用	2015－08	78.00	506
多项式理论	2015－10	88.00	541
奇数、偶数、奇偶分析法	2018－01	98.00	876
不定方程及其应用. 上	2018－12	58.00	992
不定方程及其应用. 中	2019－01	78.00	993
不定方程及其应用. 下	2019－02	98.00	994

刘培杰数学工作室
已出版(即将出版)图书目录——初等数学

书　名	出版时间	定　价	编号
历届美国中学生数学竞赛试题及解答(第一卷)1950—1954	2014—07	18.00	277
历届美国中学生数学竞赛试题及解答(第二卷)1955—1959	2014—04	18.00	278
历届美国中学生数学竞赛试题及解答(第三卷)1960—1964	2014—06	18.00	279
历届美国中学生数学竞赛试题及解答(第四卷)1965—1969	2014—04	28.00	280
历届美国中学生数学竞赛试题及解答(第五卷)1970—1972	2014—06	18.00	281
历届美国中学生数学竞赛试题及解答(第六卷)1973—1980	2017—07	18.00	768
历届美国中学生数学竞赛试题及解答(第七卷)1981—1986	2015—01	18.00	424
历届美国中学生数学竞赛试题及解答(第八卷)1987—1990	2017—05	18.00	769
历届 IMO 试题集(1959—2005)	2006—05	58.00	5
历届 CMO 试题集	2008—09	28.00	40
历届中国数学奥林匹克试题集(第 2 版)	2017—03	38.00	757
历届加拿大数学奥林匹克试题集	2012—08	38.00	215
历届美国数学奥林匹克试题集:多解推广加强	2012—08	38.00	209
历届美国数学奥林匹克试题集:多解推广加强(第 2 版)	2016—03	48.00	592
历届波兰数学竞赛试题集.第 1 卷,1949～1963	2015—03	18.00	453
历届波兰数学竞赛试题集.第 2 卷,1964～1976	2015—03	18.00	454
历届巴尔干数学奥林匹克试题集	2015—05	38.00	466
保加利亚数学奥林匹克	2014—10	38.00	393
圣彼得堡数学奥林匹克试题集	2015—01	38.00	429
匈牙利奥林匹克数学竞赛题解.第 1 卷	2016—05	28.00	593
匈牙利奥林匹克数学竞赛题解.第 2 卷	2016—05	28.00	594
历届美国数学邀请赛试题集(第 2 版)	2017—10	78.00	851
全国高中数学竞赛试题及解答.第 1 卷	2014—07	38.00	331
普林斯顿大学数学竞赛	2016—06	38.00	669
亚太地区数学奥林匹克竞赛题	2015—07	18.00	492
日本历届(初级)广中杯数学竞赛试题及解答.第 1 卷(2000～2007)	2016—05	28.00	641
日本历届(初级)广中杯数学竞赛试题及解答.第 2 卷(2008～2015)	2016—05	38.00	642
360 个数学竞赛问题	2016—08	58.00	677
奥数最佳实战题.上卷	2017—06	38.00	760
奥数最佳实战题.下卷	2017—05	58.00	761
哈尔滨市早期中学数学竞赛试题汇编	2016—07	28.00	672
全国高中数学联赛试题及解答:1981—2017(第 2 版)	2018—05	98.00	920
20 世纪 50 年代全国部分城市数学竞赛试题汇编	2017—07	28.00	797
高中数学竞赛培训教程:平面几何问题的求解方法与策略.上	2018—05	68.00	906
高中数学竞赛培训教程:平面几何问题的求解方法与策略.下	2018—06	78.00	907
高中数学竞赛培训教程:整除与同余以及不定方程	2018—01	88.00	908
高中数学竞赛培训教程:组合计数与组合极值	2018—04	48.00	909
国内外数学竞赛题及精解:2016～2017	2018—07	45.00	922
许康华竞赛优学精选集.第一辑	2018—08	68.00	949
高考数学临门一脚(含密押三套卷)(理科版)	2017—01	45.00	743
高考数学临门一脚(含密押三套卷)(文科版)	2017—01	45.00	744
新课标高考数学题型全归纳(文科版)	2015—05	72.00	467
新课标高考数学题型全归纳(理科版)	2015—05	82.00	468
洞穿高考数学解答题核心考点(理科版)	2015—11	49.80	550
洞穿高考数学解答题核心考点(文科版)	2015—11	46.80	551

刘培杰数学工作室
已出版(即将出版)图书目录——初等数学

书　名	出版时间	定　价	编号
高考数学题型全归纳:文科版.上	2016－05	53.00	663
高考数学题型全归纳:文科版.下	2016－05	53.00	664
高考数学题型全归纳:理科版.上	2016－05	58.00	665
高考数学题型全归纳:理科版.下	2016－05	58.00	666
王连笑教你怎样学数学:高考选择题解题策略与客观题实用训练	2014－01	48.00	262
王连笑教你怎样学数学:高考数学高层次讲座	2015－02	48.00	432
高考数学的理论与实践	2009－08	38.00	53
高考数学核心题型解题方法与技巧	2010－01	28.00	86
高考思维新平台	2014－03	38.00	259
30 分钟拿下高考数学选择题、填空题(理科版)	2016－10	39.80	720
30 分钟拿下高考数学选择题、填空题(文科版)	2016－10	39.80	721
高考数学压轴题解题诀窍(上)(第 2 版)	2018－01	58.00	874
高考数学压轴题解题诀窍(下)(第 2 版)	2018－01	48.00	875
北京市五区文科数学三年高考模拟题详解:2013～2015	2015－08	48.00	500
北京市五区理科数学三年高考模拟题详解:2013～2015	2015－09	68.00	505
向量法巧解数学高考题	2009－08	28.00	54
高考数学万能解题法(第 2 版)	即将出版	38.00	691
高考物理万能解题法(第 2 版)	即将出版	38.00	692
高考化学万能解题法(第 2 版)	即将出版	28.00	693
高考生物万能解题法(第 2 版)	即将出版	28.00	694
高考数学解题金典(第 2 版)	2017－01	78.00	716
高考物理解题金典(第 2 版)	即将出版	68.00	717
高考化学解题金典(第 2 版)	即将出版	58.00	718
我一定要赚分:高中物理	2016－01	38.00	580
数学高考参考	2016－01	78.00	589
2011～2015 年全国及各省市高考数学文科精品试题审题要津与解法研究	2015－10	68.00	539
2011～2015 年全国及各省市高考数学理科精品试题审题要津与解法研究	2015－10	88.00	540
最新全国及各省市高考数学试卷解法研究及点拨评析	2009－02	38.00	41
2011 年全国及各省市高考数学试题审题要津与解法研究	2011－10	48.00	139
2013 年全国及各省市高考数学试题解析与点评	2014－01	48.00	282
全国及各省市高考数学试题审题要津与解法研究	2015－02	48.00	450
新课标高考数学——五年试题分章详解(2007～2011)(上、下)	2011－10	78.00	140,141
全国中考数学压轴题审题要津与解法研究	2013－04	78.00	248
新编全国及各省市中考数学压轴题审题要津与解法研究	2014－05	58.00	342
全国及各省市 5 年中考数学压轴题审题要津与解法研究(2015 版)	2015－04	58.00	462
中考数学专题总复习	2007－04	28.00	6
中考数学较难题、难题常考题型解题方法与技巧.上	2016－01	48.00	584
中考数学较难题、难题常考题型解题方法与技巧.下	2016－01	58.00	585
中考数学较难题常考题型解题方法与技巧	2016－09	48.00	681
中考数学难题常考题型解题方法与技巧	2016－09	48.00	682
中考数学中档题常考题型解题方法与技巧	2017－08	68.00	835
中考数学选择填空压轴好题妙解 365	2017－05	38.00	759

刘培杰数学工作室
已出版(即将出版)图书目录——初等数学

书 名	出版时间	定 价	编号
中考数学小压轴汇编初讲	2017－07	48.00	788
中考数学大压轴专题微言	2017－09	48.00	846
北京中考数学压轴题解题方法突破(第 4 版)	2019－01	58.00	1001
助你高考成功的数学解题智慧:知识是智慧的基础	2016－01	58.00	596
助你高考成功的数学解题智慧:错误是智慧的试金石	2016－04	58.00	643
助你高考成功的数学解题智慧:方法是智慧的推手	2016－04	68.00	657
高考数学奇思妙解	2016－04	38.00	610
高考数学解题策略	2016－05	48.00	670
数学解题泄天机(第 2 版)	2017－10	48.00	850
高考物理压轴题全解	2017－04	48.00	746
高中物理经典问题 25 讲	2017－05	28.00	764
高中物理教学讲义	2018－01	48.00	871
2016 年高考文科数学真题研究	2017－04	58.00	754
2016 年高考理科数学真题研究	2017－04	78.00	755
初中数学、高中数学脱节知识补缺教材	2017－06	48.00	766
高考数学小题抢分必练	2017－10	48.00	834
高考数学核心素养解读	2017－09	38.00	839
高考数学客观题解题方法和技巧	2017－10	38.00	847
十年高考数学精品试题审题要津与解法研究.上卷	2018－01	68.00	872
十年高考数学精品试题审题要津与解法研究.下卷	2018－01	58.00	873
中国历届高考数学试题及解答.1949－1979	2018－01	38.00	877
历届中国高考数学试题及解答.第二卷,1980—1989	2018－10	28.00	975
历届中国高考数学试题及解答.第三卷,1990—1999	2018－10	48.00	976
数学文化与高考研究	2018－03	48.00	882
跟我学解高中数学题	2018－07	58.00	926
中学数学研究的方法及案例	2018－05	58.00	869
高考数学抢分技能	2018－07	68.00	934
高一新生常用数学方法和重要数学思想提升教材	2018－06	38.00	921
2018 年高考数学真题研究	2019－01	68.00	1000

新编 640 个世界著名数学智力趣题	2014－01	88.00	242
500 个最新世界著名数学智力趣题	2008－06	48.00	3
400 个最新世界著名数学最值问题	2008－09	48.00	36
500 个世界著名数学征解问题	2009－06	48.00	52
400 个中国最佳初等数学征解老问题	2010－01	48.00	60
500 个俄罗斯数学经典老题	2011－01	28.00	81
1000 个国外中学物理好题	2012－04	48.00	174
300 个日本高考数学题	2012－05	38.00	142
700 个早期日本高考数学试题	2017－02	88.00	752
500 个前苏联早期高考数学试题及解答	2012－05	28.00	185
546 个早期俄罗斯大学生数学竞赛题	2014－03	38.00	285
548 个来自美苏的数学好问题	2014－11	28.00	396
20 所苏联著名大学早期入学试题	2015－02	18.00	452
161 道德国工科大学生必做的微分方程习题	2015－05	28.00	469
500 个德国工科大学生必做的高数习题	2015－06	28.00	478
360 个数学竞赛问题	2016－08	58.00	677
200 个趣味数学故事	2018－02	48.00	857
470 个数学奥林匹克中的最值问题	2018－10	88.00	985
德国讲义日本考题.微积分卷	2015－04	48.00	456
德国讲义日本考题.微分方程卷	2015－04	38.00	457
二十世纪中叶中、英、美、日、法、俄高考数学试题精选	2017－06	38.00	783

刘培杰数学工作室
已出版(即将出版)图书目录——初等数学

书　　名	出版时间	定　价	编号
中国初等数学研究　2009 卷(第 1 辑)	2009—05	20.00	45
中国初等数学研究　2010 卷(第 2 辑)	2010—05	30.00	68
中国初等数学研究　2011 卷(第 3 辑)	2011—07	60.00	127
中国初等数学研究　2012 卷(第 4 辑)	2012—07	48.00	190
中国初等数学研究　2014 卷(第 5 辑)	2014—02	48.00	288
中国初等数学研究　2015 卷(第 6 辑)	2015—06	68.00	493
中国初等数学研究　2016 卷(第 7 辑)	2016—04	68.00	609
中国初等数学研究　2017 卷(第 8 辑)	2017—01	98.00	712
几何变换(Ⅰ)	2014—07	28.00	353
几何变换(Ⅱ)	2015—06	28.00	354
几何变换(Ⅲ)	2015—01	38.00	355
几何变换(Ⅳ)	2015—12	38.00	356
初等数论难题集(第一卷)	2009—05	68.00	44
初等数论难题集(第二卷)(上、下)	2011—02	128.00	82,83
数论概貌	2011—03	18.00	93
代数数论(第二版)	2013—08	58.00	94
代数多项式	2014—06	38.00	289
初等数论的知识与问题	2011—02	28.00	95
超越数论基础	2011—03	28.00	96
数论初等教程	2011—03	28.00	97
数论基础	2011—03	18.00	98
数论基础与维诺格拉多夫	2014—03	18.00	292
解析数论基础	2012—08	28.00	216
解析数论基础(第二版)	2014—01	48.00	287
解析数论问题集(第二版)(原版引进)	2014—05	88.00	343
解析数论问题集(第二版)(中译本)	2016—04	88.00	607
解析数论基础(潘承洞,潘承彪著)	2016—07	98.00	673
解析数论导引	2016—07	58.00	674
数论入门	2011—03	38.00	99
代数数论入门	2015—03	38.00	448
数论开篇	2012—07	28.00	194
解析数论引论	2011—03	48.00	100
Barban Davenport Halberstam 均值和	2009—01	40.00	33
基础数论	2011—03	28.00	101
初等数论 100 例	2011—05	18.00	122
初等数论经典例题	2012—07	18.00	204
最新世界各国数学奥林匹克中的初等数论试题(上、下)	2012—01	138.00	144,145
初等数论(Ⅰ)	2012—01	18.00	156
初等数论(Ⅱ)	2012—01	18.00	157
初等数论(Ⅲ)	2012—01	28.00	158

刘培杰数学工作室
已出版(即将出版)图书目录——初等数学

书　　名	出版时间	定　价	编号
平面几何与数论中未解决的新老问题	2013-01	68.00	229
代数数论简史	2014-11	28.00	408
代数数论	2015-09	88.00	532
代数、数论及分析习题集	2016-11	98.00	695
数论导引提要及习题解答	2016-01	48.00	559
素数定理的初等证明.第2版	2016-09	48.00	686
数论中的模函数与狄利克雷级数(第二版)	2017-11	78.00	837
数论:数学导引	2018-01	68.00	849
范式大代数	2019-02	98.00	1016
解析数学讲义.第一卷,导来式及微分、积分、级数	2019-04	88.00	1021
解析数学讲义.第二卷,关于几何的应用	2019-04	68.00	1022
解析数学讲义.第三卷,解析函数论	2019-04	78.00	1023
数学精神巡礼	2019-01	58.00	731
数学眼光透视(第2版)	2017-06	78.00	732
数学思想领悟(第2版)	2018-01	68.00	733
数学方法溯源(第2版)	2018-08	68.00	734
数学解题引论	2017-05	58.00	735
数学史话览胜(第2版)	2017-01	48.00	736
数学应用展观(第2版)	2017-08	68.00	737
数学建模尝试	2018-04	48.00	738
数学竞赛采风	2018-01	68.00	739
数学技能操握	2018-03	48.00	741
数学欣赏拾趣	2018-02	48.00	742
从毕达哥拉斯到怀尔斯	2007-10	48.00	9
从迪利克雷到维斯卡尔迪	2008-01	48.00	21
从哥德巴赫到陈景润	2008-05	98.00	35
从庞加莱到佩雷尔曼	2011-08	138.00	136
博弈论精粹	2008-03	58.00	30
博弈论精粹.第二版(精装)	2015-01	88.00	461
数学 我爱你	2008-01	28.00	20
精神的圣徒　别样的人生——60位中国数学家成长的历程	2008-09	48.00	39
数学史概论	2009-06	78.00	50
数学史概论(精装)	2013-03	158.00	272
数学史选讲	2016-01	48.00	544
斐波那契数列	2010-02	28.00	65
数学拼盘和斐波那契魔方	2010-07	38.00	72
斐波那契数列欣赏(第2版)	2018-08	58.00	948
Fibonacci数列中的明珠	2018-06	58.00	928
数学的创造	2011-02	48.00	85
数学美与创造力	2016-01	48.00	595
数海拾贝	2016-01	48.00	590
数学中的美	2011-02	38.00	84
数论中的美学	2014-12	38.00	351

刘培杰数学工作室
已出版(即将出版)图书目录——初等数学

书　名	出版时间	定　价	编号
数学王者　科学巨人——高斯	2015－01	28.00	428
振兴祖国数学的圆梦之旅:中国初等数学研究史话	2015－06	98.00	490
二十世纪中国数学史料研究	2015－10	48.00	536
数字谜、数阵图与棋盘覆盖	2016－01	58.00	298
时间的形状	2016－01	38.00	556
数学发现的艺术:数学探索中的合情推理	2016－07	58.00	671
活跃在数学中的参数	2016－07	48.00	675
数学解题——靠数学思想给力(上)	2011－07	38.00	131
数学解题——靠数学思想给力(中)	2011－07	48.00	132
数学解题——靠数学思想给力(下)	2011－07	38.00	133
我怎样解题	2013－01	48.00	227
数学解题中的物理方法	2011－06	28.00	114
数学解题的特殊方法	2011－06	48.00	115
中学数学计算技巧	2012－01	48.00	116
中学数学证明方法	2012－01	58.00	117
数学趣题巧解	2012－03	28.00	128
高中数学教学通鉴	2015－05	58.00	479
和高中生漫谈:数学与哲学的故事	2014－08	28.00	369
算术问题集	2017－03	38.00	789
张教授讲数学	2018－07	38.00	933
自主招生考试中的参数方程问题	2015－01	28.00	435
自主招生考试中的极坐标问题	2015－04	28.00	463
近年全国重点大学自主招生数学试题全解及研究.华约卷	2015－02	38.00	441
近年全国重点大学自主招生数学试题全解及研究.北约卷	2016－05	38.00	619
自主招生数学解证宝典	2015－09	48.00	535
格点和面积	2012－07	18.00	191
射影几何趣谈	2012－04	28.00	175
斯潘纳尔引理——从一道加拿大数学奥林匹克试题谈起	2014－01	28.00	228
李普希兹条件——从几道近年高考数学试题谈起	2012－10	18.00	221
拉格朗日中值定理——从一道北京高考试题的解法谈起	2015－10	18.00	197
闵科夫斯基定理——从一道清华大学自主招生试题谈起	2014－01	28.00	198
哈尔测度——从一道冬令营试题的背景谈起	2012－08	28.00	202
切比雪夫逼近问题——从一道中国台北数学奥林匹克试题谈起	2013－04	38.00	238
伯恩斯坦多项式与贝齐尔曲面——从一道全国高中数学联赛试题谈起	2013－03	38.00	236
卡塔兰猜想——从一道普特南竞赛试题谈起	2013－06	18.00	256
麦卡锡函数和阿克曼函数——从一道前南斯拉夫数学奥林匹克试题谈起	2012－08	18.00	201
贝蒂定理与拉姆贝克莫斯尔定理——从一个拣石子游戏谈起	2012－08	18.00	217
皮亚诺曲线和豪斯道夫分球定理——从无限集谈起	2012－08	18.00	211
平面凸图形与凸多面体	2012－10	28.00	218
斯坦因豪斯问题——从一道二十五省市自治区中学数学竞赛试题谈起	2012－07	18.00	196

刘培杰数学工作室
已出版(即将出版)图书目录——初等数学

书　　名	出版时间	定　价	编号
纽结理论中的亚历山大多项式与琼斯多项式——从一道北京市高一数学竞赛试题谈起	2012－07	28.00	195
原则与策略——从波利亚"解题表"谈起	2013－04	38.00	244
转化与化归——从三大尺规作图不能问题谈起	2012－08	28.00	214
代数几何中的贝祖定理(第一版)——从一道 IMO 试题的解法谈起	2013－08	18.00	193
成功连贯理论与约当块理论——从一道比利时数学竞赛试题谈起	2012－04	18.00	180
素数判定与大数分解	2014－08	18.00	199
置换多项式及其应用	2012－10	18.00	220
椭圆函数与模函数——从一道美国加州大学洛杉矶分校(UCLA)博士资格考题谈起	2012－10	28.00	219
差分方程的拉格朗日方法——从一道 2011 年全国高考理科试题的解法谈起	2012－08	28.00	200
力学在几何中的一些应用	2013－01	38.00	240
高斯散度定理、斯托克斯定理和平面格林定理——从一道国际大学生数学竞赛试题谈起	即将出版		
康托洛维奇不等式——从一道全国高中联赛试题谈起	2013－03	28.00	337
西格尔引理——从一道第 18 届 IMO 试题的解法谈起	即将出版		
罗斯定理——从一道前苏联数学竞赛试题谈起	即将出版		
拉克斯定理和阿廷定理——从一道 IMO 试题的解法谈起	2014－01	58.00	246
毕卡大定理——从一道美国大学数学竞赛试题谈起	2014－07	18.00	350
贝齐尔曲线——从一道全国高中联赛试题谈起	即将出版		
拉格朗日乘子定理——从一道 2005 年全国高中联赛试题的高等数学解法谈起	2015－05	28.00	480
雅可比定理——从一道日本数学奥林匹克试题谈起	2013－04	48.00	249
李天岩－约克定理——从一道波兰数学竞赛试题谈起	2014－06	28.00	349
整系数多项式因式分解的一般方法——从克朗耐克算法谈起	即将出版		
布劳维不动点定理——从一道前苏联数学奥林匹克试题谈起	2014－01	38.00	273
伯恩赛德定理——从一道英国数学奥林匹克试题谈起	即将出版		
布查特－莫斯特定理——从一道上海市初中竞赛试题谈起	即将出版		
数论中的同余数问题——从一道普特南竞赛试题谈起	即将出版		
范·德蒙行列式——从一道美国数学奥林匹克试题谈起	即将出版		
中国剩余定理:总数法构建中国历史年表	2015－01	28.00	430
牛顿程序与方程求根——从一道全国高考试题解法谈起	即将出版		
库默尔定理——从一道 IMO 预选试题谈起	即将出版		
卢丁定理——从一道冬令营试题的解法谈起	即将出版		
沃斯滕霍姆定理——从一道 IMO 预选试题谈起	即将出版		
卡尔松不等式——从一道莫斯科数学奥林匹克试题谈起	即将出版		
信息论中的香农熵——从一道近年高考压轴题谈起	即将出版		
约当不等式——从一道希望杯竞赛试题谈起	即将出版		
拉比诺维奇定理	即将出版		
刘维尔定理——从一道《美国数学月刊》征解问题的解法谈起	即将出版		
卡塔兰恒等式与级数求和——从一道 IMO 试题的解法谈起	即将出版		
勒让德猜想与素数分布——从一道爱尔兰竞赛试题谈起	即将出版		
天平称重与信息论——从一道基辅市数学奥林匹克试题谈起	即将出版		
哈密尔顿－凯莱定理:从一道高中数学联赛试题的解法谈起	2014－09	18.00	376
艾思特曼定理——从一道 CMO 试题的解法谈起	即将出版		

刘培杰数学工作室
已出版(即将出版)图书目录——初等数学

书名	出版时间	定价	编号
阿贝尔恒等式与经典不等式及应用	2018－06	98.00	923
迪利克雷除数问题	2018－07	48.00	930
贝克码与编码理论——从一道全国高中联赛试题谈起	即将出版		
帕斯卡三角形	2014－03	18.00	294
蒲丰投针问题——从 2009 年清华大学的一道自主招生试题谈起	2014－01	38.00	295
斯图姆定理——从一道"华约"自主招生试题的解法谈起	2014－01	18.00	296
许瓦兹引理——从一道加利福尼亚大学伯克利分校数学系博士生试题谈起	2014－08	18.00	297
拉姆塞定理——从王诗宬院士的一个问题谈起	2016－04	48.00	299
坐标法	2013－12	28.00	332
数论三角形	2014－04	38.00	341
毕克定理	2014－07	18.00	352
数林掠影	2014－09	48.00	389
我们周围的概率	2014－10	38.00	390
凸函数最值定理:从一道华约自主招生题的解法谈起	2014－10	28.00	391
易学与数学奥林匹克	2014－10	38.00	392
生物数学趣谈	2015－01	18.00	409
反演	2015－01	28.00	420
因式分解与圆锥曲线	2015－01	18.00	426
轨迹	2015－01	28.00	427
面积原理:从常庚哲命的一道 CMO 试题的积分解法谈起	2015－01	48.00	431
形形色色的不动点定理:从一道 28 届 IMO 试题谈起	2015－01	38.00	439
柯西函数方程:从一道上海交大自主招生的试题谈起	2015－02	28.00	440
三角恒等式	2015－02	28.00	442
无理性判定:从一道 2014 年"北约"自主招生试题谈起	2015－01	38.00	443
数学归纳法	2015－03	18.00	451
极端原理与解题	2015－04	28.00	464
法雷级数	2014－08	18.00	367
摆线族	2015－01	38.00	438
函数方程及其解法	2015－05	38.00	470
含参数的方程和不等式	2012－09	28.00	213
希尔伯特第十问题	2016－01	38.00	543
无穷小量的求和	2016－01	28.00	545
切比雪夫多项式:从一道清华大学金秋营试题谈起	2016－01	38.00	583
泽肯多夫定理	2016－03	38.00	599
代数等式证题法	2016－01	28.00	600
三角等式证题法	2016－01	28.00	601
吴大任教授藏书中的一个因式分解公式:从一道美国数学邀请赛试题的解法谈起	2016－06	28.00	656
易卦——类万物的数学模型	2017－08	68.00	838
"不可思议"的数与数系可持续发展	2018－01	38.00	878
最短线	2018－01	38.00	879
幻方和魔方(第一卷)	2012－05	68.00	173
尘封的经典——初等数学经典文献选读(第一卷)	2012－07	48.00	205
尘封的经典——初等数学经典文献选读(第二卷)	2012－07	38.00	206
初级方程式论	2011－03	28.00	106
初等数学研究(Ⅰ)	2008－09	68.00	37
初等数学研究(Ⅱ)(上、下)	2009－05	118.00	46,47

刘培杰数学工作室
已出版(即将出版)图书目录——初等数学

书　　名	出版时间	定　价	编号
趣味初等方程妙题集锦	2014—09	48.00	388
趣味初等数论选美与欣赏	2015—02	48.00	445
耕读笔记(上卷):一位农民数学爱好者的初数探索	2015—04	28.00	459
耕读笔记(中卷):一位农民数学爱好者的初数探索	2015—05	28.00	483
耕读笔记(下卷):一位农民数学爱好者的初数探索	2015—05	28.00	484
几何不等式研究与欣赏.上卷	2016—01	88.00	547
几何不等式研究与欣赏.下卷	2016—01	48.00	552
初等数列研究与欣赏·上	2016—01	48.00	570
初等数列研究与欣赏·下	2016—01	48.00	571
趣味初等函数研究与欣赏.上	2016—09	48.00	684
趣味初等函数研究与欣赏.下	2018—09	48.00	685
火柴游戏	2016—05	38.00	612
智力解谜.第1卷	2017—07	38.00	613
智力解谜.第2卷	2017—07	38.00	614
故事智力	2016—07	48.00	615
名人们喜欢的智力问题	即将出版		616
数学大师的发现、创造与失误	2018—01	48.00	617
异曲同工	2018—09	48.00	618
数学的味道	2018—01	58.00	798
数学千字文	2018—10	68.00	977
数贝偶拾——高考数学题研究	2014—04	28.00	274
数贝偶拾——初等数学研究	2014—04	38.00	275
数贝偶拾——奥数题研究	2014—04	48.00	276
钱昌本教你快乐学数学(上)	2011—12	48.00	155
钱昌本教你快乐学数学(下)	2012—03	58.00	171
集合、函数与方程	2014—01	28.00	300
数列与不等式	2014—01	38.00	301
三角与平面向量	2014—01	28.00	302
平面解析几何	2014—01	38.00	303
立体几何与组合	2014—01	28.00	304
极限与导数、数学归纳法	2014—01	38.00	305
趣味数学	2014—03	28.00	306
教材教法	2014—04	68.00	307
自主招生	2014—05	58.00	308
高考压轴题(上)	2015—01	48.00	309
高考压轴题(下)	2014—10	68.00	310
从费马到怀尔斯——费马大定理的历史	2013—10	198.00	Ⅰ
从庞加莱到佩雷尔曼——庞加莱猜想的历史	2013—10	298.00	Ⅱ
从切比雪夫到爱尔特希(上)——素数定理的初等证明	2013—07	48.00	Ⅲ
从切比雪夫到爱尔特希(下)——素数定理100年	2012—12	98.00	Ⅲ
从高斯到盖尔方特——二次域的高斯猜想	2013—10	198.00	Ⅳ
从库默尔到朗兰兹——朗兰兹猜想的历史	2014—01	98.00	Ⅴ
从比勃巴赫到德布朗斯——比勃巴赫猜想的历史	2014—02	298.00	Ⅵ
从麦比乌斯到陈省身——麦比乌斯变换与麦比乌斯带	2014—02	298.00	Ⅶ
从布尔到豪斯道夫——布尔方程与格论漫谈	2013—10	198.00	Ⅷ
从开普勒到阿诺德——三体问题的历史	2014—05	298.00	Ⅸ
从华林到华罗庚——华林问题的历史	2013—10	298.00	Ⅹ

刘培杰数学工作室
已出版(即将出版)图书目录——初等数学

书　　名	出版时间	定　价	编号
美国高中数学竞赛五十讲.第1卷(英文)	2014－08	28.00	357
美国高中数学竞赛五十讲.第2卷(英文)	2014－08	28.00	358
美国高中数学竞赛五十讲.第3卷(英文)	2014－09	28.00	359
美国高中数学竞赛五十讲.第4卷(英文)	2014－09	28.00	360
美国高中数学竞赛五十讲.第5卷(英文)	2014－10	28.00	361
美国高中数学竞赛五十讲.第6卷(英文)	2014－11	28.00	362
美国高中数学竞赛五十讲.第7卷(英文)	2014－12	28.00	363
美国高中数学竞赛五十讲.第8卷(英文)	2015－01	28.00	364
美国高中数学竞赛五十讲.第9卷(英文)	2015－01	28.00	365
美国高中数学竞赛五十讲.第10卷(英文)	2015－02	38.00	366

三角函数(第2版)	2017－04	38.00	626
不等式	2014－01	38.00	312
数列	2014－01	38.00	313
方程(第2版)	2017－04	38.00	624
排列和组合	2014－01	28.00	315
极限与导数(第2版)	2016－04	38.00	635
向量(第2版)	2018－08	58.00	627
复数及其应用	2014－08	28.00	318
函数	2014－01	38.00	319
集合	即将出版		320
直线与平面	2014－01	28.00	321
立体几何(第2版)	2016－04	38.00	629
解三角形	即将出版		323
直线与圆(第2版)	2016－11	38.00	631
圆锥曲线(第2版)	2016－09	48.00	632
解题通法(一)	2014－07	38.00	326
解题通法(二)	2014－07	38.00	327
解题通法(三)	2014－05	38.00	328
概率与统计	2014－01	28.00	329
信息迁移与算法	即将出版		330

IMO 50年.第1卷(1959－1963)	2014－11	28.00	377
IMO 50年.第2卷(1964－1968)	2014－11	28.00	378
IMO 50年.第3卷(1969－1973)	2014－09	28.00	379
IMO 50年.第4卷(1974－1978)	2016－04	38.00	380
IMO 50年.第5卷(1979－1984)	2015－04	38.00	381
IMO 50年.第6卷(1985－1989)	2015－04	58.00	382
IMO 50年.第7卷(1990－1994)	2016－01	48.00	383
IMO 50年.第8卷(1995－1999)	2016－06	38.00	384
IMO 50年.第9卷(2000－2004)	2015－04	58.00	385
IMO 50年.第10卷(2005－2009)	2016－01	48.00	386
IMO 50年.第11卷(2010－2015)	2017－03	48.00	646

刘培杰数学工作室
已出版(即将出版)图书目录——初等数学

书　　名	出版时间	定　价	编号
数学反思(2006—2007)	即将出版		915
数学反思(2008—2009)	2019—01	68.00	917
数学反思(2010—2011)	2018—05	58.00	916
数学反思(2012—2013)	2019—01	58.00	918
数学反思(2014—2015)	2019—03	78.00	919
历届美国大学生数学竞赛试题集.第一卷(1938—1949)	2015—01	28.00	397
历届美国大学生数学竞赛试题集.第二卷(1950—1959)	2015—01	28.00	398
历届美国大学生数学竞赛试题集.第三卷(1960—1969)	2015—01	28.00	399
历届美国大学生数学竞赛试题集.第四卷(1970—1979)	2015—01	18.00	400
历届美国大学生数学竞赛试题集.第五卷(1980—1989)	2015—01	28.00	401
历届美国大学生数学竞赛试题集.第六卷(1990—1999)	2015—01	28.00	402
历届美国大学生数学竞赛试题集.第七卷(2000—2009)	2015—08	18.00	403
历届美国大学生数学竞赛试题集.第八卷(2010—2012)	2015—01	18.00	404
新课标高考数学创新题解题诀窍:总论	2014—09	28.00	372
新课标高考数学创新题解题诀窍:必修1～5分册	2014—08	38.00	373
新课标高考数学创新题解题诀窍:选修2—1,2—2,1—1,1—2分册	2014—09	38.00	374
新课标高考数学创新题解题诀窍:选修2—3,4—4,4—5分册	2014—09	18.00	375
全国重点大学自主招生英文数学试题全攻略:词汇卷	2015—07	48.00	410
全国重点大学自主招生英文数学试题全攻略:概念卷	2015—01	28.00	411
全国重点大学自主招生英文数学试题全攻略:文章选读卷(上)	2016—09	38.00	412
全国重点大学自主招生英文数学试题全攻略:文章选读卷(下)	2017—01	58.00	413
全国重点大学自主招生英文数学试题全攻略:试题卷	2015—07	38.00	414
全国重点大学自主招生英文数学试题全攻略:名著欣赏卷	2017—03	48.00	415
劳埃德数学趣题大全.题目卷.1:英文	2016—01	18.00	516
劳埃德数学趣题大全.题目卷.2:英文	2016—01	18.00	517
劳埃德数学趣题大全.题目卷.3:英文	2016—01	18.00	518
劳埃德数学趣题大全.题目卷.4:英文	2016—01	18.00	519
劳埃德数学趣题大全.题目卷.5:英文	2016—01	18.00	520
劳埃德数学趣题大全.答案卷:英文	2016—01	18.00	521
李成章教练奥数笔记.第1卷	2016—01	48.00	522
李成章教练奥数笔记.第2卷	2016—01	48.00	523
李成章教练奥数笔记.第3卷	2016—01	38.00	524
李成章教练奥数笔记.第4卷	2016—01	38.00	525
李成章教练奥数笔记.第5卷	2016—01	38.00	526
李成章教练奥数笔记.第6卷	2016—01	38.00	527
李成章教练奥数笔记.第7卷	2016—01	38.00	528
李成章教练奥数笔记.第8卷	2016—01	48.00	529
李成章教练奥数笔记.第9卷	2016—01	28.00	530

刘培杰数学工作室
已出版(即将出版)图书目录——初等数学

书 名	出版时间	定 价	编号
第19～23届"希望杯"全国数学邀请赛试题审题要津详细评注(初一版)	2014－03	28.00	333
第19～23届"希望杯"全国数学邀请赛试题审题要津详细评注(初二、初三版)	2014－03	38.00	334
第19～23届"希望杯"全国数学邀请赛试题审题要津详细评注(高一版)	2014－03	28.00	335
第19～23届"希望杯"全国数学邀请赛试题审题要津详细评注(高二版)	2014－03	38.00	336
第19～25届"希望杯"全国数学邀请赛试题审题要津详细评注(初一版)	2015－01	38.00	416
第19～25届"希望杯"全国数学邀请赛试题审题要津详细评注(初二、初三版)	2015－01	58.00	417
第19～25届"希望杯"全国数学邀请赛试题审题要津详细评注(高一版)	2015－01	48.00	418
第19～25届"希望杯"全国数学邀请赛试题审题要津详细评注(高二版)	2015－01	48.00	419
物理奥林匹克竞赛大题典——力学卷	2014－11	48.00	405
物理奥林匹克竞赛大题典——热学卷	2014－04	28.00	339
物理奥林匹克竞赛大题典——电磁学卷	2015－07	48.00	406
物理奥林匹克竞赛大题典——光学与近代物理卷	2014－06	28.00	345
历届中国东南地区数学奥林匹克试题集(2004～2012)	2014－06	18.00	346
历届中国西部地区数学奥林匹克试题集(2001～2012)	2014－07	18.00	347
历届中国女子数学奥林匹克试题集(2002～2012)	2014－08	18.00	348
数学奥林匹克在中国	2014－06	98.00	344
数学奥林匹克问题集	2014－01	38.00	267
数学奥林匹克不等式散论	2010－06	38.00	124
数学奥林匹克不等式欣赏	2011－09	38.00	138
数学奥林匹克超级题库(初中卷上)	2010－01	58.00	66
数学奥林匹克不等式证明方法和技巧(上、下)	2011－08	158.00	134,135
他们学什么:原民主德国中学数学课本	2016－09	38.00	658
他们学什么:英国中学数学课本	2016－09	38.00	659
他们学什么:法国中学数学课本.1	2016－09	38.00	660
他们学什么:法国中学数学课本.2	2016－09	28.00	661
他们学什么:法国中学数学课本.3	2016－09	38.00	662
他们学什么:苏联中学数学课本	2016－09	28.00	679
高中数学题典——集合与简易逻辑・函数	2016－07	48.00	647
高中数学题典——导数	2016－07	48.00	648
高中数学题典——三角函数・平面向量	2016－07	48.00	649
高中数学题典——数列	2016－07	58.00	650
高中数学题典——不等式・推理与证明	2016－07	38.00	651
高中数学题典——立体几何	2016－07	48.00	652
高中数学题典——平面解析几何	2016－07	78.00	653
高中数学题典——计数原理・统计・概率・复数	2016－07	48.00	654
高中数学题典——算法・平面几何・初等数论・组合数学・其他	2016－07	68.00	655

刘培杰数学工作室
已出版(即将出版)图书目录——初等数学

书　　名	出版时间	定　价	编号
台湾地区奥林匹克数学竞赛试题.小学一年级	2017－03	38.00	722
台湾地区奥林匹克数学竞赛试题.小学二年级	2017－03	38.00	723
台湾地区奥林匹克数学竞赛试题.小学三年级	2017－03	38.00	724
台湾地区奥林匹克数学竞赛试题.小学四年级	2017－03	38.00	725
台湾地区奥林匹克数学竞赛试题.小学五年级	2017－03	38.00	726
台湾地区奥林匹克数学竞赛试题.小学六年级	2017－03	38.00	727
台湾地区奥林匹克数学竞赛试题.初中一年级	2017－03	38.00	728
台湾地区奥林匹克数学竞赛试题.初中二年级	2017－03	38.00	729
台湾地区奥林匹克数学竞赛试题.初中三年级	2017－03	28.00	730
不等式证题法	2017－04	28.00	747
平面几何培优教程	即将出版		748
奥数鼎级培优教程.高一分册	2018－09	88.00	749
奥数鼎级培优教程.高二分册.上	2018－04	68.00	750
奥数鼎级培优教程.高二分册.下	2018－04	68.00	751
高中数学竞赛冲刺宝典	2019－04	68.00	883
初中尖子生数学超级题典.实数	2017－07	58.00	792
初中尖子生数学超级题典.式、方程与不等式	2017－08	58.00	793
初中尖子生数学超级题典.圆、面积	2017－08	38.00	794
初中尖子生数学超级题典.函数、逻辑推理	2017－08	48.00	795
初中尖子生数学超级题典.角、线段、三角形与多边形	2017－07	58.00	796
数学王子——高斯	2018－01	48.00	858
坎坷奇星——阿贝尔	2018－01	48.00	859
闪烁奇星——伽罗瓦	2018－01	58.00	860
无穷统帅——康托尔	2018－01	48.00	861
科学公主——柯瓦列夫斯卡娅	2018－01	48.00	862
抽象代数之母——埃米·诺特	2018－01	48.00	863
电脑先驱——图灵	2018－01	58.00	864
昔日神童——维纳	2018－01	48.00	865
数坛怪侠——爱尔特希	2018－01	68.00	866
当代世界中的数学.数学思想与数学基础	2019－01	38.00	892
当代世界中的数学.数学问题	2019－01	38.00	893
当代世界中的数学.应用数学与数学应用	2019－01	38.00	894
当代世界中的数学.数学王国的新疆域(一)	2019－01	38.00	895
当代世界中的数学.数学王国的新疆域(二)	2019－01	38.00	896
当代世界中的数学.数林撷英(一)	2019－01	38.00	897
当代世界中的数学.数林撷英(二)	2019－01	48.00	898
当代世界中的数学.数学之路	2019－01	38.00	899

刘培杰数学工作室
已出版(即将出版)图书目录——初等数学

书　　名	出版时间	定　价	编号
105 个代数问题:来自 AwesomeMath 夏季课程	2019－02	58.00	956
106 个几何问题:来自 AwesomeMath 夏季课程	即将出版		957
107 个几何问题:来自 AwesomeMath 全年课程	即将出版		958
108 个代数问题:来自 AwesomeMath 全年课程	2019－01	68.00	959
109 个不等式:来自 AwesomeMath 夏季课程	2019－04	58.00	960
国际数学奥林匹克中的 110 个几何问题	即将出版		961
111 个代数和数论问题	即将出版		962
112 个组合问题:来自 AwesomeMath 夏季课程	即将出版		963
113 个几何不等式:来自 AwesomeMath 夏季课程	即将出版		964
114 个指数和对数问题:来自 AwesomeMath 夏季课程	即将出版		965
115 个三角问题:来自 AwesomeMath 夏季课程	即将出版		966
116 个代数不等式:来自 AwesomeMath 全年课程	2019－04	58.00	967
紫色慧星国际数学竞赛试题	2019－02	58.00	999
澳大利亚中学数学竞赛试题及解答(初级卷)1978～1984	2019－02	28.00	1002
澳大利亚中学数学竞赛试题及解答(初级卷)1985～1991	2019－02	28.00	1003
澳大利亚中学数学竞赛试题及解答(初级卷)1992～1998	2019－02	28.00	1004
澳大利亚中学数学竞赛试题及解答(初级卷)1999～2005	2019－02	28.00	1005
澳大利亚中学数学竞赛试题及解答(中级卷)1978～1984	2019－03	28.00	1006
澳大利亚中学数学竞赛试题及解答(中级卷)1985～1991	2019－03	28.00	1007
澳大利亚中学数学竞赛试题及解答(中级卷)1992～1998	2019－03	28.00	1008
澳大利亚中学数学竞赛试题及解答(中级卷)1999～2005	2019－03	28.00	1009
澳大利亚中学数学竞赛试题及解答(高级卷)1978～1984	即将出版		1010
澳大利亚中学数学竞赛试题及解答(高级卷)1985～1991	即将出版		1011
澳大利亚中学数学竞赛试题及解答(高级卷)1992～1998	即将出版		1012
澳大利亚中学数学竞赛试题及解答(高级卷)1999～2005	即将出版		1013
天才中小学生智力测验题.第一卷	2019－03	38.00	1026
天才中小学生智力测验题.第二卷	2019－03	38.00	1027
天才中小学生智力测验题.第三卷	2019－03	38.00	1028
天才中小学生智力测验题.第四卷	2019－03	38.00	1029
天才中小学生智力测验题.第五卷	2019－03	38.00	1030
天才中小学生智力测验题.第六卷	2019－03	38.00	1031
天才中小学生智力测验题.第七卷	2019－03	38.00	1032
天才中小学生智力测验题.第八卷	2019－03	38.00	1033
天才中小学生智力测验题.第九卷	2019－03	38.00	1034
天才中小学生智力测验题.第十卷	2019－03	38.00	1035
天才中小学生智力测验题.第十一卷	2019－03	38.00	1036
天才中小学生智力测验题.第十二卷	2019－03	38.00	1037
天才中小学生智力测验题.第十三卷	2019－03	38.00	1038

联系地址:哈尔滨市南岗区复华四道街 10 号　**哈尔滨工业大学出版社刘培杰数学工作室**
网　　址:http://lpj.hit.edu.cn/
邮　　编:150006
联系电话:0451－86281378　　13904613167
E-mail:lpj1378@163.com